변호사가 풀어주는

비정규직법

2018년판

민주사회를 위한 변호사모임 노동위원회 편

法 文 社

머리말

노동자의 권리옹호를 위해 민변의 탄생과 동시에 활동해온 민변 노동위원회는 1998년부터 '변호사가 풀어주는 노동법' 시리즈를 통해 노동법을 적극적으로 연구하고 해석하여 노동자들에게 조금이라도 보탬이 되고자 노력해 왔습니다.

이번에 발간된 '변호사가 풀어주는 비정규직법'은 근로기준법, 노동조합 및 노동관계조정법 해설서에 이어 2007년에 발간되었던 '변호사가 풀어주는 비정규직법'을 다시 수정하고 보완하고 개편하여 새롭게 펴낸 것입니다.

비정규직 노동자들은 기간제, 파견제 노동자뿐만 아니라, 외주 또는 간접고용, 특수형태 노동자를 포괄하는데, 정규직 노동자에 비하여 임금이나 근로조건, 사회보장 등이 열악하고, 사용자 주도에 의한 고용 유연화의 소산물이면서 비자발적으로 선택된 노동자들이 대다수입니다.

비정규직 노동자들은 우리나라에서 노동조합을 만들기도 어렵습니다. 헌법은 노동자의 단결권, 단체교섭권, 단체행동권을 보장하고 있지만, 비정규직 노동자들은 사용자와 직접 고용관계가 인정되지 않아 단결권뿐만 아니라 단체교섭이나 단체행동을 하기도 어려운 것입니다. 이와 관련하여 국제노동기구(ILO)는 '고용관계의 존재 여부를 기준으로 결사의 자유가 보장되는 자의 범위를 결정해서는 안된다'는 입장을 분명히 하면서, 2006년부터 꾸준히 비정규직 노동자들의 노동기본권 보장을 우리나라에 권고해 왔습니다.

이러한 비정규직 노동은 임금, 근로조건의 격차를 확대시켜 노동시장 전체의 불안정화를 가속화하므로 비정규직 노동을 보호하고 비정규직의 확산을 방지할 필요가 있습니다.

올해는 비정규직법률의 대표격인 '기간제 및 단시간근로자 보호 등에 관한 법률'이 시행된 지 11년째, '파견근로자보호 등에 관한 법률'이 시행된 지 20년째 되는 해이지만, 비정규직의 규모와 차별실태는 여전하고, 공공부문의 비정규직 고용개선 효과도 미흡하며, 간접고용과 특수고용의 권리보장 문제도 해결되지 않고 있습니다.

그 동안 대법원은 비정규직 노동과 관련하여 불법 파견의 경우에도 사용자의 직접고용의무를 인정하는 판결을 하기도 하였고(대법원 2008. 9. 18. 선고 2007두22320 전원합의체 판결 등), 사내하청 노동자의 노동자성을 인정하기도 하였으나(대법원 2008. 7, 10. 선고 2005다75088 판결 등), KTX 승무원 판결(대법원 2015. 2. 26. 선고 2011다78316 판결, 2015. 2. 26. 선고 2012다96922 판결)과 같이 헌정 사상 초유의 사법농단사태로 박근혜 정부와 거래를 하기도 하였습니다. 그만큼 비정규직 노동자들에 대한 사법부의 해석 기준은 통일되어 있지 못하고, 정권과 비정규직 문제를 가지고 거래를 할 정도로 비정규직 노동자들은 열악한 지위에 있습니다.

그러한 의미에서 이번에 발간된 '변호사가 풀어주는 비정규직법'은 비정규직 노동 전반에 관하여 노동자의 시선으로 비정규직법 전반을 깊이 있게 고찰하여 비정규직 노동자들의 삶에 본래 '보편주의 기치' 아래 태어난 '만인의 자유와 평등'을 위한 노동법을 비정규직 노동자들에게 돌려주기 위해 노력하였습니다.

이번 '변호사가 풀어주는 비정규직법'이 세상에 나오기까지 많은 분들이 고생하였습니다. 이번 2018년판과 초판의 집필을 맡아주셨던 모든 집필자분들께 감사를 드립니다. 특히, 민변 노동위원회의 살림을 책임지고 있는 이현아 차장님과, 초판부터 이번까지 집필을 맡으신 김도형, 김진 변호사님의 노고에 고마움을 전하며, 바쁘신 와중에도 흔쾌히 감수를 맡아주신 도재형, 박수근, 박은정 교수님께도 감사합니다.

끝으로 언제나 자랑스러운 민변 노동위원회의 노동위원장으로 이번 '변호사가 풀어주는 비정규직법'의 발간사를 쓸 수 있어 정말 영광입니다.

2018년 8월

민변 노동위원회 위원장 정병욱

차 례

제1편 총 론

제2편 기간제 및 단시간근로자 보호 등에 관한 법률

제3편 파견근로자보호 등에 관한 법률

제4편 차별시정

일러두기

1. 법령 약어

이 책에서 약어로 표기하는 법령은 다음과 같다. 다만 문맥을 고려하여 정식 명칭대로 표기하는 경우도 일부 있다.

법령의 표기에 일반적으로 사용하는 낫표(「, 」)는 모두 생략한다. 다만 인용하는 법조문에서 낫표를 사용하는 경우에는, 생략하지 않는 경우도 있다.

고령자고용법	고용상 연령차별금지 및 고령자고용촉진에 관한 법률
고평법	남녀고용평등과 일·가정 양립 지원에 관한 법률
근기법	근로기준법
근퇴법	근로자퇴직급여 보장법
기간제법	기간제 및 단시간근로자 보호 등에 관한 법률
노조법	노동조합 및 노동관계조정법
산안법	산업안전보건법
산재법	산업재해보상보험법
장차법	장애인차별금지 및 권리구제 등에 관한 법률
직안법	직업안정법
파견법	파견근로자보호 등에 관한 법률

2. 문헌 약어

이 책의 각주에서 저자 이름 또는 약어로만 표기하는 문헌은 다음과 같다.

가. 국내 서적

권영성	권영성, 「헌법학원론(개정판)」, 법문사(2010)
김유성 I	김유성, 「노동법 I －개별적 근로관계법－」, 법문사(2005)
김유성 II	김유성, 「노동법 II －집단적 노사관계법－」, 법문사(2001)
김형배	김형배, 「새로 쓴 노동법」, 박영사(2016)
민변노동위	민주사회를 위한 변호사모임 노동위원회(집필대표: 김도형),

	「근로기준법: 변호사가 풀어주는 노동법 I (신판)」, 여림출판(2014)
박홍규	박홍규, 「노동법 1 고용법·근로기준법(제2판)」, 삼영사(2005)
이병태	이병태, 「최신 노동법(제9전정판)」, 중앙경제(2008)
이상윤	이상윤, 「노동법(제15판)」, 법문사(2017)
임종률	임종률, 「노동법(제16판)」, 박영사(2018)
하갑래	하갑래, 「근로기준법(전정제29판)」, 중앙경제(2017)
근기법주해 I	대법원 노동법실무연구회, 「근로기준법주해 I」, 박영사(2010)
근기법주해 II	대법원 노동법실무연구회, 「근로기준법주해 II」, 박영사(2010)
근기법주해 III	대법원 노동법실무연구회. 「근로기준법주해 III」, 박영사(2010)
노조법주해 I	대법원 노동법실무연구회, 「노동조합 및 노동관계조정법 주해 I」, 박영사(2015)
노조법주해 II	대법원 노동법실무연구회, 「노동조합 및 노동관계조정법 주해 II」, 박영사(2015)
노조법주해 III	대법원 노동법실무연구회, 「노동조합 및 노동관계조정법 주해 III」, 박영사(2015)

나. 일본 서적

菅野(역)	菅野和夫(번역: 이정), 「일본노동법(전면개정판)」, 법문사(2015)[1]

다. 논문 등

• 학술지 등에 게재된 논문 등의 인용은 아래의 방식에 따른다.

> 저자(필자)성명, "논문 등 제목", 「단행본(논문집) 제목」, (정기간행물의 경우 호수), 발행처, 출판년도, 쪽수
>
> 예) 최용근, "공동사업주의 법리", 「노동법연구」, 제42호, 서울대학교 노동법연구회, 2017, 282쪽

• 논문 등의 인용과 관련하여, 오해와 혼란을 방지하기 위하여 "앞의 글" 등의 표기는 하지 않고, 모두 위 방식대로 인용하기로 한다.

1) 菅野和夫, 「労働法(第10版)」의 번역본.

3. 판결 등의 인용

아래와 같이 기재하고, 출처는 따로 표시하지 아니한다.

가. 법원 판결

- 대법원 판결 인용시: 대법원 2007. 6. 14. 선고 2005두6461 판결
- 대법원 전원합의체 판결 인용시: 대법원 2008. 9. 28. 선고 2007두22320 전원합의체 판결
- 대법원 결정 인용시: 대법원 1996. 11. 16.자 95마252 결정;
- 하급심 판결 인용시: 의정부지방법원 고양지원 2017. 7. 14. 선고 2015가합71412 판결 (항소심 계속 중) ; 하급심 판결을 인용할 경우 2018. 8.을 기준으로 당해 사건의 진행 경과를 부기한다.

나. 헌법재판소 결정

- 헌법재판소 결정 인용시: 헌법재판소 2013. 7. 25. 선고 2011헌바395 결정

다. (중앙, 지방)노동위원회 판정

- 중앙노동위원회 판정 인용시: 중앙노동위원회 2009. 5. 20. 판정 2009차별3,4
- 지방노동위원회 판정 인용시: 서울지방노동위원회 2010. 9. 7. 판정 2010차별7

제 1 편

총 론

Ⅰ. 비정규직

1. 비정규직의 개념과 규모

가. 본래 비정규직이라는 용어는 정규직이 아닌 근로 형태를 모두 포괄하기 위해 사용되었다. 정규직은 기존의 노동관계법에서 전제로 하였던 통상적 방식의 근로, 곧 기간의 정함이 없는 근로계약에 기하여 사용자가 선택한 장소에서 통상적인 근로시간 동안 자신을 고용한 사용자의 지휘·명령 하에서 행해지는 근로를 말한다.[1] 베네지아니(B. Veneziani) 교수가 '노동법의 고전적인 룰'(Aristotelian rules of labour law)[2]이라고 부른 이 상태에서 하나 이상 벗어난 형태의 근로가 비정규직이다. 이런 관점에서 본다면 비정규직의 범위는 매우 넓다. 기간제·파견제·단시간제는 물론이고, 호출근로나 통신근로(흔히 재택근로라고 함) 또는 사내하청과 같은 간접 고용 전반도 포괄될 수 있다.

이에 비해 새로운 법제도의 창설 등 특정한 목적을 위해 비정규직이란 용어를 사용할 때는 위와는 다른 기준이 사용되기도 한다. 노사정위원회를 비롯한 정부에서 비정규직 대책을 위해 사용할 때는 우리 사회에서 가장 많은 형태인 기간제, 단시간제 및 파견제만을 포함하여 비정규직이라는 용어를 사용하는 반면, 고용의 불안정성과 낮은 근로조건의 개선을 목적으로 비정규직 대책의 마련을 촉구하고 있는 노동계에서는 정부가 생각하는 세 범주의 비정규직 외에 그들과 동일 또는 유사한 정도로 사회적 보호의 필요성이 있는 외주 또는 간접 고용 근로

---

1) 우리나라에서 비정규직에 관한 본격적인 연구의 시작으로 보이는 김성환 박사의 「비정규노동에 관한 연구」에서는 비정규직에 대비되는 '정규노동'의 특징으로 다음의 여덟 가지를 들고 있다. "① 피고용자의 지위는 고용주와의 관계 속에서 從屬的이다. 즉 고용주와 피고용자가 계약을 맺으면 피고용자는 고용주의 지시를 수행할 자세를 갖추어야 한다. ② 고용계약은 특별한 사유가 없는 한 기간을 정하지 않는 常傭雇이다. ③ 근로시간은 全日制(full-time)이다. ④ 근로일수는 통상 노동일에 준한다. ⑤ 임금은 월급으로 지급한다. ⑥ 법과 단체교섭에 의해 임금을 보장받을 수 있고 해고 등으로부터 고용관계의 안정성을 보호받을 수 있는 장치(예: 노동조합, 노사조정위원회 등)가 있다. ⑦ 임금의 수준은 기술과 기업 내 근속년수에 의한다. ⑧ 피고용자의 이해관계는 대표체제에 의하여 집단적으로 보호받는다."(김성환, 「비정규노동에 관한 연구」, 한국노동연구원, 1992, 15-16쪽). 김성환 박사는 이러한 전형적 특징들에서 벗어나는 형태의 근로를 '비정규노동'이라고 정의하면서 크게 임시직, 파트타임, 근로자파견으로 유형화하고 있다(김성환, 「비정규노동에 관한 연구」, 한국노동연구원, 1992, 16-29쪽 참조).

2) B. Veneziani, "The New Labour Force", R. Blanpain / C. Engels ed., [Comparative Labour Law and Industrial Relations in Industrial Market Economies], Kluwer Law & Taxation Publishers, 1993, 204쪽.

자(파견근로자, 사내하청 근로자, 용역 근로자 등)나 이른바 특수형태 근로 종사자(학습지교사, 보험설계사, 지입차주 등)도 널리 포괄하는 방식으로 비정규직이란 용어를 사용하고 있다.

나. 과거 비정규직 정의에 사용되는 기준의 상이함은 그 현실적 규모에 대한 커다란 이견을 낳았다. 노사정위원회 비정규직근로자대책특별위원회[3]는 노·사·정 특히 노동계와 정부 사이의 비정규직 규모에 대한 현격한 시각의 차이를 줄이기 위해 2002. 7. 22. '비정규 근로자대책 관련 노사정 합의문'을 발표하였는데, 합의문에서는 먼저 "비정규 근로자는 각각의 개별적 고용 형태에 따라 분류할 수 있으며, 고용계약기간, 근로 제공의 방식, 고용의 지속성, 근로시간 등 국제적 기준과 아울러 우리나라 특성을 고려하는 다차원적인 기준에 의거 파악되어야 한다."고 전제한 후, "우리나라의 비정규 근로자는 1차적으로 고용 형태에 의해 정의되는 것으로 ① 한시적 근로자 또는 기간제 근로자, ② 단시간 근로자, ③ 파견·용역·호출 등의 형태로 종사하는 근로자를 대상으로 한다."고 결정하였다.[4] 이에 따라 2005년까지는 노동부가 비정규직 규모를 추정해서 발표했으나, 2005년 비정규직 규모를 추정하는 과정에서 노동부가 실책을 범하면서, 2006년 8월부터 통계청이 비정규직 규모를 발표하였다.[5] 그러나 이 집계 방식에 대해서는 주로 노동계에서 많은 이론이 제기[6]되었으며, 주로 한국노동사회연구소가 매년 발표하는 [비정규직 규모와 실태]와 한국비정규노동센터가 연말에 내는 [통계로 본 한국의 비정규직 노동자]의 통계가 대안으로 인용된다. 이들 분석의 차이는, 한국노동사회연구소와 한국비정규노동센터의 경우 임시직과 일용직에 해당하

3) 2001. 7. 23. 발족한 노사정위원회 『비정규직근로자대책특별위원회』는 비정규직 근로자의 권익 보호와 노동시장의 장기적 발전을 기하기 위한 법·제도 개선 등을 논의하는 과정에서 우선적으로 비정규직 개념에 대한 합의가 필요하다고 제안하였다.

4) 합의문에서는 또한 "우리나라 노동시장의 특성상 위의 범주에는 포함되지 않으나 고용이 불안정하고 근기법상의 보호나 각종 사회보험의 혜택에서 누락되어 사회적 보호가 필요한 근로계층이 광범위하게 존재한다는 점을 인식하며 우리 특위는 이를 '취약근로자'로 파악하고 이에 대한 보호 방안도 필요하다는 데 공감한다."는 점도 부가하였다.

5) 김유선, "2007 비정규직 규모와 실태", 「노동사회」, 127호, 한국노동사회연구소, 2007, 31쪽.

6) 노동부는 이러한 분류 방식에 대하여 "노사정위원회가 합의(2002. 7.)한 비정규직 근로자의 정의 및 범주에 따른 것"이라고 주장하는바, 김유선 한국노동사회연구소 당시 소장(현 이사장)은 언론 보도(매일노동뉴스, 2007. 4. 16.자 기사, <비정규직 통계기준, 노사정 합의한 적 없다?>)내용을 인용하면서 노동부와 통계청의 위 주장은 사실과 다르다는 입장을 피력했다(김유선, "2007 비정규직 규모와 실태", 「노동사회」, 127호, 한국노동사회연구소, 2007, 32쪽). 당시 협상에 참여했던 노진귀 한국노총 중앙연구원장은 "그 당시 합의했던 비정규 정의에 대해서는 단지 예시한 4가지 고용형태에 국한한다는 것이 아니었다"며 "특히 통계청의 조사방식이 고용형태별로 정확히 나눠지지 않는 만큼 사실상 노사정이 합의한 안을 충족시키지 못한다"고 주장했다(매일노동뉴스, 2007. 4. 16.자 기사, <비정규직 통계기준, 노사정 합의한 적 없다?>).

는 사람은 비정규직에만 포함시키는 반면, 정부는 임시직 가운데 상당수를 비정규직이 아닌 정규직으로 포함시키고 있으며, 일부 일용직의 경우에도 정규직으로 판별하고 있기 때문이다.[7] 2017. 8. 경제활동인구조사 부가조사 결과에 대한 추계를 예로 들자면, 통계청이 비정규직 근로자를 654만 2천명으로 파악한 것에 비해 한국노동사회연구소는 843만 명으로 파악하였다.

2. 비정규직의 현실

가. 비정규직 확대의 원인

1) 비정규직은 국내뿐만 아니라 외국에서도 빠르게 확대되고 있다. 선진국에서 일반적으로 비정규직 확대의 원인으로 지적되는 점은 다음과 같다.

우선 기술 발전과 경제적 상황을 들 수 있다. 계속되는 기술 혁신과 그에 따른 신기술의 도입에 의해 종전에 해당 사업의 상시 또는 핵심 업무가 이제는 임시적 또는 주변 업무로 바뀌게 되었다. 또한 경기 침체와 산업구조 조정에 따른 실업의 증가 및 서비스 산업의 확대 등의 경제적 상황도 비정규직 사용을 촉진하고 있다.

다음으로 노동시장에서 수요자와 공급자의 변화를 들 수 있다. 노동 수요(기업) 측에서는 시장 경쟁이 격화되면서 고용의 유연화 및 비용 절감의 요구가 강해지고 있다. 이러한 요구는 자연스럽게 정규직의 축소와 비정규직의 확대 및 비정규직의 근로조건 저하로 연결된다. 아마도 비정규직 확대의 가장 큰 원인이 여기에 있을 것이다. 노동 공급(근로자) 측에서도 여성이나 장애인 또는 고령자 등의 사회 진출이 활발해지면서 직장 생활과 가정 기타 사회생활을 조화시키려는 근로자가 증가하고 있다. 특히 비정규직 중에서 단시간제의 증가는 이러한 원인이 크게 작용하고 있는 것으로 이야기되며, 그런 이유로 단시간제는 비정규직 중 상대적으로 자발적으로 비정규직을 선택한 경우가 많다고 한다.

마지막으로 각국 정부의 노동시장 정책의 변화를 들 수 있다. 선진국 특히 유럽의 각국에서는 1980년대 이후 엄격한 노동시장 규제 정책을 완화하여, 즉 노동시장의 유연성을 제고시킴으로써 고용률을 증대(실업률을 감소)시키는 데 노동시장 정책의 일차적 목표를 두게 되었다. 이에 따라 비정규직의 사용 등에 대해 종전보다 훨씬 관용적인 태도를 취하고 있다.

---

7) 한겨레 2017. 1. 13.자 기사, <정부－노동계 '비정규직 통계 차이' 짚어 보니…>

2) 우리나라에서 비정규직이 확대된 원인도 위에서 든 국제적인 그것과 크게 다르지는 않을 것으로 보인다. 기업 측에서 비정규직을 사용하는 현실적 이유는 사업체 패널조사 결과 분석에서 어느 정도 추정을 해 볼 수 있다. 이 조사 결과에 따르면, 기간제 근로자와 파견근로자 공히 '고용유연성' 즉 일시적 수요나 일시적 공석, 휴직대체, 혹은 고용조정을 용이하게 하고자 기간제 근로자를 활용한다는 것이며, 다음으로 인건비 절감, 업무 성격 등의 순[8]이었다.

나. 비정규직의 근로조건 기타 현실적 상황[9][10]

비정규직을 곧바로 '사회적 악(惡)'으로 단정할 수는 없다. 근로자에 의해 자유롭게 선택되고 생산적이며 임금 등 근로조건도 괜찮은 일자리(decent work)라면 또는 정규직으로 진입하기 위한 적정한 훈련기간이라면, 비정규직은 '일과 생활의 조화'(work and life balance)를 도모하는 대안적 노동 방식(alternative work style) 혹은 유용한 사회적 가교(bridge)로서 마땅히 장려되어야 하기 때문이다. 그러나 그렇지 않다면 곧 어쩔 수 없이 선택되고 임금이나 대우도 나쁜 일자리라면 또는 노동시장의 '이등 시민'(二等市民)으로 고착되는 늪(trap)이라면 비정규직은 현대판 착취노동(sweat-work)으로서 마땅히 시정되어야 할 '사회적 악'이다.

그렇다면 우리나라의 현실이 어느 쪽인가? 우선 우리나라 비정규직의 절대 다수는 비자발적으로 곧 정규직으로 일하고 싶지만 해당 직무에 정규직 일자리가 없어 불가피하게 비정규직을 선택하는 것으로 추정된다. 그 이유는 무엇보다 비정규직의 구성과 분포를 통해서 알 수 있다.

일반적으로 단시간 근로는 일과 가정 생활의 조화 등 근로자의 사정에 따라 자발적으로 선택된 비정규직인 반면, 기간제·파견제 등 한시적 근로는 사용자의 주도에 의한 고용 유연화의 소산물, 즉 근로자 입장에서는 비자발적으로 선택된 비정규직으로 추정된다. 그런데 다음 표에서 보듯이 우리나라의 비정규직 중 압도적인 다수는 기간제로 대표되는 한시적 근로가 차지하고 있고, 비정규직의 증가 역시 한시적 근로가 주도하고 있음을 알 수 있다.

---

8) 한국노동연구원, 「1-5차년도 사업체패널조사 기초분석보고서」, 2017, 28-38쪽.

9) 이 부분은 강성태, "비정규직 문제와 노블리스 오블리주", 「한양법학」, 제20권, 한양법학회, 2007, 81쪽을 인용하였다.

10) 앞서 본 바와 같이 비정규직의 상황에 대해서는 정부와 노동계 간의 주장 차이가 매우 크다. 아마도 현실은 정부의 주장과 노동계의 주장 사이의 어느 지점에 있을 것으로 추측되지만, 이 글에서는 일단 정부 주장에 따라 정리한다.

《비정규직의 구성(매년도 8월 기준)》

(단위: 천명)

	2003	2006	2009	2012	2015	2017
비정규직	4,622	5,465	5,783	5,954	6,308	6,578
한시적근로	3,028	3,649	3,528	3,427	3,655	3,725
시간제	929	1,127	1,428	1,828	2,236	2,663
비전형(용역, 파견 등)	1,681	1,918	2,288	2,304	2,229	2,112

* 노동부 주장에 따라 정리함.

이에 비해 외국에서는 비정규직의 절대 다수를 이루는 단시간(시간제) 근로는 7.0%로 상당히 낮은 비율이다.[11] 또한 우리나라에서 비정규직은 사업장 규모가 작을수록 그 사용 비율이 높고, 사업・개인・공공서비스업과 도소매・음식 숙박업 등 서비스 산업에 많이 종사하며, 연소자・여성・고령자 등 취약 계층이 종사하는 비중이 높은바, 이러한 점에서도 비자발적 선택의 가능성을 강하게 추정하게 한다[비자발적 선택].

다음으로 임금・근로조건・사회보장 등에서도 비정규직은 정규직에 비해 현저히 낮은 대우를 받고 것으로 조사되고 있다. 2017년도를 기준으로 할 때 비정규직의 주당 평균 근로시간은 32.6시간으로 정규직 40.7시간의 80.09%인 반면, 임금은 월 평균 156만 5천 원으로 정규직 284만 3천 원의 55.04%[12] 수준이며 평균 근속기간은 2년 6개월로 정규직 7년 6개월의 1/3 수준이다.[13] 사회보험에서는 제도적 차별은 거의 해소되었으나[14] 실제 적용률이 현저히 낮고,[15] 상여금과 부가급

11) 기간제 비중이 높고 단시간제 비중이 낮은 점은, 후자가 비정규직 중에는 상대적으로 근로자의 편의(가사 등 다른 활동과의 조화, 장애인이나 노인의 경제활동 촉진 등)를 위한 자발적 선택일 가능성이 높다는 점을 감안하면, 비정규직 선택의 비자발성에 무게를 실어주는 것이다.

12) 한국노동사회연구소 통계에 의하면 정규직 임금을 100으로 보았을 때 비정규직 임금은 51% 수준이고, 근로시간은 정규직 평균이 43.2시간인 반면 비정규직 평균은 37.8시간이다. – 김유선, “비정규직 규모와 실태”, 「KLSI ISSUE PAPER」, 2017-14호, 한국노동사회연구소, 2017, 14~15쪽.

13) 한국노동사회연구소에 따르면, 정규직 대비 비정규직의 월평균 임금수준 추이는 49.7%(2013)-49.9%(2014)-49.8%(2015)-49.2%(2016)-51%(2017)로 비슷한 수준을 유지하고 있다.

14) 이와 관련한 정부의 법제도 개선 노력은 아래와 같다.
- 고용보험: 1인 이상 전사업장 적용 확대('98. 10월), 일용 근로자 적용 확대('02년 법 개정, '04년 시행), 단시간근로자 적용 확대 [월 80시간(주 18시간) → 월 60시간(주 15시간), '03 시행령 개정, '04년 시행], 선원 고용보험 적용('04. 2월)
- 산재보험: 1인 이상 전사업장 적용 확대('00. 7월), 2천만 원 미만 면허건설공사, 법인인 5인 미만 농림어업 적용 확대('03년 시행령 개정, '05년 시행), 위험작업 자영업자 가입 허용('04. 1월 법 개정, '05년 시행)
- 건강보험: 적용 확대(5인 이상 → 1인 이상, 식당・숙박업 등 15개 업종은 임의 적용) 및 임시직 적용 범위 확대(2개월 이상 → 1개월 이상): '01. 7월 임시직 근로자, 월 80시간이상 시간제 근로

여 기타 기업 복지의 측면에서도 비정규직의 소외 현상은 매우 크다고 한다.[16)]

더욱이 비정규직의 건전도를 알아볼 수 있는 주요한 지표인 정규직 전환율을 보면 상황은 좀 더 심각하다. OECD국가에서는 비정규직의 평균 30% 정도가 정규직으로 이동하고 있지만, 우리나라의 경우에 정규직으로의 이동은 연간 평균 15% 수준인 반면 비경제활동 참가나 실업 등으로 이동하는 비율은 연간 20% 이상이다[가교가 아니라 늪으로 기능].

3. 우리나라의 특징[17)]

이렇듯 우리나라 비정규직의 특징은 임금 근로자 중 과도하게 높은 비율과 급속한 증가, 비자발적 성격이 강한 기간제 등의 큰 비중, 임금 기타 근로조건에서 정규직과 현격한 격차 및 정규직 전환이 어려운 고착성 등으로 요약할 수 있다. 그리고 이러한 특징은 하나의 연관 고리를 형성하고 있다. 곧 '비정규직의 급증 - 고용상 불안정성 - 낮은 임금'이 밀접하게 결합하여 서로 상승 작용을 하고 있다.

흔히 고용상 불안정성은 비정규직 문제 및 차별의 근본적 원인이 되지만, 정규직과 비정규직 간의 임금 등의 큰 격차는 다시 비정규직을 확대시키는 중요한 요인이 된다. 우리나라 비정규직 문제의 핵심은 바로 여기에 있다. 곧 비정규직의 확대와 비정규직에 대한 차별이 밀접하게 결합되어 있다는 점이다. 외형상 전자는 양에 관한 것이고 후자는 질에 관한 것이지만 양자가 결합하게 되면 보다 심각한 구조적 문제가 발생하게 된다.

비정규직의 사용(또는 증가)이 진행되는 방향은 크게 두 가지로 나눌 수 있다. 하나는 '선진국형'으로 비정규직의 사용이 '고용 탄력성의 제고, 임금·근로조건의 건전화'의 방향으로 진행된다. 다른 하나는 '후진국형'으로 비정규직의 사용이 '고용 탄력성의 제고, 임금·근로조건의 격차 확대'의 방향으로 진행된다. 선진국형에서는 고용 자체의 탄력성은 제고시키지만 근로조건에서의 격차를 두지 않음으로써 기업으로 하여금 고용상 탄력성과 노동 생산성 기타 숨겨진 비용 간에

자 및 5인 미만 사업장 적용 확대('03. 7월)

- 국민연금: 1~3개월 임시직 근로자, 월 80시간 이상 시간제 근로자 및 5인 미만 사업장 적용 확대('03. 7월)

15) 정규직 85%(국민연금)~71.2%(고용보험)에 비해, 비정규직은 36.5%(국민연금)~44.1%(고용보험)에 불과하다.

16) 상여금 등 부가급부의 차이를 보면(정규직 대 비정규직), 상여금 86.2% 대 39.1%, 시간외수당 59.2% 대 24.2%, 유급휴가 75.7% 대 31.7%로 나타났다.

17) 이 부분은 강성태, 「비전형근로와 노동법」, 대구대학교 출판부, 2000, 5-10쪽을 수정·요약하였다.

이익 형량을 하도록 하고 이를 통해 비정규직 확대에 일정한 자동제어적 장치가 작동하게 하여 합리적이고 이성적으로 비정규직을 사용하도록 유도한다. 이에 따라 선진국형에서는 비정규직의 사용이 급증하는 경우는 그리 흔하지 않다.

그에 비해 후진국형에서는 고용의 탄력성을 높임과 동시에 임금·근로조건의 격차도 확대함으로써 비정규직 확대에 아무런 제동 장치가 없는 것은 물론, 도리어 비정규직 확대를 촉진함으로써 노동시장의 계층화, 분절화 및 노동시장 전체의 불안정화를 가속화하게 된다. 이렇게 되면 비정규직 확대와 차별이 서로 상승작용을 하여 노동시장 전체를 끝없는 '밑바닥을 향한 경주'로 내몰게 된다. 현재 우리나라의 비정규직 사용이 어디에 속하는지는 심각한 판단을 필요로 하지 않는다. 그리고 바로 이러한 구조적 문제가 새로운 문제, 곧 정규직 대체를 위한 비정규직 사용의 증가를 야기하고 있다.

《연도별 비정규직 근로자 규모와 비율》[18)]

	수(천 명)					비율(%)				
	13년 8월	14년 8월	15년 8월	16년 8월	17년 8월	13년 8월	14년 8월	15년 8월	16년 8월	17년 8월
임금노동자	18,241	18,776	19,311	19,626	19,883	100.0	100.0	100.0	100.0	100.0
정규직	9,874	10,254	10,627	10,889	11,456	54.1	54.6	55.0	55.5	57.6
비정규직	8,367	8,522	8,684	8,737	8,427	45.9	45.4	45.0	44.5	42.4
임시근로	8,077	8,225	8,382	8,405	8,035	44.3	43.8	43.4	42.8	40.4
장기임시근로	4,579	4,817	4,712	4,754	4,527	25.1	25.7	24.4	24.2	22.8
한시근로	3,498	3,408	3,671	3,651	3,509	19.2	18.2	19.0	18.6	17.6
(기간제)	2,761	2,749	2,859	2,929	2,925	15.1	14.6	14.8	14.9	14.7
시간제근로	1,884	2,032	2,236	2,483	2,659	10.3	10.8	11.6	12.7	13.4
호출근로	821	805	876	863	792	4.5	4.3	4.5	4.4	4.0
특수고용	545	524	494	495	493	3.0	2.8	2.6	2.5	2.5
파견용역	850	799	866	898	873	4.7	4.3	4.5	4.6	4.4
(파견)	204	195	210	201	186	1.1	1.0	1.1	1.0	0.9
(용역)	646	604	656	696	688	3.5	3.2	3.4	3.5	3.5
가내근로	73	58	55	41	30	0.4	0.3	0.3	0.2	0.2

18) 김유선, "비정규직 규모와 실태", 「KLSI ISSUE PAPER」, 2017－14호, 2017, 3쪽.

《비정규직 유형별 규모》[19]

		수(천 명)				비율(%)			
		상용	임시	일용	전체	상용	임시	일용	전체
임금노동자 (1)		13,426	5,029	1,428	19,883	67.5	25.3	7.2	100.0
정규직 (2=1−3)		11,456			11,456	57.6			57.6
비정규직 (3=①+−−+⑧, 중복제외)		1,970	5,029	1,428	8,427	9.9	25.3	7.2	42.4
고용 계약	임시근로	1,578	5,029	1,428	8,035	7.9	25.3	7.2	40.4
	장기임시근로 ①		3,414	1,113	4,527		17.2	5.6	22.8
	한시근로 ②	1,578	1,616	315	3,509	7.9	8.1	1.6	17.6
	(기간제)	1,561	1,170	194	2,925	7.9	5.9	1.0	14.7
근로 시간	시간제근로 ③	335	1,762	562	2,659	1.7	8.9	2.8	13.4
근로 제공 방식	호출근로 ④			792	792			4.0	4.0
	특수고용 ⑤	14	460	19	493	0.1	2.3	0.1	2.5
	파견용역	515	248	110	873	2.6	1.2	0.6	4.4
	(파견) ⑥	108	63	15	186	0.5	0.3	0.1	0.9
	(용역) ⑦	408	185	95	688	2.1	0.9	0.5	3.5
	가내근로 ⑧	6	8	16	30	0.0	0.0	0.1	0.2

4. 비정규직에 대한 노동법적 규율의 필요성[20]

가. 현실적 필요성

위에서 본 바와 같이 현재 우리나라의 비정규직은 노동시장의 상당 부분을 차지하고 있으면서도 현실적 지위는 매우 열악하다. 가장 큰 문제는 신분상의 불안정성과 낮은 근로조건이며,[21] 특히 신분상의 불안정성은 비정규직을 '노동시장의 권리 없는 시민'(citizens of labour market without civil rights)[22]으로 표현할 수

19) 김유선, "비정규직 규모와 실태", 「KLSI ISSUE PAPER」, 2017−14호, 2017, 1쪽.
20) 이 부분도 강성태, 「비전형근로와 노동법」, 대구대학교 출판부, 2000, 5−10쪽을 수정・요약하였다.
21) 우리나라의 한 연구에 따르면, 조사 대상 비정규직의 근로계약기간은 1년 단위 내지 1년 미만의 기간인 것이 53.8%로서 조사 대상 비정규직의 77.4%가 신분상 불안정하다고 답했다; 윤진호, "고용조정과 노동조합의 대응", 「산업노동연구」, 제2권 제1호, 한국산업노동학회, 1996, 57−59쪽 참조.

있을 정도이다.

비정규직의 확대는 정규직에게도 불안한 요소가 될 수밖에 없다. 광범위한 비정규직의 존재는 정규직에게도 신분상의 불안감을 확대시키면서 다른 측면으로는 정규직의 근로조건 향상 요구를 상당 정도 억압한다. 한편 사용자 중에는 비정규직을 노동법 회피의 효율적인 방식으로 인식하는 경향도 있어 노동법 적용의 실효성과 형평성을 저하시키고 있다. 이는 우리나라 노동시장의 건전한 발전과 유지를 위해서도 전혀 바람직한 모습이 아니다.[23)]

요컨대 비정규직과 정규직을 포함한 근로자 전체의 보호를 위해서도 나아가 우리나라 노동시장의 건전한 발전을 위해서도 비정규직에 대한 적절한 규율 방법을 마련함과 동시에, 탈법적 또는 비정상적 목적을 달성하기 위한 비정규직의 사용은 제도적으로 엄격히 차단하여야 한다.

나. 노동법 자체의 필요성

비정규직에 대한 노동법적 규율은 노동법 자체의 발전을 위해서도 긴요하다. 주지하다시피 노동법은 본래 '보편주의 기치' 아래 태어났다. 만인의 자유와 평등을 내걸었던 근대시민사회에서 실제적으로는 시민 계층만이 향유하였던 계약의 자유를 근로자 계층에게도 적용·확대하는 것, 이것이 노동법 탄생의 원동력이었다. 그런데 그 노동법이 현재에 이르러 커다란 위기를 맞고 있다. 끝없이 확산되고 있는 비정규직에 대해 노동법이 계속 방임적 태도를 취한다면 일부 근로자를 위한 특수주의 입법으로 노동법은 전락하게 될 것이다. 만약 노동법이 종래의 관성대로 이미 기존 근로관계에서도 뚜렷한 보호가 이루어지고 있는 계층만을 위한 것으로 자리매김한다면 이러한 위기는 극복될 수 없다. 다시 노동법 탄생의 토대이었던 보편주의를 회복하여야 한다. 우리가 비정규직에 관심을 기울여야 하는 이유의 하나도 바로 여기에 있다.

이 시점에서 진쯔하이머(Hugo Sinzheimer)가 「노동법의 위기」에서 밝힌 다음의 글은 여전히 유효하다고 할 수 있다. "만약 법이 기껏해야 근로관계에서 좋은

---

22) B. Veneziani, "The New Labour Force", R. Blanpain / C. Engels ed., [Comparative Labour Law and Industrial Relations in Industrial Market Economies], Kluwer Law & Taxation Publishers, 1993, 204쪽.

23) 우리 사회 및 국민경제의 건전한 발전·유지를 위해서는 소득 수준이나 기능·숙련 등의 측면에서 근로자의 구성이 '배가 부른 항아리형'이 되어야 한다. 그런데 비정규직의 계속적 확대는 근로자를 양극단으로 분화시킴으로써 근로자의 구성을 '허리가 날씬한 모래시계형'으로 바꾸고 있다.

대우를 받고 있는 근로자의 엘리트 계층만을 위한 것이라면, 그리고 노동법의 존재가 '구조적 실업'이라는 경제적 묘지를 허용한다면 과연 노동법이 가지는 의미란 무엇인가?"[24)]

Ⅱ. 비정규직법

1. 비정규직법의 개념

가. 비정규직법은 2006. 11. 30. 국회에서 비정규직 보호입법으로 통과된 세 가지 법률인 기간제 및 단시간근로자 보호 등에 관한 법률(2006. 12. 21. 법률 제8074호로 제정된 것), 파견근로자 보호 등에 관한 법률(2006. 12. 21. 법률 제8076호로 개정된 것), 노동위원회법(2006. 12. 21. 법률 제8075호로 개정된 것)을 통칭하는 용어로 사용되고 있다.[25)] 이 중 비정규직 근로관계의 실체를 다루고 있는 것은 기간제법과 파견법이며, 노동위원회법은 차별시정기구의 구성과 운영에 관한 내용을 규정하고 있다.

이러한 일반적 용례에도 불구하고 비정규직의 사용과 근로조건 등을 직접 규율한다는 법이라는 의미에서 비정규직법에는 근기법이 포함되어야 한다. 단시간근로자의 근로조건 중 중요한 내용은 현재에도 여전히 근기법에서 규율하고 있기 때문이다. 따라서 비정규직에 관한 실체법으로서는 기간제법, 파견법 및 근기법이 있고, 비정규직 차별시정제도와 관련한 절차법으로는 기간제법, 파견법 및 노동위원회법이 있다.

---

24) H. Sinzheimer, "Die Krisis des Arbeitsrecht", Arbeitsrecht und Rechtssoziologie, Band I, Frankfrut, 1976, 145쪽.

25) 비정규직 특히 기간제와 파견제의 현실적, 법적 문제점으로 인해 2000년 이후 다양한 입법청원이 있었다. 한국노총(2000년 7월), 민주노총(2000년 10월), 여성단체연합(2000년 9월), 비정규직 공대위(2000년 10월)에서 비정규직 보호를 위한 입법청원을 국회에 제출하였다. 이를 계기로 노사정위원회는 2001년 7월에 '비정규직근로자대책특별위원회'를 구성하여 상당한 연구・조사・논의를 거쳐 2003년 7월 25일에 논의 결과(노사 입장과 공익위원안)를 정부로 이송하였다. 정부는 이를 기초로 1년 정도의 검토를 거쳐 2004년 9월 10일에 비정규직법안을 확정하여 국회로 이송하였다. 그 후 2년이 넘는 논의를 거쳐 현행 비정규직법이 만들어졌다.

《비정규직법의 구성》

대상 근로자	실체법	절차법	
		차별시정절차	차별시정기구
기간제근로자	기간제법	기간제법	노동위원회법
단시간근로자	기간제법 및 근기법		
파견근로자	파견법	파견법	

나. 비정규직법에서 대상으로 하는 비정규직은 기간제근로자, 단시간근로자 및 파견근로자이다.

'기간제근로자'라 함은 기간의 정함이 있는 근로계약('기간제 근로계약')을 체결한 근로자를 말한다(기간제법 제2조 제1호). '단시간근로자'라 함은 근기법 제2조의 단시간근로자 곧 1주 동안의 소정근로시간이 그 사업장에서 같은 종류의 업무에 종사하는 통상 근로자의 1주 동안의 소정근로시간에 비하여 짧은 근로자를 말한다(기간제법 제2조 제2호 및 근기법 제2조 제1항 제8호). '파견근로자'라 함은 파견사업주가 고용한 근로자로서 근로자파견(파견사업주가 근로자를 고용한 후 그 고용관계를 유지하면서 근로자파견계약의 내용에 따라 사용사업주의 지휘・명령을 받아 사용사업주를 위한 근로에 종사하게 하는 것)의 대상이 되는 자를 말한다(파견법 제2조 제5호 및 제1호).

2. 비정규직법의 의의[26]

근기법 및 관련 판례의 내용과 비교할 때 현행 기간제법은 다음과 같은 의의가 있다. 먼저 기간제근로자의 사용사유를 제한하지 않는다는 점에서는 종래와 같은 태도를 유지하면서, 기간제근로자 사용기간의 최고 한도를 설정하고[27] 그

26) 이 부분은 강성태, "비정규직법안의 내용과 과제", 「노동법학」, 제21호, 한국노동법학회, 2005, 5－22쪽을 수정・요약하였다.

27) 종래 근기법에서는 비록 근로계약기간의 상한을 1년으로 규정했지만 대법원 1996. 8. 29 선고 95다5783 전원합의체 판결에 따라 적어도 사법적인 측면에서 1년의 상한은 무의미하게 되었다. 이 판결은 종래의 판례 입장을 근본적으로 변경한 것으로 그 요지는 이렇다. 첫째, 근로계약의 기간은 근로계약의 '존속기간'에 불과하고 '근로조건'은 아니기 때문에 1년을 초과하는 기간제도 사법상으로는 유효하다. 둘째, 따라서 사용자는 정해진 기간 동안 계약을 존속시킬 의무가 있는 반면, 근로자는 1년이 경과한 후에는 언제든지 당해 근로계약을 해지하고 자유롭게 퇴직할 수 있다. 셋째, 정해진 기간이 만료하면 특별한 사정이 없는 한 근로관계는 자동적으로 종료하기 때문에 사용자는 근로관계의 종료를 위하여 해고 등 별도의 조치를 취할 필요가 없다. 요컨대 이 대법원 전원합의체 판결로써 1

한도를 초과하는 경우의 근로자에 대한 보호를 신설하였다. 곧 기간제근로자 사용기간의 최고 한도를 2년으로 정하고, 그 한도를 초과한 경우에 사용자는 당해 근로자를 기간의 정함이 없는 근로계약을 체결한 근로자로 간주하도록 하였다. 다음으로 차별 금지 및 차별시정제도, 근로계약 체결시 근로조건의 서면 명시 의무, 정규직 채용시 우선 고용 노력 의무, 초과근로의 제한(단시간근로자) 등 기간제 및 단시간근로자의 근로조건 보호를 강화하기 위한 여러 제도들을 신설하였다.

개정 파견법은 종전 파견법상 논란이 많았던 불법 파견의 효과에 대해 명문의 규정을 두었다는 점과 파견제근로자에 대해서도 차별시정절차를 마련하였다는 점에서 가장 큰 의의를 찾을 수 있다. 그러나 불법 파견의 효과를 종래의 직접 고용 간주에서 직접 고용 의무로 약화시켰고, 계속적인 파견근로자의 사용을 억제할 수 있는 수단인 휴지기간제도는 끝내 도입하지 않았다.

년을 초과하는 기간제 근로계약도 합법화되었다.

제 2 편

기간제 및 단시간근로자 보호 등에 관한 법률

[제1조]

제1조 (목적)
이 법은 기간제근로자 및 단시간근로자에 대한 불합리한 차별을 시정하고 기간제근로자 및 단시간근로자의 근로조건 보호를 강화함으로써 노동시장의 건전한 발전에 이바지함을 목적으로 한다.

1. 기간제법의 목적

기간제법은 "기간제근로자, 단시간근로자 등 비정규직 근로자가 급격히 증가하고 이들 근로자에 대한 차별적 처우와 남용행위가 사회적 문제로 대두됨에 따라, 기간제근로자 및 단시간근로자에 대한 불합리한 차별을 시정하고 사용자의 남용행위를 규제함으로써 이들 근로자의 근로조건을 보호하고 노동시장의 건전한 발전을 도모"하기 위해 제정되었다.[1]

이에 따라 기간제법 제1조는 "이 법은 기간제근로자 및 단시간근로자에 대한 불합리한 차별을 시정하고 기간제근로자 및 단시간근로자의 근로조건 보호를 강화함으로써 노동시장의 건전한 발전에 이바지함을 목적으로 한다."고 입법 목적을 규정하고 있다. 이처럼 기간제법은 기간제 및 단시간근로자를 차별과 남용으로부터 보호할 수 있는 법적·제도적 장치를 마련하고, 이를 통해 노동시장의 건전한 발전을 위해 만들어졌다. 대법원 역시 기간제근로자의 사용기간을 제한하고 있는 기간제법의 입법 취지가 기본적으로 기간제 근로계약의 남용을 방지함으로써 근로자의 지위를 보장하려는 데에 있다고 보았다.[2]

기간제법 제1조에서 차별 시정이 제일 앞에 규정되어 있는 것에서 알 수 있듯이 기간제법은 기간제 및 단시간근로자에 대한 차별적 처우 시정을 주된 목적으로 하고 있으며, 이들에 대한 근로조건 보호를 강화하기 위하여 기간제근로자의 사용 제한, 단시간근로자의 초과근로 제한, 근로조건의 서면 명시 등의 여러 가지 법적 규제 장치들을 마련하고 있다.

---

1) 2006. 12. 21. 법률 제8074호로 제정된 기간제법의 제정이유.
2) 대법원 2014. 2. 13. 선고 2011두12528 판결, 대법원 2016. 11. 10. 선고 2014두45765 판결 등.

2. 기간제법의 제·개정 과정

우리 사회에서 비정규직 문제가 본격적으로 대두되기 시작한 1999년 말 경부터 전국민주노동조합총연맹을 중심으로 비정규직을 보호하는 법률을 만들기 위한 입법 청원이 이어졌다. 2004년에 출범한 17대 국회에서 민주노동당의 단병호 의원이 2004. 7. 12. '비정규직 권리 쟁취 법안'으로 불린 비정규직 관련 법안을 제출하였는데, 그 주요 내용은 기간제근로자의 사용사유를 제한하고,[3] 단시간 근로의 남발을 규제하며, 근로자파견제도는 폐지하고, 동일가치노동에 대해서는 동일임금을 보장하는 것이었다.

정부도 2004. 11. 8. '비정규직 보호 법안'임을 천명하면서 기간제법 법률안, 파견법 일부개정법률안, 노동위원회법 일부개정법률안을 국회에 제출하였다. 그 주요 내용은 3년 이내에는 기간제근로자의 사용을 자유롭게 허용하되 그 기간을 초과할 경우에는 해고를 제한하는 조치를 취하고,[4] 파견근로의 허용업무를 종전의 허용업무 열거방식(Positive List)에서 금지업무 열거방식(Negative List)으로 대폭 확대하며, 기간제·단시간·파견근로자에 대한 차별적 처우를 금지하고 노동위원회를 통한 차별시정제도를 도입하는 것이었다. 위 법안들을 둘러싸고 노동계와 경영계, 정치권과 정부가 협상과 대립을 거듭하다가 2006. 11. 30. 국회에서 현재와 같은 형태의 기간제법이 제정되고, 파견법 및 노동위원회법이 개정되었다.

이후 기간제법은 2012. 2. 1. 법률 제11273호로 일부 개정되어, 사용자가 기간제 및 단시간근로자에 대해 차별적 처우를 한 경우에는 고용노동부장관이 그 시정을 요구할 수 있고, 사용자가 이에 응하지 않을 경우에는 노동위원회에 통보

---

3) 기간제근로자를 사용해야 할 합당한 필요성이 있는 경우에만 기간제근로자를 사용할 수 있게 하는 것을 의미한다. 이와 관련하여 단병호 의원이 2004. 7. 12. 대표발의한 근기법 개정안(의안번호 170169, 제17대 국회 임기만료폐기)의 내용은 다음과 같다.

제23조(계약기간) ①근로계약은 기간의 정함이 없는 것으로 한다. 다만, 다음 각 호의 경우에는 예외로 한다.

1. 출산·육아 또는 질병·부상 등으로 인하여 발생한 결원을 대체할 경우
2. 계절적 사업의 경우
3. 일정한 사업완료에 필요한 기간을 정한 경우. 다만, 사업자가 동일한 목적으로 수행하는 사업은 하나의 사업으로 본다.
4. 그 밖에 일시적·임시적 고용의 필요성이 객관적으로 인정되는 경우

4) 노동부가 처음에 제출한 법안에는 기간제근로자를 사용할 수 있는 기간이 2년이 아니라 3년으로 되어 있었고 그 기간을 초과하였을 경우 기간의 정함이 없는 근로자로 전환되는 것이 아니라 정당한 이유 없이 근로계약기간의 만료만을 이유로 근로관계를 종료시킬 수 없도록 되어 있었다. 곧 기간제근로자의 신분을 여전히 인정하면서도 근로관계의 종료는 해고에 준하는 사유를 요구하는 방식이었다.

하여 노동위원회가 차별적 처우가 있는지를 심리하여 차별적 처우의 시정을 명할 수 있도록 하였다. 이를 위반한 경우 1억 원 이하의 과태료를 부과할 수 있도록 하였고(기간제법 제15조의2 신설), 3개월인 차별시정 신청기간을 6개월로 연장하였다(기간제법 제9조 제1항 단서 개정).

기간제법은 2013. 3. 22. 법률 제11667호로 일부 개정되어, 기간제 및 단시간 근로자에게 합리적인 이유 없이 불리한 처우를 할 수 없는 영역을 종래 "임금 그 밖에 근로조건 등"으로 규정한 것을 "임금, 상여금, 성과금, 그 밖에 복리후생에 관한 사항 등"으로 구체화·세분화하여 법률에 명시하였다(기간제법 제2조 3호 개정).

기간제법은 2014. 3. 18. 법률 제12469호로 일부 개정되어, 단시간근로자의 초과근로에 대하여 할증임금을 도입하고(기간제법 제6조 제3항 신설), 사용자의 고의적 또는 반복적 차별 행위에 대해서는 노동위원회가 기간제 및 단시간 근로자에게 발생한 손해액의 3배 내에서 징벌적인 성격의 배상명령을 할 수 있도록 하였으며(기간제법 제13조 제1항 개정 및 제2항 신설), 동일한 사용자의 사업 또는 사업장에서 한 명의 기간제 또는 단시간근로자가 차별 인정을 받았을 때 동일 조건에 있는 모든 근로자의 차별적 처우가 개선될 수 있도록 확정된 시정명령의 효력을 확대하였다(기간제법 제15조의3 신설).

3. 기간제법의 시행 시기

기간제법은 2007. 7. 1.부터 시행되었다. 다만, 차별적 처우의 금지 및 차별시정절차에 관한 규정(기간제법 제8조, 제9조, 제10조 제1항 내지 제4항, 제11조 내지 제15조, 제16조 제2호, 제3호 및 제24조 제1항, 제2항 제1호)은 다음과 같이 사업장의 특성 또는 사업장 규모별로 2007. 7. 1.에서 2009. 7. 1.까지 단계적으로 시행되었다(기간제법 부칙 제1항).

[기간제법 부칙]

① (시행일) 이 법은 2007년 7월 1일부터 시행한다. 다만, 제10조 제5항의 규정은 2007년 1월 1일부터 시행하고, 제8조, 제9조, 제10조 제1항 내지 제4항, 제11조 내지 15조, 제16조 제2호·제3호 및 제24조 제1항·제2항 제1호의 규정의 시행일은 사업 또는 사업장(사용사업주의 사업 또는 사업장을 말한다. 이하 같다)별로 다

음 각 호와 같다.
1. 상시 300인 이상의 근로자를 사용하는 사업 또는 사업장: 2007년 7월 1일
2. 국가 및 지방자치단체의 기관, 「정부산하기관 관리기본법」 제3조의 규정에 따른 정부산하기관, 「정부투자기관 관리기본법」 제2조의 규정에 따른 정부투자기관, 「지방공기업법」 제49조 및 동법 제76조의 규정에 따른 지방공사 및 지방공단, 「정부출연연구기관 등의 설립·운영 및 육성에 관한 법률」 제2조 및 「과학기술분야 정부출연 연구기관 등의 설립·운영 및 육성에 관한 법률」 제2조의 규정에 따른 정부출연연구기관 및 연구회, 「국립대학병원 설치법」에 따른 대학병원: 2007년 7월 1일
3. 상시 100인 이상 300인 미만의 근로자를 사용하는 사업 또는 사업장: 2008년 7월 1일
4. 상시 100인 미만의 근로자를 사용하는 사업 또는 사업장: 2009년 7월 1일

한편 차별시정사무에 관한 전문적 조사·연구업무를 수행하기 위하여 노동위원회에 전문위원을 둘 수 있도록 한 기간제법 제10조 제5항의 규정은 2007. 1. 1.부터 시행되었다. 차별 시정과 관련된 개정 노동위원회법의 시행일을 2007. 1. 1.로 정함에 따라 그에 맞춘 것이다.

[제2조 제1호]

제2조(정의)
이 법에서 사용하는 용어의 정의는 다음과 같다.
1. "기간제근로자"라 함은 기간의 정함이 있는 근로계약(이하 "기간제 근로계약"이라 한다)을 체결한 근로자를 말한다.

1. 기간제근로자의 개념

'기간제근로자'란 기간제 근로계약(기간의 정함이 있는 근로계약)을 체결한 근로자를 말한다(기간제법 제2조 제1호). 여기서 기간제 근로계약이란 근로자와 사용자가 시기(始期)와 종기(終期)의 기간을 정하여 체결한 근로계약을 의미한다. 이와 같이 근로계약에 기간을 정했으면 그러한 계약을 체결한 근로자가 무엇이라고

불리든지(일용직, 임시직, 계약직, 촉탁직, 아르바이트 등) 기간제 근로계약이라고 할 수 있다.[5)]

그렇지만 근로자가 일정 연령에 도달한 때에는 근로계약이 당연히 종료하는 것으로 정한 '정년(停年)제'는 기간의 정함에 해당하지 않는다. 정년제는 정년 도달 이전의 자유로운 퇴직을 제한하지 않으므로 근로계약의 존속기간을 약정한 것이 아니라 근로계약의 종료사유에 관한 특약으로 보아야 한다.[6)]

그리고 근로계약의 존속기간이 아닌 '근로계약에 따른 임금 등 근로조건의 유효기간'을 정한 '연봉계약'도 기간제 근로계약에는 해당하지 않는다. 또한 '시용·수습 근로자'의 경우도 기간의 정함이 없는 근로계약을 체결하면서 일정 기간을 시용·수습기간으로 설정한 것이라면, 그 기간은 근로계약의 존속기간을 정한 것이 아니므로 시용·수습기간에 대해서 별도의 기간제 근로계약을 체결한 것으로 볼 수는 없다.

근로계약의 존속기간을 사전에 구체적인 날짜로 특정하지 않더라도 객관적으로 그 시기와 종기를 확정할 수 있다면 기간제 근로계약에 해당하여 기간제법의 보호를 받을 수 있다. 객관적으로 근로계약의 시기와 종기가 분명한 이상, 날짜로 정한 경우와 달리 볼 이유가 없고, 계속적인 고용이 보장되지 않는 근로자에 대해서는 기간제법을 적용하는 것이 기간제근로자의 보호라는 기간제법 입법취지에 부합하기 때문이다.

2. 기간제 근로계약의 성립

가. 기간제 근로계약의 체결 방법

기간제 근로계약이 유효하게 성립하기 위해서는 근로계약을 체결하는 근로자와 사용자가 근로계약기간을 정하는 것에 대해 서로 합의하여야 한다. 그러한 합의를 한 경우에는 사용자는 ① 근로계약기간에 관한 사항을 근로자에게 서면으로 명시하여야 하고, 그 외에도 ② 근로시간·휴게에 관한 사항, ③ 임금의 구성항목·계산방법 및 지불방법에 관한 사항, ④ 휴일·휴가에 관한 사항, ⑤ 취업의 장소와 종사하여야 할 업무에 관한 사항도 아울러 서면으로 명시하여야 한

---

5) 菅野(역), 231쪽.
6) 정년 도달로 퇴직한 근로자와 사용자 사이에 기간제 근로계약을 다시 체결하는 것은 물론 가능하다고 할 것이다.

다(기간제법 제17조).

그런데 사용자가 근로계약기간을 서면으로 명시하지 않은 경우에도 기간제 근로계약으로서 효력을 가질 수 있는지 문제가 된다. 기간제 근로계약이 법률상 일정한 방식을 요하는 요식계약(要式契約)이 아닐 뿐 아니라, 기간제법에는 근로조건의 서면 명시와 관련하여 그 효력에 대한 규정이 없고,[7] 단지 과태료 부과 규정만 있는 점에 비추어 보면, 사용자가 근로계약기간을 서면으로 명시하지 않았다고 해서 사용자와 근로자의 합의로 체결한 기간제 근로계약의 효력 자체가 부인되는 것으로 해석하기는 어려울 것으로 보인다. 다만 사용자가 근로계약기간을 서면으로 명시하지 않은 경우에는 기간제 근로계약을 체결한 사실에 대한 증명책임은 전적으로 사용자에게 있고, 사용자가 그러한 증명을 하지 못한 경우에는 기간의 정함이 없는 근로계약이 체결된 것으로 보아야 한다.[8]

한편 사용자가 기간의 정함이 없는 근로자에게 기간제 근로계약을 체결할 것을 요구하는 경우가 있다. 당연히 근로자가 그에 따라야 할 의무는 없으므로 그러한 사용자의 부당한 요구는 거부할 수 있다. 그리고 사용자가 기간제 근로계약의 체결을 거부한다는 이유로 사직을 강요하여 근로자가 어쩔 수 없이 사직서를 제출하였다면, 이는 실질적으로 사용자의 일방적 의사에 따라 근로계약관계를 종료시키는 것으로서 부당해고에 해당한다.

나. 기간제 근로계약의 계약기간

기간제 근로계약에 있어서 근로계약기간의 하한(下限)에는 제한이 없다. 그리고 기간제 근로계약의 갱신 횟수에 대한 제한도 없다. 그런데 근로계약기간의 상한(上限)에 제한이 있는지 문제된다.

근기법 제16조는 근로계약의 기간을 정한 경우에는 일정한 사업의 완료에 필요한 기간을 정한 것 외에는 그 기간은 1년을 초과하지 못한다고 규정하고 있었는데, 이 규정은 기간제법의 시행으로 2007. 6. 30. 이후 실효되었다(근기법 부칙 제3조). 근기법 제16조가 실효되기 이전에도 대법원은 1년을 넘는 근로계약기간

---

7) 해고사유의 서면 통지와 관련하여, 근기법 제27조 제2항은 근로자에 대한 해고의 경우 해고사유와 해고시기를 서면으로 통지하여야 효력이 있다고 규정하고 있다.

8) 근로계약기간을 서면으로 명시하지 않았을 경우 기간제근로자가 노동위원회에 차별 시정을 신청하였을 때에 역으로 사용자가 그 근로자를 기간제근로자가 아니라고 주장하는 상황도 충분히 생길 수가 있다. 이와 같이 기간제 근로계약인지 여부에 대한 다툼이 여러모로 발생할 수가 있으므로, 입법론적으로는 기간제 근로계약은 반드시 서면으로 체결해야만 효력이 있는 것으로 기간제법에 규정하는 것이 바람직할 것이다.

도 유효하다고 보았기 때문에,[9] 실제로는 근로계약기간의 상한은 없었다고 할 수 있다. 그리고 기간제법에는 근로계약기간의 상한을 정한 규정이 없기 때문에, 기간제 근로계약의 계약기간 상한은 제한이 없는 것으로 볼 수 있다.[10]

이와 같이 근로계약기간의 상한은 없지만, 근기법 제16조가 효력을 상실하기 이전에는 계약기간을 1년을 초과하는 장기(長期)로 정하게 되면 1년이 경과한 후부터는 기간제근로자는 언제든지 손해배상 등의 부담을 지지 않고 자유롭게 근로계약을 해지할 수 있었기 때문에 자신의 의사에 반해 강제 근로를 강요당하지는 않았다. 그런데 근기법 제16조가 실효됨에 따라 기간제법 시행 이후 기간제근로자가 1년을 초과하는 장기간 고용관계에 얽매일 우려가 생겼다.

따라서 기간제법 시행에 맞추어 근기법 제16조의 효력을 상실시킨 것은 이러한 점을 미처 고려하지 못한 성급한 조치인 것으로 보인다. 기간제 근로계약의 계약기간이 1년을 초과하는 경우에는 그 기간에 상관없이 1년이 경과한 후에는 기간제근로자가 자유롭게 근로계약을 해지할 수 있다는 것을 기간제법에 명문화하는 입법적 보완이 필요하다.

3. 기간제 근로계약의 갱신

근로계약기간이 만료될 때 사용자와 근로자의 합의에 따라 다시 근로계약을 갱신할 수 있음은 물론이고, 이 경우 근로계약의 내용은 갱신된 근로계약에서 당사자들이 정한 바에 따르게 된다. 그런데 이와 같이 근로계약이 명시적으로 갱신된 것이 아니라 근로계약기간이 종료되었음에도 불구하고 근로자가 계속하여 근로를 제공하고 사용자도 이에 대해 상당한 기간 내에 특별한 이의를 제기하지 않음에 따라 기존의 근로계약이 묵시적으로 갱신된 것으로 보게 될 경우, 그 묵시적 갱신 이후의 계약기간은 어떻게 되는지 문제된다.[11] 학설은, 종전과 동일한 근로계약기간이 설정된 것으로 보아야 한다는 견해와 기간의 정함이 없는 근로계약으로 전환되는 것으로 보아야 한다는 견해로 갈리고 있다.

먼저 기간의 정함이 없는 근로계약으로 전환되는 것으로 보아야 한다는 견해는 민법 제662조 제1항 단서에서 가리키고 있는 제660조는 기간의 정함이 없는

9) 대법원 1996. 8. 29. 선고 95다5783 전원합의체 판결.

10) 기간제법이 제한하고 있는 것은 기간제 근로계약의 '사용'기간일 뿐 '계약'기간은 아니다.

11) 사용기간이 제한되는 경우를 전제로 한다면 2년 이내의 기간으로 기간제 근로계약을 체결한 경우에 이와 같은 문제가 생길 것이고, 사용기간의 제한을 받지 않는 경우에는 기간의 장단과 관계없이 이러한 문제가 생길 것이다.

계약에 관한 규정이라는 점, 계약기간이 종료되었음에도 사용자가 상당한 기간 내에 이의를 제기하지 않는다는 것은 종전의 계약기간 약정을 무의미한 것으로 보겠다는 의사로 볼 수 있으므로 민법 제662조 제1항 본문에서 말하는 '종전과 동일한 조건'에서 계약기간은 제외되는 것으로 보아야 타당하다는 점 등을 근거로 제시하고 있다.[12)]

종전과 동일한 근로계약기간이 설정된 것으로 보아야 한다는 견해와 관련해서는 민법 제662조 제1항에서 묵시적 갱신에 대하여 종전과 동일한 조건으로 고용한 것으로 본다는 점을 근거로 제시하는 견해도 있고,[13)] 민법 제662조 단서 규정의 취지는 고용계약이 묵시적으로 갱신되더라도 당사자에게 해약의 자유는 준다는 것이고, 반복적으로 갱신된 근로계약의 갱신 거절에 해고권 남용의 법리가 유추 적용되고 있으므로 묵시적 갱신이 있다고 해서 기간의 정함이 없는 근로계약으로 전환된다고 보는 것은 적절하지 않고 고용 실태에도 맞지 않는다는 점을 근거로 제시하는 견해도 있다.[14)]

이와 관련하여 대법원은 "민법 제662조에 의하면 고용계약이 만료된 후 노무자가 계속하여 노무를 제공하는 경우에 사용자가 상당한 기간 내에 이의를 하지 아니한 때에는 앞의 고용계약과 동일한 조건으로 고용한 것으로 보게 되어 있으므로 당초의 해외취업 계약기간이 1년이었다면 그 연장계약기간도 특단의 사정이 없는 한 1년으로 연장되었다고 보아야 하며 이에 반하는 주장을 하는 경우, 그 주장자에게 입증책임이 있다."라고 하여 기간제 근로계약의 묵시적 갱신이 있으면 그 전과 동일한 근로계약기간이 설정되는 것으로 판단하였다.[15)] 그러나 위 대법원 판결은 1년으로 정한 근로계약이 만료된 이후 묵시적으로 갱신된 상황에서 사용자는 갱신된 이후의 계약기간은 6개월이라고 주장한 반면, 근로자는 1년이라고 주장한 사안에 관한 판단으로, 위 판결이 묵시적으로 갱신된 기간제 근로계약의 계약기간에 관한 대법원의 확고한 견해라고 보기는 어렵다.

근로계약의 묵시적 갱신에 관하여는 근기법에 별도의 규정이 없으므로 고용계약의 묵시적 갱신을 규정한 민법 제662조에 따라 해석해야 하는데, 민법 제662조 제1항과 동일한 문언으로 규정된 민법 제639조 임대차계약의 묵시적 갱신의 경우에 대법원은 묵시적 갱신 이후의 계약은 기간의 정함이 없는 것으로 된다고

12) 김유성Ⅰ, 378쪽.
13) 임종률, 565쪽.
14) 菅野(역), 224쪽.
15) 대법원 1986. 2. 25. 선고 85다카2096 판결.

판단하고 있다.[16] 또한 민법 제662조 제1항 단서는 고용계약이 묵시적으로 갱신된 경우에는 기간의 약정이 없는 고용의 해지통고 규정인 민법 제660조에 따라 고용계약을 해지할 수 있는 것으로 규정하고 있으므로, 묵시적 갱신 이후에는 기간의 정함이 없는 근로계약으로 전환되는 것으로 해석하는 것이 타당하다고 생각한다.[17]

4. 기간제 근로계약의 종료

근로계약기간을 정한 경우에 근로계약 당사자 사이의 근로관계는 특별한 사정이 없는 한, 그 기간이 만료함에 따라 사용자의 해고 등 별도의 조처 없이 근로자로서의 신분관계는 당연히 종료된다.[18] 이는 근로계약기간을 정한 근로계약서를 작성한 경우에는 특별한 사정이 없는 한, 당사자의 의사표시를 처분문서인 근로계약서에 기재되어 있는 문언의 내용에 따라 근로계약의 존속기간을 정한 것으로 해석해야 한다는 것이다. 근로계약서를 처분문서로 파악하고, 처분문서의 법리를 충실하게 적용한 이러한 해석론은 대법원 판례에 의해 확고하게 정립되어 있다.

위와 같이 기간제 근로계약의 경우에는 계약기간 만료로 근로자와 사용자 사이의 근로관계는 원칙적으로 종료되므로, 기간제근로자는 사용자가 계약기간이 만료되었다는 사유로 고용관계를 종료할 때, 근기법 제23조 제1항에 따른 해고제한 법리의 보호를 받지 못한다. 이러한 문제점으로부터 기간제근로자의 고용을 보호하기 위해, 기간제법은 사용자가 2년을 초과하여 기간제근로자를 사용하면 원칙적으로 그 근로자를 기간이 정함이 없는 근로계약을 체결한 근로자로 간주하는 규정을 두었다. 그러나 기간제법에서 기간제근로자의 2년 초과 사용을 예외적으로 허용하고 있는 경우에는 기간제근로자가 근로계약의 갱신·연장 등으로 장기간 고용되더라도 여전히 계약기간이 만료되었다는 이유로 사용자로부터 계

16) 대법원 1966. 10. 25. 선고 66다1467 판결.

17) 독일의 '단시간 근로 및 기간제 근로에 관한 법률' 제15조 제5항에는 약정한 기간이 경과하거나 사업의 목적이 달성되었음을 사용자가 인식하였음에도 불구하고 근로관계가 지속되고 있는 상황에서 사용자가 즉시 이의를 제기하지 않거나 근로자에게 사업의 완성을 통지하지 아니하면 기간의 정함이 없는 근로계약이 체결된 것으로 본다고 규정되어 있다.; 유성재, "기간의 정함이 있는 근로계약에 대한 입법론적 고찰", 「노동법학」, 제12호, 한국노동법학회, 2001, 130쪽.

18) 대법원 1995. 7. 11. 선고 95다9280 판결, 대법원 1996. 8. 29. 선고 95다5783 전원합의체 판결, 대법원 1998. 1. 23. 선고 97다42489 판결, 1998. 5. 29. 선고 98두625 판결, 대법원 2006. 2. 24. 선고 2005두5673 판결, 대법원 2007. 9. 7. 선고 2005두16901 판결, 대법원 2010. 6. 24. 선고 2007다31471 판결 등.

약 갱신의 거절을 당할 수 있는 위험에 놓여 있다.

이러한 불안정한 고용 상태로부터 기간제근로자를 보호하기 위하여 대법원은 기간제 근로계약을 체결하였더라도 그 기간의 정함이 단지 형식에 불과하다는 사정이 인정되거나, 근로자에게 계약 갱신에 대한 정당한 기대권이 인정되는 등의 특별한 경우에는 사용자가 부당하게 근로계약의 갱신을 거절하는 것은 해고와 마찬가지로 무효로 보는 판례 법리를 정립하고 있다.[19]

기간제 근로계약에 있어서 기간이 종료되기 전이라도 정당한 이유가 있으면 사용자는 근기법 제23조 제1항에 따라 근로자를 해고할 수 있다. 여기서 정당한 이유는 통상 근로자 측에게 귀책사유가 있는 경우이다.

문제는 사용자가 경영상 이유에 의한 해고를 할 때 기간제근로자를 기간의 정함이 없는 근로계약을 체결한 근로자에 앞서 우선적으로 해고 대상으로 할 수 있는지 여부이다. 이를 긍정하는 견해도 있으나,[20] 기간제 근로계약의 특성상 일정한 시점 뒤에 근로관계의 종료가 예정된다는 이유만으로 기간제근로자를 우선 해고 대상으로 한다면, 이는 합리적이고 공정한 해고 기준이라고 하기는 어려울 것이다.

사용자가 근로계약상의 의무를 제대로 이행하지 않을 경우에 기간제근로자는 계약기간 중이라도 근로계약을 해지할 수 있음은 당연하다. 문제는 그 이외의 경우에 기간제근로자가 근로계약기간 중이라도 자유롭게 근로계약을 해지할 수 있는지 여부이다.

일정 기간 동안 일하기로 정하였다고 해서 근로자가 근로계약을 자유롭게 해지하지 못한다면, 이는 사실상 근로자에게 강제 근로를 강요하는 것과 마찬가지라는 점을 근거로, 근로자는 계약기간이 종료되기 전이라도 자유롭게 근로계약을 해지할 수 있고 계약 해지에 따른 손해배상책임도 지지 않는 것으로 볼 수도 있다. 이렇게 보는 것이 근로자 보호에도 유리할 것이다.

그러나 앞서 살펴보았듯이 현행 근기법이나 기간제법에는 기간제 근로계약의 해지에 관한 명문 규정이 없고, 민법 제661조에서 3년 이하로 고용기간을 약정

---

19) 이에 대한 자세한 설명은 아래 5.항 '기간제 근로계약 갱신 거절에 대한 법적 규제' 부분(27쪽 이하)을 참고.

20) 임종률, 620－621쪽. 임종률 교수는 "기간제근로자는 채용이 간편하고 계약기간을 약정한 것인데 대하여 상용근로자는 엄격한 전형을 거쳐 채용되고 정년까지 고용된다는 기대 아래 기간을 약정하지 않은 점에서 여전히 차이가 있기 때문에 정리해고를 할 때에 기간제근로자를 우선적으로 해고하는 것이 반드시 부당하다고 볼 수는 없을 것"이라고 설명하고 있다.

한 경우에는 부득이한 사유가 있어야만 고용계약을 해지할 수 있고, 그 경우에도 그 사유가 근로자의 일방적 과실로 인하여 생긴 때에는 사용자에 대하여 손해배상책임을 지는 것으로 규정한 점에 비추어 보면, 기간제근로자가 계약기간 도중에 근로계약을 해지하려면 일정한 제한이 있을 것이다. 다만 강제근로금지(근로기준법 제72조)의 취지를 고려하여 인과관계가 명백한 실손해 외에는 책임이 인정되지 않는다고 할 것이다.

5. 기간제 근로계약 갱신 거절에 대한 법적 규제

가. 개 설

기간을 정하여 근로계약을 체결한 근로자는 그 기간이 만료됨으로써 근로자로서의 신분관계는 당연히 종료되고, 근로계약을 갱신하지 못하면 갱신 거절의 의사표시가 없어도 당연 퇴직되는 것이 원칙이다.21) 이에 따라 계약기간이 만료된 기간제근로자의 계속적인 고용 여부는 계약의 자유라는 이름 아래 사용자의 자유의사에 맡겨져 있고, 기간제근로자는 사용자의 계약 갱신 거절로부터 아무런 법적 보호를 받지 못한다.

그러나 사용자가 근기법상의 해고 제한 규정을 회피하기 위한 목적으로 무분별하게 기간제 근로계약을 체결하는 것은 권리 남용에 해당하므로 이를 규제할 필요가 있다. 이에 대법원은 기간제법 시행 이전부터 일정한 유형의 기간제 근로계약에 대하여는 예외적으로 사용자가 계약기간이 만료되더라도 계약 갱신을 거절한다면 이는 부당해고와 마찬가지로 아무런 효력이 없고, 근로관계는 계속 유지된다고 판단하였다. 이와 같이 계약기간이 만료될 때 사용자가 근로계약 갱신을 거절하는 것을 무효로 봄으로써 기간제근로자의 고용을 보호하는 판례 법리의 내용은 처분문서인 근로계약서의 문언 등에도 불구하고 사실상 기간의 정함이 없는 근로계약을 체결한 것으로 간주하는 경우와 근로자의 근로계약 갱신에 대한 정당한 기대권(갱신기대권)을 인정하는 경우의 두 가지 유형으로 분류된다.

---

21) 대법원 2011. 4. 14. 선고 2007두1729 판결, 대법원 2011. 7. 28. 선고 2009두5374 판결, 대법원 2012. 6. 14. 선고 2010두8225 판결, 대법원 2014. 2. 13. 선고 2013다51674 판결, 대법원 2014. 2. 13. 선고 2012두1402 판결, 대법원 2014. 12. 24. 선고 2012다17035 판결 등.

나. 기간제 근로계약에 관한 고용 보호 법리

1) 기간의 정함이 형식에 불과한 것으로 인정되는 경우

가) 판례 법리의 내용

대법원은 기간제 근로계약을 체결한 경우에도 단기의 근로계약이 장기간에 걸쳐서 반복하여 갱신됨으로써 그 정한 기간이 단지 형식에 불과하게 된 경우 등 계약서의 내용과 근로계약이 이루어지게 된 동기 및 경위, 기간을 정한 목적과 당사자의 진정한 의사, 동종의 근로계약 체결 방식에 관한 관행 그리고 근로자보호법규 등을 종합적으로 고려하여 그 기간의 정함이 단지 형식에 불과하다는 사정이 인정되는 경우에는 사용자가 정당한 사유 없이 갱신계약의 체결을 거절하는 것은 해고와 마찬가지로 무효로 된다는 법리를 정립하고 있다.[22]

이 법리는 근로계약기간 약정에 관한 당사자의 의사에 규범적으로 접근하여 그 기간의 약정을 무력화시킴으로써 기간제근로자를 근기법의 해고 제한 법리가 보호하는 영역으로 편입하는 해석론이다.[23] 즉 해당 근로계약관계가 형식적으로는 기간제 근로계약의 외관을 띠지만 당사자의 의사 등에 기해 기간의 정함이 없는 근로계약관계를 형성시키는 것으로 해석될 경우에는 사실상 기간의 정함이 없는 근로계약으로 다루어야 한다는 것이다. 계약관계를 형식에만 의존하지 말고 실질을 고려해서 해석해야 하고, 이것은 당연한 요구(실질적 판단의 원칙)이므로 이러한 해석 방법이 특별한 것이라고 할 수는 없다.[24]

나) 갱신 거절 무효의 판단 기준

근로계약서에서 정한 계약기간이 단지 형식에 불과하고 실질적으로는 기간의 정함이 없는 근로계약을 체결한 것으로 간주되는 경우에는 사용자의 계약 갱신 거절에 대하여 해고 제한의 법리를 전면적으로 적용하여 기간제근로자의 고용을 보호할 수 있다. 1차적으로 사용자의 계약 갱신 거절을 실질적으로 해고에 해당

---

22) 대법원 2006. 2. 24. 선고 2005두5673 판결, 대법원 2006. 12. 22. 선고 2005두5840 판결, 대법원 2007. 7. 12. 선고 2005두2247 판결, 대법원 2007. 9. 7. 선고 2005두16901 판결, 대법원 2011. 7. 28. 선고 2009두5374 판결, 대법원 2007. 10. 11. 선고 2007두11566 판결, 대법원 2011. 11. 10. 선고 2010두24128 판결, 대법원 2013. 2. 14. 선고 2011두24361 판결 등.

23) 김희성 · 최홍기, 「정책연구 2015－21; 기간제 근로자의 갱신기대권에 관한 연구」, 한국경제연구원, 2015, 15쪽.

24) 도재형, “기간제법 시행 이후 갱신기대권 법리의 적용 가능성”, 「노동법연구」, 제42호, 서울대학교 노동법연구회, 2017, 203쪽.

하는 것으로 판단할 수 있는 요건으로 '기간의 정함이 형식에 불과한 것인지 여부의 판단'과 2차적으로 그 해고(계약 갱신 거절)를 위법·무효라고 볼 수 있는 요건으로 '정당한 이유의 존재 여부의 판단'이라는 두 개의 판단 단계를 거친다.

1차 판단 단계에서 기간의 정함이 단지 형식에 불과한 것으로 인정될 수 있는 전형적인 징표는 '단기의 근로계약이 장기간에 걸쳐서 반복하여 갱신된 사실'이다. 이러한 사실이 존재하는 경우에는 곧바로 기간의 정함이 없는 근로계약을 체결한 것으로 간주될 수 있다.[25] 다음으로 기간제 근로계약이 장기간에 걸쳐 반복하여 갱신된 사실이 없는 경우에는 근로계약서의 내용과 근로계약이 이루어지게 된 동기 및 경위, 계약기간을 정한 목적과 당사자의 진정한 의사, 동종의 근로계약 체결 방식에 관한 관행 그리고 근로자보호 법규 등을 종합적으로 고려하여, 계약기간의 정함이 단지 형식에 불과하다는 사정이 인정될 수 있는지 여부를 판단하게 된다.

1차 판단 단계에서 기간의 정함이 없는 근로계약으로 인정되어 2차 판단 단계로 넘어가서 사용자가 계약 갱신을 거절할 만한 정당한 이유가 없음에도 고용을 종료한 것으로 인정되면 부당해고로서 위법·무효가 되고, 이 때 해고(계약 갱신 거절)가 정당한지에 관한 판단에는 근기법 제23조의 해고 제한 법리가 그대로 적용되므로, 통상의 해고의 경우와 전혀 다를 바가 없다.[26]

다) 기간제법과의 관계

근로계약에서 정한 계약기간이 형식에 불과한 경우에는 사용자의 계약 갱신 거절을 해고와 마찬가지로 무효로 보는 판례 법리는 당사자의 의사 해석의 결과로서 사실상 기간의 정함이 없는 근로계약을 체결한 것으로 취급되므로 기간제 근로계약관계를 전제로 하는 기간제법과 충돌할 여지가 없다. 따라서 이 법리는 기간제법 시행에 의해 아무런 영향을 받지 않고, 이에 대해서는 학설상 다툼이 없다.[27]

---

25) 대법원 1994. 1. 11. 선고 93다17843 판결, 대법원 2003. 11. 28. 선고 2003두9336 판결, 대법원 2006. 12. 7. 선고 2004다29736 판결 등.

26) 대법원 2006. 2. 24. 선고 2005두5673 판결은 사실상 기간의 정함이 형식에 불과하여 실질적으로는 기간의 정함이 없는 근로자의 지위에 있었다고 보인다면, 사용자가 근로자에게 근로계약기간 만료를 통지한 행위는 그에 대하여 근기법 소정의 정당한 이유가 없는 이상 부당해고로서 무효라고 판단하였다.

27) 도재형, "기간제법 시행 이후 갱신기대권 법리의 적용 가능성", 「노동법연구」, 제42호, 서울대학교 노동법연구회, 2017, 202-203쪽.

2) 계약 갱신에 대한 정당한 기대권(갱신기대권)이 인정되는 경우

가) 갱신기대권 법리

대법원은 근로계약에서 기간을 정한 것이 단지 형식에 불과한 것으로 볼 수 없는 경우이더라도, 근로계약, 취업규칙, 단체협약 등에서 기간 만료에도 불구하고 일정한 요건이 충족되면 당해 근로계약이 갱신된다는 취지의 규정을 두고 있거나, 그러한 규정이 없더라도 당해 근로관계를 둘러싼 여러 사정을 종합하여 볼 때, 근로계약 당사자 사이에 일정한 요건이 충족되면 근로계약이 갱신된다는 신뢰관계가 형성되어 있어, 근로자에게 근로계약이 갱신될 수 있으리라는 정당한 기대권이 인정되는 경우에는 사용자가 이를 위반하여 부당하게 근로계약의 갱신을 거절하는 것은 부당해고와 마찬가지로 아무런 효력이 없고, 이 경우 기간 만료 후의 근로관계는 종전의 근로계약이 갱신된 것과 동일하다고 판단하고 있다.[28)]

기간을 정하여 체결한 근로계약에서 근로자에게 계약기간 만료 후에 계약이 갱신될 수 있으리라는 정당한 기대권이 인정될 수 있는 경우, 그 기대권을 부당하게 침해하는 사용자의 일방적인 근로관계 종료 조치(계약 갱신 거절)를 부당해고와 마찬가지로 무효로 보아 그 효력을 인정하지 않으면서, 계약기간 만료 후의 근로관계는 종전의 기간제 근로계약이 동일한 내용으로 자동적으로 갱신된 것으로 간주함으로써, 근로자가 가지고 있는 기대권으로부터 근로관계의 갱신·존속이라는 효과를 끌어내는 것이 갱신기대권 법리의 내용이다.

나) 갱신기대권 인정 요건

(1) 당사자 사이에 일정한 요건이 충족되면 근로계약을 갱신하기로 하는 약정이 존재하거나 그러한 신뢰관계가 형성되어 있는 경우

근로자의 계약 갱신에 대한 정당한 기대권은 다음의 두 가지 경우에 인정된다. 첫째, 근로계약, 취업규칙, 단체협약 등에서 기간 만료에도 불구하고 일정한 요건이 충족되면 당해 근로계약이 갱신된다는 취지의 규정을 두고 있는 경우와

---

28) 대법원 2011. 4. 14. 선고 2007두1729 판결, 대법원 2011. 7. 28. 선고 2009두2865 판결, 대법원 2011. 7. 28. 선고 2009두4180 판결, 대법원 2011. 7. 28. 선고 2009두5374 판결, 대법원 2011. 9. 8. 선고 2009두9765 판결, 대법원 2012. 6. 14. 선고 2010두8225 판결, 대법원 2014. 2. 13. 선고 2011두19550 판결, 대법원 2014. 12. 24. 선고 2012다17035 판결, 대법원 2014. 2. 13.선고 2011두12528 판결, 대법원 2016. 7. 29. 선고 2013다47125 판결, 대법원 2017. 2. 3. 선고 2016두50563 판결 등.

둘째, 근로계약, 취업규칙, 단체협약 등에 그러한 규정이 없더라도 근로계약 당사자 사이에 일정한 요건이 충족되면 근로계약이 갱신된다는 신뢰관계가 형성되어 있는 경우이다. 두 번째 경우에는 근로계약의 내용과 근로계약이 이루어지게 된 동기 및 경위, 계약 갱신의 기준 등 갱신에 관한 요건이나 절차의 설정 여부 및 그 실태, 근로자가 수행하는 업무의 내용 등 당해 근로관계를 둘러싼 여러 사정을 종합하여, 근로계약 당사자 사이에 일정한 요건이 충족되면 근로계약이 갱신된다는 신뢰관계가 형성되어 있다고 볼 수 있는지를 판단하게 된다.

대법원이 갱신기대권 법리를 최초로 설시한 판결[29]에서는 갱신기대권 인정 요건을 "임용의 근거가 된 법령 등의 규정이나 계약 등에서 임용권자에게 임용기간이 만료된 근로자를 재임용할 의무를 지우거나 재임용절차 및 요건 등에 관한 근거규정을 두고 있어 근로자에게 소정의 절차에 따라 재임용될 수 있으리라는 정당한 기대권이 인정되는 경우"라고 표현하였고, 이와 같은 갱신기대권 인정 요건의 설시는 이후 다른 대법원 판결[30]에도 그대로 이어졌다. 그러나 이러한 판시 내용은 법령이나 계약 등에서 재계약의무나 그 요건 및 절차를 규정한 경우로 한정하여 갱신기대권을 인정하는 것으로 해석될 여지가 있는데, 그렇지 않은 경우에도 근로관계를 둘러싼 여러 사정에 비추어 사용자와 근로자 사이에 일정한 요건을 충족하면 근로계약을 갱신하기로 하는 약정이 있는 것으로 인정되는 경우에도 갱신기대권을 인정할 필요가 있고, 더욱이 대법원은 갱신기대권을 근로관계의 갱신·존속이라는 효과를 도출하는 개념으로 인정하고 있으므로 그 요건을 효과에 부합하게 정비할 필요가 있었다.

이후 대법원은 2011년 판결[31]에서 갱신기대권 인정 요건을 "근로계약, 취업규칙, 단체협약 등에서 기간 만료에도 불구하고 일정한 요건이 충족되면 당해 근로계약이 갱신된다는 취지의 규정을 두고 있거나, 그러한 규정이 없더라도 당해 근로관계를 둘러싼 여러 사정을 종합하여 볼 때, 근로계약 당사자 사이에 일정한 요건이 충족되면 근로계약이 갱신된다는 신뢰관계가 형성되어 있어, 근로자에게 그에 따라 근로계약이 갱신될 수 있으리라는 정당한 기대권이 인정되는 경우"라고 재구성하였고,[32] 이와 같이 정비된 갱신기대권 인정 요건은 현재까지 계속 이

29) 대법원 2005. 7. 8. 선고 2002두8640 판결(한국문화정책개발원 사건).
30) 대법원 2007. 10. 11. 선고 2007두11566 판결(한세대학교 사건).
31) 대법원 2011. 4. 14. 선고 2007두1729 판결(서울시설관리공단 사건).
32) 이미선, "기간제 근로계약에 있어서 근로자의 근로계약 갱신에 관한 기대권의 인정 문제", 「대법원 판례해설」, 제87호, 법원도서관, 2011, 494쪽은 대법원이 갱신기대권 인정 요건을 위와 같이 재구성

어지고 있다.

(2) 갱신기대권을 인정할 수 있는 징표

근로자의 계약 갱신에 대한 정당한 기대권은 해당 근로계약을 둘러싼 여러 객관적 사정들로부터 도출되는 것이고, 근로자 개인의 주관적 기대가 아니라 객관적 증거를 통하여 인정되는 합리적인 제3자의 객관적 기대이다.[33] 이러한 갱신기대권을 인정할 수 있는 객관적 징표들을 구체적으로 살펴보면 아래와 같다.

첫째, 근로계약, 취업규칙, 단체협약 등에서 계약 갱신의 요건과 기준을 정하고 있거나 일정한 기준에 따라 계약을 갱신해 온 실태가 있는 경우에는 갱신기대권이 인정된다. 즉 관련 규정에서 사용자에게 기간제근로자의 근무성적 등을 평가하여 일정 점수 또는 일정 순위 이상인 근로자와는 계약을 갱신할 의무를 지우고 있거나, 명시적인 규정은 없더라도 그러한 기준에 따라 계약을 갱신해 온 실태가 있는 경우에는 근로자에게는 근무성적 평가 결과 등에 따른 일정한 요건을 충족하면 계약이 갱신될 수 있으리라는 정당한 기대권이 형성된 것으로 보아야 한다.[34]

둘째, 근로계약서 등에 자동연장 조항이 있는 경우에도 갱신기대권이 인정된다. 근로자와 체결한 계약서에서 계약기간이 만료하기 전 일정 기간까지 상호 서면으로 이의가 없을 때에는 계약은 동일한 조건으로 자동 연장된다는 규정을 두고 있는 경우,[35] 관련 규정에서 근무실적 평정 결과 최종 평점이 일정 점수 이상일 경우 계약을 자동으로 연장하도록 규정되어 있는 경우,[36] 1년 단위로 계약을 체결하되 1년 이상 사용하여야 하는 경우 재계약할 때 계약서에 특별한 사유가 없는 한 계약기간이 1년 단위로 계속 연장되는 것으로 간주하는 규정을 두고 있는 경우[37] 등이 여기에 해당한다.

셋째, 해당 근로자와 동종 근로자의 근로계약이 수차례 갱신되고 거부된 사례

하게 된 배경에 관하여 자세히 설명하고 있다.

33) 박은정, "기간제 근로계약에 대한 갱신기대권", 「노동법학」, 제44호, 한국노동법학회, 2012, 352쪽.

34) 대법원 2011. 4. 14. 선고 2007두1729 판결, 대법원 2011. 7. 28. 선고 2009두4180 판결, 대법원 2011. 7. 28. 선고 2009두5374 판결, 대법원 2011. 7. 28. 선고 2009두2665 판결, 대법원 2014. 12. 24. 선고 2012다17035 판결, 대법원 2017. 10. 12. 선고 2015두4493 판결 등.

35) 대법원 2011. 4. 14. 선고 2007두1729 판결.

36) 대법원 2014. 2. 13. 선고 2013다51674 판결, 대법원 2014. 2. 13. 선고 2011두19550 판결, 대법원 2014. 2. 13. 선고 2012두1402 판결, 대법원 2014. 2. 13. 선고 2011두12528 판결, 대법원 2014. 2. 27. 선고 2011두17745 판결.

37) 대법원 2014. 2. 13. 선고 2011두19550 판결, 대법원 2014. 2. 13. 선고 2011두12528 판결, 대법원 2014. 2. 27. 선고 2011두17745 판결.

가 없다면, 이러한 실태는 근로자에게 계약기간이 만료되더라도 특별한 사정이 없는 한 근로관계가 계속 유지될 수 있으리라는 정당한 기대권이 형성되어 있는 것으로 볼 수 있다.38)

넷째, 기간제근로자가 수행하는 업무가 한시적·일시적인 것이 아니라 상시적·지속적인 성격의 업무이거나 당해 사업에 필수적인 업무에 해당하는 경우에는 갱신기대권 인정 여부의 판단에서 긍정적인 고려 요소가 된다.39)

반면에 계약 갱신에 관한 요건이나 절차에 관한 아무런 규율 없이 오로지 사용자의 인력 수요 및 근로자의 근무태도에 관한 재량적 판단에 따라 근로계약의 갱신 여부를 결정해 왔다면, 근로자에게 계약 갱신에 관한 기대권을 인정하기는 어려울 것이다.40)

다) 갱신기대권의 부당한 침해 – 계약 갱신 거절의 합리적 이유의 판단 기준

기간제근로자에게 갱신기대권이 인정된다고 하더라도 사용자의 계약 갱신 거절이 무조건 무효로 되는 것은 아니고, 사용자가 부당하게 계약 갱신을 거절한 것으로 볼 수 있어야 부당해고와 마찬가지로 무효가 된다. 즉 사용자가 기간제근로자에게 이미 형성된 계약 갱신에 대한 정당한 기대권을 배제하고 계약 갱신을 거절한 데에 합리적 이유가 있는 것으로 인정되는 경우에는 그 갱신 거절을 유효한 것으로 보아 기간제근로자와의 근로관계 종료를 인정한다.

이에 따라 사용자에게 계약 갱신을 거절할 만한 합리적 이유가 있는지를 어떠한 기준으로 판단할 것인지가 문제된다. 이와 관련하여 대법원은, 기간제 근로계약을 체결한 근로자에게 이와 같이 근로계약 갱신에 대한 정당한 기대권을 인정하는 취지는 기간제 근로계약의 남용을 방지함으로써 기간제근로자에 대한 불합리한 차별을 시정하고 기간제근로자의 근로조건 보호를 강화하려는 데에 있고, 따라서 근로자에게 이미 형성된 갱신에 대한 정당한 기대권이 있음에도 불구하고 사용자가 이를 배제하고 근로계약의 갱신을 거절한 데에 합리적 이유가 있는지가 문제될 때에는 사용자의 사업 목적과 성격, 사업장 여건, 근로자의 지위 및 담당 직무의 내용, 근로계약 체결 경위, 근로계약의 갱신에 관한 요건이나 절차의 설정 여부와 그 운용 실태, 근로자에게 책임 있는 사유가 있는지 여부 등 당

---

38) 대법원 2012. 6. 14. 선고 2010두8225 판결, 대법원 2017. 2. 3. 선고 2016두50563 판결.
39) 대법원 2011. 4. 14. 선고 2007두1729 판결, 대법원 2012. 6. 14. 선고 2010두8225 판결, 대법원 2014. 12. 24. 선고 2012다17035 판결, 대법원 2017. 2. 3. 선고 2016두50563 판결 등.
40) 대법원 2011. 9. 8. 선고 2009두9765 판결.

해 근로관계를 둘러싼 여러 사정을 종합하여 갱신 거부의 사유와 그 절차가 사회통념에 비추어 볼 때 객관적이고 합리적이며 공정한지를 기준으로 판단하여야 하고, 그러한 사정에 대한 증명책임은 사용자가 부담한다는 판단 기준을 세우고 있다.[41)]

따라서 취업규칙이나 단체협약 등에서 근무성적 평가 등 소정의 심사 절차를 거쳐서 일정한 기준을 충족하면 기간제 근로계약을 갱신할 수 있다는 취지의 규정을 두고 있는 경우, 객관적이고 합리적인 기준에 따라 공정한 절차를 거쳐서 계약 갱신의 심사가 이루어져야 하고, 사용자가 객관적 합리성이나 공정성이 결여된 평가 기준이나 심사 절차를 거쳐 근로계약 갱신을 거절하는 것은 기간제근로자의 계약 갱신에 관한 정당한 기대권을 부당하게 침해하는 것으로서 효력을 인정할 수 없다.[42)] 즉 이러한 경우 사용자가 갱신기대권을 침해하여 부당하게 계약 갱신을 거절하였는지 여부는 단체협약·취업규칙·근로계약서 및 기존의 관행 등에서 정한 재계약 심사·평가기준, 심사절차, 평가방법 등의 객관성과 공정성 및 합리성 여부를 중심으로 판단이 이루어진다.

사용자가 계약 갱신에 대한 정당한 기대권을 보유한 기간제근로자에게 사전 동의 절차를 거치거나 가점 부여 등의 구체적인 기준도 마련하지 않은 채 재계약 절차가 아닌 신규채용 절차 또는 공개채용 절차를 통하여 선발되어야만 계약 갱신을 해주겠다고 주장하면서 갱신 거절을 한 경우, 이는 근로자의 계약 갱신에 관한 정당한 기대권을 전면적으로 배제하는 것이어서 허용될 수 없다.[43)]

사용자가 기간제 근로계약의 갱신 거절을 대규모로 한 경우에는 사용자로서 그와 같은 조치를 취하지 않으면 안 될 경영상 또는 운영상 필요가 있는지, 그에 관한 근거 규정이 있는지, 이를 회피하거나 갱신의 거절의 범위를 최소화하기 위한 노력을 하였는지, 그 대상자를 합리적이고 공정한 기준에 따라 선정하기 위한 절차를 밟았는지, 그 과정에서 차별적 대우가 있었는지 여부 등을 종합적으로 살펴서 판단해야 한다.[44)]

사용자가 기간제법 시행으로 2년을 초과하여 기간제근로자를 사용할 경우 기간의 정함이 없는 근로자로 전환해야 할 상황에 직면하자 이를 회피하기 위하여 근

41) 대법원 2017. 10. 12. 선고 2015두44493 판결.
42) 대법원 2011. 4. 14. 선고 2007두1729 판결, 대법원 2011. 7. 28. 선고 2009두4180 판결, 대법원 2011. 7. 28. 선고 2009두2665 판결 등.
43) 대법원 2012. 6. 14. 선고 2010두8225 판결, 대법원 2017. 10. 12. 선고 2015두44493 판결 등.
44) 대법원 2014. 12. 24. 선고 2012다17035 판결, 대법원 2017. 10. 12. 선고 2015두44493 판결.

로계약의 갱신을 거절한 경우에는 합리적 이유를 인정할 수 없음은 당연하다.45)

라) 갱신기대권의 법적 효과

기간제 근로자에게 근로계약 갱신에 대한 정당한 기대권이 형성되어 있는 경우 사용자가 합리적 이유 없이 부당하게 계약 갱신을 거절하는 것은 부당해고와 마찬가지로 무효가 된다. 즉 갱신기대권의 법적 의의는 사용자에게 어떠한 처분을 할 의무를 부과하여 다시 한 번 공정한 기준에 따라 계약 갱신 여부를 결정해 줄 것을 청구할 수 있는 데에 그치는 것이 아니라, 계약 갱신 거절의 행사 자체를 규제하여 이를 부당해고로 보는 데에 있다.46)

이에 따라 사용자의 계약 갱신 거절이 무효로 되면 계약기간 만료 후의 근로관계는 종전과 동일한 내용으로 근로계약이 자동적으로 갱신된 것으로 간주되는 효과가 발생한다. 따라서 이 유형의 경우에는 "기간의 정함이 단지 형식에 불과하게 된 경우"와는 달리, 기간제 근로계약이 기간의 정함이 없는 근로계약으로 전환되지는 않고, 기간제근로자라는 지위에는 아무런 변함이 없게 된다. 그렇지만 기간제법 제4조 제2항에서 2년을 초과하여 기간제근로자를 사용하면 해당 근로자는 기간의 정함이 없는 근로자로 간주한다고 규정하고 있으므로, 계약 갱신에 대한 정당한 기대권을 보유한 기간제근로자가 그 갱신기대권의 효과로 사용자의 갱신 거절이 무효화됨으로써 총 사용기간이 2년을 초과하게 되는 경우에는 기간제법 제4조 제2항의 적용을 받아 기간의 정함이 없는 근로자로 전환되는 효과가 따라온다.

또한 기간제법의 입법 취지와 규정 내용, 갱신기대권 법리 등을 토대로 일정한 경우 기간제근로자에게 정규직 전환에 대한 정당한 기대권이 형성될 수 있고, 그 경우 사용자가 합리적 이유 없이 정규직 전환을 거절하면 부당해고와 마찬가지로 효력이 없다.47)

마) 기간제법 시행이 갱신기대권 법리에 미치는 영향

기간제법 제4조 제1항은 기간제근로자의 사용기간을 원칙적으로 2년으로 제한하고 사용자가 2년을 초과하여 기간제근로자를 사용하면 기간의 정함이 없는 근

---

45) 대법원 2014. 2. 13. 선고 2011두19550 판결, 대법원 2014. 2. 13. 선고 2011두12528 판결, 대법원 2014. 2. 27. 선고 2011두17745 판결, 대법원 2014. 12. 24. 선고 2012다17035 판결 등.

46) 이미선, "기간제 근로계약에 있어서 근로자의 근로계약 갱신에 관한 기대권의 인정 문제", 「대법원 판례해설」, 제87호, 법원도서관, 2011, 491쪽.

47) 대법원 2016. 11. 10. 선고 2014두45765 판결.

로계약을 체결한 것으로 간주하고 있다. 따라서 기간제법 시행 이후에는 사용자는 원칙적으로 2년의 기간 내에서는 계약기간을 자유롭게 정할 수 있음은 물론 동일한 내용으로 반복하여 체결할 수도 있지만, 총 사용기간이 2년을 초과하는 때에는 해당 근로자는 기간의 정함이 없는 근로자로 전환된다. 이 경우 종전 기간제 근로계약에서 정한 근로계약기간의 약정은 무효로 되고 그 근로계약은 기간의 정함이 없는 것으로 간주된다.[48] 따라서 기존의 근로계약기간이 경과하더라도 근로자와 사용자의 근로관계는 그대로 유지되고, 사용자가 종전에 체결한 근로계약기간의 만료를 이유로 고용을 종료하는 것은 해고에 해당하여 근기법 제23조의 정당한 이유가 필요하다.[49]

이처럼 기간제근로자의 사용기간을 2년으로 제한한 기간제법의 시행 이후에도 갱신기대권에 관한 판례 법리가 여전히 적용될 수 있는지 여부가 문제된다. 이에 대해서는 아래와 같이 기간제법 시행 이전부터 기간제 근로계약을 체결한 경우와 기간제법 시행 이후에 신규로 기간제 근로계약을 체결한 경우로 나누어 살펴본다.

(1) 기간제법 시행 이전에 갱신기대권이 형성되어 있는 경우

대법원은 기간제법 제4조 제1항, 제2항에서 규정한 바와 같이 기간제법의 시행으로 사용자가 2년의 기간 내에서 기간제근로자를 사용할 수 있고, 기간제근로자의 총 사용기간이 2년을 초과할 경우 기간제근로자가 기간의 정함이 없는 근로자로 간주되더라도, 위 규정들의 입법 취지가 기본적으로 기간제 근로계약의 남용을 방지함으로써 근로자의 지위를 보장하려는 데에 있는 점을 고려하면, 기간제법의 시행만으로 그 시행 전에 이미 형성된 기간제근로자의 갱신에 대한 정당한 기대권이 배제 또는 제한된다고 볼 수는 없다고 판단하고 있다.[50]

따라서 사용자가 기간제법이 시행된 이후에도 갱신기대권에 관한 판례 법리가 여전히 적용되고, 그 결과 사용자의 갱신 거절에도 불구하고 종전의 기간제 근로계약이 갱신된 것으로 간주됨으로써 기간제근로자의 총 사용기간이 2년을 초과하게 되면 기간제법 제4조 제2항이 적용되어 기간의 정함이 없는 근로자로 전환된다.

---

48) 신권철, "기간제 근로계약의 무기근로계약으로의 전환", 「노동법연구」, 제30호, 서울대학교 노동법연구회, 2011, 239쪽.
49) 헌법재판소 2013. 10. 24. 선고 2010헌마219 · 265(병합) 결정; 노동부 근로기준국 비정규직대책팀, 「비정규직 보호 법률 해설」, 2006, 25쪽.
50) 대법원 2014. 2. 13. 선고 2013다51674 판결, 대법원 2014. 2. 13. 선고, 2011두12528 판결, 대법원 2014. 2. 27. 선고 2011두17745 판결 등.

(2) 기간제법 시행 이후에 기간제 근로계약이 신규로 체결된 경우

위와 같이 기간제법의 시행만으로 그 시행 전에 이미 형성된 기간제근로자의 갱신기대권이 배제 또는 제한된다고 볼 수 없다는 대법원 판결이 선고된 후에도, 기간제법 시행 이후에 신규로 기간제 근로계약이 체결된 경우에도 갱신기대권 법리의 적용이 가능한지 여부에 관하여는 논란이 지속되었다.[51)]

기간제법 제1조는 기간제법의 입법 목적을 기간제근로자에 대한 불합리한 차별을 시정하고 근로조건 보호를 강화함으로써 노동시장의 건전한 발전에 이바지하는 것이라고 규정하고 있다. 따라서 기간제근로자를 보호하고자 제정된 기간제법을 이유로 기간제근로자 고용 보호에 관한 기존의 법리를 제한하는 해석을 한다면 이는 기간제법 입법 취지에 어긋나는 것이다.[52)] 또한 기간제법 제4조의 강행규정성은 사용자가 2년을 초과하여 기간제근로자를 사용하지 못하도록 하는 것을 내용으로 하는 것이고, 기간제법이 시행된 후에도 사용자가 취업규칙 등에서 재계약 요건 등을 규정함으로써 기간제근로자에게 계약 갱신에 대한 정당한 기대권을 형성하게 할 수 있으며, 그것이 기간제법 제4조 위반으로 되는 것은 아니다.[53)]

대법원도 기간제법의 시행으로 사용자가 2년의 기간 내에서 기간제근로자를 사용할 수 있고 기간제근로자의 총 사용기간이 2년을 초과할 경우 그 기간제근로자가 기간의 정함이 없는 근로자로 간주되더라도, 기간제법 제4조의 입법 취지가 기본적으로 기간제 근로계약의 남용을 방지함으로써 근로자의 지위를 보장하려는 데에 있는 점을 고려하면, 위 규정에 의해 기간제근로자의 계약 갱신에 대한 정당한 기대권 형성이 제한되는 것이 아니라고 명시적으로 판단함으로써, 기간제법 시행 후에 신규로 기간제 근로계약을 체결한 근로자의 경우에도 계약 갱

---

51) 소극설은 갱신기대권 법리가 작동할 만한 법률의 흠결이 더 이상 존재하지 않는다는 점, 기간제법 제4조의 입법 목적인 기간제 근로자의 고용보호와 노동시장의 유연성 제고의 조화로운 추구가 필요하다는 점을 근거도 들고 있다. 이에 대해 적극설은 기간제법 시행 이후 갱신기대권에 의해 계약기간이 연장된 기간제 근로자의 사용기간이 2년을 초과할 경우 '기간의 정함이 없는 근로계약을 체결한 근로자'로 간주되는 것은 갱신기대권과 무관한 기간제법 제4조 제2항에 의한 결과이므로, 갱신기대권 법리는 기간제법 시행과 상관없이 여전히 적용된다고 주장한다. 학설의 논쟁에 관한 자세한 설명은 도재형, "기간제법 시행 이후 갱신기대권 법리의 적용 가능성", 「노동법연구」, 제42호, 서울대학교 노동법연구회, 2017, 204-207쪽을 참조할 것.

52) 최창귀, "기간제근로자의 갱신기대권의 제한", 「대한변협신문」, 대한변호사협회, 2012. 10. 15.자 판례평석.

53) 김홍영, "기간제법 시행 이후 갱신기대권의 인정 여부", 「노동법학」, 제41호, 한국노동법학회, 2012, 368-369쪽.

신에 대한 정당한 기대권이 형성될 수 있다고 밝혔다.[54)]

위 대법원 판결에서는 더 나아가서 기간제법의 규정 내용과 입법 취지 및 갱신기대권에 관한 법리를 토대로, 근로계약, 취업규칙, 단체협약 등에서 기간제근로자의 계약기간이 만료될 무렵 인사평가 등을 거쳐 일정한 요건이 충족되면 기간의 정함이 없는 근로자로 전환된다는 취지의 규정을 두고 있거나, 그러한 규정이 없더라도 근로관계를 둘러싼 여러 사정을 종합하여 볼 때 근로계약 당사자 사이에 일정한 요건이 충족되면 기간의 정함이 없는 근로자로 전환된다는 신뢰관계가 형성되어 있어 근로자에게 기간의 정함이 없는 근로자로 전환될 수 있으리라는 정당한 기대권이 인정되는 경우에는 사용자가 이를 위반하여 합리적 이유 없이 기간의 정함이 없는 근로자로의 전환을 거절하며 근로계약의 종료를 통보하더라도 부당해고와 마찬가지로 효력이 없고, 그 이후의 근로관계는 기간의 정함이 없는 근로자로 전환된 것과 동일하다고 하여, 기간제법 시행 이후부터는 기간제근로자가 기간의 정함이 없는 근로자로의 전환에 대한 기대권도 가질 수 있음을 인정하였다.

또한 대법원은 전문직종 근로자나 정년을 경과한 고령자처럼 기간제법 제4조 제1항 단서 각 호에서 정한 사용기간 2년 제한의 예외사유에 해당하는 이른바 특례 기간제근로자에게도 갱신기대권 법리가 적용될 수 있다는 점을 명확히 하였다. 기간제법의 입법 취지가 기간제근로자 및 단시간근로자에 대한 불합리한 차별을 시정하고 근로조건 보호를 강화하기 위한 것임을 고려하면, 기간제법 제4조 제1항 단서의 예외사유에 해당한다는 이유만으로 갱신기대권에 관한 법리의 적용이 배제된다고 볼 수는 없다는 것이다.[55)56)]

---

54) 대법원 2016. 11. 10. 선고 2014두45765 판결.

55) 대법원 2017. 2. 3. 선고 2016두50563 판결. 이 판결에서는 정년을 이미 경과한 상태에서 기간제 근로계약을 체결한 경우에는 갱신기대권의 일반적 인정 기준에 더하여 해당 직무의 성격에 의하여 요구되는 직무수행 능력과 당해 근로자의 업무수행 적격성, 연령에 따른 작업능률 저하나 위험성 증대의 정도, 해당 사업장에서 정년을 경과한 고령자가 근무하는 실태 및 계약이 갱신되어 온 사례 등을 종합적으로 고려하여 근로계약 갱신에 관한 정당한 기대권이 인정되는지 여부를 판단하여야 한다고 설시하고 있다.

56) 하급심 판례 중에는 기간제법 제4조 제1항 단서 제5호의 전문직종 근로자에 대해 갱신기대권 법리가 적용될 수 있다고 판단한 사례로는 서울고등법원 2013. 7. 5. 선고 2012누39324 판결이 있다. 이 판결은 대법원에서 심리불속행으로 확정되었다(대법원 2013. 11. 15. 선고 2013두16388 판결).

[제2조 제2호]

제2조(정의)
이 법에서 사용하는 용어의 정의는 다음과 같다.
2. “단시간근로자”라 함은 「근로기준법」 제2조의 단시간근로자를 말한다.

[근기법]

제2조(정의)
① 이 법에서 사용하는 용어의 뜻은 다음과 같다.
8. “단시간근로자”란 1주 동안의 소정근로시간이 그 사업장에서 같은 종류의 업무에 종사하는 통상 근로자의 1주 동안의 소정근로시간에 비하여 짧은 근로자를 말한다.

1. 단시간근로자의 정의

가. 소정근로시간

‘단시간근로자’란 1주 동안의 소정근로시간[57]이 그 사업장에서 같은 종류의 업무에 종사하는 통상 근로자의 1주 동안의 소정근로시간에 비하여 짧은 근로자를 말한다(기간제법 제2조 제2호, 근기법 제2조 제8호).

그런데 통상 근로자에 비해 소정근로시간이 어느 정도 짧아야 단시간근로자에 해당하는지에 대해서는 기간제법이나 근기법 모두 아무런 기준이 없다. 그리하여 법 해석상으로는 1주 동안의 소정근로시간이 동종 업무에 종사하는 통상 근로자에 비하여 짧기만 하면 그 시간이 한 시간이든 두 시간이든 모두 단시간근로자에 해당하는 문제가 발생한다.[58] 이로 인해 근로계약 당사자인 사용자와 근로자의 실제 의사는 통상 근로자와 같은 시간을 근로하거나 실제 근로시간이 통상

57) ‘소정근로시간’이라 함은 실제 근로한 시간을 의미하는 것이 아니라 근기법 제2조 제7호에서 규정한 법정근로시간(1일 8시간, 1주 40시간) 범위 안에서 근로자와 사용자간에 정한 근로시간을 말한다.
58) 이러한 문제점을 보완하고자 2004. 7. 12. 단병호 의원이 대표 발의한 근기법 개정안에서는 단시간근로자의 정의에 대하여 “통상 근로자의 소정근로시간보다 100분의 30 이상이 짧은 근로자”라고 하였으나 입법에 반영되지는 않았다.

근로자와 같은데도 불구하고, 근로계약서상으로 소정근로시간을 통상 근로자보다 한, 두 시간 짧게 규정함으로써 단시간근로자로 만들 수 있다.

고용노동부는 근기법 제18조 제3항에서 초단시간근로자를 4주 동안(4주 미만으로 근로하는 경우에는 그 기간)을 평균하여 1주 동안의 소정근로시간이 15시간 미만인 근로자로 규정하고 있는 점을 근거로, 4주간을 평균하여 1주간 소정근로시간이 동종 업무에 종사하는 통상 근로자와 비교하여 짧다면 단시간근로자에 해당하는 것으로 해석하고 있고,[59] 단시간근로자에게 주휴일 및 연·월차 유급휴가 시간에 해당하는 임금을 지급하기 위해서 소정근로시간을 산정할 경우 그 산정 대상 기간은 4주간(4주 미만으로 근로하는 경우에는 그 주간)이며, 이때의 4주간은 그 해당 임금을 지급하여야 할 사유가 발생한 날 이전 4주간을 말한다고 해석하고 있다.[60]

한편 근로계약 등의 형식으로는 단시간근로자이지만 초과근로로 인해 사실상 통상 근로자의 소정근로시간과 차이가 없는 '유사 단시간근로자'에 대해서는 소정근로시간과 초과근로시간을 합한 총 근로시간이 당해 사업 또는 사업장의 통상 근로자의 소정근로시간과 동일하거나 초과한다면 단시간근로자로 보아서는 안 된다는 견해[61]가 있다.

소정근로시간을 기준으로 단시간근로자를 정의하는 것은 단시간근로자인지 여부를 계약 당사자의 의사에 맡기고 통상 근로자보다 소정근로시간이 한 시간이라도 짧은 사람도 단시간근로자에 포함되게 함으로써, 사실상 통상 근로자와 같거나 비슷한 정도의 일을 함에도 통상 근로자 수준의 근로조건을 보장받지 못하는 '유사 단시간근로자'의 발생을 법률이 묵인하는 결과를 초래한다. 따라서 단시간근로자 여부를 판단하는 기준을 소정근로시간이 아닌 실근로시간으로 대체하는 입법이 필요하다. 만약 단시간근로자의 실근로시간이 통상 근로자의 소정근로시간과 같다면 이를 통상 근로자로 보아야 하고, 이때 실근로시간은 소정근로시간과 초과근로시간을 합산하여 계산해야 한다.

현행법이 단시간근로자의 초과근로를 제한하기 위해서 소정근로시간을 초과하여 근로를 하게 하는 경우에는 당해 근로자의 동의를 얻어야 하고, 동의를 얻은 경우에도 1주간 12시간을 초과하여 근로하게 할 수 없도록 하고 있으나(기간제법

---

59) 고용노동부 2003. 3. 12. 근기 68207-284.
60) 고용노동부 1997. 5. 1. 근기 68207-567.
61) 김유성 I, 383쪽.

제6조 제1항), 이것만으로는 유사 단시간근로자의 발생을 억제하기에 부족하다. 소정근로시간과 초과근로시간을 합한 총 근로시간이 당해 사업장의 통상 근로자의 소정근로시간과 동일하거나 이를 초과한다면 단시간근로자로 보아서는 안 될 것이다.

나. 동종 업무에 종사하는 통상 근로자의 개념

단시간근로자의 또 다른 판단 기준이 되는 '동종 업무에 종사하는 통상 근로자'의 개념을 어떻게 파악할 것인지가 문제된다. 이에 대한 고용노동부의 행정해석에 따르면 다음과 같은 기준으로 판단할 수 있다.[62]

먼저 '동종 업무'의 여부는 당해 업무의 수행방법, 작업의 조건, 업무의 난이도 등을 종합적으로 고려하여 판단해야 하는데, 특히 업무의 이질성으로 인해 근로조건이 현저하게 구별되는지 여부가 중요하다. 예를 들어 제조업의 경우 생산직과 사무직, 판매업의 경우 관리직과 영업직, 운수업의 경우 관리직과 운전직, 학교의 경우 교원과 행정직 등으로 동종 업무를 구분해 볼 수 있을 것이다.

'통상 근로자'란 소정근로시간 뿐만 아니라 당해 사업장의 고용 형태(계약기간), 임금 체계 등을 종합적으로 고려해 볼 때 통상적으로 근로할 것이 예정되어 있는 정규직 근로자를 말한다. 취업규칙 등에 의해 채용 및 계약기간(정년 등)·임금·호봉·승진 등 중요한 근로조건 대부분이 직접 규율되고 있는 근로자라면 통상근로자로 볼 수 있다. 동종 업무에 통상 근로자가 없는 경우에는 그 업무에 종사하는 가장 일반적인 형태의 근로자를 잠정적으로 통상근로자로 보아야 할 것이다.

2. ILO 단시간근로협약(제175호 협약)[63]상 단시간근로자의 정의

〈ILO 제175호 협약상 규정〉

[제1조] 본 협약의 목적상,

(가) 단시간근로자는 정상적인 근로시간이 비교 가능한 통상 근로자의 근로시간보다 적은 근로자를 말한다.

62) 고용노동부 2002. 3. 26. 근기 68207-1248.

63) 2018. 8. 현재 단시간근로에 관한 제175조 협약을 비준한 ILO회원국은 17개국이다. 우리나라는 아직 비준하지 않았다.

(나) 정상 근로시간이란 주당 또는 주어진 고용기간의 평균으로 계산한다.[64]
(다) 비교하는 통상 근로자란,
(1) 동종의 고용관계
(2) 동종 또는 유사업종 종사
(3) 동종 사업장에 고용되어 있거나, 동종 사업장내 비교되는 통상 근로자가 없는 경우에는 동종기업에, 동종기업에 비교되는 통상 근로자가 없는 경우에는 동종업종에 고용되어 있는 통상 근로자를 지칭한다.

가. 비교대상인 통상근로자의 범위

ILO 제175호 단시간근로협약은 단시간근로자와 비교대상인 통상(full time)근로자를 "동종의 고용관계", "동종 또는 유사업종 종사", "동종 사업장에 고용되어 있거나, 동종 사업장 내 비교되는 통상 근로자가 없는 경우에는 동종 기업에, 동종 기업에 비교되는 통상 근로자가 없는 경우에는 동종 업종에 고용되어 있는 통상 근로자"[65]로 규정하고 있는데, 이를 우리 현행법이 규정하고 있는 것과 같이 "같은 종류의 업무에 종사하는 통상 근로자", 즉 동일 기업 내 동종 근로자로 제한하여 해석하는 것은 불가능하다. 따라서 현행법은 ILO 단시간근로협약이 요구하는 기준에 미달한다.

고용노동부의 정책연구에 따르면,[66] 아직까지 주요 근로조건이 기업 단위에서 결정되는 국내 상황에 비추어 볼 때 단시간근로자의 근로조건의 비교대상을 동종 업종의 통상 근로자로 확대하는 경우 기업 간 격차를 인정하지 않는 결과가 되어 개별 기업의 부담 등 다양한 문제를 초래할 가능성이 있다고 보아, 현재 상황에서는 단시간 근로에 관한 ILO 제175호 단시간근로협약을 비준하기 어렵다고 판단하고 있다. 그러나 위 협약 전문에서 밝히고 있는 모든 근로자들의 생산적이고 자유롭게 선택된 고용, 단시간 근로의 경제적 중요성, 고용기회 확대에 있어서 단시간 근로의 역할을 고려한 고용정책의 필요성, 고용・근로조건・사회보장

64) (a) the term part-time worker means an employed person whose normal hours of work are less than those of comparable full-time workers,
(b) the normal hours of work referred to in subparagraph (a) may be calculated weekly or on average over an given period of employment;
65) when there is no comparable full-time worker in that enterprise, in the same branch of activity.
66) 사단법인 한국노사관계학회(책임연구자: 이상희, 참여연구자: 조동훈), 「주요 ILO 협약의 비준을 위한 국내법제도 비교 검토-근로기준・고용분야 미비준 이행장려협약을 중심으로-」, 고용노동부, 2010, 61-69쪽.

혜택에 있어서 단시간근로자 보호 필요의 중요성을 인식하여 하루 빨리 위 협약을 비준하고, 단시간근로자의 비교대상이 되는 통상 근로자의 범위를 확대하는 방향으로 기간제법 등의 법규정 정비가 이루어져야 한다.

나. 비교 기준으로서의 소정근로시간

ILO 협약은 단시간근로자를 "정상적인 근로시간이 비교 가능한 통상 근로자의 근로시간보다 적은 근로자"로 규정하면서 "정상 근로시간이란 주당 또는 주어진 고용기간의 평균으로 계산한다."라고 하여, 단시간근로자를 구분하는 기준이 실제 근로시간임을 알 수 있다.

반면 우리 현행법은 단시간근로자를 "통상 근로자의 1주 동안의 소정근로시간에 비하여 짧은 근로자"로 정의하고 있어 근로계약 등의 형식으로는 단시간근로자이지만 초과근로로 인해 사실상 통상 근로자의 소정근로시간과 차이가 없는 '유사 단시간근로자'가 발생하고 있다. 이러한 '유사 단시간근로자'는 실제 근로시간이 통상 근로자의 소정근로시간과 차이가 없음에도, 통상 근로자 수준의 근로조건을 보장받지 못하므로, 단시간근로자의 비교기준인 소정근로시간을 실근로시간으로 변경하는 방향으로 법 개정이 이루어져야 한다.

3. 단시간근로자의 법률관계

가. 단시간근로자의 근로조건

[근기법]

제18조(단시간근로자의 근로조건)

① 단시간근로자의 근로조건은 그 사업장의 같은 종류의 업무에 종사하는 통상 근로자의 근로시간을 기준으로 산정한 비율에 따라 결정되어야 한다.

② 제1항에 따라 근로조건을 결정할 때에 기준이 되는 사항이나 그 밖에 필요한 사항은 대통령령으로 정한다.

[근기법 시행령]

제9조(단시간근로자의 근로조건 기준 등)

① 법 제18조 제2항에 따른 단시간근로자의 근로조건을 결정할 때에 기준이 되는 사항이나 그 밖에 필요한 사항은 [별표 2]와 같다.

[별표 2]

단시간근로자의 근로조건 결정기준 등에 관한 사항(제9조 제1항 관련)

1. 근로계약의 체결

가. 사용자는 단시간근로자를 고용할 경우에 임금, 근로시간, 그 밖의 근로조건을 명확히 적은 근로계약서를 작성하여 근로자에게 내주어야 한다.

나. 단시간근로자의 근로계약서에는 계약기간, 근로일, 근로시간의 시작과 종료 시각, 시간급 임금, 그 밖에 고용노동부장관이 정하는 사항이 명시되어야 한다.

2. 임금의 계산

가. 단시간근로자의 임금산정 단위는 시간급을 원칙으로 하며, 시간급 임금을 일급 통상임금으로 산정할 경우에는 나목에 따른 1일 소정근로시간 수에 시간급 임금을 곱하여 산정한다.

나. 단시간근로자의 1일 소정근로시간 수는 4주 동안의 소정근로시간을 그 기간의 통상 근로자의 총 소정근로일 수로 나눈 시간 수로 한다.

3. 초과근로

가. 사용자는 단시간근로자를 소정 근로일이 아닌 날에 근로시키거나 소정근로시간을 초과하여 근로시키고자 할 경우에는 근로계약서나 취업규칙 등에 그 내용 및 정도를 명시하여야 하며, 초과근로에 대하여 가산임금을 지급하기로 한 경우에는 그 지급률을 명시하여야 한다.

나. 사용자는 근로자와 합의한 경우에만 초과근로를 시킬 수 있다.

4. 휴일·휴가의 적용

가. 사용자는 단시간근로자에게 법 제55조에 따른 유급휴일을 주어야 한다.

나. 사용자는 단시간근로자에게 법 제60조에 따른 연차유급휴가를 주어야 한다. 이 경우 유급 휴가는 다음의 방식으로 계산한 시간단위로 하며, 1시간 미만은 1시간으로 본다.

$$\text{통상근로자의 연차휴가 일수} \times \frac{\text{단시간근로자의 소정근로시간}}{\text{통상근로자의 소정근로시간}} \times 8\text{시간}$$

다. 사용자는 여성인 단시간근로자에 대하여 법 제73조에 따른 생리휴가 및 법 제74조에 따른 산전후휴가를 주어야 한다.

라. 가목 및 다목의 경우에 사용자가 지급하여야 하는 임금은 제2호 가목에 따른 일급 통상임금을 기준으로 한다.

마. 나목의 경우에 사용자가 지급하여야 하는 임금은 시간급을 기준으로 한다.

5. 취업규칙의 작성 및 변경

가. 사용자는 단시간근로자에게 적용되는 취업규칙을 통상 근로자에게 적용되는 취업규칙과 별도로 작성할 수 있다.

나. 가목에 따라 취업규칙을 작성하거나 변경하고자 할 경우에는 적용대상이 되는 단시간근로자 과반수의 의견을 들어야 한다. 다만, 취업규칙을 단시간근로자에게 불이익하게 변경하는 경우에는 그 동의를 받아야 한다.

다. 단시간근로자에게 적용될 별도의 취업규칙이 작성되지 아니한 경우에는 통상근로자에게 적용되는 취업규칙이 적용된다. 다만, 취업규칙에서 단시간근로자에 대한 적용을 배제하는 규정을 두거나 다르게 적용한다는 규정을 둔 경우에는 그에 따른다.

라. 가목 및 다목에 따라 단시간근로자에게 적용되는 취업규칙을 작성 또는 변경하는 경우에는 법 제18조 제1항의 취지에 어긋나는 내용이 포함되어서는 아니 된다.

1) 단시간근로자의 근로 보호 – 동등 보호의 원칙과 비례 보호의 원칙

단시간근로자는 근로형태에서 소정근로시간이 짧다는 차이만 있을 뿐 그 밖에는 통상 근로자와 다를 바가 없다. 따라서 근로시간과 관계없는 근로조건의 경우에는 통상근로자와 '동등 보호의 원칙'이 적용되고, 그 사업장의 같은 종류의 업무에 종사하는 통상 근로자의 근로시간을 기준으로 산정한 비율에 따라 결정되어야 하는 근로조건은 '비례 보호의 원칙'을 따라야 한다(근기법 제18조 제1항).

동등 보호의 원칙에 따라 퇴직금은 1년 이상 근로한 단시간노동자에게 모두 지급되어야 하고, 생리휴가와 임산부 보호휴가는 단시간근로자에게도 통상근로자와 동일한 휴가일수가 부여되어야 한다.[67] 그리고 취업규칙이나 단체협약에서 통상근로자에게 법정 기준을 상회하는 보호를 하고 있을 경우에는 단시간근로자에게도 통상근로자와 동일하게 법정 기준을 상회하는 보호를 해야 한다.[68] 그러나 휴가와 휴일 등 근로시간과 관계있는 근로조건에는 비례 보호의 원칙이 적용된다.

2) 근로조건의 결정 기준 등

근기법 제18조 제2항은 단시간근로자의 근로조건을 결정할 때 기준이 되는 사항이나 그 밖에 필요한 사항은 대통령령으로 정하도록 하고 있다. 그에 따라 근기법 시행령 제9조 제1항 및 별표 2에서 '단시간근로자의 근로조건 결정기준 등에 관한 사항'을 정하고 있는바, 그 내용은 아래와 같다.

---

67) 김유성Ⅰ, 384쪽.
68) 고용노동부 1997. 6. 18. 근기 68207－785.

가) 근로계약의 체결

사용자는 단시간근로자를 고용할 경우에 임금, 근로시간, 그 밖의 근로조건을 명확히 적은 근로계약서를 작성하여 근로자에게 내주어야 한다. 그리고 단시간근로자의 근로계약서에는 계약기간, 근로일, 근로시간의 시작과 종료 시각, 시간급 임금, 그 밖에 고용노동부장관이 정하는 사항이 명시되어야 한다.

나) 임금의 계산

단시간근로자의 임금 산정 단위는 시간급을 원칙으로 하며, 시간급 임금을 일급 통상임금으로 산정할 경우에는 1일 소정근로시간 수에 시간급 임금을 곱하여 산정한다. 이 때의 1일 소정근로시간 수는 4주 동안의 소정근로시간을 그 기간의 통상 근로자의 총 소정근로일 수로 나눈 시간 수로 한다.

예컨대 통상 근로자가 매주 5일간 8시간씩 근로하는 데 대하여 단시간근로자는 매주 4일간 7시간씩 근로하기로 한 경우, 단시간근로자의 시간급 통상임금이 1만원이라면 일급 통상임금은 7만원이 아니라 56,000원[=1만원×(7시간×4일×4주)÷(5일×4주)]이다.[69]

다) 초과근로

사용자는 단시간근로자를 소정 근로일이 아닌 날에 근로시키거나 소정근로시간을 초과하여 근로시키고자 할 경우에는 근로계약서나 취업규칙 등에 그 내용 및 정도를 명시하여야 하고, 초과근로에 대하여 가산임금을 지급하기로 한 경우에는 그 지급률을 명시하여야 한다. 그리고 사용자는 단시간근로자와 합의한 경우에만 초과근로를 시킬 수 있다.

라) 휴일 · 휴가의 적용

사용자는 단시간근로자에게 근기법 제55조에 따른 유급휴일과 제60조에 따른 연차유급휴가를 주어야 한다. 이 경우 유급휴가는 다음의 방식으로 계산한 시간 단위로 하며, 1시간 미만은 1시간으로 본다.

$$\text{통상근로자의 연차휴가 일수} \times \frac{\text{단시간근로자의 소정근로시간}}{\text{통상근로자의 소정근로시간}} \times 8\text{시간}$$

---

69) 임종률, 622쪽. 각주3) 참조.

그리고 사용자는 여성인 단시간근로자에 대하여 근기법 제73조에 따른 생리휴가 및 제74조에 따른 출산전후휴가를 주어야 한다. 이에 따라 사용자가 지급하여야 하는 휴일수당, 출산전후휴가수당 등은 일급 통상임금을 기준으로 하고, 연차유급휴가수당은 시간급을 기준으로 한다.

마) 취업규칙의 작성 및 변경

사용자는 단시간근로자에게 적용되는 취업규칙을 통상근로자에게 적용되는 취업규칙과 별도로 작성할 수 있다. 사용자가 단시간근로자에게 적용되는 별도의 취업규칙을 작성하거나 변경하고자 할 경우에는 적용 대상이 되는 단시간근로자 과반수의 의견을 들어야 하고, 취업규칙을 단시간근로자에게 불이익하게 변경하는 경우에는 그 동의를 받아야 한다.

단시간근로자에게 적용될 별도의 취업규칙이 작성되지 아니한 경우에는 통상근로자에게 적용되는 취업규칙이 적용된다. 다만 취업규칙에서 단시간근로자에 대한 적용을 배제하는 규정을 두거나 다르게 적용한다는 규정을 둔 경우에는 그에 따른다. 이에 따라 단시간근로자에게 적용되는 취업규칙을 작성 또는 변경하는 경우에는 근기법 제18조 제1항의 취지(비례 보호의 원칙)에 어긋나는 내용이 포함되어서는 안 된다.

3) 초단시간근로자

[근기법]

제18조(단시간근로자의 근로조건)

③ 4주 동안(4주 미만으로 근로하는 경우에는 그 기간)을 평균하여 1주 동안의 소정근로시간이 15시간 미만인 근로자에 대하여는 제55조와 제60조를 적용하지 아니한다.

제55조(휴일)

사용자는 근로자에게 1주일에 평균 1회 이상의 유급휴일을 주어야 한다.

제60조(연차 유급휴가)

① 사용자는 1년간 80퍼센트 이상 출근한 근로자에게 15일의 유급휴가를 주어야 한다.

② 사용자는 계속하여 근로한 기간이 1년 미만인 근로자 또는 1년간 80퍼센트 미만 출근한 근로자에게 1개월 개근 시 1일의 유급휴가를 주어야 한다.

[기간제법]

제4조(기간제근로자의 사용)

① 사용자는 2년을 초과하지 아니하는 범위 안에서(기간제 근로계약의 반복갱신 등의 경우에는 그 계속근로한 총기간이 2년을 초과하지 아니하는 범위 안에서) 기간제근로자를 사용할 수 있다. 다만, 다음 각 호의 어느 하나에 해당하는 경우에는 2년을 초과하여 기간제근로자로 사용할 수 있다.

6. 그 밖에 제1호 내지 제5호에 준하는 합리적인 사유가 있는 경우로서 대통령령이 정하는 경우

② 사용자가 제1항 단서의 사유가 없거나 소멸되었음에도 불구하고 2년을 초과하여 기간제근로자로 사용하는 경우에는 그 기간제근로자는 기간의 정함이 없는 근로계약을 체결한 근로자로 본다.

[기간제법 시행령]

제3조(기간제근로자 사용기간 제한의 예외)

③ 법 제4조 제1항 제6호에서 "대통령령이 정하는 경우"란 다음 각 호의 어느 하나에 해당하는 경우를 말한다.

6. 근기법 제18조 제3항에 따른 1주 동안의 소정근로시간이 뚜렷하게 짧은 단시간근로자를 사용하는 경우

[근퇴법]

제4조(퇴직급여제도의 설정)

① 사용자는 퇴직하는 근로자에게 급여를 지급하기 위하여 퇴직급여제도 중 하나 이상의 제도를 설정하여야 한다. 다만, 계속근로기간이 1년 미만인 근로자, 4주간을 평균하여 1주간의 소정근로시간이 15시간 미만인 근로자에 대하여는 그러하지 아니하다.

'초단시간근로자'란 4주 동안(4주 미만으로 근로하는 경우에는 그 기간)을 평균하여 1주 동안 소정근로시간이 15시간 미만인 근로자를 말하는데, 이러한 초단시간근로자의 경우 근기법 제55조(휴일)와 제60조(연차유급휴가)를 적용하지 않는 것으로 규정하고 있다(근기법 제18조 제3항).

기간제 근로계약을 체결하여 초단시간근로자를 사용하는 경우, 사용기간 2년의 제한을 받지 않는 예외 사유에 해당한다(기간제법 제4조 제1항 제6호, 같은 법 시행령 제3조 제3항 제6호). 또한 근퇴법에서는 퇴직급여제도를 의무적으로 설정하지 않아도 되는 예외사유로서 초단시간근로자를 들고 있다(근퇴법 제4조 제1항).

단시간근로자 또는 초단시간근로자의 구분 기준은 '소정근로시간'으로, 근로계약 체결 과정에서 사용자의 주관이 개입될 수 있다. 실제로 이른바 '점오계약'[70) 등을 통하여 단시간근로자와 거의 차이가 없는 초단시간근로자를 만들어 낼 수 있고, 이러한 초단시간근로자는 단시간근로자와 별다른 차이가 없음에도(실질적으로 연장근로를 통하여 통상 근로자와도 같은 시간을 근로하는 경우에도), 휴일과 연차 유급휴가, 기간제법 사용기간, 근퇴법의 적용에서 제외되는 문제점을 안고 있다.[71)]

나. 단시간근로자에 대한 사회보험의 적용관계

[산업재해보상보험법]

제6조(적용 범위)

이 법은 근로자를 사용하는 모든 사업 또는 사업장(이하 "사업"이라 한다)에 적용한다. 다만, 위험률·규모 및 장소 등을 고려하여 대통령령으로 정하는 사업에 대하여는 이 법을 적용하지 아니한다.

[산업재해보상보험법 시행령]

제2조(법의 적용 제외 사업)

① 「산업재해보상보험법」(이하 "법"이라 한다) 제6조 단서에서 "대통령령으로 정하는 사업"이란 다음 각 호의 어느 하나에 해당하는 사업 또는 사업장(이하 "사업"

70) 2014년 홈플러스 등 대형유통업체에서 각종 노동법 적용을 회피하기 위해 출퇴근시간을 30분 단위로 관리하는 이른바 '점오계약(0.5시간 근로계약)'을 강요하여 사회문제가 되었던 적이 있었다. 영리를 목적으로 하지 않는 교육현장에서 '점오계약'보다도 더욱 심각한 '십분계약'을 체결하기도 한다. 출퇴근 시간 '10분'을 다르게 만든 근로계약 체결을 강요하여 초단시간근로로 만들고 있다(배동산, "15시간미만 초단시간 노동자의 실태와 법제도적 보호방안-학교비정규노동자 사례를 중심으로-", 민주노총 정책토론회 자료집, 2014, 10쪽).
(사례1) 주 2일 출근시간을 10분 늦추어 초단시간 만든 사례
월/화/금요일: 14시 출근 17시 퇴근(3시간 ×주3일 = 9시간)
수/목요일: 14시 10분 출근 17시 퇴근 (2시간 50분×주2일 = 5시간 40분)
주 근무시간: 9(시간)+5시간 40분 = 14시간 40분
(사례 2) 주 2일 퇴근시간을 10분 당겨 초단시간 만든 사례
월/수/목요일: 13시30분 출근 16시 30분 퇴근(3시간 ×주3일 = 9시간)
화/금요일: 14시 출근 16시 50분 퇴근 (2시간 50분×주2일 = 5시간 40분)
주 근무시간: 9(시간)+5시간 40분 = 14시간 40분

71) 하급심 판례 중에는 근로계약서상 소정근로시간은 14시간으로 되어 있으나 실제로는 주 5일 동안 매일 3시간 이상을 일하면서 1주의 소정근로시간을 14시간으로 맞추기 위해 화요일 하루의 근로시간만 2시간으로 기재한 것이라면, 근로계약서의 문언에도 불구하고 당사자의 의사는 근로계약의 소정근로시간을 적어도 15시간 이상으로 정한 것이라고 봄이 상당하다고 판단한 사례가 있다(서울행정법원 2017. 9. 22. 선고 2017구합52108 판결, 현재 항소심 계속 중).

이라 한다)을 말한다.

1. 「공무원연금법」 또는 「군인연금법」에 따라 재해보상이 되는 사업

2. 「선원법」, 「어선원 및 어선 재해보상보험법」 또는 「사립학교교직원 연금법」에 따라 재해보상이 되는 사업

3. 삭제 <2017.12.26.>

4. 가구내 고용활동

5. 삭제 <2017.12.26.>

6. 농업, 임업(벌목업은 제외한다), 어업 및 수렵업 중 법인이 아닌 자의 사업으로서 상시근로자 수가 5명 미만인 사업

② 제1항 각 호의 사업의 범위에 관하여 이 영에 특별한 규정이 없으면 「통계법」에 따라 통계청장이 고시하는 한국표준산업분류표(이하 "한국표준산업분류표"라 한다)에 따른다.

[고용보험법]

제8조(적용 범위)

이 법은 근로자를 사용하는 모든 사업 또는 사업장(이하 "사업"이라 한다)에 적용한다. 다만, 산업별 특성 및 규모 등을 고려하여 대통령령으로 정하는 사업에 대하여는 적용하지 아니한다.

제10조(적용 제외)

다음 각 호의 어느 하나에 해당하는 자에게는 이 법을 적용하지 아니한다. 다만, 제1호의 근로자 또는 자영업자에 대한 고용안정·직업능력개발 사업에 관하여는 그러하지 아니하다.

2. 소정(所定)근로시간이 대통령령으로 정하는 시간 미만인 자

[고용보험법 시행령]

제3조(적용 제외 근로자)

① 법 제10조 제2호에서 "소정근로시간이 대통령령으로 정하는 시간 미만인 자"란 1개월간 소정근로시간이 60시간 미만인 자(1주간의 소정근로시간이 15시간 미만인 자를 포함한다)를 말한다. 다만, 생업을 목적으로 근로를 제공하는 자 중 3개월 이상 계속하여 근로를 제공하는 자와 법 제2조 제6호에 따른 일용근로자(이하 "일용근로자"라 한다)는 제외한다.

[국민연금법]

제3조(정의 등)

① 이 법에서 사용하는 용어의 뜻은 다음과 같다.

1. "근로자"란 직업의 종류가 무엇이든 사업장에서 노무를 제공하고 그 대가로 임금을 받아 생활하는 자(법인의 이사와 그 밖의 임원을 포함한다)를 말한다. 다만, 대통령령으로 정하는 자는 제외한다.

[국민연금법 시행령]

제2조(근로자에서 제외되는 사람)

「국민연금법」(이하 "법"이라 한다) 제3조 제1항 제1호 단서에 따라 근로자에서 제외되는 사람은 다음과 같다.

1. 일용근로자나 1개월 미만의 기한을 정하여 사용되는 근로자. 다만, 1개월 이상 계속 사용되는 경우는 그러하지 아니하다.

2. 소재지가 일정하지 아니한 사업장에 종사하는 근로자

3. 법인의 이사 중 제3조 제1항 제2호에 따른 소득이 없는 사람

4. 1개월 동안의 소정근로시간이 60시간 미만인 단시간근로자. 다만, 해당 단시간근로자 중 다음 각 목의 어느 하나에 해당하는 사람은 제외한다.

가. 생업을 목적으로 3개월 이상 계속하여 근로를 제공하는 사람으로서 「고등교육법 시행령」 제7조 제3호에 따른 시간강사

나. 생업을 목적으로 3개월 이상 계속하여 근로를 제공하는 사람으로서 사용자의 동의를 받아 근로자로 적용되기를 희망하는 사람

다. 둘 이상 사업장에 근로를 제공하면서 각 사업장의 1개월 소정근로시간의 합이 60시간 이상인 사람으로서 1개월 소정근로시간이 60시간 미만인 사업장에서 근로자로 적용되기를 희망하는 사람

[국민건강보험법]

제6조(가입자의 종류)

② 모든 사업장의 근로자 및 사용자와 공무원 및 교직원은 직장가입자가 된다. 다만, 다음 각 호의 어느 하나에 해당하는 사람은 제외한다.

4. 그 밖에 사업장의 특성, 고용 형태 및 사업의 종류 등을 고려하여 대통령령으로 정하는 사업장의 근로자 및 사용자와 공무원 및 교직원

[국민건강보험법 시행령]

제9조(직장가입자에서 제외되는 사람)

법 제6조 제2항 제4호에서 "대통령령으로 정하는 사업장의 근로자 및 사용자와 공무원 및 교직원"이란 다음 각 호의 어느 하나에 해당하는 사람을 말한다.

> 1. 비상근 근로자 또는 1개월 동안의 소정(所定)근로시간이 60시간 미만인 단시간 근로자

1) 산재보험

산업재해보상보험법은 근로자를 사용하는 모든 사업 또는 사업장에 적용되는 것이 원칙이고, 위험률·규모 및 장소 등을 고려하여 같은 법 시행령에서 정하는 적용 제외 사업에 단시간근로자는 포함되어 있지 않으므로, 단시간근로자에게도 산업재해보상보험제도는 당연히 적용된다.

2) 고용보험

고용보험의 경우 근로자를 사용하는 모든 사업 또는 사업장에 적용되므로 단시간근로자도 원칙적으로 적용을 받지만, 1주간의 소정근로시간이 15시간 미만인 경우를 포함해서 1개월의 소정근로시간이 60시간 미만인 단시간근로자는 고용보험법의 적용 대상에서 제외된다(고용보험법 제10조 제2호, 같은 법 시행령 제3조 제1항). 다만 생업을 목적으로 근로를 제공하는 자 중 3개월 이상 계속하여 근로를 제공하는 자와 법 제2조 제6호에 따른 일용근로자는 포함된다.

3) 국민연금

국민연금법은 국민연금 사업장가입자의 가입 대상이 될 수 있는 근로자의 범위에서 1개월 동안의 소정근로시간이 60시간 미만인 단시간근로자를 제외하고 있다. 다만 생업을 목적으로 3개월 이상 계속하여 근로를 제공하는 사람으로서 고등교육법 시행령 제7조 제2호에 따른 시간강사와 사용자의 동의를 받아 근로자로 적용되기를 희망하는 사람, 둘 이상의 사업장에서 근로를 제공하면서 각 사업장의 1개월 소정근로시간의 합이 60시간 이상인 사람으로서 1개월 소정근로시간이 60시간 미만인 사업장에서 근로자로 적용되기를 희망하는 사람은 근로자에 포함된다(국민연금법 제3조, 같은 법 시행령 제2조 제4호).

4) 건강보험

국민건강보험법의 경우 직장가입자의 대상에서 1개월 동안의 소정근로시간이 60시간 미만인 단시간근로자를 제외하고 있다(국민건강보험법 제6조 제2항 제4호 및 시행령 제9조 제1호).

4. 단시간근로의 문제점을 개선하기 위한 입법안

기간제법 일부개정법률안 중에서 2017. 3. 31. 강병원 의원이 대표발의한 개정안에서는 “기간제근로자의 계속근로 기간을 산정할 때에는 그 근로자가 해당 사업주와 계속하여 체결한 모든 기간제 근로계약의 기간을 산입한다.”라는 규정을 신설하여 단시간 근로계약 체결을 악용하는 것을 막고, 초단시간근로자의 고용안정을 지원하려고 하고 있다.

2016. 8. 9. 송옥주 의원이 대표발의한 개정안에서는 ① 4인 이하 사업장의 비정규직 근로자도 비정규직 차별시정절차를 적용받을 수 있도록 하고, ② 기간제 사용기간의 초과 규정을 삭제하고 기간제근로자를 사용할 수 있는 경우를 제한적으로 규정하며 사용사유가 없거나 소멸되었는데도 불구하고 기간제근로자를 사용할 경우 기간의 정함이 없는 근로계약을 체결한 것으로 간주하고, 기간제근로자를 사용할 경우 계약기간을 명시해 근로계약을 서면으로 체결하도록 하고, ③ 사용자가 기간제근로자를 사용한 이후 다시 기간제근로자 또는 파견근로자를 연속해 사용하지 못하도록 총 사용기간의 3분의 1에 해당하는 기간을 휴지기간으로 설정하고, ④ 사용자가 기간의 정함이 없는 근로자를 고용할 경우 동종 또는 유사한 업무를 수행하는 기간제근로자를 우선적으로 고용하도록 하고, ⑤ 사용자가 통상 근로자를 고용할 경우 동종 또는 유사한 업무를 수행하는 단시간근로자를 우선적으로 고용하도록 하고, 근로자가 단시간근로로 전환을 청구하거나 단시간근로에서 통상근로로 전환을 청구한 경우 사용자가 이를 이행하도록 하고 있다.

2016. 8. 3. 김삼화 의원이 대표발의한 개정안에서는 “채용하고자 하는 경우에는 당해 사업 또는 사업장의 동종 또는 유사한 업무에 종사하는 단시간근로자를 우선적으로 고용하도록 노력하여야 한다.”를 “채용하기 위하여 공고 등을 하는 경우에는 해당 사업 또는 사업장의 동종 또는 유사한 업무에 종사하는 단시간근로자가 업무의 내용과 자격 등을 알 수 있도록 공지하고 단시간근로자에게 우선적으로 지원할 수 있는 기회를 부여하여야 한다.”로 개정하여, 단시간근로자의 통상 근로자로의 전환을 촉진하기 위하여 사용자가 통상 근로자를 채용하고자 하는 경우 단시간근로자에게 해당업무에 대한 정보를 제공하고 우선적으로 지원할 수 있는 기회를 부여할 의무를 규정하고 있다.

[제2조 제3호]

제2조(정의)
이 법에서 사용하는 용어의 정의는 다음과 같다.
3. "차별적 처우"라 함은 다음 각 목의 사항에 있어서 합리적인 이유 없이 불리하게 처우하는 것을 말한다.
가. 「근로기준법」 제2조 제1항 제5호에 따른 임금
나. 정기상여금, 명절상여금 등 정기적으로 지급되는 상여금
다. 경영성과에 따른 성과금
라. 그 밖에 근로조건 및 복리후생 등에 관한 사항

<제4편 참조>

[제3조]

제3조 (적용범위)
① 이 법은 상시 5인 이상의 근로자를 사용하는 모든 사업 또는 사업장에 적용한다. 다만, 동거의 친족만을 사용하는 사업 또는 사업장과 가사사용인에 대하여는 적용하지 아니한다.
② 상시 4인 이하의 근로자를 사용하는 사업 또는 사업장에 대하여는 대통령령이 정하는 바에 따라 이 법의 일부 규정을 적용할 수 있다.
③ 국가 및 지방자치단체의 기관에 대하여는 상시 사용하는 근로자의 수에 관계없이 이 법을 적용한다.

1. 전면적 적용

기간제법은 원칙적으로 상시 5인 이상의 근로자를 사용하는 사업 또는 사업장에 적용된다(기간제법 제3조 제1항 본문). 여기서 "상시 5인 이상의 근로자를 사용하는 사업 또는 사업장"이라 함은 "상시 근무하는 근로자의 수가 5인 이상인 사업 또는 사업장"이 아니라 "사용하는 근로자의 수가 상시 5인 이상인 사업 또는

사업장"을 뜻하는 것이고, 이 경우 '상시'라 함은 상태(常態)의 의미로, 근로자의 수가 때때로 5인 미만이 되는 경우가 있어도 사회통념에 의하여 객관적으로 판단하여 상태적으로 5인 이상이 되는 경우에는 이에 해당한다.72)

근로자의 고용 형태는 따지지 않으므로 정규직 근로자뿐만 아니라 기간제근로자, 단시간근로자, 그때그때 필요에 따라 사용하는 일용직 근로자도 당연히 포함되고,73) 불법 취업을 한 외국인 근로자도 포함된다.

문제는 파견근로자를 사용하고 있는 사업장의 경우 기간제법의 적용 범위를 정하는 상시 근로자의 수에 파견근로자를 포함시켜야 하는지 여부이다. 고용노동부는 파견근로자는 여기의 상시 근로자에는 포함되지 않는 것으로 보고 있다.74)

그렇지만 사용사업주는 파견근로자를 직접 사용하고 있으므로 사업 규모를 파악할 때 근로자를 직접 고용한 경우와 달리 볼 이유가 없는 점, 기간제법의 적용을 회피할 목적으로 파견근로자 사용을 남용할 우려가 있는 점 등에 비추어, 상시 근로자의 수에는 파견근로자도 당연히 포함된다고 보는 것이 타당하다.

한편 사내하청 근로자는 원칙적으로는 여기의 상시 근로자 수에 포함될 수 없지만, 소속 기업이 원청 회사와 구별되는 독립된 기업으로 볼 수 없는 경우에는 사내하청 근로자도 원청 회사의 상시 사용 근로자의 수에 포함시켜 기간제법의 적용 여부를 판단해야 할 것이다.

상시 사용 근로자 수의 산정은 사업 또는 사업장 단위로 하여야 한다. 여기서 '사업'이란 일정한 장소에서 일정한 목적 아래 유기적인 조직을 이루고 업으로써 계속적으로 수행하는 것을 의미하고, '사업장'이란 그러한 사업이 이루어지는 장소를 말한다.

하나의 법인 내에 본사와 지점이 산재하여 있는 등 여러 개의 사업 또는 사업장이 있는 경우라도 원칙적으로 그 전체를 하나의 사업 또는 사업장으로 보아야 한다. 노동부 고시에 의하면 "하나의 법인에 소속된 여러 개의 사업 또는 사업장이 장소적으로 서로 분리되어 있고 인사노무 · 재무 및 회계 등이 분리되어 독자적으로 사업 경영이 이루어지며 별도의 단체협약이나 취업규칙을 적용받는 등의 경우에는 별개의 사업 또는 사업장으로 보아 별도로 상시 근로자의 수를 산정하

72) 대법원 1987. 7. 21. 선고 87다카831 판결, 대법원 1995. 3. 14. 선고 93다42238 판결, 대법원 2000. 3. 14. 선고 99도1243 판결 등.

73) 대법원 1987. 4. 14. 선고 87도153 판결, 대법원 1997. 11. 28. 선고 97다28971 판결, 대법원 2008. 3. 27. 선고 2008도364 판결 등.

74) 노동부 근로기준국 비정규직대책팀, 「비정규직 보호 법률 해설」, 2006, 22쪽.

여야 한다."[75]고 하나, 이에 관한 명문의 규정이 없고 기간제법의 입법 목적이 기간제근로자 및 단시간근로자의 근로조건 보호를 강화하는 데 있으므로, 기간제법의 적용이 제외되는지 여부는 보다 엄격한 기준으로 판단하여야 할 것이다.

국가 및 지방자치단체의 기관에 대하여는 상시 사용하는 근로자의 수에 관계없이 기간제법이 적용된다(기간제법 제3조 제3항). 국가 및 지방자치단체의 경우에는 사업 또는 사업장의 규모에 관계없이 근기법이 전면 적용되는 것(근기법 제12조)과 마찬가지로 기간제법 역시 전면 적용되는 것으로 규정한 것이다.

2. 부분적 적용

상시 4인 이하의 근로자를 사용하는 사업 또는 사업장에 대하여는 대통령령이 정하는 바에 따라 기간제법의 일부 규정만이 적용된다(기간제법 제3조 제2항). 그에 따라 기간제법 시행령 제2조는 상시 4인 이하의 근로자를 사용하는 사업 또는 사업장에 적용되는 규정으로 제1조(목적), 제2조(정의), 제5조(기간의 정함이 없는 근로자로의 전환), 제7조(통상근로자로의 전환), 제16조 제4호(감독기관에 대한 통고를 이유로 한 불리한 처우의 금지), 제17조 제1호(근로계약기간에 관한 사항의 서면명시), 제2호 중 휴게에 관한 사항(휴게에 관한 사항의 서면 명시), 제3호(임금의 구성항목·계산방법 및 지불방법에 관한 사항의 서면 명시), 제4호 중 주휴일에 관한 사항(주휴일에 관한 사항의 서면 명시), 제5호(취업의 장소와 종사하여야 할 업무에 관한 사항의 서면 명시), 제18조 내지 제20조(감독기관에 대한 통고, 권한의 위임, 취업촉진을 위한 국가 등의 노력)를 규정하고 있다.

---

75) 「본사·지점이 산재하여 있을 때 사업·사업장의 판단 기준」(노동부 1990. 9. 26. 근기 01254-13555.)
1. 본사, 지점, 출장소, 공장 등이 동일한 장소에 있는 경우에는 원칙적으로 분할하지 않고 1개의 사업으로 본다. 다만, 동일 장소에 있더라도 현저하게 근로의 형태가 다른 부문이 있고 그러한 부문을 주된 부문과 분리하여 취급하는 것이 보다 적절한 법 적용을 가능케 한다면 그러한 부문을 독립된 사업으로 본다.
2. 본사, 지점, 출장소, 공장 등이 장소적으로 분산되어 있을 경우에는 원칙적으로 각기 별개의 사업으로 본다. 다만, 장소적으로 분산되어 있다 할지라도 지점, 출장소, 공장 등의 업무처리 능력 등을 감안할 때 하나의 사업이라고 말할 정도의 독립성이 없으면 직근 상위조직과 일괄하여 하나의 사업으로 본다.
3. 위 기준에 따라 판단하기 어려울 경우 본사와 장소적으로 분산되어 있는 지점, 출장소, 공장 등이 다음 각 호 모두에 해당하는 경우는 독립성이 있는 것으로 보고 별개의 사업 또는 사업장으로 본다.
- 한국표준산업분류상 산업(대분류)이 다른 경우
- 서로 다른 단체협약 또는 취업규칙을 적용받는 경우
- 노무관리, 회계 등이 명확하게 독립적으로 운영되는 경우

그렇지만 기간제법의 핵심적인 내용이라고 할 수 있는 '제4조(사용기간 제한)'과 '제8호(차별적 처우의 금지)'는 상시 4인 이하의 근로자를 사용하는 사업 또는 사업장에는 적용되지 않는다. 그에 따라 상시 4인 이하의 근로자를 사용하는 사업 또는 사업장에서 근무하는 근로자들은 근기법의 보호도 받지 못하고, 기간제법의 보호도 제대로 받지 못하고 있다. 조속히 입법적 보완이 이루어져야 할 것이다.

《상시 4명 이하의 근로자를 사용하는 사업 또는 사업장에 적용하는 법 규정》

구분	적용 법규정
제1장 총칙	제1조 제2조
제2장 기간제근로자	제5조
제3장 단시간근로자	제7조
제5장 보칙	제16조 제4호 제17조 제1호 · 제2호(휴게에 관한 사항에 한정한다) · 제3호 · 제4호(휴일에 관한 사항에 한정한다) · 제5호 제18조부터 제20조까지의 규정
제6장 벌칙	제21조 제23조 제24조 제2항 제2호 제24조 제3항부터 제6항까지의 규정

3. 적용의 제외

사용자와 동거하는 친족[76]만을 사용하는 사업 또는 사업장과 가사사용인에 대하여는 기간제법이 적용되지 않는다(기간제법 제3조 제1항 단서).

동거하는 친족만으로 운영되는 사업은 사실상 가족 기업으로서 종속적 근로관계의 요소가 강하지 않을 뿐만 아니라, 여기에 강행법규인 노동법을 적용하여 국가적 규제와 감독을 실시한다는 것은 사회통념에도 적합하지 않기 때문에 근기법의 적용을 배제하고 있으므로(근기법 제11조 제1항 단서), 그에 따라 기간제법 적용 범위에서도 제외하고 있다. 그렇지만 기간제법의 적용이 배제되는 경우는 동거하는 친족만을 사용하는 경우에 한하므로 당해 사업 또는 사업장에서 동거

76) 동거하는 친족이란 세대를 같이하면서 생활을 공동으로 하는 8촌 이내의 혈족, 4촌 이내의 인척, 배우자를 의미한다(민법 제777조).

하는 친족이 아닌 근로자를 단 한 명이라도 사용하고 있다면 동거하는 친족까지 포함하여 전체 근로자 수를 파악한 후 그 적용 여부를 판단하여야 한다.

그리고 가정부, 파출부, 정원사 등 일반 가정의 가사 업무에 종사하는 가사사용인에 대해서도 근기법이 적용되지 않는 것과 마찬가지로 기간제법도 적용되지 않는다. 그 이유는 가사사용인이 담당하는 업무는 개인의 사생활과 관련되어 있어 그 성질상 근로조건에 관한 행정적 근로감독이 곤란하기 때문이다. 여기서 가사사용인에 해당하는지는 가정의 사생활과의 관련성을 기준으로 근로를 제공하는 장소, 제공하는 근로의 내용 등의 실질적 관계를 종합적으로 고려하여 판단하고, 가사와 다른 업무를 겸하는 경우에는 본래의 주된 업무가 어느 쪽에 속하느냐에 따라 판단해야 할 것이다.

아무런 조건 없이 특정 직종만을 이유로 근기법과 기간제법 적용을 전면 배제하는 것은 가사사용인이 유일하다. 그러나 가사사용인의 대부분은 중년이나 고령 여성으로 누구보다 열악한 환경에서 근무하고 있다. 따라서 보호의 필요성이 크고 대부분 기간제 근로계약 또는 단시간 근로계약의 형태로 고용이 불안한 경우가 많으므로, 상시 사용 근로자 수를 불문하고 근기법과 기간제법의 적용을 전면적으로 배제하는 것은 부당하다.

[제4조]

제4조(기간제근로자의 사용)

① 사용자는 2년을 초과하지 아니하는 범위 안에서(기간제 근로계약의 반복갱신 등의 경우에는 그 계속 근로한 총기간이 2년을 초과하지 아니하는 범위 안에서) 기간제근로자를 사용할 수 있다. 다만, 다음 각 호의 어느 하나에 해당하는 경우에는 2년을 초과하여 기간제근로자로 사용할 수 있다.

1. 사업의 완료 또는 특정한 업무의 완성에 필요한 기간을 정한 경우
2. 휴직·파견 등으로 결원이 발생하여 당해 근로자가 복귀할 때까지 그 업무를 대신할 필요가 있는 경우
3. 근로자가 학업, 직업훈련 등을 이수함에 따라 그 이수에 필요한 기간을 정한 경우
4. 「고령자고용촉진법」 제2조 제1호의 고령자와 근로계약을 체결하는 경우
5. 전문적 지식·기술의 활용이 필요한 경우와 정부의 복지정책·실업대책 등에 따

라 일자리를 제공하는 경우로서 대통령령이 정하는 경우
6. 그 밖에 제1호 내지 제5호에 준하는 합리적인 사유가 있는 경우로서 대통령령이 정하는 경우
② 사용자가 제1항 단서의 사유가 없거나 소멸되었음에도 불구하고 2년을 초과하여 기간제근로자로 사용하는 경우에는 그 기간제근로자는 기간의 정함이 없는 근로계약을 체결한 근로자로 본다.

1. 입법 취지

2006. 12. 21. 제정되어 2007. 7. 1.부터 시행되고 있는 기간제법에서는 기간제근로자의 총 사용기간을 원칙적으로 2년으로 제한하였다.

근기법에서는 근로계약의 기간과 관련하여, 근로계약의 기간을 정하지 아니한 경우 또는 일정한 사업의 완료에 필요한 기간을 정하는 것 이외에는 1년의 상한을 두고 있었으나(근기법 제16조), 위 조항은 기간제법 시행과 동시에 그 효력을 상실하였다.

위와 같은 효력 상실 이전 위 근기법 제16조의 해석과 관련하여, 대법원은 "1년을 초과하는 근로계약기간을 정하여 근로계약을 체결하였다 하더라도 그 계약기간의 정함 자체는 유효하고, 다만 근로자는 1년이 경과한 후에는 언제든지 당해 근로계약을 자유롭게 해지할 수 있다."고 해석하였다.[77] 이러한 대법원 판결로 근로계약기간은 1년을 초과하지 못한다고 규정한 근기법 제16조는 기간제법 시행 이전에 이미 사실상 그 효력을 잃었고, 1년 이상의 근로계약도 무효라고 할 수 없게 되었다. 한편 사용자는 1년 이내의 기간제 근로계약을 반복 갱신하여 근기법상 해고 제한 규정을 회피할 수 있었고, 1997년 외환위기를 거치는 동안 기간제 근로관계는 전 산업에 걸쳐 급속히 증가하였으며, 기간제근로자의 근속기간도 계속 늘어나 상시적인 업무에까지 기간제근로자 사용이 남용됨으로써 기간제근로를 포함한 비정규직 근로 문제는 커다란 사회문제로 등장하였다.[78]

기간제근로자 사용의 확산은 기업에게는 일상적 구조조정의 가능성을 열어

77) 대법원 1996. 8. 29. 선고 95다5763 전원합의체 판결. 본 판결은 과거 "1년을 초과하는 근로계약기간을 정한 경우에 그 근로계약은 1년의 계약기간을 가진 근로계약으로 인정되고, 그 이후의 근로관계는 특별한 사정이 없는 한 기간의 약정이 없는 것"으로 보던 기존 대법원의 견해를 변경한 것이다.
78) 헌법재판소 2013. 10. 24. 선고 2010헌마219,265(병합) 결정.

주었지만, 반대로 근로자에게는 상시적인 고용 불안을 안겨 주었다. 이에 따라 고용안정과 노동시장의 건전성을 확립하기 위해서는 사용자가 기간제근로자의 사용을 무분별하게 남용하지 못하도록 하는 법적 규제의 필요성이 증대되었다. 특히 기간제 근로계약의 남용은 근기법의 중핵인 해고 제한의 법리를 사실상 무력화시킬 소지가 많으므로, 기간제근로자의 사용을 제한하는 것이 기간제법의 주요한 과제로 대두되었다. 이에 기간제법에서는 사용기간을 제한하는 방식을 통하여 사용자가 기간제 근로계약의 체결을 무분별하게 남용하는 것을 규제하고 있다.[79][80]

헌법재판소 또한 기간제근로자의 사용기간을 제한하는 기간제법 제4조 제1항과 관련하여, 위 조항이 "기간제근로자의 경우 동일한 사용자와는 2년을 초과하여 원칙적으로 기간제 근로계약을 체결할 수 없도록 한 것은, 2년을 초과하는 기간제근로자 사용을 억제함으로써 이들의 고용불안을 해소하고 그 근로조건을 개선하기 위한 것이다. 기간제 근로계약을 제한 없이 허용할 경우, 일반 근로자층은 단기의 근로계약 체결을 강요당하더라도 이를 거부할 수 없을 것이고, 이 경우 불안정 고용은 증가할 것이며, 정규직과의 격차는 심화될 것이므로 이러한 사태를 방지하기 위해서는 기간제근로자 사용기간을 제한하여 무기계약직으로의 전환을 유도할 수밖에 없다."고 판시하여,[81] 위 조항의 입법 취지가 기간제근로자의 보호에 있음을 밝혔다.

2. 기본 원칙

사용자는 원칙적으로 2년을 초과하지 않는 범위(기간제 근로계약의 반복갱신 등의 경우에는 그 계속 근로한 총기간이 2년을 초과하지 아니하는 범위) 내에서 기간제근로자를 사용할 수 있고(기간제법 제4조 제1항 본문), 사용자가 2년을 초과하여 기간제근로자를 계속 사용하는 경우에는 그 기간제근로자는 2년을 초과한 시점

---

79) 기간제근로자의 사용을 제한하는 방식은 크게 ① 기간제 근로계약을 체결하여야 하는 객관적 사유가 있을 경우에 한하여 기간제 근로계약의 유효성을 인정하는 방식(이른바 사용사유 제한, 입구통제 방식), ② 기간제 근로계약을 체결할 수 있는 상한기간을 정하거나 갱신의 횟수를 제한하는 방식(이른바 사용기간제한, 출구통제 방식)으로 대별하여 볼 수 있는바, 현행 기간제법에서는 사용사유제한의 방식이 아닌 사용기간제한의 방식을 채택하였다.

80) 이와 같이 사용사유 제한 방식을 채택하지 않고 사용기간 제한 방식을 채택한 현행 기간제법이 기간제 근로자의 보호 차원에서 미흡하다는 견해로 강성태, "비정규직법안의 내용과 과제", 「노동법학」, 제21호, 한국노동법학회, 2005, 25－26쪽; 사용사유 제한의 방식에 대한 입법론과 관련하여, 민주사회를 위한 변호사모임, 「2016 한국사회의 개혁과 입법과제」, 2016, 410－412쪽.

81) 헌법재판소 2013. 10. 24. 선고 2010헌마219,265(병합) 결정.

부터 기간의 정함이 없는 근로계약을 체결한 근로자로 간주된다(기간제법 제4조 제2항).

이와 같이 사용자가 2년을 초과하여 기간제근로자를 사용함에 따라 기간의 정함이 없는 근로계약을 체결한 근로자로 간주되는 경우, 사용자가 다른 정당한 이유 없이 오로지 근로계약기간 만료만을 이유로 그 근로자와의 근로관계를 종료시키는 것은 근로기준법 제23조 제1항에 따라 부당해고에 해당한다. 같은 취지로 판례[82]는, 위와 같이 "기간의 정함이 없는 근로계약을 체결한 것으로 간주되는 근로자가 사직서를 제출하고 퇴직금을 지급받은 후 다시 기간제 근로계약을 체결하는 형식을 취하였다고 하더라도, 그것이 근로자의 자의에 의한 것이 아니라 사용자의 일방적인 결정에 따라 기간제법 제4조 제2항의 적용을 회피하기 위하여 퇴직과 재입사의 형식을 거친 것에 불과한 때에는, 실질적으로 사용자의 일방적인 의사에 의하여 근로계약관계를 종료시키는 것이어서 해고에 해당한다."고 한다.

3. 기간제근로자 사용기간의 특례

가. 예외사유의 인정

앞서 살펴본 대로 기간제법은 원칙적으로 2년을 초과하지 않는 범위 내에서 사용자가 기간제근로자를 사용하되, 다음의 예외사유에 해당되는 경우 사용자는 2년을 초과하여 기간제근로자를 사용할 수 있도록 허용하고 있다(기간제법 제4조 제1항 단서, 제1항 제1호 내지 제6호).

1. 사업의 완료 또는 특정한 업무의 완성에 필요한 기간을 정한 경우
2. 휴직·파견 등으로 결원이 발생하여 당해 근로자가 복귀할 때까지 그 업무를 대신할 필요가 있는 경우
3. 근로자가 학업, 직업훈련 등을 이수함에 따라 그 이수에 필요한 기간을 정한 경우
4. 「고령자고용촉진법」 제2조 제1호의 고령자와 근로계약을 체결하는 경우
5. 전문적 지식·기술의 활용이 필요한 경우와 정부의 복지정책·실업대책 등에 따라 일자리를 제공하는 경우로서 대통령령이 정하는 경우
6. 그 밖에 제1호 내지 제5호에 준하는 합리적인 사유가 있는 경우로서 대통령령이 정하는 경우

---

82) 대법원 2017. 2. 3. 선고 2016다255910 판결.

이러한 예외사유에 해당하는 기간제근로자는 사용기간의 제한을 받지 않는다는 점에서 "특례 기간제근로자"라 부를 수 있고, 이와 대비하여 사용기간 2년의 제한을 받는 기간제근로자는 "일반 기간제근로자"라 부를 수 있을 것이다.

사용기간 2년의 제한을 받지 않는 예외사유들은 ① 업무 자체가 한시적으로만 존속하는 경우(사업의 완료 또는 특정한 업무의 완성에 필요한 기간을 정한 경우와 휴직·파견 등으로 결원이 발생하여 당해 근로자가 복귀할 때까지 그 업무를 대신할 필요가 있는 경우, 근로자가 학업, 직업훈련 등을 이수함에 따라 그 이수에 필요한 기간을 정한 경우), ② 사용기간을 제한하지 않더라도 근로자의 지위가 열악해질 우려가 없는 경우(고령자와 근로계약을 체결하는 경우와 전문적 지식·기술의 활용이 필요한 경우), ③ 사용기간 제한이 적합하지 않은 경우(정부의 복지정책·실업대책 등에 따라 일자리를 제공하는 경우로서 대통령령이 정하는 경우와 합리적인 사유가 있는 경우로서 대통령령이 정하는 경우)의 세 가지로 크게 분류할 수 있다.[83]

나. 예외사유의 구체적 검토

1) 사업의 완료 또는 특정한 업무의 완성에 필요한 기간을 정한 경우(기간제법 제4조 제1항 제1호)

'사업의 완료 또는 특정한 업무의 완성에 필요한 기간을 정한 경우'라는 예외사유는, 건설공사 등 유기(有期)사업이나 특정 프로그램 개발 또는 프로젝트 완수 등을 위해 기간제근로자를 고용하는 경우를 고려한 것이다.[84] 본 예외사유를 엄격하게 해석하지 않고 완화해서 해석할 경우, 필요 이상의 장기간으로 기간제 근로계약의 기간이 설정될 우려가 있으므로, 본 예외사유의 적용을 받기 위해서는 기간제 근로계약을 체결할 때에 사업 완료나 업무 완성에 필요한 기간이 사전에 특정되어 있어야만 하는 것으로 해석하여야 한다.

이와 관련하여 대법원은, "기간제법 제4조 제1항 단서 제1호에 따라 사용자가 2년을 초과하여 기간제근로자를 사용할 수 있는 '사업의 완료 또는 특정한 업무의 완성에 필요한 기간을 정한 경우'란 건설공사, 특정 프로그램 개발 또는 프로젝트 완수를 위한 사업 등과 같이 객관적으로 일정 기간 후 종료될 것이 명백한 사업 또는 특정한 업무에 관하여 그 사업 또는 업무가 종료될 것으로 예상되는 시점까지로 계약기간을 정한 경우"를 말하는 것으로서, "기간제법의 시행으로 사

83) 헌법재판소 2013. 10. 24. 선고 2010헌마219,265(병합) 결정.
84) 노동부, 「비정규직법 이해」, 2007, 33쪽.

용자는 원칙적으로 2년의 기간 내에서만 기간제근로자를 사용할 수 있고, 기간제근로자의 총 사용기간이 2년을 초과할 경우 기간제근로자가 기간의 정함이 없는 근로자로 간주되는 점, 기간제법 제4조의 입법 취지가 기본적으로 기간제 근로계약의 남용을 방지함으로써 근로자의 지위를 보장하려는 데에 있는 점을 고려하면, 사용자가 기간제법 제4조 제2항의 적용을 회피하기 위하여 형식적으로 사업의 완료 또는 특정한 업무의 완성에 필요한 기간을 정한 근로계약을 반복갱신하여 체결하였으나 각 근로관계의 계속성을 인정할 수 있는 경우에는 기간제법 제4조 제1항 단서 제1호에 따라 사용자가 2년을 초과하여 기간제근로자를 사용할 수 있는 '사업의 완료 또는 특정한 업무의 완성에 필요한 기간을 정한 경우'에 해당한다고 할 수 없"고, "이때 사용자가 기간제법 제4조 제2항의 적용을 회피하기 위하여 형식적으로 사업의 완료 또는 특정한 업무의 완성에 필요한 기간을 정한 근로계약을 반복갱신하여 체결하였으나 각 근로관계의 계속성을 인정할 수 있는지는 각 근로계약이 반복갱신하여 체결된 동기와 경위, 각 근로계약의 내용, 담당 업무의 유사성, 공백기간의 길이와 발생이유, 공백기간 동안 그 근로자의 업무를 대체한 방식 등 관련 사정을 종합적으로 고려하여 판단하여야 한다."고 판시하고 있다.[85)]

한편 구 '일제강점하 강제동원피해 진상규명 등에 관한 특별법'에 의하여 설치된 일제강점하강제동원피해진상규명위원회(이하 '일제위원회'라 함)와 조사관채용계약을 체결한 후 1년 단위로 근로계약을 갱신하여 오던 중 계약기간을 위원회의 진상조사기간 만료 예정일까지로 한 근로계약 체결 후 계약기간 만료를 이유로 근로계약 갱신이 거절된 사안에서, 대법원은 "일제위원회는 2004. 11. 10. 설치 당시 법률에 근거하여 최초의 진상조사개시결정일 이후 2년 이내에 조사업무를 완료하도록 예정되어 있었고, 그 후 기간이 연장되기는 하였으나 연장된 기간 또한 법률에서 정하고 있었던 점, 일제위원회는 계약기간 중 일제위원회가 청산되거나 존속기간이 도래하여 폐지되었을 경우에는 계약기간과 무관하게 원고들과의 협의 없이도 근로계약을 해지할 수 있다고 정하고 있었던 점 등을 종합하여 보면, 일제위원회의 진상조사사업은 기간제법 제4조 제1항 단서 제1호가 규정하고 있는 '사업의 완료 또는 특정한 업무의 완성에 필요한 기간을 정한 경우'에 해당한다."는 원심의 판단을 수긍한 사례가 있다.[86)]

---

85) 대법원 2017. 2. 3. 선고 2016다255910 판결.
86) 대법원 2014. 6. 26. 선고 2013다10079 판결.

2) 휴직 · 파견 등으로 결원이 발생하여 당해 근로자가 복귀할 때까지 그 업무를 대신할 필요가 있는 경우(기간제법 제4조 제1항 제2호)

'휴직 · 파견 등으로 결원이 발생하여 당해 근로자가 복귀할 때까지 그 업무를 대신할 필요가 있는 경우'라는 예외사유는 출산 · 질병 · 군 입대 등으로 인하여 휴직하거나 다른 사업체에 파견(전출)한 근로자를 대신하여 한시적으로 업무를 수행할 근로자를 채용할 필요성이 있는 경우를 말한다.

기간제근로자를 이러한 한시적 결원 충원의 목적으로 채용한 후 이와 다른 목적으로 사용한 경우, 가령 휴직자의 업무를 대신 수행하게 하지 않고 그와 전혀 별개의 업무를 수행하게 한 경우에는 본 예외사유에 해당하는 것으로 볼 수 없다.

이러한 경우 휴직자가 수행하던 업무와 대체 투입된 기간제근로자가 수행하는 업무가 동질성을 갖는지 여부가 문제되는데, 이는 각 업무의 내용을 구체적으로 비교하여 판단할 것이나 예외사유가 지나치게 넓어지는 것을 막기 위해서는 위 동질성 판단을 엄격하게 하여야 할 필요가 있다.

3) 근로자가 학업, 직업훈련 등을 이수함에 따라 그 이수에 필요한 기간을 정한 경우(기간제법 제4조 제1항 제3호)

'근로자가 학업, 직업훈련 등을 이수함에 따라 그 이수에 필요한 기간을 정한 경우'라는 예외사유는 기간제근로자가 학생이나 직업훈련생 등인 경우에 졸업이나 수료에 필요한 기간을 근로계약기간으로 정한 경우를 의미한다. 학생 또는 직업훈련생인 근로자의 경우 학업 · 직업훈련과 직장생활의 양립이 요구되므로, 해당 근로자가 학업과 직업 훈련을 이수하는 기간 중에는 근로계약기간의 제한 없이 기간제근로자로 고용될 수 있도록 하고 있는 것이다.[87]

다만 본 예외 사유는 학업, 직업훈련 등의 이수라는 근로자 측의 개별적 필요를 감안하여 마련된 것이므로, 근로자에게 학업, 직업훈련의 의사가 없는 경우에까지 확장하여 해석해서는 아니 된다.

---

87) 노동부, 「비정규직법 이해」, 2007, 33쪽.

4) 「고령자고용촉진법」[88] 제2조 제1호의 고령자와 근로계약을 체결하는 경우(기간제법 제4조 제1항 제4호)

「고용상 연령차별금지 및 고령자고용촉진에 관한 법률」 제2조 제1호는 "고령자"를 "인구와 취업자의 구성 등을 고려하여 대통령령으로 정하는 연령 이상인 자를 말한다"고 규정하고 있으며, 위 법 시행령 제2조 제1항은 "「고용상 연령차별금지 및 고령자고용촉진에 관한 법률」 제2조 제1호에 따른 고령자는 55세 이상인 사람으로 한다."고 규정하고 있다. 결국 기간제법 제4조 제1항 제4호 소정의 고령자는, 만 55세 이상인 사람을 말한다. 본 예외사유는 연령 때문에 재취업이 어려운 조기퇴직자들의 고용촉진을 위해 고령자에 대한 예외를 허용하고 있는 것이다.[89]

최초 기간제 근로계약 체결 당시에는 만 55세 미만이었으나, 이후 기간제 근로계약 기간 중 만 55세를 도과한 경우에도 본 예외사유가 적용되는지 여부가 문제된 사안에서, 대법원은 당해 근로자에게 본 예외사유가 적용되지 않는다고 판시[90]하였다.

5) 전문적 지식 · 기술의 활용이 필요한 경우로서 대통령령이 정하는 경우(기간제법 제4조 제1항 제5호 전단)

기간제법 제4조 제1항 제5호 전단은 '전문적 지식 · 기술의 활용이 필요한 경우로서 대통령령이 정하는 경우'를 예외사유로 규정하였다. 위 법률 규정의 위임에 따라 기간제법 시행령 제3조 제1항 및 시행령 [별표 2]에서는 구체적으로 다음과 같이 그 예외사유를 정하고 있다.

---

88) 고령자고용촉진법은 1991. 12. 31. 법률 제4487호로 제정되어 1992. 7. 1.부터 시행되었으나, 이후 2008. 3. 21. 법률 8962호로 개정되면서 법률의 명칭이 고용상 연령차별금지 및 고령자고용촉진에 관한 법률로 변경되었다. 다만 위 법률 부칙 제3조는 "이 법 시행 당시 다른 법령에서 종전의 고령자고용촉진법 또는 그 규정을 인용한 경우 이 법 중 그에 해당하는 규정이 있는 경우에는 종전의 규정에 갈음하여 이 법 또는 이 법의 해당 조항을 인용한 것으로 본다."고 규정하였는데, 현행 고용상 연령차별금지 및 고령자고용촉진에 관한 법률 제2조 제1호에서는 "고령자"를 정의하고 있으므로, 이에 따른다.

89) 노동부, 「비정규직법 이해」, 2007, 33쪽.

90) 대법원 2013. 5. 23. 선고 2012두18967 판결.

[기간제법 시행령]

제3조(기간제근로자 사용기간 제한의 예외)

① 법 제4조 제1항 제5호에서 "전문적 지식·기술의 활용이 필요한 경우로서 대통령령이 정하는 경우"란 다음 각 호의 어느 하나에 해당하는 경우를 말한다.

1. 박사 학위(외국에서 수여받은 박사 학위를 포함한다)를 소지하고 해당 분야에 종사하는 경우[91]

2. 「국가기술자격법」 제9조 제1항 제1호에 따른 기술사 등급의 국가기술자격을 소지하고 해당 분야에 종사하는 경우

3. 별표 2에서 정한 전문자격을 소지하고 해당 분야에 종사하는 경우

[별표 2] 〈개정 2009. 11. 20〉

전문자격의 종류(제3조 제1항 제3호 관련)

1. 「건축사법」 제7조에 따른 건축사
2. 「공인노무사법」 제3조에 따른 공인노무사
3. 「공인회계사법」 제3조에 따른 공인회계사
4. 「관세사법」 제4조에 따른 관세사
5. 「변리사법」 제3조에 따른 변리사
6. 「변호사법」 제4조에 따른 변호사
7. 「보험업법」 제182조에 따른 보험계리사
8. 「보험업법」 제186조에 따른 손해사정사
9. 「부동산가격공시 및 감정평가에 관한 법률」 제23조에 따른 감정평가사
10. 「수의사법」 제2조 제1호에 따른 수의사
11. 「세무사법」 제3조에 따른 세무사
12. 「약사법」 제3조에 따른 약사
13. 「약사법」 제4조에 따른 한약사
14. 「약사법」 제45조에 따른 한약업사
15. 대통령령 제14319호 약사법 시행령 일부개정령 부칙 제2조에 따른 한약조제사
16. 「의료법」 제5조에 따른 의사
17. 「의료법」 제5조에 따른 치과의사
18. 「의료법」 제5조에 따른 한의사
19. 「중소기업진흥에 관한 법률」 제46조에 따른 경영지도사

91) 법원은 기간제 근로계약 기간 중 박사학위를 취득하였으나, 그 주된 업무가 행정 업무이고 박사학위와 관련된 업무가 일시적·부수적이며, 근로자의 업무수행에 박사학위 소지자의 전문적 지식·기술 활용이 필요하지 아니하는 등의 사유가 있다면 당해 근로자는 본 예외사유에 해당하지 아니한다고 판시(서울고등법원 2015. 1. 15. 선고 2014누44344 판결, 대법원 2017. 7. 11. 선고 2015두38436 판결로 확정)하였다.

20. 「중소기업진흥에 관한 법률」 제46조에 따른 기술지도사
21. 「항공법」 제26조에 따른 사업용조종사
22. 「항공법」 제26조에 따른 운송용조종사
23. 「항공법」 제26조에 따른 항공교통관제사
24. 「항공법」 제26조에 따른 항공기관사
25. 「항공법」 제26조에 따른 항공사

의사, 변호사 등 전문성과 직업능력이 높은 전문 직종은 사용기간의 제한을 통해 보호할 필요성과 당위성이 상대적으로 낮으므로 이러한 예외사유를 규정한 것이 정당하다는 취지의 견해[92]도 있으나, 이에 대하여는 예외사유의 인정 범위가 너무 넓을 뿐만 아니라 기간제 보호 대상에서 제외되어야 할 합당한 이유가 없다고 보아야 한다.

6) 정부의 복지정책 · 실업대책 등에 따라 일자리를 제공하는 경우로서 대통령령이 정하는 경우(기간제법 제4조 제1항 제5호 후단)

기간제법 제4조 제1항 제5호 후단은 '정부의 복지정책 · 실업대책 등에 따라 일자리를 제공하는 경우로서 대통령령이 정하는 경우'를 예외사유로 규정하였다. 위 법률 규정의 위임에 따라 기간제법 시행령 제3조 제2항은 구체적으로 다음과 같이 그 예외사유를 정하고 있다.

[기간제법 시행령]

제3조(기간제근로자 사용기간 제한의 예외)

② 법 제4조 제1항 제5호에서 "정부의 복지정책 · 실업대책 등에 의하여 일자리를 제공하는 경우로서 대통령령이 정하는 경우"란 다음 각 호의 어느 하나에 해당하는 경우를 말한다.

1. 「고용정책 기본법」, 「고용보험법」 등 다른 법령에 따라 국민의 직업능력 개발, 취업 촉진 및 사회적으로 필요한 서비스 제공 등을 위하여 일자리를 제공하는 경우
2. 「제대군인 지원에 관한 법률」 제3조에 따라 제대군인의 고용증진 및 생활안정을 위하여 일자리를 제공하는 경우
3. 「국가보훈기본법」 제19조 제2항에 따라 국가보훈대상자에 대한 복지증진 및 생활안정을 위하여 보훈도우미 등 복지지원 인력을 운영하는 경우

---

92) 노동부, 「비정규직법 이해」, 2007, 33쪽.

대법원은, 본 예외사유의 해당성 여부를 판단하는 기준과 관련하여, "국가나 지방자치단체가 국민 또는 주민에게 제공하는 공공서비스는 그 본질적 특성상 사회적으로 필요한 서비스의 성격을 가지고 있다. 따라서 국가나 지방자치단체가 그 공공서비스를 위하여 일자리를 제공하는 경우, 기간제법 제5조 제1항 단서 제5호, 기간제법 시행령 제3조 제2항 제1호에 해당하는지는 해당 사업의 시행 배경, 목적과 성격, 사업의 한시성이나 지속가능성 등 여러 사정을 종합적으로 고려하여 판단하여야 한다."고 판시하면서,[93] ① 공공도서관 개관시간 연장사업의 일환으로 지방자치단체와 근로계약을 체결한 기간제근로자[94] 및 ② '방과후학교 학부모 코디네이터(전담보조인력) 사업'의 일환으로 지방자치단체와 근로계약을 체결한 기간제근로자[95]에게는 본 사용기간 제한의 예외사유가 존재한다고 판단하였다.

취로사업, 자활사업, 공공근로사업 등 정부시책사업은 참여자들의 생활 안정, 취업 기회의 제공 등이 주된 목적으로서 일반적인 근로관계와 차이가 있고, 위 사업은 국가예산을 통해 시행되므로 성격상 사업기간에 맞추어 기간제근로자를 사용할 필요성이 있다는 취지의 견해[96]도 있으나, 이는 공공 영역에서 근로하는 근로자들의 계속고용이 극도로 불안한 현실을 고려하지 못한 것이라는 비판도 제기되고 있다.

7) 그 밖에 제1호 내지 제5호에 준하는 합리적인 사유가 있는 경우로서 대통령령이 정하는 경우(기간제법 제4조 제1항 제6호)

기간제법 제4조 제1항 제6호는 '그 밖에 제1호 내지 제5호에 준하는 합리적인 사유가 있는 경우로서 대통령령이 정하는 경우'를 예외사유로 인정하고 있다. 고용 환경의 변화에 따라 시행령에서 탄력적으로 예외사유를 규정할 수 있도록 하려는 취지에서 마련된 규정이다. 그에 따라 기간제법 시행령 제3조 제3항에서는 다음의 예외사유들을 규정하고 있다.

93) 대법원 2012. 12. 26. 선고 2012두18585 판결, 대법원 2016. 8. 18. 선고 2014다211053 판결.
94) 대법원 2012. 12. 26. 선고 2012두18585 판결.
95) 대법원 2016. 8. 18. 선고 2014다211053 판결.
96) 노동부, 「비정규직법 이해」, 2007, 34쪽.

[기간제법 시행령]

제3조(기간제근로자 사용기간 제한의 예외)

③ 법 제4조 제1항 제6호에서 "대통령령이 정하는 경우"란 다음 각 호의 어느 하나에 해당하는 경우를 말한다.

1. 다른 법령에서 기간제근로자의 사용 기간을 법 제4조 제1항과 달리 정하거나 별도의 기간을 정하여 근로계약을 체결할 수 있도록 한 경우[97)]

2. 국방부장관이 인정하는 군사적 전문적 지식·기술을 가지고 관련 직업에 종사하거나 「고등교육법」 제2조 제1호에 따른 대학에서 안보 및 군사학 과목을 강의하는 경우

3. 특수한 경력을 갖추고 국가안전보장, 국방·외교 또는 통일과 관련된 업무에 종사하는 경우

4. 「고등교육법」 제2조에 따른 학교(같은 법 제30조에 따른 대학원대학을 포함한다)에서 다음 각 목의 업무에 종사하는 경우

가. 「고등교육법」 제14조에 따른 조교의 업무[98)]

나. 「고등교육법 시행령」 제7조에 따른 겸임교원, 명예교수, 시간강사[99)], 초빙교원 등의 업무

5. 「통계법」 제22조에 따라 고시한 한국표준직업분류의 대분류 1과 대분류 2 직업에 종사하는 자[100)]의 「소득세법」 제20조 제1항에 따른 근로소득(최근 2년간의 연평균근로소득을 말한다)이 고용노동부장관이 최근 조사한 고용형태별근로실태조사의 한국표준직업분류 대분류 2 직업에 종사하는 자의 근로소득 상위 100분의 25에 해당하는 경우[101)]

6. 「근로기준법」 제18조 제3항에 따른 1주 동안의 소정근로시간이 뚜렷하게 짧은 단시간근로자를 사용하는 경우

7. 「국민체육진흥법」 제2조 제4호에 따른 선수와 같은 조 제6호에 따른 체육지도자 업무에 종사하는 경우

8. 다음 각 목의 연구기관에서 연구업무에 직접 종사하는 경우 또는 실험·조사 등을 수행하는 등 연구업무에 직접 관여하여 지원하는 업무에 종사하는 경우

가. 국공립연구기관

나. 「정부출연연구기관 등의 설립·운영 및 육성에 관한 법률」 또는 「과학기술분야 정부출연연구기관 등의 설립·운영 및 육성에 관한 법률」에 따라 설립된 정부출연연구기관

다. 「특정연구기관 육성법」에 따른 특정연구기관

라. 「지방자치단체출연 연구원의 설립 및 운영에 관한 법률」에 따라 설립된 연구기관

마. 「공공기관의 운영에 관한 법률」에 따른 공공기관의 부설 연구기관

바. 기업 또는 대학의 부설 연구기관
사. 「민법」 또는 다른 법률에 따라 설립된 법인인 연구기관

다. 예외사유의 소멸과 기간의 정함이 없는 근로자로의 전환

사용기간 2년의 제한 없이 기간제근로자를 사용할 수 있는 예외사유가 소멸되었음에도 사용자가 2년을 초과하여 기간제근로자를 사용하는 경우에는 그 근로자는 기간의 정함이 없는 근로자로 간주된다(기간제법 제4조 제2항). 예를 들어 특정 업무의 완성에 필요한 기간이 지났는데도 기간제근로자를 계속 사용하거나 휴직한 근로자의 업무를 수행하기 위하여 대체요원으로 채용한 기간제근로자를 휴직한 근로자가 복귀한 이후에도 계속 사용한 경우에는 그 기간제근로자의 사용기간이 2년을 초과하면 기간의 정함이 없는 근로자로 간주된다.

이와 같이 예외사유가 소멸한 경우 기간의 정함이 없는 근로자로 간주되는 시점을 언제로 보아야 하는지 문제되는데, ① 기간제법 제4조 제2항 법문의 "제1항 단서의 사유가 … 소멸되었음에도 불구하고 2년을 초과하여 기간제근로자를

97) 이에 해당하는 대표적인 경우로 기간제교원과 계약직공무원을 들 수 있다. 교육공무원 임용령 제13조 제2항과 사립학교법 제54조의4 제3항은, 기간제교원의 임용기간은 1년 이내로 하며 필요한 경우 3년의 범위 안에서 그 기간을 연장할 수 있다고 규정하고 있다. 따라서 기간제교원의 경우에는 3년을 초과하여 근로하더라도 기간의 정함이 없는 근로계약을 체결한 것으로 간주되지 않는다. 그리고 국가공무원법의 하위 법령인 계약직공무원규정 제6조 제1항은 계약직공무원의 채용기간은 5년의 범위 안에서 당해 사업의 수행에 필요한 기간으로 한다고 규정하고 있고, 지방공무원법의 하위 법령인 지방계약직공무원규정 제6조 제1항도 지방계약직공무원의 채용기간을 동일하게 규정하고 있어, 계약직공무원의 사용기간은 최대 5년으로 된다.

98) 법원은 교육공무원법 제2조 제1항 제1호, 제8조, 제26조 제1항, 고등교육법 제16조, 같은 법 시행령 제5조, 대학교원 자격기준 등에 관한 규정 제1호 [별표]에 따른 국립대학의 비학생조교는 본 예외사유에 포함되지 않는다고 판시(광주고등법원 2015. 8. 27. 선고 2015누5558 판결, 이에 피고가 상고하여 현재 대법원 2015두52531호로 계속 중)하였다.

99) 이와 구별하여 '대학 부설 어학당 시간강사'도 고등교육법 시행령 제7조에 따른 시간강사에 해당하여 기간제 근로자 사용기간 제한의 예외에 해당하는지에 대하여, 고용노동부는 질의회시(고용차별개선과 -1059, 2011. 7. 10)에서 '대학 부설 어학당 강사는 교내외 수강생 모두는 학습대상으로 하여 정규 교육과정 외의 과목을 강의하므로 고등교육법 시행령 제7조의 시간강사로 보기 어렵다는 점을 감안할 때, 2년을 초과하지 아니하는 범위 안에서 기간제 근로자로 사용할 수 있을 것'이라고 하였다.

100) 대분류 1에 속하는 직업은 관리자(중분류: 공공 및 기업 고위직, 행정 및 경영지원 관리직, 전문서비스 관리직, 건설전기 및 생산 관련 관리직, 판매 및 고객서미스 관리직)이고, 대분류 2에 속하는 직업은 전문가 및 관련 종사자(중분류: 과학 전문가 및 관련직, 정보통신 전문가 및 기술직, 공학 전문가 및 기술직, 보건사회복지 및 종교 관련직, 교육 전문가 및 관련직, 법률 및 행정 전문직, 경영 금융 전문가 및 관련직, 문화예술스포츠 전문가 및 관련직)이다.

101) 법원은 자산운용사의 준법감시인이 본 예외사유에 해당한다고 판시[서울행정법원 2012. 6. 29. 선고 2012구합5558 판결, 위 판시 내용은 항소심(서울고등법원 2012. 12. 6. 선고 2012누21613 판결)에서도 유지되었으며, 원고가 상고하였으나 대법원에서 심리불속행 기각되었음]하였다.

사용한 경우"란 예외사유가 소멸한 시점 이후부터 2년을 초과하여 사용한 경우로 해석해야 한다는 견해[102]와 ② 특례 기간제근로자로 이미 사용한 기간을 포함하여 예외사유가 소멸한 날을 기준으로 기간의 정함이 없는 근로자로 간주되는 시점이 결정되어야 한다는 견해[103]의 대립이 있다. 이와 관련하여 대법원은 "기간제법 제4조 제1항 단서 제6호와 그 법률 시행령 제3조 제3항 제6호에서 정한 단시간근로자로 기간제 근로계약을 체결하였다가 해당 근로관계가 종료된 이후에 새로이 제4조 제1항 단서에 해당되지 않는 일반 기간제 근로계약을 체결한 경우에는 단시간근로자로 근무한 기간은 위 제4조 제2항의 '2년'에 포함되지 않는다."고 판시하였는데,[104] 이러한 판례의 태도는 위 ①의 견해와 상통하는 것으로 해석된다. 그러나 위 기간제법 제4조 제2항 법문의 '소멸되었음에도 불구하고'라는 표현을 반드시 '소멸된 이후에'라고 해석하여야 할 이유는 없으며, 일반 기간제근로자와 특례 기간제근로자 사이의 형평을 꾀하고, 사용자가 특례 기간제근로자를 남용하는 것을 방지하기 위해서는 위 ②의 해석을 따르는 것이 타당하다고 판단된다.[105]

4. 기간의 정함이 없는 근로자로의 전환 및 전환 이후 당해 근로자의 근로조건

사용자가 기간제법 제4조 제1항 단서의 사유가 없거나 소멸되었음에도 불구하고 2년을 초과하여 기간제근로자로 사용하는 경우에는 그 기간제근로자는 기간의 정함이 없는 근로계약을 체결한 근로자로 본다(기간제법 제4조 제2항). 위 조항은 간주규정이므로, 당해 근로자는 반증의 존부와 무관하게 '기간의 정함이 없는 근로계약을 체결한 근로자'로 의제된다.

이와 같이 기간의 정함이 없는 근로자로 전환된 기간제 근로자의 경우, 당해 근로자의 근로조건은 어떻게 결정되는지, 즉, 기존의 기간제 근로계약상 근로조

---

102) 노동부, 「비정규직법 이해」, 2007, 173－174쪽.
103) 김형배, 803쪽.
104) 대법원 2014. 11. 27. 선고 2013다2672 판결.
105) 상시적인 업무에 대한 상시고용의 원칙에 따라 입법적으로는 동일한 사용자 아래에서 동일하거나 유사한 업무를 수행하면서 근무형태만을 달리하거나 사용기간 제한의 예외자가 사용기간을 적용받게 된 경우에는 최초의 고용일로부터 사용기간을 산정하여 기간 제한을 적용하는 것으로 개정하는 것도 고려할 문제라는 견해가 있다.; 강선희, "기간제예외자가 사용기간의 제한을 받게 된 경우 근무기간을 통산하여 2년의 사용기간을 적용하는지 여부", 「노동판례리뷰 2015」, 한국노동연구원, 2015, 242쪽.

건 중 근로계약기간 이외의 다른 근로조건은 변함이 없는 것인지, 아니면 통상의 기간의 정함이 없는 근로자들과 동일한 근로조건을 적용받는 것인지 여부가 문제된다.

이에 대하여는 2년이 초과되었음에도 불구하고 근로계약기간의 만료를 이유로 고용을 종료하면 이는 사실상 해고와 다르지 아니하므로 근기법 제23조에 의하여 정당한 이유가 있어야 해고할 수 있다는 의미로만 이해하고 기타의 근로조건의 종전의 기간제 근로계약의 내용이 그대로 적용된다는 견해,[106] 기간의 정함이 없는 근로계약의 체결이 의제되면 이는 정규직 근로자로 전환된 것이므로 해고 규정뿐만 아니라 근로조건 전체에 대하여 정규직 근로자와 동등한 근로조건이 보장되어야 한다는 견해,[107] 새로이 의제되는 근로계약은 종전 근로계약과는 별개의 새로운 근로계약이 체결된 것으로 볼 수 있으므로 원칙적으로 새로운 근로계약의 내용은 계약의 해석에 따라 결정될 것이지만 당사자 사이에 달리 정함이 없다면 회사의 취업규칙이 적용될 것이므로 사실상 정규직 근로자와 동일한 법적 지위를 갖는다는 견해[108] 등이 있다.

살피건대, ① 기간제법의 입법 취지가 기간제근로자를 보호하고 사용자에 의한 기간제근로자 사용의 남용을 방지하는 데 있다는 점, ② 기간제법과 그 입법 취지가 유사한 파견법 제6조 제3항에 의하면 사용사업주가 파견근로자를 직접고용하는 경우 그 근로조건은 동종·유사업무를 수행하는 근로자에게 적용되는 근로조건에 의하도록 규정하고 있고, 당해 규정은 기간의 정함이 없는 근로계약을 체결한 것으로 간주되는 기간제근로자에게 유추 적용할 필요성이 있다는 점 등에 비추어 보면, 기간의 정함이 없는 근로자로 간주되는 시점부터 동종 또는 유사한 업무에 종사하는 다른 근로자와 동일한 근로조건을 누리게 되는 것으로 해석하여야 한다.

5. 적용 시기

기간제근로자의 사용을 제한하는 기간제법 제4조 규정은 기간제법이 시행된 2007. 7. 1. 이후 기간제 근로계약을 체결·갱신하거나 기존의 근로계약기간을 연장하는 경우부터 적용한다(기간제법 부칙 제2항).

---

106) 김형배, 803-804쪽; 김형배 교수는 이와 같은 견해를 "제한적 효력설"이라 명명한다.
107) 김형배, 804쪽; 김형배 교수는 이와 같은 견해를 "일반적 효력설"이라 명명한다.
108) 김형배, 804쪽.

따라서 기간제법 시행일 이전에 이미 수차례 근로계약이 반복하여 갱신되어 계속 근로한 기간이 2년을 경과한 기간제근로자도 기간제법에 따라 기간의 정함이 없는 근로자로 전환되기 위해서는 2007. 7. 1. 이후에 기간제 근로계약이 연장되거나 갱신된 시점부터 기산하여 사용기간이 2년을 경과해야 한다. 예컨대 2003. 1. 1.부터 2년 단위의 기간제 근로계약의 체결을 반복하여 갱신해 온 경우 기간제법 시행 이후에 근로계약을 갱신하는 2009. 1. 1.부터 2년의 기간을 초과한 날인 2011. 1. 1.이 되어야 비로소 기간제법에 따라 기간의 정함이 없는 근로자로 간주될 수 있다.

6. 적용 사업장

기간제근로자의 사용기간을 제한하는 기간제법 제4조의 규정은 상시 5인 이상 근로자를 사용하는 모든 사업 또는 사업장에 적용하되, 동거의 친족만을 사용하는 사업·사업장과 가사사용인에 대하여는 적용하지 아니하며(기간제법 제3조 제1항), 국가 및 지방자치단체의 기관에 대하여는 상시 사용하는 근로자 수에 관계없이 적용한다(기간제법 제3조 제3항).

[제5조]

제5조(기간의 정함이 없는 근로자로의 전환)
사용자는 기간의 정함이 없는 근로계약을 체결하고자 하는 경우에는 당해 사업 또는 사업장의 동종 또는 유사한 업무에 종사하는 기간제근로자를 우선적으로 고용하도록 노력하여야 한다.

사용자가 기간의 정함이 없는 근로계약을 체결하고자 하는 경우에 당해 사업 또는 사업장의 동종 또는 유사한 업무에 이미 종사하고 있는 기간제근로자가 있는 경우에는 그 근로자를 우선적으로 고용하도록 노력하여야 한다(기간제법 제5조). 이와 같이 기간제법은 사용자에게 기간제근로자를 기간의 정함이 없는 근로자로 전환하도록 노력할 의무를 규정하고 있는데, 단지 노력 의무를 부과하는 데에 그치는 선언적 규정에 지나지 않아 사용자가 이 규정을 지키지 않더라도 아무런 법적 책임을 지지 않는다. 하지만 이 규정은 기간제근로자의 사용을 제한하고자 하는 기간제법의 입법 취지를 잘 드러내는 것이므로 사용자는 기간제근로자의 정규직 전환을 위한 노력을 기울이는 데에 최선을 다해야 할 것이다.

[제6조]

제6조(단시간근로자의 초과근로 제한)
① 사용자는 단시간근로자에 대하여 「근로기준법」 제2조의 소정근로시간을 초과하여 근로하게 하는 경우에는 당해 근로자의 동의를 얻어야 한다. 이 경우 1주간에 12시간을 초과하여 근로하게 할 수 없다.
② 단시간근로자는 사용자가 제1항의 규정에 따른 동의를 얻지 아니하고 초과근로를 하게 하는 경우에는 이를 거부할 수 있다.
③ 사용자는 제1항에 따른 초과근로에 대하여 통상임금의 100분의 50 이상을 가산하여 지급하여야 한다.

[근기법]

제50조(근로시간)
① 1주 간의 근로시간은 휴게시간을 제외하고 40시간을 초과할 수 없다.
② 1일의 근로시간은 휴게시간을 제외하고 8시간을 초과할 수 없다.
③ 제1항 및 제2항에 따른 근로시간을 산정함에 있어 작업을 위하여 근로자가 사용자의 지휘·감독 아래에 있는 대기시간 등은 근로시간으로 본다.

제53조(연장근로의 제한)
① 당사자 간에 합의하면 1주 간에 12시간을 한도로 제50조의 근로시간을 연장할 수 있다.

근기법 제53조 제1항은 법정근로시간(1일 8시간, 1주 40시간)을 초과한 연장근로의 한도를 1주간에 12시간으로 제한하고 있지만, 단시간근로자의 소정근로시간을 초과하는 연장근로의 한도를 제한하는 규정을 두고 있지 않았다. 이에 따라 단시간근로자의 1주간의 소정근로시간이 30시간이든 35시간이든 심지어 10시간이든 전혀 상관없이 당사자 간에 합의만 있게 되면 연장근로를 통해 1주 동안 최대 52시간을 근로시키는 것이 법적으로 가능하여, 단시간근로자는 장시간의 초과근로로부터 사실상 보호를 받지 못하는 불합리한 결과가 초래되었다.

그리하여 정규직근로자로 채용해야 함에도 불구하고 인건비 절감을 위하여 단시간근로자를 채용하여 과도하게 초과근로를 시키는 탈법적 인력 운영을 막을 필요가 있다. 특히 학업이나 육아 등을 이유로 근로자 본인이 단시간 근로를 희망하는 경우는 사용자의 과다한 초과근로 요구로부터 단시간근로자의 근로시간을 보호할 필요성이 절실하다.

단시간근로자를 보호하기 위하여 기간제법에서는 단시간근로자의 소정근로시간을 초과하는 근로는 그 근로자의 동의를 얻어야 함을 명시하고, 법정근로시간 이내라도 초과근로의 한도를 1주간에 12시간으로 제한하며, 사용자의 부당한 초과근로 지시에 대한 단시간근로자의 거부권도 명시하는 규정을 두고 있다.

단시간근로자가 소정근로시간을 초과하여 근로를 하는 경우 그 초과근로시간이 법정근로시간 이내이더라도 사용자는 통상임금의 50%의 가산임금을 지급해야 한다(기간제법 제6조 제3항). 예전에는 근기법이나 기간제법에 명문의 규정이 없어서 단시간근로자의 법정기준시간 내 초과근로에 대하여 근기법 제56조에 따른 가산임금을 지급해야 하는지 여부가 논란이 되었지만, 2014. 3. 18. 기간제법을 개정하면서 입법적으로 이 문제를 해결하였다.

사용자가 단시간근로자의 동의를 얻지 않고 초과근로를 시키거나 1주 12시간 한도를 넘어서서 초과근로를 시키는 경우에는 1천만 원 이하 벌금형에 처해진다(기간제법 제22조).[109] 그리고 단시간근로자가 사용자의 부당한 초과근로의 요구를 거부할 경우 이를 이유로 사용자가 그 근로자에 대하여 해고 등 불리한 처우를 하게 되면 2년 이하의 징역 또는 1천만 원 이하의 벌금형에 처해진다(기간제법 제16조 제1호, 제21조).

---

109) 하지만 당사자 간의 합의가 없는 연장근로에 대하여 2년 이하의 징역 또는 1천만 원 이하의 벌금에 처하고 있는 근기법의 벌칙 규정(제110조 제1호)조차도 제대로 실효성을 발휘하지 못하는 현실에서 '1천만 원 이하의 벌금'이라는 처벌 규정이 얼마만큼 사용자를 강제할 수 있을지는 매우 의문이다.

[제7조]

제7조(통상 근로자로의 전환 등)
① 사용자는 통상 근로자를 채용하고자 하는 경우에는 당해 사업 또는 사업장의 동종 또는 유사한 업무에 종사하는 단시간근로자를 우선적으로 고용하도록 노력하여야 한다.
② 사용자는 가사, 학업 그 밖의 이유로 근로자가 단시간근로를 신청하는 때에는 당해 근로자를 단시간근로자로 전환하도록 노력하여야 한다.

사용자가 통상 근로자를 채용하고자 하는 경우에는 당해 사업 또는 사업장의 동종 또는 유사한 업무에 종사하는 단시간근로자를 우선적으로 고용하도록 노력하여야 한다(기간제법 제7조 제1항). 그러나 이는 문언의 의미 그대로 노력 의무에 그치는 것이어서 실제로 얼마만큼 실효성이 있을지는 의문이다. 입법론상 단시간근로자의 통상 근로자로의 전환이 필요하다는 판단을 하였다면 "단시간근로자를 우선적으로 고용하여야 한다."는 내용의, 우선 고용 의무를 규정하였어야 한다는 비판이 유력하다.[110]

그리고 통상 근로자의 자발적인 단시간근로자 전환도 유도하고자 하는 취지에서, 사용자는 가사, 학업 그 밖의 사유로 근로자가 단시간근로자를 신청하는 때에는 당해 근로자를 단시간근로자로 전환하도록 노력하여야 한다는 규정을 아울러 두고 있다(기간제법 제7조 제2항).[111]

[제8조~제16조]

<제4편 참조>

110) 김기덕, "기간제및단시간근로자보호등에관한법률안의 내용과 문제점", 26쪽. 이 글은 2006. 3. 22. 개최된 '비정규직법안의 내용과 문제점에 관한 토론회'의 발제문으로, 당시는 기간제법이 국회를 통과되기 이전이어서 '법률안의 내용과 문제점'이라는 제목으로 발표되었다.
111) 이러한 기간제법 제7조(통상 근로자로의 전환 등) 규정에 대하여 노동부는 고용 창출을 위한 취지의 입법이라고 해설하고 있다.; 노동부, 「비정규직법 이해」, 2007, 41쪽.

[제17조]

제17조(근로조건의 서면명시) 사용자는 기간제근로자 또는 단시간근로자와 근로계약을 체결하는 때에는 다음 각 호의 모든 사항을 서면으로 명시하여야 한다. 다만, 제6호는 단시간근로자에 한한다.
1. 근로계약기간에 관한 사항
2. 근로시간 · 휴게에 관한 사항
3. 임금의 구성항목 · 계산방법 및 지불방법에 관한 사항
4. 휴일 · 휴가에 관한 사항
5. 취업의 장소와 종사하여야 할 업무에 관한 사항
6. 근로일 및 근로일별 근로시간

1. 서면 명시 사항

기간제법에서는 기간제 및 단시간 근로자의 권리 보호를 강화하기 위하여 근기법에서 서면 명시 사항으로 정하고 있는 근로조건 이외에도 근로계약기간, 취업의 장소와 종사하여야 할 업무에 관한 사항, 단시간근로자의 근로일 및 근로일별 근로시간에 대해서도 사용자에게 서면으로 명시하도록 하고 있다. 이러한 근로조건의 서면 명시 제도는 기간제 및 단시간근로자의 근로조건과 관련된 분쟁의 소지를 줄이는 기능으로 작용할 수 있다.

2. 서면 명시의 방법

서면 명시의 방법으로는 근로계약서에 명시하는 것이 원칙일 것이지만, 노동부는 이러한 근로조건이 취업규칙에 명시되어 있을 경우 근로계약서는 개별 근로자에 해당하는 것만 기재하고 그 외의 공통적인 사항은 취업규칙의 내용을 주지시키는 방법 등으로도 가능하다고 해석하고 있다.[112)]

---

112) 노동부, 「비정규직법 이해」, 2007, 62쪽.

3. 서면 명시 규정을 위반했을 경우의 벌칙

가. 기간제법 벌칙규정과 시행령의 과태료 부과기준

기간제법 제17조의 규정을 위반하여 근로조건을 서면으로 명시하지 아니한 자는 500만원 이하의 과태료에 처한다(기간제법 제24조 제2항 제2호). 구체적인 과태료 부과기준은 아래 표와 같다(기간제법 시행령 제6조 및 별표 3).

위반행위	근거 법조문	과태료 금액(만원)		
		1차	2차	3차 이상
다. 법 제17조를 위반하여 근로조건을 서면으로 명시하지 않은 경우	법 제24조 제2항 제2호			
1) 법 제17조 제1호, 제3호 또는 제6호를 명시하지 않은 경우		50 (서면명시사항 1개 호 당)	100 (서면명시사항 1개 호 당)	200 (서면명시사항 1개 호 당)
2) 법 제17조 제2호, 제4호 또는 제5호를 명시하지 않은 경우		30 (서면명시사항 1개 호 당)	60 (서면명시사항 1개 호 당)	120 (서면명시사항 1개 호 당)

나. 벌칙 규정의 문제점과 해석론

기간제법은 근로조건의 명시 의무를 위반한 사용자에게 500만원 이하의 과태료에 처한다고 규정하고 있는 반면(기간제법 제24조 제2항 제2호), 근기법 제114조 제1호에서는 같은 내용의 의무 위반을 한 사용자에게 500만원 이하의 벌금형에 처하도록 하고 있다. 이에 기간제법과 근기법의 벌칙 규정의 형평성이 맞지 않아 문제가 된다.

일반 근로자보다 기간제 및 단시간근로자의 경우에 근로계약을 체결할 때 사용자가 근로조건을 명시하는 것이 더 중요함에도 기간제법의 벌칙 규정은 일반 근로자의 사용자가 같은 내용의 의무를 위반하는 경우에 부과되는 벌칙보다 더 경한 처벌을 받도록 규정되어 있다. 이는 기간제법을 제정하면서 근기법의 관련 벌칙 규정의 내용을 간과한 명백한 입법의 오류이다.

4. 서면 교부 의무 여부

2010년 5월 개정 근기법은 사용자에게 임금의 구성항목 · 계산방법 · 지급방법, 소정근로시간, 제55조에 따른 휴일, 제60조에 따른 연차 유급휴가의 사항이 명시된 서면을 근로자에게 교부하도록 하는 의무 조항[113]을 신설했다. 근로계약서를 근로자에게 의무적으로 교부하면 근로자 보호와 분쟁 예방에 도움이 되며 향후 임금 관련 다툼의 증빙자료로 활용되어 신속한 권리구제가 가능한 점에서 사용자의 서면 교부의무는 근로자에게 중요한 의의가 있다.

반면 기간제법은 근로조건 서면 명시 의무만을 규정하고 있고 교부 의무는 명시적으로 규정하고 있지 않으므로, 근기법의 서면 교부 규정이 기간제 근로자에 대해서도 적용되는지 문제된다. 해석상 근기법 제17조의 근로자는 정규직 근로자뿐만 아니라 기간제근로자, 단시간근로자, 파견근로자를 포함하는 개념이므로, 사용자는 기간제근로자와 근로계약을 체결할 때 그 근로자의 요구가 없더라도 서면 명시 사항이 적시된 서면을 교부하여야 한다.

단시간근로자에 대해서는 근기법 제18조 제2항 및 같은 법 시행령 제9조 제1항에 따른 [별표2] '단시간근로자의 근로조건 결정기준 등에 관한 사항' 제1호 가목에서 서면 교부를 의무화하고 있다.[114]

[제18조]

제18조(감독기관에 대한 통고)
사업 또는 사업장에서 이 법 또는 이 법에 의한 명령을 위반한 사실이 있는 경우에는 근로자는 그 사실을 고용노동부장관 또는 근로감독관에게 통고할 수 있다.

---

113) 근기법 제17조
② 사용자는 제1항 제1호와 관련한 임금의 구성항목 · 계산방법 · 지급방법 및 제2호부터 제4호까지의 사항이 명시된 서면을 근로자에게 교부하여야 한다. 다만, 본문에 따른 사항이 단체협약 또는 취업규칙의 변경 등 대통령령으로 정하는 사유로 인하여 변경되는 경우에는 근로자의 요구가 있으면 그 근로자에게 교부하여야 한다. <신설 2010. 5. 25.>

114) 가. 사용자는 단시간근로자를 고용할 경우에 임금, 근로시간, 그 밖의 근로조건을 명확히 적은 근로계약서를 작성하여 근로자에게 내주어야 한다.

사용자의 기간제법 준수 노력을 촉진하고자 하는 취지에서 근기법 제104조(감독 기관에 대한 신고) 규정에 준하여 사용자의 기간제법 위반 사실에 대해서도 근로자가 감독기관에 통고할 수 있음을 법에 명문화한 것이다.

[제19조]

제19조(권한의 위임)
이 법의 규정에 따른 고용노동부장관의 권한은 그 일부를 대통령령이 정하는 바에 따라 지방고용노동관서의 장에게 위임할 수 있다.

이 규정에 따라 기간제법 시행령 제5조에서는 ① 기간제법 제15조 제1항(기간제법 제15조의2 제4항 및 제15조의3 제2항에 따라 준용되는 경우를 포함한다)에 따른 확정된 시정명령에 대한 이행상황의 제출 요구, ② 기간제법 제15조 제2항(기간제법 제15조의2 제4항 및 제15조의3 제2항에 따라 준용되는 경우를 포함한다)에 따른 확정된 시정명령 불이행에 대한 신고의 접수, ③ 기간제법 제15조의2 제1항 및 제15조의3 제1항에 따른 차별적 처우에 대한 시정요구 및 기간제법 제15조의2 제2항(기간제법 제15조의3 제2항에 따라 준용되는 경우를 포함한다)에 따른 차별적 처우의 통보·통지 ④ 기간제법 제24조에 따른 과태료의 부과·징수의 4가지 사항에 관한 노동부장관의 권한을 지방노동관서의 장에게 위임하는 것으로 규정하고 있다.

[제20조]

제20조(취업촉진을 위한 국가 등의 노력)
국가 및 지방자치단체는 고용정보의 제공, 직업지도, 취업알선, 직업능력개발 등 기간제근로자 및 단시간근로자의 취업촉진을 위하여 필요한 조치를 우선적으로 취하도록 노력하여야 한다.

기간제 및 단시간근로자들의 실질적인 근로조건 개선을 도모하기 위하여 이러한 규정을 두고 있는 것인데, 단순한 선언적 규정에 불과한 것이 되지 않도록 국가와 지방자치단체의 적극적인 노력이 실제로 이루어져야 할 것이다.

제 3 편

파견근로자보호 등에 관한 법률

[제1조] 목 적

제1조(목적)
이 법은 근로자파견사업의 적정한 운영을 기하고 파견근로자의 근로조건 등에 관한 기준을 확립함으로써 파견근로자의 고용안정과 복지증진에 이바지하고 인력수급을 원활하게 함을 목적으로 한다.

1. 근로자파견의 의의

가. 근로자파견의 정의

'근로자파견'이란 파견사업주가 근로자를 고용한 후에 그 고용관계를 유지하면서 사용사업주와 체결한 근로자파견계약의 내용에 따라 파견근로자로 하여금 사용사업주의 지휘·명령을 받아 사용사업주를 위한 근로에 종사하게 하는 것이다(파견법 제2조 제1호). 이러한 근로자파견을 '업'으로 행하는 것을 '근로자파견사업'이라고 한다(파견법 제2조 제2호). '업'으로 행한다는 것은 통상 이윤 획득을 목적으로 계속적·반복적 의사를 가지고 근로자파견을 하는 것을 의미하나,[1] 반드시 영리를 목적으로 해야만 하는 것은 아니다.[2]

이러한 근로자파견관계에는 파견근로자를 고용하고 사용사업주와 '근로자파견계약'을 체결하여 근로자파견사업을 하는 '파견사업주' 및 파견사업주와 체결한 '근로자파견계약'에 따라 자신의 지휘·명령 아래 파견근로자를 사용하는 '사용사업주' 와 파견사업주에게 고용되어 사용사업주의 지휘·명령에 따라 근로에 종사하는 '파견근로자'가 있다(파견법 제2조 제3호 내지 제6호).

'근로자파견'은 원래 근로자공급의 한 형태이다. '근로자공급사업'은 공급계약에 의하여 근로자를 타인에게 사용하게 하는 사업(직안법 제2조의2 제7호 본문)으로서 사실상 또는 고용계약에 의하여 자기가 지배하고 있는 근로자를 타인의 지휘 아래 사용하게 하는 것이다. 이를 자유로이 허용하면 타인의 취업에 개입하여 영리를 취하거나 임금 기타 근로자의 이익을 중간에서 착취하는 폐단이 생길 염

1) 김유성 I, 390쪽.
2) 김형배, 833쪽.

려가 있어 근기법은 원칙적으로 이를 금지한다(2007. 4. 11. 법률 제8372호로 전문 개정되기 전의 근기법 제8조, 위와 같이 개정된 근기법 제9조). 다만 직안법에 의하여 고용노동부장관 허가를 받은 자에게만 근로자공급사업을 허용하고(직안법 제33조 제1항), 이 중 국내 근로자공급사업은 노동조합만 허가대상으로 하였다(직안법 제33조 제3항 제1호). 그러던 중 1998. 2. 9. '경제위기 극복을 위한 사회협약'(이른바 노사정합의)에서 노동시장의 유연성을 제고하기 위하여 제한된 범위 안에서 '근로자파견제도'를 도입하기로 했다. 이를 계기로 파견법이 제정되면서, 근로자파견사업은 근로자공급사업의 범위에서 제외되었다(직안법 제2조의2 제7호 단서).

나. 근로자파견의 특징

사용자는 근로자를 고용하여 자신의 지휘·명령 아래 업무를 시키고, 근로자는 그 대가로 임금을 받는다. 일반적인 사용자·근로자 관계는 당사자 사이에 고용과 사용이 일치한다. 그러나 근로자파견은 고용과 사용이 분리된다. 파견근로자를 '고용'하는 파견사업주와 파견근로자를 '사용'하는 사용사업주가 다른 것이다. 근로자파견은 이와 같이 법적 지위가 다른 사용자가 둘인, 특수한 고용형태이다. 근로자파견은 사용·종속관계를 중심으로 하는 종래의 사용자·근로자 개념에 맞지 않는 고용형태이기도 하다. 이러한 특징 때문에 파견근로자에 대하여 누가 근기법상 사용자책임을 지는지, 누가 파견근로자의 단체교섭의 상대방인지 등 논란이 많다.

파견근로자는 파견사업주와 사용사업주가 근로자파견계약에서 정한 파견기간에 따라 근로관계가 자동적으로 종료된다는 점에서 본질적으로 기간제근로자에 해당한다. 그런데 기간제근로자의 가장 큰 문제는 '해고 제한 법리'로부터 보호받지 못한다는 것이다.

이와 같이 근로자파견은 고용과 사용이 분리된 결과, 노동법상 사용자책임이 분산되어 사용자가 사용자책임을 회피할 수 있고, 파견근로자는 본질적으로 기간제근로자로서 해고 제한 법리로부터 보호받지 못한다는 점에서 근로자의 지위가 매우 불안정한 고용형태이다.[3)]

파견근로자는 사용사업주에게 직접 고용되어 있는 근로자(특히 기간의 정함이 없는 정규직 근로자)와 비교할 때, 근로조건 결정과정이 복잡하고 결정된 근로조

---

3) 강성태, "일본과 독일의 신근로자파견법－근로자파견법개정안과의 비교를 중심으로－", 「노동법연구」, 제17호, 서울대학교 노동법연구회, 2004, 104쪽.

건에서도 차별받는다. 동일한 사용자에게 동일한 근로를 제공함에도 불구하고, 직접 고용되었는지 파견되었는지에 따라 그 지위가 달라지는 것이다.

한편 집단적 노사관계에서 노동3권을 행사할 때도 직접 고용된 근로자와 파견근로자 사이에 이해관계가 충돌하는 등 노동조합의 조직적 동일성이 저해되기도 한다. 이 또한 고용과 사용이 분리되는 근로자파견의 본질적 특징에서 비롯되는 것이다.

2. 파견법의 목적

이러한 특징을 가진 파견근로는 1998. 2. 20. 파견법의 제정으로 법제화되었다. 파견법은 "근로자파견사업의 적정한 운영을 기하고 파견근로자의 근로조건 등에 관한 기준을 확립함으로써 파견근로자의 고용안정과 복지증진에 이바지하고 인력수급을 원활하게 하는 것"을 목적으로 한다.

파견법은 제2장에서 '근로자파견사업의 적정운영'을 위해 파견사유(근로자파견대상업무에 해당하거나 일시적 사유가 있을 것), 파견기간, 파견사업의 허가 등의 규제조치를 규정하고 있다. 파견사유에 관하여, 제5조 제1항에서 근로자파견대상업무를 원칙적으로 제조업의 직접생산공정업무를 제외한 전문지식·기술 또는 경험 등을 필요로 하는 업무로서 대통령령이 정하는 업무로 제한하고, 제5조 제2항에서 근로자파견사업의 대상으로 적절하지 못하여 절대적으로 파견을 금지한 업무를 제외하고는 출산·질병·부상 등으로 결원이 생긴 경우 또는 일시적·간헐적으로 인력을 확보하여야 할 필요가 있는 경우에 한하여 근로자파견사업을 행할 수 있도록 하였다. 파견기간에 대해서도, 제6조 제1항에서 위 제5조 제1항에 의한 근로자파견의 기간은 1년을 한도로 하되 파견사업주·사용사업주·파견근로자 간의 합의가 있으면 1회에 한하여 갱신을 허용하여 최대 2년을 넘지 못하도록 하였고, 제6조 제2항에서 위 제5조 제2항에 의한 근로자파견의 기간은 출산·질병·부상 등으로 결원이 생긴 경우에는 그 사유의 해소에 필요한 기간만, 그리고 일시적·간헐적으로 인력을 확보할 필요가 있는 경우에는 3월 이내를 한도로 하면서 파견사업주·사용사업주·파견근로자 간의 합의가 있어도 1회에 한하여 그 기간을 갱신할 수 있도록 규정하고 있다. 파견사업의 허가에 관하여는, 제7조에서 근로자파견사업을 하고자 하는 자는 고용노동부장관의 허가를 받도록 규정하고 있다. 파견법은 근로자파견사업의 적정운영을 위한 위 법규정들이 실효를 거둘 수 있도록 제43조 제1호에서 파견의 사유, 기간 및 파견업의 허가에 관한 위 규정들을 위반한 파견사업주를, 제44조 제1호에서는 파견의 사유, 기간에 관한 위 각 규정을 위반한 사용사업주를 형사처벌하도록 규정하고 있다.[4)]

'파견근로자의 근로조건 등에 관한 기준'은 제3장에 규정하였다. 제20조에서 근로자파견계약 내용을 서면으로 명시하도록 하였고, 제21조에서 사용사업주 사업 내의 동종 또는 유사한 업무를 수행하는 근로자에 비하여 파견근로자에게 차별적 처우를 금지하고, 이를 시정할 수 있도록 규정하였다.[5)] 제23조부터 제29조까지는 파견사업주가, 제30조부터 제33조까지는 사용사업주가 강구하여야 할 조치를 규정하였다.

위와 같이 파견법은 근로자파견사업의 허가를 받은 업체들로 하여금 자신들이 고용한 근로자를 타인을 위한 근로에 종사할 수 있도록 함으로써 '인력수급의 원활화'를 도모하면서도, 파견대상업무를 제한[허용 가능한 일부 업무만을 법제화하는 이른바 '포지티브'(positive) 방식을 도입하는 한편, 제조업의 직접생산공정업무에 대해서는 명문의 제외규정을 두었다]하는 것은 물론, 그 기간이나 사업허가 요건 등을 위반하여 위법하게 이루어진 파견에 대해서는 고용간주나 형사처벌 규정을 두는 등 근로자파견사업의 남용을 방지하는 조치를 두어 근로자파견의 상용화·장기화를 억제하고자 하였다.[6)]

그러나 파견법 시행 후 20년이 지난 현재, 파견법의 두 가지 목적(파견근로자의 고용안정·복지증진과 원활한 인력수급)이 양립할 수 없다는 것을 확인하게 되었다는 비판이 있다.

3. 파견법의 제·개정

가. 파견법 제정에 대한 입장 대립

파견법 제정에 찬성한 쪽은 경영계였다. 이미 경제성장 과정에서 비정규적인 취업 형태가 오랫동안 형성되어 일정한 사회적 역할을 하고 있고, 파견법이 제정되면 기업에게는 인력 관리의 유연성을 확보하여 경쟁력 강화에 도움을 주고, 근

---

4) 대법원 2008. 9. 28. 선고 2007두22320 전원합의체 판결(예스코 사건).

5) 이후 2012년 파견법 개정으로 제21조의2가 신설되어 고용노동부장관이 차별처우 시정을 요구할 수 있고, 2014년 개정으로 제21조의3이 신설되어 확정된 시정명령이 확대될 수 있도록 하였다.

6) 창원지방법원 2014. 12. 4. 2013가합3781 판결[한국지엠 사건. 항소심 부산고등법원 2016. 1. 21. 선고(창원) 2015나130, 147(병합)판결, 상고심 대법원 2016. 6. 10. 선고 2016다10254, 10261 심리불속행 판결 확정].

로자에게는 자신의 전문적인 지식·기술·경험을 활용할 기회를 제공함으로써 노동력 수요와 공급에 신속하게 대처하여 실업을 줄일 수 있다는 것이 그 이유였다. 따라서 당시 논의되고 있던 파견법은 파견업무 규제와 파견기간 갱신금지, 파견사유 제한 등 다른 나라에서 유례를 찾을 수 없는 규제법이라고 비판하였다.

반면 노동계는 파견법 제정에 반대했다. 근로자파견이 합법화되면 새로운 고용 기회가 창출되는 것이 아니라, 기존의 직접 고용이 파견근로로 대체되어 고용안정성이 파괴되고, 파견근로자는 노동법으로부터 보호받지 못하여 고용불안과 저임금에 시달린다는 것이었다. 기업은 파견업체와의 계약에 의하여 파견근로자의 정규직 전환을 막을 수 있으므로 노동시장이 이원화되고, 노동조합 활동을 위축시키기 위해 정규직 근로자를 파견근로자로 대체하여 노동조합 활동이 약화될 수 있다고 지적하였다. 결국 근로자의 인간다운 생활을 보장하려는 노동법의 존재 자체가 몰각될 수 있다는 것이다. 노동계는 당시 논의되던 파견법은 실질적으로 유료 직업소개업이나 근로자공급사업에 해당하므로 국제노동기구의 기준에 위배된다는 점을 지적하였다. 따라서 파견사업의 종류와 범위를 명확히 하고, 파견기간이 3개월 이상 초과되어서는 안되며, 진정 파견사업도 신고제가 아닌 허가제로 하고, 허가요건도 엄격하게 해야 한다고 주장했다.

나. 파견법의 제정 및 제정 파견법 평가

이와 같이 파견법 제정을 둘러싸고 경영계와 노동계 양쪽의 찬반 입장이 팽팽히 맞서오던 상황에서 1997년 말경 외환금융 위기가 발생하였다.[7)] 금융위기를 극복하기 위해서는 기업 구조조정이 필요하고 이를 위해 정리해고와 근로자파견

---

7) 파견법에 대한 논의가 본격화 된 것은 1993년 7월 30일에 노동부가 「파견법」(안)을 입법예고한 이후부터이다. 당시 노동부 직업안정국에서는 한국 노동시장을 선진화하고 1995년부터 고용보험을 실시하기 위하여 고용관련 4법, 즉 「고용정책기본법」·「고용보험법」·「파견법」의 제정, 「직업안정법」의 개정을 한꺼번에 추진하였다. 「파견법」(안)이 입법예고되자 노·사·학계에 상당한 논란이 일어났으며, 언론의 관심이 집중되었다. 수차례의 공청회가 개최되었으나, 노사간의 견해차이는 좁혀지지 않았다. 이러한 상황에서 정부는 1993년 10월 28일 「파견법」 제정안을 국회에 제출하였다. 여전히 노사간의 이견이 좁혀지지 않자 국회는 1993년 12월에 「고용정책기본법」, 「고용보험법」, 「직업안정법」은 통과시키고, 「파견법」은 유보했다. 1994년 이후에도 노동부, 재정경제원을 중심으로 파견법의 입법 추진 의사는 수시로 밝혀졌다. 1995년 10월 26일 국회는 파견법 입법을 위한 공청회를 개최, 노·사·정부, 학계의 의견을 들었으나 노사간의 이견이 좁혀지지 않아 법 제정은 다시 표류되고 말았다. 1996년 이후 파견법은 1996년에 발족된 노사관계개혁위원회의 개혁과제로 넘겨졌다. 그러나 파견법 제정에 관하여는 노·사·공익위원 간에 여전히 합의가 도출되지 못하였고, 노사관계개혁위원회는 1997년 12월 23일에 '근로자파견제도의 개선방향'을 제시하는 데 그치고 말았다. – 유성재, "파견근로법제", 국가기록원 기록정보콘텐츠(http://www.archives.go.kr/next/search/listSubjectDescription.do?id=000282), 2006. 12. 10.

제도를 도입해야 한다는 주장이 힘을 얻었다. 그 결과 1998. 2. 6. 노·사·정 합의로 '경제위기 극복을 위한 사회협약'이 체결되고, 1998. 2. 20. 법률 제5512호로 파견법이 제정되어 1998. 7. 1.부터 시행되었다. 파견법은 '근로자파견사업의 적정한 운영을 도모하고 파견근로자의 근로조건 등에 관한 기준을 확립함으로써 파견근로자의 고용안정과 복지증진에 이바지하고 인력 수급을 원활하게 하는 것'을 입법 목적으로 하였다(파견법 제1조). 파견법 제정의 1차적 의의는 근로자파견을 업으로 행하는 근로자파견사업의 합법화라고 할 수 있다.[8]

그러나 이렇게 제정된 파견법은 노·사·정 합의라는 형식을 띠었지만, 실제로는 정부가 주도하고 사용자의 입장만 반영된 것이었다. 외환금융 위기 이전의 치열한 찬반 논쟁은 외환금융 위기 국면에서 제대로 논의되지 못했다. 그 결과 노동계 입장이 반영되지 못한 파견법이 제정되고, 이것은 결국 노동계가 반대하는 내용의 근로자파견이 합법화되고 만 것이다.

파견법 제정·시행 전의 한국노동연구원의 1992년과 1997년의 파견근로 실태조사에 따르면, 근로자파견으로 실업이 줄어드는 면도 일부 있지만, 이것은 직업안정망과 고용보험의 미비로 정규직으로 진입해야 할 근로자가 파견근로로 흡수된 결과이므로 이를 실업 감소로 단정할 수 없다는 반론이 있었다. 이와 함께 전문기술직이 차지하는 비율이 아주 미미하며 생산직 비중이 크게 늘어난 점, 파견근로를 사용하는 목적이 주변부 업무나 일시적 업무에 한정된다는 점, 파견근로자들의 고용불안·산업재해·2차 노동시장화 등의 문제가 있는 점, 정규직 근로에 비해 임금수준이 낮은 점 등 부정적 측면이 더 많은 것으로 드러났다.[9]

이와 같이 파견법 제정 전 파견근로의 실태를 살펴보면, 이미 현장에는 파견법 제정에 찬성하는 경영계가 주장한 파견근로의 장점보다는 이에 반대한 노동계가 주장한 단점들이 더 많았던 것이다. 결국 한국에서 제정된 파견법은 파견근로자를 위한 것이 아니라, 고용 유연화를 원하는 사용자를 위한 법으로 평가될 수밖에 없다.

다. 파견법의 개정

제정 파견법이 시행된 후 불법파견에 대한 제재가 충분하지 않는 등 파견근로

8) 파견법 제정 전 직안법상 규제되던 근로자공급사업 요건 중 파견사업주와 파견근로자 사이에 고용관계가 존재하는 경우가 분리되어, 제정 파견법이 이를 규율하였다. 따라서 직안법에는 파견사업주와 파견근로자 사이에 고용관계 없이 사실상 지배관계가 존재하는 경우만 규율하게 되었다.
9) 한국노동연구원, "파견근로 실태조사와 정책과제", 1998년, 70-72쪽.

자를 보호하지 못하는 문제점이 드러났다. 이에 따라 노동계는 파견법의 개폐를 줄기차게 주장하였다. 이와 반대로 경영계는 노동시장 활성화를 위하여 근로자파견제도가 지닌 장점이 활용되고 있지 못하므로 오히려 파견허용 업무를 확대하고 파견기간을 자율화해야 한다고 주장하였다.

파견법은 2006. 12. 21. 법률 제8076호로 처음 개정되었다. 가장 큰 변화는 제정 파견법의 제6조 제3항 '고용간주' 조항이 삭제되고, 제6조의2 '고용의무' 조항이 신설된 것이다. 고용의무 조항에는 직접고용의무 발생 사유와 예외 사유, 직접고용시 파견근로자의 근로조건에 관한 기준 등이 규정되었다. 개정 파견법 제6조의2 제1항 규정에 따라, 파견기간이 도과한 경우는 물론 비대상업무 파견과 무허가 파견일 경우에도 직접고용의무가 발생한다는 점과 파견근로자의 근로조건 기준도 명확히 하였다. 파견근로자에 대한 차별금지 및 시정제도를 도입하고(파견법 제21조), 취업조건 등의 서면고지를 의무화하였다(파견법 제26조 제2항 및 제3항 신설). 불법파견에 대하여 파견사업주만 처벌하던 것을 사용사업주도 동일하게 처벌하도록 하였다(파견법 제43조 제1호의2).

한편 그동안 불법파견(비대상업무 파견, 무허가 파견)이더라도 2년 이상 근무한 경우에만 사용사업주에게 직접 고용의무를 부과한 결과, 불법파견이 적발되어 사용사업주가 근로관계를 종료하는 경우에는 근로자의 고용이 불안해지는 문제가 있었다.[10] 따라서 2012. 2. 1. 법률 제11279호로 개정된 파견법에서 불법파견의 경우에는 사용한 기간에 관계없이 사용사업주에게 파견근로자의 직접고용의무를 부여하도록 규정하였다. 이에 따라 불법파견 즉시 또는 필요한 기간 만료 즉시 직접고용의무가 발생하게 되었다(파견법 제6조의2). 또한 고용노동부장관이 파견근로자에 대한 차별적 처우가 있음을 확인한 경우 사업주에게 그 시정을 요구할 수 있고, 시정요구에 응하지 않을 경우에는 노동위원회에 통보하여 차별적 처우의 시정을 명할 수 있도록 하며, 이를 위반한 경우 1억 원 이하의 과태료를 부과할 수 있도록 하였다(파견법 제21조의2 신설).

나아가 2013. 3. 22. 법률 제11668호로 개정된 파견법에는 파견근로자에게 합리적인 이유 없이 불리한 처우를 할 수 없는 영역을 임금, 상여금, 성과금, 그 밖에 복리후생에 관한 사항 등으로 구체화·세분화하여 법률에 명시하였다(파견

---

10) 이와 관련하여 불법파견에도 구 파견법 제6조 제3항 본문의 '직접고용간주규정'이 적용되는지 문제가 된 사건에서 대법원은 전원합의체 판결을 통해 불법파견에서도 적법판결과 마찬가지로 직접간주규정이 적용된다고 판단하였다(대법원 2008. 9. 18. 선고 2007두22320 전원합의체 판결, 예스코 사건). 이후 파견법의 개정으로 같은 내용이 입법화된 것이다.

법 제2조 제7호).

2014. 3. 18. 법률 제12470호로 개정된 파견법에서는 동일한 사용자의 사업 또는 사업장에서 한 명의 파견근로자가 차별 인정을 받았을 때 동일 조건에 있는 근로자 모두의 차별적 처우가 개선되어 확정된 시정명령의 효력을 확대하도록 개정되었다(파견법 제21조의3 신설).

최근 2017. 4. 18. 법률 제14790호로 개정된 파견법은 기존 파견법 제42조 제1항 중 '공중도덕상 유해한 업무' 부분에 대하여 죄형법정주의에서 파생된 명확성의 원칙을 위반한다는 이유로 헌법재판소에서 위헌결정을 선고함에 따라 '공중도덕상 유해한 업무'를 구체적으로 적시하였고,[11] 민법이 개정됨에 따라 금치산자 및 한정치산자를 피성년후견인 및 피한정후견인으로 개정하였다.

라. 파견법의 전망

독일에서 간접 고용인 파견근로가 합법화된 이유는 직업 선택의 자유와 관련된 헌법적 문제 때문이었다. 그러나 근로관계의 원칙적인 모습은 '상용 고용'과 '직접 고용'[12]이다.

사용자는 자기 업무를 위해 근로자를 고용했다가 필요성이 없어지면 해고하려고 한다. 이를 위해 '경영상 해고'와 '기간제 및 단시간 근로'라는 고용형태가 도입되면서 '상용 고용 원칙'이 무너졌다.

파견법이 제정·시행된 후 '직접 고용 원칙'도 무너지게 되었다. 이로써 고용과 사용이 분리되고 사용자책임이 나누어지게 되었다. 즉 사용사업자는 파견근로자를 사용함으로써 얻게 되는 이익만 취하고, 고용에 따른 책임을 '합법적'으로 회피하게 된 것이다. 이에 따라 파견근로자는 '합법적'으로 보호받지 못하게 되었다. 상시적으로 고용불안에 시달리고, 중간착취 구조가 고착화되었다. 같은 사업장 안에서 같은 일을 하는 정규직 근로자와 파견근로자간의 차별은 심화되고, 노

11) '성매매알선 등 행위의 처벌에 관한 법률 제2조 제1항 제1호에 따른 성매매 행위가 이루어지는 업무, 보건범죄 단속에 관한 특별조치법 제2조 제1항에 따른 부정식품 제조 등 행위가 이루어지는 업무, 보건범죄 단속에 관한 특별조치법 제3조 제1항에 따른 부정의약품 제조 등 행위가 이루어지는 업무, 보건범죄 단속에 관한 특별조치법 제4조 제1항에 따른 부정유독물 제조 등 행위가 이루어지는 업무, 보건범죄 단속에 관한 특별조치법 제5조에 따른 부정의료 행위가 이루어지는 업무, 식품위생법 제4조에 따른 위해식품등의 판매 등 행위가 이루어지는 업무, 식품위생법 제5조에 따른 병든 동물 고기 등의 판매 등 행위가 이루어지는 업무, 그 밖에 제1호부터 제7호까지의 규정에 준하는 행위가 이루어지는 업무로서 대통령령으로 정하는 업무'로 구체화되었다.

12) 직접 고용 원칙의 규범적 근거와 법적 효과에 관해서는 조경배, "직접고용의 원칙과 파견근로", 「민주법학」 제19호, 민주주의법학연구회, 2001, 39쪽 이하를 참고하기 바란다.

동 과정에서 발생하는 안전과 보건에 관한 책임도 불분명해졌다(이른바 위험의 외주화). 파견기간 제한 규정도 현실에서는 유명무실해지고, 파견근로자의 노동3권 행사도 제한되었다. 이것은 합법파견이냐 불법파견이냐 문제가 아니라, '근로자파견제도' 자체에서 비롯되는 문제이다.[13)]

이런 상황을 계속 방치하면 '직접·상용 고용 원칙'이라는 노동법의 근본 취지는 의미를 잃게 된다. 따라서 원칙적으로 직접 고용의 예외인 근로자파견제도는 금지하고, 직접 고용 원칙 아래 예외적으로만 탄력적인 고용 관계를 인정해야 한다. 이를 위해서 현재 시행되고 있는 파견법은 폐지해야 한다. 다만 현실적으로 파견법이 존재하는 상황에서는 법 이름(파견근로자 보호 등에 관한 법률)과 목적(파견근로자의 고용안정과 복지증진)에 맞게, 파견근로자 보호를 최우선으로 하여 법을 해석하고 적용해야 할 것이다.

---

13) 노동법률단체 공동집필, "파견법 폐지, 간접고용 철폐 2017 파견노동포럼" 자료집, 2017, 36－39쪽.

[제2조 제1호] 근로자파견

제2조(정의)
이 법에서 사용하는 용어의 정의는 다음과 같다.
1. "근로자파견"이라 함은 파견사업주가 근로자를 고용한 후 그 고용관계를 유지하면서 근로자파견계약의 내용에 따라 사용사업주의 지휘·명령을 받아 사용사업주를 위한 근로에 종사하게 하는 것을 말한다.

1. 의 의

'근로자파견'은 파견사업주가 근로자를 고용한 후 그 고용관계를 유지하면서 근로자파견계약의 내용에 따라 사용사업주의 지휘·명령을 받아 사용사업주를 위한 근로에 종사하게 하는 것을 말한다. 여기서 '파견사업주'는 고용관계의 당사자로서 파견근로자를 고용하고, 근로자파견계약의 당사자로서 사용사업주와 근로자파견계약을 체결한 자이다. '사용사업주'는 근로자파견계약의 다른 당사자로서 이 계약에 따라 자신의 지휘·명령 아래 파견근로자를 사용하는 자이다. '파견근로자'는 고용계약에 따라 파견사업주에게 고용되어 사용사업주의 지휘·명령을 받아 근로에 종사하는 자이다.

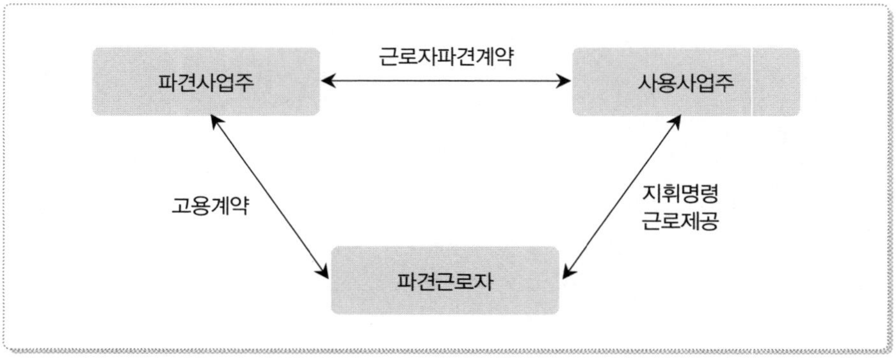

'근로자파견'은 아래에서 볼 '파견유사근로'와 구분할 필요가 있다.[14] 1997년 외환금융 위기 이후 형성된 고용유연화라는 흐름 속에서 '직접 고용 원칙'이 아닌, 예외적이고 다양한 노무이용형태가 나타나게 되었다. 이러한 법률관계를 노동법과의 관계에서 어떻게 구성할 것인지가 중요한 문제로 제기되었다. 특히 고용과 사용이 분리된 간접 고용을 합법적으로 인정하는 파견법이 제정됨에 따라, 법 적용 범위를 확정하기 위해서 직접 고용 방식이 아닌 다양한 노무이용형태들을 파견근로와 구분할 필요가 생겼다. 곧 파견근로와 파견유사근로를 구분하는 것은 파견법의 적용 범위에 대한 논의라고 할 수 있다.

2. 파견법의 적용 범위

가. 구별 개념

1) 직안법의 직업소개사업

'직업소개'라 함은 구인 또는 구직의 신청을 받아 구인자와 구직자 사이에 고용계약의 성립을 알선하는 것을 말한다. 이러한 직업소개를 업으로 하는 사업이 '직업소개사업'인데 이것은 단순한 직업의 알선을 목적으로 하는 것이다. 따라서 중간착취 등 인권 남용의 소지가 그다지 크지 않아, 직안법은 근로자공급사업처럼 엄격하게 규제하고 있지는 않다. 곧 무료 직업소개사업은 신고를, 유료 직업소개사업은 등록을 요건으로 하고 있다(직안법 제18조 제1항 및 제19조 제1항). 다만 무료 직업소개사업은 대통령령이 정한 비영리법인 또는 공익단체만이 할 수 있다(직안법 제18조 제2항).

일단 구인자와 구직자 사이 근로계약이 성립되면 직업소개사업자와 이들 관계가 단절된다. 직업소개사업자는 구인자와 구직자 사이의 중개 역할만 하기 때문에, 근로자가 근로자공급주의 사실상 지배를 받으면서 타인에게 근로를 제공하는 직안법상 '근로자공급'과 구별되고, 파견사업주와 고용관계에 있는 파견근로자가 사용사업주에게 근로를 제공하는 '근로자파견'과도 구별된다.

한편 사용사업주의 요청이 있을 경우 파견사업주가 일시에 근로자를 모집하여 파견시키는 '모집형 근로자파견'[15]은 사실상 직업소개와 다를 바가 없다. 따라서

14) 이 부분에 대한 설명은, 채호일 외 4, 「파견근로와 파견유사근로의 구분기준에 관한 연구」, 노동부, 2005, 11－25쪽의 내용을 많이 참고하였다.

15) 근로자파견의 종류에는 상용형, 등록형, 모집형의 세 가지 유형이 있다. 이에 대하여는 아래 '[제2조 제2호] 근로자파견사업 3. 근로자파견사업의 유형'에서 구체적으로 언급한다.

적어도 '모집형 근로자파견'은 법으로 금지하고, 이러한 형태로 근로자를 사용하는 경우에는 직업소개로 보아 근로자와 사용자 사이에 직접적인 고용관계가 존재하는 것으로 간주해야 할 것이다.

2) 근로자공급사업

'근로자공급사업'이란 공급계약에 의하여 근로자를 타인에게 사용하게 하는 사업을 말한다. 근로자를 공급하고자 하는 근로자공급사업주와 근로자 사이에는 고용 기타 유사한 계약에 의하여 고용관계나 사실상 근로자를 지배하는 관계에 있다. 근로자공급사업주와 근로자의 공급을 받는 사용사업주 사이에는 제3자의 근로 제공을 내용으로 하는 공급계약이 있어야 한다. 이를 통하여 사용사업주는 자신과 고용관계에 있지 않은 근로자를 공급받아 사용할 수 있게 된다.

이에 대하여 직안법은 국내 근로자공급사업은 노조법상의 노동조합만이,[16] 국외 근로자공급사업은 국내에서 제조업·건설업·용역업, 기타 서비스업을 행하고 있는 자만이 고용노동부장관의 허가를 받아서 할 수 있는 것으로 엄격하게 제한하고 있다(직안법 제33조 제1항, 제3항).[17]

파견법이 제정되기 전에는 근로자파견사업도 근로자공급사업의 한 유형으로서 원칙적으로 금지되었다. 그러다가 파견법이 제정되어 근로자공급사업 중에서 파견사업주가 근로자를 고용한 후 그 고용관계를 유지하면서 근로자파견계약에 따라 사용사업주의 지휘·명령을 받아 사용사업주를 위한 근로에 종사하게 하는 것을 '근로자파견'이라 하여 근로자공급사업에서 분리하였다.[18] 이에 따라 자기가 고용하는 근로자를 제3자에게 파견하여 그 지휘·명령 아래 근로를 제공하게 하는 근로자파견사업은 파견법의 적용을 받게 되어 직안법상의 근로자공급사업의 개념에서 제외되고, 직접적인 고용관계는 없으면서 사실상 지배관계에 있는 근로자를 제3자에게 공급하여 그 지휘·명령에 맡겨 사용하도록 하는 것이 직안법상 근로자공급사업에 해당한다.

---

16) '항운노조'가 대표적이다.

17) 근기법 제9조(중간착취의 배제)는 "누구든지 법률에 따르지 아니하고는 영리로 다른 사람의 취업에 개입하거나 중간인으로서 이익을 취득하지 못한다."고 규정하고 있다. 따라서 근로관계의 성립과 존속에 영리를 목적으로 개입하는 것은 원칙적으로 금지되고, 예외적으로 법률에 근거한 경우에만 가능하다. 따라서 취업의 개입 또는 중개행위가 법률에 근거하여 이루어지는 경우는 근기법 제9조의 적용을 받지 않는데, 그 대표적인 예가 직안법상의 근로자공급사업이다.

18) 직안법 제2조의2(정의) 7. "근로자공급사업"이라 함은 공급계약에 의하여 근로자를 타인에게 사용하게 하는 사업을 말한다. 다만, 파견근로자보호 등에 관한 법률 제2조 제2호의 규정에 의한 근로자파견사업을 제외한다.

3) 도 급

'도급'이란 당사자 일방(수급인)이 어떤 일을 완성할 것을 약정하고 상대방(도급인)은 그 일의 결과에 대하여 보수를 지급할 것을 약정함으로서 성립하는 계약이다(민법 제664조). 여기서 '일'은 유형적인 것이든 무형적인 것이든 상관없다. 그리고 '일의 완성'이라는 결과는 어떤 물건을 제작하거나 가공·수리하는 경우뿐만 아니라, 노동이나 노무 제공을 통해서 어떤 일을 끝내는 경우도 포함된다(노무도급).

따라서 도급에서는 일의 완성을 위하여 수급인이나 그의 이행보조자가 일정 정도 노무 제공을 하지만, 그러한 노무 제공 자체가 목적이 아니다. 일의 완성, 즉 작업으로 인한 성과가 중심인 법률관계이기 때문에 근로자가 노동력 자체를 제공하고 그 대가로 임금을 받는 근로계약과 이론적으로 구별된다. 그리고 도급계약의 성질상 도급인은 수급인이나 그 이행보조자에 대하여 도급 업무의 이행에 관한 지시를 내릴 수는 있으나(민법 제669조), 이는 근로계약상의 지휘·명령권과는 구별되고 제한적인 지시이다.[19]

4) 사내하청

노무도급의 주요한 유형 중 하나가 '사내하청'이다. 일반적인 하청은 하청업체 자체가 생산한 물품을 원청업체에 납품하는 형태이다. 그러나 사내하청은 원청회사와 하청회사가 도급계약을 맺고, 원청회사 사업장에서 하청회사의 근로자들이 원청회사 소속 근로자들과 함께 원청회사의 생산시설을 이용하여 사실상 원청회사의 지휘·감독 아래 업무를 수행한다.

이러한 사내하청은 원청회사와 하청회사가 사용과 고용의 주체로 분리된다는 점에서 간접고용에 해당한다. 현실에서는 파견법이 절대적으로 금지하고 있는 제조업의 직접 생산공정 업무에 '사내하청' 형식으로 근로자가 투입되는 경우가 많다. 이 점에서 사내하청은 불법파견에 해당할 소지가 매우 크다.

1980년대부터 자동차·조선·중공업 등의 제조업에서 주로 활용되어 온 사내하청은 파견법 제정 이전에는 주로 직안법이 금지하는 근로자공급사업에 해당하였다. 그러나 파견법 제정 이후에는 파견법이 금지하는 제조업의 직접 생산공정

19) 그러나 현실에서는 실제로 근로자파견관계에서 사용사업주로서 지휘·명령권을 행사하면서 도급이라고 위장하는 '위장도급'이 많다. 이의 구별과 관련하여 이하 '3. 위장도급과의 관계'에서 자세히 설명한다.

업무에 대한 파견이거나 위법한 상시 파견에 해당한다. 따라서 사내하청을 엄격하게 규제하여 불법적인 사내하청을 근절시킬 필요가 있다.

이전까지 노동행정관청의 감독이나 사법부의 통제가 제대로 이루어지지 않고 있었으나, 2000년대 들어서 대법원이 자동차·조선·중공업 등 제조업 직접 생산공정의 사내하청이 불법파견에 해당한다는 판단을 내리고 있다.[20]

5) 소사장제

1990년대부터 주목받기 시작한 '소사장제'는 간접고용 방식 가운데 하나이다. 일정한 기업에서 장기간 근무한 특정 간부 사원에게 독립된 사업체를 설립·운영하게 하고, 그 기업에서 분리된 특정 업무를 그 사업체가 전담하도록 하는 외주화 방식이다. 이러한 소사장제는 사내외 분사 경영의 한 유형으로서 사내하청의 초보적인 단계이다.

그런데 소사장이 독립하여 사업을 경영하는 것이 아니라, 형식적으로만 소사장을 독립 사업자로 하고 실제로는 원래 회사의 지휘·감독 하에 근무하는 경우가 많다. 이와 같이 소사장이 사업 경영상의 독립성을 결여하여 회사의 노무대행기관에 불과한 것으로 평가된다면, 소사장 소속의 근로자들은 회사와 '묵시적 근로계약관계'가 성립하여 직접 고용관계에 있는 것으로 보아야 한다.[21] 소사장에게 사업주로서의 독립성이 인정되는 경우라 하더라도, 회사가 소사장 소속 근로자들에게 실질적으로 지휘·감독권을 행사한다면 불법파견으로 인정될 가능성이 높다.

6) 격지 근무(점원 파견)

'격지 근무(점원 파견)'는 기업이 업무상 필요에 따라 소속 근로자로 하여금 당해 사업장이 아닌 거래업체 등의 사업장에서 근로를 제공하도록 하는 형태를 말한다. 이러한 격지 근무는 근무지의 변경만 있는 것이므로 소속 기업이 계속 노무지휘권을 행사하는 배치전환의 일종이다. 그러나 근무지 업체가 격지 근무자에 대한 노무지휘권을 행사하여 근무시키는 경우에는 근무지 업체와 관계에서 근로자파견과 유사한 간접고용의 문제가 발생할 수 있다.

대표적인 예가 생산회사가 상품 판매를 위하여 백화점 등 유통업체의 매장에 소속 종업원을 파견하는 경우이다. 따라서 이런 경우에도 근무지만 유통업체의

---

20) 이하 이 책 '3. 위장도급과의 관계' 부분에서 구체적인 판례를 언급하기로 한다.

21) 대법원 2002. 11. 26. 선고 2002도649 판결. 이하 '3. 위장도급과의 관계 나. 위장도급과 묵시적 근로관계' 부분에서 구체적으로 소개한다.

매장일 뿐 소속 회사의 노무지휘를 받는 것이 원칙이다. 그런데 백화점을 포함한 대부분의 유통업체는 판매 직원을 정규직으로 채용하지 않고, 소속만 입점 업체인 생산회사의 파견판촉사원을 판매직원으로 하여 휴일근무나 백화점 정규직 직원 일을 시키는 경우가 많다. 또한 납품업체와 근로계약을 맺고 백화점 등의 유통업체에 파견되어 상품판매 업무에 종사하고 있는 파견판촉사원의 근로관계 실태를 보면, 파견근무지인 유통업체가 파견판촉사원에 대하여 채용·징계 등 인사뿐만 아니라, 출·퇴근관리, 근로시간 및 연장근로의 결정, 교육 및 근무수칙 등 노무관리를 하는 경우가 많다.

이와 같이 파견지인 백화점 등 유통업체가 파견판촉사원의 노무관리를 하거나, 파견판촉사원이 소속 회사의 상품 판매 업무와 관계없는 업무를 수행하는 경우에는 실질적으로 근로자파견에 해당되므로 파견법의 규제를 하는 것이 타당하다.[22)]

7) 전출(사외 파견)

'전출(사외 파견)'이란 근로자가 원래 기업 소속인 채 다른 기업의 사업장에서 그 기업 지시를 받으면서 상당히 장기간 동안 업무를 하는 기업 사이의 전직을 말한다. 원래의 소속 기업을 떠나 다른 기업에서 근로를 제공한다는 점에서 고용과 사용이 분리되는 것처럼 보인다. 그러나 전출은 주로 업무상 필요한 경우 해당 근로자의 동의가 있어야만 가능하고, 사용업체가 임금 지급 등 사용자로서의 일정한 책임을 진다는 점에서 근로자파견과는 차이가 있다. 또한 전출은 해당 근로자가 전출한 기업과 전출 받은 기업 양자와 이중의 고용관계를 가지게 되는 반면, 근로자파견은 파견근로자가 파견사업주 사이에서만 고용관계를 유지한다는 점에서 다르다.[23)]

나. 일시적·임시적 근로자파견

반복적·계속적 의사가 없는 일시적이거나 임시적인 근로자파견을 파견법상의 근로자파견에 해당하는 것으로 볼 수 있는지 문제된다. 근로자파견사업이란 근로자파견을 업으로 하는 것을 의미하는데(파견법 제2조 제2호), 여기서 '업'이란 일

---

22) 농업협동조합이 운영하는 하나로마트에서 납품업체로부터 보수를 받고 납품 상품을 관리한 파견점원들이 실질적으로 농업협동조합에 고용된 근로자에 해당한다고 본 판결로 대법원 2006. 12. 7. 선고 2006도300 판결이 있다.

23) 김유성Ⅰ, 390쪽.

정한 목적을 가지고 동종 행위를 반복적 · 계속적으로 수행하는 것을 말한다. 따라서 1회의 행위라고 해도 그것이 반복적 · 계속적 의사이면 사업성이 인정되지만, 형식적으로는 반복되거나 우발적 행위가 계속되더라도, 그것이 반복적 · 계속적 의사가 아니면 사업성이 인정되지 않는다. 구체적으로는 일정한 목적과 계획에 따라 경영하는 경제활동으로 행해지는지 여부에 따라 판단해야 한다.[24]

따라서 파견법 제2조(정의) 규정은 근로자파견을 업으로 하는 파견사업주가 행하는 근로자파견에만 파견법상의 근로자파견에 해당하는 것으로 해석해야 한다. 반복적 · 계속적 의사로 업으로 하는 것이 아닌, 일시적 · 임시적 근로자파견은 원칙적으로 파견법의 적용 대상이 아닌 것으로 본다.[25]

한편, 1회의 행위지만 반복적 · 계속적 의사로 된 근로자파견임에도, 블구하고 파견법 적용을 피하기 위해 일시적 · 임시적 근로자파견의 외관을 만들어낼 수 있다. 그러나 이는 파견법 취지를 잠탈하는 것이므로 이 경우에도 파견법을 적용하여 규제해야 할 것이다.

다. 이중 파견

파견법의 보호대상에 해당하는지 여부가 문제되는 개념으로 '이중 파견'이 있다. '이중 파견'이란 파견사업주가 사용사업주의 근로자파견 요청에 따라 근로자파견계약을 체결하였으나, 그에 적합한 기술 · 능력 등을 갖춘 근로자를 고용하고 있지 않아, 이러한 근로자를 고용하고 있는 제3자와 다시 근로자파견계약을 체결하여 근로자를 파견받은 다음에 자기와 근로자파견계약을 체결한 사용사업주에게 재파견하는 것을 말한다.[26] 이러한 이중 파견은 파견사업주(원청 파견업자)가 파견근로자를 스스로 고용하고 있지 않고, 제3자(하청 파견업자)와 체결한 근로자파견계약에 따라 사실상 지배관계에 있는 근로자를 사용사업주에게 파견하여 그 지휘 · 명령을 받아 사용하게 하는 것이므로, 사실상 직안법상 근로자공급에 해당한다.

24) 민변노동위, 251-252쪽.

25) 회사가 일정한 시기에 충분한 업무량이 없는 경우 고용 조정의 한 방식으로 다른 회사와 근로자파견계약을 체결하여 일시적으로 자기 회사의 근로자를 다른 회사에 파견하여 그 지휘 · 명령 아래 근로에 종사시키는 경우도 있다. 이러한 경우는 앞에서 본 전출(사외 파견)에 해당한다고 할 것이다.

26) '이중 파견'은 파견을 '업'으로 하는지 여부, 파견 기간의 특정 여부, 파견법 제20조에서 정하고 있는 '근로자파견계약'을 체결하였는지 여부 등에 있어서 '사외 파견'과 차이가 존재한다. 그러나 '파견사업주-사용사업주-파견근로자'의 계약관계를 전제로 하는 파견법상 '파견'의 기본 범위를 넘어서는 개념이고, 파견법의 취지가 잠탈되지 않도록 파견법 적용대상 여부에 대한 적극적인 판단이 필요하다는 점에서 본질적으로 다르지 않다.

곧 이중 파견에 있어서 원청 파견업자는 하청 파견업자로부터 파견받은 파견근로자와 관계에서 사용사업주의 지위에 있게 되므로, 이중 파견은 원청 파견업자인 사용사업주가 자신이 사용하는 파견근로자를 다른 사용사업주에게 다시 파견하는 것과 같다. 그러나 원청 파견업자인 사용사업주와 파견근로자는 고용관계에 있지 않으므로 원청 파견업자인 사용사업주가 파견근로자를 타인에게 재파견하는 것은 근로자파견이 아니라 자기가 고용하지 않은 근로자를 타인에게 사용하게 하는 근로자공급에 해당하므로 직안법의 규제 대상이 된다.[27)]

그러나 이와 같은 이중 파견도, 사용사업주와 제3자(하청 파견업자) 소속 근로자 간에 사용사업주와 원청 파견업자 소속 근로자와 같은 지휘·감독 관계가 인정되는 등 제3자(하청 파견업자) 소속 근로자가 사용사업주를 위하여 근로를 제공하는 것으로 평가할 수 있다. 이러한 이중 파견의 경위와 계약 내용 등을 종합적으로 고려하여 사용사업주와 제3자(하청 파견업자)간에 묵시적인 근로자파견계약이 성립하였거나, 원청 파견업자가 근로자를 파견할 채무를 제3자(하청 파견업자)가 인수한 것으로 보아서 파견법의 적용 대상이 될 수 있다.

3. 위장도급과의 관계

가. 문제의 제기

'도급'은 일의 완성을 목적으로 하는 도급인과 수급인 사이의 계약이다. 따라서 수급인에게 고용된 근로자는 오로지 수급인을 위하여 근로를 제공하고 도급인의 지휘·명령을 받지 않는다는 점에서 도급과 근로자파견은 개념적으로 명확하게 구분된다(진정한 의미의 도급).

'근로자파견'은 파견사업주가 자신이 고용한 근로자를 사용사업주에게 파견하여 근로를 제공하게 하는 것으로써, 민법상 도급의 한 유형인 '노무도급'과 유사하다. 그래서 근로자파견이 법적으로 허용되지 아니한 때에는 실제로는 근로자파견임에도, 형식적으로 도급계약을 체결하고 수급인의 지위에서 노무도급을 하는 것이라고 주장하여 법적 규제를 회피하려는 사례가 많았다. 그리고 파견법이 제정된 이후에도 근로자파견에는 근로자파견사업 허가제, 파견허용업무 한정, 파견기간 제한 등 법적 규제가 많기 때문에 여전히 도급으로 가장하려는 경향이 강

27) 근로자파견사업의 대상에 해당하는 경우 직안법을 적용하여 처벌할 수 없다는 판례로는 대법원 2007. 9. 7. 선고 2006도6292 판결 등 참조.

하게 나타나고 있다. 노무 제공을 받아야 하는 자의 입장에서 보면 엄격한 사용자책임을 져야 하는 노동법의 적용을 받는 것보다는 민법(도급계약)의 적용을 받는 것이 법적으로 유리하기 때문에 가능하다면 도급과 같은 외형(위장도급)을 만들어 내어 노동관계법의 적용을 회피하려고 하는 것이다.

'위장도급'이란 노동법상 사용자가 져야 할 의무를 회피하기 위하여 도급계약의 형식을 빌어 근로관계를 은폐하고 위장하는 것을 말한다. 앞에서 언급한 진정한 의미의 도급과 위장도급을 구별하는 핵심적인 기준은 도급인이 수급인 측의 근로자를 사용·종속관계에서 지휘·감독을 하는지 여부이다. 위장도급은 타인의 노동력을 이용하는 유형에 따라 ① 직접근로관계를 숨기기 위한 위장도급과 ② 파견근로관계를 숨기기 위한 위장도급으로 나눌 수 있다. 한편 도급관계로 위장하기 위해서는 수급인의 외형을 띠는 자를 만들어야 한다. 수급인의 외형을 띠는 자가 당해 노무제공관계에서 실체를 가지고 있는지 여부에 따라 ① 외형상 수급인이 실체를 전혀 가지지 않는 경우와 ② 외형상 수급인이 실체를 가지는 경우로 나눌 수 있다.[28] 이에 따라 외형상 수급인의 실체가 전혀 없으면 '묵시적 근로계약관계'가 성립하고, 외형상 수급인이 실체를 가지면 '근로자파견관계'가 될 여지가 크다.

나. 위장도급과 묵시적 근로계약관계

1) 구별 기준 – 실질 판단의 원칙

도급계약 형식으로 노무공급이 이루어졌다 하더라도 수급인에게 사업주로서 실체성이 인정되지 않는 경우에는 도급인과 근로자 사이에 직접고용관계가 있는 것으로 보아 도급인에게 노동관계법상 사용자책임을 지워야 한다. 즉 수급인이 사업주로서 독자성이 없거나 독립성을 결여하여 도급인의 노무대행기관과 동일시할 수 있는 등 그 존재가 형식적·명목적인 것에 지나지 않는 경우에는 도급인과 근로자 사이에 묵시적 근로계약관계가 성립되어 있는 것으로 보아야 한다.[29]

이 때 수급인에게 사업주로서 실체성이 있는지 여부는 형식적으로 수급인이 법인등기를 한 법인인지, 사업주로서 의무를 부담하는지(법인세, 4대 보험 납부

---

28) 민변노동위, 284쪽.

29) 민변노동위, 285–286쪽. 수급인의 실체성을 부정하고 도급인과 근로자 사이에 묵시적으로 직접 근로계약관계가 존재하는 것으로 판단한 대표적인 사례로는 대법원 2003. 9. 23. 선고 2003두3420 판결(SK주식회사–인사이트 코리아 사건)과 대법원 2008. 7. 10. 선고 2005다75088 판결(현대미포조선–용인기업 사건)이 있다. 이하 아래에서 자세히 서술한다.

등)를 기준으로 볼 것이 아니라, 실질적으로 판단해야 한다. 이것은 대법원이 근로자성 여부를 판단할 때 기준인 '실질 판단의 원칙'과 같은 것이다.

대법원은 "근로기준법상의 근로자에 해당하는지 여부는 계약의 형식이 고용계약인지 도급계약인지보다 그 실질에 있어 근로자가 사업 또는 사업장에 임금을 목적으로 종속적인 관계에서 사용자에게 근로를 제공하였는지 여부에 따라 판단하여야 하고, 위에서 말하는 종속적인 관계가 있는지 여부는 업무 내용을 사용자가 정하고 취업규칙 또는 복무(인사)규정 등의 적용을 받으며 업무 수행 과정에서 사용자가 상당한 지휘·감독을 하는지, 사용자가 근무시간과 근무장소를 지정하고 근로자가 이에 구속을 받는지, 노무제공자가 스스로 비품·원자재나 작업도구 등을 소유하거나 제3자를 고용하여 업무를 대행케 하는 등 독립하여 자신의 계산으로 사업을 영위할 수 있는지, 노무 제공을 통한 이윤의 창출과 손실의 초래 등 위험을 스스로 안고 있는지와 보수의 성격이 근로 자체의 대상적 성격인지, 기본급이나 고정급이 정하여졌는지 및 근로소득세의 원천징수 여부 등 보수에 관한 사항, 근로 제공 관계의 계속성과 사용자에 대한 전속성의 유무와 그 정도, 사회보장제도에 관한 법령에서 근로자로서 지위를 인정받는지 등의 경제적·사회적 여러 조건을 종합하여 판단하여야 한다."고 하였다. 수급인에게 사업주로서 실체성이 있는지 여부도 이와 같이 실질적으로 판단해야 한다.[30)]

2) 묵시적 근로계약관계 법리

대법원은 위장도급이 실제로 묵시적 근로계약관계에 해당하는지를 판단할 때, 사건에 따라 개별적으로 판단했다.[31)] 그러나 크게 보면 '실질 판단의 원칙'하에

30) 대법원 1994. 12. 9. 선고 94다22859 판결.

31) 오래된 판결로써 대법원은 형식상 채탄 노무 도급계약을 한 수급인에게 고용된 광부와 형식상 도급인인 광업권자 사이에 묵시적 근로계약관계를 인정하였고(대법원 1979. 7. 10. 선고 78다1530 판결), 하급심 판결로써 사내하도급업체와 도급계약을 체결한 코스콤과 사내하도급 업체 근로자와의 직접 근로계약관계를 인정하였다(서울남부지방법원 2008. 7. 8. 선고 2007가합10338 판결, 이 판결은 코스콤이 항소하였으나 이후 원고들을 직접 고용하는 것으로 합의하고 항소를 취하하여 1심 판결이 확정됨). 최근에는 경기학원 파견근로자의 해고무효확인소송에서 경기학원과 파견근로자 사이의 묵시적 근로계약관계를 인정하였다(서울고등법원 2013. 3. 13. 선고 2012나59376 판결, 항소심에서 확정됨).
이에 반해 전국항운노동조합 산하 서울특별시 농산물종합시장 노동조합 소속의 근로자들과 이들을 파견 받아 하역작업을 시켜 온 농업협동조합중앙회 사이(대법원 1996. 6. 11. 선고 96누1504 판결), 은마아파트 관리사무소 소속 근로자와 아파트 입주자대표회의 사이(대법원 1999. 7. 12. 자 99마628 결정), 형식상 노무도급계약 수급인 소속 근로자인 서울경기항운노조 근로자와 도급인 회사인 경기화학공업 주식회사 사이(대법원 1990. 11. 12. 선고 97누19946 판결), 항공사에 파견된 외국인 조종사와 아시아나 항공사 사이(대법원 2004. 6. 25. 선고 2002다56130,56147 판결)에서는 묵시적 근로계약관계를 인정하지 않았다.

다음과 같이 '묵시적 근로계약관계' 법리를 적용하여 판단하였고, 그 적용 범위도 점차 확대하였다.

가) 대법원 2002. 11. 26. 선고 2002도649 판결(소사장기업 사건)

대법원은 2002. 11. 26. 선고 2002도649 판결에서 "기존 기업 중 일부 생산부문의 인적 조직이 이른바 '소사장 기업'이라는 별개의 기업으로 분리된 경우 그 소사장 기업에 고용된 채 기존 기업의 사업장에서 기존 기업의 생산업무에 종사하는 자를 기존 기업의 근로자로 보기 위해서는 그가 소속된 소사장 기업이 사업주로서 독자성이 없거나 독립성을 결여하여 기존 기업의 한 부서와 동일시할 수 있는 등 그 존재가 형식적·명목적인 것에 지나지 아니하고, 사실상 당해 근로자는 기존 기업과 사용종속관계에 있다고 평가될 수 있어야 한다."고 판시하였다.[32)]

또한 대법원 2004. 3. 11. 선고 2004두916 판결에서는 "소사장 스스로 종전의 근로관계를 단절하고 퇴직한 것인지 아니면 그 의사에 반하여 강제적·형식적으로 소사장의 형태를 취하게 되었는지 여부, 사업 계획, 손익 계산, 위험 부담 등의 주체로서 사업 운영에 독자성을 가지게 되었는지 여부, 작업 수행 과정이나 노무 관리에 있어서 모기업의 개입 내지 간섭의 정도, 보수 지급 방식과 보수액이 종전과 어떻게 달라졌으며 같은 종류의 일을 하는 모기업 소속 근로자에 비하여는 어떠한 차이가 있는지 여부 등도 아울러 참작하여야 한다."고 판시하고 있다.[33)]

나) 대법원 2003. 9. 23. 선고 2003두3420 판결(SK주식회사 – 인사이트 코리아 사건)

'소사장 기업'과 비슷한 '모자회사 관계'에서는 상법의 법인격 부인 법리를 가져와 수급인의 법인격을 부인하여 도급인과 수급인 근로자 사이에 직접 근로계약관계가 성립한다고 판시하였다. 대법원 2003. 9. 23. 선고 2003두3420 판결(SK주식회사 – 인사이트 코리아 사건)에서 원심은 "형식상으로는 독립 법인으로 운영되어 왔지만 실질적으로는 모자회사의 관계로서 사실상의 결정권을 참가인이

---

32) '묵시적 근로계약관계' 법리는 이미 대법원 1999. 11. 12. 선고 97누19946 판결(경기화학공업 주식회사 사건)에서 만들어진 것이다. 그러나 경기화학공업 주식회사 사건에서는 묵시적 근로계약관계가 인정되지 않았다.

33) 이 판결에서는 기존 중공업 회사에 소속된 크레인, 이동장비 등의 유지보수 등의 업무를 수행하는 부서가 종합정비회사로 분사된 경우, 분사된 종합정비회사의 대표이사가 기존 중공업 회사의 근로자에 해당한다고 보았다.

행사해 온 사실에서 참가인(SK주식회사)과 인사이트 코리아 사이에 체결된 업무도급계약은 진정한 의미의 업무도급이 아닌 '위장도급'에 해당한다."고 판단했다. 대법원은 "인사이트 코리아는 참가인의 자회사로서 형식상으로는 독립된 법인으로 운영되어 왔으나 실질적으로는 참가인 회사의 한 부서와 같이 사실상 경영에 관한 결정권을 참가인이 행사하여 왔고, 참가인이 물류센터에서 근로할 인원이 필요한 때에는 채용광고 등의 방법으로 대상자를 모집한 뒤 그 면접과정에서부터 참가인의 물류센터 소장과 관리과장 등이 인사이트 코리아의 이사와 함께 참석한 가운데 실시하였으며, 원고들을 비롯한 인사이트 코리아가 보낸 근로자들에 대하여 참가인의 정식 직원과 구별하지 않고 업무지시, 직무교육실시, 표창, 휴가사용 승인 등 제반 인사관리를 참가인이 직접 시행하고, 조직도나 안전환경점검팀 구성표 등의 편성과 경조회의 운영에 있어서 아무런 차이를 두지 아니하였으며, 그 근로자들의 업무수행능력을 참가인이 직접 평가하고 임금인상 수준도 참가인의 정식 직원들에 대한 임금인상과 연동하여 결정하였음을 알 수 있는바, 이러한 사정을 종합하여 보면 참가인은 '위장도급'의 형식으로 근로자를 사용하기 위하여 인사이트 코리아라는 법인격을 이용한 것에 불과하고, 실질적으로는 참가인이 원고들을 비롯한 근로자들을 직접 채용한 것과 마찬가지로서 참가인과 원고들 사이에 근로계약관계가 존재한다."고 하여 노동 사건에서 최초로 '법인격 부인론' 법리를 적용하였다.

다) 대법원 2008. 7. 10. 선고 2005다75088 판결(현대미포조선 – 용인기업 사건)

대법원 2008. 7. 10. 선고 2005다75088 판결(현대미포조선 – 용인기업 사건)에서 "외형상 수급인은 사업주로서의 독자성이 없거나 독립성을 결하여 외형상 도급인의 노무대행기관과 동일시 할 수 있는 등 그 존재가 형식적, 명목적인 것에 지나지 아니하고, 사실상 그 근로자가 외형상 도급인과 종속적인 관계에 있으며, 실질적으로 임금을 지급하는 자도 외형상 도급인이고, 또 근로제공의 상대방도 외형상 도급인이어서 근로자와 외형상 도급인 간에 묵시적 근로계약관계가 성립되어 있다고 평가될 수 있어야 한다."고 판단하였다.

대법원은 구체적으로 "원고들이 소속된 용인기업은 약 25년간 오직 피고 회사로부터 선박엔진 열교환기, 시 밸브(Sea Valve), 세이프티 밸브(Safety Valve)의 검사·수리 등의 업무를 수급인 자격으로 수행하여 왔는데, 피고 회사는 용인기업이 모집해 온 근로자에 대하여 피고 회사가 요구하는 기능시험을 실시한 다음, 그 채용 여부를 결정하였고, 그 시험합격자에게만 피고 회사가 직접 지급하는 수당을 수령할 자격을 부여하였으며, 용인기업 소속의 근로자들에 대하여 징계를 요구하거나, 승진대상자 명단을 통보하는 등, 용인기업 소속 근로자들의 채용, 승진, 징계에 관하여 실질적인 권한을 행사하였다.

뿐만 아니라, 피고 회사는 원고들의 출근, 조퇴, 휴가, 연장근무, 근로시간, 근무태도 등을 점검하고, 원고들이 수행할 작업량과 작업 방법, 작업 순서, 업무 협력 방안을 결정하여 원고들을 직접 지휘하거나 또는 용인기업 소속 책임자를 통하여 원고들에게 구체적인 작업 지시를 하였으며, 용인기업이 당초 수급한 업무 외에도 원고들로 하여금 피고 회사 소속 부서의 업무를 수행하게 하거나, 용인기업의 작업물량이 없을 때에는 교육, 사업장 정리, 타 부서 업무지원 등의 명목으로 원고들에게 매월 일정 수준 이상의 소득을 보장하는 등, 직접적으로 원고들에 대한 지휘감독권을 행사하였다.

더 나아가, 용인기업은 원칙적으로 수급한 물량에 대하여 시간단위의 작업량 단가로 산정된 금액을 피고 회사로부터 수령하였지만, 피고 회사는 용인기업 소속 근로자들이 선박 수리와 직접적인 관련이 없는 피고 회사의 다른 부서 업무 지원, 안전교육 및 직무교육 등에 종사하는 경우 이에 대한 보수도 산정하여 그 지급액을 결정하였을 뿐만 아니라, 원고들에게 상여금, 퇴직금 등의 수당을 직접 지급하였다. 한편, 용인기업에 대한 작업량 단가는 피고 회사 소속 근로자(이른바 직영근로자)로 조직된 현대미포조선 노동조합과 피고 회사 사이에 체결된 임금협약 결과에 따라 결정되었으며, 원고들의 퇴직금이나 건강보험 등 사회보험료 역시 피고 회사가 기성 대금과 함께 지급하는 등, 피고 회사가 원고들의 임금 등 제반 근로조건에 대하여 실질적인 영향력을 행사하였다.

마지막으로, 용인기업은 사업자등록 명의를 가지고 소속 근로자들에 대한 근로소득세 원천징수, 소득신고, 회계장부 기장 등의 사무를 처리하였으나, 이러한 사무는 피고 회사가 제공하는 사무실에서 이루어졌을 뿐만 아니라, 용인기업은 독자적인 장비를 보유하지 않았으며, 소속 근로자의 교육 및 훈련 등에 필요한 사업경영상 독립적인 물적 시설을 갖추지 못하였다."고 설시하였다.

이 판결은 '묵시적 근로계약관계' 법리를 재확인한 것이다. 법원은 2002년 소사장기업 사건 판결과 2003년 SK주식회사—인사이트 코리아 사건 판결에서도 같은 법리를 적용하여 소사장기업 근로자와 도급회사 사이 및 자회사 근로자와

모회사 사이에서 묵시적 근로계약관계 성립을 인정하였다.[34]

그런데 현대미포조선－용인기업 사건 판결은 앞의 두 판결과는 달리, '사업주로서의 실체성'보다는 '근로관계(지휘 명령관계와 기본적 관계)의 존재'에 더욱 중점을 두고 묵시적 근로계약관계의 성립을 판단하였다.[35] 이 사건의 원심이 한편으로는 근로관계의 존재를 인정하면서도 소사장기업 사건 판결이나 SK 주식회사－인사이트 코리아 사건 판결을 염두에 둠으로써 용인기업에 '사업주로서의 실체성'을 강조한 반면, 대법원은 위 판결 요지에서 보듯이 현대미포조선이 ① 용인기업 소속 근로자들의 채용, 승진, 징계에 관하여 실질적인 권한을 행사한 사실, ② 직접적으로 원고들에 대한 지휘감독권을 행사한 사실, ③ 원고들의 임금 등 제반 근로조건에 대하여 실질적인 영향력을 행사한 사실 등 근로관계의 존재를 보여주는 사실들에 집중하였고, 이른바 사업주로서의 실체와 관련된 언급은 ④ "용인기업은 독자적인 장비를 보유하지 않았고, 소속 근로자의 교육 및 훈련 등에 필요한 사업경영상 독립적인 물적 시설을 갖추지 못하였다."라는 것뿐이었다.[36]

요컨대 현대미포조선－용인기업 사건 판결은 사내하도급관계의 변화, 즉 자본의 연결과 경영의 지배를 근간으로 하던 초기의 모습을 벗어나 수급업체에 자본과 경영상 일정한 독립성이 확보되는 최근의 모습으로의 변화를 법원이 능동적으로 수용하고 있음을 보여주는 판결로 볼 수 있다.[37]

라) 법원이 '묵시적 근로계약관계'를 소극적으로 인정하는 경향에 대한 비판

그러나 대법원은 외형상 수급인이 사업주로서의 독자성이 없거나 독립성이 없어서 도급인의 노무대행기관과 동일시 할 수 있는 등 그 존재가 형식적, 명목적인 것인지를 판단하는 데 다소 엄격한 입장이다. 대법원 2010. 7. 22. 선고 2008두4367 판결(현대자동차 울산공장 사건)에서는 1심과[38] 원심이[39] 묵시적 근로계약관계를 인정하지 않은 것을 긍정하였다. 1심에서는 협력업체들이 법인세와 4대

---

34) 이에 대하여 박제성 박사는 세 가지 판결을 종합하여 "대법원은 사내하도급에서 고용사업주의 법적 형식이 소사장인 경우, 그룹 자회사인 경우, 개인업자인 경우 등 모든 유형에 대해서 묵시적 근로계약 법리를 적용하고 있는바, 그런 점에서 현대미포조선 사건 대법원 판결은 묵시적 근로계약 법리의 3부작을 완성하는 판결"이라고 평가한다. 박제성, "미완의 3부작 그 완성을 위하여", 「사내하청 대법원 판결 3부작－그 의미와 과제 토론회」, 민주사회를 위한 변호사모임·한양대 법학연구소 공익소수자인권센터 주최, 2010, 20쪽.

35) 강성태, "사내하도급 삼부작 판결의 의의", 「노동법학」 제35호, 한국노동법학회, 2010. 10－11쪽.

36) 강성태, "사내하도급 삼부작 판결의 의의", 「노동법학」 제35호, 한국노동법학회, 2010. 11－12쪽.

37) 강성태, "사내하도급 삼부작 판결의 의의", 「노동법학」 제35호, 한국노동법학회, 2010, 12－13쪽.

38) 서울행정법원 2007. 7. 10. 선고 2006구합28055 판결.

39) 서울고등법원 2008. 2. 12. 선고 2007누20418 판결.

보험을 따로 납부한 사실, 회계・결산을 별도로 한 사실, 별도로 취업규칙을 제정하여 인사권과 징계권을 행사한 사실, 임금과 상여금을 직접 근로자들에게 지급하고 근로소득세 원천징수와 연말정산 등의 업무를 하는 사실을 들어 협력업체의 실체를 인정하였다.

그러나 위와 같은 사실은 외형상 도급인인 원청업체가 외형상 수급인인 협력업체와 그 소속 근로자들보다 우월한 지위에서 임의로 정할 수 있는 성격이 강하므로, 이러한 사실이 인정된다 하더라도 곧바로 외형상 수급인인 협력업체들의 실체가 있다고 인정해서는 안 된다. 이것 역시 앞에서 언급한 대법원의 근로자성 판단에서 "기본급이나 고정급이 정하여졌는지, 근로소득세를 원천징수하였는지, 사회보장제도에 관하여 근로자로 인정받는지 등의 사정은 사용자가 경제적으로 우월한 지위를 이용하여 임의로 정할 여지가 크다는 점에서 그러한 점들이 인정되지 않는다는 것만으로 근로자성을 쉽게 부정하여서는 안 된다."라는 것과 같은 맥락이다.[40)]

더구나 이 사건에서는 원청업체가 '사내 협력업체 관리' 등의 여러 가지 업무표준을 만들어 시행하면서 협력업체들을 강도 높게 관리한 사실, '안전점검표'를 만들어 직접 안전점검을 실시한 사실, 사내 협력업체들의 대표 또는 현장관리인이 상주한 사실, 임률도급[41)]을 실시하고 사내 협력업체들을 주기적으로 평가한 사실, 혼재 배치되어 작업을 하고 사내 협력업체 근로자들의 근로시간・휴게시간 등이 참가인 근로자들의 그것과 동일하다는 사정 등이 존재하였다. 이러한 사정은 사내 협력업체들이 사업주로서의 독자성이 없거나 독립성을 상실했다고 볼 수 있는 근거이다. 그러나 1심과 원심은 "이러한 사정들만으로 참가인과 사내 협력업체들과의 도급관계가 형식적인 것에 불과하고 이 사건 협력업체들이 사업주로서의 독자성이 없거나 독립성을 상실하였다고 볼 수 있을 정도로 그 존재가 명목적인 것이거나 형식적인 것으로서 참가인과 원고들 사이에 직접적으로 근로계약관계가 성립된 것으로 볼 수 없다."고 판단했다. 이는 실제 사실과 다르게 판단한 것인데도 대법원은 1심과 원심의 판단을 그대로 인정하고 말았다.

이것은 대법원이 제시한 '실질 판단의 원칙'에도 배치된다. 하청업체가 형식적으로 사업주로서의 실체가 있다 하더라도 위와 같은 징표가 드러났다면 실질적

---

40) 대법원 2006. 12. 7. 선고 2004다29736 판결.
41) 사내하도급의 계약형태 중 하나로서 업무처리량을 단가로 책정하여 결과물에 따라 계약하는 민법상의 계약 형태인 물량(업무)도급과 달리, 현장에 배치된 근로자의 인건비를 인원수에 비례하여 산정 지급하는 계약방식을 의미한다.

으로는 사업주로서 실체가 없다고 보아야 한다. 이러한 사정들이야말로 하청업체가 사업주로서 독자성이나 독립성을 상실했음을 보여주는 근거이자, 원청업체와 하청업체 근로자 사이에 묵시적 근로계약관계가 성립했음을 보여주는 구체적인 징표인 것이다.

3) 묵시적 근로계약관계로 인정될 때의 법률관계

이와 같이 수급인이 사업주로서 독자성이 없거나 독립성을 결여하여 도급인의 노무대행기관과 동일시할 수 있는 등 그 존재가 형식적·명목적인 것에 지나지 않는 경우에는 도급인과 근로자 사이에 묵시적 근로계약관계가 성립하는 것으로 보아야 한다. 즉 이 경우 외형상 도급인은 수급인의 근로자에 대하여 사용자로서 모든 책임을 지게 된다. 임금·퇴직금과 재해보상 등 개별적 근로관계에 대한 책임은 물론, 단체교섭에 응하고 단체협약을 체결하며 쟁의행위를 감내해야 하는 등 집단적 노사관계에 따른 사용자 책임도 져야 한다.[42]

이에 따라 외형상 도급인과 사이에서 직접고용관계가 인정되는 근로자의 구체적인 근로조건을 어떻게 정하느냐가 문제된다. 해당 근로자가 외형상 수급인과 당초 맺었던 근로계약에서 정한 근로조건에 따라야 한다는 의견도 있지만,[43] 이는 부당하다. 근로자가 근로계약 상대로서 계약을 체결한 수급인은 "수급인으로서 사업주로서의 실체가 인정되지 않고 도급인의 노무대행기관에 불과"하므로 근로계약 상대방이 사업체 혹은 사업체 대표기관인 사업주가 아니라 그 하부기관이 되기 때문이다. 또한 통상 근로계약에서는 채용여부만 결정되고 구체적인 근로조건은 해당 사업장의 집단적인 근로조건 규율 규범인 취업규칙이나 단체협약에서 정해지기 때문이다. 무엇보다 종전 수급인과의 근로계약은 수급인이 불법행위를 실현하기 위한 방편으로 체결한 것이고, 노동법상 사용자책임을 잠탈하려는 면에서 불법파견보다 '불법성'이 더 강하므로 기존 수급인과의 계약은 무효로 보고, 외형상 도급인과 묵시적 근로계약이 체결된 것으로 보아야 한다.

근로조건 역시 묵시적으로 근로계약을 체결한 도급인의 사업장에 적용되는 취업규칙이나 단체협약에서 정한 근로조건에 따라야 한다. 이는 노동법에서 규정한 근로조건 형성의 일반 법리에 근거한다. 근로계약은 개별 근로자와 사용자 사이

42) 최은배, "위장도급의 판단-파견과 도급의 준별-", 「노동법연구」, 제31호, 서울대학교 노동법연구회, 2011, 3쪽.
43) 최은배, "위장도급의 판단-파견과 도급의 준별-", 「노동법연구」, 제31호, 서울대학교 노동법연구회, 2011, 5쪽.

에 개별적으로 체결되지만, 근로조건은 통상 집단적 방식으로 결정된다. 즉 우리 노동법에서 규정한 단체협약, 단체협약의 일반적 구속력, 취업규칙, 취업규칙 불이익 변경에서의 집단적 동의에 관한 규정은 모두 노동조합과 근로자집단을 통하여 사용자와 대등하게 교섭함으로써 근로조건을 공정하게 설정하도록 하려는 취지이다. 근로계약은 개별적으로 성립하지만 근로조건 성립은 집단적으로 만들어지는 것이 노동법이 예정한 원칙적 모습인 것이다.[44] 또한 근기법 제97조 해석에서도 이는 도출된다. 근기법 제97조는 취업규칙에서 정한 근로조건 기준에 미달하여 무효가 된 근로계약 부분은 취업규칙이 정한 기준에 따른다고 하여 근로계약관계에서 취업규칙의 강행적·보충적 효력을 규정하고 있다. 이러한 보충적 효력은 근로계약에서 정한 부분이 무효가 되는 것뿐만 아니라, 근로계약에서 구체적으로 정하지 않은 부분에 대하여도 보충적 효력이 있다고 해석해야 한다.

따라서 근로계약은 성립하였으나 구체적인 근로조건이 정해지지 않았다면 그 부분은 근기법 제15조에 따른 근기법의 효력, 근기법 제97조에 따른 취업규칙의 효력, 노동법 제33조 제2항에 따른 단체협약의 효력 등에 의해 보충된다. 그들 사이에는 '상위 규범 우선의 원칙'(근기법 > 단체협약 > 취업규칙 > 근로계약)과 '유리의 원칙'(하위 규범이라도 근로자에게 유리한 내용이라면 그것을 우선 적용해야 하는 원칙) 법리에 따라 해석·적용된다. 예를 들어 승계된 근로계약이 원청사업주의 동종 또는 유사근로자에게 적용하고 있는 취업규칙이나 단체협약 혹은 기간의 정함이 없는 근로자들에게 일률적으로 적용되고 있는 취업규칙 등에 미달하는 근로조건이라면, 원청회사의 취업규칙이나 단체협약에 의해 근로조건이 다시 정해지는 것이다.

한편 사업주로서의 실체성을 갖추지 못한 외형상 수급인은 직안법에서 금지하는 근로자공급사업을 한 것이 되므로 직안법 위반으로 형사처벌을 받게 된다.[45][46]

---

44) 이에 대하여 대법원 1999. 1. 26. 선고 97다53496 판결은 "오늘날 다수의 근로자를 고용하고 있는 기업은 개개의 근로자들과 일일이 계약 내용을 약정하기보다는 근로계약의 내용이 되는 근로조건 등을 단체협약, 취업규칙에 정하여 근로관계를 정형화하고 집단적으로 규율하는 것이 보통이므로, 근로계약 체결 시 계약의 내용을 취업규칙의 내용과 달리 약정하는 등 특별한 사정이 없는 한 근로계약을 체결한 근로자와 사용자 사이에는 취업규칙에 정하는 바에 따라 근로관계가 성립한다고 할 것이다."라고 하였다.

45) 허가를 받지 않고 근로자공급사업을 하면 5년 이하 징역 또는 2천만 원 이하 벌금에 처한다(직안법 제47조 제1호, 제33조 제1항).

46) 민변노동위, 285쪽.

다. 위장도급과 근로자파견관계

1) 근로자파견 판단기준에 관한 노동부 고시와 지침 및 이에 대한 비판

가) 구 노동부 고시(제98-32호, 1998. 7. 1.)의 내용과 검토

노동행정 실무에서 중요한 기준이 되었던 노동부 고시 중 "근로자파견사업과 도급 등에 의한 사업의 구별기준에 관한 고시"(노동부 고시 제98-32호, 1998. 7. 1., 이하 '고시')가 있었다.

제3조(도급 등과의 구별) 수급인 또는 수임인이 도급 등의 계약에 의해 수급 또는 수임받은 업무에 자기의 근로자를 사용하는 경우, 그 업무처리에 있어서 다음 각호에 해당하는 경우를 제외하고는 근로자파견사업을 행하는 것으로 본다.

1. 다음 각목의 사항에 관하여 근로자를 직접 지시하고 관리하는 등 노동력을 직접 이용하는 경우
 가. 업무수행방법, 업무수행결과 평가 등 업무수행에 관한 사항
 나. 휴게시간, 휴일, 시간외 근로 등 근로시간에 관한 사항. 단 근로시간 관련 사항의 단순한 파악은 제외한다.
 다. 인사이동과 징계 등 기업질서의 유지와 관련한 사항
2. 다음 각목에 해당하는 경우로서 도급인 또는 위임인으로부터 독립하여 업무를 처리하는 경우
 가. 소요자금을 자기 책임하에 조달·지급하는 경우
 나. 민법, 상법 기타 법률에 규정된 사업주로서의 모든 책임을 부담하는 경우
 다. 자기책임과 부담으로 제공하는 기계, 설비, 기재(업무상 필요한 간단한 공구는 제외)와 자재를 사용하거나, 스스로의 기획 또는 전문적 기술 또는 경험에 따라 업무를 제공하는 경우

제4조(위장도급 등의 처리) 수급인 또는 수임인의 도급 등의 사업이 제3조 각호에 해당하는 경우라도 그것이 법의 규정에 위반하는 것을 면하기 위하여 고의로 위장된 경우에는 근로자파견사업을 행한 것으로 본다.

위 '고시'는 제3조에서 도급과 근로자파견관계를 구별하는 기준으로 '수급인의 인사·노무관리의 독립성'과 '사업경영상의 독립성'이라는 두 가지 기준과 각 세부기준을 제시하면서 이를 하나라도 충족하지 못하는 경우에는 이를 근로자파견으로 보았다. 즉 위 각 기준에 의하여 수급인의 독립성을 인정할 수 없으면 도급

이 아닌 근로자파견사업으로 인정하겠다는 것이다.[47] 그리고 위 '고시' 제4조는 일응 제3조의 각 세부기준을 충족한 경우에도 그 실질과 비교하여 위장된 도급이라면 역시 근로자파견으로 본다고 규정하였다(실질 판단의 원칙).

계약관계가 도급으로 판단되면 외형상 도급인은 사용자로서 책임에서 대부분 벗어나게 된다. 따라서 위 '고시'가 도급이 되기 위한 기준들을 제시하고 이를 하나라도 충족하지 못했을 경우에는 근로자파견으로 간주하는 방식은 타당한 것이었다. 다만 근로자파견도 파견사업주가 파견사업을 독자적으로 해야 하고 파견사업주로 하여금 법령이 정한 일정한 기준을 충족하도록 하고 있다. 따라서 파견사업주가 위 기준 중 인사이동과 징계 등 기업질서의 유지와 관련한 사항을 독자적으로 행하지 않는 경우나 소요자금을 자기 책임 하에 조달·지급하지 않는 경우, 민법·상법 기타 법률에 규정된 사업주로서의 모든 책임을 부담하지 않는 경우라면 이는 근로자파견으로 판단할 것이 아니라 오히려 묵시적 근로계약관계로 보아야 할 것이다.

나) 근로자파견의 판단 기준에 관한 지침(2007. 4. 19.)의 내용과 검토

위 '고시'가 "도급의 조건을 규정하고, 이 중 어느 하나라도 충족하지 못하면 근로자파견으로 봄으로써 지나치게 엄격한 규정이라는 비판이 제기되었다."고 하면서,[48] 노동부와 검찰은 「근로자파견의 판단 기준에 관한 지침」(2007. 4. 19. 이하 '지침')을 마련하고 구 노동부 고시를 폐지하였다. 도급의 징표를 규정하고 이 중 어느 하나라도 어긋나면 근로자파견으로 보던 종전의 고시와 달리, '지침'은 근로자파견의 징표를 규정하면서 각 징표를 종합적으로 고려하여, 파견에 해당하는지 여부를 판단하는 방식을 취하고 있다.[49]

먼저 공급사업주(수급인)의 사업주로서의 실체를 판단하고, 실체가 없으면 사용사업주(도급인)와 근로자간에 직접고용관계가 있다고 추정했다. 반면 공급사업주의 실체가 있으면 ㉮ 공급사업주가 사업주로서의 실체가 있는지 여부와 ㉯ 사용사업주가 지휘·명령권을 행사하는지 여부를 종합적으로 고려하여 근로자파견에 해당하는지의 여부를 결정한다. ㉮ 공급사업주의 사업주로서의 실체 여부를 판단하는 지표로는 ① 채용·해고 등의 결정권, ② 소요자금 조달 및 지급에 대한 책임, ③ 법령상 사업주로서의 책임, ④ 기계·설비·기자재의 자기 책임과

47) 전형배, "대법원 판례의 위장도급 유형 판단기준", 「노동법학」, 제36호, 한국노동법학회, 2010, 511쪽.
48) 노동부, 「파견·도급 구분 참고자료-노동부·검찰 지침, 법원 판례 등」, 2009, 16쪽.
49) 윤애림, "다면적 근로관계의 판단 기준", 「노동법학」, 제49호, 한국노동법학회, 2014, 182-183쪽.

부담, ⑤ 전문적 기술·경험과 관련된 권한 등이 있다(다만, ④, ⑤는 단순히 육체적인 노동력을 제공하는 경우에는 적용되지 아니한다). 그리고 ㉯ 사용사업주의 지휘·명령권 행사 여부를 판단하는 지표로는 ⑥ 작업배치·변경 결정권, ⑦ 업무 지시·감독권, ⑧ 휴가·병가 등의 근태 관리권 및 징계권, ⑨ 업무수행에 대한 평가권, ⑩ 연장·야간·휴일근로 등의 근로시간 결정권(다만, 사업의 특성상 일치시켜야 하는 경우에는 제외) 등이 있다. 이 중에서도 ⑥, ⑦, ⑧이 주요 기준이다.

그러나 '지침'은 단순히 육체적 노동을 제공하는 경우에 '④ 기계·설비·기자재의 자기 책임과 부담, ⑤ 전문적 기술·경험과 관련된 권한'을 판단기준에서 배제한 문제가 있다. 오히려 단순히 육체적 노동을 제공하는 경우에는 계약의 목적 자체가 인력의 공급 내지 파견으로서 근로자파견에 해당될 가능성이 높다. 그럼에도 위 징표를 배제함으로써 불법파견이 아니라고 하게 되는 것이다. 또한 단순히 육체적인 노동력을 제공하는 경우에도 근로자를 고용한 자가 기초적인 '지휘·명령' 기준만 갖추면 근로자파견에 해당하지 않는다(즉 진정도급이 되는 것이다). 이는 근로자파견의 개념이나 본질을 반영하지 않은 것이다. 그 결과 단순노동력제공조차도 지휘·명령 관계만 조작하면 근로자파견이 아닌 것으로 만들 수 있다는 비판이 제기되었다.[50)]

또 위 '지침'은 '⑥ 작업배치·변경 결정권, ⑦ 업무 지시·감독권, ⑧ 휴가·병가 등의 근태 관리권 및 징계권'을 근로자파견의 주요 기준으로 보았다. 그러나 '작업배치·변경 결정권' 기준을 검토하면, 어느 업무를 정규직이 맡느냐 하청업체 소속 근로자가 맡느냐는 사용사업주가 결정하지만(일반적인 작업배치권), 현장에서 구체적으로 어느 업무에 특정한 근로자를 배치할 것인가는 하청업체가 정하는 경우(구체적인 작업배치권)가 많다. 당연히 이 경우에도 근로자파견으로 보아야 할 것이다. 그러나 '지침'은 구체적인 현실을 고려하지 않고 있다. '휴가나 병가 및 징계권 행사' 역시 근로자파견의 경우에도 원칙적으로 파견사업주가 행사한다는 점에서 근로자파견 여부를 판단하는 주요 기준이 될 수 없다.

2) 판결에서의 구별 기준

가) 실질 판단의 원칙과 유형적·종합적 판단

대법원은 "당사자가 설정한 계약형식이나 명목에 구애받지 않고 계약 목적 또

---

50) 조임영, "근로자파견관계의 판단방식과 기준", 「노동법연구」, 제22호, 서울대학교 노동법연구회, 2007, 177쪽.

는 대상의 특정성, 전문성, 기술성, 계약당사자의 기업으로서 실체 존부와 사업경영상의 독립성, 계약이행에서 사용사업주의 지휘, 명령권 보유 등을 종합적으로 고려하여 그 근로관계의 실질을 따져서 판단해야 한다."(대법원 2012. 2. 23. 선고 2011두7076 판결)거나, "원고용주가 어느 근로자로 하여금 제3자를 위한 업무를 수행하도록 하는 경우 그 법률관계가 위와 같이 파견법의 적용을 받는 근로자파견에 해당하는지는 당사자가 붙인 계약의 명칭이나 형식에 구애될 것이 아니라, … 그 근로관계의 실질에 따라 판단하여야 한다."(대법원 2015. 2. 26. 선고 2010다106436 판결, 대법원 2015. 2. 26. 선고 2010다93707 판결, 대법원 2015. 2. 26. 선고 2012다96922 판결)고 하여 도급과 근로자파견을 구별하는 기준으로 '실질 판단의 원칙'을 택하고 있다.[51] 그리고 '계약의 내용, 업무수행의 과정, 계약당사자의 적격성'을 기준으로 이를 종합적으로 평가하여 근로자파견인지를 판단하는 '유형적·종합적 판단 방식'을 채택하고 있다.

'실질 판단의 원칙'은 당사자가 붙인 계약의 명칭이나 형식에 구애될 것이 아니라 노무 제공 관계의 실질에 따라야 한다는 것이다. 이는 근기법상 근로자에 해당하는지 여부에 대한 대법원 판례 입장과 같다.[52] 노동관계법, 직안법, 사회보장법 등은 근로자의 최저한의 생활을 보장하고 근로조건을 보호하기 위한 법으로 당사자의 의사로 그 적용 여부를 좌우할 수 없다. 근로조건 보호 의무를 부담하는 사용자로서는 이러한 법의 적용을 피하기 위하여 실제로 근로관계인 것을 근로관계가 아닌 것으로 포장하고자 하는 유인이 크다. 따라서 노동법은 강행법규로 이를 규율해야 하는 것이다. 또한 당사자(도급인·수급인·근로자)가 도급계약을 의도했다 하더라도 그 실질이 도급이 아니라면 당사자 사이의 합의에 따른 법률효과를 부여해서는 안 될 것이다.[53]

나) 세부 판단기준에 대한 판례의 흐름

(1) 대법원 2010. 7. 22. 선고 2008두4367 판결(현대자동차 울산공장 사건)

(가) 사건의 경과

이 사건은 고용노동부에서 현대자동차 울산공장 사내하청 전 업체에 대하여 2004. 12. 16.경 모두 불법파견이라고 판정한 이후에도 검찰이 무려 2년 가까이

51) 앞서의 노동부나 검찰의 판단방식도 이와 동일하다(실질 판단, 종합적 고려 판단).
52) 대법원 1994. 12. 9. 선고 94다22859 판결, 대법원 2006. 12. 7. 선고 2004다29736 판결 참조.
53) 최은배, "위장도급의 판단-파견과 도급의 준별-", 「노동법연구」, 제31호, 서울대학교 노동법연구회, 2011, 36쪽.

사건을 처리하지 않고 있다가 2007. 1. 3.경에야 모두 무혐의 처분[54)]으로 종결한 사건을, 2010년 대법원에서 최초로 사내하청에 대해 불법파견 판정을 내린 사건이다.

(나) 대법원의 판단 근거

이 사건에서 대법원은 도급과 근로자파견을 구별하는 일반적인 판단기준 대신, 근로자파견으로 판단한 구체적인 근거를 제시하고 있다.

① 참가인(현대자동차)의 자동차 조립·생산 작업은 대부분 컨베이어벨트를 이용한 자동흐름방식으로 진행되었는데, 참가인과 도급계약을 체결한 이 사건 사내협력업체 소속 근로자들인 원고들은 컨베이어벨트를 이용한 의장공정에 종사하는 자들이다.

② 원고들은 컨베이어벨트 좌우에 참가인의 정규직 근로자들과 혼재하여 배치되어 참가인 소유의 생산 관련 시설 및 부품, 소모품 등을 사용하여 참가인이 미리 작성하여 교부한 것으로 근로자들에게 부품의 식별방법과 작업방식 등을 지시하는 각종 작업지시서 등에 의하여 단순, 반복적인 업무를 수행하였다. 이 사건 사내협력업체의 고유 기술이나 자본 등이 업무에 투입된 바는 없었다.

③ 참가인은 이 사건 사내협력업체의 근로자들에 대한 일반적인 작업배치권과 변경 결정권을 가지고 있었고, 그 직영근로자와 마찬가지로 원고들이 수행할 작업량과 작업 방법, 작업 순서 등을 결정하였다. 참가인은 원고들을 직접 지휘하거나 또는 이 사건 사내협력업체 소속 현장관리인 등을 통하여 원고들에게 구체적인 작업지시를 하였는데, 이는 원고들의 잘못된 업무수행이 발견되어 그 수정을 요하는 경우에도 동일한 방식의 작업지시가 이루어졌다. 원고들이 수행하는 업무의 특성 등을 고려하면, 사내협력업체의 현장관리인 등이 원고들에게 구체적인 지휘명령권을 행사하였다 하더라도, 이는 도급인이 결정한 사항을 전달한 것에 불과하거나 그러한 지휘명령이 도급인 등에 의해 통제되어 있는 것에 불과하였다.

④ 참가인은 원고들 및 그 직영근로자들에 대하여 시업과 종업 시간의 결정, 휴게시간의 부여, 연장 및 야간근로 결정, 교대제 운영 여부, 작업속도 등을 결정하였다. 또 참가인은 정규직 근로자에게 산재, 휴직 등의 사유로 결원이 발생하는 경우 사내협력업체 근로자로 하여금 그 결원을 대체하게 하였다.

---

54) 당시 검찰이 현대자동차 사건을 무혐의 처분하면서 만든 것이 바로 위 2007. 4. 19.자 지침이었다.

⑤ 참가인은 이 사건 사내협력업체를 통하여 원고들을 포함한 이 사건 사내협력업체 근로자들에 대한 근태상황, 인원현황 등을 파악·관리하였다.

대법원은 근로자파견에 해당하는지에 대한 판단근거로써 도급계약의 대상이 된 업무의 내용과 특성, 작업배치·작업방식·작업순서 등 노무제공의 방식과 방법에 관한 결정권, 원료·보유기술·자본의 투입유무, 작업시간·휴게·시간외 근로 등의 원청 조직과의 연관성, 근태상황 및 인원현황의 관리방식 등 여러 가지 평가요소를 차례로 제시하고 이를 종합하는 '사례판단 방식'을 택하였다.[55] 즉 이 판결은 판단의 대전제인 추상적인 법리를 설시한 것이 아니라, 구체적인 사실관계를 제시하면서 불법파견 여부를 판단한 것이다. 이에 의하면 컨베이어 벨트, 즉 자동흐름 공정 내지 연속공정 시스템이라는 사실관계가 존재하면, 이것은 근로자파견일 가능성이 매우 높은 것으로 볼 수 있다.

기존의 하급심 판결이나 일부 학설에서는 근로자파견과 도급의 구별기준으로서 외형상 누가 노무지시를 했느냐가 핵심적이거나 유일한 평가요소였다. 반면, 이 판결에서는 도급대상인 업무가 도급계약으로서 적합한 것인지를 최우선으로 제시하였다는 의의가 있다. 또한 종속적 사내하청이라는 한국 및 일본 특유의 봉건적인 노동력 이용관계의 실태를 실질적으로 고려한 합리적인 판결이라는 평가도 있다.[56]

(다) 구체적인 지휘·명령권 행사로 판단한 근거

도급과 근로자파견의 구별기준을 정할 때 주요하게 고려할 사항은 위장된 외형을 제거하고 그 실질을 탐구하여 사용자에게 적정한 노동법의 책임을 부여함으로써 노동법의 규범력을 회복해야 한다는 점이다. 이 판결에서는 업무상 지휘·명령권 행사 여부도 "사내협력업체의 현장관리인 등이 원고들에게 구체적인 지휘·명령권을 행사하였다 하더라도 이는 도급인이 결정한 사항을 전달한 것에 불과하거나 그러한 지휘명령이 도급인 등에 의해 통제되어 있는 것에 불과하였다."고 하여 지휘·명령권 행사의 실질을 판단하였다.

마치 하청업체가 지시하는 것처럼 보이기 위해 현장에서 본격적으로 도입한 것이 이른바 '현장대리인' 제도이다. 하청업체의 반장, 팀장 등을 현장대리인으로

---

55) 조경배, "파견노동 및 현행 파견법의 문제점과 법적 과제", 「민주법학」, 제62호, 민주주의법학연구회, 2016, 27-28쪽.

56) 조경배, "파견노동 및 현행 파견법의 문제점과 법적 과제", 「민주법학」, 제62호, 민주주의법학연구회, 2016, 29쪽.

지명하고 최종적으로 이들을 통제·지시함으로써 근로자파견이 아닌 것처럼 위장하는 것이다. 이에 대하여 이 사건 판결은 "현장대리인 같은 하청업체의 관리자가 있고 그 관리자가 외형적인 지시자라고 하더라도, 그 지시의 내용에 도급인이 결정한 것을 전달하는 것에 불과하거나, 도급인에 의해 통제되어 있는 것이라면 도급인이 업무상 지시를 하고 있다고 보아야 함"을 명확히 하였다.

이 외에도 도급인의 통제방법에는 전자적 시스템(예를 들어 ERP 시스템), 각종 매뉴얼, 작업지침서, 표준서, 절차서 등 다양한 방법이 있을 수 있다. 방법이 어떠하든 도급과 근로자파견을 구별하는 기준인, 업무상 지휘·명령을 누가 했는지 여부는 겉으로 드러난 외형으로만 판단해서는 안 되고 그 실질을 따져 '실제로 누가', '궁극적으로 누가' 근로자에게 지휘·명령을 했느냐를 살펴보아야 한다.

이 판결은 작업배치·변경 결정권과 관련하여 "참가인은 이 사건 사내협력업체의 근로자들에 대한 일반적인 작업배치권과 변경 결정권을 가지고 있었다."고 설시하고 있다. 현대자동차 사내하청의 경우에 어느 공정을 정규직이 할지, 하청업체 소속 근로자가 할지는 기본적으로 사용사업주인 현대자동차가 결정한다. 하청업체 소속 근로자로 정해지면, 이 중 어느 업체의 누가 할지 등 구체적인 작업배치는 하청업체가 하고 있다. 이 사건 판결은 하청업체가 구체적인 작업배치를 하더라도, 어느 공정을 정규직이 할지, 하청업체 소속 근로자가 할지 결정하는 것을 '일반적인 작업배치·변경 결정권'이라고 하여, 이를 참가인인 현대자동차가 한다면 작업배치·변경 결정권 기준도 충족하는 것으로 보았다. 이는 정규직 조직 내에서도 어떤 공정에 어떤 근로자를 배치할 것이냐를 해당 관리자가 정하는 것이 일반적이라는 점에서 타당한 판단이다.

또한 이것은 근로자파견 여부를 판단할 수 있는 가장 중요한 지표로 지휘·감독의 행사자가 누구인가를 중심으로만 파악한 것으로 평가할 수 있다. 즉 묵시적 근로계약관계 성립과 달리, 근로자파견은 원청회사가 채용·징계·인사 평가·임금 지급에 관여했는지 여부나 하청업체가 고용보험의 사업주인지, 회계를 독자적으로 처리하는지 등 독립된 사업주로서 실체를 가지고 있는지 여부를 문제 삼지 않는 것이다.

(2) 대법원 2012. 2. 23. 선고 2011두7076 판결(위 현대자동차 울산공장 사건의 재상고심 사건)과 대법원 2013. 11. 28. 선고 2011다60247 판결(평화산업 사건)

(가) 대법원의 도급과 근로자파견의 구별기준

대법원 2012. 2. 23. 선고 2011두7076 판결에서는 아래 판시를 직접 언급하지 않고 원심 판결 내용을 그대로 인용하였고, 대법원 2013. 11. 28. 선고 2011다60247 판결에서야 아래 법리를 직접 설시하였다.[57] 평화산업 사건에서 판시한 내용을 보면 다음과 같다.

"파견법의 목적과 내용 등에 비추어 보면, 근로자를 고용하여 타인을 위한 근로에 종사하게 하는 경우 그 법률관계가 파견근로자보호법이 적용되는 근로자파견에 해당하는지 여부는 당사자들이 붙인 계약의 명칭이나 형식에 구애받을 것이 아니라, 계약의 목적 또는 대상에 특정성, 전문성, 기술성이 있는지 여부, 계약당사자가 기업으로서 실체가 있는지와 사업경영상 독립성을 가지고 있는지 여부, 계약 이행에서 사용사업주가 지휘·명령권을 보유하고 있는지 여부 등 그 근로관계의 실질에 따라 판단하여야 한다."는 것이다.

위 판결에서는 도급과 근로자파견의 구별기준을 세 가지로 제시하고 있다. 구체적으로 ① 계약의 목적 또는 대상에 특정성, 전문성, 기술성이 있는지 여부, ② 계약당사자가 기업으로서 실체가 있는지와 사업경영상 독립성을 가지고 있는지 여부, ③ 계약 이행에서 사용사업주가 지휘·명령권을 보유하고 있는지 여부이다.

---

57) 이 사건은 상고심에서 근로자파견에 해당함을 전제로 사용사업주에게도 파견근로자에 대한 계약상 의무로서 안전배려의무가 있는지가 쟁점이 되었다. 이에 대하여 대법원은 "근로자파견에서의 근로 및 지휘·명령 관계의 성격과 내용 등을 종합하면, 파견사업주가 고용한 근로자를 자신의 작업장에 파견받아 지휘·명령하며 자신을 위한 계속적 근로에 종사하게 하는 사용사업주는 파견근로와 관련하여 그 자신도 직접 파견근로자를 위한 보호의무 또는 안전배려의무를 부담함을 용인하고, 파견사업주는 이를 전제로 사용사업주와 근로자파견계약을 체결하며, 파견근로자 역시 사용사업주가 위와 같은 보호의무 또는 안전배려의무를 부담함을 전제로 사용사업주에게 근로를 제공한다고 봄이 타당하다. 그러므로 근로자파견관계에서 사용사업주와 파견근로자 사이에는 특별한 사정이 없는 한 파견근로와 관련하여 사용사업주가 파견근로자에 대한 보호의무 또는 안전배려의무를 부담한다는 점에 관한 묵시적인 의사의 합치가 있다고 할 것이고, 따라서 사용사업주의 보호의무 또는 안전배려의무 위반으로 손해를 입은 파견근로자는 사용사업주와 직접 고용 또는 근로계약을 체결하지 아니한 경우에도 위와 같은 묵시적 약정에 근거하여 사용사업주에 대하여 보호의무 또는 안전배려의무 위반을 원인으로 하는 손해배상을 청구할 수 있다. 그리고 이러한 약정상 의무 위반에 따른 채무불이행책임을 원인으로 하는 손해배상청구권에 대하여는 불법행위책임에 관한 민법 제766조 제1항의 소멸시효 규정이 적용될 수는 없다."고 판단하였다.

(나) 하급심 법원의 도급과 근로자파견의 구별기준

서울고등법원을 비롯한 하급심 법원에서는 위 세 가지 기준을 세분하여 판단하였다.[58] 이후 대법원 2015. 2. 26. 선고 2010다106436 판결(현대자동차 아산공장 사건) 등에서 구체적 판단기준을 제시한 이후에도, 하급심에서는 근로자파견인지 판단할 때 '계약의 내용, 업무수행의 과정, 계약당사자의 적격성'이라는 기준으로 종합적으로 판단하고 있다. 세부징표는 다음과 같다.

① 계약의 내용

- 구체적인 일의 완성에 대한 합의 존재 여부(계약 목적이 명확한지 여부, 계약 목적에 대한 시간적 기한이 명확히 정해져 있는지 여부)
- 일의 완성 후 인도와 수령의 필요 여부
- 일의 완성 이전까지 대가 청구를 할 수 있는지 여부(파견의 경우는 객관적인 일의 진척정도와 관계없이 업무시간의 양에 따라 대가 지급청구 가능)
- 일의 불완전한 이행이나 결과물의 하자가 있을 경우에 이에 따른 담보책임을 부담하는지 여부(파견사업주는 인력조직이나 선발에 과실이 있는 경우에만 책임 부담)

② 업무수행의 과정

- 수급인이 작업현장에서 근로자에 대한 구체적인 지휘, 감독과 이에 수반되는 노무관리(출근 여부에 관한 감독, 휴가와 휴게에 대한 관리감독, 근로자에 대한 교육 및 훈련에 대한 부담)를 직접 행하는지 여부
- 수급인의 업무수행 과정에 도급인의 업무수행 과정이 연동되고 종속되는지 여부, 즉 업무영역에 따른 조직적 구별이 있는지, 아니면 직영근로자의 부분적인 업무의 공동수행을 하는지
- 계약대상이 되는 일 이외의 사항에 노무제공을 하는지 여부

③ 계약당사자의 적격성

- 도급계약의 목적이 된 일을 할 수 있는 능력(전문적 기술능력, 고도의 전문인력 보유, 작업복이나 기타 보호복 제공, 노무작업 재료의 공급, 독립된 사업시설 보유)을 보유하는지 여부
- 전문화된 영역으로 특화가 가능한지 여부

58) 서울고등법원 2010. 10. 1. 선고 2009나117975 판결, 서울고등법원 2010. 11. 12. 선고 2007나56977 판결 등.

(3) **대법원 2015. 2. 26. 선고 2010다106436 판결(현대자동차 아산공장 사건), 대법원 2015. 2. 26. 선고 2010다93707 판결(남해화학 사건), 대법원 2015. 2. 26. 선고 2011다78316 판결, 대법원 2015. 2. 26. 선고 2012다96922 판결(이상 KTX 승무원 사건)**

대법원은 2015. 2. 26. 같은 날 위 판결을 한꺼번에 선고했다. 도급과 구별되는 근로자파견의 판단기준을 기존 판결 내용보다 구체적으로 설시하였다. 판단기준은 다음과 같다.

① 제3자가 당해 근로자에 대하여 직·간접적으로 그 업무수행 자체에 관한 구속력 있는 지시를 하는 등 상당한 지휘·명령을 하는지

② 당해 근로자가 제3자 소속 근로자와 하나의 작업집단으로 구성되어 직접 공동 작업을 하는 등 제3자의 사업에 실질적으로 편입되었다고 볼 수 있는지

③ 원고용주가 작업에 투입될 근로자의 선발이나 근로자의 수, 교육 및 훈련, 작업·휴게시간, 휴가, 근무태도 점검 등에 관한 결정 권한을 독자적으로 행사하는지

④ 계약의 목적이 구체적으로 범위가 한정된 업무의 이행으로 확정되고 당해 근로자가 맡은 업무가 제3자 소속 근로자의 업무와 구별되며 그러한 업무에 전문성·기술성이 있는지

⑤ 원고용주가 계약의 목적을 달성하기 위하여 필요한 독립적 기업조직이나 설비를 갖추고 있는지

위 판결은 근기법상 근로자인가를 판단하는 경우와 마찬가지로 "계약의 형식이나 명칭이 아니라, 근로관계의 실질에 따라 판단해야 한다."는 '실질 판단의 원칙'을 밝히고 있다. '실질 판단의 원칙' 아래에 여러 판단 징표들을 열거하고 있다. 결국 각 사건에서 이러한 징표들을 살펴보고 법관이 종합적으로 고려하여 결론을 도출하는 방식을 채택하고 있다.[59]

이 판결이 이전 대법원 2012. 2. 23. 선고 2011두7076 판결(현대자동차 울산공장 사건의 재상고심 사건)과 대법원 2013. 11. 28. 선고 2011다60247 판결(평화산업 사건)과 다른 점은 ①, ②기준은 근로자파견으로 판단할 수 있는 적극적인 징

---

59) 위 대법원 판결들이 근로자파견에 해당하는지에 대한 판단에서 '실질판단의 원칙, 유형적 방법, 종합적 판단'이라는 원칙을 발견할 수 있다는 해설로는 김기선, "노동판례리뷰－근로자파견의 판단", 「월간노동리뷰」, 제121호, 한국노동연구원, 2016, 81－82쪽.

표로, ③, ④, ⑤는 도급으로 판단할 수 있는 적극적인 징표로 보아 이를 종합하여 근로자파견인지 도급인지 구별하고 있다는 점이다.

또한 이것은 독일연방노동법원에서 근로자파견 여부를 판단한 기준과 상당히 유사하다. 그것은 각 ① 노동법상 지시권 행사, ② 사용사업으로의 실제적 편입, ③ 도급계약으로서의 실체, ④ 일의 완성에 필요한 행위와 관련된 수급인으로서의 권한, ⑤ 수급인으로서의 실체 등이다.[60] 우리 판결은 독일 판결의 ③과 ④가 바뀌었다고 볼 수 있다.

이 판결이 (2)의 대법원 판결과 구체적으로 다른 점은 ② “제3자 사업의 실질적인 편입여부”와 ③ “인사 및 노무 관리의 결정권의 독자성”이 추가되었다는 점, 평가요소 순서가 바뀌어 “계약의 목적 또는 대상에 특정성, 전문성, 기술성이 있는지 여부”가 네 번째로 가고 “제3자의 상당한 지휘·명령 행사 여부”가 첫 번째 기준으로 배치된 점, “계약당사자가 기업으로서 실체가 있는지와 사업경영상 독립성을 가지고 있는지 여부”가 “원고용주가 계약의 목적을 달성하기 위하여 필요한 독립적 기업조직이나 설비를 갖추고 있는지”로 바뀌면서 ‘사업경영상 독립성’이란 문구가 빠졌다는 점이다.[61]

지금까지 근로자파견과 도급의 구별기준에 대한 판례의 변천 과정을 볼 때, 이 대법원 판결은 앞서 언급한 (1), (2) 대법원 판결의 기준을 구체화한 것이다. 즉 대법원이 설시한 다섯 가지의 기준을 구체적으로 살펴보면 이는 결국 ‘계약의 내용, 업무수행의 과정, 계약 당사자의 적격성’이라는 큰 틀 안에서 여러 징표들을 살펴보라는 것으로 이해할 수 있다. 이것은 (2)의 하급심 법원의 세부적인 판단 기준을 구체화한 것이기도 하다. 따라서 이 대법원 판결이 이전 판결의 기준과 다른 차원이라고 주장하는 것은 도급과 근로자파견을 구별하는 법원 판결의 흐름을 잘못 이해한 것이다.

---

60) 김기선, “노동판례리뷰－근로자파견의 판단”, 「월간노동리뷰」, 제121호, 한국노동연구원, 2016, 82쪽.

61) 조경배, “KTX 대법원 판결과 파견과 도급의 구별기준”, 「노동법학」, 제56호, 한국노동법학회, 2015, 317쪽.

다) 판단기준에 대한 검토

(1) 제3자가 당해 근로자에 대하여 직·간접적으로 그 업무수행 자체에 관한 구속력 있는 지시를 하는 등 상당한 지휘·명령을 하는지[62)]

(가) 의 미

① 제3자(원청업체)의 당해 근로자에 대한 직·간접적인 지시

앞의 (2) 대법원 판결에서는 단순히 '계약 이행에서 사용사업주가 지휘·명령권을 보유하고 있는지'라는 기준만 설시했다. 그러나 이 판결에서는 제3자의 하청근로자에 대한 업무수행 자체에 관한 구속력 있는 지시, 즉 업무상의 지시는 직접적이 아닌 간접적 지시라도 근로자파견의 징표라는 것을 명확히 하고 있다. 오늘날 사용자의 지휘·명령권이 직접적·구체적인 것에서 간접적·포괄적인 것으로 변화하고 있는 점을 반영한 것이다. 이 때 간접적 지시란 직접적이고 대면적(對面的) 지시만이 아니라 현장관리인, 업무매뉴얼, PDA 등 기계를 통한 지시도 포함된다.

도급으로 위장하기 위하여 사내협력업체의 현장관리인(통상 하청업체 소속의 반장 등의 관리자) 등이 하청업체 근로자에게 구체적인 지휘·명령권을 행사하였다 하더라도, "이는 도급인이 결정한 사항을 전달한 것에 불과하거나, 그러한 지휘명령이 도급인 등에 의해 통제되어 있는 것에 불과"하면, 그러한 지시는 원청의 지시로 보아야 한다는 점은 이미 앞의 현대자동차 울산공장 사건에서도 보았다.[63)] 통상 '현장대리인'이라는 명목으로 용역업체 관리자가 존재하는 경우, 근로자들이 수행하는 업무와 관련하여 현장대리인의 역할과 지시 내용을 따져 그것이 실제로 수급인의 지시인지 도급인의 지시인지 파악해야 하는 것이다.

기술의 발달로 대면적인 직접 지시 대신 각종 작업표준서 등의 업무매뉴얼이나 PDA 등의 기계를 통한 지시도 업무수행 자체에 관한 구속력 있는 지시에 해당된다. 업무매뉴얼은 '부품의 식별방법과 작업방식 등을 지시하는 작업지시서',[64)] '각종 조립작업지시표',[65)] '사양일람표, 사양식별표, 작업표준서, 검사기록

62) 이 기준은 이전 대법원 2012. 2. 23. 선고 2011두7076 판결, 대법원 2013. 11. 28. 선고 2011다60247 판결에서 세 번째 기준으로 언급된 것과 달리, 가장 우선 순위로 언급되었다. 이것은 파견법의 근로자파견 정의 규정에 따라 '사용사업주의 지휘·명령'을 받는 것을 근로자파견의 가장 큰 특징으로 본 것으로 이해된다.

63) 대법원 2010. 7. 22. 선고 2008두4367 판결(현대자동차 울산공장 사건), 대법원 2015. 2. 26. 선고 2010다106436 판결(현대자동차 아산공장 사건), 광주고등법원 2015. 4. 24. 선고 2012나4823 판결(금호타이어 사건, 대법원 2017. 12. 22. 선고 2015다217811 판결 확정), 광주고등법원 2016. 8. 17. 선고 2013나1128 판결(포스코 사건, 대법원 2016다40439 상고심 계속 중), 서울고등법원 2017. 2. 10. 선고 2014나49625 판결(현대자동차 사건, 대법원 2017다15010 상고심 계속 중) 등.

표, 서열모니터, 포장계획서, 일일작업지시서, 작업사양서',[66] '공정개요, 공정흐름도, 제조공정기술지침, 관리표준, 안전관리지침',[67] '포장작업지시서, 공급자재리스트, 서열보급자재리스트, 표준작업서, 단위작업서 등 모두 피고(원청업체)가 작성한 업무지시서',[68] '각 작업의 작업방법, 작업절차 등에 관하여 상세히 정한 정비절차서'[69] 등 구체적인 업무와 작업공정에 따라 명칭은 조금씩 다르지만, 하청근로자의 업무에 관한 원청업체의 구체적인 지시를 대체한다는 점에서 본질적으로 동일하다. 이에 대해 원청업체는 업무매뉴얼 등은 구체적 지시가 아니라고 주장하지만,[70] 법원은 '작업표준서, 중점관리표, 작업공정 모니터, 부품조견표'에 구체적인 작업지시성이 있다고 인정하였다.[71]

더 나아가 개별적인 지시나 업무매뉴얼을 넘어선 '생산시스템' 자체를 통한 지시도 업무수행 자체에 관한 지시로 볼 수 있다. 원청은 통합생산관리시스템(MES, Manufacturing Execution System)[72]을 구축하여 작업물량, 작업위치 등 협력업체 근로자들이 작업해야 할 구체적인 범위를 정해주는 등 MES를 통하여 협력업체

---

64) 서울고등법원 2011. 2. 10. 선고 2010누23752 판결(현대자동차 울산공장 사건. 소위 최병승 판결. 이 판결은 대법원 2010. 7. 22. 선고 2008두4367 판결의 파기환송후 판결로 이후 재상고심에서 대법원 2012. 2. 23. 선고 2011두7076 판결로 확정).

65) 대법원 2015. 2. 26. 선고 대법원 2010다106436 판결(현대자동차 아산공장 사건).

66) 서울중앙지방법원 2014. 9. 18. 및 9. 19. 선고 2010가합112450, 2010가합112481, 2010가합112511, 2010가합112474 판결 등(현대, 기아자동차 사건, 항소심 서울고등법원 2014나56666 판결, 대법원 2017다14581 등 상고심 계속 중) 등.

67) 광주고등법원 2015. 4. 24. 선고 2012나4823 판결(금호타이어 사건. 대법원 2017. 12. 22. 선고 2015다217911 판결 확정), 광주고등법원 2015. 4. 24. 선고 2012나4830 판결(대법원 2017. 12. 22. 선고 2015다32912 판결 확정), 광주고등법원 2015. 4. 24. 선고 2012나4847 판결(대법원 2017. 12. 22. 선고 2015다32905 판결 확정).

68) 창원지방법원 2014. 12. 4. 2013가합3781 판결[한국지엠 사건. 항소심 부산고등법원 2016. 1. 21. 선고(창원) 2015나130, 147(병합)판결, 상고심 대법원 2016. 6. 10. 선고 2016다10254, 10261 심리불속행 판결 확정].

69) 서울고등법원 2016. 1. 15. 선고 2015나2661 판결(한전케이피에스 사건. 대법원 2016. 6. 23. 2016다13741 심리불속행 판결 확정).

70) 대법원 2015. 2. 26. 선고 대법원 2010다106436 판결(현대자동차 아산공장 사건)에서 피고의 주장. 광주지방법원 순천지원 2013. 1. 25. 선고 2011가합2198 판결은 원청이 작업표준을 제시한 것은 협력업체들에게 맡긴 업무의 범위와 내용을 전달하기 위해 불가피한 방편이고, 안전수칙을 제시한 것은 원청 공장의 안정성 확보 차원이라고 판단하기도 하였다.

71) 수원지방법원 평택지원 2016. 12. 21. 선고 2014가합4417, 2016가합9089 판결(현대위아 사건. 항소심 서울고등법원 2018. 5. 29. 선고 2017나2005844 판결, 대법원 2018다243835 상고심 계속 중).

72) 제품주문에 의한 착수에서 완성품의 품질검사까지 전 생산활동을 관리하는 시스템. 기존의 ERP(전사 자원관리시스템) 등과 연동하여 자재의 입고, 출고 관리를 바코드 등으로 관리하여 원/부자재 수불을 명확히 하고 생산계획단계부터 작업지시, 공정관리, 생산 실적 등록 등을 관리단위 별로 처리하고 생산 이력관리를 통해 품질관리가 가능하며 제품 입출고 관리에서도 유무선 스캐너나 PDA 등을 활용하여 생산업무의 자동화와 현장정보의 수집 및 분석을 통한 데이터처리의 명확화로 고객요구와 품질관리 등 작업자와 관리자의 빠른 의사결정을 돕는 시스템.

근로자들에게 업무 지시를 하고 이들의 업무수행상태를 관리한다.[73] 이에 대해 원청은 "MES는 도급 업무를 발주하고, 완료된 업무를 검수하며, 피고 회사와 협력업체 사이에 작업정보를 공유하고, 업무가 효율적으로 진행될 수 있도록 필요한 제반 정보가 기록, 처리되는 자동전산시스템이므로 MES를 통해 근로자들에게 지시하거나 업무를 관리하지 않았다."고 주장하였다.

그러나 법원은 "MES는 단순히 도급 업무를 발주하고 일의 결과에 대한 검수를 하는데 필요한 정보를 입력하고 확인하는 PDA 단말기와 같은 기능에 그치는 것이 아니라, 피고가 협력업체 근로자들에 대한 작업을 지시하고 관리할 수 있는 측면의 기능이 강화된 시스템", 즉 MES는 '도급 업무에 필요한 시스템을 넘어서 원청업체가 하청업체에게 구체적인 작업지시를 하는 시스템'이라고 평가하였다.[74] 또한 원청업체가 전산관리시스템(MES 등)을 사용하기 전 크레인 업무를 담당하는 협력업체들 소속 근로자들에게 (직접) 작업대상 및 작업순서 등에 관한 구체적인 작업지시를 하는 것과 이후 전산관리시스템을 통하여 협력업체들 소속 근로자들에 대하여 작업대상 및 작업순서 등에 관한 작업지시를 하는 것은 본질적으로 똑같은 것으로서, "그와 같은 전산관리시스템을 통한 작업지시를 피고 소속 근로자들을 통한 작업지시와 달리 평가하기는 어렵다."고도 판단했다.[75]

② 상당한 지휘·명령

이 판결에서는 제3자의 지휘·명령이 '상당한' 정도만 되어도 근로자파견이라고 했다. 예를 들어 원청업체의 지휘·명령이 간접적·추상적·포괄적이어도, 즉 그것이 사회통념상 합리적인 정도의 지휘·명령이기만 해도 근로자파견으로 볼 수 있다는 것이다. 앞의 (2) 대법원 판결의 판단 기준(계약 이행에서 사용사업주가 지휘·명령권을 보유하고 있는지 여부)에서와 달리, 이번 판결에서는 '상당한'이라는 수식어가 지휘·명령 앞에 덧붙여졌다. 이것은 "회사가 근로자에 대하여 구체적이고 직접적인 지휘·감독을 하지는 않는다고 하더라도 참가인의 필요에 따라 적절한 방법으로 망인에 대한 상당한 지휘·감독할 수 있는 여지는 있다."[76]고

---

73) 광주지방법원 2016. 2. 18. 선고 2011가합5128 판결(현대제철 사건. 광주고등법원 2016나546 항소심 계속 중).

74) 광주지방법원 2016. 2. 18. 선고 2011가합5128 판결(현대제철 사건. 광주고등법원 2016나546 항소심 계속 중).

75) 광주고등법원 2016. 8. 17. 선고 2013나1128 판결(포스코 사건. 대법원 2016다40439 상고심 계속 중). 이 판결은 1심인 광주지방법원 순천지원 2013. 1. 25. 선고 2011가합2198 판결에서는 전산장치를 통하여 크레인작업지시를 한 것은 원청이 이 사건 협력업체들에게 맡긴 업무의 특성상 당연한 내용이라고 판단하였으나, 항소심에서는 이를 뒤집어 업무상 지휘·감독권을 행사한 것으로 보았다.

하여, 근로자성을 인정한 것과 같은 맥락이다.[77]

또한 이것은 하청업체가 근로자에 대하여 지휘·명령을 하여도 원청업체의 지휘·명령이 존재하고 그것이 상당하기면 하면 근로자파견으로 인정할 수 있다는 것을 의미한다. 이는 앞서 언급한 하청업체의 '현장관리인'을 생각하면 충분히 이해할 수 있다.

한편 작업방법에 관하여 명시적으로 지시 받지 않고 종래와 같은 방법으로 작업을 계속 수행하였더라도 그것은 근로자들이 원청업체의 작업표준 내지 작업지시를 이미 숙지하고 있었기 때문이지, 원청업체의 지시나 관여 없이 임의로 해당 작업을 수행한 것으로는 볼 수 없다.[78] 따라서 직·간접적으로 그 업무수행 자체에 관하여 상당한 지휘·명령이 있었는지 여부는 공간적 거리와도 무관하다. 협력업체 소속 근로자들의 작업장소가 원청업체 공장 내에서 원청 직원들 작업장소와 공간적으로 다소 떨어져 있더라도 앞서와 같은 이유로 지휘·명령의 존재를 부정할 수 없는 것이다.[79]

---

76) 대법원 2008. 5. 15. 선고 2008두1566 판결(채권추심인 사건)에서 "위 위임계약서에 의하더라도, 회사는 근로자로 하여금 관계 법령에 의하거나 교육 등 필요한 경우 일정한 시간과 장소를 정하여 업무를 수행하게 할 수 있고, 필요한 경우 그 근로자에게 업무의 효율적 수행과 관련한 지시를 할 수 있으며, 회사가 요구할 경우 근로자는 그 업무 처리 상황을 즉시 회사에 통보하도록 규정하고 있었으므로, 회사가 비록 근로자의 채권추심업무 수행에 관하여 구체적이고 직접적인 지휘·감독을 하지는 않는다고 하더라도 참가인의 필요에 따라 적절한 방법으로 망인에 대한 상당한 지휘·감독할 수 있는 여지는 있다."고 하여 구체적인 지휘·감독은 아니어도 상당한 지휘·감독을 할 수 있는 여지가 있음을 근거로 근로자성을 인정한 바 있다.

77) 더 나아가 근로자성이 문제된 사건에서는 "시간 강사들이 학교측으로부터 강의 내용이나 방법 등에 관한 구체적인 지휘·감독을 받지 않은 것은 지적 활동으로 이루어지는 강의 업무의 특성에 기인하는 것일 뿐 그들이 근로자가 아니었기 때문이라고 할 수 없다."(대법원 2007. 3. 29. 선고 2005두13018, 13025 판결, 대법원 2007. 9. 7. 선고 2006도777 판결, 대법원 2006. 12. 7. 선고 2004다29736 판결 등)고 하여 업무의 특성에 따라서는 업무의 내용에 대한 구체적인 지휘·감독이 없어도 근로자성을 인정하고 있다. 또한 "피고의 매출과 수익 규모는 각 매장의 매출 규모에 따라 좌우되므로 판매원들의 판매 업무는 피고의 사업에서 핵심적이고 중요한 부분이다. 그리고 피고의 매장에서 고객을 직접 응대하는 판매원의 근무태도는 매출에도 영향이 있을 뿐만 아니라 피고의 대외적인 이미지에도 큰 영향을 줄 수 있으므로, 피고로서는 판매원의 적정한 업무수행을 보장하기 위하여 판매원의 업무에 대하여 지휘·감독을 하고자 하는 유인이 크다."[대법원 2017. 1. 25. 선고 2015다62456 판결(백화점 판매원 사건)]고 하여 해당 업무가 사업주의 주요업무라면 구조적으로 지휘·감독의 가능성이 크다는 점을 간파하여 사안을 판단하고 있다.

78) 광주고등법원 2015. 4. 24. 선고 2012나4823 판결(금호타이어 사건. 대법원 2017. 12. 22. 선고 2015다217911 판결 확정), 광주고등법원 2015. 4. 24. 선고 2012나4830 판결(대법원 2017. 12. 22. 선고 2015다32912 판결 확정), 광주고등법원 2015. 4. 24. 선고 2012나4847 판결(대법원 2017. 12. 22. 선고 2015다32905 판결 확정).

79) 창원지방법원 2014. 12. 4. 2013가합3781 판결[한국지엠 사건. 항소심 부산고등법원 2016. 1. 21. 선고(창원) 2015나130, 147(병합)판결, 상고심 대법원 2016. 6. 10. 선고 2016다10254, 10261 심리불속행 판결 확정].

(나) 쟁 점

① 제3자의 지휘·명령과 도급인의 지시권과의 구별

㉮ 도급인의 지시권과의 구별에 대한 견해들

근로자파견과 도급의 구별에서 논란이 되는 것이 '제3자의 지휘·명령'[80]을 '도급인의 정당한 지시권 행사'와 어떻게 구별하는가 하는 점이다. 완성된 목적물 또는 완성 전 부분에 하자가 있으면 원칙적으로 수급인은 담보책임을 지지만(민법 제667조), 그 하자가 도급인이 제공한 재료의 성질 또는 도급인의 지시에 기인한 때에는 담보책임을 지지 않는다. 법규정(민법 제669조)은 도급인의 지시를 전제로 하고 있기 때문이다. 실제 소송과정에서도 도급관계라고 주장하는 당사자(또는 대리인)는 문제된 '특정 사업 공정의 특성'을 들면서,[81] 수급인 소속 근로자에게 업무 지시를 해야 할 필요가 생기고, 사업 목적상 불가피하게 수급인 소속 근로자를 지휘·명령할 때가 있으므로 도급관계가 그대로 인정되어야 한다는 취지로 주장하는 경우가 많다.

이에 대해서 '근로자파견에서의 지휘·명령'은 대인적인 속성을 가지므로 근로자를 상대로 근로제공의 방식과 내용을 직접 지배하지만, '도급관계에서의 지시권'은 도급대상 업무에 관한 것으로서 결과물 지향적인 속성을 가지므로 이 둘은 구별 가능하다는 견해가 있다.[82] 그러나 이것은 노무도급의 경우에는 적용되지 않는다. 즉 도급 목적물이 노무인 경우에는 노무제공 자체(결과물 지향적인 속성)와 그 노무를 수행하는 근로자(대인적인 속성)는 항상 일체를 이루고 있어서 노무제공에 대한 지시는 언제나 노무제공자에 대한 지시가 된다는 점에서 둘은 전혀 구분이 되지 않는 것이다.[83] 그 결과 이것은 하나의 지시권, 즉 도급상의 지시권으로 환원되어 버리는 문제점이 생긴다.[84]

이와 같이 형식상 도급인의 지시가 도급계약상 급부를 구체화하는 동시에 노무 급부적인 지시권으로서 이중성을 가진 한계적 상황에서는 '법형식 강제 원리'[85]에 따라 근로자파견으로 보아야 한다는 견해가 있고,[86] 그 밖에 하청근로자

---

80) 독일연방노동법원에서는 '노동법상의 지시권'이라고 표현한다.
81) 자동차·제철·조선 등에서 업무 수행 과정을 설명하고, 때에 따라서는 검증을 신청하기도 한다.
82) 권혁 "도급의 대상으로서 '업무'와 위장도급 논쟁", 「노동법포럼」, 제11호, 노동법이론실무학회, 2013, 112쪽.
83) 조경배, "KTX 대법원 판결과 파견과 도급의 구별기준", 「노동법학」, 제56호, 한국노동법학회, 2015, 319쪽.
84) 조경배, "KTX 대법원 판결과 파견과 도급의 구별기준", 「노동법학」, 제56호, 한국노동법학회, 2015, 319쪽; 박제성 외, 「사내하도급과 한국의 고용구조」, 한국노동연구원, 2011, 162쪽.

의 근로제공에 대한 주도권의 행사 여부를 기준으로 하되 보충적으로 고용관계에서의 주도권도 함께 고려해야 한다는 견해도 있다.[87)]

㈏ 도급인의 지시권 행사 주장에 대한 법원의 판단

법원은, 원청업체가 업무수행에서의 지휘·명령권 행사를 도급의 범위나 내용을 지정하여 준 것이라는 취지라고 주장한 데 대해, "그 내용과 빈도에 비추어 볼 때, 이는 업무범위를 지정한 것이라기보다는 구체적인 업무수행에 관여한 것"이라고 판단했다.[88)]

구체적으로 법원은 '작업표준서와 작업사양서' 내용을 '협력업체들에게 맡길 업무의 범위와 내용을 전달하기 위한 성격'과 '일반적인 작업배치권과 변경 결정권을 행사하기 위한 바탕으로서의 성격'으로 나누기도 했다.[89)] 즉 전자는 도급인의 지시권으로, 후자는 근로자파견에서의 제3자의 업무 지휘·명령으로 구분하여 당해 사건에서는 후자라고 판단한 것이다. 이는 앞서 본 바와 같이 원청이 운영하는 통합생산관리시스템 혹은 전산관리시스템(MES)도 단순히 도급 업무를 발주하고 일의 결과에 대한 검수에 필요한 정보를 입력하고 확인하는 PDA 단말기와 같은 기능에 그치는 것이 아니라, 이를 넘어서 원청업체가 협력업체 근로자들에 대한 작업을 지시하고 관리할 수 있는 기능이 강화된 시스템이므로, MES를 통한 지시도 근로자파견에서의 제3자의 업무 지휘·명령에 해당된다고 한 것과 같다.[90)]

특히 원청업체가 도급인으로서 검수권 또는 지시권을 행사하였을 뿐이라고 주장한 데 대해, 법원은 "피고가 협력업체들에게 행사한 지휘·명령은 도급을 위한 지시권의 한계를 넘은 것"[91)]이라고 하면서, "원청업체의 지시를 도급인의 지시권

---

85) '법형식 강제원리'(Rechtsformzwang)는 당사자의 의사와 상관없이 사회적 약자를 보호하기 위한 취지에서 법형식을 강제하는 원리를 뜻한다. 이 원리대로라면 외형적으로는 도급 형태로 계약을 체결하였으나 실제로는 근로관계를 형성하는 것과 다를 바가 없는 경우 이를 근로계약으로 끌어들여 약자를 보호하는 것과 같이, 외형적으로는 도급 형태를 취했다 하더라도 그것이 실제로는 파견으로 볼 수 있다면 당사자의 의사와 관계없이 파견으로 강제되어야 한다.

86) 박종희, "사내하도급의 불법파견에 관한 법적 문제 – 독일에서의 논의를 중심으로 –", 「고려법학」, 제47권, 고려대학교 법학연구원, 2006, 139–140쪽.

87) 강성태, "사내하도급과 근로계약관계", 「사법」 제15호, 사법발전재단, 2011, 21쪽.

88) 광주고등법원 2015. 4. 24. 선고 2012나4823 판결(금호타이어 사건. 대법원 2017. 12. 22. 선고 2015다217911 판결 확정), 광주고등법원 2015. 4. 24. 선고 2012나4830 판결(대법원 2017. 12. 22. 선고 2015다32912 판결 확정), 광주고등법원 2015. 4. 24. 선고 2012나4847 판결(대법원 2017. 12. 22. 선고 2015다32905 판결 확정).

89) 광주고등법원 2016. 8. 17. 선고 2013나1128 판결(포스코 사건. 대법원 2016다40439 상고심 계속 중).

90) 광주지방법원 2016. 2. 18. 선고 2011가합5128 판결(현대제철 사건. 광주고등법원 2016나546 항소심 계속 중).

91) 원청업체가 하청업체에게 "협력사 페널티 규정"을 작성하여 협력업체 근로자들에게 벌점을 부과하는 방식으로 협력업체 근로자들이 원청 회사 직원들의 업무지시에 따르도록 강제한 것, 원청 업체 냉연

행사로 평가하기 위해서는 그 전제로서 협력업체가 단순히 도급인의 지시를 소속 근로자들에게 전달하는 역할을 넘어 독자적인 수급인으로서 해당 업무에 관여한 사실이 밝혀져야 한다."고 했다.[92)]

또한 법원은 "수급인의 이행보조자에 대한 도급인의 지시는 어디까지나 수급인의 계약이행을 보조하는 것에 그쳐야 하고 그러한 지시는 도급의 목적물(노동의 결과)에 관한 지시이어야 하므로 도급인이 원칙적으로 수급인이 아니라 수급인의 이행보조자를 상대로 지시를 내림으로써 수급인의 이행보조자가 제공하는 노무 과정에 관하여 직접적이고 구체적인 지휘·감독까지 행한다면 이는 근로관계에 따른 사용자의 업무지휘에 해당한다고 볼 수 있다."고 하여, 원청업체의 업무지휘가 '협력업체들'이 아니라, 천정크레인 운전업무에 종사하는 '협력업체 소속 근로자들'을 상대로 근로자들이 수행하는 크레인 운전업무 전반에 걸쳐 직접적이고 구체적으로 이루어져 왔다고 판단하였다.[93)]

또한 "도급과 근로자파견은 서로 목적이 다른 제도로서 근로자파견은 독자적인 요건에 따라 판단하여야 하므로 수급인이 소속 근로자들에 대하여 일부 근태관리를 하고 업무상 지시감독을 하여 도급에 해당하는 실질이 일부 존재하더라도 수급인의 근로자가 근로를 제공함에 있어 도급인이 수급인의 근로자에 대하여 업무상 지휘·명령을 하며 종속적 관계에서 근로를 제공하게 하고 있다면 그 실질적인 관계를 근로자파견으로 평가할 수 있다."고도 하였다.[94)]

㉰ 도급인의 지시권으로 판단하기 위한 요소들

이를 종합하면 도급인의 지시권 행사는 원칙적으로 도급인이 수급인에게 하는 것이어야 한다. 예외적으로 도급인이 수급인을 통하여 수급인의 근로자에게 지시를 한다 하더라도 이는 단순히 도급인의 지시를 전달하는 것을 넘어서 수급인

팀장이 크레인 운전 근로자들에게 준수사항을 공문으로 하달한 것, 이를 3회 이상 어길 때에는 원청회사 순천 공장에서 크레인 운전을 금지하도록 한 것 등을 도급을 위한 지시권 한계를 넘어 협력업체 근로자들에 대한 실질적인 지휘·명령권을 행사한 것으로 보았다(위 광주지방법원 2016. 2. 18. 선고 2011가합5128 판결).

92) 서울중앙지방법원 2014. 9. 18. 및 9. 19. 선고 2010가합112450, 2010가합112481, 2010가합112511, 2010가합112474 판결 등(현대, 기아자동차 사건. 항소심 서울고등법원 2014나51666판결 등, 대법원 2017다14581 등 상고심 계속 중), 창원지방법원 2014. 12. 4. 2013가합3781 판결[한국지엠 사건. 항소심 부산고등법원 2016. 1. 21. 선고(창원) 2015나130, 147(병합)판결, 상고심 대법원 2016. 6. 10. 선고 2016다10254, 10261 판결, 심리불속행 확정]

93) 광주고등법원 2016. 8. 17. 선고 2013나1128 판결(포스코 사건. 대법원 2016다40439 상고심으로 계속 중)

94) 광주고등법원 2016. 8. 17. 선고 2013나1128 판결(포스코 사건. 대법원 2016다40439 상고심으로 계속 중)

이 독자적으로 도급 업무에 관여하는 것이어야 한다. 그러나 수급인이 지시가 있어서 일부 도급에 해당하는 것처럼 보이더라도 실질적으로 도급인이 수급인의 근로자에 대하여 업무상 지휘·명령을 한다면 그것은 근로자파견으로 보아야 한다.

앞서 언급한 바와 같이 소송과정에서 특정 사업 공정의 특성상[95] 제3자의 지휘·명령을 도급인의 정당한 지시권 행사로 보아야 한다는 주장[96]에 대해서는 사업 공정의 특성을 제한적으로 해석해야 할 것이다. 원칙적으로 도급의 특성상 어떠한 내용의 일이든 완성하기만 하면 되므로 사업 내용과 공정에는 특별한 형식이 없는데도 '도급 사업 공정의 특성'을 주장한다면 이는 도급에서도 예외적인 경우로 보아야 하기 때문이다.

따라서 도급 사업의 특수성은 작업특성상 통상적인 작업 시간과 휴게 시간을 원·하청 업체 사이에 일치시킬 필요가 있거나, 최소한의 사업장 질서 유지에 필요하거나, 산안법상 도급인에게 요구되는 사업장 보건·안전 책임을 이행해야 한다거나, 도급의 일반적인 목적인 일의 완성과 관련한 지시가 필요한 경우 등으로 제한된 범위에서 고려되어야 한다. 만일 도급인이 행하는 사업의 특수성 때문에 수급인이나 그 근로자에 대하여 도급관계에서 허용될 수 있는 범위를 넘어서

---

95) 대법원 2013. 7. 25. 선고 2012다79439 판결(인천국제공항공사 사건)은 '경비업'이라는 사업의 특수성을 근거로 경비업법상 '특수경비업무에 종사하는 경비업무'의 경우 경비업법상 국가중요시설의 경비업무를 맡는 경비원들은 경비책임자와 시설주의 지휘·감독을 받게 돼 있으므로, 인천국제공항공사가 용역 경비원들을 감독하고 지휘·명령하는 등 인사·노무 관리에 깊숙이 관여했다 하더라도 이것은 국가중요시설인 인천공항의 시설주로서 경비용역계약의 목적을 달성하기 위하여 경비업법 등에 따라 부여된 권한을 행사한 것이라고 보았다. 또한 대법원 2014. 11. 27. 선고 2014다61401 판결(방송사 운전기사 사건)에서는 "승객의 구체적인 지시에 따라 업무를 수행하지 않을 수 없는 '운전업무의 특수성' 때문이지, 사용사업주로서의 지휘·명령권을 행사한 것은 아니다."라고 하여 운전업무의 특수성을 근거로 도급인의 지시권을 인정하는 듯한 판단을 하였다. 그러나 같은 운전업무에 대하여 얼마 전 대법원은 대법원 2017. 3. 22. 선고 2015다232859 판결(국민은행 운전기사 사건)에서는 '운전업무의 특성상' 피고(국민은행) 임원들이 상황에 따라 원고(운전사인 용역업체 근로자)들에게 개별적인 지시를 할 수밖에 없는 특성이 있다는 것을 근거로 피고가 원고들에게 그 업무수행 자체에 관한 구속력 있는 지시를 하는 등 상당한 지휘·감독을 한 것으로 판단하여 업무의 특수성이라는 판단지표에 따라 전혀 다른 판단을 내리고 있음을 알 수 있다.

96) 이후 대법원 2017. 7. 22. 선고 2014다222794 판결(군포시 CCTV 통합관제센터 모니터링 사건)에서 피고인 군포시가 위 인천국제공항사건 판결을 근거로 하청근로자에게 지휘·명령을 한 것은 경비업법 등 법령상 권한을 행사한 것이라는 주장을 하였으나, 대법원은 인천국제공항공사 사건은 경비업법에 근거한 것이고 이 사건과는 사안이 다르다고 판단하였다. 또한 하급심 판결이지만 최근 판결로 유사한 업무장소인 한국공항공사에서 폭발물 처리요원으로 일한 파견근로자가 제기한 근로자지위확인소송에서 공사측이 위 인천국제공항공사 판결을 근거로 "용역업체 직원에게 업무지시를 내린 것은 경비업법에 따라 허용되는 것"이라고 주장하자, 법원은 "원고가 담당한 폭발물 처리업무는 경비업법이 정한 특수경비업무가 아니라, 항공보안법에 근거한 업무로써, (직접 지휘가 가능한) 특수경비원과 경우가 다르다"고 하여 근로자파견에 해당된다고 판단하였다.

는 근로자파견계약이 필요하다면, 그에 합당한 법적 형식인 직접적인 근로관계나 파견법이 허용하는 근로자파견을 통하여 노동력을 이용하는 것이 법질서에 합치하는 것이다. 그러한 사정이 있다고 해서 실질이 근로관계나 근로자파견관계인 노동력 제공을 도급이라고 할 수는 없다. 즉 도급에 적절하지 않은 사업의 특수성이 있으면 도급 형식이 아니라 직접 근로자를 고용해서 사업을 수행해야 하는 것이지 거꾸로 사업의 특수성이 있기 때문에 도급이 아닌 것을 도급이라고 말해서는 안 되는 것이다.[97]

② 제3자의 지휘·명령이 원고용주의 지휘·명령과 혼재되어 있거나, 형식적으로 원고용주의 지휘·명령만 존재하는 것처럼 보이는 경우

근로자파견에서는 '오로지' 사용사업주만이 근로자에 대한 지휘·명령권을 행사하여야 한다는 견해가 있다.[98] 즉 도급에서는 위와 같이 도급인의 지시권과 수급인 고유의 지시권이 병존하는데, 이와 구별하여 파견사업주의 지시권이 배제된 순수한 사용사업주만의 지휘·명령이 있어야 이를 근로자파견으로 볼 수 있다는 것이다.

그러나 현실에서는 사용사업주(제3자)의 지휘·명령만 존재하는 것보다 파견사업주(원고용주)의 지휘·명령과 중첩되어 있는 경우가 많다. 더 나아가 하청업체의 현장대리인을 내세우는 경우와 같이 실제로는 원청업체의 지휘·명령만 있는데도 형식적으로는 하청업체의 지휘·명령만이 존재하는 것처럼 보이는 경우도 있다.

이것은 특히 일본과 한국에 존재하는 소위 '전속적 사내하청'의 경우에 두드러진다. '전속적 사내하청'이란 어떠한 하청업체가 특정 원청업체의 업무만을 배타적으로 도급받아 이행함으로써 실제로 하청업체 조직 전부가 특정 원청업체에 속한 것으로 평가할 수 있는 관계를 뜻한다. 이런 경우 원청업체는 하청업체를 통하여 하청근로자에 대한 구속력 있는 지시를 간접적·추상적·포괄적으로 할 수 있으므로 사실상 직접적·구체적 지시가 불필요하다.[99]

따라서 근로자에 대한 구속력 있는 지시가 하청업체에 의해 행해졌다고 해서

97) 최은배, "위장도급의 판단－파견과 도급의 준별－", 「노동법연구」, 제31호, 서울대학교 노동법연구회, 2011, 47쪽.

98) 박지순, "파견과 도급의 구별기준에 관한 독일과 한국의 판결 비교", 「노동법포럼」, 제11호, 노동법이론실무학회, 2013, 87쪽.

99) 조경배, "KTX 대법원 판결과 파견과 도급의 구별기준", 「노동법학」, 제56호, 한국노동법학회, 2015, 319쪽.

원청업체의 지휘・명령이 없다고 단정해서는 안 된다. 또한 원청업체의 지휘・명령은 '상당한' 정도면 되므로 그것이 유일하거나 결정적일 필요도 없다.[100)]

이와 같이 전속적인 사내하청의 경우에 누가 직접적이고 구체적으로 지휘・명령을 했는지 외양만으로 판단한다면 이는 위장도급을 방치하거나 조장하는 것과 다름없다. 결국 누가 진정으로 지휘・명령을 했느냐를 판단할 때 하청업체가 원청업체로부터 독립하여 업무를 처리할 수 있는 독자성이나 사업경영상의 독립성이 있느냐 여부가 '함께' 고려되어야 하는 것이다.[101)]

③ 제3자의 지휘・명령의 범위・대상

최근 하급심판결에서는 1차 사내협력업체와 도급계약을 맺은 '2차 사내협력업체'에 대하여도 원청업체가 '실질적인 지휘・명령권을 행사'하였다고 인정하였다.[102)] 즉 '실질적 지휘감독권 행사'의 인정범위를 종전에 대법원이 제시한 것보다 더 넓게 해석함과 동시에, 실질적인 법률관계가 없는 2차 사내협력업체에 이르기까지 '묵시적인 파견근로관계'라는 법리 구성을 통하여 사실상 '묵시적 근로계약관계'의 성립과 같은 결론을 도출한 것이다.[103)104)]

법원은 "만약 원청이 2차 사내협력업체들로부터 위와 같이 직접 근로자를 제공받아 실질적으로 사용하였음에도 단지 해당 업체들 사이에 명시적인 계약서 등이 작성되지 않았다는 이유만으로 원청에 사용사업주로서 책임을 물을 수 없다고 본다면, 실질적으로는 위법하게 근로자를 파견받아 사용하면서도 제2의 도급업체를 끼워 넣는 방식으로 파견법의 적용을 손쉽게 회피할 길을 열어주게 됨으로써 파견근로자의 상용화와 장기화 방지라는 입법 취지를 심각하게 훼손하는 결과에 이르게 된다."고 하여 2차 사내협력업체와의 묵시적 파견근로관계가 성립하는 근거를 설명했다.[105)]

이에 대하여 1차 협력업체나 2차 협력업체의 사업주로서의 실체가 부정되지

---

100) 조경배, "KTX 대법원 판결과 파견과 도급의 구별기준", 「노동법학」, 제56호, 한국노동법학회, 2015, 321쪽.

101) 조경배, "KTX 대법원 판결과 파견과 도급의 구별기준", 「노동법학」, 제56호, 한국노동법학회, 2015, 319쪽.

102) 서울고등법원 2017. 2. 10. 선고 2014나49625 판결(대법원 2017다15010 상고심 계속 중) 등.

103) 이정, "도급과 파견의 구별기준에 관한 법리－판례의 변천과 문제점을 중심으로－", 「노동법논총」, 제34집, 2015, 247쪽.

104) 이정 교수의 평가는 '묵시적'이라는 용어가 같다는 점에서가 아니라, 묵시적 파견근로관계 법리가 묵시적 근로계약관계 법리에서와 마찬가지로 '실질 판단의 원칙'에서 판단했다는 점에서 같은 결론을 도출했다고 판단된다.

105) 서울고등법원 2017. 2. 10. 선고 2014나49625 판결(대법원 2017다15010 상고심 계속 중) 등.

않는 이상 묵시적 파견근로관계는 성립할 수 없는데, 이 사안에서 위 협력업체들이 어느 정도 기업 규모를 가지고 독자적인 사업을 영위하고 있는바, 사업주로서의 실체를 부정할 수 없으므로 원청과 2차 협력업체 사이에 묵시적 파견근로관계가 성립할 수 없다는 비판이 있다.

그러나 이는 묵시적 근로계약관계와 묵시적 파견근로관계를 '묵시적'이라는 용어가 같다는 이유로 동일하게 판단했다는 점에서 잘못된 비판이다. 묵시적 파견근로관계가 성립하기 위해서는 1, 2차 협력업체 등[106]의 실체가 명목적·형식적이어야 할 필요가 없고, 다수의 파견계약이 양립할 수 있다는 점에서 다르기 때문이다.

묵시적 근로계약관계가 명시적 근로계약관계와 비교하여 판단해야 하는 것처럼, 묵시적 파견근로관계도 명시적 파견근로관계와 비교하여 판단해야 한다. 그런데 명시적 파견근로관계를 판단하는 기준으로 파견업체의 존재가 형식적이거나 명목적인 것이어야 하는 것은 아니다. 협력업체의 실체성 요건은 묵시적 '근로계약'관계가 성립하기 위한 요건이지, 묵시적 파견근로관계가 성립하기 위한 요건이 아니다.

또한 묵시적 근로계약관계란 원청업체와 협력업체 근로자 사이에 명시적으로는 근로계약을 체결한 사실이 없지만, 협력업체가 사업주로서의 실체가 없고 실질적으로 원청업체와 협력업체 근로자 사이에 사용·종속 관계가 인정된다면, 근로자와 협력업체와의 사이의 명시적 근로계약관계를 부인하고, 원청업체와의 근로계약관계를 묵시적으로 인정하는 것이다. 즉 근로자와 협력업체와의 기존의 명시적 근로계약과 근로자와 원청업체 사이의 근로계약은 양립할 수 없다. 이에 반해 묵시적 파견근로관계는 원청업체와 2차 협력업체 사이에 명시적인 파견계약이 존재하지 않더라도 원청업체가 2차 협력업체 근로자들에게 업무상 지휘·명령을 한다면 원청업체와 2차 협력업체 사이에는 묵시적 파견근로관계가 성립한다는 것으로써, 원청업체와 1차 협력업체와의 파견계약의 존재를 부인하는 것이 아니다. 원청업체와 1차 협력업체와의 명시적 파견계약과 2차 협력업체와의 묵시적 파견계약이 양립할 수 있는 것이다.

즉 판결의 취지는 형식적·명시적으로 근로계약이나 근로자파견계약이 존재하지 않더라도, '실질 판단의 원칙'에 따라 그 실질이 근로계약이나 근로자파견계약

106) 물론 3, 4차 등 그 이상의 협력업체가 존재하는 경우에도 마찬가지다.

이라면 '묵시적'으로 각각의 계약이 존재하는 것으로 보아야 한다는 것이다. 특히 근로자파견관계에서 이러한 묵시적 파견근로관계를 인정하지 않는다면, 원청업체는 실질적으로 2, 3차 등 협력업체로부터 근로자를 파견받아 사용하면서도(형식상은 도급계약) 실질적인 근로자파견관계가 없는 것으로 '위장'하기 위해 얼마든지 그 사이에 "제2의 도급업체(1차 협력업체)를 끼워 넣는 방식으로 파견법의 적용을 손쉽게 회피할 수" 있는 것이다.[107)]

(2) 당해 근로자가 제3자 소속 근로자와 하나의 작업집단으로 구성되어 직접 공동 작업을 하는 등 제3자의 사업에 실질적으로 편입되었다고 볼 수 있는지[108)]

(가) 의 의

도급은 원칙적으로 수급인과 그 근로자가 일을 완성하여 도급인에게 결과를 인도하면 되는 것이므로 논리적으로 수급인의 근로자는 도급인 사업에 편입될 필요가 없다. 따라서 실제 작업 과정에서 수급인 근로자가 도급인 근로자와 하나의 작업집단으로 구성되어 직접 공동 작업을 하는 등 도급인의 사업에 실질적으로 편입되었다면 이는 도급이 아니라 근로자파견으로 보아야 한다.

예를 들어 근로자가 종전까지 사용사업주의 정규직근로자가 처리하던 업무를 수행하는 경우, 근로자가 사용사업 내의 정규직근로자와 분업적 협업관계에 있는 경우, 근로자가 계약에서 정한 것 이외의 업무를 수행하는 경우 등은 사용사업에 편입되었음을 보여주는 정황이다. 또한 도급사업으로 원료 및 작업도구가 조달되는 경우나 작업복, 안전복 또는 안전장구 등이 지급되는 경우와 같이 근로자가 외관상 사용사업 내의 정규근로자와 구별되지 않는 경우에도 도급계약이 아닌 사정에 해당된다.[109)]

(나) 의 미

① 지휘·명령 행사자와 관련하여 보강적 평가요소로서의 의미

이 평가요소는 하청근로자가 실질적으로 '누구를 위하여' 근로를 제공하는가를

---

107) 서울고등법원 2017. 2. 10. 선고, 2014나49625 판결(대법원 2017다15010 상고심 계속 중).

108) 이 기준은 조경배 교수 평가에 의하면 이전 대법원 2012. 2. 23. 선고 2011두7076 판결과 대법원 2013. 11. 28. 선고 2011다60247 판결에서는 없던 것으로서 이번 판결에 추가되었다. 이는 독일연방노동법원의 파견 판단 기준을 참고한 것으로 평가된다.

109) 김기선, "근로자파견과 도급의 판단－독일에서의 논의를 중심으로－", 「노동법연구」, 제31호, 서울대학교 노동법연구회, 2011, 60－61쪽.

따지는 것으로서, 한편으로는 지휘·명령의 행사자가 누구인가를 가리는 보강적인 요소가 되기도 하면서 다른 한편으로는 업무 수행상 독립성을 판단하기 위한 요소이기도 하다.[110] 앞에서 언급한 대로 누가 진정으로 지휘·명령을 했느냐를 판단할 때는 하청업체가 '원청업체로부터 독립하여 업무를 처리할 수 있는 독자성'이나 '사업경영상의 독립성'이 있느냐 여부가 '함께' 고려되어야 하는 것이다. 하청근로자가 원청업체 사업에 실질적으로 편입되어 있다는 것은 원청업체와 하청근로자 간에 지휘·명령관계가 존재할 수밖에 없는 상황적 요소이다. 원청근로자와 하청근로자가 하나의 작업집단으로 혼재작업을 하고 있다면 하청근로자도 원청근로자와 마찬가지로 원청업체의 지휘·명령을 받는 관계에 놓이게 되는 것이다.[111]

그런데 직접 공동 작업의 수행여부는 실질적인 편입을 보여주는 여러 징표 가운데 하나에 지나지 않는다. 그러한 징표가 뚜렷이 존재하면 근로자파견으로 인정될 수 있지만, 그러한 징표가 없다고 해서 곧바로 근로자파견이 부정되는 것은 아니다. 왜냐하면 근로자파견의 경우에도 공정을 분리하여 원청근로자의 담당업무와 하청근로자의 담당업무를 달리 할 수 있기 때문이다. 따라서 원청의 사업조직 내의 실질적인 편입성 여부는 하청근로자가 담당하는 업무와 원청의 주요 업무 간의 상호연계성, 즉 업무수행의 시간적·장소적 구속성, 전속성이나 계속성, 원료나 작업도구의 조달여부, 원청근로자의 상호협력이나 공동 작업의 필요성 등이 어느 정도인지가 함께 고려되어야 한다.[112]

② 사업에 실질적으로 편입되었다는 것의 의미

원청 조직에 실질적으로 편입되었다고 볼 수 있는지는 조직 체계, 지시 방법, 원청 직원으로 취급하는지 여부 등 다양한 사실로 판단할 수 있다. 조직 편입 징표의 하나인 원청근로자와의 '공동 작업'은 원청근로자와 하청근로자의 작업이 유기적으로 연결되어 이루어지는 것을 의미한다. 공동 작업의 의미는 원청근로자와 하청근로자가 같은 장소에서 같은 업무를 수행하는 종래의 '혼재 작업'보다 넓은 개념으로 평가할 수 있다. 이렇게 공동 작업이 이루어지고 있다면 지시가

---

110) 조경배, "KTX 대법원 판결과 파견과 도급의 구별기준", 「노동법학」, 제56호, 한국노동법학회, 2015, 321쪽.

111) 강선희, "노동판례리뷰－H자동차 아산공장 모든 공정의 사내하도급근로자는 도급으로 위장된 파견근로자이다", 「월간노동리뷰」, 제121호, 한국노동연구원, 2016, 86－87쪽.

112) 조경배, "KTX 대법원 판결과 파견과 도급의 구별기준", 「노동법학」, 제56호, 한국노동법학회, 2015, 321－322쪽.

분리되기 어려우므로 근로자파견의 징표가 된다.

그러나 공동 작업의 의미가 단지 가까운 거리에서 일하느냐라는 공간적 의미로만 한정해서는 안 된다. 작업 자체가 상호 연관성을 가지고 유기적으로 연결되어 있다면 그것도 공동 작업이라고 평가할 수 있는 것이다. 대법원이 설시한 '직접 공동 작업'은 소위 공간적 의미의 혼재만으로 볼 수는 없다.[113] 업무 지시 방식이 맨투맨 방식이나 사람의 육성으로 하는 경우라면 공간적 근접성이 의미 있을 수 있으나, 작업표준서나 MES 등과 같은 시스템이나 무전기로 이루어질 때에는 공간적 근접성은 별 의미가 없는 것이다. 따라서 '직접 공동 작업'의 의미는 공동작업이라는 개념에 따라 '기능적'으로 파악해야 한다. 그러므로 하청근로자가 원청근로자와 거리가 멀리 떨어져 있다고 하더라도 기능적으로 연계되어 공동 작업을 하고 있으면 '직접 공동 작업'을 하는 것이라고 볼 수 있다.

예를 들어 한 부서 전체가 도급화된 경우라도 그 운영방식이 도급화 이전 운영방식과 크게 달라질 것이 없는 경우에는 원청근로자와 동일한 업무를 수행하지도 않고 공동 작업도 하지 않을 수 있다. 그러나 한 부서가 원청 회사의 조직에 편재되어 부서 전체에 대하여 이루어지는 지휘·명령에 따라 작업이 이루어진다면 그것은 간접적이고 상당한 지시로 작업이 이루어지는 것이므로 도급이 아닌 근로자파견으로 판단해야 하는 것이다.

이에 대해 최근 대법원도 원청업체 공정별로 사내하청을 준 경우, 소위 '블록(block)화 공정'[114]도 근로자파견(불법파견)에 해당된다고 판단하였다. 이 사건에서 협력업체 근로자들은 타이어 제조 공정 중 특정한 하나의 공정[115]에 참여하였고 작업장소도 원청업체 직원들의 작업장소와 다르거나 일부 이격거리를 두고 떨어져 있었다. 그러나 법원은 "피고의 협력업체 소속 근로자들은 일련의 타이어 제조공정 중 하나 또는 하나의 공정 중 세분화된 작업단계에 참여하였는데, 그 전후에는 피고 직원들이 참여하는 공정 내지 작업단계가 접속하여 있었으므로 사실상 피고의 직원들과 혼재되어 타이어 제조작업 내지 특정한 공정을 협업하여 수행하였다고 볼 수 있다."고 보아, 특정 공정이나 부서 전체가 도급화된 경

113) 광주고등법원 2015. 4. 24. 선고 2012나4847 판결(금호타이어 사건)에서도 "피고 협력업체 소속 근로자들의 작업 장소가 피고 공장 내에서 피고 직원들의 작업 장소와 공간적으로 다소 떨어져 있다는 사정만으로 이를 뒤집기 어렵다."고 판단하였다.

114) '블록화'는 한 공정에 섞여 일하고 있던 근로자들을 정규직과 비정규직으로 구분해 각각의 집단을 한 쪽으로 몰아서 작업하도록 배치하는 것을 뜻한다.

115) 타이어 제조 공정은 순설대로 원재료 하역 공정, 크릴룸 공정, 스크랩 공정, 스프레이 공정, TBR 리턴 공정, PA 리턴 공정, 오픈밀 리턴 공정, 검사 공정, 포장 공정 등이 있다.

우라도 그것이 전체 생산품 제조공정 중 하나에 불과하면 전체적으로 원청 직원의 공정 내지 작업과 '접속'한 것이므로 '사실상' 원청 직원과 혼재하여 작업한 것이라고 판단하였다.[116)]

생산 공정의 중요도에 따라 원청업체 근로자들이 주요 생산 공정을, 협력업체 근로자들이 지원 공정을 맡는 것으로 구분한 경우도 마찬가지다. 법원은 "피고 회사 직원들은 5가지 냉연강판 주요 생산공정의 업무를 하고, 협력업체 근로자들은 12가지 지원업무・공정 작업을 하여 서로 업무 범위가 구분되어 있었다고 하더라도, 냉연강판 주요 생산공정과 협력업체의 업무・공정은 냉연강판 원자재인 핫코일이 순천공장에 입고되어 여러 단계를 거쳐 완제품으로 출하되기까지 필요한 여러 공정 또는 작업이 맞물려 있어 피고 회사 직원들과 협력업체 근로자들은 '사실상'(필자 강조) 협업을 통해 피고의 냉연강판 제품을 생산하는 것이다."(사실상 업무 혼재)[117)]라고 판단하였다.

한편 하청업체 직원이 원청업체 사업에 편입되었는지 여부를 '작업수행 외적인 측면'에서도 파악할 수 있다. 원・하청 직원이 같이 근무하는 모습이 원청업체 발간 소식지에 실린 것, 가족 단합행사에 공동으로 참여한 것, 같이 원청업체 주최 교육을 받는 것, 원청 업체 복지시설을 함께 이용하는 것을 예로 들 수 있다.[118)]

(다) 컨베이어벨트 공정의 경우

① 자동차 제조업에서의 컨베이어벨트 직접 공정

자동차 제조업은 컨베이어벨트의 자동흐름방식이라는 특성이 있다. 이것은 현장에서 같은 (컨베이어벨트) 라인 중 소위 "왼쪽 바퀴는 원청근로자가, 오른쪽 바퀴는 하청근로자가 조립"하는 모습으로 나타나는 것이다. 법원도 이런 현실을 반영하여 대법원 2010. 7. 22. 선고 2008두4367 판결(현대자동차 울산공장 사건)에서 "협력업체 근로자들은 컨베이어벨트 좌우에 원청의 정규직 근로자들과 혼재하여 배치되어 원청 소유의 생산 관련 시설 및 부품, 소모품 등을 사용하여 원청

---

116) 광주고등법원 2015. 4. 24. 선고 2012나4823 판결(금호타이어 사건. 대법원 2017. 12. 22. 선고 2015다217911 판결 확정), 광주고등법원 2015. 4. 24. 선고 2012나4830 판결(대법원 2017. 12. 22. 선고 2015다32912 판결 확정), 광주고등법원 2015. 4. 24. 선고 2012나4847 판결(대법원 2017. 12. 22. 선고 2015다32905 판결 확정).

117) 광주지방법원 2016. 2. 18. 선고 2011가합5128 판결(현대제철 사건. 광주고등법원 2016나546 항소심 계속 중).

118) 광주지방법원 2016. 2. 18. 선고 2011가합5128 판결(현대제철 사건. 광주고등법원 2016나546 항소심 계속 중).

이 미리 작성하여 교부한 것으로 근로자들에게 부품의 식별방법과 작업방식 등을 지시하는 각종 작업지시서 등에 의하여 단순, 반복적인 업무를 수행"한 사실을 인정하고, 이를 바탕으로 근로자파견이라고 판단하였다. 이와 같이 컨베이어벨트 자동흐름방식은 하청근로자가 원청의 사업에 실질적으로 편입했음을 가장 뚜렷이 보여주는 징표이다.

이후 대법원 2015. 2. 26. 선고 2012다106436 판결(현대자동차 아산공장 사건)에서 조립(의장) 공정뿐만 아니라 메인 컨베이어가 아닌 서브 라인의 차체, 도장, 의장, 엔진(비의장) 공정 역시 모두 불법파견으로 인정했다. 그동안 (현대자동차) 사측은 의장 공정의 불법파견은 인정하더라도 나머지 공정은 불법파견이 아니라고 주장해 왔지만, 법원은 이를 받아들이지 않았다. 의장공정이든 비의장공정이든 상관없이 모든 공정에서 일련의 작업이 연속적으로 진행되는 만큼 불법파견이 맞다는 것이다.

② '스탑 앤 고(Stop & Go) 방식'의 컨베이어벨트 직접 공정

이와 같이 연속적으로 작동하는 컨베이어와 달리 소위 '스탑 앤 고(Stop & Go) 방식'[119]으로 운영되는 엔진조립공정 컨베이어벨트에서의 작업도 마찬가지로 평가할 수 있다. "엔진조립업무는 ... 전체적으로 보아 원청업체가 계획한 전체 엔진생산 일정, 엔진설비의 운영 UPH(Unit Per Hour. 시간당 생산대수)에 연동하여 작업이 진행되지 않을 수 없"으므로 원청업체는 "엔진생산설비, UPH, 생산관리시스템(MES)을 매개로 하여 사내협력업체가 수행하는 엔진조립이라는 업무를 엔진생산이라는 원청업체의 업무수행과정에 연동하여 종속시켰다"고 보았다.[120] '스탑 앤 고(Stop & Go) 방식'으로 작업이 이루어지는 도장공정에 대해서도 법원은 "도장공정에서의 차체이동은 파이롯트차 제작을 위해 피고가 계획한 차체 및 의장공정 등 생산일정에 연동하여 작업이 진행될 수밖에 없고, 이 사건 도장공정에서 협력업체 근로자들이 인접한 공정들과 맞물려 피고가 정해둔 매일의 작업량을 수행한 이상, 양산공장 중 도장공정의 컨베이어벨트 작업과 비교하여 이 사건 도장공정의 컨베이어벨트 작업의 관리·통제수준이 상대적으로 낮다는 이유만으로 피고의 협력업체 근로자들에 대한 지휘·명령관계가 부정되어야 한다고

119) 컨베이어벨트가 자동으로 움직이지 않고 작업자들이 해당 작업을 완료한 후 다음 공정으로 차체를 이동하기 위해 직접 컨베이어벨트 이동을 조작하게 되는 방식을 의미한다.

120) 수원지방법원 평택지원 2016. 12. 21. 선고 2014가합4417, 2016가합9089 판결(현대위아 사건. 항소심 서울고등법원 2018. 5. 29. 선고 2017나2005844 판결, 대법원 2018다243935 상고심 계속 중).

는 볼 수 없다."고 하여 하청근로자가 원청사업에 실질적으로 편입된 것을 전제로 원청업체의 지휘・명령권을 인정하였다.[121)]

③ 컨베이어벨트를 직접 활용하지 않는 간접 공정

나아가 법원은 원청 소속 정규직과 혼재 업무를 하지 않고 하청업체가 특정 공정[122)]을 모두 전담하는 이른바 '블록(block)화 공정'까지 모두 불법파견임을 확인했다.[123)] 법원은 컨베이어벨트를 직접 활용하지 않는 이른바 간접 생산공정(엔진・범퍼 제작 공정, 생산관리업무, 출고업무, 포장업무)도 컨베이어벨트를 이용한 직접 생산공정과 다르지 않다고 판단한 것이다.

서울고등법원 2017. 2. 10. 선고 2014나49625 판결 등(현대자동차, 기아자동차 사건)[124)]에서 법원은 "컨베이어벨트를 직업 활용하지 않는 이른바 간접 생산공정은 컨베이어벨트를 직접 활용하지 않는다는 점에서 컨베이어벨트에 종속성이 덜할 가능성이 있기는 하지만, 간접 생산공정은 실제 업무수행 과정에서 시・종업시간, 휴게시간, 연장 및 휴일근무시간의 근무시간 등 근로조건의 설정・관리 방식이 컨베이어벤트를 이용한 직접 생산공정과 크게 다르지 않을 뿐만 아니라, 원청이 '사양식별표' 내지 'PDI 정비지침서'등을 통해 해당 업무의 수행에 필요한 지시를 하는 등의 지휘・명령권을 보유・행사하였고...(중략)... 해당 공정의 작업량이나 투입 인원 또한 컨베이어벨트의 작동 속도 및 생산량을 감안하여 책정되는 등 간접 생산공정의 경우도 직접 생산공정에서와 마찬가지로 해당 원고들과 원청 사이에 근로자파견관계를 인정할 수 있다."라고 하고, 결국 "모든 자동차 생산공정은 '한 대'의 자동차 생산을 위한 일련의 작업 과정 또는 부분 공정에

---

121) 서울고등법원 2017. 2. 10. 선고 2016나2016939 판결・같은 날 선고 2016나2016946 판결(현대자동차 사건. 법원 2017다217724, 대법원 2017다217731 상고심 계속 중).

122) 자동차 생산 공정은 '설계 → 개발 → PILOT 생산(양산 전 시험차량 생산단계) → 양산 → 출고단계'로 구분되고, 그 중 직접생산공정에 해당하는 양산공정은 '프레스공정 → 차체공정 → 도장공정 → 의장공정'의 순서로 이루어지며, 이 각 공정과 관련된 공정 또는 업무로서 엔진변속기공정, 시트제작공정, 생산관리공정, 출고업무, 포장업무, 보전업무 등이 있다.

123) 서울중앙지방법원 2014. 9. 18. 및 9. 19. 선고 2010가합112450, 2010가합112481, 2010가합112511, 2010가합112474 판결 등(현대, 기아자동차 사건, 항소심 서울고등법원 2014나51666판결; 대법원 2017다14581 등 상고심 계속 중).

124) 이 판결은 위 각주 123) 등 현대자동차, 기아자동차 사내하청 근로자들이 각 본사를 상대로 근로자지위확인 등을 제기한 사건의 항소심 판결이다. 2017. 2. 10. 서울고등법원에서 총 6개의 판결이 선고되었는데, 각 서울고등법원 제1민사부는 2014나51581(피고 현대자동차), 2014나48790, 48806, 48813(병합. 피고 기아자동차), 서울고등법원 제2민사부는 2014나51666, 2014나49625, 2014나51475(이상 피고 현대자동차), 2014나50458, 50456, 50472(병합. 피고 기아자동차) 판결이다. 현재 대법원에 상고심 계속 중이다(순서대로 각 대법원 2017나15065, 2017다9732, 2017다14581, 20176다15010, 2017다14833, 2017다9763 사건이다).

불과하다. 비록 정규직 근로자의 공정 사이사이에서 사내협력업체 근로자가 분리된 공간에서 작업하긴 하였지만, 위와 같은 기능적, 기술적 관련성과 연동성을 무시하고 사내협력업체 근로자 담당 업무의 본질을 판단할 수는 없다."고 하여, '하나의 자동차 생산을 위한 필수 공정인 것을 전제'로 공장별·차종별로 정규직 근로자와 사내협력업체 근로자를 구분하지 않은 채 업무 분담하는 등 원청의 사업에 실질적으로 편입되었다고 판단하였다.

즉 하청이 원청 사업에 실질적으로 편입되었다고 할 수 있는 경우가 업무 장소가 분리되고 공정이 다른 경우로까지 확대된 것이다. 이것은 전체 자동차 생산을 위한 일련의 공정 중 하나라면 분리된 공간에서 작업하더라도 기능적·기술적 관련성과 연동성을 함께 보아야 하기 때문이다. 이는 원청업체에 의한 안전보건관리까지 근로자파견의 요소로 보아, 사실상 자동차 조립공정에 대해서는 도급을 전면적으로 부정하는 판결을 내렸다고 할 수 있다.[125)]

같은 자동차 제조업체에 대한 판결인 창원지방법원 2014. 12. 4. 선고 2013가합3781 판결(한국지엠 사건)[126)]에서 법원은 간접공정에 대해 "피고 생산관리부의 자재보급 업무의 경우 중단 없이 작동하는 컨베이어 라인의 생산일정에 맞추어 적시에 조립부품 등을 제공하여야 하고, KD운영부의 포장 업무량 또한 컨베이어를 활용한 피고의 생산물량에 직·간접적으로 좌우될 수밖에 없는 등 이들 간접생산 업무 또한 자동차 생산 업무의 중심인 컨베이어벨트의 생산속도 및 일정에 연동되어 이루어지게 된다. 그 결과, 앞서 본 바와 같이 간접생산 업무의 시작 및 종료시간, 연장·야간·휴일근무 시간 등이 피고가 정한 시간에 구속되었던 것은 물론, 해당 공정의 작업량이나 투입 인원 또한 컨베이어벨트의 작동 속도 내지 생산량을 감안하여 책정되었다고 보인다."라고 하여 간접공정도 자동차 생산이라는 하나의 목표를 위한 것이므로 컨베이어벨트에서 행해지는 직접공정의 생산속도와 일정에 연동된다고 판단하였다.

④ 자동차 제조 외의 연속흐름이 있는 제조업에서의 공정

이것은 자동차 제조뿐 아니라 연속흐름이 있는 제조업에서도 마찬가지다. 앞서 언급한대로 일련의 타이어 제조공정 중 하나 또는 하나의 공정 중 세분화된

---

125) 이정, "도급과 파견의 구별기준에 관한 법리－판례의 변천과 문제점을 중심으로－", 「노동법논총」, 제34집, 2015, 247쪽.

126) 이후 부산고등법원 2016. 1. 21. 선고(창원) 2015나130,147(병합)을 거쳐 대법원 2016. 6. 10. 선고 2015다10254, 10261 심리불속행으로 판결 확정되었다.

작업단계에서 일하는 경우(금호타이어 사건),[127] 냉연강판 제조라는 업무의 성질(현대제철 판결),[128] 크레인 운전업무가 전체 압연제품 생산공정에 영향을 미치는 특성(포스코 판결)을 고려할 때,[129] "제조 공정 중 세분화된 작업 단계 전후로 원청업체 근로자가 참여하는 공정 내지 작업단계가 접속하여 있으므로 사실상 원청업체 근로자와 혼재되어 타이어 제조작업 내지 특정한 공정을 협업하여 수행"해 왔거나,[130] "냉연강판 주요생산공정과 협력업체의 업무・공정은 냉연강판 원자재인 핫코일이 순천공장에 입고되어 여러 단계를 거쳐 완제품으로 출하되기까지 필요한 여러 공정 또는 작업이 맞물려 있어 피고 회사 직원들과 협력업체 근로자들은 사실상 협업을 통해 피고의 냉연강판 제품을 생산"하였고,[131] "협력업체들 소속 근로자들인 원고들이 수행하는 크레인 운전업무는 압연제품 생산이라는 단일한 목적 아래 피고 소속 근로자들이 수행하는 생산공정 등과 밀접하게 연동되어 진행되는 작업"이므로[132] 위 작업들이 컨베이어벨트 작업인지 여부는 문제되지 않는 것이다.

(3) 원고용주가 작업에 투입될 근로자의 선발이나 근로자의 수, 교육 및 훈련, 작업・휴게 시간,[133] 휴가, 근무태도 점검 등에 관한 결정 권한을 독자적으로 행사하는지

(가) 의의 및 비판

근로자의 모집, 채용, 배치, 승진, 징계, 임금액, 교육, 휴가 등 인사 및 노무관리 결정권이 누구에게 있느냐는 하청의 사업경영상 독립성을 판단하는 데 중요한 평가요소이다. 그러나 이 평가요소는 근로자파견과 도급의 구별기준으로서

127) 광주고등법원 2015. 4. 24. 선고 2012나4823 판결(이하 금호타이어 사건. 대법원 2017. 12. 22. 선고 2015다217911 판결 확정), 광주고등법원 2015. 4. 24. 선고 2012나4830 판결(대법원 2017. 12. 22. 선고 2015다32912 판결 확정), 광주고등법원 2015. 4. 24. 선고 2012나4847 판결(대법원 2017. 12. 22. 선고 2015다32905 판결 확정).

128) 광주지방법원 2016. 2. 18. 선고 2011가합5128 판결(현대제철 사건. 광주고등법원 2016나546 항소심 계속 중).

129) 광주고등법원 2016. 8. 17. 선고 2013나1128 판결(포스코 사건. 대법원 2016나40439 상고심 계속 중).

130) 광주고등법원 2015. 4. 24. 선고 2012나4823 판결(금호타이어 사건. 대법원 2017. 12. 22. 선고 2015다217911 판결 확정).

131) 광주지방법원 2016. 2. 18. 선고 2011가합5128 판결(현대제철 사건. 광주고등법원 2016나 846 항소심 계속 중).

132) 광주고등법원 2016. 8. 17. 선고 2013나1128 판결(포스코 사건. 대법원 2016나40439 상고심 계속 중).

133) 작업・휴게 시간의 결정은 구체적인 작업수행 내용으로도 볼 수 있지만, 법원은 휴게시간을 노무관리 중 하나로 파악한 것으로 보인다.

는 부적절하다. 왜냐하면 근로자파견관계의 고용사업주도 항상 인사 및 노무 관리의 주체가 되기 때문이다. 오히려 이 평가요소는 원청과의 묵시적 근로계약관계가 성립하는지 여부를 가리는 데 중요한 기준으로 보아야 한다.[134)]

즉 협력업체가 "근로자의 채용, 임금지급, 4대 보험료 납부 등은 해당 업체의 존재가 형식적·명목적인 아닌 한 근로자파견관계와는 무관하게 소속 근로자의 사용자로서 당연히 실시·부담하여야 하는 것"이고,[135)] "근로자들과의 고용계약에 따른 각종 인사 처리를 행하고 독자적인 조직 체계를 가지는 등 회사의 실체 내지 사업경영상 독립성을 갖추고 있다고 하더라도 이는 직접 고용관계를 인정할 수 없는 근거가 될 뿐, 근로자파견인지 도급인지 여부를 판가름하는 기준은 될 수 없"다.[136)]

대법원 2010. 7. 22. 선고 2008두4367 판결(현대자동차 울산공장 사건)에서도 이 평가요소는 하청이 파견사업주로서 실체가 인정되는 근거가 되어 원청과의 묵시적 근로계약관계는 인정되지 않고 근로자파견으로 인정되었다. 즉 하청이 사업경영상 독립성이 있다면 이는 근로자파견에 해당될 수도 있고 도급관계가 될 수도 있는 것이다.

그런데 서울고등법원 2011. 8. 19. 선고 2010나90816 판결(KTX 승무원 사건의 원심)에서는 원청인 KTX의 채용인원 결정, 채용면접관 참여, 교육자료 제작, 직무교육, 업무 수행 확인 및 평가, 시정사항 통보, 징계처분, 근무시간 결정, KTX 승무원 서비스 메뉴 작성(복장과 메이크업 등 세부사항 명시) 등을 근거로 원청과 근로자 사이의 묵시적 근로계약관계를 인정한 바 있다. 이후 대법원 2015. 2. 26. 선고 2011다78316 판결(KTX 승무원 사건)에서 대법원은 동일한 사실관계에 대하여 다른 평가를 하여 하청인 철도유통 등의 존재가 형식적·명목적인 것에 지나지 아니하여 원고들과 피고 사이에 묵시적 근로계약관계가 성립했다고 평가할 수 없다고 하였다. 원심은 원청회사를 하청근로자들에 대한 인사노무관리의 실질적인 주체로 본 반면, 상고심은 하청의 채용·면접이나 업무수행과정에 직접

---

134) 조경배, "KTX 대법원 판결과 파견과 도급의 구별기준", 「노동법학」, 제56호, 한국노동법학회, 2015, 325쪽.

135) 창원지방법원 2014. 12. 4. 2013가합3781 판결[한국지엠 사건. 항소심 부산고등법원 2016. 1. 21. 선고(창원) 2015나130, 147(병합)판결, 상고심 대법원 2016. 6. 10. 선고 2016다10254, 10261 심리불속행 판결 확정]. 서울고등법원 2017. 2. 10. 선고 2014나49625 판결(현대자동차 사건. 대법원 2017다15010 상고심 계속 중).

136) 서울고등법원 2016. 1. 15. 선고 2015나2661 판결(한전케이피에스 사건. 대법원 2016. 6. 23. 선고 2016다13741 심리불속행 판결 확정).

관여한 사실은 인정하면서도 이는 어디까지나 하청이 주체적으로 인사권을 행사했다는 점에 방점을 찍은 것이다. 이에 대해 동일한 사안에 대해 정반대의 해석과 결론이 도출될 수 있는지 명확하지 않고, 보는 시각에 따라 평가가 달라질 수 있는 여지가 있다는 비판이 있다.[137)]

한편 위 판단요소의 주어를 원청업체인 제3자로 바꾸면, "제3자가 작업에 투입될 근로자의 선발이나 근로자의 수, 교육 및 훈련, 작업 · 휴게 시간, 휴가, 근무태도 점검 등에 관한 결정에 관여하는지"로 바꿀 수 있게 되는데,[138)] 이렇게 설시해 놓으면 위 요소가 원청업체와 하청근로자 사이의 근로자파견관계 인정을 위한 적극적인 판단요소임을 보다 쉽게 알 수 있다.[139)][140)]

(나) 도급인 혹은 원청업체로부터의 독자성

① 수급인의 사업경영상 독자성

이와 같은 인사 · 노무 관리 등 사업경영상의 독자성은 수급인이든 파견사업주든 공통적으로 갖추어야 할 요소이다. 근로자파견이 아니라 도급으로 인정받기 위해서는 수급인(하청업체)은 도급인(원청업체)로부터 독립하여 사업경영상 독자성을 가져야 한다.

도급이라면 하청업체가 독자적으로 투입할 근로자의 선발,[141)] 근로자의 수(인원수),[142)] 교육 및 훈련,[143)] 작업 · 휴게시간, 휴가,[144)] 근무태도 점검 등[145)]을 해

---

137) 이정, "도급과 파견의 구별기준에 관한 법리－판례의 변천과 문제점을 중심으로－", 「노동법논총」, 제34집, 2015, 258쪽.

138) 강성태, "사내하청에 관한 세 가지 판단－Browning－Ferris, 현대중공업 그리고 KTX－", 「노동법연구」, 제40호, 서울대학교 노동법연구회, 2016, 64－65쪽; 근로자파견관계를 확인하기 위한 기준이라면 이렇게 바꾸는 것이 더 낫다고 설명한다.

139) 김도형, "근로자파견과 도급의 구별 기준", 「2015 노동판례비평」, 제20호, 민주사회를 위한 변호사모임, 2016. 196쪽.

140) 서울고등법원 2017. 2. 10. 선고 2014나49625 판결에서도 "사내협력업체는 작업에 투입될 근로자의 선발이나 근로자의 수, 교육 및 훈련, 작업 · 휴게시간, 휴가 등에 관한 결정 권한을 독자적으로 행사할 수 없었고, 피고 △△자동차가 사내협력업체 소속 근로자의 수, 교육 및 훈련 등에 관한 권한을 행사한 점"이라고 판단하고 있다.

141) 근로자 선발과 관련하여 ① 근로자를 채용할 때 도급인이 정한 일정 자격을 구비하도록 하는 등 도급인이 수급인 소속 근로자 채용에 직접 · 간접으로 관여하는 경우, ② 도급인이 마련한 시험에 통과해야 수급인 근로자 채용이 가능한 경우, ③ 도급인이 수급인의 업무 수행 조직 구성 · 인원배치 · 조정에 관여하거나, 승인을 얻도록 하는 경우, ④ 도급인이 수급인에게 그 소속 근로자의 해고 · 승진 · 징계 등을 요구할 수 있고, 수급인은 이에 따라야 한다거나 이를 반드시 고려하도록 되어 있는 경우에는 도급이 아니라 파견으로 판단할 수 있다. －최은배, "위장도급의 판단－파견과 도급의 준별－", 「노동법연구」, 제31호, 서울대학교 노동법연구회, 2011, 43쪽.

142) 근로자 수와 관련하여 ① 도급계약서 · 용역계약서 등에서 사전에 작업에 투입될 근로자 수를 정해두거나 그 수를 제한하는 경우, ② 도급인이 도급 업무 수행 중에 투입될 근로자 수를 정하거나 수급인이 정한 투입 예정 근로자 수를 승인하도록 한 경우, ③ 작업에 임할 근로자를 정하는 데에

야 한다. 이 때 협력업체에 요구되는 결정권은 결정권 자체가 아니라 '독자적' 결정권이 있는지 여부이다. '독자적'이라고 함은 '수급사업주라고 볼 때의 독자성'과 비교해야 한다. 파견근로자와 근로계약관계가 있는 사업주는 파견사업주(협력업체)이다. 파견법에 따르면 파견사업주는 사용사업주와 근기법과 산안법상 사용자 책임을 분담(分擔)하고, 파견사업주가 강구할 조치(파견법 제2절)가 있다. 파견사업주는 묵시적 근로계약에서의 사업주처럼 아무런 권한과 책임이 없는 형식적 사용자가 아니라 실질적 사용자로서 근로자를 채용할 권한이 있다. 따라서 근로자파견인지 여부를 판단하는 요소로서 '협력업체가 독자적 결정권'을 가지는지 여부는 사업주로서 독자적 결정권이 아니라 '수급업체와 비교하였을 때 어느 정도 독자적 결정권'이 있는지를 비교해야 하는 것이다. 기존 대법원 판결 역시 '근태 관리 권한'을 인정함에 있어서 일관되게 사내 협력업체를 '통한' 근태 관리도 근로자파견의 요소로 인정해 온 것과 같은 취지이다.

따라서 협력업체가 별도의 취업규칙을 마련하고 근로자를 선발하여 인력배치표를 작성하고서 도급업무에 투입한 뒤 이들의 휴가신청 등을 허가하고 안전교육을 실시하며 근무내역을 확인하였더라도, 작업에 투입될 근로자의 선발이나 근로자의 수, 작업·휴게시간, 근무태도 점검 등에 관하여 "원청업체의 영향을 받

도급인이 관여하거나 도급계약서에 노무 제공 방법을 세부적으로 정하고 있거나 실제 도급인이 근로자의 작업 방법과 내용을 구체적으로 지정하는 경우에도 역시 도급이 아니라 파견으로 판단해야 한다. －최은배, "위장도급의 판단－파견과 도급의 준별－", 「노동법연구」, 제31호, 서울대학교 노동법연구회, 2011, 44쪽.

143) 도급인이 수급인 근로자에게 직무수행에 필요한 교육이나 안전·보건 교육 등을 직접 시키는 경우 등의 사정은 노동력 자체의 제공을 목적으로 하는 근로관계나 근로자파견관계의 요소들이다. －최은배, "위장도급의 판단－파견과 도급의 준별－", 「노동법연구」, 제31호, 서울대학교 노동법연구회, 2011, 44쪽.

144) 작업 시업·종업 시간, 연장·야간·휴일 근로·휴게·휴가 등이 도급인 소속 근로자와 동일하게 지정되거나, 그와 연동되어 설정된 경우에도 파견으로 파악할 수 있다. －최은배, "위장도급의 판단－파견과 도급의 준별－", 「노동법연구」, 제31호, 서울대학교 노동법연구회, 2011, 44쪽.

145) 그 외 징계·포상 등 인사, 복리 후생과 관련하여 ① 복무 규율을 제정하는 등의 방법으로 도급인의 사업장 안에서 작업하는 수급인 소속 근로자를 직접 규율하는 경우, ② 도급인이 수급인 소속 근로자에게 모범 근로자 표창 등 포상을 직접 행하거나 도급인 소속 근로자가 받는 장기근속선물·근속기념패·특별 성과금·격려금 등 금품을 수급인 소속 근로자에게도 지급하는 경우, ③ 수급인 소속 근로자가 도급인의 근로자와 함께 비상연락망·회사조직도·직장예비군·상조회 등에 같이 편성된 경우, ④ 수급인 소속 근로자가 도급인 소속 근로자와 함께 조회·사업장 주관 회식에 참가하거나 체육 행사·야유회·동호회 활동을 같이 하거나 건강 검진 등을 같이 받는 경우, ⑤ 수급인 소속 근로자에게 도급인 소속 근로자와 같거나 비슷한 모양의 작업복·출입증·명찰·명함·안전화 등이 지급된 경우, ⑥ 수급인 소속 근로자에게 도급인의 근로자와 마찬가지로 식당·체력 단련장·탈의실·휴게실·사원 주택·기숙사·사내 병원·주차장·휴양 시설 또는 학자금·주택 자금 지원·복지 기금 수혜 등의 복지 혜택이 부여하는 경우 등의 사정들은 근로자파견관계에 해당되지는 여부를 판단하는 데 적극적인 요소가 된다. －최은배, "위장도급의 판단－파견과 도급의 준별－", 「노동법연구」, 제31호, 서울대학교 노동법연구회, 2011, 43－44쪽.

지 아니한 채 전적으로 결정권한을 행사하여야" 한다.[146)]

"원고들이 피고 협력업체에 근무하기 시작한 이래 그 담당공정이 변경된 적이 없어 보이는 등 피고의 협력업체로부터 업무수행과 관련하여 업무배치권을 실질적으로 행사받은 적이 없는 것으로 보이는 점, 피고는 피고의 협력업체 선정과정에서 상당한 재량을 행사한 것으로 보이고, 그 운영과정에서도 사무실 등 일부 물적 시설을 제공하고 근로자들의 인건비, 학자금, 작업복 구입 등의 복리후생비, 운영소요비용 일체는 물론, 계약상 지급의무가 없는 격려금, 운영손실보전금까지도 지급해 주었으며, 협력업체 교체과정에서도 그 소속 근로자들이 신규 협력업체에 그대로 고용승계되어 해당 직무에 계속 종사할 수 있도록 하는 등 사실상 협력업체 운영에 상당한 영향력을 행사한 것으로 보이는 점, 피고는 종래 도급계약 체결과정에서 인건비를 감안한 일정한 액수를 도급비로 정한 뒤 이를 산정·지급하기 위하여 피고 직원을 통하여 협력업체 소속 근로자들의 출·퇴근, 휴가 등 근태상황을 파악하도록 하여 용역사별 근태종합표를 작성·관리한 점, 피고는 일부 도급비 산정기준을 작업물량으로 변경한 이후에도 추가도급비와 관련하여서는 협력업체 근로자의 근태상황을 기준으로 도급비를 산정·지급하고 있어 여전히 그 근태상황을 파악하고 있을 가능성이 있는 점"은,[147)] 원청업체가 "협력업체 근로자들의 인사, 근태상황에 상당한 영향력을 행사한 것"[148)]으로 볼 수 있는 사정이다.

따라서 "협력업체들이 직접 신입사원을 채용하고, 업무에 투입되는 근로자의 수 및 근무조를 편성하였으며, 인사권·징계권을 행사해 왔다는 사정만으로는 협력업체들이 근로자 선발이나 근로자의 인원수, 작업·휴게시간, 근무태도 점검 등에 관하여 피고의 영향을 받지 아니한 채 전적으로 결정 권한을 행사하였다고 보기 어려운 것"이다.[149)]

도급은 일의 완성을 약정한 것이므로 그 일을 완성하기 위하여 투입될 근로자

---

146) 광주고등법원 2015. 4. 24. 선고 2012나4823 판결(이하 금호타이어 사건. 대법원 2017. 12. 22. 선고 2015다217911 판결 확정), 광주고등법원 2015. 4. 24. 선고 2012나4830 판결(대법원 2017. 12. 22. 선고 2015다32912 판결 확정), 광주고등법원 2015. 4. 24. 선고 2012나4847 판결(대법원 2017. 12. 22. 선고 2015다32905 판결 확정).

147) 광주고등법원 2015. 4. 24. 선고 2012나4847 판결(금호타이어 사건. 대법원 2017. 12. 22. 선고 2015다32905 판결 확정).

148) 광주지방법원 2016. 2. 18. 선고 2011가합5128 판결(현대제철 사건. 현재 광주고등법원 2016나546 항소심 중).

149) 광주지방법원 2016. 2. 18. 선고 2011가합5128 판결(현대제철 사건. 현재 광주고등법원 2016나546 항소심 중).

의 선발과 그 수를 도급계약에서 정하거나 원청이 관여한다면 그것은 인력 공급이지 도급이 아니다. 교육훈련도 하청이 일을 완성하기 위한 자신의 전문적 기술을 가지고 독자적으로 실시해야지 그것을 원청에 의존하는 구조라면 그것은 하청업체가 인력공급 업체임을 보여주는 중요한 징표이다. 따라서 소위 '원하청 상생 차원'에서 원청이 교육훈련을 실시하였다는 것을 도급의 징표로 판단해서는 안 된다. 하청업체가 전문성·기술성을 가지고 있는지 여부는 하청근로자가 보유한 자격증과 숙련도를 의미하는 것이 아니라, '하청업체 차원'에서 전문성·기술성을 가지고 일의 완성을 위한 작업계획을 세우고, 교육 및 훈련을 실시할 수 있어야 함을 의미한다. 작업과 휴게시간 역시 원청이 관여한다면 그것은 도급이 아니라 원청 작업조직에 인력을 공급하는 것에 불과하므로 근로자파견의 징표라 할 수 있다.

② 소위 '대·중소기업간 상생협력 방안'이라는 주장에 대한 비판

원청업체가 하청업체 근로자의 선발이나 근로자의 수, 교육 및 훈련, 작업·휴게 시간, 휴가, 근무태도 점검에 관여한 결과 하청업체가 독자적으로 이들을 결정하지 못했음에도 이를 소위 '대·중소기업간 상생협력 방안'의 하나로 판단하는 경우가 있다. 원청업체의 구체적인 지휘·감독을 받으면서 원청업체가 생산한 전자제품 수리업무를 수행하는 협력업체 소속 서비스기사들이 원청업체를 상대로 묵시적 근로계약관계 혹은 근로자파견관계를 주장한 사건에서 하급심법원은 각 협력업체의 존재가 형식적·명목적인 것이 아니라는 취지로 묵시적 근로계약관계를 부정하였고, 원청업체가 "채용에 관여, 훈련비나 신입정착금 지급, 업무교육 및 평가, 전산시스템 제공, 성과인센티브 지급" 등을 한 것을 인정하면서도 이를 '컨소시엄 사업 또는 대·중소기업간 상생협력방안'의 하나로 보아 근로자파견관계도 인정하지 않았다.[150)]

그러나 이것은 소위 대·중소기업간 상생협력방안의 취지를 완전히 왜곡한 판단이다. 상생협력방안은 정부가 2004. 7. 7. 중소기업 경쟁력강화 종합대책을 발표한 이후, 2007. 3. 3. 대·중소기업 상생협력촉진에 관한 법률(이하 '상생협력법'이라 한다)이 제정되고, 2007. 9. 13. 공정거래위원회가 대·중소기업간 하도급 공정거래 및 동반성장협약 절차 및 지원 등에 관한 기준(하도급분야)(이하 '동반성장협약 기준'이라 한다)을 마련하여 현재 시행되고 있다.

150) 서울중앙지방법원 2017. 1. 12. 선고 2013가합53613, 65883, 2014가합59366 판결(삼성전자서비스 사건. 서울고등법원 2017나8816, 2017나8823, 2017나8830 항소심 계속 중).

상생협력법의 취지는 대기업과 중소기업간에 기술, 인력, 자금, 구매, 판로 등의 부문에서 서로 이익을 증진하기 위하여 공통의 활동(상생협력) 관계를 공고히 하여 기업 경쟁력을 높이고 양극화를 해소하여 동반성장을 달성하기 위한 것이고(목적), 이를 위해 '정부'가 기술협력(제9조), 인력교류(제10조), 대기업의 자본참여(제11조), 임금격차 완화(제18조)를 위한 시책을 수립하고 추진해야 한다고 규정하고 있다. 즉 기본적으로 상생협력법은 대기업과 중소기업간의 상생협력을 위한 정부의 의무를 규정한 것이지 대기업(원청)이 중소기업(하청)에 기술이나 인력을 제공하는 것에 관한 규정이 아니다.

공정거래위원회의 동반성장협약 기준은 대기업과 중소기업이 하도급거래 또는 원재료, 부품, 상품, 제품 및 용역 등의 거래를 할 때 공정거래 관련 법령을 준수하고 동반성장을 약속하는 협약을 자율적으로 체결하기 위한 절차 등을 정한 기준인데, 여기에는 동반성장을 위한 지원사항으로써(제7조) 인력·채용 지원 규정이 있다.[151] 그러나 이 규정은 적법한 도급관계를 전제로 도급업체가 수급업체와 동반성장을 위해 납품단가 등의 적극적 조정, 협력사 매출확대 지원, 금융 지원, 하도급대금 등의 지급조건 개선, 기술개발지원 등과 함께 인력·채용 지원을 하는 것이다. 도급관계가 아닌데 원청업체가 하청업체에게 인력·채용 지원 등을 한다고 해서 도급관계가 되는 것이 아니다.

따라서 원청이 하청업체의 인사 노무 관리에 적극적으로 개입하고 있는 사실은 명백히 근로자파견의 근거임에도, 적법한 도급을 전제로 하는 상생협력방안의 하나로 판단한 것은 원인과 결과를 거꾸로 본 것이다.

한편 2017. 9. 21. 고용노동부는 파리바게뜨에 대한 근로감독 결과, 파리바게뜨가 가맹점에 근무하는 제빵기사 등에 대해 사실상 직접 지휘·명령을 하여 파견법상 사용사업주로서의 역할을 한 것이라고 하고, 파리바게뜨에 대해 제빵기사 등 5,378명을 직접 고용하도록 시정지시하고, 이행하지 않을 경우 사법처리 및 과태료를 부과하겠다고 발표하였다.[152] 고용노동부는 "계약의 명칭·형식을 불문

151) 인력·채용 지원이란 대기업이 일정기간(누적 기준으로 5근무일 이상) 자기의 비용을 일정부분 부담하여 중견 관리자, 전문엔지니어 등의 인력을 협력사에 파견하거나 협력사가 이들을 채용하는 것, 대기업이 협력사의 인력채용 지원을 위해 직무훈련시킨 인력을 협력사가 채용하는 것, 대기업이 개최한 협력사 인력 채용박람회를 통해 협력사가 인력을 채용하는 것 등을 말하며, 이에 소요되는 자금을 지원하는 것도 인력·채용 지원으로 본다.

152) 2017. 9. 22.자 고용노동부 보도자료, "고용노동부, 파리바게뜨 근로감독 결과 발표"참조; 정부는 2017. 12. 20. 파리바게뜨 불법파견에 대해 1차로 과태료 162억7000만원 부과 사전통지를 했다. 1차 과태료 부과 사전통지 대상은 불법파견으로 인한 직접고용의무 대상 제빵기사 5,309명 중 2017. 12. 19.까지 직접고용거부 확인서를 제출하지 않은 1,627명인데, 제빵기사 한명당 1,000만원

하고 근로관계의 실질에 따라 판단"하여, 파리바게뜨가 형식상 계약당사자가 아니라도 해도 실질적으로 사용사업주로서의 역할을 하였다면 불법파견이 성립한다고 밝혔다. 실제로 파리바게뜨는 제빵기사에 대해 가맹사업거래의 공정화에 관한 법률(이하 '가맹사업법'이라 한다)상 교육·훈련 외에도 채용·평가·임금·승진 등에 관한 일괄적인 기준을 마련하고 시행하였을 뿐 아니라, 파리바게뜨 소속 품질관리사(QSV)를 통해 출근시간 관리는 물론, 업무에 대한 전반적인 지시·감독을 함으로써 가맹사업법의 허용범위를 벗어난 파견법상 사용사업주로서의 역할을 한 것으로 확인하였다.

이와 같이 소위 대·중소기업 상생협력방안 중 하도급협약에서 원청업체가 하청업체에게 인력과 기술 등을 지원하는 것은 적법한 도급관계를 전제로 한 것이다. 원청업체의 지원이 있다고 해서 이를 근로자파견을 부정하는 징표로 보아서는 안 된다. 가맹점사업의 경우 본사가 가맹점에 근무하는 협력업체 직원을 교육·훈련하는 것도 가맹점법에 근거하여 필요한 경우로 제한적으로 해석해야지 이를 넘어서 채용 등 인사 노무 관리와 업무 지시를 한다면 이것은 가맹점법의 한계를 넘어 근로자파견의 사용사업주의 행위로 보아야 한다.

(4) 계약의 목적이 구체적으로 범위가 한정된 업무의 이행으로 확정되고 당해 근로자가 맡은 업무가 제3자 소속 근로자의 업무와 구별되며 그러한 업무에 전문성·기술성이 있는지

(가) 의 의

계약 목적이 도급이라면 업무 범위가 구체적으로 한정되어야 한다. 도급에서는 수급인이 일을 완성하여 도급인에게 완성된 일의 결과를(전부이든 일부이든) 인도해야 하기 때문에 도급 업무 범위가 명확할 수밖에 없다. 또한 대부분 근로자가 맡은 업무가 제3자 소속 근로자의 업무와 구별된다. 즉 업무가 혼재되어 있다면 일단 그것은 도급이 아니라 근로자파견으로 보는 것이 타당하다. 또한 도급은 수급인이 자기 고유의 능력과 기술로 업무를 이행하는 것이므로 업무에 전문성과 기술성이 있으면 도급으로 판단할 수 있지만, 단순한 작업을 반복하는 것이

씩 산정돼 총 162억7,000만원이 부과됐다. 이에 대하여 파리바게뜨가 고용노동부에 의견을 제시할 수 있는 마지막 날인 2018. 1. 11. 파리바게뜨 노사는 불법파견 판정을 받은 제빵기사 53,00여명을 파리바게뜨 본사가 자회사를 세워 고용하기로 최종합의했다. 이에 따라 노사는 본사가 51% 이상 지분을 갖고, 가맹점주들이 나머지 지분을 가진 자회사를 세워 본사가 책임을 지고 제빵기사들을 고용하기로 결정했다.

라면 근로자파견으로 보아야 한다.

이 기준은 대법원 2012. 2. 23. 선고 2011두7076 판결(현대자동차 울산공장 사건의 재상고심 사건)과 대법원 2013. 11. 28. 선고 2011다60247 판결(평화산업 사건)에서의 첫째 기준인 '계약의 목적 또는 대상에 특정성, 전문성, 기술성이 있는지 여부'와 거의 동일하다.

앞서 세 가지 기준은 각 (1) 상당한 지휘·명령과 (2) 제3자 사업에 실질적 편입, (3) 사업 경영의 독자성을 중심으로 구체적인 예시를 열거하였지만, (4) 평가 기준은 계약의 목적과 관련하여 ① 업무의 구체적인 확정, ② 제3자 업무와의 구별, ③ 업무의 기술성·전문성이라는 세 가지 요소를 병렬적으로 나열하였으므로, 세 가지 기준을 별개로 보아야 한다. 따라서 도급 계약으로서 세 가지 기준을 전부 충족할 때 도급으로 볼 수 있고, 어느 하나라도 충족하지 못하면 근로자파견으로 파악해야 한다.[153)]

(나) 의 미

① 업무의 특정성

계약의 목적이 구체적으로 범위가 한정된 업무의 이행으로 확정되어야 하고, 도급대상인 일이 특정되어야 한다. 근로자파견의 계약 목적과 그 대상은 노동력의 제공이지만 도급의 목적은 일의 완성이므로, 도급에 해당하기 위해서는 계약 목적의 '특정(特定)성' 여부가 주요한 판단 기준이 된다.

따라서 계약의 목적이 ① 추상적·포괄적으로 기술되어 별도의 지시 없이는 수행이 불가능하거나 반대로 지나치게 세분화되어 있는 경우, ② 근로자의 작업 내용이 도급인의 작업과 유기적으로 통합되어 작업결과가 누구의 작업으로 인한 것인지 분명하지 않게 된 경우(인도와 수령이 필요한지 여부 등), ③ 도급계약서에 수급인이 도급받은 업무 외에 경우에 따라 도급인의 다른 업무도 수행해야 한다는 조항이 있는 경우, ④ 실제 노무 과정에서 수급인의 근로자가 도급인의 사업장에서 도급받지 않은 다른 업무도 수행하는 경우에는 도급으로 판단해서는 안 된다.[154)]

---

153) 이와 관련하여 대법원 2015. 2. 26. 선고 2011다78316 판결, 대법원 2015. 2. 26. 선고 2012다96922 판결(이상 KTX 승무원 사건)에서는 제3자 업무와의 구별, 소위 혼재업무가 있는지 여부만을 기준으로 판단하였다.

154) 이 기준은 앞서 대법원 2012. 2. 23. 선고 2011두7076 판결(현대자동차 울산공장 사건의 재상고심)과 대법원 2013. 11. 28. 선고 2011다60247 판결(평화산업 사건)에서의 세 가지 판단 원칙 중 '계약의 목적 및 대상'에서 언급한 기준과 같다.

구체적으로 "'자동차 완성을 위한 작업 중 원청업체와 협력업체들이 별도로 합의하는 작업'으로 포괄적 · 추상적으로 기술되어 있고, 계약 당시 구체적인 작업에 대한 별도 합의가 있고, 그 합의에 따른 추가적인 서류를 작성한 바가 없"으면(①),[155] 도급 업무가 특정되지 않은 것이다. 협력업체 소속 근로자들이 수행한 작업이 "원청업체 직원이 예전에 수행하였거나 다른 공장에서는 상시적으로 수행하고 있는 업무로서 피고 직원의 업무와 동질의 것"(②)에 불과하거나, 협력업체의 도급목적이 "세부적으로 구분된 작업 단계들 중 일부의 수행으로 특정되어 있어 독자적으로 진행 · 완성시켜야 하는 '일'을 목적으로 하는 것이라기보다 세부작업에 필요한 단순한 '노무의 제공'"이어도 마찬가지다.[156] 계약은 "원칙적으로 엔진조립 업무를 수행하는 것으로 되어 있으나 실제로 사내협력업체 소속 근로자들은 이 사건 도급계약에 기재된 엔진조립 업무 이외에 가공업무, 출하검사, 자재검수, 외주검사, 내구시험, 개선반, CKD 파견, 품질 파견, 설비청소, 공장 청소나 도색 작업 업무 등을 수행한 경우"(③, ④)[157]도 동일하다.

작업 내용이 포괄적이어서 원청의 지시에 의해 구체화될 수 있는 것이라면 그것은 우선 인력공급으로 판단할 수 있다. 원래 도급계약에서 예정한 업무가 아닌 업무도 사정에 따라 일부 수행하기도 했다면 역시 도급계약의 대상이 한정된 업무로 확정되어 있다고 보기 어렵다. 현장에서는 도급으로 가장하기 위하여 소위 '비상 도급계약'이라는 이름으로 추가 도급계약서를 작성하기도 하는데, 이것은 오히려 업무 내용이 원청의 필요에 의해 수시로 변경되고 추가될 수 있음을 보여주는 징표이므로 오히려 근로자파견의 근거가 된다.

② 업무의 구별성

업무의 구분 또는 분리가능성은 근로자파견과 구분되어 도급이 성립하기 위한 필요조건에 해당된다. 하지만 업무가 분리가능하다고 해도 그것만으로 근로자파견을 부정할 수 있는 것은 아니다. 만약 업무 구분이 어렵다면 이는 도급 목적물

---

155) 창원지방법원 2014. 12. 4. 2013가합3781 판결[한국지엠 사건. 항소심 부산고등법원 2016. 1. 21. 선고(창원) 2015나130, 147(병합)판결, 상고심 대법원 2016. 6. 10. 선고 2016다10254, 10261 심리불속행 판결 확정].

156) 광주고등법원 2015. 4. 24. 선고 2012나4823 판결(이하 금호타이어 사건. 대법원 2017. 12. 22. 선고 2015다217911 판결 확정), 광주고등법원 2015. 4. 24. 선고 2012나4830 판결(대법원 2017. 12. 22. 선고 2015다32912 판결 확정), 광주고등법원 2015. 4. 24. 선고 2012나4847 판결(대법원 2017. 12. 22. 선고 2015다32905 판결 확정). 광주지방법원 2016. 2. 18. 선고 2011가합5128 판결(현대제철 사건. 광주고등법원 2016나546 항소심 계속 중).

157) 수원지방법원 평택지원 2016. 12. 21. 선고 2014가합4417, 2016가합9089 판결(현대위아 사건. 항소심 서울고등법원 2018. 5. 29. 선고 2017나2005844 판결, 대법원 2018다243935 상고심 계속 중)

을 특정할 수 없는 것이 되어 도급관계의 성립을 부정하는 뚜렷한 징표가 되겠지만, 그 반대 경우가 항상 성립하는 것은 아니기 때문이다. 따라서 업무를 분리하여 처리하더라도 하청이 사업경영상 독립성이 없다면 업무가 분리가능하다는 이유만으로는 근로자파견 성립을 부정할 수 있는 근거는 되지 못한다.158)

또한 원청 소속 근로자의 업무가 구별된다는 사실은 지시가 분리될 가능성이 있으므로 도급으로 판단받기 유리한 징표이다. 그러나 실제 업무가 구분되어 있더라도 원청의 상당한 지시가 이루어지는 구조라면 그것은 역시 근로자파견이 된다.

혼재 업무와 관련하여 대법원 2015. 2. 26. 선고 2011다78316 판결, 대법원 2015. 2. 26. 선고 2012다96922 판결(이상 KTX 승무원 사건)에서는 원하청의 업무 장소가 동일하더라도 업무가 구분되어 있으므로 도급계약의 실질이 있다고 인정하였다. 이에 대하여 대법원이 '장소적 혼재'로부터 '업무의 구분'을 발견하였다고 평가하여 원하청 근로자가 같은 장소에서 일하더라도 업무만 분리되면 도급관계로 보아야 한다는 견해가 있다.159)

그러나 이러한 주장의 근거가 된 대법원 판결은 현실을 전혀 고려하지 않은 것이다. 대법원은 같은 KTX 열차 안 승무분야 업무 중 '출입문 개폐, 신호상태 확인, 제어안전장치의 취급 업무'를 원청업체인 KTX 열차팀장의 안전 부분 업무이고, '객실 온도 및 조명, 승객 인사, 노약자 승하차 보조, 안내방송, 승차권 확인 업무'를 안전과 직결되지 않는 승객서비스 부분 업무로 규정하여 후자는 하청업체인 철도유통 소속 승무원의 업무로 보았다. 그러나 이것은 현실과는 전혀 맞지 않는다. 후자의 업무 중 객실 안 온도와 조명, 노약자 승하차 보조 업무 등이 안전과 직결되지 않는다고 단언할 수 없는 것이다. 여름이나 겨울에 열차 안 온도 조절이 안 되거나 조명이 꺼지거나 노약자가 제대로 승하차하지 못한다면 이것은 승객의 안전과 직결되는 문제이다. 대법원은 '화재 등의 비상사태가 발생할 경우에 화재진압 및 승객대피 업무'를 KTX 승무원의 업무로 규정하면서도 이것은 이례적인 상황에서 응당 필요한 조치이고 KTX 승무원의 고유 업무에서 차지하는 비중이 낮다고 평가하였다. 그러나 폐쇄된 공간에서의 화재 대처 업무야말로 가장 기본적인 안전의무일 것이다. 이것을 KTX 열차 안에 상주하면서 서비스

---

158) 조경배, "KTX 대법원 판결과 파견과 도급의 구별기준", 「노동법학」, 제56호, 한국노동법학회, 2015, 327쪽.

159) 이승길 · 김준근, "업종별 도급과 파견의 구별에 관한 담론－KTX 여승무원에 관련한 업무도급의 적격성 여부 및 근로자파견관계의 성립 여부를 중심으로－", 「산업관계연구」, 제25권 제4호, 2015, 51쪽.

업무를 하는 승무원의 업무가 아니고 열차팀장의 전속적인 업무라고 한다면, 이는 대법원이 승객에 대한 포괄적인 안전의무를 도외시하는 것으로밖에 볼 수 없다.

따라서 KTX 승무원 업무가 "KTX 여객운송과 관련한 매우 광범위한 업무를 수행하고 그중에는 승객의 안전과 관련된 업무도 포함되어 있는 등 피고 측 소속인 열차팀장의 업무 내용과 KTX 승무원의 업무 내용 중 서로 명확히 구분되지 않거나 공통되는 업무가 존재하므로 열차팀장과 KTX 승무원은 상호 공동업무수행자의 지위에서 벗어날 수 없고, 이 두 업무를 분리하여 도급 형식으로 위탁하는 것은 도급인의 업무 영역과 수급인의 업무 영역이 혼재되어 도급계약 성질상 허용되지 아니한다."는 원심 판단이 KTX 서비스 현실을 반영하고 승객의 안전을 최우선으로 해야 하는 KTX 운영 취지에 부합하는 것이다.[160]

결론적으로 하청 근로자가 원청 근로자와 같은 장소에서 일을 한다면(장소적 혼재), 실제로 업무가 분리되고 있는지와 업무 특성과 목적을 고려하여 업무의 혼재 여부를 판단해야 한다. 업무가 엄격하게 구분되지 않거나 구분될 수 없고 안전 문제 등으로 구분되어서는 안 된다면 이는 업무가 혼재된 것으로 보아야 하고 이러한 경우에는 도급이 허용될 수 없다 할 것이다.

③ 업무의 전문성·기술성

민법 제667조는 완성된 목적물 또는 완성 전의 성취된 부분에 하자가 있는 때 도급인은 하자의 보수를 청구하거나 손해배상을 청구할 수 있고, 민법 제668조는 완성된 물건의 하자로 인하여 계약의 목적을 달성할 수 없는 때에는 계약을 해제할 수 있다고 규정하고 있다. 다만 목적물의 하자가 '도급인의 지시'에 기인한 때에는 민법 제667조와 제668조를 적용하지 않는다(민법 제669조). 여기서의 지시는 구속력을 가진 것이어야 한다. 그런데 수급인이 도급인의 지시가 부적당함을 알면서도 이를 도급인에게 고지하지 아니한 경우에는 완성물의 하자가 도급인의 지시에 기인한 것이라 하더라도 그에 대한 담보책임을 면할 수 없다. 즉 수급인은 구속력을 지닌 도급인의 지시가 있더라도 그것이 부적당하다면 따르지 않아야 한다. 이는 수급인이 도급인과 달리 해당 분야에 대해 전문성을 가지고 독립적인 판단을 할 수 있다는 점을 감안한 것이다. 이 점에서 판례의 구별기준에서 수급인이 해당 업무에 대해 전문성과 기술성, 독립적 판단 가능성을 갖고 있는지가 중요하다.[161]

---

160) 서울고등법원 2011. 8. 19. 선고 2010나90816 판결.

161) 도재형, 「온주: 파견근로자보호 등에 관한 법률 제2조 제1호」 로앤비, 2017.

하청업체가 해당 업무 수행을 위한 전문성과 기술성을 보유하고 있다면, 교육훈련·작업 계획 수립·작업지시 등을 원청에 의존하지 않고 독자적으로 도급계약에서 정해진 일을 완성할 수 있다. 여기서의 전문성·기술성은 하청근로자가 보유한 자격증과 숙련도를 의미하는 것이 아니라 하청업체 차원에서 전문성과 기술성을 가지고 일의 완성을 위한 작업계획을 세우고, 교육 및 훈련을 실시할 수 있어야 함을 의미한다. 이것은 하청업체의 사업경영상의 독립성과도 연결된다. 즉 하청업체가 '원청과 구분되는' 사업경영상 독립성을 가지고 있다는 말은 원청에는 없는 '하청업체 자체'의 전문성과 기술성을 보유하고 있는 것을 포함하는 것이기 때문이다.

법원은 "소외 회사가 원고들을 피고의 출장소에서 근무하게 한 이외에 고유의 기술이나 지식 등 다른 것을 제공한 바는 없다."[162]고 해서 그러한 기술과 자격증은 하청 근로자들이 가지고 있는 것이지 소외 하청업체가 보유한 것이 아니라고 보았다. 전문적인 기술의 투여를 요하는 업무라도 단지 근로자에게 그러한 전문적 기술이 있을 뿐이고 하청업체는 여전히 인력을 투입하는 역할에 불과하다면 업무 성격이 전문적 기술을 요하는 업무라도 달라질 것이 없다. 오히려 법원은 "원고들이 수행한 송변전 시설 점검·정비업무 중 상당수는 위험성이 높고 일정수준의 기술과 그 숙달을 요하는 것으로서 피고는 원고들을 직접 지휘·감독할 필요가 있었고 그에 따라 원고들을 포함한 정비원들이 수행하는 각 작업의 작업방법, 작업절차 등에 관하여 상세히 정한 정비절차서를 마련하고 원고들에게 업무수행에 관하여 교육을 실시했다."는 점을 지적하고 있다.

④ 기타 하자담보책임, 보수에 대한 위험부담, 이행보조자 불완전이행에 대한 책임, 보수 산정방식 등 도급계약의 특수성 존재

근로자파견과 달리 도급계약의 경우 수급인은 도급인에 대하여 하자담보책임, 보수에 대한 위험부담, 이행보조자 불완전이행에 대한 책임 등 도급계약에 특수한 위험을 부담한다. 도급계약으로서 실체가 있는지 여부는 수급인이 실제 이러한 위험을 부담하고 있는지에 의해서도 판단할 수 있다. 따라서 이와 달리 계약상 수급인의 하자담보책임 또는 보수에 대한 위험이 인정되지 않거나 수급인이 투입한 인력의 불완전이행 책임이 면제된 경우 이는 도급계약이 아닌 것으로 볼 수 있다.

---

162) 서울고등법원 2016. 1. 15. 선고 2015나2661판결(한전케이피에스 사건. 대법원 2016. 6. 23. 선고 2016다13741 심리불속행 판결 확정).

하자담보책임과 관련하여 "일의 결과 및 품질에 불량이 발생한 경우 해당 근로자의 잘못을 지적하고 경위서를 제출받았을 뿐, 협력업체에 하자담보 책임을 묻거나 도급계약에 따라 제공받은 계약이행보증보험증권의 이행을 청구한 적이 없"거나,[163] 원청업체가 종래 협력업체에게 "손해배상 담보를 요구한 적이 없고 손해배상을 청구한 적이 없고, 협력업체로부터 계약이행보증보험증권을 제공받은 뒤에도 협력업체의 불량, 파업과 관련하여 손해배상을 청구한 적이 없었던 사실"[164]도 도급으로 볼 수 없는 사정에 해당한다.

또한 보수 산정방식(예를 들어 물량도급인지 임률도급인지)도 도급계약으로 실체가 있는지를 판단하는 기준이 될 수 있다. 따라서 일정금액에 대한 합의(물량도급)가 있는 경우 이는 도급계약에 해당할 수 있으나, 투입된 근로자가 제공한 근로시간 수에 기초하여 보수가 지급되는 경우 이는 근로자파견으로 판단할 수 있는 것이다.[165] 도급대금을 일의 결과가 아니라 협력업체 소속 근로자가 투입된 근로시간에 비례하여 책정되는 '임률도급' 방식이라면 근로자파견으로 볼 수 있다. 이에 대해 원청은 임률도급 방식이 아니라 '물량도급' 방식이라고 주장하는 경우가 많은데, 이 경우에도 대금산정 기준이 되는 생산물량이 컨베이어벨트 이동 속도와 투입된 근로자 수에 직접 연동되어 있으므로 '임률도급'과 그 성격이 다르지 않다.[166]

법원은 원청업체와 하청업체가 체결한 도급계약에 1, 2차 하청업체가 수행하는 업무와 범위에 아무런 내용이 없는 등 도급계약으로서의 "목적과 기한이 명확하지 않으며", 원청업체가 하청업체에게 지급하는 도급계약에 대한 "기성금도 일의 완성보다는 노동력 제공 그 자체에 있는 것이므로, 계약의 목적은 근로자의 노동력 제공 그 자체에 있는 것"으로 판단했다.[167]

---

163) 광주지방법원 2016. 2. 18. 선고 2011가합5128 판결(현대제철 사건. 광주고등법원 2016나546 항소심 계속 중).

164) 광주고등법원 2015. 4. 24. 선고 2012나4823 판결(금호타이어 사건. 대법원 2017. 12. 22. 선고 2015다217911 판결 확정), 광주고등법원 2015. 4. 24. 선고 2012나4830 판결(대법원 2017. 12. 22. 선고 2015다32912 판결 확정), 광주고등법원 2015. 4. 24. 선고 2012나4847 판결(대법원 2017. 12. 22. 선고 2015다32905 판결 확정).

165) 김기선, "근로자파견과 도급의 판단－독일에서의 논의를 중심으로－", 「노동법연구」, 제31호, 서울대학교 노동법연구회, 2011, 64쪽.

166) 창원지방법원 2014. 12. 4. 2013가합3781 판결[한국지엠 사건. 항소심 부산고등법원 2016. 1. 21. 선고(창원) 2015나130, 147(병합)판결, 상고심 대법원 2016. 6. 10. 선고 2016다10254, 10261 심리불속행 판결 확정].

167) 서울고등법원 2017. 2. 10. 선고 2014나49625 판결(현대자동차 사건. 대법원 2017다15010 상고심 계속 중). 이에 대하여 법원은 "컨베이어벨트시스템과 같은 공정은 노무도급에 부적합하다는 판단을 내리고 있는 듯하다"는 평가로, 이정, "도급과 파견의 구별기준에 관한 법리－판례의 변천과 문

한편 위와 같이 도급계약의 특성은 "우월적 지위에서 임의로 정할 수 있는 사정"에 해당하므로 핵심표지와 구별되는 부수적 표지로 분류하고 이를 이유로 근로자파견의 성립을 부정할 수 없도록 할 필요가 있다.[168)169)]

(5) 원고용주가 계약의 목적을 달성하기 위하여 필요한 독립적 기업조직이나 설비를 갖추고 있는지

(가) 의의 및 평가

이 기준은 대법원 2012. 2. 23. 선고 2011두7076 판결(위 현대자동차 울산공장 사건의 재상고심 사건)과 대법원 2013. 11. 28. 선고 2011다60247 판결(평화산업 사건)에서의 두 번째 기준인 '계약당사자가 기업으로서 실체가 있는지와 사업경영상 독립성을 가지고 있는지 여부'와 일견 유사해 보인다.

그러나 위 기준이 도급업체의 기업의 실체성과 사업경영상 독립성 구비 여부를 따진다는 점에서 이는 도급과 근로자파견을 구별하는 기준이 아니라 묵시적 근로계약관계를 파악하는 기준이다. 그러나 이 기준은 위 기준과 달리 '원고용주가 계약의 목적을 달성하기 위하여 필요한' 독립적 기업조직이나 설비를 갖추고 있는지를 따진다는 점에서 다르다. 단순히 도급업체가 기업으로서의 실체나 사업경영상 독립성을 가지고 있는지가 아니라, 그 조직이 바로 '계약의 목적을 달성하기 위한' 조직이냐가 문제되는 것이다.

즉 도급업체가 아무리 독립적인 사업체라 하더라도(이는 위장도급에서도 마찬가지다), 그것이 도급계약의 목적을 달성하기 위하여 필요한 독립적 기업조직이나 설비를 갖추고 있지 않다면 도급관계로 볼 수 없다. 그런 점에서 이번 대법원 판결에서의 기준은 기존 기준을 다시 반복 설시한 것이 아니라, 위장도급업체라도 최소한 업체로서의 실체는 있어야 함을 전제로, 여기에 진짜 '도급 계약'을 위한 '독립적' 조직인가 여부를 더 따져 이 기준을 충족할 때에만 도급으로 보고, 그렇지 않으면 근로자파견으로 판단하겠다는 것이다. 따라서 기존 기준보다 도급과

제점을 중심으로-", 「노동법논총」, 제34집, 2015, 247쪽.

168) 유성재, "근로자파견에 관한 최근 판례의 동향", 「노동법포럼」, 제21호, 노동법이론실무학회, 2017, 169쪽.

169) 대법원의 근로자성 판단과 관련하여 "다만, 기본급이나 고정급이 정하여졌는지, 근로소득세를 원천징수하였는지, 사회보장제도에 관하여 근로자로 인정받는지 등의 사정은 사용자가 경제적으로 우월한 지위를 이용하여 임의로 정할 여지가 크기 때문에, 그러한 점들이 인정되지 않는다는 것만으로 근로자성을 쉽게 부정하여서는 안 된다."고 판단하였다(대법원 2006. 12. 7. 선고 2004다29736 판결).

근로자파견의 구별기준을 강화한 것이라고 할 수 있다.[170)]

(나) 도급계약목적을 달성하기 위한 독립적 조직

원고용주가 독립적 기업조직이나 설비가 없다면 앞에서와 같이 근로자파견 이전에 묵시적 근로계약관계로 판단하면 된다. 그러한 조직이나 설비가 있다 하더라도 이것이 '도급 업무를 수행하기에 적합한'(즉 계약의 목적 달성을 위해 필요한) 것인지를 판단해야 한다. 특히 파견법은 허가의 전제로 이미 어느 정도 이상의 파견업체를 규정하고,[171)] 소수의 사용사업주에 전속된 경우에는 근로자파견사업을 허가하지 않는다.[172)] 이러한 점을 고려하면,[173)] 근로자파견 여부를 판단할 때 중요한 것은 기업의 규모 자체가 아니라 계약 목적을 달성하기 위한 기업조직과 설비를 갖추고 있느냐는 것이다.

노무제공을 위한 인력의 파견이 아니라 도급이라고 하려면 해당 도급 업무를 수행하기 위한 기업조직과 설비, 자본 등을 '독립적으로' 갖추고 있어야 한다. 이러한 것들을 원청에 의존한다면, 이는 도급이 아니다. 원청의 작업시설에 단지 인력을 공급하는 근로자파견일 뿐이다.

따라서 협력업체들이 "별다른 인적, 물적 시설을 갖추지 아니한 채 다수의 근로자들로만 구성되어 있었고, 특유의 전문성을 갖추고 있는 것도 아니거나, 그 설립 및 폐업과정에서 원청업체로부터 상당한 영향을 받으며 오로지 피고와의 도급계약을 위하여 설립되었다가 그 종료 이후에는 곧바로 폐업한 것으로 보이고, 협력업체 대표자는 대부분 원청업체의 퇴직자 등 원청업체와 관련된 사람들"

---

170) 이에 반해 위 기준은 묵시적 근로관계의 판단기준이 될 뿐 파견 판단의 기준이 아니라고 본 견해로 김홍영, "노동판례리뷰－KTX 여승무원의 실질적 사용자가 철도공사인지 여부", 「월간노동리뷰」, 제121호, 한국노동연구원, 2016, 90쪽; 김도형, "근로자파견과 도급의 구별 기준", 「2015 노동판례비평」, 제20호, 민주사회를 위한 변호사모임, 2016. 200－201쪽이 있으나, 이는 새로운 기준을 잘못 해석한 것으로 보인다. 새로운 판단기준에서의 '독립적 기업조직이나 설비'라는 표현이 묵시적 근로계약관계 성립 판단기준인 '사업경영상 독립성'과 같은 개념으로 혼동이나 오해를 한 것으로 볼 수 있다.

171) 파견법 시행령 제3조(허가의 세부기준) 법 제9조 제2항에 따른 근로자파견사업의 자산 및 시설 등의 기준은 다음 각 호와 같다. <개정 2007. 6. 18., 2009. 6. 30>
2. 1억원 이상의 자본금(개인인 경우에는 자산평가액)을 갖출 것
3. 전용면적 20제곱미터 이상의 사무실을 갖출 것

172) 파견법 제9조(허가의 기준) ① 고용노동부장관은 제7조의 규정에 의하여 근로자파견사업의 허가신청이 있는 경우에는 다음 각호의 요건에 적합한 경우에 한하여 이를 허가할 수 있다. <개정 2010. 6. 4.>
1. 신청인이 당해 근로자파견사업을 적정하게 수행할 수 있는 자산 및 시설등을 갖추고 있을 것
2. 당해 사업이 특정한 소수의 사용사업주를 대상으로 하여 근로자파견을 행하는 것이 아닐 것

173) 따라서 1개 업체에 전속되었거나 혹은 규모가 일정 수준 이상도 안 된다면 묵시적 근로계약의 요소라고 보아야 할 것임.

이라면,[174] 이는 협력업체가 계약의 목적을 달성하기 위하여 필요한 독립적 기업 조직이나 설비를 갖추고 있다고 보기 어렵다.

3) 불법파견으로 인정될 때의 법률관계

이처럼 앞서 언급한 구별기준에 따라 형식은 도급이지만 실질이 근로자파견에 해당할 경우 위 근로자파견은 비대상업무파견, 파견기간 위반의 파견, 무허가파견 등 불법파견에 해당할 것이다. 이 경우 제정 파견법 상 직접고용간주 규정과 그 이후 개정된 파견법 상 직접고용의무 규정의 적용여부와 범위, 적용요건, 적용의 경우 법률효과 등이 문제된다. 직접고용간주 규정과 관련하여 제정 파견법에서 고용이 간주된다는 규정 이외에 여타의 규정을 두지 않아 여러 해석상의 논란이 있었고 이에 대하여는 판례가 상당 부분 축적되었다. 한편, 직접고용의무 규정과 관련해서는 개정 파견법에 고용의무를 이행할 경우 파견근로자의 근로조건 등에 대한 명문의 규정을 마련하였으나 여전히 해석상 논란이 되는 부분들이 존재한다. 이에 대한 구체적인 논의는 [제6조의2]와 [보론]에서 별도로 언급한다.

[제2조 제2호] 근로자파견사업

2. “근로자파견사업”이라 함은 근로자파견을 업으로 행하는 것을 말한다.

1. 의 의

근로자파견사업이라 함은 근로자파견을 업으로 하는 것을 말하는바(법 제2조 제2호), 여기서 ‘업’이란 일정한 목적을 가지고 동종 행위를 반복적·계속적으로 수행하는 것을 말한다. 따라서 1회의 행위라고 하더라도 반복적·계속적 의사를 가지고 행하면 사업성이 인정되지만, 형식적으로는 반복하였거나 우발적 행위가

174) 광주고등법원 2015. 4. 24. 선고 2012나4823 판결(이하 금호타이어 사건. 대법원 2017. 12. 22. 선고 2015다217911 판결 확정), 광주고등법원 2015. 4. 24. 선고 2012나4830 판결(대법원 2017. 12. 22. 선고 2015다32912 판결 확정), 광주고등법원 2015. 4. 24. 선고 2012나4847 판결(대법원 2017. 12. 22. 선고 2015다32905 판결 확정). 광주지방법원 2016. 2. 18. 선고 2011가합5128 판결(현대제철 사건. 광주고등법원 2016나546 항소심 계속 중).

계속적으로 이루어졌더라도 반복적 · 계속적 의사를 가지고 한 것이 아니면 사업성이 인정되지 않는다고 보아야 한다. 구체적으로는 일정한 목적과 계획에 따라 경영하는 경제적 활동으로서 행하여지는지 여부에 따라 판단하여야 할 것이다.

2. 근로자파견사업의 요소

근로자파견사업은 네 가지 요소를 갖는데, '삼면적 근로관계', '근로계약관계와 지휘명령관계의 분리', '노동력 제공 목적의 근로자 파견', '근로자파견의 사업적 시행'이 이에 해당한다. 즉, 파견근로자와 파견사업주, 사용사업주의 주체에 의한 삼면적 근로관계가 존재한다. 그리고 근로계약관계는 파견사업주와 파견근로자간에 존재하고 사용사업주와 파견근로자간에는 원칙적으로 아무런 계약관계가 존재하지 않는다. 또한 노무급부를 목적으로 한 파견이므로 근로자가 아닌 자의 파견이나 직업훈련 등을 목적으로 한 파견은 근로자파견에 해당하지 아니하며 사업적으로 행해져야 하므로 비사업적인 근로자파견의 경우 파견법의 규율대상인 근로자파견사업에 해당하지 아니한다.[175)]

3. 근로자파견사업의 유형

근로자파견사업의 형태는 파견사업주와 파견근로자 사이에 고용관계를 형성하는 방식에 따라 '상용형', '등록형', '모집형'으로 구분할 수가 있다. '상용형'은 파견사업주가 근로자를 상시 고용하면서 사용사업주와 근로자파견계약을 체결하여 일정 기간 동안 사용사업주의 사업장에 해당 근로자를 파견하는 형태이다. '등록형'은 파견사업주가 파견근로를 할 근로자를 근로자명부에 등록하여 두었다가 사용사업주로부터 근로자파견의 요청을 받으면 등록되어 있는 근로자와 근로계약을 체결하여 파견하는 형태이고, '모집형'은 사용사업주가 근로자파견을 요청하면 파견사업주가 파견할 근로자를 일시에 모집하여 근로계약을 체결하고 사용사업주에게 근로자를 파견하는 형태를 말한다.

등록형과 모집형은 파견사업주가 사용사업주와 체결한 근로자파견계약의 기간과 파견사업주와 파견근로자가 체결한 근로계약의 기간이 일치한다는 점에서 동일하다. 등록형과 모집형은 파견사업주가 파견기간 중에만 파견근로자와 근로계

---

175) 강성태, "파견근로자보호등에 관한 법률의 제정과 과제", 「노동법학」, 제8호, 한국노동법학회, 1998, 163쪽.

약관계를 유지하기 때문에 파견근로자의 지위는 매우 불안정하게 되며, 파견근로자의 임금을 부담하는 위험을 파견사업주가 처음부터 회피하는 고용형태일 뿐만 아니라 파견근로의 수요에 따라 파견근로자를 알선하거나 소개하는 것 이상이 아니며, 파견사업주는 아무런 고용상의 위험을 부담하지 않으므로 파견사업주와 파견근로자 사이의 근로계약관계를 설명할 수 있는 법적 근거가 미약하다.[176)]

이에 따라 등록형과 모집형이 파견법상 허용되는 적법한 근로자파견사업인 것으로 볼 수 있는지 여부에 대해서는 논란이 있는데, 현행 파견법상 파견사업주는 파견근로자와 고용관계를 유지하여야 하지만 상시적으로 고용관계를 유지해야만 하는 것으로 해석할 수 있는 근거는 명확하게 존재하지 않으므로 등록형과 모집형을 불법으로 단정하기는 어렵다고 보인다. 다만 파견사업주가 파견근로자와 기간의 정함이 있는 근로계약을 체결하는 것에 대한 법적 규제 방안이 마련되지 않는다면 등록형·모집형 근로자파견은 중간착취의 수단으로 악용될 위험성만 제공할 뿐 노동시장의 활성화를 위한 독립적 기능이 인정되기 힘들다.[177)] 따라서 입법론적으로는 직업 소개와 사실상 구별하기 곤란한 모집형 근로자파견은 파견법에서 명문으로 금지하고, 등록형 근로자파견은 파견법 시행령에서 별도의 허가 기준을 정하는 등의 방법으로 일정한 규제를 가할 필요가 있다.

[제2조 제3호~제6호] 파견사업주 등

3. "파견사업주"라 함은 근로자파견사업을 행하는 자를 말한다.
4. "사용사업주"라 함은 근로자파견계약에 의하여 파견근로자를 사용하는 자를 말한다.
5. "파견근로자"라 함은 파견사업주가 고용한 근로자로서 근로자파견의 대상이 되는 자를 말한다.
6. "근로자파견계약"이라 함은 파견사업주와 사용사업주간에 근로자파견을 약정하는 계약을 말한다.

176) 김형배, 831-832쪽.
177) 유성재, "독일 근로자파견법의 개정과 시사점", 「노동법학」, 19호, 한국노동법학회, 2004, 25쪽.

1. 정 의

가. 파견사업주

파견사업주는 근로자파견사업을 행하는 자를 의미하는데, 파견사업주가 자신이 고용한 근로자를 사용사업주에게 파견하여 그 지휘·명령 아래 노무에 종사하게 하는 근로자파견제도는 일반적인 사용자와 근로자 사이의 근로관계에서는 볼 수 없는 형태이기 때문에 파견근로자의 고용 안정과 근로조건의 보호를 특별히 도모할 필요가 있다. 이에 따라 파견법은 제23조에서 제29조까지 파견사업주가 강구하여야 할 조치를 규정하고 있다.

나. 사용사업주

사용사업주는 근로자파견계약에 의하여 파견근로자를 사용하는 자를 의미하는데, 파견근로자는 파견사업주에게 고용되어 있지만 사용사업주의 사업장에서 사용사업주의 지휘·명령을 받으면서 근로를 제공하므로 근로조건에 관하여 사용사업주로부터도 일정한 보호를 받아야 할 필요성이 있다. 이에 따라 파견법 제30조 내지 제33조에서 파견근로자의 근로조건 보호를 위해 사용사업주가 강구해야 조치들을 규정하고 있다.

일반적으로는 근로자와 근로계약을 체결한 고용주가 사업주에 해당하나, 근로자파견이나 사내하도급 등의 중층적 고용관계에서는 사용사업주나 도급인이 파견사업주 또는 수급인 소속의 근로자와 사이의 관계에서 근로계약상 고용주가 아니면서도 이들 근로자의 근로조건과 노동조합 활동에 대하여 오히려 고용주보다도 더 큰 지배력과 결정권을 가지는 경우가 종종 존재한다. 이러한 근로계약 배후의 자도 노조법상 사업주로 보아 노조법상 사용자책임을 부과할 것인지는 그간 노동법에서 중요한 논쟁의 대상이었다.[178] 자세한 내용은 [보론-간접고용과 집단적 노사관계] 참조.

다. 파견근로자

파견근로자는 파견사업주가 고용한 근로자로서 근로자파견의 대상이 되는 자

---

178) 노조법주해Ⅰ, 152쪽 이하.

를 의미한다. 어떤 근로자가 파견근로자에 해당하는지 여부를 판단하는 기준에 대하여 대법원은 “파견근로자보호법의 목적과 내용 등에 비추어보면, 근로자를 고용하여 타인을 위한 근로에 종사하게 하는 경우 그 법률관계가 파견근로자보호법이 적용되는 근로자파견에 해당하는지 여부는 당사자들이 붙인 계약의 명칭이나 형식에 구애받을 것이 아니라, 계약의 목적 또는 대상에 특정성, 전문성, 기술성이 있는지 여부, 계약당사자가 기업으로서 실체가 있는지와 사업경영상 독립성을 가지고 있는지 여부, 계약 이행에서 사용사업주가 지휘·명령권을 보유하고 있는지 여부 등 그 근로관계의 실질에 따라 판단하여야 한다.”(대법원 2013. 11. 28. 선고 2011다60247판결 등)고 설시하고 있다.

한편 대법원은 “파견근로자보호등에관한법률은 파견근로자의 고용안정과 복지증진에 이바지하고 인력수급을 원활하게 함을 목적으로 하는 법률임이 명백하고, 근로자의 지위는 근기법 제5조에서 명시하고 있듯이 국적을 불문하고 차별적 대우를 받지 않게 되어 있으며, 근로자파견사업에 대하여 노동부장관의 허가를 받도록 하고 있는 입법취지 역시 무분별한 근로자파견으로 인해서 근로자가 입게 될 피해 등을 막기 위하여 정부가 파견사업주를 감독하고자 하는 것으로서 그 주된 목적이 근로자를 보호하기 위한 것이므로, 외국 국적의 근로자라고 하여 파견근로자보호등에관한법률이 적용되는 파견근로자의 범위에서 제외된다고 할 수 없다.”고 하여 파견법이 적용되는 파견근로자의 범위에 외국인도 포함시키고 있다.[179)]

라. 근로자파견계약

근로자파견계약이라 함은 파견사업주와 사용사업주 사이에 근로자파견을 약정하는 계약을 말한다. 곧, 근로자파견계약은 파견사업주가 자신이 고용한 근로자와의 고용관계를 유지하면서 그 근로자를 사용사업주에게 파견하여 사용사업주의 지휘·명령을 받으며 노무에 종사하도록 하고 사용사업주로부터 근로자파견에 대한 대가로 파견수수료를 지급받는 것을 내용으로 파견사업주와 사용사업주가 체결하는 계약이다.

이러한 근로자파견계약은 파견근로자의 보호를 위해서 파견법에 의하여 계약의 성립과 내용에 관하여 일정한 규제를 받지만 이 또한 기본적으로는 계약 자

179) 대법원 2001. 9. 7. 선고 2000도5070 판결, 2000. 9. 29. 선고 2000도3051 판결.

유의 원칙에 의해 규율된다고 할 것이다. 따라서 근로자파견계약에 관해 파견법의 규정이 있으면 그것이 우선적으로 적용되고 파견법에 적용할 규정이 없는 경우 그 해석의 기준은 민법과 상법 등의 규정에 따르게 된다.

근로자파견계약의 법적 성격에 대해서는 파견사업주가 파견근로자와 체결한 근로계약에 근거한 지휘·명령권을 사용사업주에게 이전·양도할 것을 합의한 것으로 보는 '양도계약설', 파견사업주가 파견근로자와 체결한 근로계약의 일부인 근로자에 대한 지휘·명령권을 사용사업주에게 행사하도록 위임한 것으로 보는 '위임계약설', 파견사업주가 근로계약을 체결하여 고용한 근로자의 노동력을 타인에게 임대하는 임대차와 유사한 무명계약으로 보는 '임대차 유사의 무명계약설' 등 학설 대립이 있어 왔다.

이러한 논의는 파견사업주가 아닌 사용사업주가 파견근로자에 대한 지휘·명령권을 갖고 있으나 징계권은 가지고 있지 아니한 점, 파견근로자와 파견사업주 사이에 고용관계가 유지되어 원칙적으로 파견사업주가 사용자가 되며 사용사업주는 예외적으로 노동력의 사용·수익의 범위 내에서 사용자가 되는 점, 사용사업주는 근로자파견계약기간의 만료 등으로 파견근로자를 파견사업주에게 반환하는 점 등을 설명하기 위한 필요에서 제기되었다고 할 수 있다. 그렇지만 파견법의 제정으로 근로자파견계약의 법적 성격에 관한 논의의 실익은 그다지 크지 않게 되었다고 할 수 있는바, 근로자파견계약은 고용과 사용의 분리라는 파견근로관계를 형성하기 위해서 파견사업주와 사용사업주 사이에서 체결하는 파견법상의 특별계약인 것으로 파악하면 무방할 것으로 보인다. 자세한 내용은 [제20조], [제22조] 참조.

2. 파견근로 당사자 사이의 법률관계

근로자파견제도는 고용과 사용이 분리되는 법률관계이기 때문에 그 법률주체인 파견근로자, 파견사업주, 사용사업주 3자 상호간에 3개의 법률관계가 각각 존재하게 된다.

가. 파견근로자와 파견사업주의 법률관계

파견근로자와 파견사업주 사이의 법률관계는 근로계약을 체결함으로써 성립하게 된다. 이에 따라 파견근로자와 파견사업주는 근로관계에 있게 된다.[180] 따라서 파견근로자와 파견사업주의 법률관계에 대해서는 일반적으로 근로관계에서 발생하는 권리의무관계가 그대로 적용되는바, 파견근로자와 파견사업주는 근기법 등 노동관계법에 규정된 근로자와 사용자로서의 법률상의 지위와 권한을 가진다. 자세한 내용은 [제24조], [제34조], [제35조] 참조.

나. 파견사업주와 사용사업주의 법률관계

파견사업주와 사용사업주 사이의 법률관계는 근로자파견계약의 성립으로 발생한다. 곧 파견사업주가 사용사업주에게 근로자파견을 약정하는 근로자파견계약을 양자가 체결함으로써 파견사업주는 자신이 고용한 근로자를 그 고용관계를 유지하면서 사용사업주에게 파견하며, 사용사업주는 자신의 지휘·명령 아래 파견근로자를 사용하고 그 대가로 보수(파견수수료)를 파견사업주에게 지급하는 법률관계가 형성된다.

다. 사용사업주와 파견근로자의 법률관계

사용사업주와 파견근로자 사이에 직접적인 계약관계는 존재하지 않는다. 그렇지만 ① 파견사업주와 체결한 근로계약에 의해서 파견근로자는 파견사업주가 근로자파견계약을 체결하는 사용사업주의 사업장에서 그 사용사업주의 지휘·명령을 받아 근로를 제공할 의무를 부담하고, ② 근로자파견계약에 의하여 사용사업주는 파견사업주로부터 파견사업주가 고용한 근로자를 파견 받아 그 근로자파견계약에서 정하는 취업조건에 따라 파견근로자를 지휘·명령하여 근로를 시키는 권한이 부여됨에 따라, ③ 사용사업주와 파견근로자 사이에는 고용관계가 없는 사용관계라는 법률관계가 성립하게 된다.

곧 파견근로자와 파견사업주 사이에 체결한 근로계약과 파견사업주와 사용사업주 사이에 체결한 근로자파견계약이라는 이중의 계약을 통하여 파견근로자와 사용사업주 사이에는 파견근로자는 사용사업주에게 근로를 제공할 의무를 부담하고 사용사업주는 파견근로자에 대하여 구체적인 업무상의 지휘·명령권을 행사하는 사용관계에 놓이게 되는 것이다.

---

180) 파견법이 제정되기 이전에는 고용과 사용이 분리되는 파견근로는 근로자공급의 한 형태로서 직안법에서 원칙적으로 금지하고 있었기 때문에 파견근로자와 파견사업주 사이의 고용관계를 부정하고 노무공급을 수령하는 자를 사용자로 보는 견해가 설득력이 있었다. 하지만 파견법이 제정되어 파견근로가 합법화되었고 파견법은 파견사업주와 파견근로자 사이의 고용관계를 전제로 하여 파견근로관계를 규율하고 있다.

이러한 사용관계로 인하여 사용사업주도 파견근로자에 대하여 근기법 등 노동관계법상의 사용자로서의 일정한 지위와 책임을 가지게 된다(법 제34조 제1항, 법 제35조 제1항). 그런데 사용사업주가 사용자 책임을 부담하는 이유가 사용관계로부터 발생하는 사용자의 지위에 본래 있기 때문인 것인지 아니면 사용자는 아니지만 파견근로자의 보호를 위해 입법 정책적으로서 규정한 것에 불과한 것인지에 대해서는 논란이 있다. 이것은 근본적으로 "파견근로자의 사용자는 누구인가?"라는 문제로부터 발생하는 것인데, 사용사업주의 사용자성 인정 문제는 다음과 같이 파악할 수 있을 것이다.

첫째, 파견사업주와 파견근로자 사이에 고용관계가 있어야 한다고 규정하고 있는 파견법의 취지는 파견근로자와 사용사업주 사이의 고용관계의 성립과 존재를 부정하는 것이 아니라 파견근로자를 보호하기 위해 파견근로자와 파견사업주의 사이에 고용관계가 존재해야 한다는 것을 명시한 것에 불과한 것으로 보아야 한다. 곧 당사자의 의사표시에 의해 성립하는 고용관계가 그 성질상 다수의 당사자 사이에 병존적으로 성립할 수 없는 것은 아니라고 볼 때, 파견법은 파견근로자의 보호를 위해 기본적으로 파견사업주는 자신과 고용관계에 있는 상태의 근로자를 파견해야 한다는 점을 명시한 것에 불과하며 파견근로자와 사용사업주 사이의 고용관계를 직접적으로 부정하는 취지는 아니라고 해석하는 것이 타당하다.

둘째, 개별적 근로관계와 집단적 노사관계에서 근로자와 사용자의 개념이 다르다고 본다면 고용관계의 존재는 개별적 근로관계에서의 사용자를 의미하는 것이고 그러한 고용관계가 있는 사용자만이 집단적 노사관계의 당사자가 되는 것은 아니라고 해석하는 것이 타당하다. 더구나 고용관계와 사용관계가 분리되는 근로자파견제도에 있어서는 고용의 개념이 일반적인 근로관계에서 고용의 의미와는 내용이 전혀 다르기 때문에 개별적 근로관계와 집단적 노사관계의 당사자 확정은 별개의 문제인 것으로 파악하여야 한다.

셋째, 파견근로자와 파견사업주 사이에는 고용관계가 존속한다는 파견법의 규정에도 불구하고 구체적인 실태에 따라서는 간접고용의 문제에서 주장되어 온 사용자 확대 이론을 적용하여 파견근로자와 사용사업주 사이의 고용관계를 성립시키는 것도 충분히 가능한 해석론이라고 할 수 있다.

라. 보론 – 4자간 계약관계에 대한 해석

'사용사업주 – 파견사업주 – 파견근로자'의 3자 관계를 전제로 하는 근로자파견관계에서, 사용사업주와 파견사업주 사이에 사용사업주가 업무도급계약을 체결하거나 사용사업주가 설립한 별개의 사업주가 존재하는 경우, 즉 4자관계가 존재할 경우 누구를 실질적인 사용사업주로 보아야하는지 문제되는 경우가 있다. 이러한 경우에도 계약의 구체적인 내용과 실질을 살펴서 판단해야할 것인바, 최근 법원의 판결이 이를 보여주고 있다.

법원은 현대자동차가 현대글로비스와 생산관리 또는 출고업무 일부에 관한 업무도급계약을 체결하고 현대글로비스가 다시 생산관리공정 일부를 도급한 사안에서, "'근로자파견'에 해당하는지가 도급 등 계약의 명칭이나 형식에 구애받지 않고 근로관계의 실질에 따라 판단되어야하는 것과 마찬가지로, 특정업체들 사이에 '근로자파견계약'이 존재하는지를 판단하기 위해서도 형식적인 계약서의 작성 여부보다는 해당 업체들 사이에서 근로자가 제공·사용되어 온 실질적인 경위와 내용이 검토되어야 한다."면서 "만약 피고 현대자동차가 2차 사내협력업체들로부터 위와 같이 직접 근로자를 제공받아 실질적으로 사용하였음에도, 단지 해당 업체들 사이에 명시적인 계약서 등이 작성되지 않았다는 이유만으로 피고 현대자동차에 사용사업주로서 책임을 물을 수 없다고 본다면, 실질적으로는 위법하게 근로자를 파견 받아 사용하면서도 제2의 도급업체를 끼워 넣는 방식으로 파견법의 적용을 손쉽게 회피할 길을 열어주게 됨으로써, 파견근로자의 상용화와 장기화 방지라는 입법 취지를 심각하게 훼손하는 결과에 이르게 된다."면서 현대자동차가 파견법상 사용사업주로서 책임을 부담한다고 보았다.[181] 이 과정에서 법원은 현대글로비스가 현대자동차의 동의 하에 사내협력업체들에게 하도급하였다는 점을 고려하여, 현대자동차와 2차 사내협력업체들 사이에 '묵시적인 근로자파견계약'이 성립되었다고 보았다.

한편 법원은 동양시멘트가 현물출자하여 설립한 다물제이호와 도급계약을 체결한 업체 소속 근로자들과 동양시멘트의 관계에 대하여, 석회석 생산량 등에 관한 보고를 받은 자가 다물제이호가 아닌 동양시멘트였다는 점, 석회석 생산량의 결정주체가 동양시멘트였다는 점, 다물제이호의 전반적인 경영에 관한 의사결정

181) 서울고등법원 2017. 2. 10. 선고 2014나49625, 49632, 49469, 49656, 49663(병합) 판결(대법원 2017다15010 사건으로 계속 중). 이 사안에서 근로자들이 소속된 사내협력업체들은 작업방식 선택의 독자적인 권한이 없었고 구체적인 작업과정에서 현대글로비스가 직접 근로자들의 업무수행에 관여하였다는 사정을 찾아보기 어렵다는 점, 현대자동차와 현대글로비스 사이에 작성된 도급계약서의 내용이 현대글로비스와 사내협력업체들이 작성한 도급계약서와 계약 내용에 차이가 없고 현대글로비스의 자체적인 인력조달이 없었다는 점 등이 구체적으로 고려되었다.

을 동양시멘트 소속 근로자가 담당하였다는 점 등에 비추어 사용사업주는 다물제이호가 아닌 동양시멘트라고 보았다.[182)]

즉, 계약의 형식상 사용사업주에 해당하는 것으로 보이더라도, 업무의 구체적인 수행방식, 계약 당사자들의 실질적인 관계에 비추어 누가 사용사업주에 해당하는지를 판단하는 것이고 이는 파견법의 입법취지에 충실한 해석 및 적용이라고 할 수 있다.

또한 최근 고용노동부는 파리바게뜨와 가맹점주, 협력업체와 근로자의 관계에 대하여 근로자파견계약의 형식을 갖추지 않았고 계약당사자에 해당하지 않더라도 실질적인 내용을 살펴 파리바게뜨의 사용사업주의 지위를 인정하였다. 고용노동부는 2017. 7. 11.부터 파리바게뜨 본사와 협력업체, 가맹점 등에 대하 근로감독을 실시한 결과, ① 파리바게뜨가 가맹사업법 상 교육, 훈련 외에도 채용, 평가, 임금, 승진 등에 관한 일괄적인 기준을 마련, 시행하였다는 점, ② 파리바게뜨 소속 품질관리사가 출근시간관리, 업무에 관한 일반적인 지시, 감독을 하여 파견법상 사용사업주로서의 역할을 한 점, ③ 가맹점주들의 업무상 일부 관여는 미미하고 본사에서 전반적인 지휘·명령을 하였다는 점 등에 비추어 파리바게뜨가 파견법상 사용사업주에, 협력업체가 파견사업주에 해당하여 불법파견이 성립한다고 보아 시정명령[183)]을 내렸다. 계약의 형식상 파리바게뜨와 협력업체는 업무협정을, 파리바게뜨와 가맹점주는 가맹계약을, 협력업체와 가맹점주는 도급계약을 체결하였으나, 구체적인 관계를 살펴 파리바게뜨 본사가 가맹사업법이 정하고 있는 의무를 넘어서 제빵기사들의 업무가 실질적으로 본사의 업무에 편입되어 있다는 점을 인정한 것이다. 파견법상 사용사업주, 파견사업주 해당여부를 판단함으로써 계약의 형식에 구애받지 않고 실질적인 내용에 따라 파견법의 규율대상인지 여부를 판단해야한다는 파견법 적용의 원칙을 다시 확인한 사례에 해당한다고 할 수 있다.

---

182) 서울중앙지방법원 2016. 12. 20. 선고 2015가합516521, 2016가합1352(병합) 판결(대법원 2017다2005264 사건으로 계속 중).

183) 제빵기사에 대한 불법파견을 인정하여 파리바게뜨에 대하여는 5,378명을 직접고용하고 시정하지 않을 경우 사법처리 및 과태료 부과, 협력업체에 대하여는 사법처리의 방침을 밝혔고, 그 외에 제빵사에 대한 임금꺾기, 연장근로수당 미지급, 파견대상업무 위반, 파견근로자 및 기간제근로자 차별 등의 위법사항을 적발하였다.

3. 파견근로자의 현실적 보호에 관한 문제

사용사업주와 파견사업주는 각자 이해관계에 따라 파견근로관계를 활용하는데, 그 과정에서 파견근로자의 현실적 보호에 관한 문제가 발생할 수 있다. 파견이 허용되지 않는 제조업체에 근로자를 파견하고, 직접고용의무가 발생하지 않도록 2년 미만 단위로 파견사업주를 달리하여 파견근로자들의 비정규직 생활을 지속시키는 것이다. 또한 불법파견이 문제되거나 산업재해가 발생한 경우, 파견사업주가 폐업신고를 하고 다른 이름으로 다시 개업을 하는 경우가 빈번하다. 이러한 방식은 파견근로자가 파견사업주에 대하여 사용자로서의 책임(임금지급청구, 산업재해보상보험청구 등)을 묻고자 하는 경우 파견사업주가 책임을 회피하는 수단으로 이용되고, 파견업체가 사실상 개인사업자이거나 영세한 규모인 경우가 많아 현실적인 보호를 받기 어려운 경우가 많다.

한편 고용노동부는 근로감독을 통하여 실태조사를 하고 불법파견, 파견법 위반 사례를 적발하여 제재조치를 취하고 있으나 이는 실제 파견업체의 전체 규모에 비해 극소수의 사례에 불과하고, 현실적인 통제방안으로서의 실효성을 확보하였다고 보기 어렵다. 실제 2016년 고용노동부는 1346개(사용사업체 775개, 파견사업체 571개)에 대하여 사법처리 및 행정조치를 취하였으나, 2015년 기준 고용노동부에서 확인된 사업체 수만 파견사업체 2,451개, 사용사업체 15,209개에 파견근로자 수가 123,617명에 해당하였는바[184] 이는 실효성 있는 제재라고 보기 어렵다고 할 수 있다. 당시 고용노동부는 사용사업체 100개에서 2,624명의 파견근로자 불법사용을 적발했고 무허가 파견업체 54개사를 확인하였는데,[185] 전체 파견업체와 사용사업체를 대상으로 확인할 경우 파견법 위반 사실, 파견근로자 불법사용 등이 적발될 가능성은 매우 높을 수밖에 없을 것이다. 그러나 인력부족 등의 문제로 고용노동부에서 실효적인 실태조사 및 제재조치를 취하기 어려운 것이 현실이다.

184) 고용노동부, '2015년 상반기 근로자파견사업 현황'.
185) 고용노동부, '2016년 파견근로 감독 결과'.

[제3조~제4조] 정부의 책무 등

제3조(정부의 책무) 정부는 파견근로자를 보호하고 근로자의 구직과 사용자의 인력 확보를 용이하게 하기 위하여 다음 각호의 각종 시책을 강구·시행함으로써 근로자가 사용자에게 직접 고용될 수 있도록 노력하여야 한다.
1. 고용정보의 수집·제공
2. 직업에 관한 연구
3. 직업지도
4. 직업안정기관의 설치·운영

제4조(근로자파견사업의 조사·연구) ① 정부는 필요한 경우 근로자대표·사용자대표·공익대표 및 관계전문가로 하여금 근로자파견사업의 적정한 운영과 파견근로자의 보호에 관한 주요사항을 조사·연구하게 할 수 있다.
② 제1항의 규정에 의한 조사·연구에 관하여 필요한 사항은 고용노동부령으로 정한다.

1. 파견근로자 보호를 위한 정부 역할의 필요성

헌법 제32조는 국가는 사회적·경제적 방법으로 근로자의 고용의 증진과 적정 임금의 보장에 노력해야 한다고 규정하고 있다. 자본주의 시장구조에서 국민의 상당수는 근로를 제공하고 임금을 수령하는 근로자이므로 근로자에게 고용의 기회를 창출하는 것이 국가의 의무이고 이를 위해 고용 안전망의 구축, 직업 훈련의 제고 등의 정책을 적극적으로 시행함으로써 노동력의 수요와 공급을 적절하게 관리·조절해야 하는 것이 국가의 책무인 것이다. 그러므로 산업구조와 노동시장의 여건 변화에 따라 근로자파견제도의 도입이 사회적으로 불가피하게 되었다고 하더라도 정규직 근로자에 비하여 고용 불안과 열악한 근로조건을 필연적으로 수반하는 파견근로자들이 가능한 경제적·사회적으로 불리한 대우를 받지 않도록 파견근로의 실태를 파악하여 이를 보완하고 개선하는 노력을 국가가 이행해야만 한다.

그리고 파견법은 파견근로자의 근로조건 등에 관한 기준을 확립함으로써 파견근로자의 고용 안정과 복지 증진에 이바지하고 인력 수급을 원활하게 함을 목적으로 하고 있는바, 파견근로자의 보호는 정규직 근로자에 비하여 열악한 근로조건을 개선하고 궁극적으로는 파견근로자가 직접 고용될 수 있는 기회를 보장하여 주는 것이라고 할 수 있다. 그리하여 파견법에는 다른 입법에서는 찾아보기가 쉽지 않은 '정부의 책무'라는 규정을 두어 파견근로자 보호를 위하여 정부가 어떤 일을 해야 하는지를 밝히고 있다.

2. 정부의 책무의 내용

가. 각종 시책의 강구 및 시행

정부는 파견근로자를 보호하고 근로자의 구직과 사용자의 인력 확보를 용이하게 하기 위하여 고용 정보의 수집과 제공, 직업에 관한 연구, 직업 지도, 직업안정기관의 설치·운영 등의 각종 시책을 강구하고 시행함으로써 근로자가 사용자에게 직접 고용될 수 있도록 노력하여야 한다(법 제3조). 고용노동부장관은 근로자파견사업의 자산 및 시설 등의 기준에 대하여 2016년 1월 1일을 기준으로 3년마다(매 3년이 되는 해의 1월 1일 전까지를 말한다) 그 타당성을 검토하여 개선 등의 조치를 하여야 한다(시행령 제6조의3).

여기서 '근로자가 사용자에게 직접 고용될 수 있도록 노력하여야 한다'는 의미는 고용관계에 있어서 직접 고용의 원칙을 천명한 것이라고 할 수 있다. 곧 직접 고용의 예외인 근로자파견제도를 인정하기는 하지만 직접 고용의 원칙을 실현하기 위하여 정부는 고용에 관한 정보의 수집과 제공, 직업에 관한 연구, 직업 지도, 직업 안정망의 설치와 운영을 적극적으로 시행해야 하는 책무를 지닌다는 것이 파견법 제3조의 입법 취지이다.

나. 근로자파견사업의 조사·연구

정부는 필요한 경우 근로자대표, 사용자대표, 공익대표 및 관계 전문가로 하여금 근로자파견사업의 적정한 운영과 파견근로자의 보호에 관한 주요사항을 조사하고 연구하게 할 수 있다(법 제4조 제1항).

이 규정에 의한 조사·연구에 관하여 필요한 사항은 노동부령으로 정하도록 되어 있는바(법 제4조 제2항), 그에 따라 파견법 시행규칙 제2조에서는 노동부장관은 근로자파견사업의 적정한 운영과 파견근로자의 보호에 관한 주요 사항을 노동조합이 추천하는 근로자대표, 사용자단체가 추천하는 사용자대표, 한국노동연구원법에 의한 한국노동연구원이 추천하는 공익대표 및 관계 전문가로 하여금 조사, 연구하게 할 수 있고, 이 경우 근로자대표, 사용자대표, 공익대표 및 관계 전문가의 수는 7인 이상 10인 이하로 하되 근로자대표와 사용자대표는 동수로 한다고 규정하고 있다. 여기서 노동조합이 추천하는 근로자대표에는 파견근로자들이 중심이 되어 조사·연구에 참여하도록 운영해야 할 것이다.

3. 실효성

파견법에 이러한 정부의 책무를 규정한 것은 국가가 파견근로자들을 보호하기 위해 일정한 책무를 수행하겠다는 취지를 천명한 것이라고 할 수 있다. 그렇지만 지금까지 정부는 고용 정보의 수집·제공, 직업에 관한 연구와 지도, 직업안정기관의 설치와 운영 등의 책무를 제대로 수행하지 못하고 있는 것으로 평가되고 있다. 결국 이러한 추상적이고 선언적인 노력 의무만으로는 파견법이 진정한 파견근로자의 보호 입법으로서 실효성을 확보하기는 힘든 일인바, 정부의 책무에 관한 규정이 입법 과정에서 타협의 산물에 불과하다는 비판에서 벗어나기기 위해서는 정부가 이러한 책무의 수행에 보다 적극적인 의지를 보여야 할 것이다.

[제5조] 근로자파견대상업무 등

제5조(근로자파견대상업무 등) ① 근로자파견사업은 제조업의 직접생산공정업무를 제외하고 전문지식·기술·경험 또는 업무의 성질 등을 고려하여 적합하다고 판단되는 업무로서 대통령령이 정하는 업무를 대상으로 한다. <개정 2006. 12. 21.>
② 제1항의 규정에 불구하고 출산·질병·부상 등으로 결원이 생긴 경우 또는 일시적·간헐적으로 인력을 확보하여야 할 필요가 있는 경우에는 근로자파견사업을 행할 수 있다. <개정 2006. 12. 21.>
③ 제1항 및 제2항의 규정에 불구하고 다음 각 호의 업무에 대하여는 근로자파견사업을 행하여서는 아니 된다. <신설 2006. 12. 21., 2007. 8. 3., 2011. 8. 4.>
1. 건설공사현장에서 이루어지는 업무
2. 「항만운송사업법」 제3조 제1호, 「한국철도공사법」 제9조 제1항 제1호, 「농수산물유통 및 가격안정에 관한 법률」 제40조, 「물류정책기본법」 제2조 제1항 제1호의 하역업무로서 「직업안정법」 제33조의 규정에 따라 근로자공급사업 허가를 받은 지역의 업무
3. 「선원법」 제2조 제1호에 따른 선원의 업무

4. 「산업안전보건법」 제28조의 규정에 따른 유해하거나 위험한 업무
5. 그 밖에 근로자 보호 등의 이유로 근로자파견사업의 대상으로는 적절하지 못하다고 인정하여 대통령령이 정하는 업무

④ 제2항의 규정에 의하여 파견근로자를 사용하고자 할 경우 사용사업주는 당해 사업 또는 사업장에 근로자의 과반수로 조직된 노동조합이 있는 경우에는 그 노동조합, 근로자의 과반수로 조직된 노동조합이 없는 경우에는 근로자의 과반수를 대표하는 자와 사전에 성실하게 협의하여야 한다. <개정 2006. 12. 21.>

⑤ 누구든지 제1항 내지 제4항의 규정을 위반하여 근로자파견사업을 행하거나 그 근로자파견사업을 행하는 자로부터 근로자파견의 역무를 제공받아서는 아니된다. <개정 2006. 12. 21>

1. 의 의

파견대상업무를 제한하는 형식으로는 '대상업무 열거(Positive List) 방식'과 '금지업무 열거(Negative List) 방식'이 있는데, 우리나라의 파견법은 1999년 법 개정 이전의 일본 파견법의 영향으로 Positive List 방식을 채택하였다. 이에 따라 현행법상 근로자파견은 파견법에서 열거된 업무에 한해서만 원칙적으로 허용되고 그 이외의 업무에 대해서는 예외적으로 일정한 사유가 있는 경우에 한하여만 일시적으로 허용된다.

이와 같이 파견대상업무를 제한적으로 허용하는 입법 체계 아래에서는 파견대상업무가 아닌 영역에 파견근로를 시키는 불법파견이 발생할 수가 있는데, 실제로 우리나라에서는 그와 같은 불법파견이 횡행하고 있다. 이에 따라 이러한 불법파견에 대하여 어떠한 법적 규제를 할 것인지가 매우 중요한 문제로 부각되고 있다.

2. 파견대상업무

가. 개 요

현행 파견법상 파견대상업무는 ① 전문지식・기술・경험 또는 업무의 성질 등을 고려한 '통상허용업무', ② 출산・질병・부상 등으로 인한 결원 또는 일시적・간헐적으로 인력 확보의 필요성에 따른 '일시허용업무', ③ 근로자파견이 절대적으로 금지되는 '절대금지업무'로 구분할 수 있다.

나. 통상허용업무

파견법상 근로자파견사업은 제조업의 직접생산공정 업무를 제외하고 전문지식·기술·경험 또는 업무의 성질 등을 고려하여 적합하다고 판단되는 업무로서 대통령령이 정하는 업무를 대상으로 한다(제5조 제1항). 제정 파견법은 파견대상업무의 요건을 '전문지식·기술 또는 경험 등을 필요로 하는 업무'로 규정하고 있었는데, 2006년 개정 파견법에서 '업무의 성질'이란 문구가 추가되었다. 당시 파견대상업무를 확대하기 위한 목적에서 이와 같은 문구를 추가하였으나 이는 제정 파견법의 파견대상업무 요건과 동떨어진 면이 있고, 그 의미가 불분명하여 시행령 개정만으로도 지나치게 파견대상업무가 확대될 위험이 있다는 점에서 삭제할 필요성이 제기된다.

한편, 현행 파견법 시행령 제2조 제1항 및 별표 1(근로자파견대상업무)에서는 통계청의 한국표준직업분류표에 따른 32개의 업무를 근로자파견이 허용되는 업무로 규정하고 있다. 종전 제정 파견법상 26개의 파견대상업무를 이와 같이 확대하였다. 이러한 업무에 대해서는 근로자파견이 통상적으로 허용된다는 의미에서 '통상허용업무'라고 부를 수 있다.

현실에서 어떤 업무가 별표 1에 기재된 파견대상업무에 해당하는지 여부가 문제될 수 있다.[186] 이 때 파견대상업무에 해당하는지 여부는 직업이나 업종 등 형식적인 명칭이 아니라 실제 수행하는 업무의 내용, 통계청이 고시하는 한국표준직업분류표의 전체적인 체계와 내용, 파견법상 파견대상업무의 요건, 파견근로자의 고용안정과 복지증진이라는 파견법의 입법목적 등을 종합하여 엄격하게 판단해야 할 것이다. 이러한 점과 함께 주된 직무와 부수적 직무의 구별이 언제나 명확한 것은 아니고, 주된 직무만을 중심으로 판단할 경우 파견법의 잠탈 우려가 있다는 사정까지 함께 고려하면 주된 직무가 파견법상 통상허용업무라고 하더라도 파견대상업무가 아닌 업무를 부차적으로라도 지속적으로 수행한다면 전체적으로 해당 업무는 근로자파견이 허용될 수 없다고 보는 것이 타당하다.

---

186) 고객 전화응대 등의 업무가 파견대상업무 중 "고객 관련 사무종사자의 업무"에 해당하는지에 대한 질의회시(고용평등정책과-125, 2010. 7. 23.), 카메라 조작업무가 파견대상업무 중 "광학 및 전자장비 기술 종사자의 업무"에 해당하는지에 대한 질의회시(비정규직대책팀-4292, 2007. 11. 30.) 등 다수 참조.

다. 일시허용업무

파견법상 출산·질병·부상 등으로 결원이 생긴 경우 또는 일시적·간헐적으로 인력을 확보해야 할 필요가 있는 경우에는 근로자파견의 대상 업무가 아니더라도 근로자파견사업을 할 수 있다(제5조 제2항). 즉 파견법은 통상허용업무에 해당되지 않는 업무에 대해서도 예외적으로 사용사업주에게 일시적인 노동력을 사용해야 할 필요성이 인정되는 경우에는 일정한 기간 동안 파견근로자를 사용하는 것을 인정하고 있다. 이 때의 근로자파견은 일정한 요건 아래 일시적으로 허용되는 것이므로 '일시허용업무'라고 부를 수 있다.

여기서 "일시적·간헐적으로 인력을 확보할 필요가 있는 경우"가 어떤 경우인지에 관하여는 파견법상 명문으로 정하고 있지는 않으나 고용노동부 행정해석에 따르면 경기의 영향, 계절적 요인, 갑작스런 주문의 증가 등으로 업무량이 폭증하여 인력을 적시에 확보하기 어려운 경우 등이 이에 해당한다고 한다.[187] 그러나 이와 같은 사유라고 하더라도 매년 또는 매 분기나 반기별 주기적으로 인력증감이 발생하고, 간헐적이 아닌 상시적으로 인력증감이 발생하는 경우라면 이를 두고 일시적·간헐적 사유라고 쉽게 단정해서는 안되고, 연차휴가, 교육·훈련, 장기출장, 노조 전임기간 등으로 업무공백이 발생하였다 하더라도 이는 사전에 충분히 예측이 가능하고 기존 직원의 업무 대행이 가능한 통상적인 인력운용의 측면이 강하므로 이에 해당된다고 보기는 어렵다.[188] 주의할 것은 일시사용업무의 경우 파견대상업무에 대한 예외라는 점에서 지나치게 완화된 해석은 원칙과 예외의 전도라는 부당한 결과를 낳을 수 있으므로 엄격한 해석이 필요할 것이다. 한편, 파견법은 쟁의행위중인 사업장에 그 쟁의행위로 중단된 업무의 수행을 위한 경우와 경영상의 이유에 의한 해고를 한 후 일정기간이 경과하기 전 당해 업무에는 근로자파견을 제한하고 있다(제16조).

이러한 일시허용업무에 파견근로자를 사용하고자 하는 사용사업주는 당해 사업 또는 사업장에 근로자의 과반수로 조직된 노동조합이 있는 경우에는 그 노동조합, 근로자의 과반수로 조직된 노동조합이 없는 경우에는 근로자의 과반수를 대표하는 자와 사전에 성실하게 협의하여야 하고(제5조 제4항), 이를 위반하여 근

---

187) 고용평등정책과－657, 2010. 4. 28.; 고용차별개선정책과－221, 2009. 5. 26.; 고관 68460－824, 1998. 9. 11. 등.

188) 고용평등정책과－835, 2010. 10. 21.

로자파견의 역무를 제공받은 자는 형사처벌의 대상이 된다(제43조 제1의2 제5조 제5항, 제4항).

라. 절대금지업무

통상허용업무나 일시허용업무라고 하더라도 파견근로가 절대적으로 금지되는 업무가 있다. 파견법은 근로자 보호 등의 이유로 근로자파견사업의 대상으로는 적절하지 못한 것으로 인정되어 파견근로자의 사용이 절대적으로 금지되는 업무를 열거적으로 규정하고 있다(제5조 제3항). 어떠한 경우에도 파견근로가 허용되지 않는다는 의미에서 '절대금지업무'라고 부를 수 있다. 여기에는 건설공사 현장에서의 업무, 하역업무, 선원의 업무, 산안법상 유해 · 위험 업무, 분진작업업무, 산안법상 건강관리수첩의 교부대상 업무, 의료인 · 간호조무사 · 의료기사 업무, 여객 · 화물자동차 운전 업무 등이 포함된다.

3. 파견대상업무 위반의 효과

누구든지 위와 같이 파견대상업무를 제한하고 있는 파견법 규정을 위반하여 근로자파견사업을 행하거나 그 근로자파견사업을 행하는 자로부터 근로자파견의 역무를 제공받아서는 아니 되고(파견법 제5조 제5항), 이를 위반하여 근로자파견사업을 행한 자 및 근로자파견의 역무를 제공받은 자는 형사처벌을 받는다(제43조 제1호 내지 제1호의2). 또한 파견법 제5조 제5항을 위반하여 근로자파견사업을 한 파견사업주는 고용노동부장관으로부터 영업정지명령을 받거나 근로자파견사업의 허가가 취소될 수 있다(제12조 제1항 제4호). 나아가 파견법은 파견대상업무가 아닌 업무에 파견근로자를 사용하는 불법파견에 대해서는 뒤에서 상술하는 바와 같이 일정한 요건 하에서 사용사업주에게 파견근로자를 직접 고용해야 할 의무를 부과하고 있다(제6조의2).

4. 파견대상업무의 문제점

파견법은 한국표준직업분류표에 따라 파견근로가 가능한 업무를 특정하고 있지만, 한국표준직업분류표상 직업의 분류가 명확한 것이 아니라 상호 연관되어 있는 경우가 많고 중복되어 있는 것도 많기 때문에 파견법 시행령에 규정된 파견대상업무를 구별하고 판단하는데 논란이 제기된다. 또한 한국표준직업분류표상의 직업 분류는 복잡하고 변화무쌍한 취업 실태를 제대로 반영하고 있다고 보기도 어렵다. 따라서 필요 이상으로 파견근로자의 사용이 확대되는 것을 막고, 파견대상업무의 해당 여부에 관한 분쟁의 소지를 없애며, 객관적인 법 적용을 가능하게 하기 위해서는 파견대상업무를 더욱 세분화하고 구체화해야 할 필요가 있다.

[제6조] 파견기간

제6조(파견기간) ①근로자파견의 기간은 제5조 제2항의 규정에 해당하는 경우를 제외하고는 1년을 초과하지 못한다. <개정 2006. 12. 21.>
②제1항의 규정에 불구하고 파견사업주·사용사업주·파견근로자간의 합의가 있는 경우에는 파견기간을 연장할 수 있다. 이 경우 1회를 연장할 때에는 그 연장기간은 1년을 초과하지 못하며, 연장된 기간을 포함한 총파견기간은 2년을 초과하지 못한다. <신설 2006. 12. 21.>
③ 「고용상 연령차별금지 및 고령자고용촉진에 관한 법률」 제2조 제1호의 규정에 따른 고령자인 파견근로자에 대하여는 제2항 후단의 규정에 불구하고 2년을 초과하여 근로자파견기간을 연장할 수 있다. <개정 2006. 12. 21., 2012. 2. 1.>
④제5조 제2항의 규정에 의한 근로자파견의 기간은 다음과 같다. <개정 2006. 12. 21.>
1. 출산·질병·부상등 그 사유가 객관적으로 명백한 경우에는 그 사유의 해소에 필요한 기간
2. 일시적·간헐적으로 인력을 확보할 필요가 있는 경우에는 3월 이내의 기간. 다만, 그 사유가 해소되지 아니하고 파견사업주·사용사업주·파견근로자간의 합의가 있는 경우에는 1회에 한하여 3월의 범위 안에서 그 기간을 연장할 수 있다.

1. 의 의

파견기간이란 사용사업주와 파견사업주가 체결한 근로자파견계약에 따라 사용사업주가 자신의 지휘·감독 아래 파견근로자를 사용하는 기간을 말한다. 파견법은 이러한 파견기간을 일정한 기간으로 제한하고 있는데, 그 입법 취지는 근로자파견의 상용화·장기화를 방지하고 파견근로자의 장기 사용으로 인한 상용근로의 대체를 막고자 하는 데에 있다.

2. 파견기간

가. 통상허용업무

파견법상 32개의 통상허용업무에 대한 근로자파견의 기간은 1년을 초과하지 못한다. 다만, 파견사업주와 사용사업주 및 파견근로자 3자 사이의 합의가 있는 경우에는 파견기간을 연장할 수 있는데, 이 경우 1회를 연장할 때에는 그 연장기간은 1년을 초과하지 못하며 연장된 기간을 포함한 총 파견기간은 2년을 초과하지 못한다(제6조 제1항 및 제2항). 따라서 통상허용업무에 있어서 파견근로자를 사용할 수 있는 기간은 최대 2년으로 제한된다.

이와 관련 제정 파견법에서는 파견기간을 '1회에 한하여' 연장할 수 있다고 규정하여 파견기간의 연장 횟수를 제한하였는데, 개정 파견법에서는 이러한 연장 횟수에 대한 제한 규정을 삭제하였다. 따라서 1회의 파견기간이 1년을 초과하지 않고 연장된 총 파견기간이 2년을 초과하지 않는 범위 내에서는 연장 횟수의 제한을 받음이 없이 파견기간을 연장하는 것이 가능하게 되었다.

문제가 되는 것은 이러한 파견기간의 제한이 특정한 업무에 파견근로를 허용하는 기간 자체를 제한하는 것으로 보아야 하는지, 아니면 특정 파견근로자의 사용기간을 제한하는 것으로 보아야 하는지 여부이다. 파견기간을 제한하는 입법취지가 직접 고용의 원칙에 위배되는 파견근로자의 장기간 사용을 금지하는 것에 있다고 본다면 특정 업무에 파견근로가 허용되는 기간을 제한하는 것으로 해석하는 것이 타당하다는 견해가 있다. 이에 따르면 사용사업주가 파견근로자의 주기적 교체를 통하여 동일한 업무에 2년 이상 계속하여 파견근로자를 사용하는 것은 파견기간의 제한 규정을 위반하는 것으로 해석하는 것이 타당하다. 이와 달리 파견기간의 연장과 제한에 관한 파견법 조항이 파견기간의 연장에 관한 이해관계인으로 파견근로자를 명시하고 있으므로 여기서 말하는 파견기간은 동일한 파견근로자에 대해서만 문제된다는 견해가 있다.[189] 이 견해는 파견기간 제한의 잠탈을 막기 위하여 휴지기간의 도입을 입법적으로 고민할 수 있다고 한다.

나. 일시허용업무

일시허용업무의 파견기간은 출산 · 질병 · 부상 등 그 사유가 객관적으로 명백

189) 근기법주해 I, 511쪽.

한 경우에는 그 사유의 해소에 필요한 기간으로, 일시적·간헐적으로 인력을 확보할 필요가 있는 경우에는 3개월 이내의 기간으로 하되 그 사유가 해소되지 아니하고 파견사업주·사용사업주·파견근로자 간의 합의가 있는 경우에는 1회에 한하여 3개월의 범위 내에서 그 기간을 연장 할 수 있도록 하고 있다(제6조 제4항).

여기서 일시적·간헐적 필요에 따라 파견근로자를 사용하는 경우 특정 업무에 파견근로자를 교체하면서 총 파견기간 6개월을 초과하여 계속 파견근로자를 사용하는 것은 위 파견기간 제한을 위반하는 것이라는 점에 대해서는 통상허용업무에서와 달리 논란의 여지가 없다. 특정 업무에 6개월을 초과하여 장기간 동안 계속하여 파견근로자를 사용하는 것은 '일시적·간헐적으로 인력을 확보할 필요가 있는 경우'라고 보기도 어렵고, 일시적·간헐적 필요의 경우 총 파견기간을 최대 6개월로 제한한 명문의 규정과 입법취지에도 부합하지 않기 때문이다.

한편, 일시허용업무에 파견근로자를 사용하고자 할 경우 사용사업주는 근로자대표와 사전협의절차를 거쳐야 하는데(파견법 제5조 제4항), 위 규정은 파견기간을 연장하는 경우에도 마찬가지로 적용되는 것으로 해석하는 것이 타당하다.

다. 고령자의 파견기간

2006년 개정 파견법은 "고용상 연령차별금지 및 고령자고용촉진에 관한 법률" 제2조 제1호의 규정에 따른 만 55세 이상인 고령자인 파견근로자에 대하여는 2년을 초과하여 파견기간을 연장할 수 있다는 규정을 신설하였다(제5조 제3항). 따라서 파견근로자가 만 55세 이상의 고령자인 경우에는 파견사업주와 사용사업주 및 파견근로자 3자간의 합의가 있는 경우에는 연장 횟수 및 총 파견기간에 대한 제한 없이 파견기간을 연장할 수 있게 된다. 단, 이 경우에도 파견법 제6조 제1항 및 제2항의 규정에 따라 근로자파견계약의 단위기간(1회의 파견기간)은 1년을 초과하지 못한다.

라. 기타 예외적인 경우

경제자유구역의 지정 및 운영에 관한 특별법상 고용노동부장관은 입주외국인투자기업에 대하여 파견법 제5조 및 제6조에도 불구하고 경제자유구역위원회의 심의·의결을 거친 전문업종에 한정하여 근로자파견 대상업무를 확대하거나 근로자 파견기간을 연장할 수 있다(제17조 제5항).

3. 휴지기간 논의

앞서 언급한 바와 같이 파견기간의 제한이 동일한 파견근로자와의 관계에서만 문제된다고 보면, 사용사업주로서는 파견근로자의 계속적 교체를 통하여 파견기간 제한을 실질적으로 잠탈할 수 있게 된다. 따라서 외국의 입법례는 대부분 파견근로자의 변경 사이에 일정 기간 파견근로자 사용을 막는 휴지기간의 제한을 두고 있다. 위 휴지기간은 파견근로의 계속을 실질적으로 단절시키기에 충분한 기간이어야 할 것이다. 우리나라도 2006년 파견법 개정 당시 이에 대한 검토가 있었으나 입법은 실패하였다. 파견기간 제한을 포기하지 않는 이상 그 잠탈을 막기 위해서는 휴지기간의 도입도 검토해볼 여지가 있다고 본다.[190]

4. 파견기간 제한 위반의 효과

파견법에서 제한하고 있는 파견기간을 초과하여 파견근로자를 사용하면 근로자파견사업을 행한 자와 근로자파견의 역무를 제공받은 자는 형사처벌을 받게 된다(제43조 제1호 내지 제1호의2). 아울러 파견사업주는 영업정지명령을 받거나 근로자파견사업의 허가가 취소될 수 있다(제12조 제1항 제5호). 나아가 통상허용업무와 일시허용업무 모두 파견기간을 위반하여 계속적으로 파견근로자를 사용하면 아래에서 보는 바와 같이 사용사업주에게 파견근로자를 직접 고용할 의무가 부과된다(제6조의2).

[제6조의2] 고용의무

제6조의2(고용의무) ①사용사업주가 다음 각 호의 어느 하나에 해당하는 경우에는 해당 파견근로자를 직접 고용하여야 한다. <개정 2012. 2. 1.>
1. 제5조 제1항의 근로자파견대상업무에 해당하지 아니하는 업무에서 파견근로자를 사용하는 경우(제5조 제2항에 따라 근로자파견사업을 행한 경우는 제외한다)
2. 제5조 제3항의 규정을 위반하여 파견근로자를 사용하는 경우

190) 근기법주해Ⅰ, 512－513쪽.

3. 제6조 제2항을 위반하여 2년을 초과하여 계속적으로 파견근로자를 사용하는 경우
4. 제6조 제4항을 위반하여 파견근로자를 사용하는 경우
5. 제7조 제3항의 규정을 위반하여 근로자파견의 역무를 제공받은 경우
②제1항의 규정은 당해 파견근로자가 명시적인 반대의사를 표시하거나 대통령령이 정하는 정당한 이유가 있는 경우에는 적용하지 아니한다.
③제1항의 규정에 따라 사용사업주가 파견근로자를 직접 고용하는 경우에 있어서 파견근로자의 근로조건은 다음과 같다.
1. 사용사업주의 근로자 중 당해 파견근로자와 동종 또는 유사업무를 수행하는 근로자가 있는 경우에는 그 근로자에게 적용되는 취업규칙 등에서 정하는 근로조건에 의할 것
2. 사용사업주의 근로자 중 당해 파견근로자와 동종 또는 유사업무를 수행하는 근로자가 없는 경우에는 당해 파견근로자의 기존의 근로조건의 수준보다 저하되어서는 아니될 것
④사용사업주는 파견근로자를 사용하고 있는 업무에 근로자를 직접 고용하고자 하는 경우에는 당해 파견근로자를 우선적으로 고용하도록 노력하여야 한다.
[본조신설 2006. 12. 21.]

1. 의 의

파견법은 일정한 사유에 해당하는 경우 사용사업주로 하여금 파견근로자를 직접고용할 의무를 부과하고 있다. 이는 파견근로자에 대한 중요한 보호수단임과 동시에 사용사업주에 대하여는 상용근로자 대체 목적의 파견근로자 사용에 대한 강력한 민사적 제재이기도 하다.

2. 입법취지

근로자와 사용자 사이의 근로관계는 상시고용과 직접고용을 원칙으로 하기 때문에 파견근로는 매우 왜곡된 고용형태이다. 또한 파견근로자들은 특별한 경우를 제외하면 대부분 근로를 제공할 사용자에게 직접 고용되기를 원하지만 사정이 여의치 아니하여 파견근로자로 사용되고 있는 것이 현실이다. 나아가 파견법이 일정한 경우 일정 기간 파견근로를 허용하고 있지만 당해 업무를 지속적으로 수행할 필요성이 존재한다면 원칙적으로 직접고용을 해야 한다.

그리하여 파견법은 사용사업주가 근로자파견이 허용된 업무가 아닌 업무에 파

견근로자를 사용하거나(비대상업무 파견) 파견기간을 초과하여 계속 파견근로자를 사용하는 경우(파견기간 위반 파견) 및 무허가 파견사업주로부터 근로자파견의 역무를 제공받은 경우(무허가 파견)에는 사용사업주에게 파견근로자를 직접 고용할 의무를 부과하고 있다.

3. 개정경과

가. 제정 파견법의 직접고용간주 규정

현행 파견법과 달리 제정 파견법은 직접고용간주 규정을 두고 있었다. 직접고용간주 규정과 관련해서는, 파견기간 위반의 파견 이외에 비대상업무 파견과 무허가 파견의 경우에도 위 규정이 적용되는지 여부, 적용될 경우 2년이 도과되어야 고용간주가 되는지 여부, 고용간주시 파견근로자의 근로계약기간을 포함한 근로조건은 어떻게 되는지 등이 주요하게 논란이 되었다. 직접고용간주 규정은 여전히 현재 진행 중인 사건에서 적용되는 경우가 있고, 현행 파견법의 직접고용의무 규정의 적용에도 시사하는 바가 있으므로 구체적인 내용을 아래 [보론]에서 별도로 언급하였다.

나. 2006년 개정 파견법의 직접고용의무 규정

2006년 개정 파견법은 직접고용간주 규정 대신 직접고용의무 규정을 신설하였다(제6조의2). 주요한 내용은 직접고용의무 발생의 사유와 예외사유, 직접고용시 파견근로자의 근로조건에 관한 기준 등이다. 이에 따라 파견기간 도과의 경우는 물론 비대상업무 파견[191]과 무허가 파견의 경우에도 직접고용의무가 발생한다는 점을 명확히 하였고, 이 경우 파견근로자의 근로조건의 형성 기준도 명확히 하여 논란을 없앴다. 또한 2006년 개정 파견법은 종래 불법파견에 대하여 파견사업주만 처벌하던 것을 사용사업주도 동일하게 처벌할 수 있도록 하였다.

한편, 위 개정 파견법 부칙 제2항(파견기간에 관한 적용례)은 “제6조의 개정규정은 이 법 시행 전에 체결되고 이 법 시행 당시 종료되지 아니한(파견기간이 연

191) 위 개정 파견법 제6조의2 제1항 각 호에 제5조 제1항 위반의 경우 직접고용의무를 규정하고 있지 않아 비대상업무 파견에 직접고용의무가 발생하는지에 대하여 의문이 제기될 수 있다. 그러나 파견법 제5조의 체계상 제1항에 해당하지 않는 업무에 대해서도 제2항의 일시적인 사유가 있으면 파견이 가능하도록 되어 있기 때문에 제5조 제2항에 위반하였다는 것은 곧 파견대상업무가 제1항에 해당하지 않는 업무임을 전제로 하므로 비대상업무 파견에도 직접고용의무 조항이 적용된다고 볼 수 있다(근기법주해Ⅰ, 518쪽 각주 168번 참조).

장된 경우를 포함한다) 근로자파견계약에 대하여도 적용한다."고 규정하고 있다. 이에 따라 개정 파견법 시행일 이전에 체결되거나 갱신된 근로자파견계약이라고 하더라도 시행일인 2007. 7. 1. 이후에 총 파견기간이 2년을 초과하게 되면 2년 초과 시점에 사용사업주에게 직접고용의무가 발생하게 된다.[192]

나아가 위 개정 파견법 부칙 제3항(고용의제에 관한 경과조치)은 "이 법 시행 당시 종전의 제6조 제3항(고용의제)의 규정이 적용되는 파견근로자에 대하여는 이 법 시행 후에도 종전의 규정을 적용한다."고 규정하고 있다. 따라서 개정 파견법의 시행일인 2007. 7. 1. 이전에 이미 종전 파견법에 따라 직접고용간주 규정의 적용 요건이 충족된 경우에는 그에 따라 직접고용이 간주되고 개정 파견법상의 직접고용의무 규정은 적용되지 아니한다.

다. 2012년 개정 파견법의 내용

2012년 개정 파견법은 비대상업무 파견과 무허가 파견, 일시적·간헐적 필요 등에 따른 파견의 경우 파견기간이 2년을 도과해야 직접고용의무가 발생한다는 개정 전 파견법과 달리 불법파견 즉시 또는 '필요한 기간' 만료 즉시 직접고용의무가 발생한다고 규정하고 있다. 한편, 위 개정 파견법 시행 전 체결되고 이 법 시행 당시 종료되지 아니한 파견근로의 경우에도 위 개정 파견법이 적용되므로 비대상업무 파견과 무허가 파견 등의 경우 해당 파견근로자에 대하여는 위 개정 파견법의 시행일인 2012. 8. 2.부터 고용의무가 발생하게 된다.

4. 파견근로자에 대한 직접고용의무

가. 직접고용의무 발생의 요건

1) 비대상업무 파견

파견법상 비대상업무 파견의 경우 사용사업주는 직접고용의무를 부담한다(제6조의2 제1호, 제5조 제1항). 물론 파견대상업무가 아니라도 일시적·간헐적 필요에 따른 파견의 경우에는 파견기간을 준수하는 한 직접고용의무가 발생하지 않는다. 앞서 언급한 바와 같이 기존에는 비대상업무 파견의 불법파견에도 고용간주규정

192) 기간제법은 부칙 제2항에서 "제4조(기간제근로자의 사용)의 규정은 이 법 시행 후 근로계약이 체결·갱신되거나 기존의 근로계약기간을 연장하는 경우부터 적용한다."고 규정하여 파견법과 대조를 보이고 있다.

이 적용되는지 논란이 있었고 비대상업무 파견의 경우에도 파견기간이 2년을 초과할 경우에만 직접고용의무가 발생하였으나,[193] 2012년 개정 파견법 이후 현재는 단 하루라도 비대상업무 파견이 이루어질 경우 곧바로 직접고용의무가 발생한다.

2) 절대금지업무에 대한 파견

파견법은 절대금지업무에 파견근로자를 사용하는 경우 사용 시점부터 사용사업주에게 직접고용의무를 부과한다(제6조의2 제2호, 제5조 제3항). 절대금지업무의 경우에는 파견근로자를 사용하는 것 자체가 법적으로 불가능하여 파견근로를 중단하는 것 말고는 마땅한 시정 방법이 없으므로 파견근로자의 보호 차원에서 파견근로자를 사용하는 즉시 사용사업주에게 직접고용의무를 부과한 것이다.

3) 파견기간 위반의 파견

근로자파견의 통상허용업무에서 파견기간이 2년을 초과하거나 일시허용업무에서 적법하게 허용된 파견기간을 초과한 경우에는 사용사업주가 직접고용의무를 부담한다(제6조의2 제1항 제3호 내지 제4호). 이 때 통상허용업무에서 파견기간을 위반한 경우에는 2년 초과시부터, 일시허용사유 중 출산 등의 경우에는 '사유 해소에 필요한 기간' 만료 다음날부터, 일시허용사유 중 일시적·간헐적 사유의 경우에는 최초 파견기간(연장 요건 불비시) 만료 다음날부터 또는 연장 파견기간 만료 다음날부터 직접고용의무가 발생한다. 또한 이는 파견기간 위반의 불법파견의 경우에 직접고용의무를 발생시키는 규정인바, 통상허용업무가 아니거나 일시적 또는 간헐적 필요성 등의 일시허용사유가 없음에도 근로자파견을 한 경우에는 비대상업무 파견에 해당하여 곧바로 직접고용의무가 발생한다. 나아가 기존에는 일시허용업무의 경우에도 총 파견기간이 2년을 초과할 경우에만 직접고용의무가 발생한다고 규정하였으나 현재 위와 같이 개정되었다.

특히, 파견대상업무에서 2년을 초과하여 계속적으로 파견근로자를 사용하는 경우에 있어서 '계속적 사용'이 무엇인지에 대한 몇 가지 쟁점이 존재한다. 첫째, 파견근로자는 동일인이어야 하는지 여부가 문제된다. 이 점에 관해서는 직접고용간주 규정의 해석과 관련하여 법문의 표현을 보면 동일한 파견근로자를 염두에 두고 규정된 것으로 보인다는 견해[194]와 문리해석상 파견근로자의 동일성과는 관

193) 2년이 초과되기 전에는 사용사업주는 형사처벌만을 받게 되었다.

계없이 파견기간의 상한을 정한 것으로 해석할 수 있다는 견해[195]가 대립하고 있었다. 이에 관한 노동부의 행정해석은 파견근로자의 파견기간을 2년으로 제한하는 것은 동일한 파견근로자를 2년 이상 사용하는 것을 제한하는 것으로서 동일한 업무에 서로 다른 파견근로자를 주기적으로 교체하여 사용하는 것은 가능하다고 보아 전자의 견해를 취하였다. 그리고 하급심 판결 중에도 직접고용간주 규정은 원칙적으로 제한된 파견기간을 초과하면서까지 동일한 파견근로자를 계속 사용해야만 하는 특별한 사정이 있는 경우에 한해서 사용사업주가 파견근로자를 고용한 것으로 간주하여 파견근로자를 보호하려는 데 있는 것으로 보아야 한다고 판단한 것이 있다.[196] 문언해석에 충실한다면 이와 같은 해석이 타당해 보인다.

다만, 직접고용의무의 발생 요건으로 동일한 파견근로자를 2년을 초과하여 계속적으로 사용할 것을 요구한다면 사용사업주가 파견근로자의 교체를 통해 직접고용의무를 회피하는 탈법 행위에 대하여 아무런 대처를 할 수가 없게 되는 문제가 발생하는 점, 고용불안으로부터 파견근로자를 보호하고 파견근로자의 장기간 사용으로 인한 상용근로의 대체 금지라는 파견기간의 제한과 직접고용의무 규정의 입법취지 등을 고려하면, 파견근로자의 동일성은 따지지 않고 동일한 업무에 파견근로자를 2년을 초과하여 계속적으로 사용하면 그 2년을 초과하는 시점에서 사용하고 있는 파견근로자에 대하여 직접고용의무가 발생하는 것을 내용으로 하는 입법적 보완이 시급히 요구된다.

둘째, 동일한 파견근로자를 파견대상업무만 달리하여 2년을 초과하여 사용할 경우 직접고용의무가 발생하는지 문제된다. 동일한 사용사업주하에서의 파견기간은 통산하는 것이 타당하고, 형식적으로 업무만을 달리하여 근로자파견을 장기화하는 방식으로 파견기간 제한 규정을 형해화할 수 있다는 점에서 파견대상업무가 변경되었다고 하더라도 동일한 파견근로자에 대하여 2년을 초과하여 근로자파견이 이루어졌다면 직접고용의무가 발생하는 것으로 해석하는 것이 타당하다.

셋째, 파견근로자의 사용기간이 중간에 일정 기간 단절된 경우에 있어서 계속적 사용을 인정할 수 있는지 여부가 문제된다. 이와 관련 고용의무 발생 이전에

194) 강성태, “파견근로자보호등에 관한 법률의 제정과 과제”, 「노동법학」, 제8호, 한국노동법학회, 1998, 173쪽.

195) 최홍엽, “근로자파견법의 최근의 쟁점과 과제”, 「민주법학」, 제18호, 민주주의법학연구회, 2000, 153쪽.

196) 서울지방법원남부지원 2001. 9. 14. 선고 2000가합9001 판결(이후 항소심에서 그대로 확정).

근로제공 중단기간이 있었다고 하더라도 그 기간이 길지 않은 점, 기존 사내협력업체의 폐업에 따라 신규 사내협력업체로의 고용승계 과정에서 협상을 위해 비자발적으로 근로제공을 중단한 점, 협상 종료시 바로 근로를 제공하고자 원청 사업장 내에 출근하여 대기하고 있었던 점 등에 비추어 파견근로자를 계속적으로 사용한 것이라고 본 판결이 있다(서울고등법원 2017. 2. 10. 선고 2014나49625 판결. 현재 상고심 계속 중. 이하 같다). 한편, 기간 단절의 이유, 단절의 기간, 단절된 기간 중 구직활동 내역, 다른 기업에의 취업 여부, 기간단절 후 다시 사용하게 된 이유 등 제반 사정을 종합적으로 고려하여, 단절기간을 둔 이유가 단지 계속 사용에 따른 직접고용의무를 회피하기 위한 절차에 지나지 않다면 실질적으로 계속 사용한 것으로 보는 것이 타당하다는 고용노동부의 행정해석도 참고할 만하다(고용차별개선정책과-46, 2009. 5. 10.).

다만, 이 문제에 대해서는 입법적 보완을 통해 명확히 할 필요가 있는바, 독일의 연방고용청이 제시한 선행 파견과 후행 파견 사이의 25% 중단 기간의 법칙과 독일법의 영향을 받아 파견기간이 1년으로 제한되는 경우 3개월을 초과하는 기간 동안 파견이 중단되면 기간은 새롭게 산정되지만 파견 중단이 3개월을 넘지 않으면 계속된 것으로 간주한다는 일본 파견법의 내용을 참고할 수 있을 것이다.

넷째, 파견기간 중 파견사업주가 변경된 상태로 파견근로자가 하나의 사용사업주에게 2년을 초과하여 파견근로를 제공한 경우 직접고용의무가 발생하는지 문제 된다. 이에 대하여 대법원은 '한국수력원자력 사건'에서 "직접고용의무 조항은 사용사업주가 파견기간의 제한을 위반하여 계속적으로 파견근로자를 사용하는 행위에 대하여 행정적 감독이나 처벌과는 별도로 사용사업주와 파견근로자 사이의 사법관계에서도 직접고용관계의 성립을 간주하거나 사용사업주에게 직접고용의무를 부과함으로써 근로자파견의 상용화·장기화를 방지하면서 파견근로자의 고용안정을 도모할 목적에서 사용사업주와 파견근로자 사이에 발생하는 법률관계 및 이에 따른 법적 효과를 설정하는 것으로서 그 내용이 파견사업주와는 직접적인 관련이 없고, 그 적용 요건으로 파견기간 중 파견사업주의 동일성을 요구하고 있지도 아니하므로 사용사업주가 파견기간의 제한을 위반하여 해당 파견근로자로 하여금 대상 업무를 계속 수행하도록 한 경우에는 특별한 사정이 없는 한 그 파견기간 중 파견사업주가 변경되었다는 이유만으로 직접고용간주 규정이나 직접고용의무 규정의 적용을 배제할 수는 없다고 봄이 타당하다."(대법원 2015.

11. 26. 선고 2013다14965 판결)고 처음 판시한 이후 같은 입장을 취하고 있다.

4) 무허가 파견

파견법상 고용노부장관으로부터 허가를 받지 않고 근로자파견사업을 행하는 자로부터 근로자파견의 역무를 제공받은 경우(무허가 파견) 사용사업주는 직접고용의무를 부담한다(제6조의2 제5호, 제7조 제3항). 앞서 언급한 바와 같이 기존에는 무허가 파견의 불법파견에도 고용간주규정이 적용되는지 논란이 있었고 무허가 파견의 경우에도 파견기간이 2년을 초과할 경우에만 직접고용의무가 발생하였으나,197) 2012년 개정 파견법 이후 현재는 단 하루라도 무허가 파견이 이루어질 경우 곧바로 직접고용의무가 발생한다. 한편, 근로자파견사업의 허가가 취소된 이후에 새롭게 행하여지는 근로자파견도 무허가 파견에 해당하므로 본 조항에 따른 직접고용의무의 대상이 된다.

나. 직접고용의무 발생의 예외 사유

파견법상 직접고용의 대상이 되는 파견근로자가 명시적인 반대의사를 표시한 경우, "임금채권보장법" 제7조 제1항 각호 중 어느 하나에 해당하는 경우198)("채무자 회생 및 파산에 관한 법률"에 따른 회생절차개시의 결정이 있는 경우, "채무자 회생 및 파산에 관한 법률"에 따른 파산선고의 결정이 있는 경우, 고용노동부장관이 도산 등 사실인정을 하는 경우), 천재・사변 그 밖의 부득이한 사유로 사업의 계속이 불가능한 경우에는 직접고용의무가 발생하지 않는다(법 제6조의2 제2항, 같은 법 시행령 제2조의2).

다만, 위와 같은 직접고용의무 발생의 예외 사유는 파견법 위반의 책임이 있는 사용사업주에게 법적 부담으로부터의 해방을, 파견근로자에게 직접고용될 권리를 박탈하는 것이므로 이에 해당하는지 여부는 엄격하게 판단해야 한다. 따라서 직접고용의무가 발생한 이후 파견사업주의 파견근로자에 대한 징계해고나 정직, 공정 축소에 따른 정리해고, 파견근로자의 자발적인 사직 등을 "명시적인 반

197) 2년이 초과되기 전에는 사용사업주와 파견사업주는 형사처벌만을 받게 되었다.

198) 현행 임금채권보장법 제7조 제1항 제4호에는 '사업주가 근로자에게 미지급 임금 등을 지급하라는 판결, 명령, 조정 또는 결정 등이 있는 경우'가 규정되어 있으나 다른 사유와 성격이 다른 위 사유까지 직접고용의무의 예외로 보기는 어렵다. 특히, 직접고용의무 발생의 예외 사유를 규정하는 법 형식이 임금채권보장법 제7조 제1항 각호의 사유를 그대로 원용하는 방식이어서 임금채권보장법의 개정으로 위 제4호가 추가되어 자동적으로 직접고용의무 발생의 예외 사유로 추가되게 되었는바, 이와 같은 입법형식과 해당 법률 각각의 입법취지, 개정 당시 입법자의 의사 등을 모두 고려하면 위 제4호를 쉽게 직접고용의무 발생의 예외 사유로 보기는 어렵다.

대의사"로 쉽게 파악하여 직접고용의무의 소멸을 인정할 것은 아니다.

같은 입장에서 법원은 '현대자동차 사건'의 판결 등에서 "근로자파견의 상용화·장기화를 억제하기 위하여 일정 기간 경과 후에는 원칙적 고용의제 또는 고용의무를 부과하는 파견법의 입법 취지와 문언에 비추어 볼 때, 파견근로자가 명시적 반대의사를 표시하였는지는 그 의사를 함부로 추단할 수는 없고 파견근로자의 의사표시를 엄격하게 해석하여야 한다. 또한 파견사업주인 피고 업체들을 비롯한 사내협력업체와 사용사업주인 피고 현대자동차는 서로 별개의 업체로서 어느 일방의 법률관계가 다른 일방의 법률관계에 영향을 미친다고 볼 아무런 근거도 없다."고 하면서 사내협력업체에 의하여 이루어진 해고나 정직, 파견근로자의 자발적인 사직 등을 직접고용의무 발생에 대한 명시적인 반대의사를 표시한 것으로 볼 수 없다고 판단하였다(서울고등법원 2017. 2. 10. 선고 2014나49625 판결 등 참조).

한편, 파견법과 같은 법 시행령에서 규정된 고용의무 발생의 예외 사유에 해당한다고 하더라도 이는 사용사업주가 해당 파견근로자를 직접 고용하지 않아도 된다는 의미일 뿐 동일한 파견근로자를 계속하여 사용할 수 있다거나, 파견기간 위반에 따른 형사처벌 등이 면제된다는 의미는 아니다.[199]

5. 직접고용에 따른 법률관계

가. 직접고용의무 규정의 법적 성격

1) 사법상 효력의 인정 여부

직접고용의무 조항과 관련하여, 이는 사용사업주가 의무를 이행하지 않을 경우 공법상 제재(과태료)를 하기 위한 근거조항일 뿐 파견근로자에게 그에 대응하는 사법적 권리를 부여하는 조항은 아니라는 입장과 위 조항은 과태료 부과의 근거조항일 뿐만 아니라 파견근로자에게 사용사업주를 상대로 고용의무의 이행을 구할 수 있는 사법상 지위를 부여하는 근거조항으로 이해하는 입장이 대립할 수 있다. 실무에서 사용자측 이외에는 전자의 견해를 지지하는 입장을 발견하기 어렵고, 현재 판례와 학설 모두 후자의 견해를 지지하는 것으로 보인다. 직접고용의무 조항의 문언, 단순한 노력의무와의 비교, 직접고용간주 규정에서 직접고

---

199) 노동부, 「비정규직법 이해」, 2007, 193쪽.

용의무 조항으로의 개정 경과와 취지 등을 종합하면, 후자의 견해가 타당하다. 대법원도 '한국수력원자력 사건'(대법원 2015. 11. 26. 선고 2013다14965 판결)에서 처음 후자의 견해를 밝힌 이후 같은 입장을 취하고 있다.

2) 파견근로자의 권리의 내용

직접고용의무 조항을 파견근로자의 사용사업주에 대한 고용을 구할 사법상 권리를 부여한 것으로 해석할 경우 권리의 내용이 무엇인지에 대한 논의가 있다. 이에 대하여 사용사업주의 고용의무가 법정된 이상 이에 대응하는 근로계약 체결 승낙의 의사표시만으로 근로계약관계가 성립한다는 견해(형성권설)가 있다. 이에 따르면 파견근로자는 승낙의 의사표시 이후 사용사업주 소속 근로자로 인정되어 이를 전제로 한 각종 권리를 주장할 수 있다. 따라서 파견근로자는 근로계약관계의 성립을 다투는 사용사업주를 상대로 근로자지위확인소송 또는 해고무효확인소송 등을 제기할 수 있다.

이와 달리 직접고용의무 조항은 사용사업주에게 고용할 의무를 부과하고 있을 뿐 고용에 대한 청약의 의사표시를 법정화한 것은 아니므로 파견근로자는 사용사업주가 그 의무를 이행하지 않을 경우 고용의 의사표시를 구하는 소를 제기할 수 있다는 견해(청구권설)가 있다. 이에 따르면 고용의 의사표시를 구하는 소송의 판결이 확정된 때에 비로소 근로계약관계가 성립된다는 것이다.[200)]

대법원은 앞서 언급한 '한국수력원자력 사건'에서 청구권설의 입장을 제시하였다. 이 경우 파견근로자는 판결 확정시까지 근로계약관계의 성립이 인정되지 않더라도 직접고용의무 조항에 규정된 법정의무를 불이행한 사용사업주를 상대로 임금 상당액의 손해배상을 구하는 소를 제기할 수 있다.

나. 직접고용의무 발생 이전 기간에 대한 손해배상청구

진정도급인지 불법파견인지가 문제되는 경우 사후적으로 불법파견임이 확인된 경우 앞서 언급한 바와 같은 사유가 존재하여 직접고용의무가 발생한다면 아래 항에서 언급하는 바에 따라 처리하면 족하다. 그러나 위와 같은 경우 직접고용의무의 발생 이전 기간에 대하여는 파견법상 차별금지의무 규정의 위반을 이유로 파견근로자와 동종 또는 유사한 업무를 수행하는 사용사업주 소속 근로자와의

---

200) 박수근, "비정규직법의 해석과 과제", 「노동법연구」, 제22호, 서울대학교 노동법연구회, 2007, 79-80쪽 참조.

임금 등의 차액 상당액을 손해배상으로 청구할 수 있고 이 경우 파견사업주는 물론 사용사업주를 상대로도 이와 같은 청구가 가능하다는 것이 판례[201]의 태도이다.

다. 직접고용의 경우 파견근로자의 근로조건 등

1) 근로계약기간

이에 대하여는 직접고용간주 규정에 따라 고용간주되는 파견근로자는 특별한 사정이 없는 한 기간의 정함이 없다고 판단한 소위 예스코 판결(대법원 2008. 9. 18. 선고 2007두22320 전원합의체 판결)의 태도에 비추어 직접고용의무의 경우에도 달리 볼 이유가 없으므로 기간의 정함이 없는 고용형태로 고용해야 할 의무가 발생한다는 견해와 직접고용간주와 직접고용의무는 요건과 효과가 다르므로(특히, 직접고용간주 규정은 불법파견이 2년을 초과한 경우에 적용되는 반면 현행 파견법상 직접고용의무 규정은 파견대상업무위반의 불법파견의 경우 곧바로 적용된다는 점에서 차이가 있다) 반드시 기존 판결에 따를 것이 아니고 별도의 법률 규정이 없으므로 기간을 정하여 직접고용을 하더라도 직접고용의무 규정에 반하지 않는다거나 파견기간 위반의 불법파견과 비대상업무 파견 등 그 양태에 따라 고용형태와 관련한 직접고용의무의 내용이 달라진다는 견해 등이 있다.[202]

그런데 ① 파견법은 파견근로자의 고용안정과 복지증진에 이바지함을 입법목적으로 하고 있고(제1조) 직접고용의무 조항 역시 마찬가지인 점, ② 현행 파견법은 2년을 초과하여 파견근로자를 사용하는 경우 사용사업주에게 고용의무를 부과하고 있고(제6조의2 제1항 제3호), 이는 제정 파견법에 따라 2년 초과시 고용간주를 하는 경우와 다를 바가 없으므로 앞서 언급한 '예스코 판결'의 취지에 따라 특별한 사정이 없는 한 기간의 정함이 없는 고용을 해야 할 의무가 발생하는 것으로 해석하는 것이 타당한 점, ③ 2006년 개정 파견법 시행 당시에는 파견대상업무위반의 불법파견의 경우 2년 초과시에 사용사업주의 직접고용의무가 발생하는 것으로 규정되어 었었으므로 앞서 언급한 바에 따르면 이 때 직접고용은 기간의 정함이 없는 형태로 이루어져야 할 것이고, 현행 파견법이 파견대상업무위반의 불법파견에 대하여 즉시 직접고용의무가 발생하는 것으로 변경되었다고

201) 서울고등법원 2017. 2. 10. 선고 2014나49625 판결, 서울고등법원 2017. 5. 17. 선고 2016누79078 판결(확정); 이에 대한 구체적인 설명은 제21조에서 다룬다.

202) 박수근, "위법한 파견과 직접고용에 관한 쟁점과 해석", 「성균관법학」, 제20권 제3호, 성균관대학교 법학연구소, 2008, 159쪽 참조.

하더라도 직접고용의무라는 법률효과는 개정 파견법과 같이 아무런 변동이 없으므로 개정 파견법과 현행 파견법 당시 모두 직접고용의무의 내용은 기간의 정함이 없는 고용으로 동일한 것으로 해석해야 하는 점, ④ 더욱이 개정 파견법 시행 당시 사용사업주는 2년이 되기 전에 근로자파견관계를 종료하면 직접고용의무를 회피할 수 있어 파견근로자의 고용불안이 심화된다는 문제가 제기되어 이를 개선하기 위한 차원에서 파견대상업무위반의 불법파견 경우 그 즉시 고용의무를 부여하는 법 개정이 이루어졌으므로 직접고용의무의 내용은 고용안정을 실질적으로 보장하는 방향으로 해석되어야 하는 점, ⑤ 사용사업주의 고용의무가 기간의 정함 여부와 관계없이 단순히 직접고용을 하기만 하면 된다는 것으로 해석될 경우 사용사업주는 파견근로자에 대한 고용의무의 부담을 덜기 위해 초단기간으로 고용할 유혹에 빠질 수 있는데, 이 경우 파견근로자의 고용불안은 더욱 심화되어 파견법의 직접고용의무 조항은 사실상 형해화 되기 때문에 위에서 언급한 파견법의 입법목적과 법 개정취지는 몰각될 수 있는 점, ⑥ 현행 파견법은 직접고용의무가 발생하는 개개의 사유(파견기간 2년 초과, 파견대상업무위반, 무허가파견 등)별로 직접고용의무의 내용을 달리 규정하지 않고 동일하게 규정하고 있는 점 등을 종합하면, 직접고용의무 규정이 적용될 경우 기간의 정함이 없는 근로자로 고용해야 할 의무가 발생하는 것으로 보는 것이 타당하다.

2) 임금 기타 근로조건

2006년 개정 파견법에서는 사용사업주가 파견근로자를 직접 고용할 경우에 있어서의 파견근로자의 근로조건을 규정하여 사용자가 부당하게 낮은 근로조건으로 직접 고용하는 것을 방지하고 있는바, 사용사업주가 직접 고용하는 경우에 있어서 파견근로자의 근로조건은 사용사업주의 근로자 중에서 당해 파견근로자와 동종 또는 유사 업무를 수행하는 근로자가 있는 경우에는 그 근로자에게 적용되는 취업규칙 등에서 정한 근로조건에 따르고, 사용사업주의 근로자 중에서 당해 파견근로자와 동종 또는 유사 업무를 수행하는 근로자가 없는 경우에는 당해 파견근로자의 기존 근로조건의 수준보다 저하되어서는 아니 된다(제6조의2 제3항). 다만, 위 규정은 직접고용 시 파견근로자의 최저 근로조건에 관한 규정일 뿐이므로 고용간주 시 파견근로자의 근로조건에 관한 대법원 판례 법리(199쪽 이하 참조)에 따라 직접고용의무 조항에 따른 직접고용 시에도 사용사업주 소속의 비교대상 근로자의 근로조건과 동일한 근로조건을 적용해야 한다는 해석론은 충분히 가능하다. 특히, 사용사업주가 고용의무를 이행하지 않아 확정판결을 통해 사용사업주의 고용의 의사표시가 의제되어 결과적으로 판결의 확정시점에 고용간주가 될 경우 그 이후의 근로조건은 고용간주 법리에 따르게 될 것이므로 그 이전의 근로조건 또한 고용간주 법리에 따라 정해지는 것이 일관성있는 법해석이라고 볼 수 있기도 하다(이에 대하여 명시적으로 언급한 대법원 판결은 아직 없는 것으로 보인다).

한편, 이 경우에도 비교대상 근로자를 기간의 정함이 없는 근로자로 볼 것인지 기간의 정함이 있는 근로자로 볼 것인지(직접고용되는 파견근로자의 비교대상 근로자 문제)는 여전히 문제로 제기될 수 있다. 여기서 직접고용되는 파견근로자의 고용형태를 앞서 언급한 바와 같이 기간의 정함이 없는 것으로 본다면 비교대상 근로자도 이와 같이 파악하면 될 것으로 본다. 나아가 직접고용간주 규정에서와 같이 사용사업주 소속의 온전한 정규직 근로자와 무기계약직이 모두 존재하는데 이들 사이의 근로조건이 차이가 날 경우에도 전자를 비교대상 근로자로 삼는 것이 타당하다. 왜냐하면, 무기계약직의 차별적인 근로조건 또한 시정의 대상일 뿐이므로 이를 기준으로 고용간주된 파견근로자의 근로조건을 확정하여 차별을 양산할 이유가 없고, 헌법상 평등의 원칙이라는 최상위규범에 비추어도 그렇다.

6. 직접고용의무 불이행에 대한 구제

가. 고용의 의사표시에 갈음하는 이행의 소 제기

사용사업주가 직접고용의무를 이행하지 아니할 경우 앞서 언급한 바와 같이 고용의 의사표시를 구하는 이행의 소를 제기할 수 있다. 이 때 청구취지와 주문은 “피고는 원고에게 (기간의 정함이 없는)고용의 의사표시를 하라.”가 될 것이다. 사용사업주가 직접고용의무를 이행하지 않을 경우에는 아직 파견근로자와의 사이에 직접 근로관계가 성립된 것은 아니고, 고용의 의사표시소송을 제기하여 판결이 확정될 경우 파견근로자와의 근로관계가 성립된다(대법원 2015. 11. 26. 선고 2013다14965 판결 등 참조). 이에 따르면 파견근로자는 직접고용의무 발생시부터 실제 사용사업주와의 근로관계가 성립될 때까지의 기간을 계속근로기간으로 인정받지 못하여 근속수당이나 퇴직금 산정 등에서 상당한 불이익을 입게 된다.

나. 고용의무 불이행에 따른 손해배상청구

파견근로자는 사용사업주의 고용의무 불이행에 대하여 앞서 언급한 고용의 의사표시소송 이외에 이와 동시에 또는 별개로 고용의무 발생시부터 직접근로관계가 성립할 때까지의 기간에 대하여 고용의무 불이행에 따른 임금 상당액[203]의 손해배상청구를 제기할 수 있다[204](대법원 2015. 11. 26. 선고 2013다14965 판결 등 참조). 이는 파견법에 규정된 의무사항을 이행하지 않은 불법행위에 따른 손해배상청구로 이해되나 '국민은행 사건'의 판결에서는 이를 채무불이행에 따른 손해배상청구로 판시한바 있다(대법원 2017. 3. 22. 선고 2015다232859 판결).[205]

나아가 파견근로자는 단순히 기본급 이외에도 각종 수당은 물론 고용의무 발생시부터 직접근로관계가 성립할 때까지 앞서 언급한 바와 같이 계속근로기간을 인정받지 못함으로 인한 근속수당 및 퇴직금 등 상당의 손해도 함께 청구할 수 있을 것이다.

이와 같은 손해배상청구시 중간수입 공제가 문제되는바, '국민은행 사건'에서 법원은 고용의무 발생 이후 파견근로자가 다른 사업장 등에서 별도의 수입(이른바 '중간수입')을 얻었을 경우 그 중간수입이 사용사업주의 직접고용의무 불이행과 사이에 상당인과관계가 있다면 손해액에서 위 중간수입을 공제해야 하고, 이는 해고에서와 달리 청구 금원의 성격이 손해배상액이므로 중간수입 전액을 공제해야 한다고 판단하였다(대법원 2017. 3. 22. 선고 2015다232859 판결, 서울고등법원 2015. 7. 1. 선고 2013나2015966 판결). 그러나 위와 같은 판결의 태도는 수긍하기 어렵다. 근본적으로 해고기간 중 중간수입을 공제하는 판례 법리가 부당한 측면이 없지 않고, 해고기간 중 중간수입 공제와 고용간주 이후 중간수입 공제, 고용의무 발생 이후 중간수입 공제가 그 형식은 다르지만 해당 근로자의 생계보장이 요구된다는 등의 실질에 있어서는 이를 다르게 판단할 이유가 없다는 점 등을 고려하면 형식적인 민법 논리에 따라 그 전액을 공제하는 것은 부당하다.

---

203) 손해의 범위는 직접고용의무 발생시부터 사용사업주가 고용의무를 이행하였더라면 받았을 임금 상당액이므로 결국 파견근로자와 동종 또는 유사한 업무를 수행하는 사용사업주 소속 근로자가 있는 경우에는 이를 기준으로 손해액을 산정하게 될 것이다(대법원 2017. 3. 22. 선고 2015다232859 판결, 서울고등법원 2015. 7. 1. 선고 2013나2015966 판결 참조).

204) 사용사업주가 고용의 의사표시소송이 확정되었음에도 여전히 고용의무를 이행하지 않을 경우에는 판결 확정 이후부터 파견근로자와의 사이에 근로관계가 성립되므로 그 이후 기간에 대하여는 금원의 성격이 임금이 된다.

205) 소멸시효기간 등에 있어 구별의 실익이 있다.

한편, 고용의무 발생 이후 파견근로자가 해고 또는 정직, 사직 등으로 사용사업주에게 근로제공을 하지 못한 기간에 대하여도 손해배상청구가 가능한지 문제된다. 이러한 사정만으로 사용사업주의 직접고용의무가 소멸하지 않는다는 점은 앞서 언급한 바와 같다. 그러나 고용의무가 소멸하지 않는다고 해서 파견근로자의 개인적인 사정 등으로 근로제공이 중단된 경우에까지 사용사업주에게 해당 기간 손해배상의무를 인정하는 것은 부당하다는 견해가 있을 수 있다.

이에 대하여 최근 판결은 "파견근로자가 고용간주 또는 고용의무 발생 이후 사용사업주에 대하여 근로제공을 중단한 기간이 있다고 하더라도 일률적으로 그 기간의 임금청구권이나 고용의무 불이행으로 인한 손해배상청구권을 상실한다고 볼 것은 아니고, 근로제공 중단 사유, 고용간주 또는 고용의무 발생 시기, 사용사업주의 고용간주 또는 고용의무 발생 및 그 효과에 대한 인식 여부 등의 사정을 종합적으로 고려하여, 파견근로자의 근로제공 중단이 사용사업주의 책임 있는 사정으로 말미암은 것이라고 평가할 수 있는 경우라면 파견근로자로서는 민법 제538조 제1항에 따라 근로제공 중단에도 불구하고 사용사업주에 대하여 중단 기간 근로제공을 계속하였더라면 받을 수 있었던 임금 또는 임금 상당의 손해배상을 청구할 수 있다고 할 것이다. 그러나 사용사업주나 파견사업주의 사정과 관계없는 파견근로자의 개인적인 사정으로 인하여 근로를 중단하게 된 경우에는 사용사업주의 귀책사유로 인하여 근로제공을 하지 못한 것이 아니므로, 그 기간에 대한 임금 또는 임금 상당의 손해배상을 청구할 수 없다고 봄이 타당하다."고 판시한 바 있다(서울고등법원 2017. 2. 10. 선고 2014나49625 판결).

다. 과태료 부과 처분

파견법은 고용의무를 불이행한 사용사업주에게 3천만 원 이하의 과태료를 부과토록 규정하고 있고(제46조 제2항), 같은 법 시행령에서는 과태료 부과기준을 구체적으로 정하고 있다(시행령 제7조 제3항 및 별표 2). 위 과태료 부과 처분은 1인을 기준으로 한 것이므로 직접고용의 대상 파견근로자 수에 비례하여 사용사업주의 부담은 가중된다.[206]

---

206) 참고로, 같은 법 시행령 별표2 과태료 부과기준은 일반기준과 개별기준으로 구분된다. 여기서 개별기준은 위반행위 횟수에 따라 과태료 부과금액이 상향 조정된다는 점을, 일반기준은 위반행위 횟수는 최근 2년 동안의 같은 위반행위로 과태료를 부과받은 경우에 적용된다는 점 등을 규정하고 있다.

라. 입법 개선의 필요성

현실적으로 직접고용의무 규정에도 불구하고 사용사업주가 이를 해태하는 경우가 빈번하게 발생하므로 과태료 부과기준을 상향 조정하거나 형사처벌로의 전환을 적극적으로 고려해야 한다. 나아가 직접고용의무 규정을 제정 파견법 당시의 직접고용간주 규정으로 전환해야 한다.

7. 파견근로자 우선 고용 노력 의무

사용사업주는 파견근로자를 사용하고 있는 업무에 근로자를 직접 고용하고자 하는 경우에는 당해 파견근로자를 우선적으로 고용하도록 노력하여야 한다(제6조의2 제4항). 기간제법 제5조 및 제7조는 사용자에게 기간제 및 단시간근로자의 정규직 근로자로의 전환을 위한 노력 의무를 규정하고 있는데, 이에 준하여 파견근로자에 대해서도 사용사업주의 우선 고용 노력 의무를 규정하고 있는 것이다. 그렇지만 훈시적 규정에 지나지 않으므로 실효성은 없을 것으로 보인다.

[보론] 직접고용간주 규정의 적용에 관한 제문제

1. 문제의 제기

앞서 언급한 바와 같이 제정 파견법은 2년을 초과하여 계속적으로 파견근로자를 사용하는 경우에는 2년의 기간이 만료된 날의 다음날부터 파견근로자를 고용한 것으로 본다는 소위 직접고용간주 규정을 두고 있었다. 그런데 이 규정과 관련하여, 다양한 형태의 불법파견에 직접고용간주 규정이 모두 적용되는지 여부, 적용 요건, 적용 시 파견근로자의 근로조건 등이 문제되었다.[207] 즉, ① 비대상업무 파견이나 무허가 파견 등의 경우에도 직접고용간주 규정이 적용되는지,[208][209] ② 이 경우 합법파견에서와 마찬가지로 2년이 도과되어야 직접고용간

---

207) 이하에서는 불법파견에 대한 직접고용간주 규정의 적용에 관한 문제만을 언급하도록 한다. 불법파견에 대한 직접고용의무 규정의 적용에 관한 문제는 제6조의2 부분에서 다루었다.

208) 조경배, "판례평석: 불법파견과 직접고용간주 규정의 적용에 관한 제문제-서울지방법원 남부지원 제4민사부 2001. 9. 14 선고, 2000가합9001 판결-", 「민주법학」, 제21호, 민주주의법학연구회,

주 규정에 따라 고용간주가 되는지, ③ 고용간주 시 근로계약기간과 근로조건은 어떻게 형성되는지 등이 문제되었다. 한편, 직접고용간주 규정의 적용을 논하기에 앞서 이 규정의 위헌성도 문제되었으므로 이를 먼저 살펴본다.

2. 직접고용간주 규정의 위헌성 여부

직접고용간주 규정은 계약의 자유 및 기업의 자유를 현저하게 침해하고, 직접고용간주 시 근로조건 등이 어떻게 형성되는지 불명확하여 명확성의 원칙에 위반되며, 입법자가 결정할 본질적인 사항을 법 적용기관의 해석과 재량에 맡기는 것은 법률유보의 원칙 내지 권력분립의 원칙에 반하고, 고용간주의 적용과 관련하여 파견근로자에게만 반대의사표시의 기회를 부여하고 사용사업주에게는 이를 허용하지 않는 것은 평등원칙이나 체계정당성의 원리에도 위배되므로 헌법에 위반된다는 주장이 있다.[210)]

이와 관련 서울고등법원은 현대자동차 주식회사가 직접고용간주 규정에 대하여 제기한 위헌법률심판제청신청 사건에서 "이 사건 법률조항(직접고용간주 규정)의 입법목적과 입법취지는 사용사업주가 파견기간에 관한 제한 규정을 위반하여 계속적으로 파견근로자를 사용하는 행위에 대하여, 행정적 감독이나 형사처벌과는 별도로 사용사업주와 파견근로자 사이의 사법(私法)관계에서도 직접고용관계 성립을 간주함으로써 근로자파견의 상용화·장기화를 방지하고 그에 따른 파견근로자의 고용안정을 도모하기 위한 것이므로 그 목적의 정당성이 인정된다. 또한 2년이라는 기간이 경과되면 일률적으로 사용사업주가 파견근로자를 고용한 것으로 간주하는 것은 위와 같은 입법 목적을 달성하기 위한 적절한 수단이 되고, 그 법률적인 효과로서 위와 같은 고용간주가 아니라 현행 법률과 같이 사용사업주에게 일정한 의무를 부과하고 이를 위반할 경우 일정한 제재를 가하는 것이 적절한 것인지 여부는 사회경제적 환경의 변화에 따라 입법부가 그 재량으로 결정할 사항이라고 판단된다. 그리고 2년이라는 다소 장기간의 기간이 경과될 것을 조건으로 고용이 간주된다는 점에 비추어 보면, 이 사건 법률조항은 사용사업

335쪽.

209) 현행 파견법은 직접고용간주 규정을 직접고용의무 규정으로 변경하였고, 특히, 비대상업무 파견이나 무허가 파견 또한 직접고용의무 발생의 사유로 명시하였으며, 직접고용의무 발생의 요건인 기간도 명시하였으므로 직접고용간주 규정 당시의 위와 같은 논란은 제기될 여지가 없다.

210) 직접고용간주 규정에 대한 위헌법률심판제청신청과 헌법소원심판청구에서 사용자측의 주된 주장이다.

자주에게 고용관계에서 벗어날 수 있는 충분한 시간을 부여하고 있다고 할 것이므로 침해 최소성의 원칙을 위반하였다고 볼 수 없다. 나아가 위 입법취지에 비추어 보면 파견기간의 제한을 위반한 사용사업주를 적극적으로 보호할 이유가 없을 뿐만 아니라, 이 사건 법률조항으로 인하여 침해되는 기업과 사업주 개인의 계약체결의 자유의 제한이 파견근로자의 고용안정 및 근로자파견의 상용화·장기화 방지라는 공익보다 더 크다고 할 수 없으므로 이 사건 법률조항은 법익 균형성의 요건도 갖추고 있다고 판단된다."고 하면서 직접고용간주 규정이 계약의 자유 또는 기업의 자유를 침해하였다고 볼 수 없다고 판단하였다. 나아가 같은 법원은 직접고용간주 규정이 명확성의 원칙, 의회유보의 원칙, 체계정당성 원리에도 반하지 않는다고 판단하면서 결국 직접고용간주 규정은 헌법에 위반되지 않는다는 이유로 위헌법률심판제청신청을 기각하였다(서울고등법원 2010. 12. 5.자 2010카기1782 결정).

다른 사건에서도 법원은 "고용간주 규정은 계약의 자유 또는 직업의 자유를 침해하였다고 볼 수 없고, 수범자의 예측가능성을 해하거나 법집행 당국의 자의적인 집행을 가능하게 할 정도로 불명확하다고 할 수 없으므로 명확성의 원칙에 위반되지 아니하며, 고용간주 규정은 기본권 제한의 본질적인 사항에 관하여 국회가 직접 결정함으로써 그 실질에 있어서도 법률에 의한 규율을 하고 있다고 할 것이어서 법률유보의 원칙 내지 권력분립의 원칙에 위반된다고 할 수 없으며, 고용간주 규정이 별도로 당해 파견근로자의 명시적인 반대의 의사표시가 있는 경우에는 그 적용을 제외한 것은 고용간주의 효과를 받는 당해 파견근로자의 의사 및 권리를 존중하여 이러한 경우에는 고용간주의 효과가 생기지 않는 것으로 한 것이므로 조문의 형식상 체계 모순이라 할 수 없어 체계정당성의 원리에도 위배되지 않는다. 결국 고용간주 규정이 헌법에 위반된다고 볼 수는 없다."고 판시하기도 하였다[부산고등법원(창원) 2016. 1. 21. 선고 2015나130, 147(병합) 판결[211]].

현재까지 헌법재판소가 직접고용간주 규정의 위헌성에 대한 결정을 한 바는 없다.[212] 다만, 헌법재판소는 비대상업무 파견사업을 행한 파견사업주를 형사처벌 하도록 정한 파견법 조항에 대한 위헌소원 사건에서 해당 조항이 헌법에 위

211) 위 판결은 대법원에서 심리불속행기각으로 확정되었다(대법원 2016. 6. 10. 선고 2016다10254·10261(병합) 판결).

212) 직접고용간주 규정에 대하여 2010년, 2011년 각 위헌소원이 제기되었고[2010헌바474, 2011헌바64(병합)] 2013. 6. 13. 헌법재판소의 공개변론까지 진행되었으나 2016. 5. 9. 취하되어 종결되었다.

반되지 않는다고 결정한 바 있다(헌법재판소 2013. 7. 25. 자 2011헌바395 결정). 위 헌법재판소 결정의 취지와 함께 앞서 언급한 판결에서 적확하게 판시한 사정을 종합하면 직접고용간주 규정은 헌법에 반하지 않는다고 본다.

3. 불법파견에 대한 직접고용간주 규정의 적용 여부

직접고용간주 규정이 불법파견 특히, 비대상업무 파견과 무허가 파견의 경우에도 적용되는지에 대하여는 적용을 긍정하는 학설[213] 및 하급심 판결[214] 등[215]과 적용을 부정하는 학설[216] 및 하급심 판결[217]의 대립이 상당하였다.

그러나 대법원은 소위 '예스코 사건'에서 "파견근로자보호법의 입법 경위와 그 입법 목적 및 근로자파견사업의 적정운영을 위한 위 법 규정들의 내용 등을 살펴보면, 직접고용간주 규정은 사용사업주가 파견기간에 관한 제한 규정을 위반하여 계속적으로 파견근로자를 사용하는 행위에 대하여, 행정적 감독이나 형사처벌과는 별도로 사용사업주와 파견근로자 사이의 사법(私法)관계에서도 직접고용관계 성립을 의제함으로써 근로자파견의 상용화·장기화를 방지하고 그에 따른 파견근로자의 고용안정을 도모하는 데에 그 입법 취지가 있다고 할 것이다. 한편, 파견근로자보호법 제6조 제3항은 "사용사업주가 2년을 초과하여 계속적으로 파

213) 최홍엽, "위장도급에 대한 노동관계법의 적용", 「민주법학」, 25호, 민주주의법학연구회, 2004, 349쪽.

214) 대표적인 판결로는 서울고등법원 2003. 3. 14. 선고 2002누12320 판결을 들 수 있는바, 이 판결에서는 "만일 근로자파견사업의 허가를 받은 파견사업주가 파견한 근로자에 대해서만 고용의제가 적용된다면 사용사업주는 허가를 받지 않은 파견사업주로부터 파견을 받은 경우에는 고용의제의 부담을 지지 않게 되는바, 이는 파견근로자보호법의 파견근로자의 고용안정이라는 입법 목적에 반하는 것일 뿐만 아니라 오히려 사용사업주로 하여금 허가를 받지 않은 파견사업주로부터 파견 받는 것을 부추기는 결과가 되어 명백히 부당하다."는 논거로 불법파견에 대한 직접고용간주 규정의 적용을 긍정하였다. 같은 견해를 취한 또 다른 판결로는 서울고등법원 2003. 3. 1. 선고 2002누2521 판결, 서울중앙지방법원 2004. 11. 26. 선고 2003가합96857 판결, 서울중앙지방법원 2007. 6. 1. 선고 2005가합114124 판결, 서울중앙지방법원 2007. 6. 1. 자 2005카합114124 결정 등이 있다.

215) 고관 68460-573, 2001. 5. 11.

216) 강성태, "위법한 파견근로와 사용사업주의 책임", 「노동법연구」, 제13호, 서울대학교 노동법연구회, 2002, 182-184쪽; 유성재, "위법한 근로자파견의 사법적 효과", 「중앙법학」 4집 2호, 중앙법학회, 2002, 313쪽.

217) 대표적인 판결로는 서울고등법원 2003. 12. 18. 선고 2002누18793 판결이 있고, 같은 견해를 취한 판결로는 서울고등법원 2006. 2. 10. 선고 2004누14399 판결, 부산고등법원 2005. 11. 25. 선고 2005나11664 판결, 서울행정법원 2007. 7. 10. 선고 2006구합28055 판결, 수원지방법원 2006. 5. 26. 선고 2005가합4409 판결, 울산지방법원 2004. 5. 20. 선고 2003가합987 판결, 서울행정법원 2002. 10. 22. 선고 2002구합20381 판결, 서울행정법원 2002. 1. 25. 선고 2001구43492 판결 등이 있는바, 파견법의 제 규정들은 적법파견의 경우에만 적용되고 불법파견의 경우에는 적용되지 않는 것으로 보았다.

견근로자를 사용하는 경우에는 … 파견근로자를 고용한 것으로 본다."고 규정하고 있을 뿐 근로자파견이 파견근로자보호법 제5조에 정한 파견의 사유가 있는 경우라거나 또는 파견근로자보호법 제7조에 정한 근로자파견사업의 허가를 받은 파견사업주가 행하는 근로자파견에 해당할 것을 그 고용간주의 요건으로 들고 있지 않을 뿐만 아니라, 파견근로자보호법은 위에서 살펴본 바와 같이 제6조 제1항, 제2항에 파견업무에 따라 그 기간을 달리 정하여 근로자파견기간의 제한에 관한 규정을 두고, 제3항에 직접고용간주 규정을 둠으로써 위 직접고용간주 규정에 의한 사용사업주와 파견근로자 간의 고용성립의제는 사용사업주가 파견기간의 제한을 위반한 데 따른 것임을 분명히 하고 있다. 이러한 직접고용간주 규정의 문언과 체계 및 그 입법 취지 등을 종합하여 보면 위 규정은 파견근로자보호법 제2조 제1호에서 정의하고 있는 '근로자파견'이 있고 그 근로자파견이 2년을 초과하여 계속되는 사실로부터 곧바로 사용사업주와 파견근로자 사이에 직접근로관계가 성립한다는 의미이고, 이 경우 그 근로관계의 기간은 기한의 정함이 있는 것으로 볼 만한 다른 특별한 사정이 없는 한 원칙적으로 기한의 정함이 없다고 보아야 할 것이다. 따라서 이와 달리 직접고용간주 규정이 파견근로자보호법 제5조에 정한 파견의 사유가 있고 파견근로자보호법 제7조의 허가를 받은 파견사업주가 행하는 이른바 '적법한 근로자파견'의 경우에만 적용된다고 축소하여 해석하는 것은 위와 같이 위 규정의 문언이나 입법 취지 등에 비추어 아무런 근거가 없다."(대법원 2008. 9. 18. 선고 2007두22320 전원합의체 판결)고 판시하여 적용 긍정설의 입장을 취하면서 논란에 종지부를 찍었다.

특히, 위 판결은 다음과 같은 점 즉, "직접고용간주 규정이 위 제5조 제1항에 정한 근로자파견대상업무에 해당하는 적법한 근로자파견에만 적용된다고 해석하여야 한다는 입장은, 아마도 직접고용간주에 필요한 근로관계의 존속기간인 '2년'과 위 제5조 제1항 에 의한 근로자파견의 최대파견기간인 '2년'이 동일 기간이라는 데 그 논거를 두고 있는 것으로 보인다. 그러나 파견근로자보호법은 앞서 본 바와 같이 위 제5조 제1항에서 전문지식·기술 또는 경험 등을 필요로 하는 일정 업무를 근로자파견대상업무로 정하기는 하였으나, 위 제5조 제2항에서는 예외적인 특정한 사유와 필요가 있는 경우 등에는 절대적 금지업무를 제외하고는 위 제5조 제1항에 정한 업무가 아니어도 근로자파견사업을 행할 수 있도록 허용하고 있다. 그리고 직접고용간주 규정을 위 제5조 제1항에 의한 근로자파견의 최장 기간 2년을 정하고 있는 위 제6조 제1항 바로 뒤에 두지 않고, 오히려 위 제

5조 제2항에 의한 근로자파견기간에 관한 위 제6조 제2항 다음에 둔 것에 비추어 보더라도 위와 같은 논거는 설득력이 없다고 할 것이다. 또한, 직접고용간주 규정이 적법한 근로자파견에만 적용된다고 보면, 파견근로자보호법이 규정한 제한을 위반하여 근로자파견의 역무를 제공받은 사용사업주는 오히려 직접고용성립 의제의 부담을 지지 않는 결과가 되어 법적 형평에 어긋나고, 특히 위 제5조 제1항에 정한 근로자파견대상업무에 해당하거나 같은 조 제2항에 정한 근로자파견사유가 있기만 하면, 위 제7조에 의한 근로자파견사업의 허가를 받지 아니한 파견사업주로부터 근로자파견의 역무를 제공받은 사용사업주는 형사처벌을 받지 아니하게 되는데(제44조 제1호), 이 경우 사용사업주가 직접고용간주 규정조차도 적용을 받지 아니한다면 사용사업주로서는 당연히 근로자파견사업의 허가를 받지 아니한 파견사업주로부터 근로자파견을 받는 쪽을 더 선호하게 될 것이므로, 파견근로자보호법에 위반하는 행위를 조장하고 근로자파견사업 허가제도의 근간을 무너뜨릴 염려가 있으므로 타당하지 않다. 한편, 직접고용간주 규정은 파견근로자보호법이 2006. 12. 21. 법률 제8076호로 개정되어 제6조의2로 신설된 '직접고용의무 규정'으로 대체되었는데, 이와 같이 개정된 직접고용의무 규정은 사용사업주가 근로자파견사업이 원칙적으로 허용되지 않는 업무에 파견근로자를 사용하는 경우와 근로자파견사업의 허가를 받지 않은 파견사업주로부터 근로자파견의 역무를 제공받은 경우에 대해서도 사용사업주에게 당해 파견근로자의 직접고용의무를 부과하고 있는바(같은 조 제1항 각 호), 이 규정 역시 파견근로의 상용화·장기화를 방지하기 위한 것으로서 직접고용간주 규정과 그 입법 취지가 같다고 할 것이므로, 이러한 입법 연혁에 비추어 보아도 직접고용간주 규정의 적용범위를 축소하려는 해석은 부당하다."는 점 또한 근거로 제시하였다.

4. 불법파견의 경우도 2년이 도과하여야 직접고용간주 규정에 따른 고용간주가 되는지 여부

불법파견(비대상업무 파견과 무허가 파견)에 대하여도 직접고용간주 규정이 적용된다면 이 경우에도 파견기간 2년이 도과하여야 직접고용간주 규정에 따른 고용간주가 되는 것인지 논란이 있었다. 이에 대하여 적법파견이 아닌 불법파견의 경우에도 직접고용간주 규정에 명시된 2년이 도과하여야 직접고용간주 규정에 따른 고용간주가 된다고 하는 것은 파견근로자에게 지나치게 가혹하고 불법파견에 대한 실효적인 대책이 될 수 없다는 점에서 불법파견의 경우에는 근로자파견 시점부터 바로 고용이 간주되는 것으로 파악해야 한다는 견해가 설득력이 있었다. 그러나 법원은 앞서 언급한 예스코 사건에서 불법파견의 경우에도 2년이 도과하여야 직접고용간주 규정에 따른 고용간주가 된다고 판시하였다.

5. 직접고용간주 규정에 근거한 파견근로자의 법적 대응방안

직접고용간주 규정의 적용에 따라 사용사업주와 파견근로자 사이에 근로관계의 성립이 간주되더라도 현실적으로 사용사업주가 이를 다투거나 근로제공을 수령하지 않는다면 파견근로자는 사용사업주를 상대로 해고무효확인의 소 또는 근로자지위확인의 소를 제기하고 병합 또는 별개로 해당 기간에 대한 임금청구소송[218)]을 제기할 수 있다. 이 경우 파견근로자는 원칙적으로 임금채권의 소멸시효에 따라 소 제기 이전 3년간의 임금을 청구할 수 있게 된다. 다만, 피고의 소멸시효 항변이 권리남용으로 인정되는 경우[219)]에는 3년을 초과하는 부분에 대하여도 임금청구가 가능하다(대법원 2016. 1. 28. 선고 2012다17806 판결, 서울고등법원 2012. 1. 13. 선고 2010나32278 판결 참조. 결과적으로 이 사건에서는 권리남용 주장이 인정되지 않았으나, 인정의 여지는 남겨둔 것으로 보인다).

6. 직접고용간주 시 파견근로자의 계약기간과 근로조건

가. 문제의 제기

현행 파견법과 달리 제정 파견법은 직접고용간주 규정만을 두었을 뿐 직접고

218) 직접고용간주 규정에 따라 이미 근로관계가 성립된 것이므로 해당 금원의 성격은 임금이다. 앞서 언급하는 바와 같이 사용사업주가 직접고용의무를 불이행할 경우 청구할 수 있는 금원의 성격이 손해배상인 것과 비교된다.

219) 판례는 "채무자의 소멸시효에 기한 항변권의 행사도 우리 민법의 대원칙인 신의성실의 원칙과 권리남용금지의 원칙의 지배를 받는 것이어서, 채무자가 시효완성 전에 채권자의 권리행사나 시효중단을 불가능 또는 현저히 곤란하게 하였거나, 그러한 조치가 불필요하다고 믿게 하는 행동을 하였거나, 객관적으로 채권자가 권리를 행사할 수 없는 장애사유가 있었거나, 또는 일단 시효완성 후에 채무자가 시효를 원용하지 아니할 것 같은 태도를 보여 권리자로 하여금 그와 같이 신뢰하게 하였거나, 채권자보호의 필요성이 크고, 같은 조건의 다른 채권자가 채무의 변제를 수령하는 등의 사정이 있어 채무이행의 거절을 인정함이 현저히 부당하거나 불공평하게 되는 등의 특별한 사정이 있는 경우에는 채무자가 소멸시효의 완성을 주장하는 것이 신의성실의 원칙에 반하여 권리남용으로서 허용될 수 없다."고 일관되게 판시하고 있다(대법원 2002. 10. 25. 선고 2002다32332 판결 등 참조). 따라서 사용사업주가 불법파견을 위장하기 위한 고의적인 행태가 심각할 경우 등에는 사용사업주의 소멸시효 완성 주장이 권리남용에 해당할 여지가 있다.

용간주 되는 파견근로자의 근로조건이 어떻게 형성되는지에 대하여 명문의 규정을 두고 있지 않았다. 또한 직접고용간주 규정에 따라 근로계약관계가 자동적으로 간주되기 때문에 사용사업주와 파견근로자 사이에 고용간주 되는 시점에 근로조건에 대한 의사의 합치가 존재할 여지도 없다. 그렇다고 직접고용간주 되는 파견근로자의 근로조건을 공백으로 남겨둘 수는 없기 때문에 이에 대한 해석론이 대두되었다. 한편, 직접고용간주 시 파견근로자의 근로조건이 해석론을 통해 형성된 경우에도 사용사업주가 일방적으로 또는 노동조합과의 합의 등을 통해 이를 불리하게 변경할 경우 그 효력이 문제된다.

나. 직접고용간주 시 파견근로자의 계약기간

직접고용간주 규정에 따른 고용간주 시 파견근로자의 근로계약기간은 사용사업주와의 사이에 자유롭게 결정할 수 있으므로 계약기간을 설정하는 것도 가능하다는 견해와 파견근로자의 고용안정 등 입법 목적에 비추어 특별한 사정이 없는 한 기간의 정함이 없는 근로관계가 성립되었다고 간주하는 것이 타당하다는 견해 등이 있었다. 이에 대하여 위 '예스코 사건'의 판결은 후자의 견해를 취하여 고용간주 되는 파견근로자의 "근로관계의 기간은 기한의 정함이 있는 것으로 볼 만한 특별한 사정이 없는 한 원칙적으로 기한의 정함이 없다고 보아야 한다."고 판시하였다. 이후 판례들도 이와 같은 입장을 취하고 있다. 이에 따르면 '기한의 정함이 있는 것으로 볼 만한 특별한 사정'[220]을 사용자가 증명하지 못하는 이상 직접고용간주 되는 파견근로자는 기간의 정함이 없는 정규직 근로자라고 할 수 있다.

다. 직접고용간주 시 파견근로자의 근로조건

1) 학계의 논의

법률 규정의 흠결로 직접고용간주 규정에 따라 성립하는 근로관계의 내용이 어떻게 형성되는지와 관련하여 다양한 해석론이 전개될 수 있을 것으로 보이지

220) 법원은 장기간에 걸쳐 2년 마다 업무평가에 따라 계약갱신이나 연봉계약직 전환이 거절되어 다수 근로자가 실제 퇴사하였다거나(서울고등법원 2012. 1. 13. 선고 2010나32278 판결. 이후 상고심에서 그대로 확정), 모든 직원을 고용기간을 정하여 채용하고 원고들과 같은 객실 청소원 등은 계속하여 계약직으로만 채용한다는 사정(서울고등법원 2010. 2. 5. 선고 2007나75473 판결. 이후 상고심에서 그대로 확정)만으로는 '특별한 사정'으로 볼 수 없다고 판단하는 등 특별한 사정을 매우 엄격하게 판단하고 있다. 현재까지 '특별한 사정'을 인정한 판결은 없는 것으로 보인다.

만 의외로 이에 대한 기존의 논의는 매우 제한적이다. 관련하여 파견 당시의 근로조건을 기준으로 고용간주 되는 파견근로자의 근로조건을 정할 경우 법률관계를 확정하는데 명확하기는 하지만 고용간주로 더 이상 파견사업주의 근로자가 아닌 상황에서 사용사업주 소속 정규직 근로자와 동일한 근로제공을 하고도 차별에 처할 수 있다고 하면서 법률의 규정에 의해 성립된 사용사업주와 파견근로자의 법률관계를 명확히 하고, 근로자를 보호하기 위해서는 동종 또는 유사업무를 수행하는 사용사업주 소속 근로자의 근로조건과 동일하다고 보는 것이 타당하다거나,[221] 종래의 파견사업주와의 근로계약상 내용에 의해 고용간주 된 파견근로자의 근로조건이 좌우되지 않고 오히려 사용사업체에 적용되는 단체협약이나 취업규칙 등 제반 규정에 의해 규율되는 것이 원칙이라는 견해[222]와 고용간주 되는 파견근로자의 근로관계의 내용은 원칙적으로 파견사업주와의 기존 근로관계의 내용이 원칙적으로 그대로 승계된다고 보는 것이 전체 법질서를 고려한 정합적 해석론이라고 하면서 이와 달리 의제의 방법으로 근로관계의 내용까지 강제적으로 결정하는 것은 당사자의 계약형성의 자유에 대한 중대한 침해이므로 이른바 '파견근로자의 고용안정화'를 목적으로 하는 직접고용간주 규정의 입법취지를 훨씬 뛰어 넘는 과잉해석이라는 견해가 대립하였다.[223]

2) 판례의 태도

대법원은 최근 '남해화학 사건'에서 "구 파견근로자보호 등에 관한 법률(2006. 12. 21. 법률 제8076호로 개정되기 전의 것, 이하 '구 파견법'이라 한다)은 제1조에서 파견근로자의 근로조건 등에 관한 기준을 확립함으로써 파견근로자의 고용안정과 복지증진에 이바지함을 입법 목적으로 밝히고 있으므로 파견근로자의 근로조건 향상 역시 고용안정 못지않게 중요한 점, 구 파견법 제21조는 파견근로자가 사용사업주의 사업 내 동일한 업무를 수행하는 동종근로자와 비교하여 차별적 처우를 받아서는 아니 됨을 규정하고 있을 뿐만 아니라 사용사업주와 직접고용관계를 형성하게 된 파견근로자를 사용사업주의 동종 또는 유사업무 수행근로자와 균등하게 대우하는 것이 공평의 관념에도 합치되는 점, 2006. 12. 21. 법률

221) 박수근, "근로자파견의 기간제한과 직접 고용의 문제", 「노동법학」, 제11호, 한국노동법학회, 2000, 269쪽 이하

222) 최홍엽, "파견기간 초과시 고용간주규정의 해석", 「노동법연구」, 제10호, 서울대학교 노동법연구회, 2001, 202쪽.

223) 박지순, "위법파견의 법률효과", 「노동법포럼」, 제9호, 노동법이론실무학회, 2012, 13쪽 이하

제8076호로 개정된 파견근로자보호 등에 관한 법률 제6조의2제3항 제1호는 사용사업주가 2년을 초과하여 계속적으로 파견근로자를 사용함으로써 파견근로자를 직접 고용하여야 할 경우의 근로조건에 관하여 '사용사업주의 근로자 중 파견근로자와 동종 또는 유사업무를 수행하는 근로자가 있는 경우 그 근로자에게 적용되는 취업규칙 등에서 정하는 근로조건'에 의하도록 규정하고 있는데, 이는 사용사업주와 직접고용관계를 맺게 된 모든 파견근로자에게 해석상 마땅히 적용되어야 할 근로조건을 다시금 확인하는 차원에서 명시한 것일 뿐 새삼스레 근로조건을 기존보다 상향하여 설정하기 위한 것이라고 하기는 어려운 점 등을 종합하면, 구 파견법 제6조 제3항 본문에 따라 사용사업주가 직접 고용한 것으로 간주되는 파견근로자의 근로조건은 사용사업주의 근로자 중 파견근로자와 동종 또는 유사업무를 수행하는 근로자가 있을 경우 그 근로자에게 적용되는 취업규칙 등에서 정한 근로조건과 동일하다."(대법원 2016. 1. 14. 선고 2013다74592 판결)고 처음으로 판시한 이후[224] 같은 입장을 취하고 있다(대법원 2016. 1. 28. 선고 2012다17806 판결, 대법원 2016. 3. 10. 선고 2012다9758 판결, 대법원 2016. 6. 23. 선고 2012다108139 판결 등 참조).

3) 검 토

근로자의 근로조건은 법률, 단체협약, 취업규칙, 근로계약 등이 규율한다. 이때 근로계약에 규정되지 않은 근로조건은 사용자의 취업규칙이나 사업장 내 단체협약 등에 의하여 보충되는 것이 일반적이다.[225] 그런데 직접고용간주 규정에 따라 고용간주 되는 파견근로자는 마치 근로계약만 체결한 상태에서 근로조건에 대한 구체적인 약정이 없는 상태와 유사하므로 사용사업주의 취업규칙 등에서 정한 근로조건이 공백을 채워 줄 중요한 기준이 될 수 있다. 또한 직접고용간주 규정에 따라 고용간주 되는 파견근로자가 고용간주 이후에도 과거의 파견근로자 시절의 근로조건을 그대로 적용받게 된다면 해당 파견근로자는 부당한 차별에 직면하게 된다. 이는 헌법과 노동법, 기본적인 법 정신에 반하는 결과이다. 결국 위와 같은 사정에 비추어 보면 위 남해화학 사건의 판결이 제시한 논거와 '조리'

---

224) 위 대법원 판결의 하급심 판결은 물론 위 대법원 판결 이전에도 다른 하급심에서는 동일하거나 유사한 내용의 판결들이 다수 선고되었다(서울고등법원 2010. 2. 5. 선고 2007나75473 판결, 서울중앙지방법원 2010. 7. 27. 선고 2008가합36010 판결, 서울중앙지방법원 2012. 8. 9. 선고 2010가합124781 판결, 서울고등법원 2013. 9. 13. 선고 2012나70595 판결).

225) 물론 근로조건이 단체협약에 의하여 보충되기 위해서는 해당 단체협약의 직접 적용을 받는 조합원이거나 일반적 구속력에 따라 적용을 받는 '동종 근로자'에 해당되어야 한다.

에 가까운 결론은 타당하다.

4) 비교대상 근로자

사용사업주 소속 근로자 중 동종 또는 유사 업무를 수행하는 근로자(비교대상 근로자[226])에 기간의 정함이 없는 근로자(무기계약직 제외)와 기간제근로자가 함께 존재할 경우 고용간주 된 파견근로자는 특별한 사정이 없는 한 기간의 정함이 없는 근로자로 보기 때문에 기간의 정함이 없는 비교대상 근로자에게 적용되는 근로조건을 적용해야 할 것이다. 또한 사용사업주 소속의 온전한 정규직 근로자와 무기계약직이 모두 존재하는데 이들 사이의 근로조건이 차이가 날 경우에도 전자를 비교대상 근로자로 삼는 것이 타당하다. 왜냐하면, 무기계약직의 차별적인 근로조건 또한 시정의 대상일 뿐이므로 이를 기준으로 고용간주 된 파견근로자의 근로조건을 확정하여 차별을 양산할 이유가 없고, 헌법상 평등의 원칙이라는 최상위규범에 비추어도 그렇다. 이와 달리 비교대상 근로자가 모두 계약직이라면 고용간주 된 파견근로자의 근로조건은 계약직에게 적용되는 근로조건을 적용하는 것이 원칙이겠지만 이 경우에도 오로지 계약직이라는 이유로 적용되는 부분에 대해서는 특별한 사정이 없는 한 다른 기간의 정함이 없는 근로자의 근로조건을 적용함이 상당하다(서울고등법원 2010. 2. 5. 선고 2007나75473 판결(이후 상고심에서 그대로 확정), 서울중앙지방법원 2010. 7. 27. 선고 2008가합36010 판결(이후 상고심에서 그대로 확정) 등 참조).

5) 비교대상 근로자가 없는 경우 고용간주 되는 파견근로자의 근로조건

위 대법원 판결들은 비교대상 근로자가 있을 경우에 관한 것이다. 그런데 비교대상 근로자가 없을 경우에는 곧바로 기존 파견근로자 당시의 근로조건을 그대로 적용할 것이 아니라,[227] 적어도 사용사업주 소속 근로자 전체에게 단일한 취업규칙이나 단체협약 등에 따라 근로조건 체계가 형성되어 있다면 이에 따르고, 그렇지 않을 경우에도 가장 근접한 직군의 근로조건을 따르되 모든 정규직에게 적용되는 공통된 근로조건은 고용간주 된 파견근로자에게도 적용하는 것이 타당하다고 본다(비교대상 근로자가 없었지만 정규직 단체협약이 업무 구별 없이 모든

226) 비교대상 근로자는 차별시정에서 상세히 언급하도록 한다. 다만, 차별시정에서 논의되는 비교대상 근로자와 여기서 논의되는 비교대상 근로자가 반드시 동일한 것인지는 의문이다.

227) 개정 파견법의 직접고용의무 규정은 비교대상 근로자가 없을 경우 기존 파견근로자 당시의 근로조건을 최저한의 근로조건으로 제시하고 있으나 직접고용간주시 파견근로자의 근로조건을 반드시 이에 따라 판단할 이유는 없다.

정규직에게 적용되고 있던 상황이어서 위 단체협약에 따른 근로조건이 적용된다고 판시한 판결로, 서울고등법원 2013. 9. 13. 선고 2012나70595 판결(이후 대법원에서 심리불속행 기각으로 확정)과 그 원심인 서울중앙지방법원 2012. 8. 9. 선고 2010가합124781 판결 참조). 위와 같은 해석이 제정 파견법의 입법목적과 차별 금지, 공평의 관념 등을 논거로 제시한 위 대법원 판결들의 판시취지에 부합하고, 근기법 제6조의 균등대우원칙에 비추어도 타당한 것으로 보인다.[228)]

라. 고용간주로 형성된 파견근로자의 근로조건 변경의 가부

최근 대법원은 '금호타이어 사건'에서 "직접고용간주 규정에 의한 법적 효과가 이미 발생하여 파견근로자와 사용사업주 사이에 직접고용관계가 성립하고 파견근로자가 사용사업주의 근로자와 동일한 근로조건을 적용받을 수 있는 권리를 취득한 뒤에 노동조합 등의 제3자와 사용사업주가 합의하여 파견근로자의 직접고용 여부를 결정하면서 그 직접고용에 따른 최초 근로조건을 위와 같은 근로조건에 비하여 파견근로자에게 불리하게 설정하는 것은 직접고용간주 규정의 취지에 반할 뿐만 아니라 파견근로자에게 이미 귀속된 권리를 파견근로자의 개별적인 동의나 수권도 없이 소급적으로 변경하는 것에 해당하므로 이러한 합의는 효력이 없다고 보아야 한다."(대법원 2016. 6. 23. 선고 2012다108139 판결)고 판시하면서, 불법파견이 인정된 파견근로자는 노사 합의로 신규채용 처리된 시점이 아니라 직접고용간주 규정에 따른 고용간주 시점부터 정규직 1호봉이 부여되고 이후 호봉승급이 이루어져야 한다는 원심을 인정한 바 있다. 결국 직접고용간주 규정에 의한 법률효과에 따라 이미 파견근로자의 근로조건이 형성된 경우 사용사업주가 이를 일방적으로 또는 노동조합 등과의 합의로 변경할 경우 이는 무효이므로 기존에 형성된 근로조건은 그대로 유지된다.

직접고용간주 규정에 따라 고용이 간주되어 비교대상 근로자와 동일한 내용의 근로조건이 이미 형성된 것으로 파악한다면 이를 사용사업주가 해당 파견근로자

---

228) 참고로, 직접고용시 파견근로자의 근로조건과 관련한 민변의 입법개정안은 다음과 같다(민주사회를 위한 변호사모임, 「2016 한국사회의 개혁과 입법과제」, 2016, 421-423쪽).

1. 사용사업주와 기간의 정함이 없이 직접 근로계약을 체결한 근로자 중 당해 파견근로자와 동종 또는 유사 업무에 종사하거나 종사하였던 근로자가 있는 경우에는, 근속년수에 비례하여 그 근로자에게 적용되는 근로조건에 의한다.

2. 사용사업주와 기간의 정함이 없이 직접 근로계약을 체결한 근로자 중 당해 파견근로자와 동종 또는 유사 업무에 종사하거나 종사하였던 근로자가 없는 경우에는, 근속년수에 비례하여 사용사업주와 기간의 정함이 없이 직접 근로계약을 체결한 근로자들에게 적용되는 근로조건 중 최저수준의 근로조건보다 하회하여서는 아니 된다.

의 동의도 없이 일방적으로 불리하게 변경할 수 없음은 당연한 논리적 귀결이고, 파견근로자 소속 노동조합과의 합의가 있었다고 하더라도 해당 파견근로자의 개별적인 동의나 수권이 없었다면 이는 협약자치의 한계를 벗어나는 것으로서 효력을 인정하기 어렵다. 따라서 이러한 점을 확인한 금호타이어 사건에 관한 위 판결은 타당하고 파견근로자의 직접고용간주 시 근로조건의 보호를 한층 더 강화하였다는 점에서 의미가 있다.

특히, 금호타이어 사건의 판결에 따르면 직접고용간주 규정은 강행규정으로서 위 규정의 적용에 따라 정해지는 고용간주 시점을 사용사업주와 파견근로자 소속 노동조합과의 합의로 이보다 불리하게 정할 경우 이는 무효에 해당한다. 이에 따라 이 사건에서 위 판결은 직접고용간주 규정에 따른 고용간주 시점보다 상당 기간이 경과한 특정 시점에 파견근로자들을 신규채용하면서 이 시점부터 비로소 정규직 1호봉을 부여하기로 한 노사 간의 합의는 무효라고 판단하였다.

최근 법원에서 불법파견 판결이 선고되거나 확정된 사업장에서 파견근로자들의 직접고용 문제를 둘러싼 노사 간의 특별교섭과 합의가 이루어지는 경우가 있다. 이 때 일부 노사 합의의 경우 금호타이어 사건과 같이 직접고용간주 규정에 따른 고용간주 시점이 아니라 이로부터 상당 기간이 경과한 특정 시점을 기준으로 신규채용을 하면서 기존의 근속기간을 인정하지 않거나 일부만 인정하는 경우가 많다. 그런데 이와 같이 직접고용간주 규정에 따른 법률효과보다 불리한 내용으로 직접고용 시점과 근속기간의 반영을 정한 노사 간의 합의 내용은 금호타이어 사건 판결의 결론과 판시취지에 반하는 것으로 보인다.

[제7조~제13조, 제19조, 제40조]
근로자파견사업의 허가제

제7조(근로자파견사업의 허가)

① 근로자파견사업을 하고자 하는 자는 고용노동부령이 정하는 바에 의하여 고용노동부장관의 허가를 받아야 한다. 허가받은 사항 중 고용노동부령이 정하는 중요사항을 변경하는 경우에도 또한 같다. <개정 2010. 6. 4.>

② 제1항 전단의 규정에 의하여 근로자파견사업의 허가를 받은 자가 허가받은 사항 중 동항 후단의 규정에 의한 중요사항외의 사항을 변경하고자 하는 경우에는 고용노동부령이 정하는 바에 의하여 고용노동부장관에게 신고하여야 한다. <개정 2010. 6. 4.>

③ 사용사업주는 제1항의 규정을 위반하여 근로자파견사업을 행하는 자로부터 근로자파견의 역무를 제공받아서는 아니 된다. <신설 2006. 12. 21.>

제8조(허가의 결격사유) 다음 각호의 1에 해당하는 자는 제7조의 규정에 의한 근로자파견사업의 허가를 받을 수 없다. <개정 2007. 4. 11., 2008. 3. 21., 2011. 8. 4., 2017. 4. 18.>

1. 미성년자 · 피성년후견인 · 피한정후견인 또는 파산선고를 받고 복권되지 아니한 자
2. 금고이상의 형(執行猶豫를 제외한다)의 선고를 받고 그 집행이 종료되거나 집행을 받지 아니하기로 확정된 후 2년이 경과되지 아니한 자
3. 이 법, 직업안정법, 「근로기준법」 제7조, 제9조, 제20조부터 제22조까지, 제36조, 제43조부터 제46조까지, 제56조 및 제64조, 「최저임금법」 제6조, 「선원법」 제110조을 위반하여 벌금이상의 형(執行猶豫를 제외한다)의 선고를 받고 그 집행이 종료되거나 집행을 받지 아니하기로 확정된 후 3년이 경과되지 아니한 자
4. 금고이상의 형의 집행유예선고를 받고 그 유예기간중에 있는 자
5. 제12조의 규정에 의한 당해 사업의 허가가 취소된 후 3년이 경과되지 아니한 자
6. 법인으로서 그 임원중 제1호 내지 제5호의1에 해당하는 자가 있는 법인

제9조(허가의 기준)

① 고용노동부장관은 제7조의 규정에 의하여 근로자파견사업의 허가신청이 있는 경우에는 다음 각호의 요건에 적합한 경우에 한하여 이를 허가할 수 있다. <개정 2010. 6. 4.>

1. 신청인이 당해 근로자파견사업을 적정하게 수행할 수 있는 자산 및 시설등을 갖추고 있을 것
2. 당해 사업이 특정한 소수의 사용사업주를 대상으로 하여 근로자파견을 행하는 것이 아닐 것

② 제1항의 규정에 의한 허가의 세부기준은 대통령령으로 정한다.

제10조(허가의 유효기간등)

① 근로자파견사업의 허가의 유효기간은 3년으로 한다.

② 제1항의 규정에 의한 허가의 유효기간의 만료후 계속하여 근로자파견사업을 하고자 하는 자는 고용노동부령이 정하는 바에 의하여 갱신허가를 받아야 한다. <개정 2010. 6. 4.>

③ 제2항의 규정에 의한 갱신허가의 유효기간은 당해 갱신전의 허가의 유효기간이 만료되는 날의 다음날부터 기산하여 3년으로 한다.

④ 제7조 내지 제9조의 규정은 제2항의 규정에 의한 갱신허가에 관하여 이를 준용한다.

제11조(사업의 폐지)

① 파견사업주는 근로자파견사업을 폐지한 때에는 고용노동부령이 정하는 바에 의하여 고용노동부장관에게 신고하여야 한다. <개정 2010. 6. 4.>

② 제1항의 규정에 의한 신고가 있는 때에는 근로자파견사업의 허가는 신고일부터 그 효력을 잃는다.

제12조(허가의 취소등)

① 고용노동부장관은 파견사업주가 다음 각호의 1에 해당하는 때에는 근로자파견사업의 허가를 취소하거나 6월 이내의 기간을 정하여 영업정지를 명할 수 있다. 다만, 제1호 또는 제2호에 해당하는 때에는 그 허가를 취소하여야 한다. <개정 2008. 3. 21., 2010. 6. 4.>

1. 제7조 제1항 또는 제10조 제2항에 따른 허가를 거짓이나 그 밖의 부정한 방법으로 받은 때
2. 제8조의 규정에 의한 결격사유에 해당하게 된 때
3. 제9조의 규정에 의한 허가의 기준에 미달하게 된 때
4. 제5조 제5항을 위반하여 근로자파견사업을 행한 때
5. 제6조 제1항·제2항 또는 제4항을 위반하여 근로자파견사업을 행한 때
6. 제7조 제1항 후단을 위반하여 허가를 받지 아니하고 중요한 사항을 변경한 때
7. 제7조 제2항에 따른 변경신고를 하지 아니하고 신고사항을 변경한 때
8. 제11조 제1항에 따른 폐지신고를 하지 아니한 때
9. 제13조 제2항을 위반하여 영업정지처분의 내용을 사용사업주에게 통지하지 아니한 때
10. 제14조에 따른 겸업금지의무를 위반한 때
11. 제15조를 위반하여 명의를 대여한 때
12. 제16조 제1항을 위반하여 근로자를 파견한 때
13. 제17조에 따른 준수사항을 위반한 때
14. 제18조에 따른 보고를 하지 아니하거나 거짓의 보고를 한 때
15. 제20조 제1항에 따른 근로자파견계약을 서면으로 체결하지 아니한 때
16. 제24조 제2항을 위반하여 근로자의 동의를 얻지 아니하고 근로자파견을 행한 때
17. 제25조를 위반하여 근로계약 또는 근로자파견계약을 체결한 때
18. 제26조 제1항을 위반하여 파견근로자에게 제20조 제1항 제2호·제4호부터 제12호까지의 사항을 알려주지 아니한 때
19. 제28조에 따른 파견사업관리책임자를 선임하지 아니하거나 결격사유에 해당하는 자를 선임한 때

20. 제29조에 따른 파견사업관리대장을 작성하지 아니하거나 보존하지 아니한 때
21. 제35조 제5항을 위반하여 건강진단결과를 송부하지 아니한 때
22. 제37조에 따른 근로자파견사업의 운영 및 파견근로자의 고용관리 등에 관한 개선명령을 이행하지 아니한 때
23. 제38조에 따른 보고명령을 위반하거나 관계 공무원의 출입·검사·질문 등의 업무를 거부·기피·방해한 때

② 고용노동부장관은 법인이 제8조 제6호의 규정에 의한 결격사유에 해당되어 허가를 취소하고자 하는 경우에는 미리 그 임원의 개임에 필요한 기간을 1월 이상 주어야 한다. <개정 2010. 6. 4.>

③ 고용노동부장관은 제1항의 규정에 의하여 허가를 취소하고자 하는 경우에는 청문을 실시하여야 한다. <개정 2010. 6. 4.>

④ 제1항의 규정에 의한 근로자파견사업의 허가의 취소 또는 영업정지의 기준은 고용노동부령으로 정한다.

제13조(허가취소등의 처분후의 근로자파견)

① 제12조의 규정에 의한 허가의 취소 또는 영업의 정지처분을 받은 파견사업주는 그 처분전에 파견한 파견근로자와 그 사용사업주에 대하여는 그 파견기간이 종료될 때까지 파견사업주로서의 의무와 권리를 가진다.

② 제1항의 경우에 파견사업주는 그 처분의 내용을 지체없이 사용사업주에게 통지하여야 한다.

제19조(폐쇄조치등)

① 고용노동부장관은 허가를 받지 아니하고 근로자파견사업을 하거나 허가의 취소 또는 영업의 정지처분을 받은 후 계속하여 사업을 하는 자에 대하여는 관계공무원으로 하여금 당해 사업을 폐쇄하기 위하여 다음 각호의 조치를 하게 할 수 있다. <개정 2010. 6. 4.>

1. 당해 사무소 또는 사무실의 간판 기타 영업표지물의 제거·삭제
2. 당해 사업이 위법한 것임을 알리는 게시물의 부착
3. 당해 사업의 운영을 위하여 필수불가결한 기구 또는 시설물을 사용할 수 없게 하는 봉인

② 제1항의 규정에 의한 조치를 하고자 하는 경우에는 미리 이를 당해 파견사업주 또는 그 대리인에게 서면으로 알려주어야 한다. 다만, 급박한 사유가 있는 경우에는 그러하지 아니하다.

③ 제1항의 규정에 의한 조치는 그 사업을 할 수 없게 함에 필요한 최소한의 범위에 그쳐야 한다.

④ 제1항의 규정에 의하여 조치를 하는 관계공무원은 그 권한을 표시하는 증표를 관계인에게 내보여야 한다.

제40조(수수료)
제7조 및 제10조의 규정에 의한 허가를 받고자 하는 자는 고용노동부령이 정하는 바에 따라 수수료를 납부하여야 한다.

1. 허가제의 의의

근로자파견사업을 하고자 하는 자는 고용노동부령이 정하는 바에 의하여 고용노동부장관의 허가를 받아야 하고(파견법 제7조 제1항 전단), 이를 위반하여 허가를 받지 않고 근로자파견사업을 행하는 자로부터 사용사업주는 근로자파견의 역무를 제공받아서는 아니 되며(파견법 제7조 제3항), 이를 위반한 파견사업주와 사용사업주에게는 3년 이하의 징역 또는 3천만 원 이하의 벌금에 처한다(파견법 제43조 제1호 및 제1호의2).

이와 같이 근로자파견사업의 허가제를 도입한 것은 근로자파견사업도 넓은 의미에서는 근로자공급사업의 한 형태이므로 직안법상 근로자공급사업의 허가제와 균형을 이루어야 하고, 또한 파견근로는 직접 고용에 대한 예외적인 제도이므로 근로자파견사업을 행하고자 하는 자의 자격과 결격 사유를 법정함과 동시에 허가제를 통해 노동행정관청이 감독권을 행사하도록 하여 파견근로자를 보호하고자 하는 데에 그 의의가 있다. 고용노동부는 감독권 행사의 구체적인 방법과 절차에 관하여 훈령으로서 '근로자파견사업허가관리규정'을 두고 있다.

2. 허가절차 및 허가 사항의 변경

가. 허가의 내용 및 절차

근로자파견사업의 허가를 받고자 하는 자는 허가신청서에 아래의 서류를 첨부하여 허가관청(주된 사업소의 소재지를 관할하는 지방고용노동청 또는 지청)에 제출하여야 한다. 이 경우 사업소를 2 이상 두고자 하는 때에는 ① 내지 ④의 첨부서류를 사업소별로 구분하여 작성하여야 한다(파견법 시행규칙 제3조 제1항).

① 사업계획서
② 정관(법인의 경우에 한함)
③ 자산 상황을 확인할 수 있는 서류(개인의 경우에 한함)
④ 사무실 전용면적을 확인할 수 있는 서류 및 그 위치도

⑤ 신청인(법인의 경우에는 임원)이 외국인인 경우에는 파견법 제8조 각 호의 허가 결격 사유에 해당하지 아니함을 증명하는 당해 국가의 정부 기타 권한 있는 기관이 발행한 서류 또는 공증인이 공증한 신청인의 진술서로서 재외공관공증법에 의하여 당해 국가에 주재하는 대한민국공관의 영사관이 확인한 서류

그리고 허가신청서에는 수수료에 해당하는 수입인지를 첨부하여야 하는데 그 금액은 3만 원이다(파견법 제40조 및 파견법 시행규칙 제20조).

허가신청서를 제출받은 담당 공무원은 전자정부법 제36조 제1항에 따라 행정정보의 공동 이용을 통하여 법인 등기사항증명서(법인의 경우에 한함)를 확인하여야 한다(파견법 시행규칙 제3조 제2항). 그리고 허가관청이 근로자파견사업의 허가를 하는 때에는 허가증을 교부하고, 허가관리대장을 작성·관리하여야 한다(파견법 시행규칙 제3조 제3항).

근로자파견사업의 허가를 받은 파견사업주가 허가증을 잃어버리거나 허가증이 못쓰게 되어 재교부를 받고자 하는 때에는 허가증 재교부신청서를 허가관청에 제출하여야 한다(파견법 시행규칙 제3조 제4항).

나. 허가 사항의 변경

1) 중요사항의 변경

근로자파견사업의 허가를 받은 파견사업주가 허가를 받은 사항 중에서 고용노동부령이 정하는 중요 사항을 변경하는 경우에는 고용노동부장관으로부터 변경 허가를 받아야 한다(파견법 제7조 제1항 후단). 다시 변경 허가를 받아야 하는 중요 사항의 변경은 ① 사업소 수의 증가, ② 사업소의 위치 변경, ③ 사업주(법인의 경우에는 대표자)의 변경 등 3가지이다(파견법 시행규칙 제4조 제1항). 변경 허가를 받고자 하는 파견사업주는 변경허가신청서에 관계서류를 첨부하여 허가관청에 제출하여야 한다(파견법 시행규칙 제4조 제1항). 허가관청은 변경 허가를 할 때에는 허가증을 회수하고 새로운 허가증을 교부하여야 하며, 허가관리대장에 그 변경 내용을 기재하여야 한다(파견법 시행규칙 제4조 제3항). 파견사업주가 변경 허가를 받을 때에도 신규 허가와 마찬가지로 수수료를 수입인지로 납부해야 하는데, 그 금액은 2만 원이다(파견법 제40조 및 파견법 시행규칙 제20조).

2) 중요사항 외의 사항의 변경

변경 허가를 받아야 하는 위 3가지 중요한 사항 이외의 사항을 변경하고자 하

는 경우에는 파견사업주는 고용노동부장관에게 변경 신고를 하면 된다(파견법 제7조 제2항). 변경 신고를 해야 하는 사항은 ① 법인의 임원(대표자를 제외함)의 변경, ② 파견사업관리책임자의 변경, ③ 상호 또는 법인 명칭의 변경, ④ 사업소 수의 감소 4가지이다(파견법 시행규칙 제4조 제2항). 변경 신고를 하고자 하는 파견사업주는 변경신고서에 관계서류를 첨부하여 허가관청에 제출하여야 한다(파견법 시행규칙 제4조 제2항). 허가관청은 허가사항 변경 신고를 받은 때에는 허가증을 회수하고 새로운 허가증을 교부하여야 하며, 허가관리대장에 그 변경 내용을 기재하여야 한다(파견법 시행규칙 제4조 제3항).

3. 허가의 결격 사유

파견법 제8조는 근로자파견사업의 허가를 받을 수 없는 결격 사유를 규정하고 있다. 이는 근로자파견사업이 근로자를 고용하여 자신의 생산적인 활동에 직접적으로 종사시키는 것이 아니라 타인에게 파견하여 경제적 이득을 취하는 사업 형태이고 또한 파견사업주는 노동관계법상 사용자 책임도 이행해야 하기 때문이라고 할 수 있다. 곧 근로자파견사업은 근로자의 고용관계의 성립과 존속에 개입하여 경제적인 중간이득을 취하는 업무이기 때문에 파견사업주의 경력과 사회적 평가는 개인적인 문제로만 볼 수 없고, 임금을 목적으로 하는 근로자에 대해 사용자로서 책임을 다할 수 있는지의 여부를 고려해야 하므로 이와 같은 허가의 결격 사유에 관한 규정을 두고 있다.

근로자파견사업의 허가를 받을 수 없는 결격 사유는 아래와 같은바, 이러한 결격 사유에 해당하는 자는 근로자파견사업을 할 수 없고 이러한 자가 근로자파견사업의 허가 신청을 하는 경우에는 허가가 거부된다.

① 미성년자·피성년후견인·피한정후견인 또는 파산선고를 받고 복권되지 아니한 자

② 금고 이상의 형(집행유예를 제외함)의 선고를 받고 그 집행이 종료되거나 집행을 받지 아니하기로 확정된 후 2년이 경과되지 아니한 자

③ 파견법, 직안법, 근기법 제7조, 제9조, 제20조부터 제22조까지, 제36조, 제43조부터 제46조까지, 제56조 및 제64조, 최저임금법 제6조, 선원법 제110조의 규정을 위반하여 벌금 이상의 형(집행유예를 제외함)의 선고를 받고 그 집행이 종료되거나 집행을 받지 아니하기로 확정된 후 3년이 경과되지 아니한 자

④ 금고 이상의 형의 집행유예 선고를 받고 그 유예기간 중에 있는 자

⑤ 파견법 제12조의 규정에 따라 당해 근로자사업의 허가가 취소된 후 3년이 경과되지 아니한 자

⑥ 법인으로서 그 임원 중 ① 내지 ⑤의 어느 하나에 해당하는 자가 있는 법인

4. 허가의 기준

근로자파견사업의 허가 신청이 있는 경우에 고용노동부장관은 신청인이 다음의 적극적 요건과 소극적 요건을 모두 충족시키고 있는 경우에 한하여 이를 허가할 수 있다(파견법 제9조 제1항). 이와 같은 허가 기준은 근로자파견사업자의 난립을 막고 파견근로와 관련한 원활한 노동력 수급을 조정함과 동시에 파견근로자를 보호하기 위하여 마련된 것이다.

가. 허가의 적극적 기준

근로자파견사업 허가의 적극적 기준으로서 신청인은 당해 근로자파견사업을 적정하게 수행할 수 있는 자산과 시설 등을 갖추고 있어야 한다(파견법 제9조 제1항 제1호). 파견법 시행령에서 규정하고 있는 허가의 세부 기준은 아래의 3가지인바(파견법 시행령 제3조), 근로자파견사업을 행하기 위한 최소한의 요건이라고 하겠다.

① 상시 5인 이상의 근로자(파견근로자를 제외함)를 사용하는 사업 또는 사업장으로서 고용보험 · 국민연금 · 산업재해보상보험 및 국민건강보험에 가입되어 있을 것

② 1억 원 이상의 자본금(개인의 경우에는 자산평가액)을 갖출 것

③ 전용면적 20㎡ 이상의 사무실을 갖출 것

나. 허가의 소극적 기준

당해 근로자파견사업이 특정한 소수의 사용사업주를 대상으로 하여 근로자파견을 행하는 것이 아니어야 한다(파견법 제9조 제1항 제2호). 파견사업주가 소수의 사용사업주를 대상으로만 근로자파견사업을 행한다는 것은 자신이 고용한 근로자를 거래처인 특정 사용사업주를 위해 소개하는 중간 역할만 하기 때문에 허가

의 거부사유로 규정하고 있는 것이다. 곧 파견사업주가 근로자 소개가 아닌 파견근로자를 고용한 사업주로서 근로자파견사업을 계속적·반복적으로 행할 의사와 능력이 있는지 여부를 허가의 기준으로 삼고 있는 것이다.

그렇지만 특정 소수의 사용사업주만을 대상으로 근로자파견사업을 행하는지 여부를 구체적으로 판단하는 데에는 상당한 어려움이 있을 것인데, 파견사업주의 정관 등에 그 사업 목적이 근로자파견의 역할을 특정한 자에게 제공하는 취지로 기재되어 있는 경우, 파견사업주의 파견처 확보를 위한 노력이 객관적으로 인정되지 않는 경우, 특정한 자 이외에는 근로자파견의 역무를 제공받으려는 자에 대하여 정당한 이유 없이 근로자파견을 거부하고 있는 경우 등에는 오직 특정한 소수의 사용사업주에게 근로자파견을 제공하는 것을 목적으로 하는 근로자파견사업이라고 판단할 수 있을 것이다.

파견법 제9조 제2항은 허가의 세부기준을 대통령령으로 정하도록 위임하고 있으나, 파견법 시행령 제3조는 자산 및 시설 등의 기준과 같은 적극적 기준의 세부기준만을 정하고 있어, 소극적 기준의 세부기준을 시행령으로 정하여야 할 필요성이 대두된다.

5. 허가의 유효기간과 갱신, 실효

파견법은 근로자파견사업의 적정한 운영을 확보하기 위하여 허가의 유효기간을 3년으로 정하고 있다(파견법 제10조 제1항). 이에 따라 허가의 유효기간이 만료된 후 계속하여 근로자파견사업을 하고자 하는 자는 고용노동부령이 정하는바에 따라 갱신 허가를 받아야 한다(파견법 제10조 제2항). 곧 근로자파견사업의 갱신허가를 받고자 하는 자는 허가의 유효기간 만료일 30일 전까지 갱신허가신청서에 ① 정관(법인인 경우에 한함), ② 허가증 사본, ③ 신청인(법인인 경우에는 임원)이 외국인인 경우는 허가의 결격 사유가 없음을 증명하는 서류를 첨부한 갱신허가신청서를 허가관청에 제출하여야 한다. 다만 첨부하여야 하는 관계 서류는 동일한 내용의 서류가 이미 제출되어 있는 경우에는 다시 제출하지 않아도 된다(파견법 시행규칙 제5조 제1항).

갱신허가신청서를 제출받은 담당 공무원은 전자정부법 제36조 제1항에 따라 행정정보의 공동 이용을 통하여 신청인이 법인인 경우는 법인 등기사항증명서, 개인인 경우는 사업자등록증을 확인하여야 하는데, 개인인 신청인이 사업자등록증의 확인에 동의하지 아니한 경우에는 그 서류를 첨부하도록 하여야 한다(파견법 시행규칙 제5조 제2항). 갱신 허가에 관하여는 신규 허가를 할 때에 적용되는 허가의 요건과 기준, 허가의 결격 사유에 관한 파견법 제7조 내지 제9조의 규정이 그대로 준용된다(파견법 제10조 제4항). 허가관청이 갱신 허가를 하는 때에는 유효기간이 만료되는 허가증을 회수하고 새로운 허가증을 교부하고 허가관리대장에 갱신 내용을 기재하여야 한다(파견법 시행규칙 제5조 제3항).

갱신 허가의 유효기간은 당해 갱신 전의 허가의 유효기간이 만료되는 날의 다음날부터 기산하여 3년으로 한다(파견법 제10조 제3항).

파견사업주가 갱신 허가를 받을 때에도 신규 허가와 마찬가지로 수수료를 수입인지로 납부해야 하는데, 그 금액은 1만 원이다(파견법 제40조 및 파견법 시행규칙 제20조).

파견사업주가 근로자파견사업을 폐지한 때에는 고용노동부령이 정하는 바에 따라 고용노동부장관에게 신고하여야 하는바, 근로자파견사업을 폐지한 파견사업주는 폐지신고서에 허가증을 첨부하여 허가관청에게 제출하여야 하고, 폐지신고를 받은 허가관청은 허가관리대장에 그 사실을 기재하여야 한다(파견법 제11조 제1항 및 파견법 시행규칙 제6조 제1항 및 제2항).

이러한 폐지 신고가 있게 되면 근로자파견사업의 허가는 신고일 부터 그 효력을 잃게 되고(파견법 제11조 제2항), 파견사업주가 폐지 신고를 하지 않으면 행정처분에 의하여 허가를 취소할 수 있게 된다(파견법 제12조 제1항 제8호 및 파견법 시행규칙 별표).

6. 허가의 취소 및 영업 정지

가. 허가 취소 등의 사유 및 기준

고용노동부장관은 파견사업주가 파견법 제12조 제1항 각호에 해당하는 경우에는 근로자파견사업의 허가를 취소하거나 6개월 이내의 기간을 정하여 영업 정지를 명할 수 있다. 다만 ① 거짓이나 그 밖의 부정한 방법으로 허가를 받은 때, ② 제8조의 규정에 의한 허가 결격 사유에 해당하게 된 때에는 반드시 허가를 취소하여야 한다(파견법 제12조 제1항).[229]

---

229) 제정 파견법은 동 조항에 제4호까지만 존재하였고, 제1호 내지 제3호는 현행 파견법과 동일하나, 제4호는 '이 법 또는 이 법의 규정에 의한 명령 또는 처분에 위반한 때'라고 포괄적으로 규정하고

고용노동부장관이 근로자파견사업의 허가 취소 또는 영업정지명령을 내리는 구체적 기준은 고용노동부령으로 정하도록 되어 있는바(파견법 제12조 제4항), 그에 따라 파견법 시행규칙에서는 근로자파견사업의 허가 취소 또는 영업정지의 기준을 일반 기준과 개별 기준으로 나누어 상세하게 규정하고 있다(파견법 시행규칙 제7조 및 별표).

나. 허가 취소 등의 절차

법인이 파견법 제8조 제6호 규정에 의한 결격 사유(법인의 임원중에 허가의 결격 사유에 해당하는 자가 있는 경우)에 해당되어 허가를 취소하고자 하는 경우에는 허가를 취소하기에 앞서 그 임원의 개임에 필요한 기간을 1개월 이상 주어야 한다(파견법 제12조 제2항). 그리고 허가를 취소하고자 하는 경우에는 청문을 실시하여야 한다(파견법 제12조 제3항).

7. 허가 취소 등의 처분과 파견근로관계

가. 허가 취소 등의 처분 이전에 이루어진 근로자파견

근로자파견사업의 허가 취소 또는 영업의 정지처분을 받은 파견사업주이더라도 그 처분 전에 파견한 파견근로자와 그 사용사업주에 대하여는 그 파견기간이 종료될 때까지 파견사업주로서의 의무와 권리를 가진다(파견법 제13조 제1항). 이 경우에 파견사업주는 그 처분의 내용을 지체 없이 사용사업주에게 통지하여야 한다(파견법 제13조 제2항).

파견사업주가 근로자파견사업의 허가 취소 또는 영업정지처분을 받게 되면 파견근로자와 사용사업주로서는 뜻하지 않은 피해를 입을 수 있고, 특히 파견사업주와 고용관계를 유지하고 있는 파견근로자는 고용 불안에 처해지므로 이를 방지하고자 하는 취지에서 마련된 규정이다.

따라서 근로자파견사업의 허가 취소나 영업정지처분이 내려지더라도 근로자파

있었다. 이에 따라 허위 등으로 허가를 받은 경우(제1호), 결격사유에 해당하게 된 경우(제2호), 허가 기준에 미달하게 된 경우(제3호)를 제외한 파견법 위반의 사유는 모두 동조항 제4호 및 파견법 시행규칙상 행정처분기준에 근거하여 영업정지 또는 허가취소처분이 이루어졌다. 이로 인해 영업정지 및 허가취소가 불이익처분임에도 그 요건이 명확하지 않다는 문제가 제기되었고, 2008년 법 개정 시에 불명확한 행정처분의 요건 등을 명확히 하여 객관적이고 투명한 법적용이 가능하도록 재량행위를 투명화 하려는 취지에 따라 현행 파견법과 같이 제4호 내지 제23호에서 구체적인 파견법 위반 사유를 개별적으로 열거하기에 이르렀다.

견계약에서 정한 파견기간이 종료될 때까지는 파견근로 당사자 사이의 법률관계는 그대로 유지된다. 곧 파견근로자는 계속 사용사업주에게 근로를 제공하여야 하고, 사용사업주는 파견사업주에게 약정한 파견수수료를 지급하여야 하며, 파견사업주는 파견근로자에게 임금을 지급해야 한다.

한편 영업정지처분을 받은 파견사업주가 그 영업정지처분의 내용을 사용사업주에게 통지하지 않으면 재차 영업정지처분을 받을 수도 있게 된다(파견법 제12조 제1항 제9호 및 파견법 시행규칙 별표).

나. 허가 취소 등의 처분 이후의 새로운 근로자파견

근로자파견사업의 허가가 취소된 이후에 파견사업주가 새로이 근로자파견을 하는 것은 파견법 제7조 제1항 및 제3항 위반의 무허가 파견에 해당한다. 따라서 이 경우에는 파견사업주와 사용사업주는 각각 3년 이하의 징역형 또는 3천만 원 이하의 벌금형의 형사처벌을 받게 되며(파견법 제43조 제1호 및 제1호의2), 사용사업주는 파견법 제6조의2 제1항 제5호에 따라 파견근로자를 직접 고용하여야 한다.

파견법 제12조 제1항에 의한 영업정지명령을 받은 파견사업주가 근로자파견사업을 계속하는 경우에는 1년 이하의 징역 또는 1천만 원 이하의 벌금에 처해진다(파견법 제44조 제2호). 그런데 영업정지명령을 받은 파견사업주로부터 근로자파견의 역무를 제공받은 사용사업주에 대한 벌칙 규정은 없다. 무허가 근로자파견의 경우 파견사업주와 사용사업주 각각에 대한 별도의 형사처벌 규정이 존재하는 것과 달리 영업정지명령시의 근로자파견은 파견사업주 처벌 규정만을 두고 있는바, 입법의 불비인 것으로 보인다.

8. 무허가 근로자파견사업의 규제

가. 근로자파견 역무 제공의 금지

제정 파견법에서는 사용사업주가 근로자파견사업의 허가를 받지 아니한 파견사업주로보터 근로자파견의 역무를 제공받는 것을 금지하는 규정이 없었고, 이에 따라 무허가 파견사업주로부터 근로자파견을 받아 파견근로자를 사용할 경우 사용사업주에게 직접 고용 간주 규정을 적할 수 있는지의 여부가 논란이 되었다. 대법원은 '예스코 사건' 전원합의체 판결에서, 파견법상 고용 간주 규정[230]은 허가를 받은 파견사업주가 행하는 근로자파견에 해당할 것을 고용 간주의 요건으로 들고 있지 않으므로, 허가를 받은 '적법한 근로자파견'에만 동 규정이 적용된다고 축소 해석하는 것은 규정의 문언이나 입법 취지 등에 비추어 아무런 근거가 없다고 판단하여 논란을 정리하였다.[231)]

2006년 개정 파견법부터는 사용사업주가 허가를 받지 않고 근로자파견사업을 행하는 자로부터 근로자파견의 역무를 제공받는 것을 금지하는 명문의 규정을 두었다(파견법 제7조 제3항). 한편, 2006년 개정 파견법은 이와 동시에 사용사업주가 무허가 파견사업주로부터 2년을 초과하여 계속적으로 근로자파견의 역무를 제공받는 경우에는 당해 파견근로자를 직접 고용할 의무를 부과하였는데, 2012년 개정시 '2년을 초과하여 계속적으로' 부분을 삭제함으로써 무허가 파견사업주로부터 근로자파견의 역무를 제공받은 사용사업주는 그 즉시 파견근로자를 직접 고용할 의무를 부담하게 되었다(파견법 제6조의2 제1항 제5호). 파견근로자 보호의 입법 취지상 타당한 개정으로 보인다.

나. 행정제재

고용노동부장관은 허가를 받지 아니하고 근로자파견사업을 하거나 허가의 취소 또는 영업의 정지처분을 받은 후에도 계속하여 사업을 하는 자에 대해서는 관계 공무원으로 하여금 당해 사업을 폐쇄하기 위하여 아래의 3가지 조치를 하게 할 수 있다(파견법 제19조 제1항).

① 당해 사무소 또는 사무실의 간판 기타 영업표지물의 제거 · 삭제
② 당해 사업이 위법한 것임을 알리는 게시물의 부착
③ 당해 사업의 운영을 위하여 필수 불가결한 기구 또는 시설물을 사용 할 수 없게 하는 봉인

이러한 폐쇄 조치를 하고자 하는 경우에는 미리 이러한 사실을 당해 파견사업주 또는 그 대리인에게 서면으로 알려주어야 한다. 다만, 급박한 사유가 있는 경우에는 이러한 절차를 생략할 수 있다(파견법 제19조 제2항). 또한 폐쇄조치는 그 사업을 할 수 없게 함에 필요한 최소한의 범위에 그쳐야 하고, 폐쇄 조치를 하는 관계 공무원은 그 권한을 표시하는 증표를 관계인에게 내보여야 한다(파견법 제

230) 제정 파견법 제6조 제3항은 "사용사업주가 2년을 초과하여 계속적으로 파견근로자를 사용하는 경우에는 2년의 기간이 만료된 날의 다음날부터 파견근로자를 고용한 것으로 본다. 다만, 당해 파견근로자가 명시적인 반대의사를 표시하는 경우를 제외한다."라고 규정하고 있었다.

231) 대법원 2008. 9. 18. 선고 2007두22320 전원합의체 판결

19조 제3항 및 제4항).

다. 형사제재

허가를 받지 않고 근로자파견사업을 행한 자와 근로자파견사업의 허가를 받지 아니한 자로부터 근로자파견의 역무를 제공받은 자는 각각 3년 이하의 징역 또는 2천만 원 이하의 벌금에 처한다(파견법 제43조 제1호 및 제1호의2). 허가 취소 후에 이루어진 새로운 근로자파견에 대해서도 마찬가지의 벌칙이 파견사업주와 사용사업주에게 가해져야 한다는 점은 앞에서 살펴본 바와 같다.

대법원은 파견법 제43조 제1호에 의해 처벌되는 '제7조 제1항의 규정을 위반하여 근로자파견사업을 행한 자'에 회사의 대표이사 외에 실제 사주로서 근로자공급사업을 한 자 또한 포함된다고 하여 처벌대상을 넓게 해석하고 있는바, 무허가 근로자파견사업을 규제함으로써 파견근로자를 보호하려는 동 조항의 취지상 바람직한 해석이라 할 것이다.[232)]

그리고 허위 기타 부정한 방법으로 근로자파견사업의 허가 또는 갱신 허가를 받은 자에 대해서도 3년 이하의 징역 또는 3천만 원 이하의 벌금형이 부과되며(파견법 제43조 제2호), 아울러 근로자파견사업의 허가를 취소하게 된다(파견법 제12조 제1항 제1호).

9. 보론 – 철저한 감독권 행사의 필요성

근로자파견사업에 대한 행정적 규제 방법으로는 허가제와 신고제 등이 있음은 앞서 살펴본 바와 같다. 우리나라의 경우 근로자파견사업을 허가제로 한 입법 취지는 파견사업주가 파견근로자의 사용자로서 의무를 제대로 이행하기 위해 필요한 자격을 갖추었는지 또는 파견사업주가 의무를 제대로 이행하고 있는지를 노동행정관청이 사전에 심사하고 허가 후에 감독함으로써 파견근로자 보호의 실효성을 확보하려는 데에 있다.

그런데 파견법에서 파견근로자의 보호를 위해 근로자파견사업의 신규 허가와 갱신 허가에 필요한 자격 요건을 규정해 두고 있더라도 법을 집행함에 있어서 노동행정관청이 철저한 사전 심사와 사후 감독을 하지 않으면 근로자파견사업의 허가제에 관한 규정들은 문언 상으로만 존재하는 데에 그치게 될 뿐이다. 파견법

232) 대법원 2000. 9. 29. 선고 2000도3051 판결.

시행 이후에 노동 현장에서 불법 파견이 성행하고 있는 것은 노동행정관청이 파견사업주에 대한 감독과 관리를 허술하게 한 것과 상당한 관련성이 있다고 보인다. 따라서 근로자파견사업의 허가에 관련된 규정들이 실효성을 가지기 위해서는 노동행정관청의 적극적인 법 집행이 요청된다고 할 것이다.

[제14조~제18조] 기타 근로자파견사업의 적정 운영을 위한 제도

제14조(겸업금지)

다음 각호의 1에 해당하는 사업을 하는 자는 근로자파견사업을 행할 수 없다. <개정 2009. 2. 6.>

1. 「식품위생법」 제36조 제1항 제3호에 따른 식품접객업
2. 공중위생법 제2조 제1항 제1호 가목의 규정에 의한 숙박업
3. 가정의례에관한법률 제5조의 규정에 의한 결혼상담 또는 중매행위를 하는 업
4. 기타 대통령령으로 정하는 사업

제15조(명의대여의 금지)

파견사업주는 자기의 명의로 타인에게 근로자파견사업을 행하게 하여서는 아니된다.

제16조(근로자파견의 제한)

① 파견사업주는 쟁의행위중인 사업장에 그 쟁의행위로 중단된 업무의 수행을 위하여 근로자를 파견하여서는 아니된다.

② 누구든지 「근로기준법」 제24조의 규정에 의한 경영상의 이유에 의한 해고를 한 후 대통령령이 정하는 일정기간이 경과하기 전에는 당해 업무에 파견근로자를 사용하여서는 아니된다. <개정 2007. 4. 11.>

제17조(파견사업주등의 준수사항)

파견사업주 및 제28조의 규정에 의한 파견사업관리책임자는 근로자파견사업을 행함에 있어 고용노동부령이 정하는 사항을 준수하여야 한다. <개정 2010. 6. 4.>

제18조(사업보고)

파견사업주는 고용노동부령이 정하는 바에 따라 사업보고서를 작성하여 고용노동부장관에게 제출하여야 한다. <개정 2010. 6. 4.>

1. 겸업 금지

가. 파견사업 겸업 금지 업종

헌법상 직업 선택의 자유에 따라 근로자파견사업도 누구나 자유로이 행할 수 있는 것이 원칙이지만, 근로자를 파견하는 사업은 다른 사업의 경우보다 사업주에게 훨씬 큰 도덕적·윤리적 가치관이 요구된다고 할 수 있다. 또한 근로자파견은 직업 소개로 볼 수 있는 측면이 많고 과거의 경험칙으로 볼 때 직종에 따라서는 사람의 소개로 인해 사회적·윤리적 문제가 많이 발생하였거나 발생할 가능성이 높은 영역인 것도 사실이다.

이에 따라 파견법은 공중위생 또는 공중도덕상 유해한 업무에 취업시킬 목적으로 근로자파견을 한 자에 대해서는 5년 이하의 징역 또는 5천만 원 이하의 벌금이라는 가장 높은 형벌을 가하도록 규정하고 있으며(파견법 제42조 제1항), 이에 대한 미수범 처벌 규정 또한 두고 있다(파견법 제42조 제2항). 아래의 사업을 하는 자가 근로자파견사업을 겸업할 경우에는 공중위생 또는 공중도덕상 유해한 업무에 취업시킬 목적으로 근로자파견사업을 하게 될 우려가 매우 높기 때문에 그 겸업을 금지하고 있다(파견법 제14조).

① 식품위생법 제36조 제1항 제3호의 규정에 의한 식품접객업
② 공중위생법 제2조 제1항 제1호 가목의 규정에 의한 숙박업
③ 가정의례에관한법률 제5조의 규정에 의한 결혼 상담 또는 중매 행위를 하는 업
④ 기타 대통령령으로 정하는 사업

이러한 겸업 금지 의무를 위반한 파견사업주에 대해서는 파견법 제12조 제1항 제10호에 따라 영업정지 또는 허가취소처분을 할 수 있도록 되어 있다(파견법 시행규칙 별표).

나. 대통령령 규정의 미비

파견법 제14조 제4호는 기타 대통령령으로 정하는 사업을 하는 자 또한 동조 제1호 내지 제3호의 사업을 하는 자와 마찬가지로 근로자파견사업을 겸업하지 못하도록 하고 있으나, 이로부터 위임된 사항을 정한 파견법 시행령 규정은 미비한 상태이다. 파견사업 겸업 금지 의무 조항의 취지가 공중도덕상 유해한 업무에

취업시킬 목적으로 근로자파견을 할 여지가 있는 사업들을 유형화함으로써 파견법 제42조를 통한 형사적 제재에 앞서 잠재적 파견근로자를 보호하고자 하는 것이기 때문에, 파견법 시행령을 적극 활용하여 겸업 금지 대상 업무를 규율할 필요가 있다.

2. 명의 대여의 금지

파견사업주는 자기의 명의로 타인에게 근로자파견사업을 행하게 하여서는 아니 된다(파견법 제15조). 근로자파견사업의 허가에 필요한 파견사업주의 자격 등을 법정하고 있기 때문에 파견사업주가 될 수 없는 결격자가 타인의 명의를 빌려 허가를 받아 근로자파견사업을 하는 경우가 있을 수 있으므로, 근로자파견사업의 허가를 받은 자가 타인에게 근로자파견사업을 하도록 그 명의를 대여하는 것을 금지하고 있는 것이다. 명의 대여를 금지하는 범위에는 근로자파견사업의 허가를 받은 후에 사업주의 변경 허가를 받음이 없이 타인에게 명의를 대여를 하는 경우뿐 아니라 처음부터 근로자파견사업의 허가를 받기 위해 타인의 명의를 이용하는 경우도 포함되는 것으로 해석해야 한다.

타인에게 명의를 대여한 파견사업주는 3년 이하의 징역 또는 3천만 원 이하의 벌금에 처하며(파견법 제43조 제3호), 아울러 1차 위반만으로도 근로자파견사업의 허가를 취소하는 것을 원칙으로 하고 있다(파견법 시행규칙 별표). 타인의 명의를 빌려 근로자파견사업을 하는 자에 대해서는 직접적인 벌칙 규정은 없는바, 입법의 불비인 것으로 보인다.

3. 근로자파견의 제한

가. 쟁의행위 중인 사업장

파견사업주는 쟁의행위 중인 사업장에 그 쟁의행위로 중단된 업무의 수행을 위하여 근로자를 파견하여서는 아니 된다(파견법 제16조 제1항). 이를 위반하여 쟁의행위 중인 사업장에 근로자파견을 하게 되면 파견사업주와 사용사업주는 1년 이하의 징역 또는 1천만 원 이하의 벌금의 형벌을 받게 되며(파견법 제44조 제3호), 아울러 파견사업주에게는 파견법 제12조 제1항 제12호에 따른 영업정지 또는 허가취소처분을 할 수 있도록 하고 있다(파견법 시행규칙 별표).

노조법 제43조 제1항 및 제2항은, 사용자로 하여금 쟁의행위 기간 중 그 쟁의행위로 중단된 업무 수행을 위하여 당해 사업과 관계없는 자를 채용 또는 대체하거나 도급 또는 하도급을 줄 수 없게 규제하고 있는바, 쟁의행위 중의 대체 근로자파견은 명시적으로 규제하고 있지 않다. 노동계에서 파견법의 입법을 반대하였던 이유 중의 하나가 쟁의행위 중인 사업장에서 사업주가 파견근로자를 대체투입하여 조업을 계속할 경우 쟁의행위의 효과를 떨어뜨려 결과적으로 근로자의 단체행동권이 저해될 수 있다는 것이었는바, 이러한 우려를 방지하고자 파견법에 노조법상 위 규정과 동일한 취지로 쟁의행위 중인 사업장에는 근로자파견을 금지하는 규정을 둔 것이다. 근로자파견이 금지되는 것은 쟁의행위로 중단된 업무의 수행에 한하기 때문에 쟁의행위로 중단된 업무가 아닌 업무에 대해서는 쟁의행위 중이더라도 파견근로자를 사용하는 것이 가능하다. 다만 쟁의행위로 중단된 업무와 관련된 업무로서 그 업무를 수행하게 되는 경우 실질적으로 중단된 업무를 대체하는 효과가 있다면 파견근로자를 사용할 수 없는 것으로 해석하여야 한다.

문제는 위법한 쟁의행위의 경우에도 그 쟁의행위로 중단된 업무의 수행을 위하여 파견근로자를 사용하는 것이 금지되는지 여부이다.

고용노동부는 여기서 말하는 '쟁의행위'라 함은 노조법 제2조 제6호의 규정에 의한 쟁의행위로서 정당한 쟁의행위를 의미하는 것으로 보고 있고,[233] 학설도 쟁의행위의 정당성이 인정되지 않는 경우에는 파견근로자를 쟁의행위로 중단된 업무의 수행을 위하여 대체 근무시키는 것이 가능하다는 견해가 존재한다.[234]

그렇지만 쟁의행위 중인 사업장에 대한 근로자파견의 제한은 쟁의행위의 효과를 감소시켜 근로자의 단체행동권을 저해할 수 있는 위험성을 방지하기 위한 것이 주된 입법 취지라고 할 수 있는 점, 쟁의행위 당시의 시점에서는 그 정당성 여부를 판단하기가 어렵다는 점, 쟁의행위의 정당성이 없다고 보아 대체 근로를 허용하였지만 추후 정당성을 인정받게 될 경우 대체 근로에 의해 감소된 쟁의행위의 효과는 회복될 수 없다는 점 등을 고려하면, 쟁의행위의 정당성 여부는 일단 불문하고 쟁의행위로 중단된 업무에 근로자파견이 금지되는 것으로 해석하는 것이 타당하다고 보인다.

233) 노동부 1998. 8. 7. 고관 68460-627.
234) 김유성Ⅰ, 400쪽.

나. 경영상 이유에 의한 해고를 한 사업장

누구든지 근기법 제24조의 규정에 의한 경영상의 이유에 의한 해고를 한 후 대통령령이 정하는 일정한 기간이 경과하기 전에는 당해 업무에 파견근로자를 사용하여서는 아니 된다(파견법 제16조 제2항). 이 때 경영상 이유에 의한 해고가 이루어진 당해 업무에 파견근로자를 사용할 수 없는 기간은 원칙적으로 2년이다. 다만 당해 사업 또는 사업장에 근로자의 과반수로 조직된 노동조합이 있는 경우는 그 노동조합, 근로자의 과반수로 조직된 노동조합이 없는 경우는 근로자의 과반수를 대표하는 자의 동의가 있는 때에는 파견근로자의 사용이 금지되는 기간은 6개월로 단축된다(파견법 시행령 제4조).

이 조항의 취지는, 경영상 이유에 의한 해고를 한 사용자가 근로자를 해고한 날부터 3년 이내에 해고된 근로자가 해고 당시 담당하였던 업무와 같은 업무를 할 근로자를 채용하려고 할 경우 해고된 근로자가 원하면 그 근로자를 우선적으로 고용하여야 한다는 근기법 제25조 제1항의 우선 재고용 의무 규정의 실효성을 확보하기 위한 것이다. 이를 위반하여 경영상 이유에 의한 해고를 한 사업장에서 파견근로자를 사용하면 1년 이하의 징역 또는 1천만 원 이하의 벌금에 처해진다(파견법 제44조 제3호). 파견법 제16조 제2항의 수규자는 파견사업주가 아닌 일반사업주이므로, 이 조항 위반은 동법 제12조 제1항에 의한 근로자파견사업의 영업정지 또는 허가취소의 사유로 규정되어 있지 않다.

이러한 법의 취지를 무시하고 경영상 이유에 의한 해고를 한 사업장에서 해고가 이루어진 업무에 해고된 근로자를 고용하지 아니하고 파견근로자를 사용한 사실이 인정되는 경우, 해고된 근로자가 자신을 고용할 것을 사용자에게 청구할 수 있는지 여부와 당해 근로자파견의 효력 여하가 문제된다. 근기법상 재고용 의무는 해고한 날부터 3년간 존속하는 것임에 반해 파견법상 파견근로자 사용금지 기간은 해고한 날부터 2년이어서, 기간을 나누어 검토할 것을 요한다.

경영상 이유에 의한 해고를 한 날로부터 2년이 도과하기 전에는, 사업주는 파견근로자를 사용하지 못하고 해고된 근로자를 우선 고용하여야 하는 의무도 부담한다. 2007. 1. 26. 개정 이전의 근기법에서는 우선 재고용 의무가 노력 의무에 불과하였지만 위 개정으로 '해고된 근로자가 원하면 그 근로자를 우선적으로 고용하여야 한다'고 변경하여 우선 재고용 의무 자체가 법적 의무로 인정되었다. 해고 근로자에 대한 보호를 강화한 것이다. 이러한 점을 고려하면, 근기법 제25

조 제1항의 '같은 업무를 할 근로자를 채용하려고 할 경우'에 같은 업무를 할 파견근로자를 사용한 경우를 포함시켜, 파견근로자를 사용한 사용자에게 해고된 근로자가 자신을 고용할 것을 청구할 수 있다고 보아야 한다. 당해 근로자파견계약의 효력 여하에 관하여는, 형사처벌 대상(파견법 제44조 제3호)인 2년 내의 근로자파견계약의 사법상 효력을 인정하는 것은 타당하지 않으므로 무효라 본다. 다만, 이 경우 사용사업주와 파견사업주가 위법한 근로자파견계약을 체결하였다 하여 파견근로자를 보호할 필요성이 없다고 볼 수는 없으므로, 파견근로자와 근로계약을 맺은 파견사업주가 근기법상 사용자로서의 책임을 져야 할 것이다.

경영상 이유에 의한 해고일로부터 2년은 도과하였으나 3년이 되기 전에는, 사업주는 파견근로자를 사용할 수는 있으나 해고된 근로자를 우선 고용하여야 하는 의무를 부담한다. 이 경우 당해 근로자파견계약은 파견법이 금지하고 있는 것이 아니므로 효력 여하의 문제가 생기지 않고 당연히 유효하다. 다만, 이 경우에 파견근로자의 보호라는 법의 목적이 경영상 이유에 의한 해고를 당한 기존 근로자의 보호라는 본 규정의 취지를 배제하는 것은 아니므로, 해고된 근로자는 사용자에게 자신을 고용할 것을 청구할 수 있다고 볼 것이다.

4. 파견사업주의 준수 사항 등

파견사업주 및 파견사업관리책임자는 근로자파견사업을 함에 있어서 다음의 사항을 준수하여야 한다(파견법 제17조 및 파견법 시행규칙 제8조).

① 파견근로자를 모집하고자 하는 때에는 모집 대상이 파견근로자임을 명시할 것

② 사무소의 보기 쉬운 곳에 허가증을 걸어 둘 것

이러한 준수 사항을 지키지 아니한 파견사업주는 파견법 제12조 제1항 제13호에 따라 영업정지처분을 받을 수 있게 된다(파견법 시행규칙 별표).

그리고 파견사업주는 매 반기별로 사업보고서를 작성하여 매 반기 다음달 10일까지 허가관청에 제출하여야 한다(파견법 제18조 및 파견법 시행규칙 제9조). 종래에는 파견사업주의 사업보고서 제출기한을 매 반기 다음 달 20일까지로 정하고 있었는데, 2007. 6. 29.자로 파견법 시행규칙을 개정하면서 근로자파견사업의 현황을 적시성 있게 파악하기 위하여 매 반기 다음 달 10일까지로 그 기간을 10일 단축하였다.

파견사업주가 이러한 보고를 하지 않거나 허위 보고를 하게 되면 고용노동부장관으로부터 영업정지명령을 받을 수 있게 된다(파견법 제12조 제1항 제13호 및 파견법 시행규칙 별표).

[제20조, 제22조] 근로자파견계약

제20조(계약의 내용등)

① 근로자파견계약의 당사자는 고용노동부령이 정하는 바에 따라 다음 각호의 사항이 포함되는 근로자파견계약을 서면으로 체결하여야 한다. <개정 2006. 12. 21., 2010. 6. 4.>

1. 파견근로자의 수
2. 파견근로자가 종사할 업무의 내용
3. 파견사유(제5조 제2항의 규정에 의하여 근로자파견을 행하는 경우에 한한다)
4. 파견근로자가 파견되어 근로할 사업장의 명칭 및 소재지 기타 파견근로자의 근로장소
5. 파견근로중인 파견근로자를 직접 지휘·명령할 자에 관한 사항
6. 근로자파견기간 및 파견근로 개시일에 관한 사항
7. 시업 및 종업의 시각과 휴게시간에 관한 사항
8. 휴일·휴가에 관한 사항
9. 연장·야간·휴일근로에 관한 사항
10. 안전 및 보건에 관한 사항
11. 근로자파견의 대가
12. 기타 고용노동부령이 정하는 사항

② 사용사업주는 제1항의 규정에 따라 근로자파견계약을 체결하는 때에는 파견사업주에게 제21조 제1항의 규정을 준수하도록 하기 위하여 필요한 정보를 제공하여야 한다. 이 경우 제공하여야 하는 정보의 범위 및 제공방법 등에 관한 사항은 대통령령으로 정한다. <신설 2006. 12. 21.>

제22조(계약의 해지등)

① 사용사업주는 파견근로자의 성별·종교·사회적 신분이나 파견근로자의 정당한 노동조합의 활동등을 이유로 근로자파견계약을 해지하여서는 아니된다.

② 파견사업주는 사용사업주가 파견근로에 관하여 이 법 또는 이 법에 의한 명령, 근로기준법 또는 동법에 의한 명령, 산업안전보건법 또는 동법에 의한 명령에 위반하는 경우에는 근로자파견을 정지하거나 근로자파견계약을 해지할 수 있다.

1. 근로자파견계약의 의미와 법 적용

근로자파견계약이라 함은 파견사업주와 사용사업주 사이에 근로자파견을 약정하는 계약을 말한다(파견법 제2조 제6호). 곧, 근로자파견계약은 파견사업주가 자신이 고용한 근로자와의 고용관계를 유지하면서 그 근로자를 사용사업주에게 파견하여 사용사업주의 지휘·명령을 받으며 노무에 종사하도록 하고 사용사업주로부터 근로자파견에 대한 대가로 파견수수료를 지급받는 것을 내용으로 파견사업주와 사용사업주가 체결하는 계약이다.[235)][236)]

이러한 근로자파견계약은 파견근로자의 보호를 위해서 파견법에 의하여 계약의 성립과 내용에 관하여 일정한 규제를 받지만, 이 또한 기본적으로는 계약 자유의 원칙에 의해 규율된다고 할 것이다. 따라서 근로자파견계약에 관해 파견법의 규정이 있으면 그것이 우선적으로 적용되고 파견법에 적용할 규정이 없는 경우 그 해석의 기준은 민법과 상법 등의 규정에 따르게 된다.

2. 근로자파견계약의 체결

가. 계약의 서면 체결

근로자파견계약의 당사자인 파견사업주와 사용사업주는 아래의 12가지 중요한 근로조건에 관한 사항이 모두 포함되는 근로자파견계약을 서면으로 체결하여야 한다(파견법 제20조 제1항). 이 때 근로자파견계약서의 작성 방법은 각 파견근로자별로 작성하는 것이 원칙이나, 근로자파견계약의 내용이 동일한 경우는 하나의 계약서로 작성할 수 있다(파견법 시행규칙 제11조 제1항).

---

235) 고용과 사용의 분리라는 삼면적 관계로 인해, 파견근로자가 사무집행에 관하여 제3자에게 불법행위를 하였을 경우 파견사업주와 사용사업주 중 누가 민법상 사용자책임을 부담하는지에 대한 문제가 제기된다. 대법원은, 파견근로자와 고용관계를 맺고 임금지급의무를 부담하며 파견명령권과 징계권 등 권한을 갖는 파견사업주가 파견근로자를 일반적으로 지휘·감독해야 할 지위에 있으므로 파견사업주와 파견근로자 사이에 민법 제756조의 사용관계가 인정되는 것이 원칙이나, 파견근로자가 사용사업주의 구체적인 지시·감독을 받아 사용사업주의 업무를 행하던 중 불법행위를 한 경우 파견사업주가 지휘·감독권 행사에 있어 주의를 다하였다고 인정되는 때에는 예외적으로 사용자책임이 면책된다는 입장이다(대법원 2003. 10. 9. 선고 2001다24655 판결 참조).

236) 한편, 파견근로자가 업무수행 중 산업재해 사고를 입었을 경우 파견근로자와 고용계약을 체결하지 않은 사용사업주의 산재보험 적용 가부의 문제 또한 발생한다. 이에 대한 하급심 판결 중에는, 파견근로자의 산업재해 사고 시에는 사용사업주와 고용계약을 체결한 것이 아니더라도 그 사업주가 산재보험의 가입자인 이상 파견근로자는 사업주 보험범위 내에 속하는 근로자로 보아야 한다고 한 것이 있다(서울행정법원 2003. 6. 24. 선고 2002구24390 판결 참조).

① 파견근로자의 수
② 파견근로자가 종사할 업무의 내용
③ 파견 사유(일시사용업무의 경우에 한함)
④ 파견근로자가 파견되어 근로할 사업장의 명칭 및 소재지 기타 파견근로자의 근로장소
⑤ 파견근로 중인 파견근로자를 직접 지휘・명령할 사람에 관한 사항
⑥ 근로자파견기간 및 파견근로 개시일에 관한 사항
⑦ 시업 및 종업의 시각과 휴게시간에 관한 사항
⑧ 휴일・휴가에 관한 사항
⑨ 연장・야간・휴일근로에 관한 사항
⑩ 안전 및 보건에 관한 사항
⑪ 근로자파견의 대가
⑫ 파견사업관리책임자 및 사용사업관리책임자의 성명・소속 및 직위(파견법 시행규칙 제11조 제2항)

이러한 법정 사항 이외에도 사용사업체의 취업 관리에 관한 사항, 취업 장소의 규율・질서유지에 관한 사항, 대체 요원 등의 파견에 관한 사항, 업무상 지득한 비밀 준수 의무에 관한 사항, 취업 질서 위반자의 취급에 관한 사항, 파견근로자의 사용사업체 복리후생시설 등 이용에 관한 사항, 손해배상에 관한 사항 등을 근로자파견계약서에 기재할 수 있음은 물론이다.

근로자파견계약을 서면으로 체결하지 아니한 파견사업주에 대해서는 파견법 제12조 제1항 제15호에 따라 영업정지처분을 할 수 있게 된다(파견법 시행규칙 별표). 그런데 이러한 행정처분을 받는 것과는 별도로 근로자파견계약을 서면이 아닌 구두로만 체결한 경우 그 계약의 효력을 어떻게 보아야 할 것인지가 문제된다. 근로자파견계약은 서면으로만 체결해야 하는 요식계약이므로 이러한 요식을 갖추지 못한 근로자파견계약은 무효가 된다는 견해[237]가 있으나, 서면에 의하

237) 김형배, 838－839쪽. 김형배 교수는 근로자파견계약을 서면으로 체결하지 않아 무효가 되는 경우에는 파견사업주와 사용사업주 사이의 관계는 민법 제741조의 규정에 의하여 부당이득반환의 문제로 처리되는 것이 원칙이고, 따라서 파견사업주는 파견근로자가 제공한 노무의 명목상 가치(보수)를 부당이득으로 청구할 수는 없고 사용사업주가 실제로 얻은 이득의 반환을 청구할 수 있을 뿐이며, 이 때에는 파견사업주와 사용사업주 사이에 사실적 계약관계론은 적용되지 않는다고 설명하고 있다. 그리고 허가 취소 등이 있게 되는 경우의 근로자파견에 관한 법률관계를 규정하고 있는 파견법 제13조 제1항의 규정은 이와 같이 서면에 의하여 계약이 체결되지 않아 근로자파견계약이 무효로 되는 경우에 유추적용 될 수 있는 것으로 보고 있다.

여 계약을 체결하도록 규정한 입법 취지를 근로자파견계약의 존재와 내용을 명확히 하여 파견근로자를 보호하려는 데에 있는 것으로 본다면 구두로만 근로자파견계약을 체결하였다고 해서 당해 근로자파견계약 자체의 사법(私法)적 효력을 완전히 부정하기는 어려울 것으로 보인다.

나. 사용사업주의 정보제공 의무

2006년 개정 파견법에서 파견근로자에 대한 차별적 처우의 금지 및 차별시정제도를 신설함에 따라 파견사업주가 이를 준수하도록 하기 위해서는 파견사업주도 사용사업주의 사업 내의 동종 또는 유사한 업무를 수행하는 근로자의 근로조건과 관련한 정보를 알아야 할 필요가 있게 되었다. 그에 따라 사용사업주가 근로자파견계약을 체결할 때에 차별적 처우의 금지 규정을 준수하기 위하여 필요한 정보를 파견사업주에게 제공하여야 한다는 규정을 두게 되었다(파견법 제20조 제2항).

사용사업주가 파견사업주에게 제공하여야 하는 정보의 범위 및 제공 방법 등에 관한 사항은 대통령령으로 정하도록 되어 있는데, 그에 따라 파견법 시행령에서는 사용사업주의 사업 내의 파견근로자와 같은 종류 또는 유사한 업무를 수행하는 근로자에 대한 아래의 8가지의 정보를 서면으로 제공하도록 규정하고 있다(파견법 시행령 제4조의2).

① 근로자 유무 및 근로자의 수
② 임금 및 임금의 구성 항목
③ 시업(始業) 및 종업(終業)의 시각과 휴게시간에 관한 사항
④ 휴일 · 휴가에 관한 사항
⑤ 연장 · 야간 · 휴일근무에 관한 사항
⑥ 안전 및 보건에 관한 사항
⑦ 복리후생시설의 이용에 관한 사항
⑧ 그 밖에 법 제2조 제7호에 따른 차별적 처우의 대상이 되는 근로조건 중 위 ②부터 ⑦까지의 규정에 포함되지 아니한 사항

3. 근로자파견계약의 해지

가. 사용사업주의 해지권 제한

사용사업주는 파견근로자의 성별·종교·사회적 신분이나 파견근로자의 정당한 노동조합 활동 등을 이유로 근로자파견계약을 해지하여서는 아니 된다(파견법 제22조 제1항). 따라서 근로자파견계약에 파견근로자가 노동조합을 결성하는 경우 사용사업주가 계약을 해지할 수 있다고 약정하더라도 이러한 약정 해지사유는 강행법규인 위 규정에 위반되어 무효가 된다. 이와 같이 사용사업주의 근로자파견계약 해지권을 제한하는 것은 외견상으로는 파견사업주를 위한 것으로 보이지만 그 궁극적인 목적은 근로자파견계약의 해지에 따른 고용 불안으로부터 파견근로자를 보호하기 위한 데에 있는 것이다.

따라서 사용사업주가 부당하게 근로자파견계약을 해지할 경우 파견사업주뿐만 아니라 파견근로자도 사용사업주의 계약 해지의 부당성을 다툴 수 있는 권한을 가지는 것으로 해석하여야 한다.

이에 대해서는 비록 사용사업주의 근로자파견계약 해지권의 제한을 통해 파견근로자가 보호된다고 하여도 파견근로자는 근로자파견계약의 당사자가 아니기 때문에 그것은 법적으로 인정되는 권리가 아니고 반사적 이익에 불과하다는 견해가 있을 수 있다. 그러나 사용사업주가 근로자파견계약을 부당하게 해지함에 따라 파견근로자가 헌법에 의하여 보장받는 평등권과 노동3권 등의 침해를 받았음에도 파견근로자에게 법적 구제방안을 인정하지 않는 것은 파견근로자의 위 기본권들을 보장해야 하는 국가의 책무를 해태하는 것이라는 점, 이는 파견근로자의 고용안정과 복지증진에 이바지함을 목적으로 하는 파견법의 취지에도 반한다는 점 등 을 고려할 때 파견근로자에게도 위와 같은 권한을 인정함에 타당하다. 실무적으로는 사용사업주의 근로자파견계약 부당 해지에 대하여 파견근로자에게 확인의 이익을 인정하여 직접 원고로서 무효확인소송을 제기할 수 있게 하는 방법 등이 고려될 수 있을 것이다.

나. 파견사업주의 해지권

사용사업주가 파견근로에 관하여 파견법 또는 동법에 의한 명령, 근기법 또는 동법에 의한 명령, 산안법 또는 동법에 의한 명령에 위반하는 경우에는 파견사업주는 근로자파견을 정지하거나 근로자파견계약을 해지할 수 있다(파견법 제22조 제2항). 파견근로에 관한 사용사업주의 부당한 행위를 방지하기 위해 파견법은 파견사업주에게 특별히 이러한 계약 해지권을 부여하고 있는 것이다.

일반적으로 계약의 해지는 해지사유에 관한 별도의 약정이 있거나 계약 당사자의 합의가 있는 경우 또는 민법상의 법정 해지사유인 이행지체, 이행불능의 경우가 아니면 일방적으로 계약을 해지할 수 없고, 일방적으로 계약을 해지한 경우에는 채무불이행이 되어 손해배상책임을 지게 된다. 그렇지만 본 규정에 따른 파견사업주의 계약 해지권은 이러한 일반 원칙에 우선하는 것으로서, 이에 따라 근로자파견계약이 해지되어 사용사업주가 손해를 입더라도 파견사업주는 채무불이행으로 인한 손해배상책임을 부담하지 않는다.

또한 본 규정에 따른 근로자파견의 정지 또는 근로자파견계약의 해지는 최고 없이 즉시 할 수 있는 것으로 보아야 한다. 따라서 근로자파견계약에 일정한 기간 동안에는 계약을 해지할 수 없도록 해지권 행사를 제한하고 있거나 해지예고기간을 정하고 있더라도, 사용사업주에게 파견법 등의 법령 위반 사실이 존재하면 파견사업주는 아무런 구애 없이 즉시 근로자파견을 정지하거나 근로자파견계약을 해지할 수 있게 된다.

이와 같은 파견법상의 특별 계약 해지권을 행사할 수 있는 주체는 파견사업주이지만 파견사업주에게 그러한 계약 해지권을 부여하고 있는 궁극적인 목적은 사용사업주의 불법행위로부터 파견근로자를 보호하고자 하는 데에 있으므로, 사용사업주가 파견법 등을 위반하고 있음에도 불구하고 파견사업주가 근로자파견의 정지 또는 근로자파견계약의 해지권을 행사하지 않는 경우에는 파견근로자가 파견사업주를 대위하여 본 규정에 따른 계약 해지권을 행사할 수 있는 것으로 해석하는 것이 타당하다.

다. 근로자파견계약의 해지와 파견근로자의 해고

파견기간 도중에 근로자파견계약이 해지되었다고 하더라도 파견사업주는 이를 이유로 파견근로자를 당연히 해고할 수는 없다. 곧 파견사업주가 고용관계에 있는 파견근로자를 해고하려면 근기법 제23조 제1항 소정의 정당한 이유가 있어야 하는바, 근로자파견계약의 해지는 이러한 정당한 이유에 해당할 수 없는 것이다. 따라서 파견사업주가 파견근로자와 기간의 정함이 있는 근로계약을 체결한 경우 그 계약기간 중간에 근로자파견계약이 해지되어 복귀한 파견근로자를 다른 곳으로 파견시킬 수 없는 상황이라면 근로계약기간의 만료일까지 파견사업주는 파견근로자에게 근기법 제46조에서 정하고 있는 휴업수당을 지급하여야 한다.[238)]

문제가 되는 것은 파견사업주와 파견근로자가 근로계약을 체결하면서 사용사업주와 체결한 근로자파견계약이 해지되면 근로계약관계는 자동으로 종료된다는 약정을 한 경우이다. 이러한 근로계약의 종료사유는 당사자가 통상적으로 예상할 수 없는 우발적인 상황의 발생을 조건으로 하는 것이므로 근로계약기간의 종기를 정한 것으로 볼 수 없고, 그에 따른 근로계약관계 종료의 실질은 사용자의 일방적 해고와 다를 바가 없는 것으로 보아야 타당하다. 따라서 근로자파견계약이 해지될 경우 파견근로자와의 근로계약관계를 종료시킬 수밖에 없는 정당한 이유가 달리 없다면, 파견사업주가 이러한 약정을 이유로 파견근로자와의 근로계약을 해지하거나 근로관계를 종료시키는 것은 부당해고에 해당한다.[239)]

[제23조~제33조] 파견사업주와 사용사업주가 강구하여야 할 조치

제23조(파견근로자의 복지증진)
파견사업주는 파견근로자의 희망과 능력에 적합한 취업 및 교육훈련기회의 확보, 근로조건의 향상 기타 고용안정을 기하기 위하여 필요한 조치를 강구함으로써 파견근로자의 복지증진에 노력하여야 한다.
제24조(파견근로자에 대한 고지의무)
① 파견사업주는 근로자를 파견근로자로서 고용하고자 할 때에는 미리 당해 근로자에게 그 취지를 서면으로 알려주어야 한다. <개정 2006. 12. 21.>
② 파견사업주는 그가 고용한 근로자중 파견근로자로 고용하지 아니한 자를 근로자파견의 대상으로 하고자 할 경우에는 미리 그 취지를 서면으로 알려주고 당해 근로자의 동의를 얻어야 한다. <개정 2006. 12. 21.>
제25조(파견근로자에 대한 고용제한의 금지)
① 파견사업주는 정당한 이유없이 파견근로자 또는 파견근로자로서 고용되고자 하는 자와 그 고용관계의 종료후 사용사업주에게 고용되는 것을 금지하는 내용의 근로

238) 같은 견해로는 김유성 I, 398쪽.
239) 같은 견해로는 김유성 I, 397쪽.

계약을 체결하여서는 아니된다.

② 파견사업주는 정당한 이유없이 파견근로자의 고용관계의 종료후 사용사업주가 당해 파견근로자를 고용하는 것을 금지하는 내용의 근로자파견계약을 체결하여서는 아니된다.

제26조(취업조건의 고지)

① 파견사업주는 근로자파견을 하고자 할 때에는 미리 당해 파견근로자에게 제20조 제1항 각호의 사항 기타 고용노동부령이 정하는 사항을 서면으로 알려주어야 한다. <개정 2006. 12. 21., 2010. 6. 4.>

② 파견근로자는 파견사업주에게 제20조 제1항 제11호의 규정에 따른 당해 근로자파견의 대가에 관하여 그 내역의 제시를 요구할 수 있다. <신설 2006. 12. 21.>

③ 파견사업주는 제2항의 규정에 따라 그 내역의 제시를 요구받은 때에는 지체 없이 그 내역을 서면으로 제시하여야 한다. <신설 2006. 12. 21.>

제27조(사용사업주에 대한 통지)

파견사업주는 근로자파견을 할 경우에는 파견근로자의 성명 기타 고용노동부령이 정하는 사항을 사용사업주에게 통지하여야 한다. <개정 2010. 6. 4.>

제28조(파견사업관리책임자)

① 파견사업주는 파견근로자의 적절한 고용관리를 위하여 제8조 제1호 내지 제5호의 규정에 의한 결격사유에 해당하지 아니하는 자중에서 파견사업관리책임자를 선임하여야 한다.

② 파견사업관리책임자의 임무등에 관하여 필요한 사항은 고용노동부령으로 정한다. <개정 2010. 6. 4.>

제29조(파견사업관리대장)

① 파견사업주는 파견사업관리대장을 작성·보존하여야 한다.

② 제1항의 규정에 의한 파견사업관리대장의 기재사항 및 그 보존기간은 고용노동부령으로 정한다. <개정 2010. 6. 4.>

제30조(근로자파견계약에 관한 조치)

사용사업주는 제20조의 규정에 의한 근로자파견계약에 위반되지 아니하도록 필요한 조치를 강구하여야 한다.

제31조(적정한 파견근로의 확보)

① 사용사업주는 파견근로자로부터 파견근로에 관한 고충의 제시가 있는 경우에는 그 고충의 내용을 파견사업주에게 통지하고 신속·적절하게 고충을 처리하도록 하여야 한다.

② 제1항의 규정에 의한 고충의 처리외에 사용사업주는 파견근로가 적정하게 행하여지도록 필요한 조치를 강구하여야 한다.

제32조(사용사업관리책임자)
① 사용사업주는 파견근로자의 적절한 파견근로를 위하여 사용사업관리책임자를 선임하여야 한다.
② 사용사업관리책임자의 임무등에 관하여 필요한 사항은 고용노동부령으로 정한다. <개정 2010. 6. 4.>
제33조(사용사업관리대장)
① 사용사업주는 사용사업관리대장을 작성·보존하여야 한다.
② 제1항의 규정에 의한 사용사업관리대장의 기재사항 및 그 보존기간은 고용노동부령으로 정한다. <개정 2010. 6. 4.>

파견사업주가 자신이 고용한 근로자를 사용사업주에게 파견하여 그 지휘·명령 아래 노무에 종사하게 하는 근로자파견제도는 일반적인 사용자와 근로자 사이의 근로관계에서는 볼 수 없는 형태이기 때문에 파견근로자의 고용 안정과 근로조건의 보호를 특별히 도모할 필요가 있다. 이에 따라 파견법은 제23조에서 제29조까지 파견사업주가 강구하여야 할 조치를 규정하고 있다. 한편, 파견근로자는 파견사업주에게 고용되어 있지만 사용사업주의 사업장에서 사용사업주의 지휘·명령을 받으면서 근로를 제공하므로 근로조건에 관하여 사용사업주로부터도 일정한 보호를 받아야 할 필요성이 있다. 이에 따라 파견법 제30조 내지 제33조에서 파견근로자의 근로조건 보호를 위해 사용사업주가 강구해야 조치들을 규정하고 있다.

1. 파견근로자에 대한 의무

가. 파견사업주의 의무

1) 파견근로자 복지 증진

파견사업주는 파견근로자의 희망과 능력에 적합한 취업 및 교육훈련 기회의 확보, 근로조건의 향상 기타 고용 안정을 기하기 위하여 필요한 조치를 강구함으로써 파견근로자의 복지 증진에 노력하여야 한다(파견법 제23조). 그러나 이러한 선언적 규정만으로 사업 규모가 대부분 영세한 파견사업주가 파견근로자의 복지 증진을 위해 실질적인 노력을 기울인다는 것을 기대하기는 어려울 것이다.

2) 파견근로 취지의 고지

파견사업주는 근로자를 파견근로자로서 고용하고자 할 때에는 미리 당해 근로자에게 파견근로자로 채용하는 취지를 서면으로 알려주어야 한다(파견법 제24조 제1항). 따라서 파견근로자가 파견근로자로서 고용된다는 고지를 받지 못하고 파견사업주와 근로계약을 체결하였다면 근로자파견을 거부할 수 있고 나아가 근로계약을 해지할 수도 있을 것이다.

또한 파견사업주는 그가 고용한 근로자 중에서 파견근로자로 고용하지 아니한 자를 근로자파견의 대상으로 하고자 할 경우에는 미리 그 취지를 서면으로 알려주고 당해 근로자의 동의를 얻어야 한다(파견법 제24조 제2항). 일반 근로자로 고용한 후에 파견근로자로서 타인에게 파견하는 것은 근로계약 내용의 중대한 변경에 해당하므로 당해 근로자의 동의를 얻어야 한다고 규정하고 있는 것이다. 이를 위반하여 근로자의 동의를 얻지 아니하고 근로자파견을 한 파견사업주에게는 파견법 제12조 제1항 제16호에 따라 허가를 취소하거나 영업정지처분을 할 수 있게 된다(파견법 시행규칙 별표).

제정 파견법에서는 이러한 파견근로의 취지를 알려주는 방법에 대해서는 아무런 규정을 두고 있지 않아 서면 이외에 구두로 그 취지를 알려주더라도 무방하였으나, 2006년 개정 파견법부터는 파견근로의 법률관계를 명확히 하고 사용자의 일방적인 근로자파견계약 체결을 규제하기 위하여 파견근로의 취지는 반드시 서면으로 알려주도록 명시하고 있다. 그러므로 파견사업주가 근로자를 채용하면서 파견근로자로서 고용한다는 취지를 서면으로 알려주지 아니한 경우에는 일반 근로자로 채용한 것으로 보아야 하고, 그 근로자가 동의하지 않으면 파견근로를 시킬 수 없다고 할 것이다.

한편 파견근로자를 고용하고자 할 때에 해야 하는 파견근로 취지의 고지는 근로계약을 체결하는 시점에서 미리 서면으로 한 번 알려주는 것으로 충분하고, 근로자가 자신이 파견근로자로 채용되는 것을 알게 된 이상에는 근로자파견을 할 때마다 일일이 파견근로의 취지를 알려줄 필요는 없다.

그런데 파견근로자로 고용되지 아니한 근로자를 근로자파견의 대상으로 하고자 할 경우에 있어서는 파견근로 취지의 고지와 동의는 포괄적으로 한 번 이루어지면 무방한지 아니면 근로자파견을 할 때마다 사용사업체별로 이러한 행위가 매 번 필요한지 문제가 된다. 이때의 동의는 사전의 포괄적 동의로는 부족하고 구체적인 근로자파견에 대하여 그때그때마다 근로자의 개별적 동의를 얻어야 한다고 해석하는 견해와 근로자파견을 할 때마다 근로자가 거부권을 가지게 되면 원활한 근로자파견사업의 운영을 기대할 수 없게 된다는 이유로 포괄적인 동의로 충분하다는 견해의 대립이 있다.

이 문제는 일률적으로 파악하기보다는 구체적으로 그러한 동의가 이루어진 경위와 당사자의 의도 등에 비추어 당해 근로자가 동의를 한 취지가 자신의 지위가 파견근로자로 전환되는 것 자체를 동의한 것이라면 근로자파견을 할 때마다 개별적인 동의를 받을 필요가 없고 한 번의 포괄적 동의로 충분하지만, 특정한 근로자파견계약에 따른 근로자파견의 대상으로 되는 것에 동의를 한 것이라면 이후 새로운 근로자파견을 함에 있어서는 개별적 동의를 다시 받아야 하는 것으로 해석하는 것이 타당하다고 보인다.

3) 파견근로자에 대한 고용제한 금지

파견사업주는 정당한 이유 없이 파견근로자 또는 파견근로자로서 고용되고자 하는 자와 그 고용관계의 종료 후에 사용사업주에게 고용되는 것을 금지하는 내용의 근로계약을 체결할 수 없고(파견법 제25조 제1항), 사용사업주와도 정당한 이유 없이 파견근로자의 고용관계 종료 후 사용사업주가 해당 파견근로자를 고용하는 것을 금지하는 내용의 근로자파견계약을 체결해서도 아니 된다(파견법 제25조 제2항).

따라서 파견근로자와 파견사업주가 체결한 근로계약이나 파견사업주와 사용사업주가 체결한 근로자파견계약에 위 규정을 위반하여 파견근로자에 대한 사용사업주의 고용을 제한하는 내용이 포함되어 있는 경우에는 당해 계약은 그 부분에 대하여 부분적으로 무효가 된다. 그리고 파견사업주에게는 파견법 제12조 제1항 제17호에 근거하여 영업정지명령이 내려지거나 근로자파견사업의 허가가 취소될 수 있다(파견법 시행규칙 별표).

4) 취업조건 등의 고지

파견근로자의 사용사업주에 대한 근로의 제공과 관련된 각종 근로조건들은 파견사업주와 사용사업주 사이에 체결된 근로자파견계약에서 기본적으로 결정된다. 이에 따라 파견근로자가 근로자파견계약에서 정해진 취업조건을 사전에 숙지하고 대응할 수 있도록 하기 위해서 파견법에는 파견사업주는 근로자파견을 하고

자 할 때에 미리 당해 파견근로자에게 근로자파견계약에서 정한 주요한 취업조건을 서면으로 알려주어야 한다는 규정을 두고 있다(파견법 제26조 제1항). 이 때 알려주어야 하는 취업조건은 근로자파견계약에 필수적으로 포함되어야 하는 파견법 제20조 제1항 각 호의 12가지 사항과 파견근로자가 파견되어 근로할 사업장의 복리후생시설의 이용에 관한 사항(파견법 시행규칙 제12조)이다.

파견법을 제정할 때에는 이러한 취업조건을 고지하는 방법에 관해서는 아무런 규정을 두고 있지 않아 서면이 아닌 구두로 고지를 하더라도 무방하였다. 그러나 구두로 고지할 경우에는 파견근로자가 근로자파견계약의 구체적인 내용을 정확하게 파악하여 자신의 취업조건을 명확히 알 수 있도록 하는 데에 한계가 있으며, 분쟁이 발생할 경우에 파견근로자의 권리 구제에 제약이 있다는 문제점이 지적됨에 따라 2006년 개정 파견법부터는 취업조건의 고지를 반드시 서면으로 하도록 규정하였다.

동일한 파견근로자에 대하여 사용사업주를 달리하는 근로자파견이 여러 번 이루어지는 경우에는, 파견법 제24조에서 규정하고 있는 파견근로 취지의 고지와는 달리 취업조건의 고지는 근로자파견계약을 체결할 때마다 매번 하여야 하는바, 별개의 근로자파견계약에서 정하고 있는 취업조건이 똑같지는 않을 것이기 때문이다. 그리고 동일한 사용사업주와 근로자파견계약을 갱신하는 경우에도 갱신 계약에서 변경되는 취업조건 및 새로 추가되는 취업조건이 있으면 그 내용을 미리 파견근로자에게 알려주어야 한다.

취업조건의 서면 고지 의무를 위반한 파견사업주는 1천만 원 이하의 과태료의 행정벌을 받게 되며(파견법 제46조 제3항), 아울러 영업정지명령을 받을 수 있게 된다(파견법 제12조 제1항 제18호 및 파견법 시행규칙 별표).

2006년 개정 파견법에서는 파견근로자는 파견사업주에게 근로자파견계약에서 정한 근로자파견의 대가에 관한 내역의 제시를 요구할 수 있고, 이러한 요구를 받은 파견사업주는 지체 없이 그 내역을 서면으로 제시해야 한다는 규정을 신설하였다(파견법 제26조 제2항 및 제3항). 파견근로자가 파견사업주에게 근로자파견의 대가에 관한 내역 제시를 요구할 수 있도록 함으로써 파견사업주가 사용사업주로부터 받은 파견수수료와 파견근로자에게 지급하는 임금 사이의 과도한 중간공제의 가능성을 예방하고 근로자파견사업의 투명성을 제고하고자 하는 취지에서 마련된 규정이다.

파견사업주가 이를 위반하여 파견근로자에게 근로자파견 대가의 내역을 지체 없이 서면으로 제시하지 아니한 경우에는 300만 원 이하의 과태료에 처한다(파견법 제46조 제5항 제2의2호).

나. 사용사업주의 의무

1) 근로자파견계약의 준수를 위한 조치

사용사업주는 파견법 제20조의 규정에 의하여 파견사업주와 체결한 근로자파견계약에 위반되어 근로자파견이 이루어지지 않도록 필요한 조치를 강구하여야 한다(파견법 제30조).

따라서 파견사업주와 체결한 근로자파견계약에서 휴게시설·식당의 이용, 작업복의 대여 기타 파견근로자의 복지 증진을 위한 편의 제공을 정한 경우에는 이를 위반하지 않도록 사용사업주는 필요한 조치를 적절하게 취하여야 하며, 현장에서 파견근로자들을 직접 지휘·감독하는 관리책임자들에게 근로자파견계약에서 정한 취업조건을 주지시키는 등 지도·교육을 철저히 하여야 한다. 그리고 사용사업주가 근로자파견계약에 근거하지 않거나 그 범위를 벗어나서 파견근로자를 사용하면 파견사업주는 사용사업주에게 계약 위반의 책임을 추궁을 할 수 있게 되고, 파견근로자도 근로자파견계약에서 정한 취업조건에 위반되는 사용사업주의 부당한 지휘·명령은 당연히 거부할 수 있다.

2) 적정한 파견근로의 확보

사용사업주는 파견근로자로부터 파견근로에 관한 고충의 제시가 있는 경우에는 그 고충의 내용을 파견사업주에게 통지하고 신속하고 적절하게 고충을 처리하도록 하여야 한다(파견법 제31조 제1항). 그리고 이러한 고충 처리 외에도 사용사업주는 파견근로가 적정하게 행하여지도록 필요한 조치를 강구하여야 한다(파견법 제31조 제2항).

파견근로자를 사용하는 사용사업주가 파견근로 과정에서 파견근로자에게 발생한 고충을 신속하고 적절하게 처리하고 파견근로가 적정하게 이루어지도록 필요한 조치를 강구하는 것이 파견근로자의 보호를 위하여 필요하므로 파견법에 이러한 규정을 두고 있는 것이다. 그렇지만 파견근로의 실태에 비추어 볼 때 이러한 규정을 통해서 적정한 파견근로의 확보가 실질적으로 이루어질 수 있을지는 의문이다.

2. 기타 의무

가. 파견사업주의 사용사업주에 대한 통지

파견사업주는 근로자파견을 할 경우 파견근로자의 성명, 성별, 연령, 학력, 자격 기타 직업능력에 관한 사항을 사용사업주에게 통지하여야 한다(파견법 제27조 및 파견법 시행규칙 제13조).

나. 사업관리책임자

파견사업주는 파견근로자의 적절한 고용 관리를 위하여 파견법 제8조 제1호 내지 제5호에서 정하고 있는 근로자파견사업 허가의 결격 사유에 해당하지 않는 자 중에서 사업소별로 파견사업관리책임자를 1인 이상 선임하여야 한다(파견법 제28조 제1항 및 파견법 시행규칙 제14조 제1항). 파견사업주가 파견사업관리책임자를 선임하지 않거나 결격 사유에 해당하는 자를 선임한 때에는 고용노동부장관으로부터 영업정지명령을 받거나 근로자파견사업의 허가가 취소될 수 있다(파견법 제12조 제1항 제19호 및 파견법 시행규칙 별표).

파견사업관리책임자가 수행하는 업무는 아래와 같으나(파견법 시행규칙 제14조 제2항), 이에 한정할 것은 아니고 파견근로자에 대한 전반적인 노무관리 책임자로서 파견근로에 관하여 총괄적 책임을 부담하는 지위에 있다는 점을 유의하여야 한다.

① 파견법 제24조의 규정에 의한 파견근로자에 대한 고지
② 파견법 제26조의 규정에 의한 취업조건의 고지
③ 파견법 제27조의 규정에 의한 사용사업주에 대한 통지
④ 파견근로자의 고충 처리
⑤ 파견사업관리대장의 작성·보존

사용사업주는 파견근로자의 적절한 파견근로를 위하여 사업소별로 사용사업관리책임자를 1인 이상 선임하여야 한다(파견법 제32조 제1항 및 파견법 시행규칙 제16조 제1항). 파견사업주에게 파견사업관리책임자의 선임을 의무화하고 있는 것에 맞추어 사용사업주에게도 파견근로와 관련하여 총괄적인 책임을 담당하는 사용사업관리책임자를 선임할 의무를 부과하고 있는 것이다.

사용사업관리책임자가 수행해야 하는 업무는 아래와 같다(파견법 시행규칙 제16

조 제2항).

① 파견근로자를 지휘·명령하는 자에 대한 지도 및 교육
② 파견근로자의 고충 처리
③ 사용사업관리대장의 작성·보존의 업무

다. 사업관리대장

파견사업주는 파견사업관리대장을 사업소별로 작성·보존하여야 한다(파견법 제29조 제1항 및 파견법 시행규칙 제15조 제1항). 파견사업관리대장은 근로자파견의 종료일부터 3년간 보존하여야 한다(파견법 시행규칙 제15조 제3항).

파견사업주가 고용주로서 파견근로자에 대한 적정한 고용 관리를 하려면 파견근로자의 취업 상황을 상시적으로 파악하는 것이 필요하고, 감독기관도 근기법 등 법령의 준수에 관한 감독을 함에 있어서 각 사업소별 파견근로의 상황을 알아야 할 필요가 있으므로, 파견사업주에게 파견사업관리대장의 작성과 보존 의무를 부과하고 있는 것이다.

이를 위반하여 파견사업주가 파견사업관리대장을 작성하지 않거나 보존하지 않으면 고용노동부장관으로부터 영업정지명령을 받거나 근로자파견사업의 허가가 취소될 수 있다(파견법 제12조 제1항 제20호 및 파견법 시행규칙 별표).

파견사업관리대장에는 파견근로자의 성명, 사용사업주 및 사용사업관리책임자의 성명, 파견근로자가 파견된 사업장의 명칭 및 소재지, 파견근로자의 파견기간, 파견근로자의 업무 내용 등의 사항을 기재해야 한다(파견법 시행규칙 제15조 제2항).

사용사업주는 사용사업관리대장을 작성·보존하여야 한다(파견법 제33조). 사용사업관리대장은 파견사업관리대장과 마찬가지로 사업소별로 작성하여야 하고, 근로자파견의 종료일로부터 3년간 보존해야 한다(파견법 시행규칙 제17조 제1항 및 제3항). 감독기관이 파견근로가 적정하게 이루어지고 있는지 여부를 제대로 파악하기 위해서는 파견사업주가 작성하여 관리하는 파견사업관리대장뿐만 아니라 파견근로자를 직접 사용하는 사용사업체에서 파견근로의 실태를 기록한 대장도 필요하므로, 파견법은 사용사업주에게 사용사업관리대장의 작성과 보존의 의무를 부과하고 있는 것이다.

사용사업관리대장에는 파견근로자의 성명, 파견사업주 및 파견사업관리책임자의 성명, 파견근로자의 파견기간, 파견근로자의 업무 내용 등을 기재해야 한다(파견법 시행규칙 제17조 제2항).

[제34조]

제4절 근로기준법 등의 적용에 관한 특례

제34조(근로기준법의 적용에 관한 특례) ① 파견중인 근로자의 파견근로에 관하여는 파견사업주 및 사용사업주를 「근로기준법」 제2조의 규정에 의한 사용자로 보아 동법을 적용한다. 다만, 같은 법 제15조부터 제36조까지, 제39조, 제41조부터 제48조까지, 제56조, 제60조, 제64조, 제66조부터 제68조까지 및 제78조부터 제92조까지의 규정의 적용에 있어서는 파견사업주를, 같은 법 제50조부터 제55조까지, 제58조, 제59조, 제62조, 제63조 및 제69조부터 제75조까지의 규정의 적용에 있어서는 사용사업주를 사용자로 본다. <개정 2007. 4. 11.>

② 파견사업주가 대통령령이 정하는 사용사업주의 귀책사유로 인하여 근로자의 임금을 지급하지 못한 때에는 사용사업주는 당해 파견사업주와 연대하여 책임을 진다. 이 경우 「근로기준법」 제43조 및 제68조의 규정을 적용함에 있어서는 파견사업주 및 사용사업주를 같은 법 제2조의 규정에 의한 사용자로 보아 동법을 적용한다. <개정 2007. 4. 11.>

③ 「근로기준법」 제55조, 제73조 및 제74조 제1항의 규정에 의하여 사용사업주가 유급휴일 또는 유급휴가를 주는 경우 그 휴일 또는 휴가에 대하여 유급으로 지급되는 임금은 파견사업주가 지급하여야 한다. <개정 2007. 4. 11.>

④ 파견사업주와 사용사업주가 근로기준법을 위반하는 내용을 포함한 근로자파견계약을 체결하고 그 계약에 따라 파견근로자를 근로하게 함으로써 동법을 위반한 경우에는 그 계약 당사자 모두를 동법 제15조의 규정에 의한 사용자로 보아 해당 벌칙규정을 적용한다.

1. 파견근로와 근기법상 사용자

파견근로는 고용관계와 사용관계가 분리되므로 근기법상 사용자 책임을 서로 회피할 위험이 있다. 파견근로자 보호를 위해 사용자 책임의 분배, 공동 책임을 명확히 규정하고 있다. 그리고 파견근로자의 파견근로에 관하여서는 원칙적으로 파견사업주 및 사용사업주 모두를 근기법 제2조의 규정에 의한 사용자[240]로 보

240) 근기법 제2조 제2호는 사용자의 정의를 "사업주 또는 사업경영담당자 기타 근로자에 관한 사항에 대하여 사업주를 위하여 행위하는 자를 말한다."고 규정하여 근로자에 대한 근로계약의 당사자뿐 아니라 경영과 근로사항에 관해 실질적인 권한을 가지고 행사하고 있는 자까지 사용자의 개념에 포함시키고 있다. 이러한 근기법상 사용자 개념은 파견근로에 관한 사용자 책임을 지는 사용자의

아 근기법을 적용한다(파견법 제34조 제1항 본문). 따라서 파견법 제34조 제1항 단서에 규정된 근기법 조항을 제외한 나머지 부분은 모두 공동으로 사용자 책임을 지게 된다.

판례에 따르면 '사용사업주는 파견근로와 관련하여 그 자신도 직접 파견근로자를 위한 보호의무 또는 안전배려의무를 부담함을 용인하고, 파견사업주는 이를 전제로 사용사업주와 근로자파견계약을 체결하며, 파견근로자 역시 사용사업주가 위와 같은 보호의무 또는 안전배려의무를 부담함을 전제로 사용사업주에게 근로를 제공한다고 봄이 타당하다[241]'고 하여, 해석론으로 사용사업주의 사용자 책임이 인정되는 경우도 있다.

2. 파견사업주에 한정되는 사용자 책임

가. 파견근로자는 파견사업주와 고용계약을 체결하고 파견사업주로부터 임금을 지급받는다. 따라서 사용사업주에게 근로를 제공하는 것과 무관하게 고용관계 그 자체에서 발생하는 근로관계에 있어서는 파견업주만 사용자 책임을 부담한다. 따라서 이 규정 위반으로 인한 민, 형사상 그리고 행정적 책임은 파견사업주가 지게 된다.

파견사업주가 단독으로 사용자 책임을 지는 근기법의 규정은 다음과 같다(파견법 제34조 제1항 단서).

- 근로계약기간(제15조), 근로조건의 명시(제17조), 근로조건의 위반(제19조), 위약 예정의 금지(제20조), 전차금 상계의 금지(제21조), 강제 저금의 금지(제22조)
- 해고 등의 제한(제23조), 경영상 이유에 의한 해고의 제한(제24조), 우선 재고용(제25조), 해고의 예고(제26조), 해고사유 등의 서면 통지(제27조), 부당해고 등의 구제신청(제28조 내지 제33조), 예고 해고의 적용 예외(제35조)
- 퇴직급여제도(제34조), 금품 청산(제36조), 사용증명서(제39조), 근로자의 명부(제41조), 계약 서류의 보존(제42조), 임금 지급(제43조), 도급사업에 대한 임금 지급(제44조), 비상시 지급(제45조), 휴업수당(제46조), 도급근로자(제47조), 임금대장(제48조), 연장·야간 및 휴일 근로에 대한 가산 임금의 지

범위에 대해서도 동일하게 적용되는 것으로 보아야 한다.

241) 대법원 2013. 11. 28. 선고 2011다60247 판결.

급(제56조), 연차유급휴가(제60조)

- 최저 연령과 취직 인허증(제64조), 연소자증명서(제66조), 미성년자의 근로계약과 임금 청구(제67조 및 제68조)
- 재해보상(제78조 내지 제92조)

나. 그리고 근기법 제55조(휴일), 제73조(생리휴가), 제74조 제1항(임산부 보호휴가)의 규정에 의하여 사용사업주가 유급휴일 또는 유급휴가를 주는 경우 그 휴일 또는 휴가에 대하여 유급으로 지급되는 임금은 파견사업주가 지급하여야 한다(파견법 제34조 제3항).

3. 사용사업주에 한정되는 사용자 책임

파견근로자는 사용사업주의 지휘·명령 아래 사용사업주의 사업장에서 사용사업주를 위하여 근로를 제공하므로 그 근로 제공의 과정에서 파견근로자의 보호가 필요한 부분은 사용사업주에게만 사용자 책임을 부담시키고 있다. 이에 따라 사용사업주가 단독으로 사용자 책임을 지는 근기법의 규정은 아래와 같은바, 주로 근로시간 및 휴게·휴일과 관련된 규정들이다(파견법 제34조 제1항 단서).

- 근로시간(제50조), 탄력적 근로시간제(제51조), 선택적 근로시간제(제52조), 연장근로의 제한(제53조), 휴게(제54조), 휴일(제55조), 근로시간 계산의 특례(제58조), 근로시간 및 휴게시간의 특례(제59조), 유급휴가의 대체(제62조), 근로시간·휴게·휴일 규정의 적용 제외(제63조), 여성과 연소자의 근로시간(제69조), 여성과 연소자에 대한 야간·휴일·시간외·갱내근로의 제한(제70조 내지 제72조), 생리휴가(제73조), 임산부 보호휴가(제74조), 육아시간(제75조)

4. 임금 지급에 관한 특례

가. 파견근로자에게 임금을 지급할 의무는 고용관계에 있는 파견사업주가 부담하지만 파견사업주가 근로자파견계약에 따라 사용사업주로부터 받는 파견수수료가 파견근로자에게 지급하는 임금의 원천이 된다. 따라서 파견법 시행령 제5조가 정하고 있는 사용사업주의 귀책사유로 인하여 파견사업주가 임금을 지급하지 못하게 될 경우에는 파견근로자를 보호하기 위하여 사용사업주에게 임금 지급의 연대 책임을 규정하고 있다(파견법 제34조 제2항).

곧 ① 사용사업주가 정당한 사유 없이 근로자파견계약을 해지하거나, ② 사용사업주가 정당한 사유 없이 근로자파견계약에 의한 근로자파견의 대가를 지급하지 아니하여 파견사업주가 파견근로자의 임금을 지급하지 못한 때에는, 사용사업주는 당해 파견사업주와 연대하여 책임을 진다(파견법 시행령 제5조). 이 경우 근기법 제43조(임금 지급) 및 제68조(미성년자의 임금 청구)의 규정을 적용함에 있어서는 파견사업주 및 사용사업주 모두를 근기법 제2조의 규정에 의한 사용자로 본다. 그리고 본 규정을 위반한 자는 3년 이하의 징역 또는 3천만 원 이하의 벌금에 처한다(파견법 제43조 제3호).

나. 이와 같이 사용사업주의 귀책사유로 인하여 파견사업주가 파견근로자의 임금을 지급하지 못한 경우 파견근로자는 사용사업주에게 직접 임금의 지급을 청구할 수 있는데, 그럼에도 불구하고 사용사업주가 임금을 지급하지 않는다면 파견근로자는 사용사업주에 대한 집행 권원을 얻어 강제집행을 하여 임금 채권의 만족을 얻을 수 있다. 사용사업주의 총 재산에 대해서 강제집행을 하여 변제를 받는 경우 근기법 제38조(임금채권의 우선변제)의 규정에 따라 우선 변제를 받을 수 있는지 여부가 문제될 수 있으나, 파견법 제34조 제1항에서 근기법 제38조(임금채권의 우선변제) 규정의 적용에 있어서는 파견사업주와 사용사업주 모두에게 사용자의 지위를 인정하고 있으므로 당연히 긍정하여야 한다.[242)]

5. 근기법 위반의 근로자파견계약

파견사업주와 사용사업주가 근기법을 위반하는 내용을 포함한 근로자파견계약을 체결하고 그 계약에 따라 파견근로자를 근로하게 함으로써 근기법을 위반한 경우에는 그 계약 당사자인 파견사업주와 사용사업주 모두를 근기법 제2조의 규정에 의한 사용자로 보아 해당 벌칙 규정을 적용한다(파견법 제34조 제4항). 예컨대 파견사업주와 사용사업주가 근기법 제70조 제2항 규정에 위반하여 18세 미만인 연소자를 야간근로와 휴일근로에 투입시키는 내용으로 근로자파견계약을 체

242) 서울고등법원 2002. 2. 28. 선고 2001나52911 판결(확정)은 "파견사업주가 파견근로자를 보호하기 위하여 자신의 자금으로 먼저 임금을 지급해 주었다고 하여 파견사업주의 사용사업주에 대한 파견대가 청구채권에 파산법상의 우선권을 인정하여 주지 않는다면 사용사업주로서는 우선권 있는 파산채권이 감소하게 됨으로써 뜻하지 아니한 이득을 보게 되므로 그 자체로서 형평에 반할 뿐 아니라 파견사업주가 사용사업주의 귀책사유로 임금을 지급할 수 없게 된 후 임금을 변제할 자력을 회복한 경우에도 파견근로자가 파산절차에 참가하여 사용사업주로부터 임금을 우선변제를 받을 것을 고려하여 그 임금의 지급을 회피하게 됨으로써 파견근로자의 권익 향상을 꾀하려는 같은 법 취지에도 반하게 된다."라고 판시하여 이를 간접적으로 인정하고 있다.

결하고 그에 따라 파견근로자를 근로시킨 경우에는 파견사업주와 사용사업주 모두가 해당 벌칙 규정의 적용을 받는다. 그러나 근로자파견계약에는 그러한 내용이 없는 상태에서 사용사업주가 연소자에게 야간근로와 휴일근로를 시킨 경우에는 파견법 제34조 제1항 단서 후단의 규정에 따라 사용사업주만이 해당 벌칙 규정의 적용을 받게 될 것이다.

[제35조]

제35조(산업안전보건법의 적용에 관한 특례) ① 파견중인 근로자의 파견근로에 관하여는 사용사업주를 산업안전보건법 제2조 제3호의 규정에 의한 사업주로 보아 동법을 적용한다. 이 경우 동법 제31조 제2항의 규정을 적용함에 있어서는 동항중 "근로자를 채용할 때"를 "근로자파견의 역무를 제공받은 때"로 본다.
② 제1항의 규정에 불구하고 산업안전보건법 제5조, 제43조 제5항(作業場所의 변경, 作業의 轉換 및 勤勞時間 短縮의 경우에 한한다), 제43조 제6항 단서, 제52조 제2항의 적용에 있어서는 파견사업주 및 사용사업주를 동법 제2조 제3호의 규정에 의한 사업주로 본다.
③ 사용사업주는 파견중인 근로자에 대하여 산업안전보건법 제43조의 규정에 의한 건강진단을 실시한 때에는 동법 제43조 제6항의 규정에 의하여 당해 건강진단결과를 설명하여야 하며, 당해 건강진단결과를 지체없이 파견사업주에게 송부하여야 한다.
④ 제1항 및 제3항의 규정에 불구하고 산업안전보건법 제43조 제1항의 규정에 의하여 사업주가 정기적으로 실시하여야 하는 건강진단중 고용노동부령이 정하는 건강진단에 대하여는 파견사업주를 동법 제2조 제3호의 규정에 의한 사업주로 본다. <개정 2008. 3. 21., 2010. 6. 4.>
⑤ 파견사업주는 제4항의 규정에 의한 건강진단을 실시한 때에는 산업안전보건법 제43조 제6항의 규정에 의하여 당해 건강진단결과를 설명하여야 하며, 당해 건강진단결과를 지체없이 사용사업주에게 송부하여야 한다.
⑥ 파견사업주와 사용사업주가 산업안전보건법을 위반하는 내용을 포함한 근로자파견계약을 체결하고 그 계약에 따라 파견근로자를 근로하게 함으로써 동법을 위반한 경우에는 그 계약당사자 모두를 동법 제2조 제3호의 규정에 의한 사업주로 보아 해당 벌칙규정을 적용한다.

1. 산안법 적용의 원칙

산안법은 산업안전과 보건에 관한 기준을 확립하고 그 책임의 소재를 명확하게 하여 산업재해를 예방하고 쾌적한 작업 환경을 조성함으로써 근로자의 안전과 보건을 유지·증진함을 목적으로 하는 법률로, 근로자의 생명보전과 안전 및 보건을 유지·증진하도록 하기 위하여 사업주에게 여러 의무와 책임을 부과하고 있다.

그런데 파견근로자는 사용사업주의 사업장에서 사용사업주의 지휘·감독을 받으며 근로를 제공하므로 파견법은 파견근로와 관련해서는 사용사업주를 산안법 제2조 제3호의 규정에 의한 사업주로 보아 동법을 적용하는 것을 원칙으로 규정하고 있다(파견법 제35조 제1항). 즉 파견근로자의 안전과 보건에 대한 책임과 의무의 주체를 파견근로자를 지휘·감독하며 사용관계에 있는 사용사업주로 보고 파견근로자를 보호하고자 하는 것이다.

2. 사용사업주와 파견사업주의 공동 책임

다만, 파견근로자를 두텁게 보호하기 위하여 ① 산안법 제5조의 사업주의 기본적 의무, ② 제43조 제5항 중 근로자의 건강을 유지하기 위하여 필요하다고 인정할 경우에 조치하는 작업 장소의 변경, 작업의 전환 및 근로시간 단축, ③ 제43조 제6항 단서의 개별 근로자의 건강진단 결과의 공개 금지, ④ 제52조 제2항의 산안법 위반 사실 신고자에 대한 해고 등 불리한 처우의 금지 규정의 적용에 있어서는 사용사업주와 파견사업주 모두를 산안법상 사업주로 보고 산안법을 적용한다(파견법 제35조 제2항).

3. 건강진단 관련 특칙

사업주는 근로자의 건강보호·유지를 위하여 건강진단기관에서 근로자에 대한 건강진단을 실시하여야 하는바(산안법 제43조 제1항) 파견근로자에 대한 건강진단도 산안법상 사용자 지위에 있는 사용사업주가 실시해야 한다. 그리고 사용사업주가 파견근로자에 대하여 건강진단을 실시한 때에는 산안법 제43조 제6항의 규정에 따라 당해 건강진단 결과를 설명하여야 하며, 당해 건강진단 결과를 지체 없이 파견사업주에게 송부하여야 한다(파견법 제43조 제3항).

다만 사업주가 정기적으로 실시하여야 하는 건강진단 중 산안법 시행규칙 제98조 제1호의 규정에 의한 일반건강진단은 파견사업주가 실시하여야 한다(파견법 제35조 제4항 및 파견법 시행규칙 제18조). 이러한 건강진단은 파견근로자를 고용하고 있는 파견사업주가 실시하는 것이 타당하기 때문이다. 이 경우 건강진단을 실시한 파견사업주는 산안법 제43조 제6항의 규정에 의하여 당해 건강진단의 결과를 설명하여야 하며 당해 건강진단 결과를 지체 없이 사용사업주에게 송부하여야 한다(파견법 제35조 제5항 단서). 이를 위반하여 건강진단 결과를 송부하지 아니한 파견사업주에게는 파견법 제12조 제1항에 따라 영업정지처분이 내려질 수 있다(파견법 시행규칙 별표).

4. 산안법 위반의 근로자파견계약

파견사업주와 사용사업주가 산안법을 위반하는 내용이 포함된 근로자파견계약을 체결하고 그 계약에 따라 파견근로자를 근로하게 함으로써 동법을 위반한 경우에는 그 계약 당사자인 파견사업주와 사용사업주 모두를 사업주로 보아 해당 벌칙 규정을 적용한다(파견법 제35조 제6항).

[제36조~제41조]

제4장 보칙

제36조(지도 · 조언 등) 고용노동부장관은 이 법의 시행을 위하여 필요하다고 인정할 때에는 파견사업주 및 사용사업주에 대하여 근로자파견사업의 적정한 운영 또는 적정한 파견근로를 확보하는데 필요한 지도 및 조언을 할 수 있다.

제37조(개선명령) 고용노동부장관은 적정한 파견근로의 확보를 위하여 필요하다고 인정할 때에는 파견사업주에 대하여 근로자파견사업의 운영 및 파견근로자의 고용관리등에 관한 개선을 명할 수 있다.

제38조(보고와 검사) ①고용노동부장관은 이 법의 시행을 위하여 필요하다고 인정할 때에는 고용노동부령이 정하는 바에 따라 파견사업주 및 사용사업주에 대하여 필요한 사항의 보고를 명할 수 있다.

②고용노동부장관은 필요하다고 인정할 때에는 관계공무원으로 하여금 파견사업주 및 사용사업주의 사업장 기타 시설에 출입하여 장부·서류 기타 물건을 검사하거나 관계인에게 질문하게 할 수 있다.
③제2항의 규정에 의하여 출입·검사를 하는 공무원은 그 권한을 표시하는 증표를 관계인에게 내보여야 한다.
제39조(자료의 요청) ①고용노동부장관은 관계행정기관 기타 공공단체등에 대하여 이 법 시행에 필요한 자료의 제출을 요청할 수 있다.
②제1항의 규정에 의하여 자료의 제출을 요청받은 자는 정당한 사유가 없는 한 이에 응하여야 한다.
제40조(수수료) 제7조 및 제10조의 규정에 의한 허가를 받고자 하는 자는 고용노동부령이 정하는 바에 따라 수수료를 납부하여야 한다.
제41조(권한의 위임) 이 법에 의한 고용노동부장관의 권한은 대통령령이 정하는 바에 의하여 그 일부를 지방고용노동관서의 장에게 위임할 수 있다.

1. 고용노동부의 지도와 감독

파견법은 파견근로자를 보호하고 근로자파견사업이 적정하게 운영될 수 있도록 감독관청인 고용노동부에게 다음과 같은 여러 권한을 부여하고 있다.

2. 지도와 조언

고용노동부장관은 파견법의 시행을 위하여 필요하다고 인정할 때에는 파견사업주 및 사용사업주에 대하여 근로자파견사업의 적정한 운영 또는 적정한 파견근로를 확보하는데 필요한 지도 및 조언을 할 수 있다(파견법 제36조).

행정기관인 고용노동부 장관이 파견법이 정한 행정목적을 실현하기 위하여 파견사업주 또는 사용사업주에게 일정한 행위를 하거나 하지 아니하도록 지도, 권고, 조언 등을 하는 것으로, 행정작용(행정절차법 제2조 제3호)에 해당한다.

3. 개선 명령

고용노동부장관은 적정한 파견근로의 확보를 위하여 필요하다고 인정할 때에는 파견사업주에 대하여 근로자파견사업의 운영 및 파견근로자의 고용 관리 등에 관한 개선을 명할 수 있다(파견법 제37조). 이러한 고용노동부장관의 개선 명령을 위반한 파견사업주는 300만 원 이하의 과태료에 처하며(파견법 제46조 제5항 제5호), 아울러 영업정지명령을 받을 수 있다(파견법 제12조 제1항 제22호 및 파견법 시행규칙 별표).

4. 보고와 검사

고용노동부장관은 파견법의 시행을 위하여 필요하다고 인정할 때에는 고용노동부령이 정하는 바에 따라 파견사업주 및 사용사업주에 대하여 서면으로 필요한 사항의 보고를 명할 수 있다(파견법 제38조 제1항) 고용노동부령은 보고명령은 서면으로 하도록 하고 있다(파견법 시행규칙 제19조). 행정조사기본법이 정하고 있는 행정조사의 일종이라고 할 수 있다. 행정조사기본법 제2조 제1호는 "'행정조사'란 행정기관이 정책을 결정하거나 직무를 수행하는 데 필요한 정보나 자료를 수집하기 위하여 현장조사·문서열람·시료채취 등을 하거나 조사대상자에게 보고요구·자료제출요구 및 출석·진술요구를 행하는 활동을 말한다."고 규정하고 있다.

고용노동부장관은 필요하다고 인정할 때에는 관계 공무원으로 하여금 파견사업주 및 사용사업주의 사업장 기타 시설에 출입하여 장부·서류 기타 물건을 검사하거나 관계인에게 질문하게 할 수 있다(파견법 제38조 제2항). 이 경우 출입·검사를 하는 공무원은 그 권한을 표시하는 증표를 관계인에게 내보여야 한다(파견법 제38조 제3항).

이에 따른 검사를 정당한 이유 없이 거부·방해 또는 기피한 자는 300만 원 이하의 과태료에 처한다(파견법 제46조 제5항 제6호). 또한 파견사업주가 고용노동부장관의 보고 명령을 이행하지 않거나 허위의 보고를 한 때 및 관계 공무원의 출입·검사·질문 등의 업무를 거부·회피하거나 방해한 때에는 고용노동부장관으로부터 영업정지명령을 받을 수 있다(파견법 제12조 제1항 제23호 및 파견법 시행규칙 별표).

5. 자료의 요청

고용노동부장관은 관계 행정기관 기타 공공단체 등에 대하여 파견법 시행에 필요한 자료의 제출을 요청할 수 있으며, 이에 따라 자료의 제출을 요청받은 자는 정당한 사유가 없는 한 이에 응하여야 한다(파견법 제39조 제1항 및 제2항).

6. 수수료

근로자파견사업의 허가(파견법 제7조), 근로자파견사업의 갱신허가(파견법 제10조)를 받고자 하는 자는 고용노동부령이 정하는 바에 따라 수수료를 납부하여야 한다(파견법 제40조).

7. 권한의 위임

파견법에 의한 고용노동부장관의 권한은 대통령령이 정하는 바에 의하여 그 일부를 지방노동관서의 장(지방노동청장, 지방노동사무소장, 출장소장)에게 위임할 수 있다(파견법 제41조). 이에 따라 파견법 시행령에서는 아래의 권한들을 지방노동관서의 장에게 위임하는 것으로 규정하고 있다(파견법 시행령 제6조).

1. 법 제7조 제1항ㆍ제2항 및 제10조 제2항의 규정에 의한 근로자파견사업의 허가ㆍ변경허가ㆍ변경신고수리 및 갱신허가
2. 법 제11조 제1항의 규정에 의한 근로자파견사업 폐지신고의 수리
3. 법 제12조의 규정에 의한 근로자파견사업의 허가취소 및 영업정지
4. 법 제18조의 규정에 의한 사업보고서의 접수
5. 법 제19조의 규정에 의한 폐쇄조치 등

5의2. 법 제21조 제3항, 제21조의2 제4항 및 제21조의3 제2항에 따라 준용되는 「기간제 및 단시간근로자 보호 등에 관한 법률」 제15조 제1항에 따른 확정된 시정명령에 대한 이행상황의 제출요구 및 같은 조 제2항에 따른 확정된 시정명령 불이행에 대한 신고의 접수

5의3. 법 제21조의2 제1항 및 제21조의3제1항에 따른 차별적 처우에 대한 시정요구 및 법 제21조의2 제2항(법 제21조의3제2항에 따라 준용되는 경우를 포함한다)에 따른 차별적 처우의 통보ㆍ통지

6. 법 제36조의 규정에 의한 지도 및 조언
7. 법 제37조의 규정에 의한 개선명령
8. 법 제38조의 규정에 의한 보고명령 및 출입ㆍ검사ㆍ질문
9. 법 제39조의 규정에 의한 자료의 요청
10. 법 제46조의 규정에 의한 과태료의 부과ㆍ징수

[제42조~제46조]

제5장 벌칙

제42조(벌칙) ①다음 각 호의 어느 하나에 해당하는 업무에 취업시킬 목적으로 근로자파견을 한 자는 5년 이하의 징역 또는 5천만원 이하의 벌금에 처한다.

1. 「성매매알선 등 행위의 처벌에 관한 법률」 제2조 제1항 제1호에 따른 성매매 행위가 이루어지는 업무
2. 「보건범죄 단속에 관한 특별조치법」 제2조 제1항에 따른 부정식품 제조 등 행위가 이루어지는 업무
3. 「보건범죄 단속에 관한 특별조치법」 제3조 제1항에 따른 부정의약품 제조 등 행위가 이루어지는 업무
4. 「보건범죄 단속에 관한 특별조치법」 제4조 제1항에 따른 부정유독물 제조 등 행위가 이루어지는 업무
5. 「보건범죄 단속에 관한 특별조치법」 제5조에 따른 부정의료 행위가 이루어지는 업무
6. 「식품위생법」 제4조에 따른 위해식품등의 판매 등 행위가 이루어지는 업무
7. 「식품위생법」 제5조에 따른 병든 동물 고기 등의 판매 등 행위가 이루어지는 업무
8. 그 밖에 제1호부터 제7호까지의 규정에 준하는 행위가 이루어지는 업무로서 대통령령으로 정하는 업무

② 제1항의 미수범은 처벌한다.

[2017. 4. 18 법률 제14790호에 의하여 2016. 11. 24 헌법재판소에서 위헌 결정된 이 조 제1항을 개정함.]

제43조(벌칙) 다음 각호의 1에 해당하는 자는 3년 이하의 징역 또는 3천만원 이하의 벌금에 처한다.

1. 제5조 제5항, 제6조 제1항·제2항·제4항 또는 제7조 제1항의 규정을 위반하여 근로자파견사업을 행한 자

1의2. 제5조 제5항, 제6조 제1항·제2항·제4항 또는 제7조 제3항의 규정을 위반하여 근로자파견의 역무를 제공받은 자

2. 허위 기타 부정한 방법으로 제7조 제1항의 규정에 의한 허가 또는 제10조 제2항의 규정에 의한 갱신허가를 받은 자
3. 제15조 또는 제34조 제2항의 규정을 위반한 자

제43조의2(벌칙) 제21조 제3항의 규정에 따라 준용되는 「기간제 및 단시간근로자

보호 등에 관한 법률」 제16조(동조 제1호 및 제4호를 제외한다)의 규정을 위반한 자는 2년 이하의 징역 또는 1천만원 이하의 벌금에 처한다.

제44조(벌칙) 다음 각호의 1에 해당하는 자는 1년 이하의 징역 또는 1천만원 이하의 벌금에 처한다.

1. 삭제 <2006. 12. 21.>
2. 제12조 제1항의 규정에 의한 영업의 정지명령을 위반하여 근로자파견사업을 계속한 자
3. 제16조를 위반한 자

제45조(양벌규정) 법인의 대표자나 법인 또는 개인의 대리인, 사용인, 그 밖의 종업원이 그 법인 또는 개인의 업무에 관하여 제42조·제43조·제43조의2 또는 제44조의 위반행위를 하면 그 행위자를 벌하는 외에 그 법인 또는 개인에게도 해당 조문의 벌금형을 과(科)한다. 다만, 법인 또는 개인이 그 위반행위를 방지하기 위하여 해당 업무에 관하여 상당한 주의와 감독을 게을리하지 아니한 경우에는 그러하지 아니하다.

제46조(과태료) ① 제21조 제3항, 제21조의2 제4항 및 제21조의3 제2항에 따라 준용되는 「기간제 및 단시간근로자보호 등에 관한 법률」 제14조 제2항 또는 제3항의 규정에 따라 확정된 시정명령을 정당한 이유 없이 이행하지 아니한 자는 1억원 이하의 과태료에 처한다.

② 제6조의2 제1항의 규정을 위반하여 파견근로자를 직접 고용하지 아니한 자는 3천만원 이하의 과태료에 처한다.

③ 제26조 제1항을 위반하여 근로자파견을 할 때에 미리 해당 파견근로자에게 제20조 제1항 각 호의 사항 및 그 밖에 고용노동부령으로 정하는 사항을 서면으로 알리지 아니한 파견사업주에게는 1천만원 이하의 과태료를 부과한다.

④ 제21조 제3항, 제21조의2 제4항 및 제21조의3 제2항에 따라 준용되는 「기간제 및 단시간근로자보호 등에 관한 법률」 제15조 제1항의 규정에 따른 고용노동부장관의 이행상황 제출요구에 정당한 이유 없이 불응한 자는 500만원 이하의 과태료에 처한다.

⑤ 다음 각호의 1에 해당하는 자는 300만원 이하의 과태료에 처한다.

1. 제11조 제1항의 규정에 의한 신고를 하지 아니하거나 허위의 신고를 한 자
2. 제18조 또는 제38조 제1항의 규정에 의한 보고를 하지 아니하거나 허위의 보고를 한 자

2의2. 제26조 제3항의 규정을 위반한 자

3. 제27조·제29조 또는 제33조의 규정을 위반한 자
4. 제35조 제3항 또는 제5항의 규정을 위반하여 당해 건강진단결과를 송부하지 아니한 자

5. 제37조의 개선명령을 위반한 자
6. 제38조 제2항의 규정에 의한 검사를 정당한 이유없이 거부·방해 또는 기피한 자
⑥ 제1항부터 제5항까지의 규정에 따른 과태료는 대통령령으로 정하는 바에 따라 고용노동부장관이 부과·징수한다.
⑦ 삭제 <2009. 5. 21.>
⑧ 삭제 <2009. 5. 21.>

1. 형사 처벌

가. 형사처벌 대상

1) 아래에 열거한 업무와 같이 공중위생 또는 공중도덕상 유해한 업무에 취업시킬 목적으로 근로자파견을 한 자는 5년 이하의 징역 또는 3천만 원 이하의 벌금에 처한다. 이 경우에는 미수범도 처벌한다(파견법 제42조).

1. 「성매매알선 등 행위의 처벌에 관한 법률」 제2조 제1항 제1호에 따른 성매매 행위가 이루어지는 업무
2. 「보건범죄 단속에 관한 특별조치법」 제2조 제1항에 따른 부정식품 제조 등 행위가 이루어지는 업무
3. 「보건범죄 단속에 관한 특별조치법」 제3조 제1항에 따른 부정의약품 제조 등 행위가 이루어지는 업무
4. 「보건범죄 단속에 관한 특별조치법」 제4조 제1항에 따른 부정유독물 제조 등 행위가 이루어지는 업무
5. 「보건범죄 단속에 관한 특별조치법」 제5조에 따른 부정의료 행위가 이루어지는 업무
6. 「식품위생법」 제4조에 따른 위해식품등의 판매 등 행위가 이루어지는 업무
7. 「식품위생법」 제5조에 따른 병든 동물 고기 등의 판매 등 행위가 이루어지는 업무
8. 그 밖에 제1호부터 제7호까지의 규정에 준하는 행위가 이루어지는 업무로서 대통령령으로 정하는 업무

구 파견법(2017. 4. 18. 법 제14790호로 개정되기 전의 것)은 제42조 제1항에서 "공중위생 또는 공중도덕상 유해한 업무에 취업시킬 목적으로 근로자파견을 한 자는 5년 이하의 징역 또는 3천만 원 이하의 벌금에 처한다."고 규정하고 있었다.

헌법재판소는 '공중도덕상 유해한 업무'가 죄형법정주의의 명확성에 위배된다는 취지로 위헌결정을 하였다.[243] 이에 따라 현행법과 같이 8가지 유형으로 구체화하는 내용으로 개정되었다.

2) 다음에 해당하는 자는 3년 이하의 징역 또는 2천만 원 이하의 벌금에 처한다(파견법 제43조).

가) 제5조 제5항(파견대상업무 제한 위반), 제6조 제1항·제2항·제4항(파견기간 제한 위반) 또는 제7조 제1항(근로자파견사업의 허가 위반)의 규정을 위반하여 근로자파견사업을 행한 자

나) 제5조 제5항(파견대상업무 제한), 제6조 제1항·제2항·제4항(파견기간 제한) 또는 제7조 제1항(근로자파견사업의 허가)의 규정을 위반하여 근로자파견의 역무를 제공받은 자

다) 허위 기타 부정한 방법으로 제7조 제1항(근로자파견사업의 허가)의 규정에 의한 허가 또는 제10조 제2항(근로자파견사업의 갱신 허가)의 규정에 의한 갱신허가를 받은 자

라) 제15조(명의대여의 금지) 또는 제34조 제2항(파견근로자 임금 지급의 연대 책임)의 규정을 위반한 자

3) 제21조 제3항의 규정(파견근로자 차별시정제도)에 따라 준용되는 기간제법 제16조(동조 제1호 및 제4호를 제외한다)의 규정을 위반한 자는 2년 이하의 징역 또는 1천만 원 이하의 벌금에 처한다(파견법 제43조의2).

4) 다음에 해당하는 자는 1년 이하의 징역 또는 1천만 원 이하의 벌금에 처한다(파견법 제44조).

가) 제12조 제1항의 규정에 의한 근로자파견사업의 영업정지명령을 위반하여 근로자파견사업을 계속한 자

나) 제16조(근로자파견의 제한)를 위반한 자

나. 양벌 규정

법인의 대표자나 법인 또는 개인의 대리인·사용인 기타 종업원이 그 법인 또는 개인의 업무에 관하여 이상의 파견법 위반행위를 한 때에는 그 행위자를 벌하는 외에 그 법인 또는 개인에 대하여도 해당 각조의 벌금형을 과하도록 하는

243) 헌법재판소 2016. 11. 24. 선고 2015헌가23 결정.

양벌규정을 두고 있다(파견법 제45조). 다만, 법인 또는 개인이 그 위반행위를 방지하기 위하여 해당 업무에 관하여 상당한 주의와 감독을 게을리하지 아니한 경우에는 처벌하지 않는다.

2. 과태료

가. 과태료의 부과 대상

1) 제21조 제3항, 제21조의2 제4항 및 제21조의3 제2항에 따라 준용되는 기간제법 제14조 제2항 또는 제3항의 규정에 따라 확정된 시정명령을 정당한 이유 없이 이행하지 아니한 자는 1억원 이하의 과태료에 처한다(파견법 제46조 제1항).

2) 제6조의2 제1항의 규정을 위반하여 파견근로자를 직접 고용하지 아니한 자는 3천만원 이하의 과태료에 처한다(파견법 제46조 제2항).

3) 제26조 제1항을 위반하여 근로자파견을 할 때에 미리 해당 파견근로자에게 제20조 제1항 각 호의 사항 및 그 밖에 고용노동부령으로 정하는 사항을 서면으로 알리지 아니한 파견사업주에게는 1천만원 이하의 과태료를 부과한다(파견법 제46조 제3항).

4) 제21조 제3항, 제21조의2 제4항 및 제21조의3 제2항에 따라 준용되는 기간제법 제15조 제1항의 규정에 따른 고용노동부장관의 이행상황 제출요구에 정당한 이유 없이 불응한 자는 500만원 이하의 과태료에 처한다(파견법 제46조 제4항).

5) 다음에 해당하는 자는 300만원 이하의 과태료에 처한다(파견법 제46조 제5항).

가) 제11조 제1항의 규정에 의한 신고를 하지 아니하거나 허위의 신고를 한 자

나) 제18조 또는 제38조 제1항의 규정에 의한 보고를 하지 아니하거나 허위의 보고를 한 자

다) 제26조 제3항의 규정을 위반한 자

라) 제27조 · 제29조 또는 제33조의 규정을 위반한 자

마) 제35조 제3항 또는 제5항의 규정을 위반하여 당해 건강진단결과를 송부하지 아니한 자

바) 제37조의 개선명령을 위반한 자

사) 제38조 제2항의 규정에 의한 검사를 정당한 이유없이 거부 · 방해 또는 기

피한 자

나. 과태료의 부과 기준

고용노동부장관은 과태료의 금액을 정함에 있어서 당해 위반행위의 동기와 그 결과 등을 참작하되, 부과기준은 파견법 시행령 제7조 및 별표 2에서 정하고 있다.

[보론] 간접고용과 집단적 노사관계

1. 간접고용과 '사용자' 개념

간접고용은 법률용어는 아니지만, 통상 노동력을 직접 고용하지 않고 노동력을 공급하는 외부 업체(하청회사, 용역업체, 파견업체, 근로자공급업체, 자회사, 위탁관리업체, 소사장 등)와 도급(위탁, 용역)계약, 근로자파견계약 등을 맺고 외부업체의 노동력을 사용하는 형식을 말한다. 이 때 노동력을 공급하는 외부업체는 실질적인 권한이 없고 실제 사용하는 사업주[244](원청 업체, 파견법상 사용사업주 등)가 노동조건, 노조활동 등 노동관계상의 내용을 사실상 결정한다. 그러나, 원청 사용자는 형식적인 근로계약을 맺고 있지 않다는 이유를 내세우며 노동법의 사용자로서 책임을 회피한다.

비정규직 문제 중 특수고용 문제가 '근로자'에서 배제되어 노동법이 형해화되는 것이라면, 간접고용은 노동법의 책임 주체인 '사용자'가 사라짐으로써 노동법이 무력화되는 결과를 낳는다. 오늘날 특수고용 비정규직 문제에 대한 해석론 및 입법론의 대응이 '근로자 찾기'(근로자 개념 문제)라면 간접고용 비정규직 문제에 대한 해석론 및 입법론의 대응은 '사용자 찾기'(사용자 개념)라고 부를 수 있다.

특히 간접고용은 비정규직 일자리 중에서도 가장 질이 낮은 일자리로 평가되고 있다. 간접고용은 '노동시장의 이중 구조화'를 더욱 심화시키고 노동시장의 양극화를 초래하여 사회 구성원간의 빈부격차를 심화시키고 나아가 사회통합을 저해하는 중요한 원인이 되고 있다. 간접고용에서 사용자를 찾는 작업은 사용자로 하여금 최소한의 사회적 책임을 지면서 이윤을 추구해야 한다는 지극히 상식적

---

244) 이하 '원청 사용자'라고 칭하고 파견법상 사용사업주인 경우에는 '사용사업주'라는 용어를 사용함.

인 요청이기도 하다. 그리고 그것이 근로자 보호원칙에도 부합한다. 법을 잘 지키면서 기업을 하는 사용자를 시장에서 보호해 주어야지 법을 어기고 어떻게 해서든지 회피하려는 기업에게 혜택이 돌아가도록 한다면 결국 어떤 사용자도 법을 지키려 하지 않을 것이므로 이는 노동법의 규범력 상실로 이어질 것이다. 이런 점에서 간접고용에서 '사용자' 찾기는 오늘날 중요한 해석론 및 입법론의 과제이다.

이 쟁점은 파견법상 파견근로자와 사용사업주에 국한하여 논할 것은 아니어서 좀 더 넓게 '간접고용'으로 확장하여 이를 다루고자 한다.

2. 노조법의 '사용자'

노조법 제2조 제2호는 "'사용자'라 함은 사업주, 사업의 경영담당자 또는 그 사업의 근로자에 관한 사항에 대하여 사업주를 위하여 행동하는 자를 말한다."고 규정하고 있다. 이 조항은 사용자의 종류를 나열하고 있을 뿐 사용자의 개념을 제시하고 있지 않으며 사용자의 개념은 해석에 맡겨져 있다. 최근 들어 사내하도급 근로자들의 노동3권 문제가 사회적으로 부각되고 있는 상황에서, 대법원이 지배·개입이 문제된 사건에서 학계의 견해를 받아들여 노조법상 사용자개념을 확대하는 판결을 선고하여 주목을 받고 있다.

가. 학 설

1) 지배력설

통설은 노조법의 사용자는 근로계약 당사자로서의 사용자에 국한하지 않고 이보다 넓은 개념으로 보고 있다. 대부분의 학자들이 취하고 있는 입장이다. 구체적으로 김형배 교수는 "노동조합에 대한 단체교섭의 당사자로서의 사용자라 함은 외부적인 계약 형식에 관계없이 해당 근로자들과의 관계를 고려할 때 실질적으로 사용자권한을 행사하는 자로서 근로조건의 전부 또는 일부에 대하여 구체적 영향력 내지 지배력(처분적 권한)을 미치는 자라고 해석해야 한다."[245]고 하며, 임종률 교수는 "집단적 노동관계의 일방 당사자를 말하고 반드시 근로계약상의 사용자와 같은 의미를 가지는 것은 아니다. 해당 근로자의 근로조건에 대하여 실질적 지배력을 가지는 자를 말한다."[246]고 본다. 김유성 교수도 "단체교섭이 노

245) 김형배, 1010쪽.

사간 주장이 대립되는 사항에 관하여 합의를 형성하려는 사실행위라는 점을 감안한다면 단체교섭의 상대방이 되는 사용자를 엄밀한 의미에서의 근로계약의 당사자에 한정할 필요는 없다...... 요컨대 단체교섭의 대상사항이 되는 근로조건 기타 노동관계상의 제이익에 대하여 실질적 영향력 내지 지배력을 행사하고 있는 자도 포함된다."[247]라고 한다.

2) 대향관계설

대향관계설은 근로자가 노동3권을 행사함에 있어 그 '대향관계(對向關係)'에 있는 자를 노조법상 사용자로 보아야 한다는 견해이다. 이에 따르면, 부당노동행위제도가 보호하려는 것이 일반적인 근로자의 단결활동인데도, 지배력설은 주로 근로조건과 같은 개별적 권리의 문제로 부당하게 협소화시킨다고 한다. 근로조건뿐 아니라 노동3권 행사와 관련된 노동관계 전반에 지배력을 가진 자까지도 포함하여야 하므로, 노조법상 사용자는 "근로자, 노동조합의 자주적 단결활동에 영향을 미침으로써 근로3권을 침해할 수 있는 지위에 있는 자"로 보아야 한다는 것이다.[248]

대향관계설은 지배력설과 본질적으로 다른 견해는 아니고 원청 사용자가 행사하는 지배력의 범위를 개별적 근로조건에 한정하지 않고 노동단체법적인 측면까지 포함하여 영역을 넓혔다는 의미가 있다.[249]

나. 판 례

대법원은 항운노조 사건에서 노조법 상의 사용자라 함은 "근로자와의 사이에 사용종속관계가 있는 자, 즉 근로자는 사용자의 지휘, 감독 아래 사용자에게 근로를 제공하고 사용자는 그 대가로서 임금을 지급하는 것을 목적으로 하는 명시적이거나 묵시적인 근로계약관계가 있는 자"를 말한다고 하여 노조법상 사용자는 근로계약 당사자로서의 사용자와 동일하게 보는 듯한 취지로 판시하였다[250]

---

246) 임종률, 279-280쪽.

247) 김유성Ⅱ, 320쪽.

248) 자세한 내용은 윤애림, 「다면적 근로관계에서의 사용자의 책임」, 서울대학교 대학원 박사학위 논문, 2003, 129-131쪽, 157-158쪽; 김선수, "단체교섭 상대방으로서의 사용자 개념의 확대", 「노동법의 쟁점과 과제」, 김유성 교수 화갑기념 논문집 간행위원회, 2009, 352쪽 이하 참조.

249) 김선수, "단체교섭 상대방으로서의 사용자 개념의 확대", 「노동법의 쟁점과 과제」, 김유성 교수 화갑기념 논문집 간행위원회, 2009, 354쪽.

250) 대법원 1995. 12. 22. 선고 95누3565 판결.

그러나, 대법원은 현대중공업 사내하청 사건,[251] 88CC 골프장 경기보조원 사건[252]에서 명시적으로 노조법상 사용자는 반드시 근로계약상 당사자일 필요는 없다고 판단하였다. 두 사건 모두 부당노동행위(지배개입)에 관한 사건이었다. 그 요지는 '근로자의 기본적인 노동조건 등에 관하여 그 근로자를 고용한 사업주로서의 권한과 책임을 일정 부분 담당하고 있다고 볼 정도로 실질적이고 구체적으로 지배·결정할 수 있는 지위에 있는 자가, 노동조합을 조직 또는 운영하는 것을 지배하거나 이에 개입하는 등으로 노조법 제81조 제4호에서 정한 행위를 하였다면, 그 시정을 명하는 구제명령을 이행하여야 할 사용자에 해당한다'는 것이다.

리딩케이스라고 할 수 있는 현대중공업 사내하청 사건의 판결은 실질적으로 단체교섭 당사자성까지 인정한 것으로 보인다. 이 판결의 핵심적 부분을 참고한 일본 朝日放送事件최고재판소 판결(最三小判平7. 2. 28)도 원청 사용자의 단체교섭 거부를 부당노동행위로 인정한 것이다.[253] 위 현대중공업 사내하청 사건의 원심판결[254]도 '부분적 사용자로서 구제명령을 이행할 권한이나 능력을 갖고 있는지 여부는 당해 구제신청의 내용, 그 사용자가 근로계약관계에 관여하고 있는 구체적 형태, 근로관계상 제 이익에 대한 실질적인 영향력 내지 지배력의 유무 및 행사의 정도 등에 따라 결정된다고 할 것이므로 이러한 부분적 사용자는 직접적인 근로계약상의 법률관계를 전제로 원직복귀명령, 소급임금지급명령 등과 같은 구제명령의 이행의무자로서 부당노동행위의 주체가 될 수는 없고 간접적인 근로계약관계에서도 이행이 가능한(스스로 결정하는 것이 가능한 근로조건에 관한) 단체교섭 명령, 부작위 명령 등과 같은 구제명령의 이행의무자로서 부당노동행위 주체가 될 수 있다'고 판시한 바 있다.

다. 일본과 미국의 최근 논의

일본최고재판소의 리딩케이스라고 할 수 있는 판결은 朝日放送事件{일본 최고재판소 판결(1995. 2. 28. 헤세이 05(行ツ) 17}이다. 바로 단체교섭의 당사자 지위에 관한 사건이었다. 일본 최고재판소는 이 판결에서 '노동조합법 제7조에서 말

251) 대법원 2010. 3. 25. 선고 2007두8881 판결.
252) 대법원 2014. 2. 13. 선고 2011다78804 판결.
253) 강성태, "사내하청에 관한 세 가지 판단－Browning－Ferris, 현대중공업 그리고 KTX－", 「노동법연구」, 제40호, 서울대학교 노동법연구회, 2016, 68쪽.
254) 서울고등법원 2007. 4. 11. 선고 2006누13499 판결, 서울행정법원 2006. 5. 18. 선고 2005구합11951 판결.

하는 '사용자'의 의의에 대해 검토함에 있어, 일반적으로 사용자는 노동 계약상의 고용주를 말하는 것이지만 동조가 단결권 침해에 해당되는 일정한 행위를 부당노동행위로서 배제, 시정함으로써 정상적인 노사관계를 회복하는 것을 목적으로 하고 있는 것을 고려하면 고용주 이외의 사업주도 고용주로부터 노동자의 파견을 받아 자기의 업무에 종사시켜, 그 노동자의 기본적인 노동조건에 있어 고용주와 부분적이라고 해도 동시할 수 있는 정도로 현실적이고 구체적으로 지배・결정할 수가 있는 지위에 있는 경우에는 그 한도 내에서 위 사업주는 동조의 사용자에 해당된다고 봄이 상당하다......피상고인은 스스로 결정할 수가 있는 근무시간의 할당, 노무 제공의 모양, 작업 환경 등에 관한 한 정당한 이유가 없으면 하청 3사의 종업원이 조직한 상고 보조참가인과의 단체교섭을 거부할 수가 없다고 해야 한다'고 판시하였다. 지배력설을 취한 판결이다.

미국은 브라우닝－페리스 결정(Browning－Ferris, NLRB 2015. 8. 27.)에서 연방노동위원회는 종래의 공동사용자 기준이었던 TLI 결정을 다음과 같이 변경했다[255]. "만약 둘 이상의 사업체들이 모두 common law상 사용자들이면서 기본적인 고용조건을 규율하는 사항들을 공유하거나 공동으로 결정하는 경우에는 그들은 하나의 노동력에 대한 공동사용자이다. 사업장에서 지배(권)를 보유하고 실행했는지를 판단함에 있어, 공동사용자들이 고용조건에 관해 지배권을 공유하거나 공동결정하는 다양한 방식들을 고려해야 한다."

여기서 고용조건은 종래 위원회의 입장과 마찬가지로 포괄적으로 정의한다. 위원회의 기존 공동사용자 법리는 "채용, 해고, 징계, 감독, 지시와 같은 고용관계와 관련된 사항"을 교섭사항의 예시로 언급했다. 임금과 근로시간이 필수적인 조건들에 포함됨은 이견이 없고, 기본적인 고용조건에 관한 지배의 다른 예로는, 공급되어야 할 근로자 수의 지시, 작업계획과 연공 및 초과근로의 지배, 직무의 배당과 작업수행방식의 결정 등이다.

지배권을 파악하는 방식은 이렇다. 우선 common law상 지배 개념이 위원회의 공동사용자 법리에 사용된다. 그리고 종전 TLI 기준 즉, 공동사용자는 근로자의 고용조건을 지배할 수 있는 권한을 가질 뿐만 아니라 실제로 그러한 권한을 행사하여야 하는데 그것도 직접적이고 즉각적이어야 하고 '제한적이고 관례적인' 방식이 아니어야 한다는 요건을 폐기하였다. 사실 common law상 지배의 권한

255) 자세한 내용은 강성태, "사내하청에 관한 세 가지 판단－Browning－Ferris, 현대중공업 그리고 KTX－", 「노동법연구」, 제40호, 서울대학교 노동법연구회, 2016, 42쪽 이하 참조.

은 직접적이든 간접적이든 지배의 실질적 행사와 마찬가지로 공동사용자 지위의 증거로 사용되었다. 사용사업주의 의무적 교섭사항은 자신의 지배와 연관된 사항에 한정된다. 즉 공동사용자는 자신이 지배권한을 보유한 고용조건들에 관해서만 교섭하면 된다.

라. 검 토

근기법과 노조법은 그 입법의 목적을 달리하는 것이고 노조법상 사용자는 노동3권을 행사에 관련된 사항에 실질적인 영향력 내지 지배력을 미치는 자도 포함된다고 볼 수 있다. 여기서 지배력의 기준도 '협소한' 근로조건에 국한시킬 이유가 없으며 김유성 교수가 지적하고 있듯이 '근로조건 기타 노동관계상의 제이익'에 대하여 실질적 영향력 내지 지배력을 행사하고 있는 자도 포함된다고 보는 것이 타당하다.

노동쟁의 예방과 산업평화 유지라는 노조법의 또 다른 목적(1조 후단)은 이렇게 분출되는 집단노사관계상의 다양한 요구사항을 방치하거나 억압하지 아니하고 제도적으로 수용하여 노사가 제도적 공간에서 자율적으로 해결하도록 할 때에 온전히 달성될 수 있을 것인데, 이는 노동관계에 대하여 실질적인 권한을 가지는 자에게 그 권한에 상응하는 책임을 부여할 때만이 가능할 수 있다.[256)]

특히 단체교섭의 당사자인 사용자의 범위를 근로계약의 존재를 전제로 하는 근기법상 사용자와 동일시 할 필요성은 없다. 즉 근기법은 일정한 사업장에 고용되어 근로하고 있는 근로자의 최저 근로기준을 보호함을 목적으로 하므로 여기에서 말하는 사용자는 법정된 최저근로조건을 보장해야 할 의무 부담자로서의 사용자로서 현실적으로 근로자를 사용하는 자를 의미하게 되는 반면, 노조법은 헌법상 보장된 근로자의 노동3권 보장을 구체화하는 법률이기 때문에 여기에서 말하는 사용자는 반드시 현실적으로 근로자를 사용하는 자에 국한되지 아니하고 근로자의 단결체인 노동조합과 대항관계에 있는 자를 의미한다고 보아야 한다. 대법원은 근로계약 관계가 없는 '실업자'의 노조법상 근로자성을 인정하면서 "… 근기법은 '현실적으로 근로를 제공하는 자에 대하여 국가의 관리·감독에 의한 직접적인 보호의 필요성이 있는가'라는 관점에서 개별적 노사관계를 규율할 목적으로 제정된 것인 반면에, 노동조합 및 노동관계조정법은 '노무공급자들 사이의

---

256) 노조법주해Ⅰ, 158쪽.

단결권 등을 보장해 줄 필요성이 있는가.'라는 관점에서 집단적 노사관계를 규율할 목적으로 제정된 것으로 그 입법목적에 따라 근로자의 개념을 상이하게 정의하고 있다."[257]고 하여 개별적·집단적 노동관계법 상의 용어·정의가 반드시 일치하는 것이 아니며, 따라서 근로자·사용자 개념이 달리 해석될 수 있음을 인정한 바 있다. 노조법상 단체교섭의 상대방으로 지위, 곧 조정신청의 상대방으로서 사용자의 지위는 해당 단체교섭 사항에 대하여 실질적인 결정권을 행사하고 있는 자를 그 지위에 있다고 보는 것이 단체교섭을 통하여 달성하고자 하는 목적에 부합한다.

또한 부당노동행위는 근로계약상의 위법행위가 아니라 집단적 노사관계법에 특유한 위법행위이기 때문에 현실적인 근로계약의 당사자인가 여부로서 사용자 개념의 기준을 정할 수 없다.[258] 특히 오늘날 간접고용의 증가라는 현실에 직면하여 노동3권의 실질적 보장이라는 관점에서도 이와 같은 해석이 타당하다. 리딩케이스라고 할 수 있는 현대중공업 사내하청 사건에서의 대법원 판단도 큰 방향에서는 이와 다르지 않다고 본다.

3. 노동조합 활동, 쟁의행위시 사업장내 활동과 원청 사용자의 수인의무

조합활동은 집회, 연설, 유인물 배포와 부착, 리본 패용, 머리띠 기타 복장 착용 등의 양태를 띠고 있다. 쟁의행위시에는 직장점거 농성, 피켓팅 등의 활동이 이루어지기도 한다. 간접고용 근로자들의 근로 제공이 원청 사용자가 관리하는 사업장내에서 이루어지게 될 경우에 조합활동도 필연적으로 근로를 제공하고 있는 사업장내에서 이루어지게 된다. 여기서 원청 사용자의 시설관리권과의 충돌문제가 발생한다.

일반적으로 판례는 사업장 내의 노동조합활동에 있어서는 사용자의 시설관리권에 바탕을 둔 규율이나 제약에 따라야 하지만, 그러한 규율이나 제약도 합리적인 범위 내에서 정당한 노동조합활동과 조화를 이루어야 하고 노동조합이나 조합원들이 조합활동을 함에 있어서 반드시 사용자의 허가를 받아야만 하는 것이 아니고, 시설관리권의 본질적인 부분을 침해하지 않는 한도내에서 사용자의 합리

257) 대법원 2004. 2. 27. 선고 2001두8568 판결.
258) 김유성Ⅱ, 312쪽.

적인 규율이나 제약에 따라 정당한 조합활동을 할 수 있다고 본다.[259)]

원청 사용자가 관리하는 사업장이라고 하더라도 ① 하청업체가 사용하는 공간(하청업체 사무실과 탈의실 정도), ② 원청 업체와 하청업체가 공동으로 사용하는 공간이나 시설(사업장내 운동장, 식당, 강당, 출입로 등 대부분의 공간이 여기에 해당할 것이다), ③ 원청 업체만 사용하는 공간이 있을 수 있다.

위 ①, ②의 공간에서 행하는 조합활동에 대하여 시설관리권을 보유한 원청 사용자는 수인의무가 있다. 이 때 원청 사용자에게 '근로조건 등 노동관계상의 제 이익에 관한 실질적 지배력과 영향력의 존재 여부' 등 별도의 요건은 불필요하다.

그 이유는 '기업 내의 근무장소는 근로자들이 자연스럽게 모여 근로조건이나 노동조합에 대한 정보와 의견을 나눌 수 있는 유일한 장소'[260)]이므로 조합활동은 근로자가 자신의 근로를 제공하는 장소(공간)에서 이루어질 수밖에 없는 점,[261)] 원청 사용자와 하청업체간 도급계약에 따르면 원청 사용자는 자신의 사업장 공간을 하청업체와 그 소속 근로자들에게 출입과 사용을 허용하고 근로제공 장소로 정하고 있는 것이어서 간접 고용 근로자들의 정당한 기본권의 행사에 대한 수인의무가 도급계약에 내재되어 있다고도 볼 수 있는 점, 조합활동은 집회 및 결사의 자유, 단결권 등 노동3권에 기초한 정당한 기본권 행사로 볼 수 있으므로 원청 사용자도 최소한의 수인의무는 있다고 볼 수 있는 점,[262)] 원청 사용자의 사업장내에서 종국적으로 원청 사용자의 사업내의 일부 업무를 수행하는 간접고용 근로자들과 원청 사용자가 전혀 무관한 제3자라고 보기 어려운 점, 이렇게 해석하더라도 원청 사용자에게는 피해가 별로 없는 반면에, 만약 반대로 조합활동을 할 수 없다거나, 원청 사용자의 허가아래서만 가능하다고 해석하게 되면 간접고용 근로자들의 노동3권은 사실상 형해화될 수 있는 점, 원청 사용자의 재산권(시설관리권)과 간접고용 근로자들의 기본권의 조화로운 보장취지 및 이익형량의 원칙에도 부합하는 점에 있다. 이 경우에 원청 사용자와 하청 사용자 사이에 간접고용 근로자들의 노동3권을 배제하는 약정을 맺더라도 이는 효력이 인정받기 어

259) 대법원 1992. 6. 23. 선고 92누4253 판결, 대법원 1996. 9. 24. 선고 95다11504 판결, 대법원 2000. 6. 23. 선고 98다54960 판결 등 참조.

260) 서울고등법원 1992. 1. 17. 선고 90구14449 판결(확정).

261) 예를 들어 간접고용된 하청 근로자들로 조직된 노조가 설립되어 노조가입 홍보활동을 할 수 있는데, 이는 원청 사용자의 시설인 공장내 출입도로나, 식당 등에서 이루어질 수밖에 없다.

262) 헌법재판소도 집회로 인해 불가피하게 발생하는 일반대중에 대한 불편함이나 법익에 대한 위험은 그 보호법익과 조화를 이루는 범위 내에서라면 국가와 제3자에 의하여 수인되어야 하고, 집회의 자유를 보장한다는 것은 이러한 국가나 제3자의 수인의무를 헌법 스스로 규정하고 있는 것이라 밝히고 있다[헌법재판소 2003. 10. 30. 선고 2000헌바67·83(병합) 결정].

렵다. 물론 원청 사용자가 지배, 관리하는 사업장 내에서 근로를 제공하고 있다면 그 자체로 '근로조건 등 노동관계상의 제이익에 실질적 영향력 내지 지배력'이 있는 경우로 판단될 가능성이 클 것이다.

그리고 원청 업체만 사용하는 공간(③)에서의 조합활동이 가능하려면 그 원청 사용자가 '근로조건 등 노동관계상의 제이익에 관한 실질적 지배력 내지 영향력의 존재'라는 것과 같은 단체교섭과 쟁의행위에서 요구되는 것과 같은 정도의 요건이 필요할 것이다.

쟁의행위에 수반되는 다양한 사업장내 조합활동이나, 직장점거농성, 피켓팅 역시 다르지 않다. 특히 쟁의행위에 돌입하면 대체근로 투입여부를 감시하고 파업에 불참한 조합원들의 참여를 설득하는 피켓팅은 반드시 사업장내에서 이루어져야만 가능하기 때문이다.

하급심 판례[263] 중에는 "채권자 주장과 같이 비록 채무자 종업원들은 형식상 채권자와 직접 고용계약을 체결한 채권자의 피용자가 아니라 하더라도 채권자의 하청업체 노동자로서 채권자 공장 안으로 출근 및 채권자 공장 안에서의 노동이 허용, 요구되는 자들이므로 채권자 공장 안에서도 정당한 절차에 따라 채권자 업무를 과도하게 방해하지 아니하는 범위 내에서 집회, 시위를 개최하거나 그러한 집회, 시위에 참가할 권리가 있다."고 한 사례가 있다. 또 "근로자에게는 헌법상 기본권인 단결권·단체교섭권 및 단체행동권이 인정되는데, 위와 같은 근로3권이 실질적으로 보장되기 위해서는 조합원들이 근로에 종사하고 있는 당해 사업장 내에서 조합활동을 위하여 필요하다고 인정되는 장소에 출입할 수 있는 권리가 인정되어야 할 것인바...(중략)... ① 현재 이 사건 공장에서 근무하고 있는 조합원들은 당연히 이 사건 공장 내에서 일상적인 조합활동을 할 권리가 있으며, ② 해고된 조합원들 또한 해고의 부당함을 다투고 있는 이상 해고에도 불구하고 이 사건 분회 소속 조합원의 지위는 계속 유지한다고 보아야 하므로, 분회 조합원으로서 조합활동을 위하여 필요한 범위 내에서 이 사건 공장에 출입할 권리가 있다고 봄이 상당하다. 이 사건 분회 조합원들의 위와 같은 권리는, 위 조합원들이 단지 피신청인의 사내 하청업자(삼우 등) 소속 근로자에 불과할 뿐, 피신청인과 사이에 직접적인 근로계약 관계에 있지 않다고 하더라도, 위 조합원들의 상시 근로제공이 이루어지는 장소가 이 사건 공장인 이상 달리 볼 것은 아니다."[264]고

263) 전주지방법원 2005. 12. 20.자 2005카합396 결정(확정).
264) 서울중앙지방법원 2009. 7. 1.자 2009카합483 결정(확정).

한 사례가 있다.

또한 법원은 수자원공사 사건[265]에서 사용사업주의 사업장 내 공간에서 쟁의행위에 수반된 사업장내 노조활동을 하는 것이 허용되는지 여부에 대하여 '헌법상 명시된 근로3권 중 하나인 쟁의권을 행사하고자 하는 근로자로서는 파업으로 중단된 업무가 수행되던 당해 사업장 내에서 사용자에 의해 대체근로가 투입되는지 여부를 감시할 필요성이 있고 파업에 참여하지 않은 다른 근로자들을 상대로 파업의 보조수단인 피케팅을 할 수 있어야 하며, 파업으로 인해 불편을 겪는 사람들에게 파업의 정당성 등에 대하여 의사를 표현할 기회를 필요로 한다는 점에서 헌법상 보장되는 쟁의권에는 그 본질상 근로자가 '근로를 제공하는 장소'에서 쟁의행위를 할 권리가 포함된다'고 하면서 '사용사업주의 재산권 또는 시설관리권과 조화를 이루는 범위 내에서 행해진 쟁의행위라면 사용사업주에게 그와 같은 쟁의행위로 인하여 업무에 지장이 초래되는 결과를 수인할 의무가 있다고 보아 그러한 쟁의행위는 정당행위로 위법성이 조각된다고 보는 것이 타당하다'고 판단하면서 원청 사용자인 수자원 공사 사업장 내에서의 쟁의행위에 수반되는 조합활동의 정당성을 수긍한 바 있다.

4. 단체교섭

가. 단체교섭 대상

원청 사용자가 단체교섭의 당사자로 인정되는 경우에 간접고용 근로자들이 속한 노조가 원청 사용자를 상대로 한 단체교섭 사항과 그 방식은 또 다른 쟁점이 될 수 있다. 일반적으로 단체교섭 사항은 단체교섭의 당사자 사이에 분쟁의 대상이 되는 모든 사항이라고 할 수 있다. 노동쟁의 예방과 산업평화 유지라는 노조법의 또 다른 목적(1조 후단)은 이렇게 분출되는 집단노사관계상의 다양한 요구사항을 방치하거나 억압하지 아니하고 제도적으로 수용하여 노사가 제도적 공간에서 자율적으로 해결하도록 할 때에 온전히 달성될 수 있을 것인데, 이는 노동관계에 대하여 실질적인 권한을 가지는 자에게 그 권한에 상응하는 책임을 부여할 때만이 가능할 수 있다.[266] '근로조건 기타 노동관계상의 제이익'에 대하여 실질적 영향력 내지 지배력을 행사하고 있는 자를 노조법상 사용자, 즉 단체교섭

265) 대전지방법원 2015. 1. 15. 선고 2014노390 판결(대법원 2015노1927 사건으로 계속 중).
266) 노조법주해Ⅰ, 158쪽.

당사자로서 사용자로 본다면, 그 사용자와의 단체교섭 사항도 그가 '실질적인 영향력 내지 지배력을 미치는 근로조건 등 노동관계상의 제이익'이 되어야 한다. 이렇게 보는 것이 단체교섭 제도가 가지는 기능에도 부합한다. 임금이나 고용에 관한 사항을 일률적으로 교섭 대상이 아니라고 볼 수는 없고 지배력을 행사하는지 여부를 가지고 판단해야 할 문제이다.[267)]

나. 공동교섭의무

원청 사용자가 지배력을 미치는 사안의 대부분은 원청 사용자가 우월적인 지위에서 하청 사용자가 공동으로 결정하게 된다. 이런 사항은 공동으로 교섭에 응할 의무를 부과하는 것이 타당하다. 실질적인 결정권한이 없는 자로 하여금 교섭을 담당하게 하는 것이 성실교섭 의무 위반으로 교섭해태가 된다. 양자가 같은 자리에서 공동으로 결정해야 할 사항들에 대하여 개별적 교섭을 고집하는 것은 성실한 교섭의무의 이행으로 보기 어렵다. 원청 사용자와 합의를 하더라도 직접 이행의 주체인 하청 사용자가 이에 합의하지 않으면 문제가 될 수 있고 그 반대로 하청 사용자와 합의를 하더라도 원청 사용자가 합의하지 않으면 그 이행은 현실적으로 불가능하기 때문에 공동으로 교섭을 하지 않으면 실질적인 교섭의 진행이 어렵다.

나아가, 통상 단체교섭의 결과 단체협약이 체결되면 그 단체협약 중 근로조건 등에 관한 사항은 규범적 효력을 가진다. 그런데, 체결된 단체협약의 당사자로 하청 사용자가 참여하지 않으면 규범적 효력을 부여하는 것이 매우 곤란해진다. 예를 들어 원청 사용자와 시급을 500원 인상하기로 하고, 이를 도급료에 반영하기로 합의하였다면, 하청 사용자도 위 단체협약에 당사자로 참여하여 시급 500원 인상에 합의하여야 위 협약조항이 규범적 효력을 발생하게 된다. 단체협약의 이행보장의 측면에서도 공동교섭의무를 부여하는 것이 타당하다.

다. 교섭사항에 대한 구체적인 검토

단체교섭 사항에 대해서 브라우닝-페리스 결정은 "원칙적으로 공동사용자는 자신이 지배권한을 보유한 고용조건들에 관해서만 교섭하면 된다". 그리고 브라우닝-페리스가 지배권한을 보유한 고용조건들로 채용, 해고, 징계, 작업 감독,

267) 노조법주해 I, 168쪽.

작업지시 및 작업시간, 임금 등을 명시하였다. 현대중공업 사내하청 판결은 단체교섭에 관한 청구가 없었으므로 이에 대해 판단을 하지 않았다. 다만 현대중공업이 구체적이고 실질적으로 결정할 권한을 가졌다고 인정한 '기본적인 노동조건 등'에 작업 일시, 작업 시간 및 연장, 휴식, 야간 근로, 작업 장소, 작업 내용, 노조활동 시간 보장, 노조 간부의 유급 노조활동시간 보장, 작업의 진행방법 등이 있었다.[268]

구체적으로 보면 간접고용 관계에서 교섭 사항들은 ① 원청 사용자가 독자적으로 결정하는 사항(예를 들면 원청 사용자 소유의 장소나 시설을 사용하는 노조활동, 원청 사용자의 후생복지시설의 공동 사용, 근로시간과 휴게, 산업안전보건 사항 등) ② 하청 사용자가 독자적으로 결정하는 사항(예를 들면 하청업체 작업공간에서의 노조활동, 인사 관련 사항) ③ 원청 사용자가 부분적 사용자로서 우월적 지위에서 하청 사용자와 공동으로 결정하게 되는 사항(임금, 고용보장, 휴가, 근무시간 중 노조활동, 노조전임자의 유급노조활동 등)으로 나누어 볼 수 있다.

여기서 ①과 ③에 해당하는 사항에 대하여는 원청 사용자도 실질적인 결정에 관여하는 것이므로 그 부분이 있어서는 단체교섭 의무를 부담하게 된다.

1) 임금은 하청 사용자의 경영능력, 하청 사용자에 대한 노조의 교섭력 등이 중간에 개입한다[269]고 하지만, 원청 사용자가 노조법상 사용자의 지위에 있는 경우에 실제로 위와 같은 중간 개입요소의 영향은 미미하다. 도급단가를 정할 때 세부적인 노무비용이 정해지기도 하고 시급 등 인건비 기준이 정해지게 된다.

구체적인 교섭의 모습을 생각해 보면 기본급 시급 100원 인상을 요구할 때, 원청 사용자에게는 해당 사업장의 근무체계에 따른 소정근로시간 및 통상적인 연장, 야간, 휴일근로시간을 고려한 인건비 인상분을 도급단가 조정에 반영해 줄 것을 요구하고 하청 사용자에게는 위 인건비 반영에 따라 구체적인 시급 인상을 요구하게 될 것이다. 원청과 하청 사용자가 공동으로 참여한 교섭에서 위 문제에 대한 상호간 조정이 이루어지게 된다.

참고로 하도급거래 공정화에 관한 법률 제16조의2는 "수급사업자는 제조 등의 위탁을 받은 후 목적물 등의 공급원가가 변동되어 하도급대금의 조정(調整)이 불가피한 경우에는 원사업자에게 하도급대금의 조정을 신청할 수 있다."고 규정하고

268) 강성태, "사내하청에 관한 세 가지 판단－Browning－Ferris, 현대중공업 그리고 KTX－", 「노동법연구」, 제40호, 서울대학교 노동법연구회, 2016, 70쪽.

269) 노조법주해Ⅰ, 168쪽.

있다. 이 법률 규정의 취지는 열위의 지위에 놓인 수급사업자가 공급원가 인상시 납품대금(도급단가)에 반영될 수 있도록 조정신청권을 부여한 것이다. 경제민주화의 주요한 과제로 최근 입법에 도입된 내용이다. 간접고용 구조에서는 공급원가의 주요한 부분을 인건비가 차지한다. 노동조합과 원청 사용자, 하청 사용자 3자간의 단체교섭은 위 입법이 추구하는 사회경제적인 기능도 가진다.

2) 하청 근로자의 고용의 존속 문제가 오로지 근로계약 상대방인 하청 사용자에게 있다고 보는 것은 현실을 도외시하고 있다는 비판을 받을 수밖에 없다. 징계의 기준, 절차 등 인사에 관한 사항은 원칙적으로 하청 사용자와 교섭에서 정해질 사항이지만, 고용의 유지 등 존속에 관한 것은 원청 사용자의 결정이 절대적으로 영향을 미치는 영역이다. 하청 근로자들이 소속된 노동조합은 이 문제를 원청 사용자를 상대로 요구하고 교섭할 수밖에 없다.

5. 대체근로금지

통상적인 쟁의행위의 모습은 원청 사용자와 하청 사용자 양자를 상대로 교섭을 진행하다가 결렬되어 쟁의행위에 들어가는 것이다. 조정절차도 양자를 상대로 조정을 신청하면 된다. 대체근로금지는 노조법 제43조에서 규정하고 있으며 '사용자는 쟁의행위 기간 중 그 쟁의행위로 중단된 업무의 수행을 위하여 당해 사업과 관계없는 자를 채용 또는 대체할 수 없고 도급 또는 하도급을 줄 수 없다'고 규정한다.

쟁의행위를 통해 사용자를 경제적으로 압박하여 교섭력을 확보하게 되는데, 만약 사용자가 제한 없이 대체근로를 할 수 있다면 헌법상 보장된 단체행동권은 유명무실해질 가능성이 크다. 이는 근로자의 쟁의행위권을 실질적으로 보장하기 위한 것이며 노동조합의 단체행동권을 효과적으로 담보하기 위한 최소한의 제도적 장치이자, 노사 양측의 무기대등의 원칙을 구현하기 위한 수단이다.

이런 제도의 취지나, 노조법 제43조의 대체근로금지의무의 수규자가 특별히 근로계약 관계를 전제로 하는 사용자라고 볼 근거가 없는 점 등을 고려하면 원청 사용자도 대체근로금지의무를 진다.

예를 들어 간접고용 근로자들의 쟁의로 인하여 중단된 업무에 다른 하청업체에 물량을 주거나, 계약을 체결하여 다른 하청업체의 인원을 투입하거나, 원청이 직접 임시계약직을 채용하는 등의 경우에는 대체근로금지의무 위반이 된다. 하청업체가 신규인원을 채용하는 경우에는 하청업체를 상대로 하여 쟁의행위가 진행 중이므로 역시 하청업체는 대체근로금지의무 위반이 된다.

이론적으로[270] 하청 사용자만을 상대로 한 쟁의행위도 가능하다. 이 경우에도 원청 사용자는 대체근로금지의무를 지게 되는가가 문제된다. 원청 사용자가 '근로조건 등 노동관계상의 제이익에 실질적인 영향력 내지 지배력'을 미치는 지위에 있다면, 설사 하청 사용자를 상대로 한 쟁의행위인 경우에도 원청 사용자는 '단체행동권 보장의무'를 지는 사용자로서 대체근로금지 의무를 진다고 볼 것이다.

6. 부당노동행위

간접고용 근로자들의 노조결성 및 운영에 지배·개입하는 경우나 노동조합 활동을 이유로 위 근로자들에게 불이익조치를 한 경우에는 부당노동행위 책임을 진다.

또 원청 사용자가 하청 근로자로 하여금 어느 노동조합에 가입하지 아니할 것 또는 탈퇴할 것을 고용조건으로 하거나 특정한 노동조합의 조합원이 될 것을 고용조건으로 하는 행위(반조합 계약)를 하는 경우에도 부당노동행위 책임을 진다.

구체적인 구제의 방법이 문제인데, 원청 사용자와 하청 근로자가 직접적인 법률관계를 맺고 있지 않는 경우에 원상회복의 방법이 문제가 된다.

예를 들어 원청과 하청 사용자가 공모하여 조합원을 해고하거나, 불이익 취급을 하는 경우에는 원청 사용자에게 지배개입 행위의 중단과 하청 사용자에게 원직복직이나 원상회복을 명할 수 있다. 공동 불법행위로서 원청 사용자도 해고기간 임금상당액에 대한 손해배상 책임을 질 수도 있다.

하청업체와 도급계약을 해지하여 하청업체가 폐업한 경우에는 하청 사용자에게 원직 복직을 명할 수 없지만, 고용관계의 존속에 관하여 실질적인 영향력 내지 지배력을 미치는 원청 사용자에게 유사한 조건(하청 근로자가 수행하는 업무 등에서 유사한)의 다른 하청 사용자와의 도급계약을 조정하여 고용을 승계하는 조치를 취하도록 명할 수 있을 것이다. 만약 유사한 조건의 다른 하청 사용자가 존재하지 않고 폐업된 하청업체의 업무를 그 이후 원청 사용자가 직접 수행하고 있다면 직접 고용을 명할 수도 있다.

270) 원청 사용자와의 교섭권이 실질적으로 보장된다면 이런 사례는 거의 발생하지 않을 것이다.

7. 파견근로관계인 경우

파견근로관계의 사용사업주는 집단적 노동관계에서 노조법상 사용자로서 지위에 있다고 볼 수 있다. 즉 파견 근로자의 근로조건 등 노동관계상의 제이익에 실질적인 지배력 내지 영향력을 미치는 지위에 있는 자로서 사용자 책임을 진다.

특히 교섭사항과 관련해서 보면 파견은 "파견사업주가 근로자를 고용한 후 그 고용관계를 유지하면서 근로자파견계약의 내용에 따라 사용사업주의 지휘・명령을 받아 사용사업주를 위한 근로에 종사하게 하는 것"이므로 사용사업주도 파견사업주와 함께 파견근로자의 사용자이다(파견법 제2조 제1호 참고). 두 사업주는 원칙적으로 근기법의 모든 사항에 대해 사용자로서 책임을 공유하고 있다(파견법 제34조 제1항 참고) 또 근로자파견계약의 당사자인 두 사업주는 근로자파견계약에 "1. 파견근로자의 수, 2. 파견근로자가 종사할 업무의 내용, 3. 파견사유, 4. 파견근로자가 파견되어 근로할 사업장의 명칭 및 소재지 기타 파견근로자의 근로 장소, 5. 파견근로중인 파견근로자를 직접 지휘・명령할 자에 관한 사항, 6. 근로자파견기간 및 파견근로 개시일에 관한 사항, 7. 시업 및 종업의 시각과 휴게시간에 관한 사항, 8. 휴일・휴가에 관한 사항, 9. 연장・야간・휴일근로에 관한 사항, 10. 안전 및 보건에 관한 사항, 11. 근로자파견의 대가, 12. 기타 고용노동부령이 정하는 사항"을 서면으로 정하는 바(파견법 제20조 제1항 참고), 결국 이러한 사항들은 두 사용자가 공동으로 정한다. 또 사용사업주는 파견사업주와 함께 파견근로자에 대한 차별적 처우를 하여서는 안 될 강행적 의무를 지는데(파견법 제21조 제1항 참고), 여기서 '차별적 처우'가 금지되는 사항에는 "근로기준법 제2조 제1항 제5호에 따른 임금, 정기상여금, 명절상여금 등 정기적으로 지급되는 상여금, 경영성과에 따른 성과금, 그 밖에 근로조건 및 복리후생 등에 관한 사항"(기간제법 제2조 참고) 등 근로조건 전반이 모두 포함된다.[271] 따라서 파견근로관계에서 사용사업주와의 교섭대상은 폭 넓게 인정될 수 있을 것이다.

---

271) 강성태, "사내하청에 관한 세 가지 판단－Browning－Ferris, 현대중공업 그리고 KTX－", 「노동법연구」, 제40호, 서울대학교 노동법연구회, 2016, 71－72쪽.

제 4 편

차별시정

Ⅰ. 비정규직 차별금지제도 개관

1. 서 설

제정 기간제법과 2006년 개정 파견법은 비정규직 근로자에 대한 차별 금지와 차별 시정제도를 도입하였다. 당초 입법 목적이 실효를 거두었다고 볼 수 있을지에 관해서는 이론이 있을 수 있으나, 지난 10년간 '비정규직 차별금지 제도'는 일정한 발전을 거쳐 고유한 법리가 형성되었으며, 시행을 통해 드러난 문제점을 수정하고 부족한 점을 메우려는 입법적 개선도 상당히 이루어졌다.

이 장에서는 입법경위와 이후 개정 내역을 살펴본 후, 다른 차별금지 제도와의 관계, 외국의 입법례 등을 간략히 살펴보고자 한다.

2. 입법 경위 및 개정 내역

가. 2006년 차별금지제도 도입

비정규직법 제・개정에 관한 논의가 시작될 때부터 정부는 비정규직 활용 자체를 제한하지 않으면서 이를 남용하는 것을 막는 입법 방향을 공언하였으나, 어떻게 그 남용을 막을 것인지에 관해서는 논란이 많았다.

당초 노동계는 비정규직 사용의 사유를 제한하여 비정규직 사용을 최대한 억제해야 한다고 주장하였으나, 정부는 이른바 '기간 제한' 방식을 택하면서, 대신 비정규직과 정규직 사이의 차별을 금지함으로써 사용자들의 비정규직 사용 유인을 제거하겠다는 입장을 취하였다.[1)]

노동부가 2004. 9. 10. 처음으로 기간제법 제정안과 파견법 개정안을 입법예고하면서 발표한 「비정규직 입법추진 계획(2004. 9. 10.)」을 보면, '입법안의 기

1) "… 노동계는 우리나라 비정규직 문제의 근본적 원인이 비정규직에 대한 무분별한 사용을 가능하게 한 제도적 흠결에 있으므로 기간제에서의 사용사유 제한을 중심으로 한 '남용적 사용의 금지'를 근본적인 처방으로 제시한 반면에 경영계는 정규직에 대한 과보호로 인해 노동시장의 유연성이 저하된 것이 비정규직 문제의 일차적 원인이므로 정규직에 대한 해고제한의 완화와 비정규직 사용의 자유화 등 노동시장 규제의 완화를 주장했다. 2006년 12월의 비정규직법은 이런 노사 대립을 어정쩡하게 조정한 것으로, 핵심은 '사용은 자유 그러나 차별은 금지'로 요약된다. 노동계는 '사용자유'에 대해 그리고 경영계는 '차별 금지'에 대해 각각 반대하였지만, 뉴코아 사태로 대표되듯 법 시행을 앞두고 벌어진 비정규직에 대한 대량 고용종료 사태 등으로 인해 노동계의 반발이 훨씬 컸다 … "; 강성태, "비정규직법 시행 1년의 평가－차별시정제도의 현황과 개선과제를 중심으로－", 「법학논총」, 제25권 제4호, 한양대학교 법학연구소, 2008, 170쪽.

본방향'을 "비정규직 근로자에 대한 불합리한 차별처우를 금지하고 남용을 규제하되 노동시장의 유연성과 조화"라고 밝히고 있고(3쪽), 같은 날 보도자료에서는 "기업에 비정규직 사용결정권은 보장하되 불합리한 차별과 남용은 규제함으로써 노동시장의 건전한 고용질서를 잡겠다."고 하고 있다(보도자료 1쪽).

당시 노동부 보도자료에 첨부된 「비정규직 입법 관련 Q&A」에는 명시적으로 "차별금지규정이 신설됨에 따라 인건비 절감목적의 기간제 사용유인은 크게 감소"될 것으로 예상하고 있다(20쪽). 즉 차별적 처우 금지는 단순히 비정규직과 정규직 사이의 차등을 줄이거나 없애 비정규직 근로자들의 인권을 보호하기 위한 목적에서만 도입된 것이 아니라 비정규직 사용의 유인을 줄여 그 남용을 막는 목적에서도 도입된 것이다.

한편 이 때 노동계와 민주노동당에서는 차별적 처우 금지의 가장 대표적인 예인 '동일 가치의 노동에 대한 동일한 임금의 지급'을 법에 명시적으로 규정할 것을 주장하였다. 경영계가 이를 강력하게 반대하였고, 정부 입장도 부정적이어서 결국 명문화되지는 않았다. 그런데 당시 노동부는 명문화에 반대하는 이유에 대해 "우리나라는 연공급 체계의 일반화, 낮은 노동조합 조직률과 단체협약 적용률, 기업별 단체협약 등으로 이 원칙을 적용할 수 있는 여건이 조성되어 있지 않으며, 이 원칙은 차별적 처우의 금지 원칙보다 더 엄격한 직무 분석 및 평가 등을 요구하여 차별 판단의 범위가 축소될 가능성이 있다."고 설명하였다.[2] 이에 따르면 비록 이 원칙이 명문화되지는 않았지만, 그 이유는 오히려 포괄적인 차별적 처우의 금지를 통해 비정규직 근로자들을 보다 두텁게 보호하기 위함이라는 것이므로, 이러한 사정을 법 해석과 적용에 있어서도 충분히 고려해야 할 것이다.

나. 2012년 법 개정(2012. 8. 2. 시행)

비정규직법상 차별금지제도는 2012. 2. 1. 처음[3] 개정되었는데, 이는 2008. 11. 11. 김상희 의원이 대표발의한 개정안[4]과 2011. 10. 7. 이주영 의원이 대표발의한 개정안[5]을 제18대 국회 마지막 정기국회에서 위원회 대안으로 제안하여

---

2) 노동부, 「비정규직 보호 법률 해설」, 2006, 137쪽.

3) 그 전에도 몇 차례 개정이 있었으나, 법령 한글화나 타법 개정에 따른 것이었다.

4) 차별시정 신청권자의 범위를 차별적 처우를 받은 근로자뿐만 아니라 노동조합, 노동부령으로 정하는 법인 또는 단체까지 청구할 수 있도록 하고, 그 신청기간 및 범위도 확대하여 차별시정절차의 실효성을 확보함으로써 이들 근로자의 근로조건을 보호하고 노동시장의 건전한 발전과 사회통합을 도모하려는 것(안 제9조 제1항).

5) 고용노동부장관이 사업장 지도·감독, 진정사건 조사 및 취업규칙 심사 과정 등에서 기간제 및 단시

이를 의결한 것이다. 이 때 국회에서 통과된 '개정이유'에 따르면 이 개정은 "정부가 사전적·적극적으로 차별을 해소할 수 있도록 하는 한편, 차별시정 신청기간을 연장하여 제도를 활성화하려는 것"이라고 하였다.

1) 고용노동부장관에 의한 차별적 처우 시정요구제도 도입

이때까지 차별시정 제도는 차별적 처우를 받은 기간제 및 단시간 근로자의 신청과 노동위원회의 시정명령을 통해 사후적으로 차별이 해소되는 구조였기 때문에, 당사자가 불이익을 우려하여 차별시정을 신청하지 않는 경우에는 차별 해소가 불가능하였다. 이에 개정법은 고용노동부장관의 시정요구에 관한 조항(기간제법 제15조의 2, 파견법 제21조의 2)을 신설하여 비정규직 근로자가 노동위원회에 차별시정을 신청하지 않은 경우에도 고용노동부장관이 차별적 처우를 행한 사용자에 대하여 그 시정을 요구할 수 있다고 정하였다. 사용자가 시정요구에 응하지 않을 경우에는 고용노동부장관이 노동위원회에 통보하여 노동위원회가 해당 사건을 심리하여 차별적 처우에 대한 시정을 명할 수 있게 하였다.

2) 차별시정 신청기간의 연장

이때까지 차별시정의 신청기간은 차별적 처우가 있는 날(계속되는 차별적 처우는 그 종료일)로부터 3개월로 규정되어 있어, 불안정한 지위의 비정규직 노동자들은 고용계약이 종료되기 전에는 차별시정 신청 등 문제를 제기하기 어렵다는 지적이 계속되었고, 이를 6개월로 연장하였다(기간제법 제9조 제1항, 파견법 제21조 제3항).

다. 2013년 법 개정(2013. 9. 23. 시행)

제19대 국회가 개원하자마자 각 당에서는 앞 다투어 비정규직법 개정안을 발의하였고, 국회는 2012. 5. 30. 이한구[6]·박지원[7] 의원이 각각 대표발의한 개정

간 근로자에 대한 차별적 처우가 있음을 알게 된 경우 노동위원회의 의결을 받아 사용자에게 시정을 명할 수 있도록 하고, 확정된 시정명령 위반에 대해 1억원 이하의 과태료를 부과함으로써 기간제 및 단시간 근로자에 대한 차별을 적극적으로 해소하려는 것과 차별시정 신청기간을 차별적 처우가 있은 날로부터 3개월에서 6개월로 연장함으로써 근로자의 차별시정 신청을 활성화하려는 것(안 제9조 제1항, 제15조의2 신설, 제24조 제1항).

6) 법률에서 비정규직에게 지급되어야 하는 '임금 등'의 내용을 명확히 하여, 상여금과 경영성과금 및 복리 후생에 대한 비정규직 차별을 개선함(안 제2조 제3호). 차별시정을 신청하려는 기간제근로자 또는 단시간근로자가 소속된 사업장 내의 기간제근로자 또는 단시간근로자 중 지정한 대표자 또는 가입된 노동조합으로 하여금 신청하게 할 수 있도록 함(안 제9조 제5항 신설). 사용자의 고의적 또

안과 2012. 7. 3. 심상정의원이 대표발의한 개정안[8] 중 극히 일부 내용을 반영하

는 반복적 차별 행위에 대해서는 노동위원회가 기간제 및 단시간 근로자에게 발생한 손해액의 10배 내에서 징벌적인 성격의 보상명령을 함으로써 차별을 근본적으로 차단하도록 함(안 제13조의2 신설). 동일한 사용자의 사업 또는 사업장에서 한명의 기간제 또는 단시간근로자가 차별 인정을 받았을 때 동일 조건에 있는 근로자 모두의 차별적 처우가 개선될 수 있도록 확정된 시정명령의 효력을 확대하려는 것임(안 제15조의3 신설).

7) 단시간근로자의 정의 규정을 개정하고, "차별적 처우"의 정의에 있어서 불리한 처우 금지 대상에 "사용자의 책임으로 지급되는 모든 은혜적 급부"를 포함하고, 사용자의 개선 노력에도 불구하고 개선될 여지가 없다고 입증한 경우 차별적 처우로 보지 않도록 함(안 제2조 개정). 비정규직 근로자를 사용하는 모든 사업 또는 사업장에 대하여 차별적 처우의 금지 및 시정절차가 적용되도록 함(안 제3조 제4항 신설). '사용기간초과허용'을 삭제하고 기간제근로자를 사용할 수 있는 경우를 명시하고, 사용사유가 없거나 소멸되었는데도 불구하고 기간제근로자를 사용할 경우 기간의 정함이 없는 근로계약을 체결한 것으로 간주함. 또한 기간제근로자를 사용할 경우 근로계약을 서면으로 체결하고 계약기간을 명시하도록 함(안 제4조 제1~3항). 무기계약직을 신규로 채용할 경우 기간제근로자를 우선적으로 고용하도록 함(안 제5조). 현존하지 않는 비교대상 근로자도 비교대상 근로자로 할 수 있도록 함(안 제8조). 차별적 처우를 판단함에 있어 비교대상 근로자의 불명확성을 해소하고 객관적인 기준을 제시하기 위하여 동일 사업주에 의해 설립된 다른 사업장도 동일한 사업으로 보도록 함(안 제8조의1 신설). 차별시정신청의 신청권자 범위를 근로자뿐만 아니라 그 근로자가 가입한 노동조합 및 그 연합단체로, 신청기간도 차별적 처우가 '있은 날'에서 '있음을 안 날'로 확대함(안 제9조 제1항, 제2항). 차별시정신청이 있을 경우 노동위원회가 사용자에 대한 자료제출요구를 할 수 있도록 하고, 신청인도 조사내용과 자료에 대한 의견을 제시할 수 있도록 함(안 제10조 제1항) 시정명령의 내용에 임금 등 근로조건의 개선에 있어서 제도개선명령을 포함하도록 함(안 제13조). 시정 신청권자를 노동조합 및 그 연합단체로 확대함에 따라서, 법 제15조 이하의 "근로자"를 "신청인"으로 변경(안 제15조 및 제15조의2).

8) 단시간근로자를 명확하게 규정하였고, 동일사업 내 복수사업장에서 근무하는 경우에는 전체근로시간을 통산한 것을 소정근로시간으로 산정하도록 하며, "차별적 처우"의 범위에 임금, 그 밖의 근로조건에 대한 개념을 정의함(안 제2조 제2호 및 제3호). 차별적 처우의 금지 및 시정에 관한 규정은 근로자를 사용하는 모든 사업 또는 사업장에 적용함(안 제3조 제4항 신설). 다. 기간제근로자의 사용사유를 원칙적으로 제한하며, 1) 근로자의 출산·육아 또는 질병·부상 등으로 인하여 발생한 결원을 대체할 경우, 2) 계절적 사업의 경우, 3) 일정한 사업의 완료에 필요한 기간을 정한 경우에만 기간제근로자를 사용할 수 있도록 함(안 제4조 제1항). 라. 기간제근로자의 고용기간은 1년으로 하되, 사용사유에 해당하지 않거나 사용사유가 해소된 뒤에도 사용하거나, 1년을 초과하여 근로를 하는 경우에는 기간의 정함이 없는 근로자로 간주함(안 제4조 제2항). 마. 기간제근로자가 기간의 정함이 없는 근로자로 간주될 경우, 근로조건에 대하여 동종 또는 유사한 업무에 종사하거나 종사하였던 근로자가 있는 경우에는, 근속년수에 비례하여 그 근로자에게 적용되는 근로조건을 적용함. 만약 동종 또는 유사한 업무에 종사하거나 종사하였던 근로자가 없는 경우에는 무기계약직과 같은 변종 근로형태로 전환되지 않도록 근속년수에 비례하여 기간의 정함이 없는 근로계약을 체결한 근로자들에게 적용되는 근로조건 중 최저수준 이상을 그 근로조건으로 하도록 함(안 제4조 제3항 신설). 바. 기간의 정함이 없는 근로자로의 전환, 통상근로자의 전환 등에 대해서는 노력규정에서 강제규정으로 전환하여 기간제 남용을 방지하도록 함. 특히 단시간근로자가 법정 근로시간 내 근로를 강요받는 경우가 많아 이를 시정하고자 단시간근로자의 초과근로에 대하여 할증임금을 도입함(안 제5조, 제6조 제3항 신설 및 제7조). 사. 기간제근로자(제4조 제2항에 따라 기간의 정함이 없는 근로계약을 체결한 근로자로 보는 경우도 포함한다) 및 단시간 근로자가 차별적 처우를 받은 경우, 그 근로자, 그 근로자를 조직대상으로 하는 노동조합, 그 노동조합을 구성원으로 하는 연합단체, 그 연합단체를 구성원으로 하는 총연합단체에게 차별시정 신청권을 부여함(안 제9조 제1항). 아. 노동위원회는 시정신청을 받은 때에는 지체 없이 필요한 조사, 사용자에 대한 자료제출 요구, 관계 당사자에 대한 심문을 하여야 하며, 신청인은 필요한 조사 내용과 자료에 대한 의견을 제시할 수 있도록 함(안 제10조 제1항). 자. 조정·중재 또는 시정명령의 내용 중 임금 등 근로조건의 개선에 "취업규칙, 단체협약 등의 제도개선 명령을 포함"하도록 함(안 제13조). 차. 서면에 의한 근로계약을 작성하지 않거나 근로계약서에 계약기간 및 사유를 명시하지 않은 경우에는 기간의 정함이 없는 근로계약으로 간주함(안 제

여 위원회 대안을 가결하였다. 그 내용은 비정규직에게 지급되어야 하는 '임금 등'의 내용을 법률에서 명확히 하여, 상여금과 성과금 및 복리후생 등에 있어서 비정규직 차별을 개선하는 것이었다(기간제법 제2조 제3호, 파견법 제2조 제7호).

라. 2014년 법 개정(2014. 9. 19. 시행)

2013년 하반기 국회 환경노동위원회는 이한구·박지원·심상정 의원안의 나머지 내용 중 일부로 다시 위원회 대안을 구성하여 가결하였는바, 차별금지제도에 관한 주요 내용으로는 징벌적 성격의 배상명령, 확정된 시정명령 효력의 확대(제15조의3 신설) 등이 있다.

1) 3배 배상명령 제도

종래 차별시정제도의 경우 임금 및 근로조건의 보상 또는 원상회복 수준에 머물고 있어 사용자의 고의적이고 반복적인 차별행위에 대한 사전적 예방효과가 미미하였는바, 법 개정으로 고의적 또는 반복적 차별에 대한 3배 배상명령제도가 신설되었다. 사용자의 고의적 또는 반복적인 차별적 처우의 경우 그로 인해 비정규직 근로자에게 발생한 손해액에 대하여 노동위원회가 최고 3배까지 배상을 명령할 수 있게 한 것이다(기간제법 제13조 제2항, 파견법 제21조 제3항).

2) 시정명령의 효력 확대제도

종래 차별시정제도가 차별시정 신청을 한 근로자에 대해서만 시정명령을 하도록 되어 있어, 명령을 받은 사업주의 사업장에서 동일 또는 유사한 차별행위가 존재해도 차별시정 신청을 하지 않으면 차별시정명령의 대상이 될 수 없었다. 이러한 불합리를 시정하기 위해서, 노동위원회 시정 명령이 확정된 경우 고용노동부장관은 확정된 시정명령을 이행할 의무가 있는 사용자(파견의 경우 파견사업주 또는 사용사업주)의 사업 또는 사업장에서 해당 시정명령의 효력이 미치는 근로자 이외의 비정규직 근로자에 대하여 차별적 처우가 있는지를 조사하여 차별적 처우가 있는 경우에는 그 시정을 요구할 수 있도록 하였다(기간제법 제15조의 3, 파견법 제21조의 3).

17조 제2항 신설).

3. 다른 차별금지 법령과의 관계[9]

비정규직법에서의 차별 금지가 고용관계에서의 차별 금지와 관련된 최초의 것은 아니다. 이 입법 이전에 고용관계에서의 차별 금지에 관한 규정으로 대표적인 것은 성별을 이유로 한 각종 차별을 금지한 고평법 외에 헌법 제11조, 근기법 제6조, 국가인권위원회법 제2조 등이 있었고[10], 비정규직법 이후에도 장차법(2007. 4. 10. 제정), 개정 고령자고용법(2008. 3. 21. 전면 개정)에서도 고용차별을 금지하는 규정이 있다.

가. 헌 법

헌법 제11조는 "모든 국민은 법 앞에 평등하다, 누구든지 성별·종교 또는 사회적 신분에 의하여 정치적·경제적·사회적·문화적 생활의 모든 영역에 있어서 차별을 받지 아니한다."고 규정하여 일반적 차별 금지 규정을 선언하고 있다. 비정규직 차별과 관련하여, 이 조항에서 곧바로 고용형태에 의한 차별을 금지하는 규범을 도출할 수 있을 것인지가 주로 문제된다. 이 조항에서 명시된 차별 금지 사유가 열거적인 것인지 예시적인 것인지에 관해서는 견해의 대립이 있으나, 그 밖의 사유(학력·출생지 등)에 의한 차별도 금지된다고 보는 것이 통설이다.[11] 헌법재판소도 "헌법 제11조 제1항 후문…은… 예시한 사유가 있는 경우에 절대적으로 차별을 금지할 것을 요구함으로써 입법자에게 인정되는 입법형성권을 제한하는 것은 아니다… 성별은…우리 헌법이 이를 차별금지의 사유로 예시하기에 이른 것…"이라고 하는 등 '성별·종교 또는 사회적 신분'이 금지되는 차별사유

---

9) 비정규직 차별금지 제도를 도입하면서 노동부는 2006년 「차별시정제도 안내서」에서 기간제법의 차별 금지와 파견법의 차별 금지를 나누어, 전자는 '본래적 의미의 차별 금지'이고 후자는 사용사업주에게 고용된 근로자를 비교 대상 근로자로 한다는 점에서 동일한 사용자에 의한 본래적 의미의 차별을 금지하는 것이 아니라 단지 '입법 정책적 차별 금지'에 불과하다고 설명하였다. 그러나 i) 두 법률에서 차별적 처우를 정의하거나 차별을 금지하는 규정 모두 문언에 있어 아무런 차이가 없고, ii) 차별금지의 이념과 원리도 동일하며, iii) 입법목적 역시 차별금지를 통해 비정규직 남용을 막겠다는 것으로 공통된다는 점을 고려한다면, 달리 취급할 이유가 없다. 실제 노동위원회나 법원 판결에서도 두 법률상 차별금지 법리의 기준을 달리 판단한 바 없다. 고용노동부의 「기간제·단시간·파견근로자를 위한 '차별시정제도'를 알려드립니다」 2010년, 2012년 판본에는 이와 같은 내용이 포함되지 않았다.

10) 이 밖에도 노조법, 여성발전기본법, 장애인고용촉진및직업재활훈련법, 장애인복지법, 고령자고용촉진법, 직안법, 고용정책기본법, 국가유공자예우및지원에관한법률, 외국인근로자의고용등에관한법률 등에도 차별 금지에 관한 규정이 있다.

11) 권영성, 394쪽.

의 예시라는 점을 당연시하고 있다(헌법재판소 2010. 11. 25. 선고 2006헌마328 결정 등). 외국인 산업연수생에 대한 근기법 적용 배제가 위헌이라고 한 결정에서는 "일반 근로자는 내・외국인에 관계없이 근로기준법상 모든 보호를 받는데 반하여, 산업연수생은… 실질적 근로관계에 있는지 여부에 불문하고, 근로기준법상…주요사항에 관하여는 보호를 받지 못함으로써, 일반 국내・외 근로자(외국인 취업연수생 및 피고용허가자 포함)와 산업연수생 사이에 차별이 발생… 자의적인 차별"이라고 하여 '산업연수생'이라는 지위에 따른 차별도 헌법이 금지하는 차별에 해당한다는 점을 분명히 한 바 있다(헌법재판소 2007. 8. 30. 선고 2004헌마670 결정).

한편 헌법상 평등권이 사법상 법률관계에도 적용되는지에 관하여도 견해가 갈리고 있는데, 통설은 간접적용설에 따라 사인 상호간의 법률관계에도 평등의 원칙과 평등권의 효력이 미친다고 하면서, 사기업에서도 동일자격・동일취업의 원칙과 동일노동・동일임금의 원칙이 준수되어야 하고, 종교나 사회적 신분 등에 의한 차별은 허용되지 않는다고 본다.[12)]

나. 근로기준법

근기법 제6조는 "사용자는 근로자에 대하여 남녀의 성을 이유로 차별적 대우를 하지 못하고, 국적・신앙 또는 사회적 신분을 이유로 근로조건에 대한 차별적 처우를 하지 못한다."고 규정하고 있다.

이 조항과 관련해서도 차별금지 사유가 열거인지 예시인지가 문제된다. 이 규정 위반에 대하여 벌칙이 부과되므로 죄형법정주의와의 조화된 해석을 위해서는 차별금지사유를 제한적으로 열거한 것으로 보아야 한다는 견해(박홍규)와 평등원칙을 규정한 헌법 제11조 제1항의 사유를 예시한 것으로 이에 한정되지 않는다고 보는 견해(권영성, 허영), 예시라고 보면서도 죄형법정주의 요청 상 엄격한 한정해석이 요구된다는 견해(김유성)가 있다.[13)]

예시가 아니라 '열거'라고 보는 입장에서는, 비정규직 근로자에 대한 차별을 근기법 위반으로 다룰 수 있는지와 관련하여 '사회적 신분'에 '고용 형태'가 포함되는지 하는 쟁점을 다룬다.[14)] 본래 사회적 신분은 사회에서 장기간 점하는 지위

---

12) 권영성, 398쪽.
13) 김유성Ⅰ, 34-35쪽.
14) 근기법주해Ⅰ, 376쪽.

로서 일정한 사회적 평가를 수반하는 것을 의미한다고 하고,[15] 그 중에서도 특히 '후천적 신분'에는 전과자, 파산자 등 사람이 자신의 의사로서 그러한 지위를 피할 수 없는 것을 가리키므로 노동조합의 임원과 같은 일시적 지위는 해당하지 않는다[16]는 이유로 임시직·단시간 근로자 등 종업원으로서의 분류는 이러한 요건에 해당하지 않는다는 견해가 있을 수 있다.[17] 그렇지만 i) 근기법의 균등 처우 규정은 여타 노동관계법의 고용 평등 법제에서 총칙의 지위를 가진다는 점, ii) 우리 사회에서 많은 경우 비정규직 근로자라는 것은 단순히 일시적으로 종업원에 대한 분류를 지나 그 사람에 대한 사회적 평가를 포함하는 지위를 의미하고 있고, iii) 이미 단시간근로자에 대하여 근기법 제18조에서 "단시간 근로자의 근로조건은 그 사업장의 같은 종류의 업무에 종사하는 통상 근로자의 근로시간을 기준으로 산정한 비율에 따라 결정되어야 한다."고 하여 이른바 '시간 비례적 균등 대우의 원칙'을 정하고 있었으며, 이로부터 유추하여 기간제 근로자에 대해서도 '기간 비례적 균등 대우의 원칙'이라고 할 만한 차별 금지를 적용해야 한다는 논의가 있었다는 점[18] 등을 고려할 때 비정규직(기간제·단시간·파견근로자) 근로자라는 고용 형태는 근기법 제6조의 '사회적 신분'에 포함된다고 해석하는 것이 타당하다.

법원도 MBC 내 무기계약직(업무직·연봉직)과 일반직 근로자들 사이 임금 차액의 지급을 명한 판결에서 "직업뿐 아니라 사업장 내의 직종, 직위, 직급도 상당한 기간 점하는 지위로서 사회적 평가를 수반하거나 사업장 내에서 근로자 자신의 의사나 능력발휘에 의해서 회피할 수 없는 사회적 분류에 해당하는 경우 이를 사회적 신분이라 할 수 있다. 이 사건에 관하여 보건대 원고들과 일반직은 채용절차나 방법, 임금체계, 보직의 부여 및 직급승진 가능성 등에 있어서 차이가 있음은 앞서 본 바와 같은바, 이처럼 채용절차 단계에서부터 각자의 직역이 결정되어 업무직이나 연봉직의 경우 자신의 의사나 능력과 상관없이 일반직처럼 보직을 부여받을 수도 없고 직급승진도 할 수 없는 구조에서는 피고 회사의 업무직 또는 연봉직이라는 고용형태 내지 근로형태는 피고 회사 내에서 자신의 의사나 능력발휘에 의해 회피할 수 없는 사회적 신분에 해당한다."고 판단하여 그

15) 헌법재판소 1995. 2. 23. 선고 93헌바43 결정.
16) 서울지방법원 1994. 9. 16. 선고 94가합40258 판결.
17) 임종률, 382쪽은 임시직은 사회적 신분에 포함되나, 단시간근로자나 노동조합의 임원은 제외된다고 한다. 기간제근로자와 단시간근로자가 모두 제외된다는 견해로는 김형배, 231쪽.
18) 김형배, 809－810쪽.

차액을 지급하라고 하였다.[19)20)]

기간제법이 제정되고 파견법이 개정되어 비정규직 근로자에 대한 차별 금지가 명문화되면서 기간제·파견근로자에 대해서는 큰 실익이 없게 된 논의이지만, 위 사건에서 보는 것처럼 이른바 '무기계약직'과 같은 다른 고용형태의 근로자들 차별 문제에 있어서는 여전히 중요한 의미가 있다. 또한 기간제·단시간·파견근로자에 대한 차별적 처우의 금지와 시정에 관한 법 규범의 적용 순서는 기간제법 또는 파견법이 우선 적용되고 균등한 처우에 관한 근기법 제6조는 그 적용 순서에 있어 보충적이게 되었지만, 근기법의 균등한 처우 규정과 헌법상의 평등권에 관한 해석이 기간제법의 차별적 처우의 금지와 그 시정에 있어 기초적 이념을 제공하고 또한 해석론의 근원이 된다고 할 것이다.[21)] 제20대 국회에 발의된 근기법 개정 법률안 중에 제6조의 차별금지 사유에 '고용형태'를 명시한 것도 포함되어 있다.[22)]

다. 국가인권위원회법

국가인권위원회법 제2조 제3호는 국가위원회에 진정할 수 있는 '평등권 침해의 차별 행위'에 관한 정의 규정을 두고 있다.[23)] 이 조항에서 금지하는 차별 사

---

19) 서울남부지방법원 2016. 6. 10. 선고 2014가합3505 판결-항소심에서 조정으로 종결.

20) 이 판결 이전에도 일반직-기능직·고용직 등 직군에 따른 급여차이가 문제된 사건 항소심(서울고등법원 1990. 5. 9. 선고 90나7175 판결)에서 이들 직군이 사회적 신분에 포함된다는 판단이 있었으나, 상고심인 대법원 1991. 7. 12. 선고 90다카17009 판결은 '합리적 이유'를 이유로 원심(항소심) 판결을 파기·환송하면서, 사회적 신분에 해당하는지 여부를 명시적으로 판단하지 않았다. 이 대법원 판결 뿐 아니라 국가유공자 채용의무에 따라 채용되었다는 이유로 차별적 처우를 한 것이 문제된 사건(대법원 2002. 2. 26. 선고 2000다39063 판결)이나 휴일부여에 있어서 교대근무자와 일반근무자의 결근 시의 처리방식의 차이가 문제된 사건(대법원 2004. 6. 25. 선고 2002두2857 판결), 그리고 기간제근로자였다가 기간의 정함이 없는 일반직 근로자로 전환된 근로자와 다른 일반직 근로자 간의 호봉산정 방식의 차이가 문제가 된 사건(대법원 2015. 10. 29. 선고 2013다1051 판결)에서도 고용형태상의 차이가 사회적 신분에 해당하는지에 대한 판단을 하지 않고, 바로 차별의 합리적 이유가 있다고 하면서 근기법의 균등처우 조항에 위배되지 않는다고 판단한 바가 있다. 이러한 법원 판결에 대해서 "판단할 경우 열거적인 사유들인 성, 국적, 신앙을 제외하면, 이것들이 사회적 신분에 해당하는지를 판단할 수밖에 없는 것으로 보인다."라고 한 것으로는 심재진, "노동판례리뷰-균등대우조항상 차별금지사유인 '사회적 신분'의 의미와 조항 위반의 사법적 효력", 「월간노동리뷰」, 제137호, 한국노동연구원, 2016, 138쪽.

21) 박수근, "비정규직법의 해석과 과제", 「노동법연구」, 제22호, 서울대학교 노동법연구회, 2007, 52쪽.

22) 이정미 의원 대표발의(2016. 11. 16. 의안번호 2003638) 제6조(균등한 처우) 사용자는 근로자에 대하여 남녀의 성을 이유로 차별적 대우를 하지 못하고, 국적·신앙·고용형태 또는 사회적 신분을 이유로 근로조건에 대한 차별적 처우를 하지 못한다; 이용득 의원 대표발의(2016. 12. 2. 의안번호 2004072) 제6조(균등한 처우) 사용자는 근로자에 대하여 남녀의 성(性)을 이유로 차별적 대우를 하지 못하고, 국적·신앙 또는 사회적 신분을 이유로 근로조건에 대한 차별적 처우를 하지 못한다. 다만, 사회적 신분에는 사업장내에서 자신의 의사나 능력발휘에 의하여 회피할 수 없는 조건을 포함한다.

유는 성별, 종교 등 모두 19가지인데, 이 또한 예시인지 열거된 것인지의 논란이 있을 수 있으나, 예시적인 것으로 보아 이 조항에서 명시되지 않은 사유에 의한 차별도 모두 구제대상으로 하는 것에는 그동안 이견이 없었다. 국가인권위원회도 "성별, 종교 등은 차별의 사유를 한정하여 열거한 제한적 규정이 아니라 예시적 규정이며, 따라서 특정인이나 특정집단을 다른 개인 또는 집단과 달리하여 대우하는 사유에는 제한이 없는 것이고, 다만 각 영역에 있어 특정인들을 달리 대우하는 것이 합리적인 이유가 있는지 여부에 따라 평등권침해의 차별행위인지를 판단하게 된다.(07진차198 등)"고 하여 예시적 규정이라는 입장을 분명히 하였다. 일부 결정문에서는 '무기계약직'과 같은 고용형태가 '사회적 신분'에 해당하는지와 관련하여 "「국가인권위원회법」에서 규정하고 있는 '사회적 신분'이란 사회에서 장기간 점하는 지위로서 일정한 사회적 평가를 수반하는 것이다. 특히 고용과 관련해서는 사업장 내에서 근로자 자신의 의사나 능력발휘에 의해서 회피할 수 없는 사회적 분류를 의미한다. 이 사건 피해자와 같은 운전직 무기계약근로자와 운전직 공무원은 채용절차나 방법, 임금체계, 보직의 부여 및 직급승진 가능성 등에 있어서 차이가 있다. 이처럼 채용절차 단계에서부터 각자의 직역이 결정되어 있어 무기계약근로자는 자신의 의사나 능력과는 관계없이 공무원과 같이 보직을 부여받거나 직급승진을 할 수 없으므로, 무기계약근로자로서의 지위는 사회적 신분에 해당한다고 볼 수 있다.(15진정0684900 등)"고 하기도 하였다.[24]

라. 고평법 등 개별 법령

성별, 연령, 장애를 사유로 한 차별을 금지하는 법령으로는 고평법과 장차

---

23) 국가인권위원회법 제2조(정의) 3. "평등권 침해의 차별행위"란 합리적인 이유 없이 성별, 종교, 장애, 나이, 사회적 신분, 출신 지역(출생지, 등록기준지, 성년이 되기 전의 주된 거주지 등을 말한다), 출신 국가, 출신 민족, 용모 등 신체조건, 기혼·미혼·별거·이혼·사별·재혼·사실혼 등 혼인 여부, 임신 또는 출산, 가족 형태 또는 가족 상황, 인종, 피부색, 사상 또는 정치적 의견, 형의 효력이 실효된 전과(前科), 성적(性的) 지향, 학력, 병력(病歷) 등을 이유로 한 다음 각 목의 어느 하나에 해당하는 행위를 말한다. 다만, 현존하는 차별을 없애기 위하여 특정한 사람(특정한 사람들의 집단을 포함한다. 이하 이 조에서 같다)을 잠정적으로 우대하는 행위와 이를 내용으로 하는 법령의 제정·개정 및 정책의 수립·집행은 평등권 침해의 차별행위(이하 "차별행위"라 한다)로 보지 아니한다. 가. 고용(모집, 채용, 교육, 배치, 승진, 임금 및 임금 외의 금품 지급, 자금의 융자, 정년, 퇴직, 해고 등을 포함한다)과 관련하여 특정한 사람을 우대·배제·구별하거나 불리하게 대우하는 행위 …

24) "… 입사 전 경력이 정규직인 경우에는 그 경력이 현재의 업무와 동종 또는 이종 업무인지 여부를 구별함이 없이 경력을 인정하면서 계약직인 경우에는 비정규직이라는 이유로 전혀 인정하지 않는 것은 동일한 업무에 종사한 경력자라도 단지 입사 이전의 경력이 계약직 등 비정규직이라는 이유로 이를 전혀 인정하지 않는 것이기 때문에 불합리한 차별에 해당한다…(국가인권위원회 2004. 5. 3. 03진차6 결정)"

법·고령자고용법이 있다. 1987년 제정된 고평법은 성별, 혼인, 가족 안에서의 지위, 임신 또는 출산 등의 사유로 한 고용상 차별을 금지하면서 차별행위를 형사처벌하는 조항을 두고 있고, 장차법은 장애를 사유로 한 고용·교육·재화와 용역의 제공·사법·행정절차·가족관계 등에서의 차별을 금지하고 있으며, 고령자고용법은 연령을 이유로 한 고용상 차별을 금지한다.

고평법은 2005. 12. 30. 개정법률에서 종래 지방노동청마다 설치하였던 '고용평등위원회'를 폐지한 이후 별도의 권리구제 절차를 정하지 않아 고용노동사무소에 대한 진정이나 민사소송을 통한 권리 구제만을 정하고 있으나, 장차법과 고령자고용법은 국가인권위원회 진정을 통한 권리구제와 법무부장관·고용노동부 장관의 시정명령 제도를 두고 있으며(장차법 제38 내지 45조, 고령자고용법 제4조의 6 내지 9), 특히 장차법은 법원이 차별행위에 관한 소송 제기 전 또는 소송 제기 중에 피해자의 신청으로 피해자에 대한 차별이 소명되는 경우 본안 판결 전까지 차별행위의 중지 등 그 밖의 적절한 임시조치를 명할 수 있다는 조항(장차법 제48조)을 두고 있다.

Ⅱ. 차별적 처우의 금지

1. 서설: 근로관계에서의 평등과 차별

비정규직법상 금지되는 차별적 처우는 '임금, 상여금, 성과금 그 밖에 근로조건 및 복리후생 등에 관한 사항에 있어서 합리적인 이유 없이 불리하게 처우하는 것'으로 정의된다(기간제법 제2조 제3호, 파견법 제2조 제7호). 그러나 개별적·구체적인 사례에서 무엇이 이에 해당하는지를 판단하는 것은 결코 쉬운 일이 아니다. 차별은 평등이라는 법의 이념의 동전의 양면과도 같아서, 무엇이 차별인지, 곧 합리적 이유가 없는 불리한 처우인지를 밝히는 일은 규범적으로 지향해야 하는 평등이 무엇인지의 문제와 맞닿아 있기 때문이다.

근로관계에서의 평등이란, 모든 근로자가 성별, 종교, 사회적 신분, 남녀의 성, 국적, 신앙 등을 이유로 근로의 기회나 근로조건 등에서 차별적 처우를 받지 아니하고 각자의 능력에 따라 일할 권리를 공평하게 향유토록 하는 것을 말한다(헌법 제11조 제1항, 근기법 제6조). 역사적으로 평등은 '같은 것은 같게, 다른 것은 다르게' 취급하여야 한다는 '정의(正義)'의 문제였고, 규범적으로도 그와 같이 풀이되어 오고 있으며,[25] 따라서 근로관계에서의 평등의 실현은 '같은 것은 같게, 다른 것은 다르게'라는 기준을 근로관계의 영역에서 어떻게 정립할 것인가의 문제라고 할 수 있다. 이에 근기법은 제6조에서 균등처우의 원칙을 천명하고 있고, 이를 비정규직 근로관계의 국면에서 구체화한 비정규직법은 동종·유사 업무를 수행하는 비정규직근로자와 비교대상근로자 사이에 고용형태의 차이를 이유로 불리한 처우를 행하여서는 아니된다는 '원칙'과, 다만 사용자가 그 불리한 처우에 합리적 이유가 있음을 입증한 경우에는 그렇지 아니하다는 '예외'를 두어, 근로관계 중 고용형태의 차이를 이유로 한 차별의 정당성을 판단하는 구조를 마련하고 있는 것이다.

또한 근로관계에서의 평등은 사회적·정책적으로도 중요한 의미를 지닌다. 특히 2000년대 이후 비정규직근로자의 규모가 증가하면서 고용형태의 차이가 사회적·경제적 양극화를 확대·고착시키는 주요 요인 중 하나로 지적되어 오고 있기에, 차별적 처우를 규범적으로 규제하는 것은 비정규직근로자의 근로조건을 제고하고, 사회통합을 실현한다는 측면에서도 의의가 있다. 그러므로 근로관계에서 무엇이 차별적 처우인가에 대한 판단은, 비정규직법 뿐 아니라 노동법 전반, 그리고 헌법의 이념에 따라 규범적으로 이루어져야 하는 작업인 동시에, 고용형태에 따른 근로조건 격차의 해소 및 사회통합의 실현이라는 사회적·정책적 가치와도 밀접한 연관을 갖는다고 할 수 있다.

2. 차별적 처우의 금지 영역

〈기간제법〉

제2조(정의) 이 법에서 사용하는 용어의 정의는 다음과 같다.

3. "차별적 처우"라 함은 다음 각 목의 사항에 있어서 합리적인 이유 없이 불리하게 처우하는 것을 말한다.

가. 「근로기준법」 제2조 제1항 제5호에 따른 임금

나. 정기상여금, 명절상여금 등 정기적으로 지급되는 상여금

다. 경영성과에 따른 성과금

라. 그 밖에 근로조건 및 복리후생 등에 관한 사항

---

25) 헌법재판소 2006. 1. 17. 선고 2005헌마1214 결정 등.

〈파견법〉
제2조(정의) 이 법에서 사용하는 용어의 정의는 다음과 같다.
7. "차별적 처우"라 함은 다음 각 목의 사항에 있어서 합리적인 이유 없이 불리하게 처우하는 것을 말한다.
가. 「근로기준법」 제2조 제1항 제5호에 따른 임금
나. 정기상여금, 명절상여금 등 정기적으로 지급되는 상여금
다. 경영성과에 따른 성과금
라. 그 밖에 근로조건 및 복리후생 등에 관한 사항

기간제법(2013. 3. 22. 법률 제11667호로 개정된 것) 제2조 제3호 및 파견법(2013. 3. 22. 법률 제11668호로 개정된 것) 제2조 제7호는 공히 차별적 처우가 금지되는 영역을 ① 근기법상 임금, ② 정기상여금, 명절상여금 등 정기적으로 지급되는 상여금, ③ 경영성과에 따른 성과금, ④ 그 밖에 근로조건 및 복리후생 등에 관한 사항으로 정하고 있다. 개정 전 양 법률은 차별적 처우의 금지 영역을 단순히 '임금 그 밖의 근로조건 등'이라고만 규정하고 있어 '그 밖의 근로조건'의 내용 및 범위에 관한 견해의 대립이 상당하였다. 이에 2013년 개정법은 위와 같이 그 항목을 구체적으로 정함으로써 논쟁의 여지를 축소하고자 하였으며, 그 개정이유는 "합리적인 이유 없이 불리한 처우를 할 수 없는 영역을 임금, 상여금, 성과금, 그 밖에 복리후생에 관한 사항 등으로 구체화・세분화하여 법률에 명시함으로써 상여금, 성과금 및 복리후생 등에 있어서 비정규직 차별을 개선하려는 것"이라고 밝혔다.

가. 임 금

차별적 처우의 금지 영역에 해당하는 임금은 근기법 제2조 제1항 제5호에 따른 임금, 즉 '사용자가 근로의 대가로 근로자에게 임금, 봉급, 그 밖에 어떠한 명칭으로든지 지급하는 일체의 금품'을 의미한다.

나. 정기상여금, 명절상여금 등 정기적으로 지급되는 상여금

2013년 개정법은 상여금 중 정기성이 인정되는 상여금을 차별적 처우의 금지 영역 중 하나로 특정하였다. 다만 상여금을 가목의 '임금'과 별도의 항목으로 분류하여 정한 취지는 명확하지 않은데, 상여금이 계속적, 정기적으로 지급되고 그

지급액이 확정되어 있다면 이는 근로의 대가로 지급된 임금의 일종이라는 것이 판례의 입장이므로(대법원 1976. 6. 22. 선고 76다1408 판결 등 다수), 이와 같은 경우에는 가목의 '임금'에도 해당되는 것으로 볼 수 있을 것이다. 또한 정기성이 부정되는 상여금이라도, 라목의 '그 밖에 근로조건 및 복리후생 등에 관한 사항'에 해당하여 차별적 처우의 금지 영역에 포함되는 것으로 해석될 수 있다. 판례도 1회성으로 지급된 성과상여금에 대하여 그 임금성은 부정하면서도, 이를 기간제근로자에게만 미지급한 행위가 차별적 처우의 금지 영역에는 해당한다고 판시한 바 있다(철도공사 영양사 사건).[26]

다. 경영성과에 따른 성과금

대법원은 2013년 개정법 시행 이전에 이미, 공공기관이 전년도 경영실적에 관한 정부의 평가 및 근로자 개인에 대한 내부평가에 따라 차등지급하는 성과상여금을 기간제근로자에게만 미지급한 행위는 차별적 처우에 해당한다고 판시하였고,[27] 2013년 개정법은 이를 별도의 항목으로 차별적 처우의 금지 영역에 포함시켰다.

라. 그 밖에 근로조건 및 복리후생 등에 관한 사항

근로조건은 근로관계에서 임금·근로시간·후생·해고 기타 근로자의 대우에 관하여 정한 조건을 말하고,[28] 근기법 제93조 각호의 사항 및 같은 법 시행령 제8조 제1항 제1호, 제3호가 정하는 사항들도 모두 이에 포함된다.[29]

---

26) 서울고등법원 2010. 1. 13. 선고 2009누17614 판결(대법원 2011. 12. 22. 선고 2010두3237 판결로 확정). 다만 "위 성과상여금은 단 1회 지급되었을 뿐이고 앞으로 계속 지급될지의 여부가 불확실한 상태였으므로 그것이 계속적·정기적으로 지급되었다고 할 수 없어, 이는 근로의 대가인 임금으로 지급된 것으로 볼 수 없고, 또한 일회적으로 지급되었으므로, 참가인 공사가 위 성과상여금을 지급한 것을 원고들에 대한 계속되는 차별적 처우라고 할 수 없다."라고 보아, 기간제법 제9조 제1항의 "계속되는 차별적 처우"에는 해당하지 아니하며, 제척기간을 미준수하였다고 판단하였다.

27) 대법원 2012. 1. 27. 선고 2009두13627 판결. 한편 이 사안의 사용자는, 근로자가 차별적 처우라고 주장하는 성과상여금은 기간제법 시행 이전인 2006년도의 경영실적 및 근로제공에 대한 평가결과에 따른 것이므로 2007. 7. 1. 시행된 기간제법상의 차별적 처우의 금지 규정이 적용되지 아니한다고 주장하였으나, 대법원은 "기간제근로자에 대하여 합리적 이유 없는 불리한 내용의 임금 지급 또는 근로조건 집행 등과 같은 구체적인 차별행위가 기간제법의 차별금지규정이 시행된 이후 행하여진 경우에는, 그와 같은 구체적인 차별행위의 근거가 되는 취업규칙 작성, 단체협약 내지 근로계약 체결 또는 근로 제공 등이 차별금지 규정 시행 전에 이루어졌다고 하더라도 원칙적으로 차별금지규정이 적용된다."고 하여 이를 배척하였다.

28) 대법원 1992. 6. 23. 선고 91다19210 판결.

29) 서울고등법원 2017. 5. 17. 선고 2016누79078 판결(확정).

구체적인 사례들을 보면, 차별적 처우의 금지 영역에 해당하는 '그 밖에 근로조건 및 복리후생 등에 관한 사항'은 근로시간, 근로계약기간,[30] 휴일, 휴가, 교육·훈련, 배치전환, 안전·보건, 재해보상, 해고,[31] 출·퇴근 등록방법,[32] 전적위로금,[33] 명절휴가비,[34] 정액급식비(중식대),[35] 교통보조비(통근비),[36] 가족수당,[37] 장기근속수당,[38] 정근수당 및 정근수당가산금,[39] 맞춤형 복지제도,[40][41] 직급보조비,[42] 기타 복리후생 등 근로관계와 연관성을 갖는 제반 사항들을 포괄하는 것으로 이해할 수 있다.[43] 특히, 사용자가 근로자에게 지급하는 금전적 급부 중에서 근로의 대가성이 인정되지 아니하여 근기법상의 임금에는 해당하지 않는 금품도, 근로관계에 기인하여 근로자에게 지급되는 급부라면 라목에 포함된다.[44][45]

---

30) 서울행정법원 2012. 11. 13. 선고 2012구합16220 판결(확정). 기간제 교사에 대하여 정규직 교사와 달리 방학기간을 계약기간에서 제외하고 그 기간 중 급여를 지급하지 아니한 것이 합리적 이유가 없는 차별적 처우에 해당한다고 본 판결이다.

31) 경기지방노동위원회 2012. 7. 31. 판정 2012차별3.

32) "출·퇴근 등록방법은 사용자가 근로자의 근태정보를 확인하거나 관리하기 위한 수단으로서 인사고과, 근태, 징계, 포상 등 근로자의 대우에 영향을 미칠 수 있으므로, 차별적 처우의 금지 영역에 속하는 근로조건에 해당한다고 봄이 타당하다." [서울행정법원 2015. 6. 23. 선고 2014구합21042 판결(확정)]

33) 서울행정법원 2012. 1. 12. 선고 2011구합8734 판결(확정).

34) 서울고등법원 2013. 10. 30. 선고 2013누12012 판결(확정), 서울고등법원 2016. 10. 21. 선고 2016누30189 판결(확정).

35) 대법원 2012. 3. 29. 선고 2011두2132 판결.

36) 대법원 2012. 3. 29. 선고 2011두2132 판결.

37) 대법원 2014. 11. 27. 선고 2011두5391 판결.

38) 대법원 2014. 9. 24. 선고 2012두2207 판결.

39) 대법원 2014. 11. 27. 선고 2011두6592 판결.

40) 서울고등법원 2017. 6. 9. 선고 2016누51667 판결(대법원 2017. 10. 16.자 심리불속행 판결로 확정).

41) "부천시 공무원 맞춤형 복지 운영조례는 지방공무원법 제77조에서 위임한 범위 내에서 부천시에 근무하는 소속 공무원의 근무능률을 높이기 위하여 제정한 복지제도로서 그 내용이 '근로관계에서 발생한 근로자의 대우에 관하여 정한 조건'에 해당하며, 따라서 동 조례는 이 사건 사용자가 임의로 적용여부를 결정할 수 없고 일반적으로 적용되는 규범으로서 취업규칙에 해당한다고 할 것인바, 이 사건 사용자의 맞춤형 복지제도는 차별이 금지되는 영역인 '임금 그 밖의 근로조건 등'에 해당된다고 판단되므로, 동 조례에서 적용범위를 공무원과 무기계약근로자에게 한정하였다고 해서 차별금지 영역에서 제외될 수는 없다 할 것이다. 또한 차별금지 영역에의 포함여부를 판단함에 있어 해당 영역의 예산이 물건비인가 인건비인가의 형식으로 판단할 수는 없는 것이며, 근로관계에서 발생한 근로자의 대우에 관한 조건인지의 여부를 실질적으로 판단해야 할 것이므로 맞춤형복지제도가 물건비에 책정되었다는 이유로 '차별금지 영역이 아니다'라는 이 사건 사용자의 주장은 받아들일 수 없다 할 것이다." [중앙노동위원회 2012. 8. 21. 판정 2012차별9. 이 사건의 신청인들이 제기한 행정소송인 서울행정법원 2013. 3. 21. 선고 2012구합30738 판결(확정)도 중앙노동위원회의 위 판정 내용을 인용하는 전제에서 판단하였다]

42) 대법원 2014. 11. 27. 선고 2011두6592 판결.

43) 다만 위 예시된 금품 중 임금성이 인정되는 경우라면 라목에 해당하는지 여부를 가리기 이전에 가목의 '임금'에 해당하는 것으로 볼 수 있을 것이다.

44) 민변노동위, 196쪽.

다만 노동위원회는 복리후생적 급여 중 사내근로복지기금법에 따라 설립된 사내근로복지기금에서 지원되는 사업의 경우는 차별적 처우의 금지 영역에 포함되지 아니한다고 보고 있는데,[46)47)] 이에 대해서는 실질적으로는 사내근로복지기금 자체가 사용자가 출연하는 금원으로 운영된다는 점, 이와 같이 볼 경우 사내근로복지기금을 활용한 차별적 처우를 용인하는 결과가 된다는 점 등을 근거로 비판이 제기되고 있다.[48)]

비정규직법의 목적과 취지상, 원칙적으로 근로관계에서 발생하는 불리한 처우는 단체협약이나 취업규칙, 근로계약에 명기되어 있는지를 불문하고 폭넓게 차별금지의 영역에 포함되는 것으로 해석됨이 타당하며, 라목의 문언 또한 그와 같은 개방적 · 포괄적 해석의 여지를 열어두고 있다.[49)]

---

45) 2013년 법 개정 이전에도 고용노동부는 "임금 그 밖의 근로조건"에 임금 외에도 "근로기준법이 규율하는 근로조건과 단체협약 · 취업규칙 · 근로계약에 의한 근로조건으로서 근로시간 · 휴일 · 휴가 · 안전 · 보건 및 재해보상"이 포함된다고 보았고, 당시 법문에는 "복리후생"에 대하여는 정하고 있지 아니하였지만, "사업장 내 복지제도가 취업규칙, 단체협약 등에 그 지급 및 제공 등에 대하여 규정되어 있고 노사간 사용종속관계를 전제로 제공"된다면 "임금 그 밖의 근로조건"에 해당된다고 보았다. – 고용노동부, 「기간제 · 단시간 · 파견근로자를 위한 '차별시정제도'를 알려드립니다」, 2012, 33쪽.

46) 중앙노동위원회 2009. 7. 15. 판정 중앙2009차별6, 충북지방노동위원회 2010. 5. 19. 판정 2010차별1. 그와 같은 지원 사업은 사용자와 별개의 독립된 법인체에서 운영하는 사내근로복지기금에 의해 수행되며, 근로자 위원과 사용자 위원이 공동으로 구성하는 사내근로복지기금협의회의 결정에 의해서 이루어진다는 사정(따라서 형식상으로는 차별적 처우의 주체가 사용자가 아니라 사내근로복지기금협의회로 되는 문제가 있다는 점)이 주된 근거이다.

47) 한편 국가인권위원회는 기간의 정함이 없는 근로자로 전환된 근로자를 사내근로복지기금의 적용 대상에서 제외한 것은 국가인권위원회법 제2조 제4호 소정의 평등권 침해의 차별 행위라고 판단한 바 있다(국가인권위원회 2011. 4. 25.자 10진정0572700 결정). 이 사건의 피진정인은 사내근로복지기금 협의회 위원장이다.

48) 박종희 · 강선희, "비정규근로자에 대한 차별시정제도의 현황과 몇 가지 쟁점에 대한 검토", 「산업관계연구」, 제22권 제3호, 한국고용노사관계학회, 2012, 108쪽; 박종희, "비정규직근로자 차별금지제도의 최근 동향과 쟁점", 「외법논집」, 제34권 제3호, 한국외국어대학교 법학연구소, 2010, 83쪽.

49) 2013년 개정법 시행 이전의 판결이기는 하나, 하급심 판결례 중에도 "기간제법은 기간제 또는 단시간 근로자임을 이유로 임금 그 밖의 근로조건 등에 있어서 차별적 처우를 하는 것을 금지하고 있으므로, 차별금지 영역은 근로제공과 직접적 관계가 없더라도 근로관계에 기인하여 근로자에게 지급되는 모든 급부를 포괄한다고 할 것인바, 성과급, 경조금, 위로금 등 그 명칭의 여하에 불구하고 지급규정 없이 특별한 시기 또는 특별한 사정에 의하여 임의적으로 근로자 전체에게 일률적으로 정액 및 정률로 지급하는 금품이라 하더라도 그것이 임금이 아니라는 이유만으로 차별적 지급이 허용되는 것은 아니라고 할 것이어서 기간제 또는 단시간근로자임을 이유로 그 지급대상에서 배제하거나 지급내용에 있어 달리 취급하는 것은 기간제법이 금지하는 차별에 해당한다고 할 것이다. 따라서 참가인 회사가 백화점 사업을 제3자에게 양도하면서 소속 근로자들의 전적에 대한 위로금 명목으로 지급한 이 사건 전적위로금도 근로관계의 변동과 관련하여 지급된 급부로서 차별금지영역에 해당한다고 봄이 옳다."고 하여 차별적 처우의 금지 영역을 넓게 판시한 사례가 있다. [서울행정법원 2012. 1. 12. 선고 2011구합8734 판결(확정)]

마. 관련 문제

1) 노동관행으로 정해진 근로조건

판례는 어떠한 노동관행이 일반적으로 근로관계를 규율하는 규범적 사실로서 명확히 승인되거나 사실상의 제도로 확립되어 있는 경우 이를 근로계약의 내용을 이루는 근로조건이라고 보고 있으므로,[50] 그와 같은 의미의 노동관행에 따라 정해진 근로조건 역시 차별적 처우의 금지 영역에 포함된다.

2) 법률위반의 경우

고용노동부는, 근기법 및 사회보장법령에서 사용자에게 이행의무를 부과한 영역(4대보험 가입, 연장·야간·휴일근로에 대한 법정가산수당의 지급, 법정연차휴가 부여 등)의 의무를 사용자가 이행하지 아니하는 것은 차별적 처우의 문제이기 이전에 해당 법률위반의 문제로 처리될 사안이라고 하여, 이러한 사안은 차별적 처우의 금지 영역에 원칙적으로 해당하지 아니한다는 취지로 설명하고 있다.[51]

그러나 최근 법원은 파견근로자에 대한 연차유급휴가수당 미지급이 문제된 사안에서, 고용노동부의 입장과는 달리, ① 파견법이 차별적 처우에 관하여 근기법에 정해진 의무를 위반한 차별과 근기법에 정해진 의무를 위반하지는 아니한 차별을 구별하고 있지 않고, 근기법을 위반한 차별도 얼마든지 존재할 수 있는 점, ② 파견법이 파견근로자를 차별적 처우로부터 보호하는 규정을 두고 있는 이상 차별적 처우의 개념을 축소하여 해석하는 것은 타당하지 아니한 점, ③ 근기법 위반인 동시에 차별적 처우인 경우에도 파견법상 차별금지규정을 적용함으로써 차별적 처우를 방지할 필요성이 큰 점 등을 근거로 "근기법에 정해진 의무를 위반한 것도 차별적 처우 금지 영역에 해당한다."고 판시하였다(모베이스 사건).[52]

---

50) 대법원 2002. 4. 23. 선고 2000다50701 판결.
51) 고용노동부, 「기간제·단시간·파견근로자를 위한 '차별시정제도'를 알려드립니다」, 2012, 34쪽.
52) 서울고등법원 2017. 5. 17. 선고 2016누79078 판결(확정). 고용노동부의 입장과 동일하게 본 원심 판단 부분을 파기하였다.

3. 차별 금지의 의무자[53)]

〈기간제법〉

제8조(차별적 처우의 금지) ① 사용자는 기간제근로자임을 이유로 당해 사업 또는 사업장에서 동종 또는 유사한 업무에 종사하는 기간의 정함이 없는 근로계약을 체결한 근로자에 비하여 차별적 처우를 하여서는 아니 된다.
② 사용자는 단시간근로자임을 이유로 당해 사업 또는 사업장의 동종 또는 유사한 업무에 종사하는 통상근로자에 비하여 차별적 처우를 하여서는 아니 된다.

〈파견법〉

제21조(차별적 처우의 금지 및 시정 등) ① 파견사업주와 사용사업주는 파견근로자임을 이유로 사용사업주의 사업 내의 동종 또는 유사한 업무를 수행하는 근로자에 비하여 파견근로자에게 차별적 처우를 하여서는 아니 된다.

기간제법은 차별적 처우를 하여서는 아니되는 의무자를 "사용자"로 정하고 있고(기간제법 제8조 제1항, 제2항) 파견법은 "파견사업주와 사용사업주" 양자를 의무자로 정하고 있다(파견법 제21조 제1항).

가. 사용자

기간제법상 차별적 처우를 하여서는 아니되는 의무자인 "사용자"는 근기법상 사용자, 곧 "사업주 또는 사업 경영 담당자, 그 밖에 근로자에 관한 사항에 대하여 사업주를 위하여 행위하는 자"를 의미한다(근기법 제2조 제2호). 따라서 사업 또는 사업장의 경영주체인 사업주 외에도, 사업주로부터 사업 경영의 전부 또는 일부에 대하여 포괄적인 위임을 받고 대외적으로 사업을 대표하거나 대리하는 자(사업 경영 담당자)[54)]나, 그 밖에 사업주 또는 사업의 경영 담당자로부터 권한을 위임받아 자신의 책임 아래 근로자를 채용하거나 해고하는 등의 인사처분을 할 수 있고, 직무상 근로자의 업무를 지휘·감독하며 근로시간이나 임금 등 근로조건에 관한 사항을 결정하고 집행할 수 있는 자(사업주의 이익대표자)[55)]도, 차

---

53) 차별 금지의 의무자와 차별시정명령의 이행의무자 사이의 관계에 대하여는 후술하는 'Ⅲ. 2. 나.' 이하를 참조.

54) 주식회사의 대표이사, 합명회사 및 합자회사의 업무집행사원, 유한회사의 이사, 회생채무자의 관리인, 상법상 지배인 등이 이에 해당한다.

별 금지의 의무자인 사용자에 포함된다.

나. 파견사업주와 사용사업주

파견법상 차별 금지의 의무자는 "파견사업주와 사용사업주" 양자 모두를 가리킨다. 이와 관련하여, 파견근로관계에서의 근기법 적용의 특례로서 파견・사용사업주의 책임 영역을 구분하고 있는 파견법 제34조 제1항[56]에 따라 차별적 처우에 있어서도 파견・사용사업주가 각각 책임 영역에 국한하여서만 금지의무의 주체가 된다고 보는 견해[57]와, 그와 같은 구분 없이 파견법 제21조 제1항의 문언 및 차별시정제도의 취지에 부합하게 파견・사용사업주가 연대책임을 진다고 보는 견해가 있다.[58]

그러나 파견법 제34조 제1항에 따라 차별적 처우에 있어 파견・사용사업주의 책임 영역도 구별된다는 견해는 ① 명백히 파견・사용사업주 양자 모두를 병렬적으로 차별 금지의 의무자로 정하고 있는 파견법 제21조 제1항의 법문 및 차별적 처우의 영역을 정함에 있어 파견・사용사업주의 구별을 두고 있지 아니한 파견법 제2조 제7호의 법문에 반할 뿐 아니라,[59] ② 영역별로 어느 한 쪽 당사자에게만 책임을 지우게 되면 책임회피 등으로 인해 차별시정제도의 실효성에 중대한 문제가 발생할 수 있다는 점,[60] ③ 파견법상 차별시정제도의 도입취지도

55) 학교법인 산하 사립학교 교장, 법인이 경영하는 병원 원장, 회사의 공장장, 현장소장, 광업소장 등이 이에 해당한다.

56) 해고, 퇴직급여제도, 임금, 연장・야간 및 휴일근로, 연차유급휴가, 재해보상은 파견사업주의 책임 영역으로, 근로시간, 연장근로의 제한, 휴게・휴일, 유급휴가의 대체는 사용사업주의 책임 영역으로 정하고 있다.

57) 고용노동부, 「기간제・단시간・파견근로자를 위한 '차별시정제도'를 알려드립니다」, 2012, 26쪽.

58) "그러나 이와 같은 노동위원회의 입장에는 찬동하기 어렵다. 파견법 제21조는 이미 제34조에 앞서 파견사업주 및 사용사업주의 공동책임을 염두에 두고 규정한 것으로 볼 수 있으며, 이는 사용사업주의 차별시정 의지 없이는 파견근로자에 대한 차별시정효과는 실제 확보될 수 없다는 점을 감안하여 제정한 입법규정으로 해석함이 타당하다. 이러한 입법목적과 문언상으로도 파견사업주와 사용사업주를 병렬적으로 규정하는 점에 비추어 연대책임을 부담하는 것으로 해석함이 타당하다." – 박종희, "파견근로자에 대한 차별금지 판단의 대상과 내용", 「월간 노동법률」, 제227호, 중앙경제, 2010, 69쪽, 조상균, "파견근로자에 대한 차별시정", 「노동정책연구」, 제10권 제2호, 한국노동연구원, 2010, 237쪽도 같은 취지이다.

59) "파견법 제34조 제1항(근로기준법의 적용에 관한 특례)은 근로기준법의 의무를 부담하는 사용자를 정하기 위한 규정일 뿐, 파견근로자 차별금지규정인 파견법 제21조의 적용(구체적으로 차별시정명령의 이행의무자 결정)에 원용될 수 있는 것이 아니다. 그리고 파견법 제34조는 파견법 제정 당시(1998. 2. 20. 제정)부터 존재하던 규정으로 2006. 12. 21. 법 개정으로 도입된 차별시정제도에 적용될 것이 예정되어 있었던 규정이 아니므로 파견법 제34조 제1항에 따른 사용자 책임 영역 구분이 차별시정제도에도 당연히 적용된다고 보는 것은 무리가 있다." – 장인기, 「파견근로자 차별시정제도와 관련한 쟁점 연구」, 고려대학교 노동대학원 석사학위 논문, 2016, 31쪽.

60) 실제로 사내하청업체의 임금지급의무를 인정하는 판결이 확정되었음에도 그 이후 사내하청업체가 폐

사용사업주가 인건비 절감을 위해 파견근로를 활용하는 행태를 규제하고자 함을 명확히 밝히고 있는 점,[61] ④ 비교대상근로자 자체가 사용사업주의 직접고용근로자임에도 그 책임을 오로지 파견사업주가 진다는 것은 논리에 맞지 아니하다는 점 등을 고려할 때, 파견·사용사업주는 연대책임을 진다고 보는 견해가 타당하다.

노동위원회 또한 종래에는 파견법 제34조 제1항에 따라 책임 영역별로 금지의무의 주체가 구별된다고 보아 왔으나, 파견·사용사업주의 연대책임을 인정하는 것으로 입장을 변경하였으며,[62] 법원도 같은 취지로 판단하고 있다(모베이스 사건).[63] 모베이스 사건에서 법원이 설시한 주된 근거는 ① 파견법 제21조 제1항이 제34조 제1항과 달리 파견사업주와 사용사업주의 책임 영역을 구분하고 있지 않은 점, ② 파견법 제20조 제2항, 동법 시행령 제4조의2의 규정은 파견사업주가 파견근로자에게 사용사업주의 정규직근로자와 동등한 수준의 임금을 지급하기 위하여 사용사업주의 정보제공 등 협력이 필요함을 전제하고 있는 점, ③ 파견법 제34조 제1항은 근기법의 적용에 있어 누구를 사용자로 볼 것인지를 정한

업해 버림으로써 파견근로자들이 차별적 처우의 시정을 받을 수 없게 된 사례가 있다. (대법원 2011. 3. 4. 선고 2010두29413 판결)

61) 파견근로관계의 구조상, 아래 "주요내용" 가. (1)의 "사업주"는 사용사업주를 지칭하는 것이 명백하기 때문이다.

파견법(2006. 12. 21. 법률 제8076호로 일부개정된 것) 제정·개정이유

[일부개정]

◇ 개정이유

파견근로자에 대한 불합리한 차별과 남용 및 불법사용에 대한 개선방안을 마련하여 파견근로자 보호를 강화하려는 것임.

◇ 주요내용

가. 파견근로자에 대한 차별금지 및 시정제도의 도입(법 제21조)

(1) 사업주가 인건비 절감을 위하여 파견근로를 활용함에 따라 파견근로자에 대한 차별문제가 제기되고 있어 이를 개선하려는 것임.

(2) 파견근로자에 대한 차별적 처우를 금지하고 노동위원회를 통한 시정절차를 마련함.

(3) 파견근로자의 보호를 강화하고, 인건비 절감을 위한 파견근로의 사용이 제한됨에 따라 무분별한 파견근로의 확산을 방지할 것으로 기대됨.

나. 취업조건 등의 서면고지 의무화(법 제26조 제2항 및 제3항 신설)

(1) 파견근로제도는 근로자를 파견하는 사업주가 과도한 중간공제를 할 가능성이 있어 이를 제도적으로 보완하려는 것임.

(2) 파견근로자의 요구가 있는 경우 근로자를 파견하는 사업주는 파견의 대가 및 그 내역 등을 파견근로자에게 서면으로 제시하도록 함.

(3) 근로자를 파견하는 사업주에 의한 과도한 중간공제를 예방하고 파견사업의 투명성을 제고하여 파견근로자의 보호에 이바지할 것으로 기대됨.

62) 중앙노동위원회 2015. 6. 30. 판정 2015차별3~11(병합)

63) 서울행정법원 2016. 11. 18. 선고 2015구합70416 판결(서울고등법원 2017. 5. 17. 선고 2016누79078 판결로 확정).

규정에 불과하므로, 그 문언의 범위를 넘어 근기법이 아닌 파견법 제21조의 적용에 있어서도 파견사업주와 사용사업주를 구분하여 적용하여야 한다고 볼 수는 없는 점, ④ 파견근로자가 사용사업주의 귀책사유에 의하여 사용사업주의 근로자보다 낮은 수준의 임금을 지급받게 될 위험이 있다는 점 등이다.

그런데 동 판결은 위와 같은 근거를 토대로 "임금 등 파견사업주에게 1차적 책임이 인정되는 영역에 있어 사용사업주에게도 차별시정신청의 피신청인 적격이 인정된다"고 결론을 내린 후, "나아가 파견근로자가 사용사업주의 근로자와 동등한 임금을 지급받지 못한 귀책사유가 사용사업주와 파견사업주 중 어느 쪽에 있는지를 가려서, 사용사업주 또는 파견사업주 중 한 쪽에 있는 경우에는 그에게만 시정의무 및 배상의무를 부담하도록 하여야 할 것이나, 양쪽 모두에 있는 경우 차별시정신청자인 파견근로자의 구제를 위하여 사용사업주와 파견사업주가 연대하여 책임을 부담하도록 하여야 할 것"이라고 설시하였다. 요컨대 파견·사용사업주의 연대책임이 어느 경우에나 무조건적으로 인정되는 것이 아니라, 파견근로자가 차별적 처우를 받게 된 것에 대해 파견·사용사업주 모두에게 귀책사유가 있는 경우여야만 양자가 연대책임의 주체로 된다는 것이다. 일견 과실책임주의의 원칙을 반영한 판시라고 볼 수 있겠으나, 연대책임의 실효성이 축소될 여지를 남겨두었다는 점에서는 비판의 소지가 있다.

한편 법문에서는 차별 금지의 의무자를 파견'사업주'와 사용'사업주'라고 정하고 있어, 사업주가 아닌 사업 경영 담당자나 사업주의 이익대표자는 포함되지 않는지 의문이 있을 수 있다. 그러나 파견근로관계라고 하여 차별 금지의 의무자의 범위를 기간제 및 단시간근로자의 경우와 달리 볼 이유는 없으므로, 법문에 구애됨이 없이 파견법 제21조 제1항의 파견'사업주' 및 사용'사업주'에는 사업주 외에 근기법상 사용자의 범주에 해당하는 자 모두가 포함되는 것으로 해석해야 한다.

4. 비교대상근로자

가. 비교대상근로자의 선정

차별적 처우는 그 개념 자체로 차별적 처우의 시정을 주장하는 근로자와 다른 근로자 사이의 비교를 전제한다. 기간제법은 그 비교의 대상이 되는 근로자를 "당해 사업 또는 사업장에서 동종 또는 유사한 업무에 종사하는 기간의 정함이 없는 근로계약을 체결한 근로자"(기간제근로자의 경우. 기간제법 제8조 제1항) 및

"통상근로자"로(단시간근로자의 경우. 기간제법 제8조 제2항), 파견법은 "사용사업주의 사업 내의 동종 또는 유사한 업무를 수행하는 근로자"로 규정하고 있다(파견법 제21조 제1항).

그리고 기간제법 제9조 제2항은 "기간제근로자 또는 단시간근로자가 제1항의 규정에 따른 시정신청을 하는 때에는 차별적 처우의 내용을 구체적으로 명시하여야 한다."고 정하고 있으며, 파견법은 제21조 제3항에서 이를 준용하고 있다. 이에 따라, 차별시정을 신청하는 기간제·단시간·파견근로자는 공히 "차별적 처우의 내용을 구체적으로 명시하기 위해" 비교대상근로자를 선정하게 된다. 즉 노동위원회는 비교대상근로자를 직권으로 발견하지 아니하며, 근로자가 선정한 당해 비교대상근로자의 적정성 여부만을 판단한다.[64]

① 근로자가 선정한 비교대상근로자가 요건을 충족하지 못하는 것으로 판단되면 불리한 처우 및 합리적 이유의 존부 판단으로 나아갈 실익이 없게 되는 점, ② 비교대상근로자는 불리한 처우의 존부를 판단하는 비교기준으로서의 역할 뿐 아니라 시정명령의 내용을 결정하는 근거 및 기준으로서의 역할도 수행한다는 점 등에서,[65] 비교대상근로자에 대한 판단은 차별시정의 전체 구조에서 가장 기초적이면서도 핵심적인 단계라고 볼 수 있다.

이하에서는 비교대상근로자의 선정과 관련하여 주요하게 문제되는 일반적 요건에 관해 우선 서술하고, 나아가 단시간근로자와 파견근로자에 특수한 몇 가지 문제들을 살펴본다.

나. 기간제근로자의 경우

1) 기간의 정함이 없는 근로계약을 체결한 근로자

기간제근로자의 비교대상근로자는 "당해 사업 또는 사업장에서 동종 또는 유사한 업무에 종사하는 기간의 정함이 없는 근로계약을 체결한 근로자"이다. 기간제법 시행 이후 종래에는 기간의 정함이 있는 근로계약을 체결한 근로자들이 동법 제4조 제2항에 따라 "기간의 정함이 없는 근로계약을 체결한 근로자"로 전환되는 사례가 발생하기 시작하였고, 이를 종래부터 기간의 정함이 없는 근로계약

---

64) 박은정, "주요 비정규직 차별시정례의 검토", 「동아법학」, 제51호, 동아대학교 법학연구소, 2011, 373쪽. 서울행정법원 2011. 11. 17. 선고 2010구합32822 판결(대법원 2014. 12. 24. 선고 2013두2525 판결로 확정)도 같은 취지이다.

65) 중앙노동위원회, 「차별시정업무 매뉴얼(위원용)」, 2012, 39쪽.

을 체결한 자인 정규직근로자와 구별하여 '무기계약근로자'로 명명하기도 한다. 그러나 정규직근로자와 무기계약근로자 모두 기간의 정함이 없는 근로계약을 체결한 근로자라는 점에서는 공통적이므로, 그러한 명칭상의 구별이 법률적으로 유의미하다고 볼 수는 없고, 차별시정제도에 있어 기간제근로자의 비교대상자는 어떠한 절차를 거쳤는지 여부와 무관하게, 즉 그가 기간의 정함이 없는 근로자로 전환된 자이든 처음부터 기간의 정함이 없는 근로자로 채용된 자이든 "기간의 정함이 없는 근로계약을 체결한 근로자"이면 족하다.

2) 당해 사업 또는 사업장

가) 기간제 · 단시간근로자의 비교대상근로자는 "당해 사업 또는 사업장"에 고용된 근로자여야 한다. 노동법에서 "사업 또는 사업장"은 법령의 적용여부를 정하는 기준인 상시고용근로자 수를 판단하는 단위(근기법 제11조 제1항, 기간제법 제3조 제1항, 제2항 등), 퇴직급여의 차등 설정을 금지하는 단위(근퇴법 제4조 제2항), 단체협약의 일반적 구속력 인정 여부를 판단하는 단위(노조법 제35조), 또는 복수노조의 존부를 판단하는 단위[노조법(2010. 1. 1. 법률 제9930호로 개정된 것) 부칙 제6조] 등으로 활용되고 있는 개념이다.[66]

통상적으로 "사업"이란 경영상 일체를 이루면서 계속적 · 유기적으로 운영되고 전체적으로 독립성을 갖춘 기업체 조직을 뜻한다.[67] 곧 물적 시설과 노동력을 유기적으로 결합하여 계속적으로 일정한 목적을 추구하는 사회적 활동체로서, 사회통념상 업(業)으로서의 계속성을 가지는 이상 모든 사업체가 "사업"에 해당한다.[68] 그리고 "사업장"이란 사업의 일부분으로서 업무 · 노무관리 · 회계를 독자적으로 수행하는 것(공장 내의 진료소, 사업부 등) 또는 독자성은 없지만 장소적으로 분리되어 있는 것(본사와 분리된 공장, 공사장, 지점, 출장소 등)을 말한다.[69] 다만 사업과 사업장을 대체로 구별하지 않고 하나의 동일한 개념으로 파악하는 것이 일반적인 견해로 보인다.[70]

---

66) 구 근기법(2005. 1. 27. 법률 제7379호로 일부개정되기 전의 것)상 '사업 또는 사업장' 문구의 사용에 관하여는 이국환, "근로기준법상 '사업'의 개념과 퇴직금차등제도 금지", 「재판과 판례」, 제8집, 대구판례연구회, 1999, 541쪽 이하를 참조.

67) 대법원 1993. 10. 12. 선고 93다18365 판결; 사업 또는 사업장의 개념에 관한 자세한 설명은 근기법주해I, 554쪽 이하를 참조.

68) 이병태, 547쪽.

69) 임종률, 33－34쪽.

70) 박홍규, 267쪽; 이상윤, 88쪽.

한편 기간제법은 비교대상근로자의 존재 범위를 "당해 사업 또는 사업장"으로 넓게 보고 있으므로, 사업과 사업장이 개념적 구별은 문제되지 아니한다고 할 것이다. 비록 사업장을 달리한다고 하더라도 같은 사업에 속한 이상(예컨대 같은 백화점의 서울지점과 광주지점) 각 사업장에 속한 근로자를 상호 비교할 수 있게 한 것이라고 봄이 타당하다는 점, 후술하는 "동종 또는 유사한 업무"의 요건을 충족한다면 같은 사업 내에서 사업장이 다르거나 또는 같은 사업장 내에서 사업 부문이 다르다는 이유만으로 비교대상근로자가 될 수 없다고 볼 것은 아니라는 점(특히 차별적 처우 금지 규정의 적용을 회피하기 위하여 특정 사업장이나 사업 부문에 비정규직근로자를 분리하여 배치하는 탈법 · 편법이 빈번한 상황이기에 더욱 그러하다) 등에 비추어서도, 사업과 사업장을 구별할 이유가 없다.

따라서 가령 기간제근로자를 고용하고 있는 甲 회사가 A, B, C 지역에 사업장을 두고 있고, 각 사업장에 기간제근로자와 동종 또는 유사한 업무를 수행하고 있는 a, b, c의 기간의 정함이 없는 근로자가 근무하고 있는 경우, 기간제근로자는 A, B, C 사업장의 a, b, c 전부와 비교가 가능하다.[71)]

나) 한편 비교대상근로자가 당해 사업장 범위 내와 당해 사업 범위 내 양자 모두에 존재하는 경우, 양자 중 어느 쪽이 비교대상근로자로 되는지에 관한 문제가 발생할 수 있다. 당해 사업장에 비교대상근로자가 존재한다면 그가 비교대상근로자로 선정되어야 하고, 당해 사업장에 비교대상근로자가 부재할 경우에 비로소 당해 사업 내 다른 사업장에 존재하는 비교대상근로자를 선정하여야 한다는 견해가 있을 수 있으나, 법문은 "당해 사업 또는 사업장"이라고 하여 사업과 사업장을 병렬적으로 규정하고 있을 뿐 양자의 순위에 관한 내용을 규정하고 있지 않다는 점, 학설 또한 사업 또는 사업장을 하나의 개념으로 이해한다는 점 그리고 법문상 명확한 근거 없이 비교대상근로자의 순위가 지정된다는 것은 기간제근로자의 보호라는 입법목적도 어긋난다는 점 등에 비추어, 그와 같은 단계적 판단을 거칠 이유는 없다고 본다. 따라서 위와 같은 사안에서 비교대상근로자는 선택적으로 선정될 수 있다고 봄이 타당하다.[72)]

다) 노사합의를 통하여 비교대상근로자의 범위를 법문의 "당해 사업 또는 사업장"보다 확장하는 것이 허용되는지 문제된다. 기간제법상 차별적 처우의 금지

---

71) 이와 같이 복수의 비교대상자근로자가 존재하는 경우 비교대상근로자의 선정 문제에 대하여는 후술하는 '4)' 이하를 참조.

72) 상동.

의무는 원칙적으로 기간제근로자와 근로계약관계에 있는 사용자에게 부과된 것이므로, 특별한 사정이 없는 한 비교대상근로자는 그 동일한 사용자에게 고용된 근로자가 될 것이다. 따라서 다른 사용자에게 고용된 근로자에게까지 비교대상근로자의 개념을 무한정 확장하기는 어려울 것이다.

그러나 다른 한편으로 사용자 개념은 형식이 아니라 실질을 기준으로 판단하여야 하므로, 외형상으로는 사용자가 다르다 하더라도 실질적으로는 동일하다고 볼 수 있는 경우에는 비교대상근로자의 선정범위를 확장하는 것을 허용하여야 할 것이다. 관련하여 고평법 제8조는 제1항에서 "사업주는 동일한 사업 내의 동일 가치 노동에 대하여는 동일한 임금을 지급하여야 한다."고 정한 후, 제3항에서 "사업주가 임금차별을 목적으로 설립한 별개의 사업은 동일한 사업으로 본다."고 정하고 있는 점을 유추하여 볼 수도 있다.

나아가, 실무상 노사가 임금교섭 시 동일 산업 내 다른 사업장의 임금수준을 참고하여 결정하는 관행도 존재하는 점을 고려하면, 단체협약을 통하여 지역별 노조나 산업별 노조가 비교대상근로자의 범위를 지역 또는 산업 단위로, 기업별 노조가 그 계열사 전체로 비교대상근로자의 범위를 확장하는 것 역시 허용된다고 봄이 옳다.[73] 다만 같은 사업 또는 사업장 내의 근로자임에도 불구하고 이를 임의로 비교대상근로자의 범위에서 제외하거나, 비교대상근로자의 우선순위를 미리 정하는 내용의 합의는 법의 허용 범위를 넘는 것이므로 부정하여야 할 것이다.

3) 동종 또는 유사한 업무

가) 업무의 의미

기간제법은 비교대상근로자의 선정에 있어 "업무"의 동종 또는 유사성을 기준으로 삼도록 정하고 있다. 따라서 업무의 개념을 어떻게 이해하는지에 따라 비교대상근로자의 범위가 달라지게 된다.

예컨대 같은 사업 또는 사업장에 속한 A는 판매를 목적으로 한 상담 · 전화통화를 수행하고 B는 판매를 목적으로 한 서류작성을 수행하는 경우, 양자의 직무의 목적은 동일하지만 구체적으로 수행하는 행위는 다르다. 또한 판매가 아닌 원

---

73) 독일의 「단시간 및 기간제근로자에 관한 법률」(Gesetz über Teilzeitarbeit und befristete Arbeitsverträge, TzBfG) 제3조 제2항도 "만약 사업 내에 비교 가능한 기간의 정함이 없는 근로자가 없는 경우에는 적용되는 단체협약에 근거하여 결정하여야 한다. 그 밖의 다른 모든 경우에는 각기 산업 분야에서 통상적으로 비교 가능한 기간의 정함이 없는 근로자로 간주되는 자를 비교대상으로 하여야 한다."고 정하고 있다. – 박제성, "'비정규직' 차별 금지 제도의 법적 검토", 「월간노동리뷰」, 제31호, 한국노동연구원, 2007, 66쪽의 각주 10 참조.

자재 구입을 목적으로 한 서류작성을 수행하는 C의 경우, B와 비교하여 볼 때 구체적으로 수행하는 행위는 같지만 직무의 목적은 다르다. 이와 같은 제반 상황에 있어, 비교대상근로자의 선정 기준인 "업무"를 어떻게 정의하여야 하는지 문제될 수 있다.

기간제법은 업무의 개념을 별도로 정의하고 있지 아니하므로, 단적으로 어느 하나의 기준을 채택하기보다는 법과 제도의 목적에 맞는 해석이 바람직할 것이다. 또한 차별시정에서 업무의 의미는 '동종 또는 유사성'의 의미와 별개로 정립되기 어려운 것이기도 하므로, 항을 바꾸어 이를 전체적으로 살펴본다.

나) 업무의 동종 또는 유사성

업무의 동종 또는 유사성은 실제로 수행하는 업무의 내용만을 대상으로 판단하여야 한다. 업무 내용과 직결되지 아니한 사항들은 업무의 동종 또는 유사성을 부인하는 근거로 활용될 수 없으며, 이는 차별적 처우의 합리적 이유가 존재하는지 여부를 가리는 단계에서 판단되면 족하다. 또한 업무의 내용이 동일하다면 부여된 책임과 권한이 다르다는 이유만으로 업무의 동종 또는 유사성을 부인할 수 없으며, 전체적으로 보아 주된 업무·중심적인 업무를 공통적으로 수행하는 한편 부수적인 업무·주변부 업무의 수행에서만 차이가 있는 경우에는, 동종 또는 유사한 업무에 해당하는 것으로 보아야 한다.

법원은 "동종 또는 유사한 업무"를 직종, 직무 및 작업 내용이 동일성 또는 유사성을 가진 업무로 정의하고 있다.[74)75)] 그리고 대법원은, 비교대상근로자의

---

74) 서울행정법원 2011. 8. 18. 선고 2010구합41802 판결(서울고등법원 2011. 12. 29. 선고 2011누31392 판결, 대법원 2012. 4. 26.자 2012두2245 심리불속행 판결로 확정).

75) 입법자가 타 법령에서 사용하고 있는 개념 중 "동종 또는 유사한 업무"와 유사한 것으로는 고평법 제8조 제1항의 "동일 가치 노동"이 있다("사업주는 동일한 사업 내의 동일 가치 노동에 대하여는 동일한 임금을 지급하여야 한다."). 고평법은 제8조 제2항에서 "동일 가치 노동의 기준은 직무 수행에서 요구되는 기술, 노력, 책임 및 작업 조건 등으로" 한다고 정하여, 동일 가치 노동의 판단지표를 입법화하고 있다는 점에서 기간제법과는 차이가 있다. 나아가 판례는 "동일 가치의 노동이라 함은 당해 사업장 내의 서로 비교되는 남녀 간의 노동이 동일하거나 실질적으로 거의 같은 성질의 노동 또는 그 직무가 다소 다르더라도 객관적인 직무평가 등에 의하여 본질적으로 동일한 가치가 있다고 인정되는 노동에 해당하는 것"이라고 정의하고 있으며(대법원 2003. 3. 14. 선고 2002도3883 판결), 제8조 제2항에 제시된 기준의 의미에 대하여 "여기서 '기술'은 자격증, 학위, 습득된 경험 등에 의한 직무수행능력 또는 솜씨의 객관적 수준을, '노력'은 육체적 및 정신적 노력, 작업수행에 필요한 물리적 및 정신적 긴장 즉, 노동 강도를, '책임'은 업무에 내재한 의무의 성격·범위·복잡성, 사업주가 당해 직무에 의존하는 정도를, '작업조건'은 소음, 열, 물리적·화학적 위험, 고립, 추위 또는 더위의 정도 등 당해 업무에 종사하는 근로자가 통상적으로 처하는 물리적 작업환경을 말한다."고 하여 그 의미를 구체화하고 있다(대법원 2013. 3. 14. 선고 2010다101011 판결). 그리고 구 청원경찰법(1991. 5. 31. 법률 제4369호로 개정된 것) 제6조 및 동법 시행령(1991. 7. 30. 대통령령 제13435호로 개정된 것) 제8조 제1항은 청원경찰에게 경찰청장이 고시한 최저부담기준액 이상을 지급하여

업무가 기간제근로자의 업무와 "동종 또는 유사한 업무에 해당하는지 여부는 취업규칙이나 근로계약 등에서 정한 업무 내용이 아니라 근로자가 실제 수행하여 온 업무를 기준으로 판단하되, 이들이 수행하는 업무가 서로 완전히 일치하지 않고 업무의 범위나 책임과 권한 등에서 다소 차이가 있더라도 주된 업무의 내용에 본질적인 차이가 없다면, 특별한 사정이 없는 한 이들은 동종 또는 유사한 업무에 종사한다고 보아야 한다."는 일반론을 제시하고 있다.[76] 즉 ① 형식상·문서상 규정된 업무가 아니라 "실제 수행하여 온 업무"가,[77] ② 부수적 사항(업무의 범위, 책임, 권한 등)이 아니라 "주된 업무의 내용"이 기준이 되어야 하며, ③ 부수적 사항에 다소간 차이가 있더라도 주된 업무의 내용에 "본질적인 차이"가 없다면 업무의 동종 또는 유사성이 인정된다는 것이다.

나아가 법원은 같은 사업장의 중형버스 운전원(기간제근로자)과 대형버스 운전원(비교대상근로자)의 업무가 동종 또는 유사한지 여부를 판단함에 있어, "원고 회사의 중형버스 운전원과 대형버스 운전원은 그 주된 업무가 '버스를 운행'하는 것이라는 점에서 본질적인 차이가 없고, 다만 구체적인 업무내용·운행노선 등 근로조건에서 차이가 있으나 이는 차별적 처우에 있어 합리적 이유가 있는지 여부를 판단하는 기준으로 삼음으로서 족하므로, 결국 중형버스 운행과 대형버스 운행은 동종 또는 유사 업무라 할 것"이라고 설시하거나(을로운수 사건),[78] "정규직근로자와 기간제근로자가 수행하는 업무가 서로 완전히 일치하지 않더라도 주된 업무의 내용, 작업 조건 등 핵심 요소에서 본질적인 차이가 없다면, 예컨대 정규직근로자에게는 해당 업무와 직접 관련된 자격이 요구되는 반면 기간제근로

야 한다고 하면서 "다만 배치된 사업장에서 동종 또는 유사직무근로자에게 지급하는 임금보다 그 기준액이 적을 때에는 당해 사업장에서 동종 또는 유사직무근로자에게 지급하는 임금에 상당한 금액을 지급하여야 한다."고 정하고 있는데, 위 내용이 문제된 사례에서 대법원은 한국공항공단 소속 청원경찰과 같은 공단 소속 소방대의 소방직 근로자는 법령상 설치근거, 감독관계, 업무내용이 다르므로 "동종 또는 유사직무근로자"에 해당한다고 볼 수 없다고 판시하였다(대법원 1996. 7. 30. 선고 95다12804 판결).

76) 대법원 2012. 3. 29. 선고 2011두2132 판결, 대법원 2012. 10. 25. 선고 2011두7045 판결 등.

77) 국사편찬위원회 사건에서의 다음 판시 또한 참고할 만하다. "그러나 앞서 본 법리에 의하면 비교대상근로자로 선정된 근로자의 업무와 기간제근로자의 업무의 동종·유사성은 실제 수행하여 온 주된 업무의 내용에 따라 판단하는 것으로 족하고, 비교대상근로자나 기간제근로자가 속한 집단을 기준으로 보아 실제 수행하지도 않은 업무를 기준으로 판단할 것은 아니다. (…) (비교대상근로자와 기간제근로자 상호간에 업무대체성이 있어야 업무의 동종·유사성이 있다는 주장도 같은 취지라고 볼 것인데, 역시 위와 같은 이유로 업무의 동종·유사성을 판단하는 기준이 될 수 없다. 한편 이러한 사정들은 모두 차별의 합리적인 이유가 있는지 여부를 판단하는 단계에서 고려하는 것으로 충분하다)." [서울고등법원 2016. 10. 21. 선고 2016누30189 판결(확정)].

78) 서울행정법원 2010. 1. 22. 선고 2009구합28155 판결[서울고등법원 2010. 8. 24. 선고 2010누8074 판결로 확정].

자에게는 그러한 자격이 요구되지 않는 경우와 같이 양자 사이에 '현저한 질적 차이'가 인정될 만한 특별한 사정이 없는 한, 채용 절차나 부수적인 업무 내용 등에서 다소의 차이가 있더라도 이들은 동종 또는 유사한 업무에 종사한다고 봄이 타당하다. 양자 간의 차이가 이러한 '현저한 질적 차이'에 이르지 못하는 경우에는 이러한 차이가 업무의 동종성 또는 유사성을 부인할 만한 근거가 되지 못하고, 다만 사용자가 양자를 달리 처우하는 경우에 기간제법 제2조 제3호에 따른 '합리적 이유'가 있음을 뒷받침하는 사정은 될 수 있다."고 보아,[79] 주된 업무에 본질적인 차이가 없으면 세부적 차이는 합리적 이유의 존부 판단에서 고려되면 충분하다고 판단하였다. 업무의 동종 또는 유사성 판단과 합리적 이유의 존부 판단 사이의 선후관계를 명확히 하고, 양 단계에서 핵심적인 판단근거가 되는 사항을 각기 구별하는 태도라고 할 수 있다.

살펴보듯 법원이 업무의 동종 또는 유사성 판단에서 가장 핵심적으로 고려하는 기준은 '주된 업무의 내용에 본질적인 차이가 존재하는지 여부'라고 할 수 있다. 이를 판단함에 있어 하급심 법원은 사안에 따라, 해당 업무에 요구되는 경력 및 자격요건,[80] 상호대체가능성 및 업무성격·업무가치,[81] 업무에 대한 평가기준,[82] 업무수행방식[83] 등을 종합적으로 고려하고 있는 것으로 보인다. 다만 이러한 각 판단지표들이 만일 본질적 차이가 아닌 부수적 차이만을 가져오는 것이라면 업무의 동종 또는 유사성을 부정하는 근거로 일반적으로 활용되어서는 아니되고, 합리적 이유의 존부를 가리는 단계에서 고려되어야 할 것이다.[84] 동일한 판단지표라 하더라도 어떠한 사안에서는 그것이 근로자들 간 업무의 본질적 차

79) 서울행정법원 2011. 8. 18. 선고 2010구합41802 판결(서울고등법원 2011. 12. 29. 선고 2011누31392 판결, 대법원 2012. 4. 26.자 2012두2245 심리불속행 판결로 확정).

80) 서울행정법원 2011. 8. 18. 선고 2010구합41802 판결(서울고등법원 2011. 12. 29. 선고 2011누31392 판결, 대법원 2012. 4. 26.자 2012두2245 심리불속행 판결로 확정).

81) 서울고등법원 2012. 3. 28. 선고 2009누32576 판결(대법원 2012. 8. 23.자 2012두9987 심리불속행 판결로 확정).

82) 서울고등법원 2011. 12. 29. 선고 2011누32128 판결(대법원 2012. 4. 26.자 2012두2955 심리불속행 판결로 확정).

83) 서울행정법원 2010. 1. 22. 선고 2009구합28155 판결(서울고등법원 2010. 8. 24. 선고 2010누8074 판결로 확정).

84) 관련하여 조상균 교수는 "'동종 또는 유사한 업무'의 판단기준에 대한 보다 일반적인 법리의 출연이 요구된다 할 것이고, 그 내용은 차별시정제도의 실효성을 강화한다는 측면에서 보다 넓게 인정될 것이 필요하다 할 것이다. 또한 채용조건이나 업무의 권한 및 책임 등은 비교대상근로자 판단이 아닌, 이후 합리적 이유의 단계에서 고려해야 할 사항이라는 점도 법리 또는 입법론에 포함시키는 것도 바람직할 것으로 보인다"는 의견을 제시하고 있다. – 조상균, "비정규직 차별시정제도의 쟁점 및 전망", 「동아법학」, 제64호, 동아대학교 법학연구소, 2014, 12쪽.

이를 가져오는 요소일 수 있지만, 다른 사안에서는 부수적 차이만을 가져오는 요소일 수 있는 등 사안마다 차이가 존재할 것이기 때문이다. 또한 법원은, 사용자가 업무의 동종·유사성이 부존재한다고 주장하는 근거 중 하나로 채용절차를 든 데 있어, "기간제근로자와 정규직근로자에 대한 채용절차가 동일하지 않은 경우가 대부분인 근로현실에서 채용절차가 다르다는 사정을 들어 업무의 동질성을 부인한다면 기간제근로자를 보호하고 차별적 처우를 시정하려는 기간제법의 취지가 몰각될 우려가 있다. 따라서 채용절차의 차이를 들어 업무에서도 본질적인 차이가 있다고 보려면 정규직근로자에게는 해당 업무와 직접 관련된 자격이 요구되는 반면 기간제근로자에는 그러한 자격이 요구되지 않는 등 '현저한 질적 차이'를 인정할 수 있어야 한다."고 하여, 본질적 차이의 의미를 구체화하는 동시에 기간제법의 취지를 고려한 판단의 필요성의 강조하였다(서울대학교 미술관 사건).[85]

나아가, 동종 또는 유사한 업무를 수행하는 이상, 공무원이라도 비공무원인 기간제근로자의 비교대상근로자가 될 수 있다. 대법원은 민간조리원과 조리직렬 기능군무원 사이의 차별적 처우가 문제된 사안에서 이 점을 명시적으로 인정하여 논란의 소지를 없앴다(해군교육사령부 사건).[86]

이러한 판단기준 하에서 법원이 업무의 동종·유사성이 인정된다고 본 사례로는, 신용정보주식회사의 계약직 부지점장과 정규직 부지점장,[87] 철도공사의 기간제 영양사와 정규직 영양사,[88] 중형버스 운전원과 대형버스 운전원,[89] 정부출연연구소의 기간제 박사급 연구원과 정규직 박사급 연구원,[90] 은행의 내부통제점검

---

85) 서울고등법원 2017. 6. 9. 선고 2016누51667 판결(대법원 2017. 10. 16.자 심리불속행 판결로 확정).

86) "공무원은 인사와 복무, 보수 등에서 국가공무원법 및 공무원보수규정 등 관련 법령의 적용을 받기는 하나 기본적으로 임금을 목적으로 근로를 제공하는 근로자에 해당한다(대법원 2002. 11. 8. 선고 2001두3051 판결 참조). 그리고 기간제법 제3조 제3항은 국가 또는 지방자치단체의 기관에 대하여도 이 법이 적용됨을 명시적으로 규정하여 공공부문에서 근무하는 비공무원인 기간제근로자와 공무원 사이의 비교 가능성을 열어 두고 있다. 이러한 사정들과 함께 기간제근로자에 대한 불합리한 차별을 시정하고 기간제근로자의 근로조건 보호를 강화함으로써 노동시장의 건전한 발전에 이바지함을 목적으로 하는 기간제법의 입법 취지를 종합하여 보면, 기간제법 제8조 제1항이 비교대상 근로자로 들고 있는 '기간의 정함이 없는 근로계약을 체결한 근로자'를 '사법상 근로계약'을 체결한 근로자로 한정하여 해석할 것은 아니다." (대법원 2014. 11. 27. 선고 2011두5391 판결).

87) 서울행정법원 2011. 8. 18. 선고 2010구합41833 판결(서울고등법원 2011. 12. 29. 선고 2011누32128 판결, 대법원 2012. 4. 26.자 2012두2955 심리불속행 판결로 확정).

88) 대법원 2011. 12. 22. 선고 2010두3237 판결.

89) 서울행정법원 2010. 1. 22. 선고 2009구합28155 판결(서울고등법원 2010. 8. 24. 선고 2010누8074 판결로 확정).

90) 대전지방법원 2015. 5. 7. 선고 2014구합101520 판결(기초과학연구원 사건. 확정). 다만 기간제·정규직을 불문하고 모두 과제책임자 역할을 맡을 수 있었다는 점, 정규직 연구원이 기간제 연구원에게 업무지시를 하는 방식이 아니라 공동회의를 통하여 각자 전문분야에 맞게 업무 분장을 하였다는 점, 개인업무평가가 고용형태가 아니라 논문실적 등에 따라 이루어졌다는 점 등이 주요하게 고려되었음

업무를 수행하는 근로자와 영업마케팅・내부통제점검업무를 겸임하는 근로자,[91] 고용노동부 고용센터의 단시간 근로직업상담원과 민원담당공무원,[92] 해군교육사령부의 민간조리원과 조리직렬 기능군무원,[93] 대학교의 시간강사와 강의초빙교수,[94] 국사편찬위원회의 기간제 사료연구위원과 편사연구직 공무원,[95] 육군사관학교의 민간사서와 군무원인 사서,[96] 유치원의 기간제교원과 정교사,[97] 운전학원의 정규직 운전강사와 기간제 운전강사,[98] 대학법인의 사무보조원과 비서 업무종사자[99] 등이 있다.

4) 복수의 비교대상근로자가 존재하는 경우의 문제

가) 동종 또는 유사 업무를 수행하는 근로자가 다수일 경우, 누구를 비교대상근로자로 선정하여야 하는지의 문제가 있다. 실무에서는 특히 위 다수의 근로자

을 유의할 필요가 있다.

91) 대법원 2012. 3. 29. 선고 2011누2132 판결. 사용자는 영업마케팅・내부통제점검업무를 겸임하는 근로자에게 전자를 주된 업무로, 후자를 부수적 업무로 부여하였으나, 실제로 수행하는 주된 업무는 내부통제점검업무였다는 점이 주요하게 고려되었다.

92) 서울행정법원 2013. 4. 5. 선고 2012구합30080 판결(서울고등법원 2013. 10. 30. 선고 2013누12012 판결로 확정). 다만 고용노동부 고용센터의 전화상담원과 상담공무원 사이의 업무의 동종・유사성은 부정된다고 본 사례가 있다[대전지방법원 2015. 12. 10. 선고 2015구합100401 판결(확정)]. 이 사안에서는 전화상담원은 전화상담업무만 수행함에 반해 상담공무원은 전화상담, 인터넷상담, 서면질의 회신업무 등을 함께 수행하는 등 업무범위가 더 넓다는 점, 채용과정이나 요구되는 책임이 다르다는 점 등이 주요하게 고려되었다.

93) 대법원 2014. 11. 27. 선고 2011두5391 판결

94) 서울행정법원 2009. 2. 6. 선고 2008구합22747 판결(확정)

95) 서울고등법원 2016. 10. 21. 선고 2016누30189 판결(확정)

96) 서울행정법원 2016. 7. 15. 선고 2016구합51450 판결(확정). 전자는 후자의 육아휴직으로 인해 대체근로자로서 채용된 기간제근로자였다. 법원은 근로계약서에 기재된 양자의 업무내용이 대체로 동일하다는 점, 사용자도 기간제근로자에게 보조업무만을 수행하게 하려던 것이 아니라 비교대상근로자가 수행한 업무내용을 그의 육아휴직기간 동안 수행토록 할 목적으로 채용했다는 점 등을 주요하게 고려하였다.

97) 대전지방법원 2017. 1. 11. 선고 2016구합101975 판결(확정). 양자의 주된 업무는 유아교육 및 보육활동으로 시간적 범위(정교사의 경우 정규교육과정, 기간제교원의 경우 정규교육과정 후의 방과후과정)의 차이만 있을 뿐이라는 점, 정교사가 출장 등으로 수업을 하지 못하는 경우 기간제교원이 보결수업을 하였던 점, 위 두 교육과정이 서로 연계되어 운용되는 점, 기간제교원도 정교사와 마찬가지로 교원자격증을 보유하고 교원임용자격을 갖춘 점 등이 주요하게 고려되었다.

98) 대법원 2016. 12. 1. 선고 2014두43288 판결. 이 사안의 사용자는 '정규직 운전강사는 기간제 운전강사가 담당한 도로주행, 장내기능교육, 기능검정 업무 외에도 팀장, 학과교육 업무, 차량키 관리, 사고처리 업무 등을 담당하였으므로 업무의 범위, 책임, 권한 등에서 기간제 운전강사와 사이에 본질적 차이가 있다'고 주장하였으나, 동 판결의 원심(서울고등법원 2014. 9. 17. 선고 2013누51093 판결)은 사용자가 주장하는 정규직 운전강사의 추가적 업무란 부수적인 것에 불과하고, 모든 정규직 운전강사들이 추가적 업무를 수행하거나 권한 내지 보직(팀장)을 별도로 부여받고 있는 것은 아니며, 정규직 운전강사나 기간제 운전강사나 '수강생에 대한 운전강습'이라는 주된 업무의 내용에서는 본질적인 차이가 없다고 보아 사용자의 주장을 배척하였고, 대법원도 이를 그대로 인정하였다.

99) 서울고등법원 2017. 6. 9. 선고 2016누51667 판결(대법원 2017. 10. 16.자 심리불속행 판결로 확정)

들 간에 근로조건 수준의 차이가 존재하는 경우가 문제 상황이 된다.

일부 하급심 판결들은 이러한 경우, 동종 또는 유사 업무를 수행하는 근로자들 중 가장 높은 수준의 처우를 받는 자(A)를 비교대상근로자로 선정한다면 가장 낮은 수준의 처우를 받는 자(B)를 역차별하는 결과가 발생할 수 있다는 점을 주된 근거로, 후자(B)를 비교대상근로자로 선정하여야 한다고 보고 있다.[100] 한편 또 다른 하급심 판결들 중에는 가장 높은 수준의 처우를 받는 자(A)를 비교대상근로자로 보는 전제 하에서 차별적 처우의 합리적 이유 존부에 관한 판단으로 나아간 사례가 있으며,[101] 기간제법의 입법취지에 비추어 기간제근로자에 대한 차별적 처우는 B의 근로조건을 기간제근로자의 근로조건과 동일한 수준으로 하향평준화함으로써 시정할 것이 아니라, 기간제근로자의 근로조건을 A의 근로조건과 비교하였을 때 인정되는 차별적 처우를 시정함으로써 해소하는 것이 타당하고 판시하면서 A를 비교대상근로자로 본 경우도 있다.[102] 따라서 이 부분에 관한 법리가 아직 확립되었다고 보기는 어렵다.

법의 취지와 법문언의 내용, 제도의 구조상 복수의 비교대상근로자 중 가장 낮은 수준의 처우를 받는 자가 반드시 비교대상근로자로 선정되어야 한다고 단정할 수는 없다. 오히려, ① 비교대상근로자의 특정은 기본적으로 차별시정을 구하는 신청인에 의하여 이루어지므로, 신청인이 동종 또는 유사한 업무를 수행하는 다수의 근로자들 중 가장 높은 수준의 처우를 받는 자를 특정하였다면 노동위원회나 법원은 그 근로자가 비교대상근로자로 선정될 수 있는지, 즉 그가 수행

---

100) 서울행정법원 2012. 1. 12. 선고 2011구합8857 판결(서울고등법원 2012. 6. 24. 선고 2012누5000 판결로 확정); 서울고등법원 2016. 10. 21. 선고 2016누30189 판결(확정), 서울행정법원 2016. 11. 18. 선고 2015구합70416 판결[서울고등법원 2017. 5. 17. 선고 2016누79078 판결(확정)의 원심].

101) "3) 원고들이 합리적 이유 없이 강의 초빙 교수에 비하여 차별적 처우를 받고 있는지 여부 (…) 시간 강사는 학기 단위로 학점당 20,000원씩 지급받는 특별 수당을 제외하고 시간당 강의료 35,000원과 연구 보조비 13,500원을 지급받고, 강의 초빙 교수는 1,800,000원에서 4,000,000원 사이에서 월 임금을 지급받는데, 강의 초빙 교수의 최대 월 임금에 해당하는 4,000,000원을 1개월 동안의 소정 근로 시간인 168시간(1주 동안의 소정 근로 시간을 40시간으로 보고, 1개월을 30일로 보아 계산)으로 나누어 시간당 임금을 환산하면 그 금액이 약 23,810원에 불과하여 시간 강사의 시간당 강의료인 35,000원에 미치지 못하는 점 등을 종합하여 보면, 시간 강사인 원고들은 임금 등의 결정에 있어 합리적 이유 없이 강의 초빙 교수에 비하여 차별적 처우를 받고 있다고 볼 수 없다." [서울행정법원 2009. 2. 6. 선고 2008구합22747 판결(확정)].

102) 대전지방법원 2017. 1. 11. 선고 2016구합101975 판결(확정). 이 사안의 근로자(기간제교원)는 정교사를 비교대상근로자로 선정하여 차별적 처우의 시정을 구하였는데, 사용자는 기간제교원과 동일한 업무를 수행하는 무기계약근로자(방과후강사)가 비교대상근로자가 되어야 한다고 주장하였다(방과후강사는 정교사보다 근로조건이 낮다). 법원은 본문과 같이 판시하여 사용자의 주장을 배척하면서, "방과후강사의 무기계약근로자로서의 근로계약 체결경위 및 그에 대한 처우에 비추어 보면, 방과후강사 역시 이 사건 유치원의 정교사와 동종 또는 유사한 업무를 수행하면서도 차별적 처우를 받고 있을 여지가 있는 것"으로 보인다는 점 또한 중요하게 고려하였다.

하는 업무가 신청인의 업무와 동종 또는 유사한 것인지를 판단하면 족하다고 보아야 한다. 위 다수의 근로자들 사이의 근로조건의 차이는 사용자가 불리한 처우에 합리적 이유가 존재함을 다투는 과정에서 판단되면 충분하기 때문이다(위 4. 가. 및 각주64) 참조).[103)104)] ② 또한 법문도 비교대상근로자의 요건을 "당해 사업 또는 사업장에서 동종 또는 유사한 업무에 종사하는" 근로자라고 정하고 있을 뿐, 그러한 근로자가 다수인 경우 근로조건의 높낮이에 따라 선정에 순위가 발생함을 예정하고 있지 아니하다. ③ 나아가 일률적으로 가장 낮은 수준의 처우를 받는 자가 비교대상근로자로 선정되어야 한다고 보면, 차별시정제도의 실효성이 잠탈되는 문제가 발생할 여지도 있는바, 특히 비정규직법의 시행 이후 만연한 임의적 직군신설·분리의 문제가 이를 보여준다. 예컨대 어떠한 사업 또는 사업장에 기간제근로자와 동종 또는 유사한 업무를 수행하는 근로자가 A직군(무기계약

103) "엄격히 말해서 신청인이 스스로 선정한 특정 비교대상자와 비교하여 피해를 입은 불리한 처우가 차별적 처우가 되는지 여부는 논리적으로 볼 때 합리적 이유의 존부에서 판단해야 하는 것이다. 따라서 일단 신청인이 특정한 어떤 정규직근로자가 비교대상자로서 문제가 없다면 사용자에게 불리하게 대우한 합리적 이유의 존재를 증명할 책임이 있게 되고, 사용자는 근로조건이 상대적으로 낮은 또 다른 비교대상자를 들어서 자신이 신청인에게 낮은 근로조건을 부여한 것에는 합리적 이유가 있다고 방어할 수 있다. 다시 말해서 신청인의 근로조건이 낮은 것(불리한 처우라는 사실)은 '기간제 근로자임을 이유로' 한 것이 아니라는 것을 증명하는 하나의 방법으로서 동종 또는 유사한 업무를 하는 정규직근로자도 불리한 근로조건에 놓여 있다는 것을 제시할 수 있는 것이다. 그러한 사용자의 방어방법이 성공한다면 신청인은 신청기각의 불이익을 받게 되겠지만(이는 변론주의를 원칙으로 채택한 시정 신청 상의 위험이고 신청인이 감수해야 한다), 이러한 사용자의 방어방법이 항상 성공할 것인지는 단언할 수 없다. 합리적 이유의 검토에는 그러한 사용자의 해명 외에도 다른 많은 변수가 존재할 수 있기 때문이다. 그리하여 사용자의 방어방법이 성공하지 못한다면 신청인은 시정명령을 통한 차별구제의 이익을 누릴 수도 있다. 이런 가능성을 비교대상자 검토단계에서 미리 봉쇄할 필요가 없는 것이다. 한편 합리적 이유의 검토단계에서 불리한 근로조건을 받는 또 다른 비교대상자의 존재로 인하여 시정신청이 기각된다고 하더라도 신청인에게는 – 여전히 자신보다 유리한 근로조건의 혜택을 받고 있었지만 신청인에 의해 지정되지 못했던 – 동 비교대상자를 기준으로 하여 차선책으로서 차별시정의 명령을 얻어낼 가능성이 있다. 이렇게 판단하지 않는다면 노동위원회는 개념적으로 구분되어야 할 불리한 처우의 판단(곧 비교대상자 선정 및 비교)과 합리적 이유, 그리고 시정명령의 수준에 대한 판단을 뚜렷한 근거 없이 한꺼번에 혼재시켜 버리는 결과가 될 것이다. 노동위원회가 판단논거로서 들고 있는 역차별의 문제는 비교대상이 될 수 있는 복수의 정규직근로자들 간의 문제일 뿐이고 차후에 근로조건을 조정하는 문제로 해결되어야 할 것이다. 기간제법 제8조와 근로자파견법 제21조의 법문은 비교대상자로서 동종 또는 유사한 업무 수행이라는 조건만을 요구하고 있을 뿐이지 근로조건의 차이까지 반영하도록 하고 있지 않다는 것도 고려해야 한다." – 고려대학교 산학협력단(책임연구자: 박종희), 「차별시정제도 차별금지 규정의 요건, 제재수단 및 구제절차 개선방안」, 고용노동부, 2011, 114쪽.

104) "가장 높은 수준의 처우를 받는 자와의 비교 시에는 신청인에게 불리함이 있는 반면에 가장 낮은 수준의 처우를 받는 자와의 비교 시에는 불리함이 없으면, 그 유·불리의 정도와 사유를 합리적 이유의 존부 판단에서 고려하면 된다(이 경우 합리적 이유에 대한 입증책임은 사용자에게 있음). 따라서 가장 높은 수준의 처우를 받는 자와 신청인을 비교할 경우 가장 낮은 수준의 처우를 받는 자를 신청인에 비해 역차별하는 결과가 발생할 우려가 있다고 보는 것은 합리적 이유 판단의 단계를 고려하지 않은 해석이기 때문에 적절하지 않다." – 조용만, 「차별시정 판정사례 분석을 통한 차별시정 운영개선 방안 마련」, 중앙노동위원회, 2009, 118쪽.

직)과 B직군(정규직) 모두에 존재하는 한편, A직군의 근로조건은 기간제근로자와 동일하고 B직군의 근로조건은 기간제근로자 및 A직군의 근로조건을 상회하는 경우를 가정할 때, 가장 낮은 수준의 처우를 받는 자인 A직군의 근로자만이 비교대상근로자가 될 수 있다고 한다면 기간제근로자와 비교대상근로자 사이에는 불리한 처우 자체가 부존재 하므로 일체의 차별시정을 구할 수 없게 된다. 이와 같이 근래 사용자가 무기계약근로자들을 별도의 직군으로 신설하여 종래의 정규직 근로자보다 낮은 근로조건을 설정하는 경우가 빈번하게 발생하고 있는바, 가장 낮은 처우를 받는 자를 비교대상근로자로 정하여야 한다는 논리는 위와 같은 차별시정제도의 잠탈 및 근로조건의 하향평준화를 그대로 용인하는 것으로서 인정하기 어렵다. 또한 위 사례에서의 A직군 소속 근로자들은, B직군 소속 근로자들과 동종 또는 유사한 업무를 수행함에도 직군분리 등을 위해 임의로 낮은 근로조건을 설정받았다는 점에서 그 자체로도 차별의 피해자일 수 있는 것이다.[105) ④ 더욱이 분쟁의 일회적 해결이라는 소송경제의 측면도 고려할 필요가 있다. 예컨대 어떤 기간제근로자가 자신과 동종 또는 유사 업무를 수행하는 근로자들 중 근로조건이 가장 낮은 자(X)를 비교대상근로자로 선정하여 차별적 처우를 시정받았다 하더라도, 여전히 그와 동종 또는 유사 업무를 수행하고 있되 근로조건이 X보다는 높은 자(Y)가 존재하고 있는 상황일 것이므로, 위 기간제근로자로서는 다시 Y를 비교대상근로자로 하여 차별적 처우의 시정을 신청해야 한다는 결론이 되는 것이다.

학계에서도 위와 같은 여러 측면에서, 가장 낮은 처우를 받는 근로자만이 비교대상근로자가 될 수 있다는 일부 하급심의 입장을 비판하고 있다.[106)107)108)109)]

---

105) 다만 기간의 정함이 없는 근로자이기 때문에 기간제법상 차별시정신청인의 적격은 부정되는 문제가 있다. 최근 근기법 제6조를 근거로 무기계약근로자와 정규직근로자 사이의 차별의 시정을 구하는 민사소송이 증가하고 있는 것도 이러한 맥락에서이다.

106) "특히 법 시행 직후 사용자가 차별시정의 비용을 회피하기 위해 차별시정 없이 종전의 근로조건이 유지되는 새로운 무기계약직군을 만들어내고 있는바, 노동위의 이러한 판단기준이 적용되면 원칙적으로 기존의 정규직이 아니라 비정규직임을 이유로 발생되었던 차별이 유지되는 신설 무기계약직 전환자와의 비교만을 허용함으로써 불리한 결과발생이 없다고 판단하게 될 것이다. 아무런 제재 없이 이를 합법적인 것으로 허용하면, 비정규직은 그동안 행하여진 부당한 차별에 무방비상태로 노출되므로 차별시정제도를 잠탈 하는 결과를 가져오게 된다." – 박주영, "비정규직 차별사건의 쟁점과 과제 – 노동위원회의 차별판단기준의 문제점을 중심으로 –", 「민주법학」, 제37호, 민주주의법학연구회, 2008, 228 – 229쪽.

107) "그러나 사실 본질적인 문제는 왜 비교대상근로자가 가장 낮은 처우를 받는 근로자이어야 하냐는 것이[다]. (…) 비정규직 차별시정 신청사건 중 상당수가 비교대상근로자 선정에 실패함으로써 기각되는 경우가 많다. 예를 들어, 어떤 사업장의 특정 업무가 비정규직 근로자들로만 이루어지는 경우에는 "동종 또는 유사한 업무"에 종사하는 근로자가 없어 차별을 주장할 수 없으므로 사용자는

나) '동종 업무를 수행하는 근로자'와 '유사 업무를 수행하는 근로자'가 모두 존재하는 경우, 전자와 후자 간 순위의 선후를 인정할 수 있는지의 문제가 존재한다.

앞서도 보았듯 기간제법은 "동종 또는 유사한 업무에 종사하는" 근로자라고만 정하고 있고, '동종 업무'와 '유사한 업무' 사이의 어떠한 차등이나 순위를 규정하고 있지 아니한바, 양자는 순위의 선후 없이 비교대상근로자로 선정될 수 있다고 보아야 한다. 양자 사이의 근로조건의 차이 등 구체적인 사정은 합리적 이유의 존부를 가림에 있어 판단하는 것이 타당하다.

5) 직군분리의 문제

차별시정제도에서 직군분리의 문제는 크게 두 가지 형태로 나타난다.[110] ① 비교대상근로자, 즉 동종 또는 유사한 업무에 종사하는 근로자가 부존재하도록 비정규직근로자와 정규직근로자의 업무분장을 분리하는 것이다. 보다 최근의 경우로, ② 비정규직근로자와 정규직근로자 사이에 이른바 '중규직'이라고도 불리는 무기계약직군을 신설하되, 그 근로조건을 비정규직근로자와 동일하게 설정하거나 비정규직근로자와 정규직근로자 사이의 수준으로 설정함으로써, 정규직근로자가 아닌 무기계약직근로자가 비교대상근로자로 선정되도록 만드는 것이다. 어느 경

직군분리 등의 방법으로 비정규직 차별 문제를 회피할 수 있는 것이다. 이러한 문제를 해결하는 것이 차별시정제도의 실효성을 위해 반드시 필요하다. 한편, 왜 비교대상근로자가 가장 낮은 처우를 받는 근로자이어야 하냐는 것에 대한 의문을 가질 수 있다. 물론 정규직 근로자와 비정규직 근로자는 대개 채용방식도 다르고, 채용조건도 다르다. 그렇기 때문에 비정규직 근로자가 정규직으로 전환되는 과정에서 정규직 근로자보다 높은 근로조건을 받게 된다면 그것이 역차별이 된다고 판단할 수도 있다. 그러나 이러한 발상은 곧 비정규직 근로자는 언제나 정규직 근로자보다 낮은 근로조건을 받아야 한다는 전제가 깔려있는 것이 아닐까? 앞으로 이 문제에 대해 보다 많은 연구가 필요할 것으로 생각한다." – 박은정, "비정규직차별시정제도가 요구하는 비교대상근로자의 의미 – 서울고등법원 2016. 7. 8. 선고 2015누62561 판결", 「노동법학」, 제60호, 2016, 266 – 267쪽.

108) "제도 운영상 비교대상자 선정을 신청인이 하고 있다는 점을 고려하면 위의 판단법리와 합치하지 않을 뿐 아니라, 판단의 근거로 들고 있는 역차별이라는 용어는 비정규직의 근로조건은 정규직에 비해서 언제나 열등하다는 관념을 고착화시킬 위험성이 있[다]. 따라서 신청인이 복수의 비교대상근로자 중에서 비교대상자를 특정 하는 경우, 노동위원회의 판단은 특정한 근로자를 대상으로 해야 할 것으로 보[인다]." – 조상균, "비정규직 차별시정제도의 쟁점 및 전망", 「동아법학」, 제64호, 동아대학교 법학연구소, 2014, 13쪽.

109) 유리조건 우선의 원칙이 적용되어야 한다는 측면에서의 지적도 있다.; "명문상 규정이 없기는 하지만 노동법학의 해석원칙 가운데는 유리조건 우선의 원칙이라는 것이 인정된다. 근로조건을 규정하고 있는 여러 규범형식이 존재하고 있는 경우, 가장 유리한 조건이 해당 근로자에게 적용되어야 한다는 것인데, 비교대상근로자가 다수 존재하는 경우에도 이 유리조건 우선의 원칙이 적용되어야 하는 것은 아닌가 하는 의문이 생긴다." – 박은정, "주요 비정규직 차별시정례의 검토", 「동아법학」, 제51호, 동아대학교 법학연구소, 2011, 381쪽.

110) 직군분리로 인한 노동법상의 제 문제에 대한 자세한 고찰은 박수근, "변형된 분리직군제와 노동법의 적용", 「노동법연구」, 제30호, 서울대학교 노동법연구회, 2011을 참조.

우나, 차별시정제도의 의의와 실효성을 잠탈한다는 문제점이 있다.

업무상 필요성이 인정되는 한, 직군분리라는 제도가 일반적으로 위법하다거나 직군분리행위 자체가 일률적으로 차별적 처우에 해당한다고 단정하기는 어려울 것이다. 다만 형식상 직군이 분리되었다는 이유만으로 업무의 동종·유사성을 부인하게 된다면 법의 취지를 훼손하는 결과로 이어질 수 있으므로, 그 실질을 살펴 판단에 고려하여야 한다.111)

6) 업무 종사의 현재성

가) 기간제법은 당해 사업 또는 사업장에서 동종 또는 유사한 업무에 "종사하는" 근로자와 비교하도록 규정하고 있다. 따라서 사업 또는 사업장 내에 동종 또는 유사한 업무에 "종사하는" 근로자가 없는 경우에는, 비교대상근로자가 부존재하여 차별적 처우가 인정될 수 없는 결과로 이어진다. 이에 "종사하는"의 의미가 문제된다.

나) 문언 그대로라면 이를 '현재성(시간적 동시성)'으로 보아 차별적 처우가 존재한 바로 그 시점에 비교대상근로자가 당해 사업 또는 사업장에서 근로를 제공하고 있어야만 하는 것으로 해석될 것이다. 그러나 이와 같이 본다면, 정규직근로자가 담당하던 업무를 전부 비정규직근로자로 대체한 경우, 혹은 정규직근로자의 휴직 등 기간 동안의 대체를 위해 비정규직근로자를 채용한 경우 등에는 비정규직근로자와 동시에 동종 또는 유사한 업무에 종사하는 정규직근로자가 부존재 한다는 결론으로 이어진다. 그렇게 되면 위와 같은 사안에 대해서는 차별시정제도가 적용되지 못하는 공백이 발생하며, 이 점을 이용하여 차별시정제도를 회피하려는 탈법적 행위를 용인하게 될 위험 또한 있다.

따라서 "종사하는"이라는 요건은 현재성(시간적 동시성)이라는 협소한 의미가 아니라, 비정규직근로자와 정규직근로자 사이의 근로조건의 차이를 정확히 파악하기 위한 도구적·보조적 개념이라고 이해함이 타당하다. 그렇게 보아야 앞서

---

111) 관련하여 전윤구 교수는, 동종 또는 유사한 업무를 엄격히 해석하면 비정규직근로자의 업무가 당초부터 분리되어 있는 사업 또는 사업장의 경우에는 비교대상근로자 자체가 부존재하는 문제가 발생하는 점, 그리고 동종 내지 유사한 업무라는 요건을 절대시하여 합리적 이유의 존부 판단 이전에 차별적 처우 시정의 입구부터 봉쇄하는 것은 비정규직근로자에 대한 차별적 처우를 법적으로 용인하는 결과를 초래할 우려가 있다는 점 등을 근거로, 개별 사안에서의 구체적인 비교대상근로자는 문제되는 차별적 처우의 내용이 무엇인지에 따라 유연하게 설정되는 것이 기간제법의 입법취지에 부합한다는 견해를 제시하고 있다. - 전윤구, "비정규직 차별시정을 둘러싼 해석론의 검토", 「임금연구」, 제15권 제1호, 한국경영자총협회, 2007, 8쪽.

든 예시들에서의 비정규직근로자 또한 차별시정제도의 적용을 받을 수 있게 될 것이며, 특히 비정규직근로자였던 자가 정규직근로자로 전환하면서 그 전후에 수행한 업무의 차이가 없는 경우에도, 과거의 처우와 현재의 처우를 비교할 수 있게 된다고 할 것이다. 학설 또한 현 시점에 동종 또는 유사한 업무에 종사하는 근로자가 부존재하더라도 '가정적' 근로자(과거에 동종 또한 유사한 업무에 종사하였던 근로자, 장래에 동종 또는 유사한 업무에 종사할 근로자 등)를 비교대상근로자로 삼을 수 있다고 본다.[112)113)]

다) 나아가 법원도 전임자의 육아휴직으로 인한 공백을 보충하기 위한 대체인력으로 채용된 근로자와 위 전임자가 비교대상근로자가 될 수 있는지가 문제된 사안에서, '전임자와 대체인력 근로자는 실제로 같이 근무한 시기가 없으므로, 전임자는 비교대상근로자가 될 수 없다'는 취지의 사용자의 주장을 배척하면서, 기간제법 제8조 제1항의 비교대상근로자는 "원칙적으로 기간제근로자의 근무기간 동안 당해 사업 또는 사업장에서 실제로 같이 근무한 근로자를 뜻한다고 보아야 할 것이나, 일시적으로 전임자가 사용자와 근로관계를 유지한 채 휴직하는 등 사유로 기간제 근로자가 대체인력으로 휴직기간 동안 동일한 내용의 업무를 수행하는 경우에는, 정규직을 기간제근로자로 대체하여 합리적 이유 없이 임금 등에서 불리한 처우를 하는 것은 부당하고 위 기간제법 입법취지에도 반하므로 전임

112) 유성재, "비정규 근로자에 대한 차별금지에 관한 연구", 「중앙법학」 제11집, 중앙법학회, 2009, 495-496쪽; 박제성, "'비정규직' 차별 금지 제도의 법적 검토", 「월간노동리뷰」, 제31호, 한국노동연구원, 2007, 65쪽, 각주 8에서 프랑스의 입법례를 소개하고 있다. "프랑스의 입법례가 하나의 참조가 될 수 있을 것이다. 프랑스의 경우, 기간제근로자의 임금 차별 여부를 판단함에 있어서는 동격 동종의 무기계약근로자가 "받게 될"(percevrait) 임금을 기준으로 한다(노동법전 L. 122-3-3조). 여기서 "받게 될"이라는 법문의 표현은 실제로 어떤 무기계약근로자가 '받고 있는' 또는 '받았던' 임금을 말하는 것이 아니라, 만약 기간제근로자와 동격의 무기계약근로자가 기간제근로자와 동종의 업무에 종사한다면 '받게 될' 임금을 의미하는 '가정적 표현'이다."

113) 조용만 교수도 "사용자가 동종·유사 업무의 정규직을 비정규직으로 완전히 대체하여 전임자에 비해 합리적 이유 없이 임금 등에서 불리한 처우를 행하는 경우에 대해 비교 가능성을 부정한다면 차별적 처우의 시정이라는 비정규직보호법의 취지와 실효성은 크게 떨어질 수밖에 없지 않는가 하는 점이다.(…) 동종·유사 업무에 종사한 비교대상 근로자가 전임자 또는 후임자로서 차별시정 신청인과 시간적으로 직접 연계되어 있는 경우에는 '동시적 존재성'을 인정하는 것이 부정하는 쪽보다 차별적 처우의 시정이라는 비정규직보호법의 취지에 더 부합할 것이라고 본다. 차별시정에서의 핵심은 비교대상 근로자의 존재 시점이나 기간보다는 업무의 동종·유사성 여부에 있기 때문에 전자보다는 후자에 초점을 두는 제도운영이 바람직하다고 하겠다. 그렇지 않으면 비교대상 근로자가 병존하는 경우에도 사용자는 인사발령 등을 통해 비교대상 근로자를 의도적으로 해당 업무에서 배제할 수 있고, 이로 인해 차별시정의 대상이 되는 기간은 부당하게 단축될 수 있다"고 하여, "종사하는"의 의미를 넓게 해석하여야 한다는 입장에 서 있다. -조용만, "비정규직 차별시정에서의 신청인 적격성과 비교대상 근로자-중앙노동위원회 재심판정 사례를 중심으로", 「노동법연구」, 제27호, 서울대학교 노동법연구회, 2009, 162-163쪽.

자를 기간제근로자의 비교대상근로자로 보아 차별시정을 명할 수 있다"고 본 바 있으며(육군사관학교 사건),[114] 나아가 비교대상근로자로 선정되어야 할 직위나 호봉의 정규직근로자가 실제로 근무하고 있지 아니하더라도 무방하다고 판시한 사례도 있다(모베이스 사건).[115]

다. 단시간근로자의 경우

단시간근로자(초단시간근로자를 포함한다)의 비교대상근로자는 당해 사업 또는 사업장에서 동종 또는 유사한 업무에 종사하는 "통상근로자"이다. 그런데 근기법은 단시간근로자와 통상근로자를 절대적 기준이 아닌 상대적 기준으로 정의하고 있어,[116] 이를 어떻게 판단할 것인지 문제된다.

행정해석은 이 때 통상근로자란, 소정근로시간뿐만 아니라 당해 사업장의 고용형태(계약기간), 임금체계 등을 종합적으로 고려해 볼 때 통상적으로 근로할 것이 예정되어 있는 정규직근로자를 의미하며, 취업규칙 등에 의해 채용, 계약기간(정년 등), 임금, 호봉, 승진 등 중요한 근로조건 대부분이 직접 규율되고 있는 근로자라면 통상근로자로 볼 수 있다고 해석한다.[117] 위 행정해석은 나아가 그 사업장에서 동종 업무에 종사하는 통상근로자가 없는 경우에는 그 업무에 종사하는 가장 일반적인 형태의 근로자를 잠정적으로 통상근로자로 볼 수 있다고도 한다.[118]

---

114) 서울행정법원 2016. 7. 15. 선고 2016구합51450 판결(확정).

115) 서울행정법원 2016. 11. 18. 선고 2015구합70416 판결[서울고등법원 2017. 5. 17. 선고 2016누79078 판결(확정)의 원심]은 "비교대상근로자는 당해 사업 또는 사업장의 직제 상 존재하는 가장 낮은 처우를 받는 정규직 근로자이면 충분하고 그와 같은 직위나 호봉의 정규직 근로자가 실제로 근무하고 있을 것까지 필요로 하지는 않는다고 봄이 타당하다. 따라서 사용자가 상당한 기간 동안 정규직 근로자를 채용하지 않거나 낮은 호봉의 정규직 근로자가 퇴사하여 기간제근로자를 채용할 당시 높은 호봉의 정규직 근로자만 근무하고 있더라도 비교대상근로자는 그 사업 또는 사업장의 직제 상 존재하는 가장 낮은 호봉의 정규직 근로자가 된다. 이러한 법리는 파견근로자에 대한 차별적 처우 금지에도 동일하게 적용된다."고 보고 있다. 다만 이는 복수의 비교대상근로자가 존재하는 경우 가장 낮은 처우를 받고 있는 자를 비교대상근로자로 보아야 한다는 전제에서 설시된 것임을 유념할 필요가 있다. 즉 비정규직근로자와 특정 직군의 근로자들이 동종 또는 유사한 업무를 수행하고 있는 경우 비교대상근로자는 그 특정 직군에서 가장 낮은 근로조건을 적용받고 있는 자가 되어야 하고, 그러한 특정인이 실제로 근무하고 있지 아니하더라도 그 근로조건의 내용을 알 수 있는 이상 그 근로조건 자체를 비교대상으로 할 수 있다는 취지로 이해할 수 있다.

116) 1주 동안의 소정근로시간이 그 사업장에서 같은 종류의 업무에 종사하는 통상근로자의 1주 동안의 소정근로시간에 비하여 짧은 근로자(근기법 제2조 제1항 제8호).

117) 노동부 2002. 3. 26. 근기 68207-1248; 김유성Ⅰ, 383-384쪽.

118) 유사하게, ILO 협약 제75호「단시간근로에 관한 협약」도 통상근로자가 반드시 당해 사업장에 실존할 필요는 없는 것으로 보고 있다. 즉 동 협약은 단시간근로자의 비교 기준이 되는 통상근로자를 ① 동종의 고용관계에 있는 통상근로자, ② 동종 또는 유사 업종에 종사하는 통상근로자, ③

한편 단시간근로자의 경우, 근기법 제2조 제1항 제8호의 정의 자체로 인해 신청인이 신청인적격을 갖는 단시간근로자인지 여부를 판단하는 시점에서 이미 “같은 종류의 업무에 종사하는 통상근로자”가 존재하는지를 판단하게 된다. 그런데 기간제법 제8조 제2항은 단시간근로자의 비교대상근로자를 선정하는 기준을 “동종 또는 유사한 업무를 수행하는 통상근로자”로 정하고 있어 양자의 관계가 문제된다. 이에 대해서는 단시간근로자의 신청인적격에 대한 ‘III. 2. 가. 2)’에서 후술한다.

라. 파견근로자의 경우

1) 사용사업주의 사업 내

파견법 제21조 제1항은 파견근로자의 비교대상근로자를 “사용사업주의 사업 내의” 동종 또는 유사한 업무를 수행하는 근로자로 정하고 있으므로, 사용사업주가 아닌 파견사업주에게 고용된 근로자는 파견법상 차별시정제도에 따른 비교대상근로자가 될 수 없다.[119)]

한편 파견법은 기간제법과 달리 “사업 또는 사업장”이 아니라 “사업”이라고만 명시하고 있어, 기간제근로자와 파견근로자의 비교대상근로자의 선정 범위가 각기 다른 것인지 문제될 수 있으나, 양자를 달리 정할 이유가 없다. 따라서 위 ‘4. 나. 2)’에서의 “사업 또는 사업장”에 관한 논의가 동일하게 적용될 수 있을 것이다.[120)]

2) 사용사업주의 직접고용근로자

“사용사업주의 사업 내의” 근로자는 사용사업주에게 직접고용된 근로자를 말하는 것으로 보아야 한다. 나아가 직접고용된 근로자라면 그 근로자가 기간의 정함이 없는 근로계약을 체결한 자인지 여부는 문제되지 아니하며,[121)] 나아가 그

동종 사업장 내에 비교되는 통상근로자가 없는 경우에는 동종 기업에, 동종 기업에도 비교되는 통상근로자가 없는 경우에는 동종 업종에 고용되어 있는 통상근로자를 말한다고 정의하고 있다(제1조 c).

119) 차별적 처우를 주장하는 파견근로자가 파견사업주와 기간제근로계약을 체결하고 있는 기간제근로자의 지위에서, 파견사업주에 고용된 기간의 정함이 없는 근로자로서 그와 동종 또는 유사한 업무를 수행하고 있는 자를 비교대상근로자로 하여 기간제법상 차별시정을 신청하는 것은 가능할 것이다.

120) 이러한 논란이 발생하지 않도록 파견법 제21조 제1항의 법문을 ‘사용사업주의 사업 또는 사업장 내’로 수정할 필요가 있다.

121) “반드시 무기계약, 통상근로자일 필요는 없으며, 직접고용된 근로자이면 기간제근로자, 단시간근로

중 반드시 파견근로자의 고용기간과 유사한 계약기간의 근로자 사이에만 비교가 가능하다고 볼 이유는 없다.[122)]

5. 불리한 처우

가. 의 의

기간제법은 제2조 제3호에서 차별적 처우를 "다음 각 목의 사항에 있어서 합리적인 이유 없이 불리하게 처우하는 것"으로 정의하는바, 이 때 "불리하게 처우하는 것"의 의미에 대해서는 나아가 정의하고 있지 아니하다. 차별적 처우의 정의에 비추어, 불리한 처우란 '임금, 상여금, 성과금 그 밖에 근로조건 및 복리후생에 관한 사항에 있어 비정규직근로자와 비교대상근로자를 서로 다르게 처우함으로써 비정규직근로자에게 발생하는 불이익 전반'을 의미하는 것으로 보아야 할 것이다. 판례 또한 이와 같이 보고 있다.[123)]

불리한 처우는 비정규직근로자에게 발생한 불이익 그 자체라는 객관적인 사실관계를 의미하고, 사용자가 그러한 처우를 함에 있어서 합리적인 이유가 존재하는지 여부에 대한 판단은 개입되지 아니한 개념이다.[124)] 이러한 측면에서 불리한 처우는 합리적 이유의 존부 판단이 반영된 개념인 차별적 처우와 구별된다.

한편 이 때 "처우"의 의미 및 시점에 관하여 대법원은 명시적인 법리나 해석론을 밝히고 있지는 아니하나, 일련의 절차 및 단계를 거쳐 사용자가 근로자에게 일정한 급부를 행하는 경우, 그 최종적·사실적인 급부행위를 처우로 파악하고 있는 것으로 보인다.[125)] 한편 취업규칙, 단체협약 등 규범 그 자체가 처우에 해당하는지 문제될 수 있는데, 2014년 개정법(2014. 3. 18. 법률 제12469호로 일부개

자 등도 비교대상이 될 수 있음." (중앙노동위원회, 「차별시정업무 매뉴얼(위원용)」, 2012, 42쪽)

122) 한편 이 때에도 복수의 비교대상근로자가 존재하는 경우의 문제가 발생할 수 있는바, 이에 대해서는 위 4. 나. 4)의 논의를 참조.

123) 대법원 2012. 3. 29. 선고 2011두2132 판결, 대법원 2012. 11. 15. 선고 2011두11792 판결.

124) 고려대학교 산학협력단(책임연구자: 박종희), 「차별시정제도 차별금지 규정의 요건, 제재수단 및 구제절차 개선방안」, 고용노동부, 2011, 86쪽.

125) 대법원 2012. 1. 27. 선고 2009두13627 판결. 성과상여금 지급이 차별적 처우에 해당하는지가 문제된 사안에서, 성과상여금에 대한 청구권의 발생일이 아닌 성과상여금의 실제 지급일을 처우가 있었던 시점으로 보는 전제에서 판단으로 나아가고 있다. 이에 동조하는 견해로는 조상균, "비정규직 차별시정제도의 쟁점 및 전망", 「동아법학」, 제64호, 동아대학교 법학연구소, 2014, 15쪽을, 이를 비판하는 견해 및 처우의 의미에 대한 해석론의 정립 필요성에 대한 논의는 김동욱, "기간제법상 처우의 의미와 존재시점 – 대법원 2012. 1. 27. 선고 2009두13627 판결", 「노동법학」, 제42호, 한국노동법학회, 2012 각 참고.

정된 것)이 노동위원회의 시정명령의 내용에 "취업규칙, 단체협약 등의 제도개선 명령을 포함"할 수 있도록 정한 점을 고려할 때(기간제법 제13조 제1항), 취업규칙, 단체협약 등 규범이 급부행위와는 구별된다는 이유로 일률적으로 처우에 해당하지 아니한다고 단정하기는 어려울 것이다. 어떠한 행위를 처우로 포섭하느냐에 따라 기간제법의 시간적 적용범위, 처우의 계속성 여부, 제척기간의 기산점 등이 달라지므로 그 해석론은 실무상으로 중요한 문제가 되며, 향후 구체적인 논의와 법리의 형성이 필요한 부분이다.[126)]

나. 불리성 여부의 판단

1) 기준

사용자의 어떠한 처우가 비정규직근로자에 대하여 불리한 것인지 여부는 명백한 경우도 있지만, 그렇지 아니한 경우도 있다. 이를테면 처우의 내용과 정도를 객관적 수치로 비교할 수 있는 경우에는 불리성의 파악이 상대적으로 용이한 반면, 수치화가 어려운 근로조건의 영역에서는 판단이 어려운 경우가 많을 것이다.

불리성 여부의 판단은 차별적 처우의 시정을 신청하는 근로자가 불리한 처우라고 주장하는 바에 관한 객관적 사실을 기준으로 이루어지게 된다. 그런데 아래에서 보듯 불리성 여부를 판단하는 다양한 방법들이 존재하는바, 어떠한 방법을 택하는지에 따라 근로자가 불리한 처우라고 적시하지 아니한 근로조건도 판단에 함께 고려되는 경우가 있음을 유념할 필요가 있다.

2) 비교방법의 다양성

불리성 여부는 임금 및 근로조건의 구체적인 세부항목별로 비정규직근로자와 비교대상근로자의 처우를 각각 비교하는 '세부항목별 비교방법'에 따라 판단됨이 원칙이다.[127)]

다만 위 방법으로는 판단이 불가능한 경우, 이를테면 세부항목별로 유·불리가 병존하는 경우 또는 양 근로자의 임금구성항목 또는 임금체계가 상이한 경우 등의 상황[128)]에서는 다른 접근법이 요청될 수 있다. 이 때에는 '범주별 비교방법

126) 김동욱, "기간제법상 처우의 의미와 존재시점－대법원 2012. 1. 27. 선고 2009두13627 판결", 「노동법학」, 제42호, 한국노동법학회, 2012, 343－344쪽.

127) 고용노동부, 「기간제·단시간·파견근로자를 위한 '차별시정제도'를 알려드립니다」, 2012, 35쪽.

128) 박종희·강선희, "비정규근로자에 대한 차별시정제도의 현황과 몇 가지 쟁점에 대한 검토", 「산업관계연구」, 제22권 제3호, 한국고용노사관계학회, 2012, 109쪽.

(비교 가능한 임금 및 근로조건을 하나의 범주로 묶어 비교하는 방법)', '총액 비교방법(월간 내지 연간의 임금총액을 기준으로 비교하는 방법)', '종합적 비교방법(임금 및 근로조건 등을 전체적・종합적으로 비교하는 방법)' 등이 보조적으로 선택될 수 있을 것이다.[129)]

가) 세부항목별 비교방법

비정규직근로자에게 지급 또는 적용되는 임금 및 근로조건의 구체적인 세부항목을, 그에 상응하는 비교대상근로자의 임금 및 근로조건과 각각 비교하는 방법이다. 그 결과 비정규직근로자가 특정 세부항목을 지급 또는 적용받지 못하고 있거나, 지급 또는 적용받는 정도가 비교대상근로자에 비해 양적으로 적다면 불리한 처우임이 인정될 수 있다.

나) 범주별 비교방법

비교 가능한 임금 및 근로조건을 하나의 범주로 묶어 비교하는 방법이다. ① 임금 및 근로조건에 있어 특정 부분은 비교대상근로자보다 불리한 반면 다른 특정 부분은 유리한 경우, ② 비정규직근로자가 특정 부분에 대해 비교대상근로자에 비하여 불리한 처우를 받았다고 주장하는 반면, 사용자는 그 특정 부분에 대신하여 다른 명목의 임금 및 근로조건을 제공하였음을 주장하여 다투는 경우에 활용될 수 있다. 이 경우 실제 제공된 근로시간에 따라 지급되는 급부(연장・야간・휴일근로수당 등)는 비교대상이 되는 범주에서 제외된다[아래 다), 라)의 경우에도 동일하다].[130)]

가령 기간제근로자가 비교대상근로자보다 낮은 기본급을 받고 있으니 차별적 처우가 존재한다고 주장하는 한편, 사용자는 '기간제근로자는 비록 비교대상근로자보다 기본급은 낮지만 비교대상근로자는 지급받지 못하고 있는 A수당을 지급받고 있으니 불리한 처우가 아니다'라고 항변하는 경우를 상정할 수 있다. 기간제근로자에게, 특정 근로조건(기본급)의 측면에서는 불리하지만, 다른 특정 근로조건(A수당)의 측면에서는 유리하다고 볼 수 있는 상황이다. 이 때 세부항목별 비교 방법을 택할 경우, '기본급'만을 비교하면 기간제근로자에 대한 불리한 처우

---

129) 비교방법에 관한 자세한 설명은 박종희 외 4, 「비정규직 차별금지 판단기준 및 운영에 관한 연구」, 중앙노동위원회, 2006, 147~152쪽; 강선희, "비정규직 차별시정 관련 판정 및 판례 분석", 제3차 고용차별개선연구회 회의(워크샵), 경제사회발전노사정위원회, 2016, 31쪽 이하를 참조.

130) 고용노동부, 「기간제・단시간・파견근로자를 위한 '차별시정제도'를 알려드립니다」, 2012, 36쪽.

가 인정되지만, '직무수당'만을 비교하면 불리한 처우가 부정되는 결과가 발생하므로, 두 세부항목(기본급+A수당)을 하나의 범주로 묶어 비교하는 것이 특정 범주별 비교방법이다.

다) 총액 비교방법

양 근로자의 임금체계가 달라 상기의 비교가 어려운 경우, 특히 양자 중 일방이 포괄임금제나 연봉제 근로계약을 체결한 반면 다른 일방은 그렇지 아니한 경우에는 월간 내지 연간의 임금총액을 기준으로 불리성을 판단하는 방법이 활용될 수 있다. 범주화 비교와 총액 비교는 세부항목을 하나의 범주로 묶어 전체적으로 판단한다는 점에서는 동일하나, 전자가 동일 또는 유사한 임금체계에서 일부 항목이 유리하고 일부 항목이 불리할 때 이를 하나의 범주로 묶어 비교하는 방법이라면, 후자는 임금체계가 상이한 경우에 활용되는 방식이라는 점에서 구별된다.[131]

라) 종합적 비교방법

양 근로자의 임금 및 근로조건 전체를 종합적으로 비교하는 방법이다. 이를 적용하는 경우, 비정규직근로자가 불리한 처우라고 주장하는 특정 항목만을 볼 것이 아니라 근로조건 전체를 종합하여 볼 때 불리하지 아니하다면, 특정 항목에 있어 일부 불리성이 인정되더라도 전체적으로는 불리하지 아니한 것으로(또는 불리한 처우의 합리적 이유가 인정되는 것으로) 판단될 수 있다.

마) 판례의 경향

한편 법원은, "기간제근로자와 비교대상근로자 간에 임금을 구성하는 세부항

131) 장인기, 「파견근로자 차별시정제도와 관련한 쟁점 연구」, 고려대학교 노동대학원 석사학위 논문, 2016, 71쪽; 법원도 총액 비교방법을 선택한 사안에서 다음과 같이 판시한 바 있다. "상여금 산정의 기준이 되는 급여의 종류(기본급 등)를 정하고 그에 대한 일정한 비율로 상여금을 정하는 경우에는 다른 특별한 사정이 없음에도 기간제근로자에 대해 기준 급여나 상여금 비율을 달리하여 상여금을 정하게 되면 차별적 처우에 해당한다고 볼 수 있다. 그러나 이 사건과 같이 비교대상근로자에 대하여는 생계비, 생산성 및 회사 상황 등을 감안하여 결정하는 금액을 연봉으로 정하여 연봉을 일정기준에 따라 기본급과 월 정기 및 설·추석 상여금으로 나누어 지급한 반면, 기간제근로자에 대하여는 시급을 기초로 계산한 금액을 월급여로 지급하고 설·추석에만 상여금을 별도로 지급하였다면, 양자의 보수체계, 특히 상여금 산정의 기본 체계가 달라 기본급이나 월 정기 또는 설·추석 상여금 등의 각 항목을 동일한 평면에서 비교하기 어렵다. 또한, 항목별로 판단하게 되면, 연봉을 분할하여 지급함에 있어 항목 구성이나 그 비율에 따라 불리한 처우에 해당하는지 여부가 달라질 수 있어 불합리하게 된다. 따라서 이 사안에서는 항목별로 판단할 것이 아니라 전체적인 급여 수준에 따라 판단함이 타당하므로 피고의 주장은 받아들일 수 없다." [서울고등법원 2012. 6. 24. 선고 2012누5000 판결(확정)].

목이 다르거나 세부항목에 따라 유·불리가 나뉘는 경우에는 임금의 세부항목별로 불리한지 여부를 따져서는 안 되고, 소정근로를 제공한 것 자체만으로 지급요건이 충족되는 임금항목과 그 외에 특정한 조건에 해당해야만 지급요건이 충족되는 임금항목으로 구분하여, 전자의 경우에는 그에 포함된 모든 항목의 금액을 합산하여 총액을 기준으로 판단하여야 하고, 후자의 경우에는 항목별로 따져 유·불리를 판단하여야 한다."고 하여,[132] 소정근로의 대가성을 기준으로 비교방법을 세분화하는 입장을 보이고 있다.

따라서 위와 같은 기준에 따라 불리성 여부를 판단하게 되는 경우, ① 해당 항목이 소정근로를 제공한 것 자체만으로 지급되는 성격의 것인지를 우선 따져 보아야 하고, ② 해당 쟁송 또는 심급에서 비정규직근로자가 불리한 처우라고 주장하고 있지 아니한 항목이라도, 그 항목이 소정근로를 제공한 것 자체만으로 지급되는 것이라면 비정규직근로자가 다투는 항목과 합산되어 판단의 대상으로 포함되는 결과가 된다. 이를테면 비정규직근로자가 '사용자가 정규직근로자에게만 명절휴가비, 정액급식비, 가족수당을 지급한 것은 차별적 처우이다'라고 주장한 사안에서, 법원은 해당 심급에서의 다툼의 대상에 포함되어 있지 아니한 기본급, 직급보조비, 연구직수당, 정근수당, 정근수당가산금을 명절휴가비 및 정액급식비에 합산하여(위 각 수당들을 소정근로의 제공 자체만으로 지급되는 임금항목이라고 판단하였기 때문이다) 유·불리를 비교하는 방법을 택하였다. 그리고 가족수당에 대해서는 소정근로의 대가성이 인정되지 아니한다는 이유로, 세부항목별 비교방법을 적용하여 판단하였다.[133]

법원은 임금구성항목의 상이함 등으로 인한 비교의 어려움을 고려하여 소정근로의 대가성이라는 일응의 기준을 마련하여 불리성 여부의 판단방법을 달리 채택하는 방식을 택한 것으로 보인다. 그러나 법원은 그 판단방법을 달리하는 기준이 반드시 소정근로의 대가성이어야 하는지, 그 법리적 이유는 무엇인지 등에 대

132) 서울행정법원 2013. 4. 5. 선고 2012구합30080 판결(서울고등법원 2013. 10. 30. 선고 2013누12012 판결로 확정), 서울고등법원 2016. 10. 21. 선고 2016누30189 판결(확정).

133) "기본급, 직급보조비, 연구직수당, 정근수당, 정근수당가산금의 경우 경기지방노동위원회에서 차별시정신청이 기각된 후 참가인들이 재심을 신청하지 아니하여 확정되었으나, 원고가 참가인들에게 명절휴가비와 정액급식비를 지급하지 아니한 것이 불리한 처우에 해당하는지 여부를 판단하기 위해서는 같은 성격의 급여를 합산하여 판단할 수밖에 없다. 위 임금항목들은 소정근로의 제공으로 지급기준을 충족하여 액수가 정해지므로 소정근로에 대하여 지급되는 임금에 해당한다. (…) 반면, 가족수당은 가족의 존재라는 특정한 조건에 해당하는 경우에 지급되는 수당이다. 따라서 소정근로에 대하여 지급되는 임금에 해당하지 않고, 항목별로 비교하여야 한다." [서울고등법원 2016. 10. 21. 선고 2016누30189 판결(확정)].

하여 근거를 명시하지 않고 있다. 위 2)에서 살펴본 대로, 세부항목별 비교방법을 원칙으로 하되, 이를 택할 경우 불리성 여부의 판단이 어려운 상황이라면 범주별 비교방법, 총액 비교방법, 종합적 비교방법을 보조적으로 선택할 수 있다고 봄이 타당하다.

3) 단시간근로자의 특수문제: 시간급의 산정

단시간근로자는 그 특성상 지급되는 임금이 시간급 임금으로 정해지는 것이 보통이기 때문에, 불리성 판단을 위해서는 통상근로자의 임금을 시간급으로 환산하여야 한다. 이 경우 시간급의 산정은 기본급을 기준으로 하되, 이를 통한 비교가 어려운 경우에는 위 2)에서 본 바와 같이 범주별 또는 총액임금을 기준으로 산정된 시간급을 종합적으로 고려하여 비교·판단하는 방법을 택하여야 할 것이다. 다만 범주별 또는 총액 비교방법을 택할 경우, 시간비례가 적용되지 않는 급부와 급부의 성질상 분할가능하지 않은 급부들은 이를 분할 후 포함시켜 비교할 수 없다.[134)]

4) 파견근로자의 특수문제: 비교되는 임금의 기준

파견근로자의 경우, 비교의 기준이 되는 임금을 사용사업주가 파견사업주에게 지불한 파견수수료로 하여야 하는지, 아니면 실제 파견근로자가 지급받은 임금액을 기준으로 하여야 하는지 여부에 관한 논란이 있을 수 있다. 차별적 처우의 금지 규정의 1차적 목적은 비정규직근로자의 보호에 있고, 파견사업주에게 지급되는 파견수수료는 애당초 임금이라고 볼 수 없으므로, 파견근로자가 파견사업주로부터 직접 수령하는 임금을 기준으로 함이 타당할 것이다.

6. 인과관계: 비정규직근로자임을 이유로 한 것

비정규직법이 금지하는 차별적 처우는 '비정규직근로자임을 이유로 한' 차별적 처우이다. 따라서 비교대상근로자보다 불리한 처우가 존재하더라도, 그것이 불리한 처우의 당사자가 비정규직근로자라는 사실과 여하한 인과관계가 없다면, 차별시정제도의 규율대상이 되지 아니한다. 다만 이 때 인과관계는 사용자의 주관적인 차별적 처우 의사까지를 요구하는 것은 아니고, 객관적으로 나타난 사실로서

---

134) 강선희, "비정규직 차별시정 관련 판정 및 판례 분석", 제3차 고용차별개선연구회 회의(워크샵), 경제사회발전노사정위원회, 2016, 30쪽.

의 인과관계를 의미하는 것으로 보아야 한다. 즉, 객관적으로 볼 때, 불리한 처우의 사유가 그 당사자가 비정규직근로자라는 사실로부터 기인하는 것으로 인정되면 충분하다.

관련하여, 사용자가 불리한 처우의 사유로 내세우는 이유가 비정규직근로자인지 여부는 아니나, 실질적으로는 비정규근로자임을 이유로 불리한 처우를 받는 것과 동일한 결과가 발생하는 경우, 비정규직근로자라는 사실과 불리한 처우 사이의 인과관계를 인정할 수 있을 것인지 문제된다.[135] 이에 대하여는 '7. 가. 5)'에서 간접차별 개념의 인정 여부와 관련하여 후술하기로 한다.

7. 합리적 이유

가. 서 설

1) 의의

비정규직법에서의 차별적 처우란 임금 그 밖의 근로조건 등에서 "합리적인 이유 없이" 불리하게 처우하는 것으로 정의된다. 따라서 불리한 처우가 존재함이 인정되더라도, 그러한 처우에 합리적인 이유가 존재하는 경우에는 금지되는 차별적 처우에 해당하지 아니하게 된다. 그러므로 논리구조상, 합리적 이유의 존부에 대한 판단은 차별적 처우의 심사단계 중 가장 마지막에 위치하게 된다.

법문은 합리적인 이유의 의미에 대하여 별도로 정의하고 있지 않다. 이에 대하여 대법원은 "기간제법 제2조 제3호의 '합리적인 이유가 없는 경우'란 기간제근로자를 달리 처우할 필요성이 인정되지 않거나, 달리 처우할 필요성이 인정되는 경우에도 그 방법·정도 등이 적정하지 않은 경우를 의미한다. 그리고 합리적인 이유가 있는지는 개별 사안에서 문제가 된 불리한 처우의 내용 및 사용자가 불리한 처우의 사유로 삼은 사정을 기준으로 기간제근로자의 고용형태, 업무내용과 범위·권한·책임, 임금 그 밖의 근로조건 등의 결정요소 등을 종합적으로 고려하여 판단해야 한다."고 하여 그 의미와 판단방법을 밝히고 있으며,[136] 하급심 법원은 "기간제근로자의 근속기간, 단기고용이라는 특성, 채용조건·기준·방법·절차, 업무의 범위·권한·책임, 노동시장의 수급상황 및 시장가치,

135) 유성재, 비정규 근로자에 대한 차별금지에 관한 연구, 「중앙법학」, 제11집 제1호, 중앙법학회, 2009, 496쪽.

136) 대법원 2012. 3. 29. 선고 2011두2132 판결, 대법원 2012. 10. 25. 선고 2011두7045 판결 등.

사용목적(수습 · 시용 · 직업훈련 · 인턴 등), 임금 및 근로조건의 결정요소(직무, 능력, 기능, 기술, 자격, 경력, 학력, 근속연수, 책임, 업적, 실적 등) 등을 고려하여 개별 사안별로 판단하여야 할 것"이라고 분설하고도 있다.[137]

따라서 불리한 처우가 비정규직근로관계의 특성으로 인해 불가피하게 인정되어야 할 필요성이 인정되는 경우이거나, 사업의 목적, 직무의 성질 및 태양, 작업조건 등을 구체적 · 종합적으로 고려할 때 비정규직근로자를 달리 취급할 필요성이 인정되는 경우에는 합리적인 이유가 있다고 볼 것이지만, 그 밖의 경우에는 원칙적으로 제공되는 노동의 가치를 평가하여 그 동질성이 인정된다면 동일한 처우가 요구된다 할 것이므로, 합리적인 이유가 있는 것으로 인정될 수 없을 것이다.

2) 심사단계와 입증구조

가) 비정규직법은 사용자에게 ① 비정규직근로자임을 이유로, ② 당해 사업(장) 내에서 동종 또는 유사한 업무에 종사하는 비교대상근로자에 비하여, ③ 임금 그 밖의 근로조건 등에 있어서 합리적인 이유 없이 불리하게 처우하여서는 아니된다는 의무를 지우고 있다. 위 요건들을 모두 충족하는 처우만이 금지되는 차별적 처우로 인정된다.

고용노동부는 차별적 처우의 심사단계를 ① 법 적용 대상 사업장인지 여부, ② 구제신청 기한 내인지 여부, ③ 비교대상근로자가 존재하는지 여부, ④ 차별적 처우의 금지 영역에 해당하는지 여부, ⑤ 불리한 처우가 존재하는지 여부, ⑥ 합리적 이유가 존재하는지 여부로 세분화하고 있다.[138] 이러한 흐름은 선행하는 요건이 충족되어야 후행하는 요건의 심리로 나아가는 단계적 구조로서의 성격을 띠고 있는바, 실체법적 요건을 중심으로 볼 때 비교대상근로자가 부존재하는 것으로 판단되거나, 비정규직근로자가 차별적 처우라고 주장하는 영역이 차별적 처우의 금지 영역 밖이거나, 불리한 처우의 존재가 객관적으로 부존재하는 등으로 인하여 선행요건이 충족되지 아니한다면, 가장 마지막 단계인 합리적 이유의 존부 판단에 나아갈 필요성 자체가 인정되지 아니하고, 차별적 처우는 부존재하는 것으로 된다.

나) 이 때 불리한 처우의 내용을 구체적으로 명시하여 주장할 책임[139]은 비정

137) 서울고등법원 2010. 11. 11. 선고 2010누15577 판결(확정).
138) 고용노동부, 「기간제 · 단시간 · 파견근로자를 위한 '차별시정제도'를 알려드립니다」, 2012, 9－10쪽.

규직근로자에게 있다(기간제법 제9조 제2항). 법문은 "차별적 처우"라고 표현하고 있으나, 차별적 처우는 합리적 이유가 부존재함을 포함하는 개념일뿐더러 차별적 처우의 금지 및 시정신청과 관련한 분쟁의 전반에 있어서 입증책임은 사용자가 부담하므로(기간제법 제9조 제4항), 엄밀히는 '불리한 처우'를 의미하는 것으로 새겨야 할 것이다.

따라서 비정규직근로자는 불리한 처우의 내용에 관한 구체적인 주장을 제출하여야 하고,[140] 사용자는 신청요건의 흠결, 비교대상근로자의 부존재, 차별적 처우의 금지 영역 미해당, 불리한 처우의 부존재, 합리적 이유의 존재 등을 밝힘으로써 비정규직근로자가 주장하는 불리한 처우가 금지되는 차별적 처우가 아님을 입증하여야 한다. 비정규직근로자는 사용자의 입증사실에 대해 반대사실에 관한 주장 및 증거를 제시할 수 있다.

3) 비례성 원칙의 도입

가) '같은 것은 같게, 다른 것은 다르게'라는 평등의 전통적인 관념에 비추어 보면, 비교의 대상이 되려면 반드시 같은 조건에 놓여 있어야 하고, 같은 조건 하가 아니라면 애당초 비교의 대상이 되지 아니하므로 '얼마나 다른가'는 문제가 되지 않는다. 즉, 위와 같은 관념을 따를 경우에는, 어느 두 근로자가 완전히 동일한 조건임에도 일방만이 합리적 이유 없이 불리한 처우를 받고 있는 경우에만 차별적 처우로 인정될 것이다. 그러나 현실의 근로관계에서 그처럼 완전히 동일한 조건 하의 비교대상근로자를 발견하는 것은 쉽지 아니할뿐더러, 위와 같이 지나치게 엄격한 비교방법을 취하는 것은 근로관계에서의 평등 내지 균등처우의 원칙(근기법 제6조)을 확립하는 데에도 긍정적인 영향을 미치지 못한다.

나) 이에 기간제법 및 파견법 비교대상근로자의 선정에 있어 그 기준을 '동일한 것'에서 '동종 또는 유사한 것'까지 발전시키고 있다. 즉 '동일한 업무'에 종사하고 있는 근로자보다 확장된 개념인 '동종 또는 유사한 업무'에 종사하고 있는 근로자로 비교대상근로자의 범위를 넓힌 것이다. 이러한 태도는 합리적 이유의 존부 판단에서도 요청되는바, 비교대상근로자와의 '동종 또는 유사성의 정도'와

---

139) 후술하듯 기간제법은 차별시정신청에 관한 분쟁에서 입증책임을 사용자에게 부담시키고 있으므로(기간제법 제9조 제4항), 이 때 "주장할 책임"은 법문 그대로 비정규직근로자가 받았다고 주장하는 불리한 처우를 구체화한 주장을 제출할 책임에 그치고, 입증책임을 의미하는 것은 아니라고 해석함이 타당할 것이다.

140) 근로자가 신청서에 기재하여야 하는 항목에 대하여는 후술하는 'Ⅲ. 3. 다.'를 참조.

'불리한 처우의 차등의 정도' 사이에 비례관계가 존재하여야 한다는 요청이 그것이다.

법문이 동종 또는 유사한 업무를 행하는 비교대상근로자에 "비하여"(기간제법 제8조 제1항, 파견법 제21조 제1항) 차별적 처우를 하여서는 아니된다고 표현하고 있는 것도 위와 같은 비례성 원칙을 도입한 결과라고 할 수 있다. 이를 비교대상근로자 선정과 연동하여 보면, ① 반드시 동일한 업무에 종사하는 자만이 비교대상근로자로 선정될 수 있는 것이 아니라 그 업무가 '동종 또는 유사'하다고 판단할 수 있으면 충분하다. ② 나아가 그러한 비교대상근로자가 존재한다고 하여 조금이라도 불리한 처우가 있으면 곧바로 차별적 처우로 인정되는 것은 아니고, 비정규직근로자와 비교대상근로자 사이의 '업무의 동종 또는 유사성의 정도'와 '불리한 처우의 차등의 정도' 사이에 비례관계가 인정되는지를 살피게 된다.[141] 전자에 비해 후자가 과다하다고 판단되면 비례의 원칙을 일탈하여 합리적 이유가 없는 것으로, 반대로 전자에 비추어 후자가 적정한 정도라고 판단되면 비례의 원칙을 준수하여 합리적 이유가 있는 것으로 판단되는 것이다.

다) 대법원도 합리적 이유의 존부 판단에 대한 일반론을 제시하면서 합리적인 이유가 없는 경우란 기간제근로자를 달리 처우할 필요성이 인정되지 않거나, "달리 처우할 필요성이 인정되는 경우에도 그 방법·정도 등이 적정하지 않은 경우"라고 표현하고 있다. 차별의 목적과 수단 사이에 비례관계가 존재하여야만 합리적 이유가 인정될 수 있다는 취지라고 볼 수 있다.[142] 나아가 학계에서는 합리적인 이유 판단에서의 비례성 원칙의 의미를 더욱 구체화하여, 문제되는 급부의 종류와 목적에 따라 합리적인 이유의 구체적인 내용도 달라져야 한다는 주장이 제기되고 있다.[143] 이에 관하여는 '다. 근로조건별 검토'에서 후술한다.

---

141) "단시간근로자의 근로조건은 그 사업장의 같은 종류의 업무에 종사하는 통상 근로자의 근로시간을 기준으로 산정한 비율에 따라 결정되어야 한다."는 근기법 제18조 제1항의 내용(이른바 시간 비례의 원칙)도, 이와 같은 원칙을 구현한 것으로 이해할 수 있다.

142) 조용만·김홍영, [로스쿨 노동법(제3판)], 오래, 2016, 421쪽.

143) "합리적인 이유는 비정규근로자에 대한 불리한 처우가 사용자의 자의성에 기초한 것이 아니라, 사용자의 사업경영상의 목적과 객관적으로 합리적인 관련을 가지고 있어야 함을 의미하며 이는 사용자의 급부의 내용과 목적에 따라 판단하여야 [한다]. 사용자가 지급하는 급부의 종류와 목적에 따라 비교대상자가 달라질 수 있는 것과 마찬가지로 합리적인 이유의 구체적 내용도 불리한 처우를 받는 영역(차별금지영역)에 따라 달라[진다]. 급부의 목적 및 대상에 있어서 사업장 전체 내지 특정 그룹의 근로자들에게 적용되는 성질의 것으로 지급요건 없이 전체 내지 특정 그룹의 근로자들 모두에게 적용되거나 일정한 지급요건이 달성한 근로자 모두에게 지급하는 급부임에도 불구하고 비정규근로자에게 지급하지 않을 경우에는 사용자가 제시할 수 있는 합리적인 이유로는 비정규근로자가 지급요건을 충족하지 못했다거나 혹은 사업장 전체 내지 특정 그룹에서 비정규근로자를 구별·배제할만한 특별한 다른 이유를 내세우는 것뿐[이다]." – 강선희, "비정규직 차별시정 관련 판정

4) 불리성 여부의 판단 방법과의 관계

합리적 이유의 존부 판단 방법은 앞서 살펴본 불리성 여부의 판단에 있어 활용되는 비교방법과도 연동된다. 즉 세부항목별 비교방법을 통하여 불리한 처우가 존재한다면 사용자는 그 세부항목별로 합리적 이유를 입증하여야 할 것이며, 일부 항목은 범주화하고 나머지 항목은 세부항목별로 비교한 결과 각각 불리한 처우가 존재한다면 범주화한 영역과 개별 항목별로 각각 합리적 이유를 입증해야 한다. 총액 비교방법의 경우에도 마찬가지여서, 총액 전체 차원에서의 불리한 처우에 대한 합리적 이유를 입증해야 한다고 볼 것이다.[144)]

중앙노동위원회도, 불리성 여부의 판단에 있어 세부항목별 비교방법을 택하였음에도 합리적 이유의 판단에 있어서는 항목을 불문하고 근로조건 전체를 기준으로 한 초심 판정을 취소한 사례가 있으며, 같은 사안에서의 행정법원과 고등법원도 불리성 여부의 세부항목별 비교방법에 조응하여 세부항목별로 합리적 이유의 존부를 판단하였고,[145)] 이후 판결도 같은 판단방법을 따르고 있는 것으로 보인다.[146)]

5) 간접차별 개념의 포함 여부

가) 차별시정제도가 규율하는 차별적 처우에 이른바 '간접차별'도 포함되는지 여부가 문제된다.

간접차별이란 '합리적인 이유 없이 성별이나 연령, 신체조건, 성적 지향 등 개인의 태생적 또는 후천적 속성을 기준으로 불이익하게 대우하는 것'을 뜻하는 직접차별(disparate treatment 또는 direct discrimination)[147)]과는 달리, 일응 중립적인 기준을 적용하였으나 그러한 중립적 기준이 특정 소수자에게 불이익한 결과를 야기하는 것(disparate impact, adverse impact 또는 indirect discrimination)을 의미하는바,[148)] 미국에서 고용에 있어서의 차별을 명시적으로 금지한 최초의 연방법

및 판례 분석", 제3차 고용차별개선연구회 회의(워크샵), 경제사회발전노사정위원회, 2016, 34쪽.

144) 장인기, 「파견근로자 차별시정제도와 관련한 쟁점 연구」, 고려대학교 노동대학원 석사학위 논문, 2016, 72쪽; 강선희, "비정규직 차별시정 관련 판정 및 판례 분석", 제3차 고용차별개선연구회 회의(워크샵), 경제사회발전노사정위원회, 2016, 34쪽.

145) 전남지방노동위원회 2009. 1. 9. 판정 2008차별123; 중앙노동위원회 2009. 6. 4. 판정 2009차별1; 서울행정법원 2010. 1. 22. 선고 2009구합28155 판결; 서울고등법원 2010. 8. 24. 선고 2010누8074 판결.

146) 서울고등법원 2016. 10. 21. 선고 2016누30189 판결(확정).

147) 전자는 미국, 후자는 영국·호주 등에서의 용례이다. – 이화여자대학교 한국여성연구원(책임연구원: 조순경), 「간접차별 판단 기준을 위한 연구」, 노동부, 2002, 7쪽.

률인 「1964년 민권법(The Civil Rights Act of 1964)」에 관한 판례 법리를 통해 발전하여 현재에는 다수 국가에서 명문화되거나 해석상 인정되기에 이르렀다.[149]

우리 법제에서는 고평법 제2조 제1호가 "사업주가 채용 또는 근로의 조건은 동일하게 적용하더라도 그 조건을 충족할 수 있는 남성 또는 여성이 다른 한 성에 비하여 현저히 적고 그로 인하여 특정 성에게 불리한 결과를 초래하며 그 조건이 정당한 것임을 입증할 수 없는 경우"를 차별의 정의에 포함시키고 있고, 고령자고용법 제4조의4가 제1항에서 연령에 따른 차별을 금지한 후, 제2항에서 "제1항을 적용할 때 합리적인 이유 없이 연령 외의 기준을 적용하여 특정 연령집단에 특히 불리한 결과를 초래하는 경우"도 연령에 따른 차별로 본다고 적시하고 있으며, 장차법 제4조 제1항 제1호가 장애인에 대한 직접차별을 금지한 후 제2호에서 "장애인에 대하여 형식상으로는 제한・배제・분리・거부 등에 의하여 불리하게 대하지 아니하지만 정당한 사유 없이 장애를 고려하지 아니하는 기준을 적용함으로써 장애인에게 불리한 결과를 초래하는 경우"라고 정하고 있는바, 간접차별의 개념을 여러 개별 법령들에서 명문으로 규정하고 있는 것으로 볼 수 있다.

나) 문제는 기간제법과 파견법의 문언이 차별적 처우를 정의함에 있어 공히 '비정규직근로자임을 이유로' 비교대상근로자에 '비하여' 임금 그 밖의 근로조건 등에 있어서 합리적인 이유 없이 불리하게 처우하여서는 아니된다는 형태를 띠고 있기 때문에, ① 비정규직근로자임을 이유로, ② 불리한 처우를 행하는 형태의 직접차별만을 규율하는 것으로 제한해석하여야 하는지 여부이다.

간접차별 개념은 일견 중립적인 기준을 통하여 직접차별에 대한 규율을 회피・우회하려는 행위를 방지하고자 도입된 판단원리라는 점, 명문의 정의규정이 없더라도 해석상 이를 인정하는 영미권 국가들이 적지 아니하다는 점, 우리 법제

---

148) 전자의 2가지 표현은 미국, 후자는 영국・호주 등지에서의 용례이다. – 국제노동법연구원(연구책임자: 이승욱), 「여성고용에서의 차별판단 기준 마련」, 노동부, 2005, 6쪽 이하 참조.

149) 미국에서 간접차별 개념의 필요성에 관한 논의는 특히 고용관계의 성 평등과 관련하여 촉발되었다. 직접차별에 대한 규제가 일응 형식적 성 중립성을 도입하는 데 기여한 성과는 있으나, 외면상으로 성 중립적인 것이 항상 남성과 여성 모두에게 공평한 결과를 가져오지는 아니한다는 문제의식에서이다. 이에 구조적 차별을 규율하기 위한 실질적 평등(substantive equality) 이론이 발전되었고, '실질적으로 다른 것을 마치 동일한 것처럼 대우하는 것은 그 차이를 이유로 직접적으로 불리하게 대우하는 것과 같다'는 인식이 정립되었다. 이를 바탕으로 "외관상 중립적인 기준을 실질적으로 동일하게 적용할 수 없는 집단에게 적용하는 것"을 간접차별의 개념으로 구성하여, 이를 차별의 개념에 포함시키는 방향으로 논의가 전개되었다. – 이화여자대학교 한국여성연구원(책임연구원: 조순경), 「간접차별 판단 기준을 위한 연구」, 노동부, 2002, 11쪽.

는 고평법에서 이를 명시적으로 도입하고 있다는 점 등을 고려하면, 비정규직법의 차별시정제도에서 이를 규율대상으로 삼지 아니할 이유가 없다고 본다.[150] 간접차별은 직접차별만을 규율대상으로 할 경우의 한계를 넘어 차별 개념을 확대하기 위한 시도의 핵심이기도 한바, 비정규직근로자에 대한 차별 해소를 모색하는 비정규직법의 목적에도 부합하기 때문이다.

따라서 비정규직근로자임을 이유로 한 직접적인 차별이 아니라 하더라도, 사용자가 처우의 유·불리를 나눔에 있어 적용한 기준이나 조건이 형식적으로는 중립적이나 실질적으로는 비정규직근로자들이 충족시키기 어려운 사항이고, 그러한 처우에 합리적 이유가 부존재한다면, 이 역시 차별시정제도가 금지하는 차별적 처우로 인정되어야 할 것이다. 나아가 위 6.에서 본 인과관계의 문제와 관련하여서도, 사용자가 형식적으로 내세우는 불리한 처우의 사유는 '비정규직근로자임을 이유로 한 것'이 아닌 다른 것이라 하더라도 그로 인하여 실질적으로는 비정규직근로자에게 불리한 처우가 발생할 수밖에 없는 것이라면, 그 인과관계가 인정된다고 보아야 한다.

나. 합리적 이유의 판단기준

1) 고용형태의 본질과 관련된 차이

비정규직근로자에 대한 불리한 처우가 기간제·단시간·파견근로관계라는 고용형태의 속성에 내재하여 발생할 수밖에 없는 경우에는, 이로 인한 불리한 처우에는 합리적인 이유가 있는 것으로 볼 수 있다. 예컨대 단시간근로자에게 그 근로시간에 비례하여 휴게시간 등을 적게 인정하는 행위나, (갱신기대권이 인정되지 아니하는) 기간제근로자의 계약만료 후 계약갱신을 거절하는 행위, 기간의 정함이 없는 근로계약을 체결한 근로자들의 사기진작 또는 장기근속 유도를 위해 지급되는 수당을 기간제근로자에게는 지급하지 아니하는 행위 등이 이에 해당할 여지가 있다.[151] 대법원도 장기근속수당,[152] 정근수당 및 정근수당가산금[153]이 문제

150) 유성재 교수도 같은 취지이다. 다만 직접차별의 경우와 간접차별의 경우에 있어 합리적 이유 존부의 심사강도를 달리 보아야 한다는 입장이다(전자는 비례성 원칙에 따른 엄격한 심사기준, 후자는 자의금지의 원칙에 따른 완화된 심사기준－유성재, 비정규 근로자에 대한 차별금지에 관한 연구, 「중앙법학」 제11집 제1호, 중앙법학회, 2009, 496－502쪽 참조).

151) 다만, 단시간근로자의 경우 그 근로조건은 근기법 제18조 제1항에 따라 통상근로자의 근로시간을 기준으로 산정한 비율에 따라 결정되어야 하고(시간 비례의 원칙), 이를 유추하면 기간제근로자의 경우에도 그 근로조건 중에는 기간의 정함이 없는 근로자와 비교할 때 근로계약기간의 비율에 따라 보장될 수 있는 성격의 것들이 있을 수 있는데(이를 '기간 비례의 원칙'으로 명명할 수 있다),

된 사례에 있어 기간제근로자는 장기근속이 예정되어 있지 아니하다는 점을 주된 근거로 하여 불리한 처우의 합리적 이유를 인정한 경우가 있다.

관련하여, 특정 수당에 장기근속유도 또는 장기근속자에 대한 포상적 성격이 있다고 하여, 기간의 정함이 없는 근로자에게만 이를 지급하고 기간제근로자에게는 지급하지 아니하는 처우가 문제된다. 실제로도 많은 사례에서 기간제근로자는 단기고용이 예정되어 있다는 근거로 장기근속을 전제로 하는 수당을 지급받지 못하고 있다.

이러한 문제 상황에 있어 특정 수당의 성격만을 근거로 일률적인 결론을 내리는 것은 바람직하지 않다. 해당 수당의 구체적인 지급요건에 따라서는, 기간제근로자에게도 비례적 보장이 가능한 경우가 있을 수 있기 때문이다. 이를테면 A수당이 장기근속자에 대한 사기진작이나 장기근속을 유도하기 위한 목적의 수당이라도, 그 요건이나 지급액이 근속기간별로 차등을 두고 있고, 이를 지급받을 수 있는 최소 근속기간이 가령 '1년 이상'이라면, 기간제법 제4조 제1항에 따라 2년을 초과하지 아니하는 범위 내에서의 근로계약의 체결 내지 반복갱신이 가능하도록 되어 있는 기간제근로자도 이러한 요건을 충족할 수 있는 조건 하에 있다고 보아야 한다(2년을 초과하여 기간제근로자를 사용하는 경우, 해당 근로자는 기간의 정함이 없는 근로자로 간주된다는 동조 제2항을 함께 고려하면 더욱 그러하다).[154] 만약 달리 본다면, 공히 근속기간이 1년인 기간제근로자와 비교대상근로자가 동종·유사한 업무를 수행함에도, 전자는 비정규직근로자라는 이유만으로 A수당을 일체 지급받지 못하는 결론에 이르게 되기 때문이다. 이러한 경우의 불리한 처우

이처럼 비례적인 분할이 가능한 근로조건 영역에서는 근로시간 또는 근로계약기간에 비례한 근로조건 보장이 이루어질 필요가 있고, 고용형태의 본질에 따른 차이라는 이유만으로 일도양단으로 판단하여서는 아니될 것이다. 후술하는 장기근속수당 등 미지급에 관한 내용을 참조.

152) 대법원 2014. 9. 24. 선고 2012두2207 판결.

153) 대법원 2014. 11. 27. 선고 2011두6592 판결.

154) 대법원 2014. 11. 27. 선고 2011두6592 판결은, 정근수당 및 정근수당가산금을 기간의 정함이 없는 근로계약을 체결한 자에게만 지급하고 기간제근로자에게는 지급하지 아니한 사안에서, "이 사건 정근수당 및 정근수당가산금은 장기근속을 유도하기 위해 1년 이상 근속한 군무원들에게 지급하는 것으로서 원고와 같이 1년 단위로 근로계약을 체결한 근로자는 위 각 수당의 지급대상이 될 수 없으므로, 위 각 수당을 원고에게 지급하지 아니한 데에 합리적인 이유가 있다."고 판시하고 있는바, 1년 단위로 근로계약을 체결하는 기간제근로자는 1년마다 근로관계의 단절이 발생하게 되므로 당해 사건에서 문제된 정근수당 및 정근수당가산금의 지급요건을 충족할 수 없는 조건이라고 판단한 것으로 보인다. 그렇다면 기간제근로자라도 총 계속근로기간이 단절 없이 1년 이상에 달하였다면 위 요건을 충족할 수 있다는 취지로 보아야 하고, 그러한 경우가 존재할 수 있는 이상 기간제근로자라는 이유만으로 일률적으로 정근수당 및 정근수당가산금의 지급요건을 충족하지 못한다는 취지로 위 판결의 취지를 제한해석하여서는 아니될 것이다.

에까지 합리적 이유가 인정된다고 볼 수는 없을 것이다.

2) 노동가치 · 노동생산성의 차이

업무의 객관적 성격이라는 측면에서는 동종 또는 유사한 업무에 해당한다고 하더라도, 해당 직무의 성격상 비교대상근로자가 보유하고 있는 능력, 기능, 기술, 자격, 경력, 학력, 근속년수, 책임, 업적, 실적 등이 노동가치 · 노동생산성[155]의 차이를 가져오고, 그에 따라 사용자가 차별적 처우를 행하는 경우가 있다. 그러나 비정규직근로자라는 이유만으로 곧바로 비교대상근로자와 사이에 노동가치 · 노동생산성의 차이가 발생하는 것은 아니며, 업무의 동종 또는 유사성이 인정되는 이상 그 외의 사유를 들어 노동가치 · 노동생산성의 차이를 쉽게 인정해서는 아니 된다. 따라서 노동가치 · 노동생산성을 이유로 비정규직근로자에 대한 불리한 처우가 정당화된다고 주장하는 사용자의 입장에서는, 위 능력, 기술, 자격 등 내용에 있어서 비교대상근로자와 비정규직근로자 사이에 구체적으로 어떠한 차이가 존재하는지, 나아가 그러한 차이가 어떠한 과정을 거쳐 노동가치 · 노동가치의 차이로 귀결되는지를 입증하여야 할 것이다.

3) 사용목적의 차이

수습, 시용, 직업훈련, 인턴 등과 같이 근로자의 사용목적이 특별히 설정된 경우에는, 그러한 목적을 정한 범위 내에서의 임금 등의 격차는 합리적 이유가 있다고 할 수 있다. 그러나 이러한 사용목적 역시 실질적으로 판단해야 하므로, 형식적으로는 계약의 명칭이 '수습계약' 등으로 정하여져 있다고 하더라도 실질에서는 정식채용된 근로자와 동질의 근로를 제공하고 있다면, 형식상 차이를 합리적인 이유로 삼을 수 없다고 본다.

4) 채용과정 · 기준의 차이

사용자가 비정규직근로자를 채용하면서 비교대상근로자와는 다른 채용과정 · 기준 · 방법 · 절차를 거치는 경우가 있다. 근로계약을 체결하는 방식은 계약자유의 원칙에 따라 사용자가 선택할 수 있음이 당연하지만, 채용 이후의 근로조건과 관련하여서는 차별적 처우의 금지 규정에 따른 제약이 적용되므로, 채용과정 등

---

155) 노동생산성의 의미가 모호할 수 있는데, 중앙노동위원회는 "실제 업무수행 결과(생산량 · 영업실적) 등을 토대로 다음 연봉지급에 차등을 두었다면 합리적인 이유가 있는 것으로 볼 수 있음"이라고 예시하고 있다. - 중앙노동위원회, 「차별시정업무 매뉴얼(위원용)」, 2012, 45쪽.

의 차이를 이유로 근로조건의 차등이 곧바로 정당화되지는 아니한다. 이를테면 '공개채용 입사자는 정규직, 수시채용 입사자는 비정규직'으로 분류하여 채용하는 행위 자체는 차별적 처우가 아닌 것으로 허용된다고 보더라도, 그러한 채용경로의 차이가 업무수행과는 무관한 것으로서 단순히 절차상 차이에 불과하다면, 그 사유만으로 이후의 근로관계 일체에서 동종 또는 유사한 업무를 수행하는 비정규직근로자를 불리하게 처우하여서는 아니된다는 것이다.

중앙노동위원회도, 채용조건 · 기준이 당해 사업장의 임금결정요소로 작용하는 경우 내지는 업무수행과 관련이 있어 이에 근거해 근로조건을 달리한 경우라면 합리적 이유가 인정될 수 있으나, 채용절차 · 방법은 '공개채용/비공개채용', '필기시험/면접' 등으로 다르지만 비정규직근로자가 비교대상근로자와 동일한 조건 및 내용의 근로를 제공하는 경우에는, 위와 같은 차이만으로는 합리적 이유를 인정할 수 없다고 본다.[156)]

5) 업무의 범위 · 권한 · 책임 등

많은 경우 사용자는 비교대상근로자가 수행하는 업무의 범위, 보유하고 있는 권한, 부여된 책임 등이 비정규직근로자에 비해 크다는 점을 합리적 이유로 내세운다. 그러나 이 경우에도 단순히 존재하는 차이만을 근거로 곧바로 합리적인 이유가 존재한다고 볼 수 없으며, 그 차이와 업무수행 사이의 관련성에 터잡아 판단하여야 한다.

따라서 업무범위나 업무환경이 해당 근로자가 제공하는 근로의 내용과 직결되어 있고, 그것이 근로조건 결정의 중요한 요소로 작용하는 경우에는 그 차이로 인한 불리한 처우는 일응 합리적인 이유가 있다고 볼 수 있겠지만,[157)] 업무범위에 차이가 있다 하더라도 실제로 수행하는 주된 업무의 측면에서 볼 때 비정규직근로자와 비교대상근로자 사이에 중대한 차이가 인정되지 아니하는 경우에는 달리 보아야 한다.

권한이나 책임의 정도에 차이가 있는 경우에도 마찬가지로 볼 것이다. 이를테면 비교대상근로자에게 주어진 권한 또는 책임에 따라 별도의 수당이 지급되는 경우가 있을 수 있다(직책수당, 직급수당 등). 만약 위 권한 또는 책임으로 인해 비교대상근로자만이 그에 상응하는 업무를 실제로 수행하고, 그에 따라 업무강도

156) 중앙노동위원회, 「차별시정업무 매뉴얼(위원용)」, 2012, 44쪽.
157) 중앙노동위원회, 「차별시정업무 매뉴얼(위원용)」, 2012, 44쪽.

내지 업무범위가 실제로 높아지는 경우에는 합리적 이유가 인정될 여지가 있다. 그러나 실제로는 비교대상근로자와 비정규직근로자 공히 특정한 직무를 수행함에도, 사용자가 전자의 경우에만 그 직무에 관한 권한 또는 책임을 공식적으로 부여하고, 그 결과 그에 따른 수당도 전자에게만 지급되는 상황이라면, 합리적 이유가 인정될 수 없을 것이다.

6) 사업목적상 필요성 · 노동시장에서의 수급상황 · 시장가치 등

기업의 사업목적상 필요성이나 노동시장에서의 수급상황 · 시장가치 등과 같이, 포괄적 · 추상적이면서 사용자의 자의적 판단에 좌우되는 내용들은 합리적 이유로 인정될 수 없다고 본다. 기업의 내부적 상황 등 사용자의 주관적 사정의 경우에도 마찬가지다.

관련하여 사업목적상 필요성이 객관적으로 명확하여 비정규직근로자에 대한 불리한 처우가 불가피한 경우에는 합리적 이유를 긍정하여야 한다고 보는 견해도 있을 수 있으나, 그러한 경우에도 사용자는 당해 시점에서의 시장상황을 구체적 · 개별적으로 특정하여 합리적 이유가 있음을 입증하여야 하며, 그러한 사유가 차별적 처우의 금지 규정을 제한할 수 있는 정도의 합리적 이유가 될 수 있는지는 별도로 판단되어야 한다.

7) 근로계약 · 취업규칙 · 단체협약에 따른 불리한 처우

가) 불리한 처우가 근로계약에서 정한 바에 따라 이루어진 것이라도, 이러한 사정만으로 곧바로 합리적 이유가 인정될 수는 없다. 차별적 처우의 금지 규정은 강행규정이므로, 계약에 자유는 이에 따른 제한을 받을 수밖에 없기 때문이다.

사용자가 일방적으로 정하는 사업장 내 규범인 취업규칙 또한 그 내용이 법령에 위반하여서는 아니 되므로(근기법 제96조 제1항), 차별적 처우의 금지 규정에 어긋나서는 아니 된다. 단체협약의 경우에도, 강행규정에 위반하는 내용을 담고 있는 경우 그 부분은 사법상 무효이므로, 어떠한 불리한 처우가 노사합의에 따라 체결된 단체협약상의 기준에 의한 것이라는 사정만으로는 그것이 당연히 정당화된다고 볼 수 없고, 여전히 합리적 이유가 인정되어야 한다.[158)]

나) 관련하여 주로 문제되는 바는, 비정규직근로자가 조합원이 아니어서 단체

---

158) 서울고등법원 2015. 1. 28. 선고 2014누51779 판결(대법원 2015. 5. 29.자 2015두38078 심리불속행 기각 판결로 확정).

협약의 적용을 받지 못함으로 인해 조합원인 비교대상근로자와의 사이에 근로조건 등의 차이가 발생하는 상황에서 합리적 이유가 인정될 수 있는지 여부이다. 비조합원이 단체협약에서 정한 근로조건을 적용받지 못한다는 것은, 단체협약 자체가 원칙적으로는 조합원에게만 적용되는 것으로 예정되어 있는 점을 고려하면, 차별적 처우라고 보기 어려운 측면이 있다.

그러나 현실에서는 정규직근로자들로만 조직된 노동조합이 규약 또는 관행을 통하여 비정규직근로자를 가입대상자의 범위에서 제외하는 경우가 적지 아니하고, 특히 기업별 노동조합 하에서 파견근로자는 사용사업주에 고용된 근로자들로 조직된 노동조합의 조합원이 될 수 없다는 점 등을 고려할 때, 당해 사업장의 노동조합 조직상황, 규약 및 단체협약의 내용, 가입가능성 여부 등 실질적 측면을 두루 살펴 판단할 필요성이 제기된다고 하겠다. 그렇지 아니하고 단체협약의 적용범위만을 근거로 위와 같은 불리한 처우의 정당화를 무제한적으로 인정한다면, 사용자가 정규직근로자로 조직된 노동조합과의 합의를 거쳐 동 노동조합과 체결한 단체협약에만 유리한 근로조건을 포함시키고, 비정규직근로자에게는 그보다 불리한 근로조건을 적용함으로써, 차별적 처우의 금지를 손쉽게 회피할 수 있게 되는 문제가 발생하기 때문이다.

다) 따라서, ① 어떠한 근로조건이 형식상으로는 단체협약에만 규정되어 있지만 실질적으로는 사업장 내 규범이 되어 모든 정규직근로자가 그 적용을 받고 있는 경우에는, 조합원인지 여부를 떠나 비정규직근로자에게도 동일한 근로조건이 균등하게 적용되어야 한다. ② 나아가 노조법 제35조에 따른 단체협약의 일반적 구속력이 작동하는 경우에는 그 범위에 동종 또는 유사한 업무에 종사하는 비정규직근로자를 응당 포함시켜야 하며, ③ 거의 모든 정규직근로자가 가입한 노동조합이 규약상 비정규직근로자의 가입을 허용하지 아니함에 따라 단체협약 적용여부에 따른 근로조건 등의 차이가 발생한 경우에는, 차별적 처우의 금지 규정이 적용되는 것으로 보아야 한다. ④ 또한 정규직 노동조합과 비정규직 노동조합이 각기 존재하는 상황에서 사용자가 개별교섭을 행하여 단체협약을 체결한 결과 전자의 근로조건만이 유리하게 설정된 경우에도 차별적 처우의 금지 규정이 적용된다고 해석해야 하며, ⑤ 비교대상근로자인 정규직근로자가 비조합원임에도 불구하고 사용자의 일방적인 조치에 따라 단체협약을 적용받는 경우에는 합리적 이유를 부정하여야 한다.[159] ⑥ 그리고 파견근로자의 파견기간 도중에 사용사업주와 사용사업주의 근로자들로 조직된 노동조합 사이에 단체협약이 체결

된 경우는 차치하고서라도, 그러한 단체협약의 효력이 발생한 이후에 파견근로자를 사용하는 경우에는 단체협약에 따른 근로조건을 파견근로자에게도 보장해 주는 것이 타당하다.

라) 법원은 사용자가 '사업장에 정규직 노동조합과 비정규직 노동조합이 각각 존재하고, 각 노동조합과의 합의에 따라 정규직 노동조합 소속 근로자들에게 더 많은 피복비를 지급한 것이며, 정규직근로자의 경우에는 그에 합당한 품위를 유지시킬 필요가 있다'며 합리적 이유가 있다고 주장한 사안에서(위 ④의 경우), "피복비가 원고와 노동조합 사이의 합의에 근거하여 지급되는 것이라고는 하나, 기본적으로 임금 등 근로조건은 사용자와 개별 근로자 사이의 합의에 따라 정하여지고, 기간제법상 차별시정제도는 이와 같은 합의에도 불구하고, 기간제근로자와 정규직근로자 사이에 그 고용형태에 따른 차별을 두어서는 안 된다는 정신에 바탕을 두고 있는 것이므로 임금 등 근로조건이 사용자와 개별 근로자 사이에서가 아니라 사용자와 노동조합 사이의 합의에 따라 정하여졌다고 하여 달리 볼 것은 아니다"라고 판시한 경우가 있다. 불리한 처우가 단체협약에 기한 것이더라도, 그 단체협약의 적용을 받지 못하는 비정규직근로자들의 임금 등 근로조건이 임금 등의 "지급 목적, 성질상 업무의 범위 내지 난이도, 업무량 등에 따라 차등지급"된 것이 아니라면 합리적인 이유가 없다고 본 것이다.[160)161)]

또한 사업장에 복수의 정규직 노동조합이 존재하였으나 기간제근로자로서는 각 노동조합의 단체협약상 어떠한 노동조합에도 가입할 수 없는 조건이었던 사안에서, 법원은 위 각 노동조합과 사이에 체결된 임금·단체협약의 내용을 합리적 이유로 내세운 사용자의 주장을 배척하였다.[162)163)]

---

159) 중앙노동위원회도 '정규직근로자와 비정규직근로자가 동일하게 단체협약의 적용을 받지 못함에도, 사용자가 정규직근로자에게만 단체협약에 따른 근로조건을 적용하여 차별적 처우를 행한 경우라면, 비정규직근로자를 달리 취급한 합리적인 이유를 제시해야 한다'는 취지로 설명하고 있다.－중앙노동위원회, 「차별시정업무 매뉴얼(위원용)」, 2012, 44쪽.

160) 서울행정법원 2011. 11. 17. 선고 2010구합32853 판결(서울고등법원 2012. 8. 30. 선고 2012누166 판결, 대법원 2014. 12. 24. 선고 2012두21857 판결로 확정).

161) 박은정, "단체협약에 근거한 차별의 합리성", 「노동법학」, 제53호, 한국노동법학회, 2015, 250쪽.

162) "원고(사용자)의 사업장에는 일반노조와 창원시시설관리공단노동조합이 존재하나, 참가인(기간제근로자)으로서는 원고와 위 노동조합들 사이에 체결된 단체협약에 따라 원고의 사업장에 존재하는 어떠한 노동조합에도 가입할 수 없었다. 반면 근로계약기간의 특성상 원고와 같은 기간제근로자가 노동조합을 조직하는 등 단결권을 행사하는 것은 결코 쉽지 않다. 그런데 원고의 주장과 같이 참가인과 김○○ 외 3인이 동종 또는 유사한 업무에 종사하였음에도 단지 이 사건 임단협이 존재한다는 이유만으로 참가인에 대한 불리한 처우가 정당하다고 보게 되면 참가인으로서는 무기계약근로자와 비교하여 임금 등 근로조건에 있어서 충분한 보호를 받을 수 없게 된다. 이러한 결과는 기간제법의 입법취지에 정면으로 반하는 것으로서 허용될 수 없다." [서울고등법원 2015. 1. 28. 선

마) 관련하여, 단체협약의 적용여부에 따른 불리한 처우에 합리적 이유가 인정되는지를 판단함에 있어, '형식상 노동조합 가입의 기회가 보장되어 있기는 하지만 실질적으로 노동조합 가입이 배제되었거나 노동조합에 가입할 수 없는 차별적 상황이 존재하는 경우'가 실재하였는지를 살펴 이를 판단에 고려하여야 한다는 견해가 제시된다. 즉, 비정규직근로자에게도 노동조합 가입의 기회가 열려 있음에도, 그 자신의 선택으로 노동조합에 가입하지 아니함으로써 단체협약을 적용받지 못하여 발생한 근로조건의 차이에 대해서는 합리적 이유가 인정될 수 있는 반면, 노동조합 가입의 가능성 자체가 차단되어 있었던 경우라면 이를 인정하여서는 아니 된다는 것이다.[164] 구체적 타당성을 고려한 견해라고 볼 수 있고, 사용자의 주장을 배척한 위 두 판결들 또한 유사한 전제 위에 서 있는 것으로 보인다.

다. 근로조건별 검토

1) 임금

직접고용 및 기간의 정함이 없는 근로계약의 체결을 전제로 하는 정규직근로자와, 기간제·단시간근로계약 또는 간접고용을 예정하는 비정규직근로자의 각 고용형태의 특성을 고려하여 연공급, 직무급, 성과급 등 임금체계를 달리 적용하는 것 자체는 합리성이 인정될 여지가 있다. 그러나 상이한 임금체계를 적용함으로 인하여 동종 또는 유사한 업무를 수행하는 비교대상근로자와 비정규직근로자 사이에 결과적으로 임금의 차이가 발생하였다면, 사용자는 이러한 불리한 처우에 대한 합리적 이유를 제시하여야 한다. 즉 '고용형태의 특성에 따라 임금체계를 달리 정하여야만 했던 사정' 자체가 합리적 이유로서 인정되어야 한다는 의미이다.

또한 정규직근로자와 비정규직근로자가 동종 또는 유사한 업무를 수행하는데도 전자에 대해서만 성과급을 도입하는 것은 특별한 사정이 없는 한 합리성을 인정하기 어렵다 할 것이며, 특히 직무급 체계의 경우 임금은 수행하는 직무에 따라 결정될 뿐 해당 근로자의 속인적 요소는 무관하기 때문에, 동종 또는 유사

고 2014누51779 판결(대법원 2015. 5. 29.자 2015두38078 심리불속행 판결로 확정)].

163) 당해 사안의 '일반노조'는 단체협약에서 무기계약근로자만을 대상으로 한다고 밝힘으로써 기간제근로자는 단체협약의 적용대상이 아님을 명시하였고, '창원시시설관리공단노동조합'은 기간제근로자를 조직대상으로 하고 있지 아니하였으며, 위 두 노동조합은 교섭창구단일화를 거쳐 임금협약을 체결하는 과정에서 기간제근로자를 배제시킨 사정이 있다.

164) 자세한 논의는 박은정, "단체협약에 근거한 차별의 합리성", 「노동법학」, 제53호, 한국노동법학회, 2015 참조.

한 직무를 수행하는 근로자들 사이에 서로 다른 임금을 지급하는 것 역시 허용되지 않는다고 보아야 한다.

한편 상술하였듯, 파견근로자의 경우에는 파견근로자가 직접 수령한 임금을 비교대상근로자의 임금과 비교하여 판단하게 되므로, 근로자파견의 대가에서 공제하게 되는 사회보험료, 일반관리비, 이익준비금 등은 합리적인 이유로 인정될 수 없다. 위의 사항들은 차별적 처우가 금지되는 영역에 포함된다고 보기도 어렵고, 합리적 이유의 존부 판단에 기업 내부의 사정이나 사용자의 주관적 형편이 고려되어서도 아니되기 때문이다.[165)]

2) 각종 수당

가) 연장・야간・휴일근로수당이나 연차휴가수당은 법정수당이므로, 비정규직근로자에게 이를 지급하지 않으면 차별적 처우에 해당하는 동시에 근기법 위반을 구성하기도 하므로, 어떠한 이유에서도 합리적 이유가 인정될 수 없다.

나) 다만 법적인 지급의무가 부과되어 있지는 않으나 근로계약, 취업규칙, 단체협약, 노사관행 등에 따라 정해진 지급의무에 따라 사용자가 지급하는 각종의 수당, 사용자가 지급의무 없이 은혜적으로 지급하는 각종의 수당, 또는 사용자가 법정의 기준보다 상회하는 수준으로 지급하는 법정수당의 경우라면, 일응 차등지급 자체는 가능할 수 있다. 그러나 이 경우에도 합리적 이유에 대한 입증은 별도로 이루어져야 함은 당연하다. 근속년수나 출근일수에 다른 수당, 근로의 결과나 성과에 따른 수당 등의 지급에서 비정규직근로자를 배제하거나, 정규직근로자와 비정규직근로자 사이에 성과의 평가기준 내지 동일한 성과에 따른 지급기준을 달리 정하는 경우 또한 마찬가지다.

다) 특히 최근의 판례는 수당의 성격을 면밀히 검토・분류하여, 실비변상적・복리후생적 수당에 대하여는 합리적 이유의 존부를 엄격히 판단하는 경향을 보이고 있다. 이를테면 대법원은 사용자가 비정규직근로자에게 통근비, 중식대를 불리하게 지급한 사안에서, "① 통근비와 중식대는 실비변상적인 것으로서 업무의 범위나 난이도, 업무량 등에 따라 차등지급할 성질의 것이 아닌 점, ② 정규직 직원들에 대한 장기근속 유도 목적은 원고 은행이 마련하고 있는 각종 제도로 충분히 달성할 수 있을 것으로 보이는 점 등을 종합하여 볼 때, 통근비 및 중식대 지급과 관련한 차별적 처우에 합리적인 이유가 있다고 볼 수 없다."고 본

---

165) 박종희・강선희, 「비정규근로자에 대한 차별금지제도 검토」, 노동부, 2007, 52쪽.

원심을 인정한 바 있다.[166] 그리고 가족수당, 정액급식비(위 중식대와 유사한 성격), 교통보조비(위 통근비와 유사한 성격)가 문제된 사안에서도 대법원은, "이 사건 가족수당은 업무와 관계없이 부양가족이 존재한다는 사정만으로 지급되고, 이 사건 정액급식비와 교통보조비도 업무와 관계없이 실비변상차원에서 지급되는 것으로, 원고가 민간조리원(기간제근로자)에게 이들 수당에 상응하는 수당을 지급하는 근로계약을 체결하는 것이 법적으로 허용되지 아니한다고 볼 자료가 없고 이들 수당을 장기근속 유도와 직접 연관시키기 어렵다."고 보아 합리적 이유를 인정하지 아니한 원심을 그대로 인정하였다.[167] 나아가 법원은 정액급식비, 명절휴가비, 맞춤형복지비가 문제된 사안에서, 위 수당들은 "직무의 성질, 업무량, 업무의 난이도 등과는 무관하게 고용관계를 유지하고 근로를 제공하는 모든 직원에게 일률적, 정기적으로 지급하는 수당"이라는 점을 차별적 처우의 합리적 이유를 부정하는 근거로 고려하였다.[168]

반면 대법원은, 위의 복리후생적·실비변상적 수당과는 그 성격을 달리하는 장기근속수당이 문제된 사례에 있어서는, "이 사건 장기근속수당은 장기근속에 대한 대가로 지급되는 외에 장기근속을 장려하기 위한 목적에서 지급되는 것으로 볼 수 있는 점, 원고들의 기간제 근로형태와 이 사건 비교대상근로자들의 정규직근로 형태가 채용 목적, 근로 범위나 권한 등의 측면에서 차이가 있는 것을 부정할 수 없는 점 등을 종합하여 볼 때, 참가인이 원고들의 기간제 근무기간을 장기근속수당 산정을 위한 근속기간에 포함시키지 아니한 것에는 합리적인 이유가 있다."고 판시하였다.[169]

3) 근로시간 및 휴가

교대제 근무를 시행하고 있는 사업장에서, 비정규직근로자를 그 의사에 반하

---

166) 대법원 2012. 3. 29. 선고 2011두2132 판결. 마찬가지로 통근비, 중식대가 문제된 대법원 2012. 11. 15. 선고 2011두11792 판결과 대법원 2012. 10. 25. 선고 2011두7045 판결도 같은 취지이다. 이 중 후자의 판결에서 대법원은 사용자가 전체 기간제근로자 중 일부 직군에게만 이를 지급하지 아니하고 다른 직군에게는 이를 지급한 사정도 근거로 고려하였다.

167) 대법원 2014. 11. 27. 선고 2011두5391 판결. '원고(사용자)가 민간조리원에게 이들 수당에 상응하는 수당을 지급하는 근로계약을 체결하는 것이 법적으로 허용되지 아니한다'는 주장은, 기간제근로자인 민간조리원은 비공무원이고 비교대상근로자인 조리직렬군무원은 공무원임을 전제로 한 것으로 보인다. 원심은 이에 대한 사용자의 주장과 입증이 부존재한다고 보아 이를 배척하였고, 대법원도 원심의 판단을 인정하였다.

168) 서울고등법원 2017. 6. 9. 선고 2016누51667 판결(대법원 2017. 10. 16.자 심리불속행 판결로 확정).

169) 대법원 2014. 9. 24. 선고 2012두2207 판결.

여 불리한 시간대에 집중하여 배치하는 것은 특별한 사정이 없는 한 합리적 이유가 인정될 수 없다. 예컨대 비정규직근로자만을 야간근무조에 배치하는 경우, 지급받는 임금액의 측면에서는 야간근로수당이 추가되므로 유리하다고 볼 수 있겠지만, 건강과 생활상의 불이익이라는 측면에서는 불리한 처우임이 명백하다고 볼 수 있는바, 고용형태의 차이가 이러한 근무시간대의 차이의 합리적 이유가 된다고 보기는 어렵다.

근로시간 및 휴가와 관련한 차별적 처우는 주로 단시간근로자의 경우 문제되기 쉬운데, 휴일과 생리휴가 및 임산부 보호휴가는 이른바 '절대적 평등'의 원칙이 적용되는 영역이므로[근기법 제18조 제2항, 동법 시행령 제9조 제1항 및 별표 2 (단시간근로자의 근로조건 결정기준 등에 관한 사항) 제4항], 이를 보장하지 않거나 근로시간에 비례하여 감축하는 경우에는 차별적 처우인 동시에 해당 사항을 규율하는 근기법 위반에도 해당된다.

4) 상여금

가) 상여금은 그 명칭과 지급목적, 산정방법이 매우 다양하여 그 성격을 일률적으로 단정하기 어렵다. 다만 지급의무가 근로계약, 취업규칙, 단체협약이나 사용자의 방침 또는 관행 등에 의하여 정해지는 상여금의 경우에는 기본급에 일정 비율을 곱하여 산정된 금액을 정기적으로 지급하는 것이므로 그 성격이 기본급에 가깝다고 볼 수 있고, 따라서 비정규직근로자에게 지급되는 상여금의 지급률 및 지급기준이 되는 기본급의 범위를 달리 적용하거나, 혹은 일부를 배제함으로써 불리한 결과를 초래하는 것은 차별적 처우라고 보아야 하며, 상여금이라는 수당의 형식이나 명칭만으로 합리성이 인정될 수는 없다.

반면 단체협약이나 취업규칙 등의 근거규정 없이, 사용자가 특별한 시기 또는 특정한 사정에 따라 임의적으로 정액 또는 정률로 지급하는 상여금의 경우에는, 해당 상여금의 구체적인 성격에 따라 불리한 처우의 합리적 이유가 인정될 여지가 있다. 그러나 이 경우에도 전체 임금에서 해당 상여금이 차지하는 비율, 지급조건, 지급시기 및 관행 등을 종합적으로 고려하여 판단하여야 할 것이다.

나) 법원은 기간제근로자라는 이유만으로 상여금을 전혀 지급하지 아니하는 것은 물론, 이를 불리하게 지급하는 것 또한 합리적 이유가 없이는 허용되지 아니한다고 본다.[170] 2013년 개정법에서 상여금을 차별적 처우의 금지 영역으로

---

170) 서울행정법원 2008. 10. 24. 선고 2008구합6622 판결은 "'위와 같은 실질적 차이를 고려하여 참가

명기한 이상 당연한 판시이다.

한편 법원은 기간제근로자에게 성과상여금을 전혀 지급하지 아니한 처우가 문제된 사안에서, 기간제근로자와 비교대상근로자의 업무 사이에 현저한 질적 차이가 있다고 보기 어려운 점, 기간제근로자의 업무는 사용자에게 부수적이고 일시적인 업무가 아니라 본질적이고 상시적인 업무인 점 등을 근거로 합리적 이유가 인정되지 아니한다고 보았는바,[171] '양자의 업무 사이에 현저한 질적 차이가 존재하는지 여부', '기간제근로자의 업무가 사용자의 업무에서 차지하는 비중과 중요도'를 중점적으로 고려하였다고 볼 것이다. 합리적 이유의 존부에 대한 구체적인 판단은 사안에서 문제되는 급부의 종류와 성격에 따라 달리 판단되어야 할 것인데, 위 사안에서 문제된 성과상여금은 전년도의 근로에 대한 경영실적평가에 따라 지급된 것이었는바, 법원은 이러한 배경을 고려하여 근로제공의 내용·비중·중요도를 중점적으로 살핀 것으로 보인다.

5) 채용목적

일부 하급심은 정부 또는 지방자치단체가 고용창출 목적으로 채용한 기간제근로자의 경우에 있어 합리적 이유를 상대적으로 넓게 인정하는 경향을 보이고 있다. 이를테면 법원은 서울특별시가 공공산림가꾸기사업을 위해 채용한 기간제근로자에게 임금에 있어 불리한 처우를 행한 사안에서, "① 공공산림가꾸기사업이 국가정책사업의 일환으로 저소득층 및 청년 실업자를 산림사업에 투입하여 고용을 창출하려는 특수한 목적으로 시행되었고, 그로 인해 원고는 63세의 고령임에도 불구하고 기간제근로자로 채용되어 근무하게 되었던 점, ② 참가인이 임의로 공공산림가꾸기사업을 시행하면서 기간제근로자의 임금을 책정한 것이 아니라 산림청의 이 사건 추진지침에 따라 공공산림가꾸기사업을 시행하면서 이 사건 추진지침에 정하여진 내용대로 임금과 부대경비를 책정하였던 점, ③ 참가인은

인들과 정규직근로자들에게 그 액수를 각기 달리하여 성과상여금을 지급하는 것'에 합리적인 이유가 있는지 여부는 별론으로 하고, '참가인들이 기간제근로자라는 이유만으로 정규직근로자들과는 달리 이들에게는 성과상여금을 전혀 지급하지 아니하는 것'에 합리적인 이유가 있다고 보기는 어려우므로"라고 하여, 양자의 경우 모두 합리적 이유 없이는 정당화되지 아니한다는 취지로 판시하고 있다. 동 판결에서는 합리적 이유가 부정되어 사용자가 패소하였는데, 항소심은 불리한 처우의 시점을 기간제법 이전으로 보아 사용자 승소 판결을 하였고(서울고등법원 2009. 7. 9. 선고 2008누33923 판결), 대법원은 위 '5. 가.'에서 보았듯 최종적·사실적 급부행위의 시점을 기준으로 판단하여 원심을 파기하였으며(대법원 2012. 1. 27. 선고 2009두13627 판결), 파기환송심에서 사용자 패소로 확정되었다(서울고등법원 2012. 7. 18. 선고 2012누6324 판결).

171) 서울행정법원 2008. 10. 24. 선고 2008구합6622 판결.

이 사건 추진지침에서 정한 임금의 지급 조건과 같은 내용으로 이 사건 채용공고를 하였고 원고는 이를 확인한 후 같은 내용의 임금지급 조건으로 근로계약을 체결하였던 점 등을 종합하여 보면, 원고에 대한 위와 같은 불리한 처우에는 합리적 이유가 있다."고 판시하였다.[172)]

그러나 이와 같은 판단에는 의문의 여지가 없지 않다. 특히 ②와 관련하여, 행정기관 내부의 지침에 불과한 산림청의 '추진지침'에는 원칙적으로 대외적 구속력이 인정된다고 보기도 어렵고,[173)] 차별적 처우의 금지 규정이 강행규정인 이상 위 '추진지침'이 그 적용을 제한하는 근거로 작용할 수도 없기 때문이다.

또 다른 판결로는, 사용자가 정년퇴직한 근로자와 사이에 계약기간 1년의 촉탁근로계약을 체결하면서 임금을 적게 지급한 사안에서, ① 당해 사안의 기간제 근로자는 이미 정년퇴직한 상태여서 원칙적으로는 더 이상 근로제공이 불가능했음에도 노동조합과 사용자의 합의 및 단체협약에 따라 재고용될 수 있었던 점, ② 위 단체협약의 관련 조항은 정년퇴직자를 재고용할 시 임금의 결정을 종전과 달리할 수 있다는 고령자고용법 제21조 제2항[174)]과 같은 점 등을 중요하게 고려하여 합리적 이유를 인정한 사례가 있다.[175)][176)] 결론 자체는 사안에 비추어 타당하다고 보이나, 재고용과 관련한 단체협약 조항의 존재 및 노사합의의 구체적 내용이라는 특수성을 감안할 필요가 있다.

6) 퇴직급여

하나의 사업(장) 안에서 비정규직근로자에게 퇴직금을 차별적으로 지급하는

---

172) 서울행정법원 2010. 11. 25. 선고 2010구합28571 판결(확정).

173) 대법원 1987. 9. 29. 선고 86누484 판결 참조.

174) 제21조(정년퇴직자의 재고용) ① 사업주는 정년에 도달한 자가 그 사업장에 다시 취업하기를 희망할 때 그 직무수행 능력에 맞는 직종에 재고용하도록 노력하여야 한다. ② 사업주는 고령자인 정년퇴직자를 재고용할 때 당사자 간의 합의에 의하여 「근로기준법」 제34조에 따른 퇴직금과 같은 법 제60조에 따른 연차유급(年次有給) 휴가일수 계산을 위한 계속근로기간을 산정할 때 종전의 근로기간을 제외할 수 있으며 임금의 결정을 종전과 달리할 수 있다.

175) 서울행정법원 2013. 3. 21. 선고 2012구합30738 판결(확정).

176) 고령자고용법은 제4조의4에서 "합리적인 이유 없이 연령을 이유로 근로자 또는 근로자가 되려는 자를 차별하여서는 아니 된다."고 하면서, 제4조의5에서 아래와 같이 그 예외를 정하고 있다.
제4조의5(차별금지의 예외) 다음 각 호의 어느 하나에 해당하는 경우에는 제4조의4에 따른 연령차별로 보지 아니한다.
1. 직무의 성격에 비추어 특정 연령기준이 불가피하게 요구되는 경우
2. 근속기간의 차이를 고려하여 임금이나 임금 외의 금품과 복리후생에서 합리적인 차등을 두는 경우
3. 이 법이나 다른 법률에 따라 근로계약, 취업규칙, 단체협약 등에서 정년을 설정하는 경우
4. 이 법이나 다른 법률에 따라 특정 연령집단의 고용유지·촉진을 위한 지원조치를 하는 경우

것(예컨대 정규직근로자에게는 누진제를, 비정규직근로자에게는 단수제를 적용하는 것)은 근퇴법 제4조 제2항에서 금지하는 퇴직급여제도의 차등 설정에 해당하므로 합리적 이유를 판단할 필요 없이 강행법규인 근퇴법 위반으로 곧바로 무효가 된다.[177)]

파견근로자의 경우는 사용사업주가 퇴직금 지급의 주체가 아니므로 근로자퇴직급여보장법 위반이 문제될 수는 없겠지만, 동종 또는 유사한 업무를 수행하는 사용사업주의 직접고용근로자보다 퇴직금을 불리하게 지급받는 것은 파견법상 차별적 처우의 금지 규정의 규율을 받으므로, 합리적 이유 없이는 허용될 수 없다.

7) 복리후생적 급부

가족수당, 체력단련비 등 복리후생과 관련된 급부, 출장비・여비 등과 같이 실비변상적 급부, 제화비・피복비・명절선물비・효도비나 경조사비 등도 차별적 처우의 금지 영역에 해당한다는 점은 앞서 본 바와 같다.[178)] 그리고 이러한 성격의 수당들에 대해서는 판례가 합리적 이유의 존부를 비교적 엄격하게 판단하는 경향을 보이고 있다는 점은 앞서 2)에서 살펴보았다.

한편 파견근로관계에서, 위와 같은 성격의 급부를 사용사업주가 직접고용한 근로자에게만 지급하고 파견근로자에게는 지급하지 아니하는 행위가 문제될 수 있다. 파견근로자가 근로를 제공하기 위해 사용사업주의 사업(장)에 편입됨에 따라 불가결하게 수반되는 복리후생적 급부, 예컨대 제화 및 피복의 지급, 식당시설・휴게실・통근차량의 이용 등에 있어 사용사업주가 파견근로자에게 불리한 처우를 행하는 경우라면, 사용사업주는 별도의 합리적 이유를 제시해야 할 것이다.[179)]

---

177) "농지개량조합에는 일반직 및 기능직 직원 이외에 농지개량조합예산편성지침에 따라 채용된 임시직 근로자들이 있는데, 농지개량조합은 일반직 및 기능직 직원에 대하여는 퇴직시 농지개량조합보수규정준칙에 정한 지급기준에 따라 퇴직금을 지급하면서도 임시직 근로자에 대하여는 농지개량조합보수규정준칙을 적용하지 아니하고 농지개량조합예산편성지침에 따라 매년 말에 1개월분의 보수만을 퇴직금으로 지급하는 경우, 농지개량조합에는 다수인 일반직 및 기능직 직원에게 적용되는 퇴직금제도와 소수인 임시직 근로자에게 적용되는 퇴직금제도가 존재하므로, 근로기준법 제34조 제2항의 퇴직금차등제도 금지규정의 취지에 따라 임시직 근로자에 대하여도 농지개량조합보수규정준칙에 정한 지급기준에 따른 퇴직금을 지급하여야 한다." (대법원 2002. 4. 12. 선고 2002다328 판결).

178) 이러한 성격의 수당 내지 급부에 대한 합리적 이유의 존부 판단에 관하여는 위 '(2) 각종 수당'에서 소개한 논의를 참조.

179) 박종희・강선희, 「비정규근로자에 대한 차별금지제도 검토」, 노동부, 2007, 52쪽.

8) 교육 · 훈련

현재의 업무처리능력 등의 향상을 위한 훈련이나 소양교육 등에서 비정규직근로자만을 배제하는 것은 합리성을 인정하기 어려울 것이다. 다만 새로운 기계 및 신기술의 도입에 따라 근로자가 기존에 보유하고 있는 기술만으로는 업무를 계속 수행하기 곤란하여, 장기고용이 전제된 근로자들을 대상으로 이를 보강하고 적응시키기 위해 실시하는 훈련은 합리적 이유가 인정될 가능성이 있다. 그러나 이 또한 비정규직근로자라는 사실 자체만으로는 부족함은 당연하며, 당해 훈련의 내용 및 성격과 고용형태 사이의 관계가 구체적으로 입증되어야 한다.

9) 정리해고

정리해고를 실시함에 있어 사용자는 합리적이고 공정한 해고의 기준을 정하고 이에 따라 그 대상자를 선정하여야 한다(근기법 제24조 제2항). 이 경우, 사용자가 기간제근로자를 우선적인 해고대상자로 선정하는 행위에 합리적인 이유가 인정되는지 문제된다.

대법원은, 합리적이고 공정한 해고의 기준이라 함은 확정적 · 고정적인 것은 아니고, 당해 사용자가 직면한 경영위기의 강도와 정리해고를 실시하여야 하는 경영상 이유, 정리해고를 실시한 사업부문의 내용과 근로자의 구성, 정리해고 실시 당시의 사회적 · 경제적 상황 등에 따라 달라지는 것이며, 사용자가 해고의 기준에 관하여 노동조합 또는 근로자대표와 성실하게 협의하여 해고의 기준에 관한 합의에 도달하였다면 이러한 사정도 판단에 참작되어야 한다는 법리를 제시하고 있다.[180] 개별 사안에서 근로자측 · 사용자측 사정 및 외부적 상황 모두를 종합적으로 고려하여 판단하여야 한다는 취지이다.[181]

한편, 차별적 처우의 금지 규정이 직접 적용된 사례는 아니지만, 대법원은 해고로부터 보다 많은 보호를 받아야 할 장기근속자를 우선적인 해고대상자로 정한 것은 합리성과 공정성이 결여된 것이라고 판단한 바 있는 반면에,[182] 다른 사안에서는 해고대상자의 수를 최소화할 수 있다는 점을 근거로, 연령이 많은 근로자와 재직기간이 장기간인 근로자를 해고대상자로 선정한 것은 합리성과 공정성이 인정된다고 판시하기도 하였다.[183]

---

180) 대법원 2002. 7. 9. 선고 2001다29452 판결 등.
181) 대법원 2013. 6. 13. 선고 2011다60193 판결.
182) 대법원 1993. 12. 28. 선고 92다34858 판결.

비정규직근로자를 정규직에 앞서서 해고대상자로 선정하는 것은 기업에 대한 공헌도나 결합도의 차이라는 측면에서 합리성과 공정성이 인정된다는 견해가 있으나,[184] 비정규직근로자라고 하여 기업에 대한 공헌도나 결합도가 정규직근로자보다 반드시 미달한다고 볼 근거가 없는 점, 가사 개별 사안에서 그와 같이 판단된다고 하더라도 해고는 근로자에게 중대한 생활상 불이익을 야기하는 사건임에 비하여, 기업에 대한 공헌도나 결합도는 다분히 추상적 개념으로서 측정이 어렵고, 자의적 판단의 여지도 있으며, 비정규직근로자를 우선적으로 해고하기 위한 빌미로 활용될 수 있다는 점 등을 오히려 고려할 필요가 있다.

결국 기준의 내용(연령, 입사시기, 근속기간, 고용형태 등)이 무엇이든, 단순히 어느 하나의 기준만으로 해고의 우선순위를 선정하는 것은 합리성과 공정성이 결여된 것으로 보아야 한다. 따라서 다른 요인을 고려하지 않고 오로지 비정규직근로자라는 이유로 우선적인 해고대상자로 선정하는 것은 합리적이라고 할 수 없다.[185]

Ⅲ. 차별시정제도

1. 서 설

가. 차별시정제도 개관

차별금지의 실효성을 확보하기 위하여 노동위원회를 통한 '차별시정제도'를 마련하고 있다. 차별시정제도는 크게 두 갈래로 나뉘는데, ① 비정규직 근로자(기간제 · 단시간 · 파견근로자)가 직접 노동위원회에 차별시정을 신청하여 구제받는 방식(이하 '신청사건'이라 한다)과 ② 고용노동부장관이 사용자에 대하여 직권으로 차별시정요구를 하고 사용자가 불응하는 경우 노동위원회에 통보하여 구제하는

183) 대법원 2002. 7. 9. 선고 2001다29452 판결.
184) 하갑래, 721쪽.
185) 강성태 교수는 단시간근로자를 우선적인 해고대상자로 선정하는 경우와 관련하여, 실근로시간, 근속년수 등 객관적인 기준에서 볼 때 단시간근로자에 미달하는 동종 업무의 통상근로자를 해고하지 않은 채 단시간근로자를 해고하는 것은 합리성을 결하여 무효인 것으로 보아야 한다는 견해이다.－강성태, "노동법상 단시간근로의 보호", 「법학의 현대적 제문제－덕암 김병대 교수 화갑기념논문집」, 대흥기획, 1998, 917－918쪽.

방식(이하 '통보사건'이라 한다)이 있다. 전자의 방식에 관해서는 기간제법에 구체적 절차를 마련하고(제9조부터 제15조) 파견법이 이를 준용하고 있으며(제21조 제3항), 후자는 기간제법(제15조의2, 제15조의3)과 파견법(제21조의2, 제21조의3)에 각각 별도의 규정을 두고 있다.

1) 근로자의 신청을 통한 차별시정

차별적 처우를 받은 비정규직 근로자는 차별적 처우가 있은 날부터 6개월 이내에 노동위원회에 차별시정신청을 할 수 있다(기간제법 제9조 제1항, 파견법 제21조 제3항으로 파견근로자에게 준용됨—이하 같음). 근로자가 시정신청을 하는 때에는 차별적 처우의 내용을 구체적으로 명시하여야 하지만, 분쟁에 있어서 입증책임은 사용자가 부담한다(기간제법 제9조 제2항 및 제4항).

차별시정신청이 제기되면 노동위원회는 조사와 심문을 하게 되는데(기간제법 제10조), 조사·심문을 종료하고 차별적 처우에 해당된다고 판정한 때에는 사용자에게 그 내용과 이행 기간을 명시한 시정명령을 발하게 된다(기간제법 제12조). 심문 과정에서 관계 당사자의 신청 또는 직권에 의하여 조정 절차를 개시할 수 있고, 관계 당사자의 합의로 중재를 신청하면 중재 절차에 회부되며, 당사자 쌍방이 조정안을 수락하여 조정이 성립하거나 노동위원회의 중재결정이 내려진 경우에는 재판상 화해와 동일한 효력이 있다(기간제법 제11조). 노동위원회의 조정·중재 또는 시정명령의 내용에는 차별적 행위의 중지, 임금 등 근로조건의 개선 및 적절한 배상 등이 포함될 수 있으며, 노동위원회는 사용자의 차별적 처우에 명백한 고의가 인정되거나 차별적 처우가 반복되는 경우 손해액의 3배를 넘지 아니하는 범위에서 배상을 명령할 수 있다(기간제법 제13조).

지방노동위원회의 시정명령 또는 기각결정에 대하여 불복하는 관계 당사자는 중앙노동위원회에 재심을 신청할 수 있고, 중앙노동위원회의 재심결정에 대하여 불복이 있으면 행정소송을 제기할 수 있다. 재심을 신청하지 아니하거나 행정소송을 제기하지 아니한 때에는 시정명령·기각결정 또는 재심결정이 확정된다(기간제법 제14조).

확정된 시정명령을 정당한 이유 없이 이행하지 아니한 자는 1억 원 이하의 과태료에 처한다(기간제법 제24조 제1항, 파견법 제46조 제1항). 시정신청을 한 근로자는 사용자가 확정된 시정명령을 이행하지 아니하는 경우 이를 노동부장관에게 신고할 수 있다(기간제법 제15조 제2항). 노동부장관은 확정된 시정명령에 대하여 사용자에게 이행 상황을 제출할 것을 요구할 수 있고(기간제법 제15조 제1항), 정당한 이유 없이 노동부장관의 이행상황 제출 요구에 불응한 자에게는 500만 원 이하의 과태료가 부과된다(기간제법 제24조 제2항 제1호, 파견법 제46조 제3항).

사용자는 근로자가 차별시정신청절차를 개시하거나 시정명령 불이행을 신고한 것을 이유로 해고 그 밖의 불리한 처우를 하지 못하며(기간제법 제16조 제2호, 제3호), 이를 위반하여 불리한 처우를 한 사용자는 2년 이하의 징역형 또는 1천만 원 이하의 벌금형에 처한다(기간제법 제21조, 파견법 제43조의2).

2) 고용노동부장관의 시정요구에 따른 차별시정

고용노동부장관은 사용자가 차별적 처우를 한 경우에는 그 시정을 요구할 수 있다. 사용자가 시정요구에 응하지 않는 경우 노동위원회에 통보하여야 하고, 노동위원회는 지체 없이 차별적 처우 여부를 심리하여야 한다. 이 경우 노동위원회의 심리 및 그 밖의 시정절차는 근로자가 노동위원회에 차별시정을 신청한 경우와 같이 진행된다(기간제법 제15조의2, 파견법 제21조의2).

한편 고용노동부장관은 확정된 시정명령을 이행할 의무가 있는 사용자의 사업 또는 사업장에서 해당 시정명령의 효력이 미치는 근로자 이외의 비정규직 근로자에 대하여 차별적 처우가 있는지를 조사하여 차별적 처우가 있는 경우에는 그 시정을 요구할 수 있다. 사용자가 시정요구에 응하지 않는 경우 고용노동부장관은 노동위원회에 통보하여야 하고, 이에 따라 노동위원회의 심리 및 시정절차가 개시된다(기간제법 제15조의3, 파견법 제21조의3).

나. 민사소송 등 다른 구제절차와의 관계

비정규직 근로자는 차별적 처우를 받은 경우 노동위원회를 통한 차별시정을 신청하는 것과 별개로 법원에 민사소송을 제기하여 불법행위에 기한 손해배상을 청구할 수 있다. 판례 역시 (파견법상) 차별시정절차에 따른 노동위원회의 시정명령은 사용자에게 공법상의 의무를 부담시킬 뿐 근로자와 사용자 간의 사법상 법률관계를 발생시키거나 변경시키는 것은 아니므로, 위 규정으로 인하여 파견근로자에 대한 사법적 절차를 통한 구제절차가 배제된다거나 파견근로자에게 차별적 처우로 인한 불법행위에 기한 손해배상청구권 자체가 발생하지 않는다고 할 수는 없고, 오히려 파견근로자의 차별적 처우에 대한 실질적이고 종국적인 구제기능이 제대로 이루어지기 위해서는 위와 같은 행정적 구제절차만으로는 부족하고 사법적 구제조치가 필요하다고 하였다.[186] 또한 노동위원회의 금전배상명령은 민사소송절차를 통한 구제와는 그 요건이 서로 다르다고 하면서, 차별적 처우에 대한 적절한 금전배상은 민사소송절차를 통한 구제와는 별도로 독자적인 존재의의를 갖는 것이어서 민사소송을 제기하여 이를 구할 수 있다는 사정만으로 금전배상에 관한 구제이익이 소멸한다고 볼 수 없다고 판시하기도 하였다.[187]

다만 차별적 처우를 이유로 한 노동위원회의 금전배상명령은 차별적 처우를 금지한 규정을 위반한 사용자에게 가하는 제재조치로서 차별적 처우의 존재가 인정되는 것만으로 족하고 원칙적으로 사용자의 고의나 과실을 별도로 요구하지 않는다.[188] 그러나 비정규직 근로자가 차별적 처우를 받았다는 이유로 사용자에게 불법행위에 기한 손해배상을 청구하기 위해서는 차별적 처우가 있었다는 것만으로는 부족하고 이와 별도로 사용자의 고의와 과실을 추가로 입증하여야 한다.

이러한 사법적 구제 절차의 이용은 노동위원회에 차별시정을 신청함과 동시에 할 수 있고, 시정명령이 확정된 후에도 할 수 있다. 한편 근로자가 노동위원회에 임금차별에 대한 시정을 신청하여 시정명령 또는 기각명령을 받고 그에 대하여 행정소송으로 다툰 경우 임금채권의 소멸시효가 중단되는지 문제되는데, 근로자가 차별시정신청을 한 후 이에 관한 행정소송에서 그 권리관계를 다투는 것 역시 권리자가 재판상 그 권리를 주장하여 권리 위에 잠자는 것이 아님을 표명한 것으로서 소멸시효 중단사유로서의 재판상 청구에 해당한다고 할 것이다. 판례는 부당노동행위로 인하여 해고를 당한 근로자가 노동위원회에 부당해고 구제신청을 한 후 이에 관한 행정소송에서 권리관계를 다툰 경우 임금지급청구권의 소멸시효가 중단된다고 보고 있다.[189]

그 외에도 차별을 받은 비정규직 근로자는 국가인권위원회에 진정을 하는 등 다른 법률에서 정하고 있는 구제 제도를 이용할 수 있다. 다만 국가인권위원회법은 진정기간이 1년으로 더 긴 반면에 다른 법률에 따른 권리구제절차가 진행 중이거나 종결된 경우는 진정을 각하하며, 진정 내용이 다른 법률에 정한 권리구제

---

186) 서울고등법원 2017. 2. 10. 선고 2014나49625등 판결(현대자동차 사건. 대법원 2017다15010 사건으로 계속 중). 이 판결은, 파견법상 차별금지의무를 위반하는 행위는 불법행위를 구성하고, 그 손해는 임금 등에서 차별이 없었다면 파견근로자가 지급받았을 임금과 실제로 지급받은 임금과의 차액 상당이 된다고 하였다. 또한 그 차별에 합리적 이유가 있다면 임금 등을 적게 받고 있다는 사정만으로는 불법행위가 성립하지 않을 것이나, 이에 대한 증명책임은 사업주에게 있다고 하였다.

187) 서울행정법원 2015. 6. 23. 선고 2014구합21042 판결(확정).

188) 물론 사용자의 '명백한 고의'가 입증되는 경우 배액배상이 가능하다.

189) 대법원 2012. 2. 9. 선고 2011다20034 판결.

절차에 따라 권한을 가진 국가기관에 제출하고자 하는 것이 명백한 경우는 그 진정은 즉시 해당 국가기관으로 이송해야 한다고 규정하고 있다는 점을 감안해야 할 것이다(국가인권위원회법 제32조 제1항 제5호 및 제33조 제1항).

다. 현황과 문제점

비정규직 차별시정제도는 2007. 7. 1. 공공부문과 300인 이상 사업장을 대상으로 처음 시행되어, 2008. 7. 1.부터는 100인 이상 사업장, 2009. 7. 1.부터는 5인 이상 사업장으로 확대되어 오늘에 이르고 있다. 노동위원회에 제기된 연도별 차별시정사건 처리 현황은 다음과 같다.

〈차별시정사건 처리 현황〉

연도	전체	초심(지방노동위원회)							재심(중앙노동위원회)						
		소계	인정	기각	각하	취하	조정	중재	소계	인정	기각	각하	취하	조정	중재
2016	115	82	17	11	7	38	11	–	32	18	6	3	4	1	–
2015	138	105	22	23	3	47	10	–	33	15	3	–	7	8	–
2014	161	150	4	29	10	100	7	–	11	2	4	–	1	4	–
2013	99	84	14	12	3	35	20	–	15	9	1	3	2	–	–
2012	39	32	3	6	6	11	6	–	7	–	6	1	–	–	–
2011	88	77	39	4	3	11	20	–	11	2	4	1	4	–	–
2010	152	131	12	19	53	26	19	2	21	12	7	2	–	–	–
2009	95	80	10	5	6	48	11	–	15	8	–	4	3	–	–
2008	1948	1897	23	557	74	768	475	–	51	18	20	7	4	2	–
2007	145	145	55	15	1	73	1	–	–	–	–	–	–	–	–
계	2980	2783	199	681	166	1157	580	2	196	84	51	21	25	15	0

자료: 중앙노동위원회 홈페이지 통계자료 '차별시정사건 처리현황'.

차별시정사건은 2008년에 1,948건[190]을 기록한 것을 제외하면 매년 100건 내외 혹은 그 이하로 그 실적이 미미한 실정이다. 차별시정제도의 적용 사업장이 매년 확대되고 제척기간이 연장되는 등 법규의 정비에도 불구하고 신청자수는

190) 한국철도공사 및 대학 비정규직 교수 등 동일한 단체 신청 사건들이 많았다.

줄어드는 추세를 보이고 있다. 시행 전에 비정규직 차별을 일정 부분 해소할 수 있을 것으로 기대했던 것에 비하면 그 활용도가 매우 낮다고 평가할 수밖에 없다.

차별시정사건의 수가 미미한 원인으로는 여러 가지가 지적되고 있다. 제도적 문제점으로는 신청권자의 범위와 신청기간의 제한이 거론되고, 운영적 측면에서는 노동위원회의 낮은 인용률,[191] 인용이 되는 경우 낮은 배상액[192] 등이 있다. 그러나 무엇보다도 비정규직 근로자의 경우 높은 고용종료의 위험부담을 진다는 점이 차별시정신청을 어렵게 하는 것으로 보인다.

2. 신청권자 및 상대방

〈기간제법〉
제9조(차별적 처우의 시정신청) ① 기간제근로자 또는 단시간근로자는 차별적 처우를 받은 경우 「노동위원회법」 제1조의 규정에 따른 노동위원회(이하 "노동위원회"라 한다)에 그 시정을 신청할 수 있다.

〈파견법〉
제21조 (차별적 처우의 금지 및 시정) ② 파견근로자는 차별적 처우를 받은 경우 노동위원회에 그 시정을 신청할 수 있다.

가. 신청권자

차별시정의 신청권자는 기간제근로자, 단시간근로자, 파견근로자이다. 신청권자는 상시 5인 이상의 근로자를 사용하는 사업 또는 사업장에 속한 근로자여야 하고(기간제법 제3조 제1항, 파견법 제21조 제4항), 상시 근로자 수 산정 시점은 차별시정신청을 하는 때가 아니라 차별적 처우가 있었던 때를 기준으로 한다. 기간제근로자와 단시간근로자는 국가 및 지방자치단체의 기관에 속한 경우 상시 사용 근로자 수에 관계없이 차별시정을 신청할 수 있다(기간제법 제3조 제3항).[193]

---

191) 2007년부터 2014년까지 지노위 인용률 7%, 중노위 인용률 42%.

192) 2009년과 2010년 중앙노동위원회 재심사건 중 차별적 처우가 인정된 사건의 실제 보상금액은 전체 13건 중 7건만이 300만 원 이상의 금전보상을 받았고, 나머지 6건 중 4건은 100만원 미만의 보상을 받았다.; 김영국, "비정규직 차별시정제도를 둘러싼 주요 쟁점과 과제", 「아주법학」, 제7권 제4호, 2014, 215쪽.

193) 상시 4인 이하의 근로자를 사용하는 국가 및 지방자치단체의 기관에 파견법상 차별시정제도가 적용되지 않는 것은 법적 공백이므로 입법론상 보완이 필요하다.

신청권자는 근로자성과 비정규성을 모두 갖추어야 하므로 어느 하나의 요소라도 결한 자－예를 들어 비정규직의 요소(기간의 정함이 있거나 소정 근무시간이 짧은 경우)를 가지고 있는 자라도 근로자가 아니거나 근로자이더라도 비정규직의 요소가 없는 자는 기간제법 또는 파견법에 따른 차별시정을 신청할 수 없다. 근로자성이나 비정규성에 의문이 있는 사람이 차별시정을 신청하면 노동위원회는 신청권자가 비정규직 근로자에 해당하는지 여부를 심리한 후 당사자 적격이 없다고 판단하면 신청을 각하한다(노동위원회규칙 제109조 제1항 및 제60조 제1항 제3호).

1) 기간제근로자

차별시정의 신청권자가 될 수 있는 '기간제근로자'란 기간제 근로계약을 체결한 근로자를 말한다(기간제법 제2조 제1호). 근로계약에 기간의 정함이 있는 한 그 기간의 길이 곧 장단은 문제되지 않으며, 명칭(예를 들어 계약직, 촉탁직, 이사대우, 일용공, 임시공, 계절근로자, 계약사원, 아르바이트, 촉탁사원, 파트타임사원 등)도 상관이 없다.

시용·수습 근로자는 시용·수습을 목적으로 하는 기간제 근로계약을 체결한 경우 기간제근로자에 해당하므로 차별시정을 신청할 수 있다. 노동위원회는 6개월간 현장실습을 수행한 실습생을 기간제근로자로 인정하여 차별적 처우 여부를 판단한 바 있다.[194)]

기간제법이 시행된 2007. 7. 1. 이후 2년을 초과하여 기간제근로자로 사용되어 기간의 정함이 없는 근로계약을 체결한 근로자로 간주된 경우(기간제법 제4조 제2항), 신청인적격이 인정되는지 문제된다. 노동위원회는 무기계약직으로 간주된 근로자는 기간제법상 기간제근로자에 해당하지 않으므로 차별시정 신청권이 없다고 보고 있고,[195)] 학계에서도 해석론으로는 신청권을 인정할 수 없다고 보는

---

194) 중앙노동위원회 2013. 5. 6. 판정 2013차별4. 기아자동차 광주공장 현장실습생들에 대하여, "기본시급, 근무시간 및 장소를 정해 놓고 근로를 제공한 후 근무한 시간에 따라 보수를 계산하고 연장근로수당 등이 포함된 임금을 매월 10일에 정기적으로 지급 받아 왔으므로 근로자이며, 기간을 정하고 근로하였으므로 기간제근로자"라고 하면서, 정규직 근로자에게 지급한 상여금을 실습생에게 지급하지 않은 것은 합리적 이유가 없다고 하였다.
다만 노동위원회의 위 심판절차는 고용노동부장관의 시정요구 및 통보에 의하여 개시되었는데, 법원은 시정요구조항 시행 전에 종료된 차별적 처우에 대하여 고용노동부장관이 소급하여 시정요구를 할 수 없다는 이유로 위 판정을 취소하였다[서울행정법원 2014. 2. 13. 선고 2013구합14672 판결(확정)].

195) 서울지방노동위원회 2010. 9. 7. 판정 2010차별7; 부산지방노동위원회 2010. 10. 6. 판정 2010차별8

견해가 일반적인 것으로 보인다.196) 그러나 이러한 해석에 따르면 기간제근로자는 고용안정과 차별해소 가운데 하나를 택일적으로만 보장받을 수 있어 차별시정제도의 취지가 크게 훼손되는 문제점이 있다. 따라서 무기계약간주근로자에게도 차별시정 신청권을 확대하거나 근로조건을 보장하여야 한다는 입법론이 제기된다[자세한 내용은 아래 5) 참조]. 물론 기간제근로자가 기간제법 제4조 제2항에 따라 기간의 정함이 없는 근로자로 간주되는 경우에도 기간제근로자였을 당시의 차별적 처우에 대해서는 제척기간 6개월이 지나지 않았다면 차별시정을 신청할 수 있다[자세한 내용은 아래 4) 참조].

한편 수차례 기간제 근로계약을 반복 갱신하여 기간의 정함이 단지 형식에 불과한 것으로 인정되는 근로자에게 신청인 적격을 인정할 것인지에 관하여 종래 논의가 있었다. 차별시정제도 시행 초기에 노동위원회는 사실상 기간의 정함이 없는 근로계약을 체결한 근로자로 보아 신청을 각하하였으나,197) 근로관계의 존속 보호를 위한 법리를 신청권을 부정하는 근거로 원용하는 것은 부적절하다는 비판이 제기되었다.198) 이에 중앙노동위원회는 이른바 마산문화방송사건에서 입장을 바꾸어 '기간제법 시행 후 근로계약을 체결하고 계속근로한 기간이 2년을 초과하지 않는 근로자'는 기간제법상 기간제근로자에 해당한다고 하여 차별시정 신청권을 인정하였고,199) 판례 역시 같은 입장을 취하였다.200) 하지만 위 법리는 '기간제법 시행 후 계속근로한 기간이 2년을 초과하지 않는 근로자', 즉 무기계약근로자 간주조항이 적용되지 않는 근로자에게 적용되므로, 기간제법 시행 후 10년이 지난 현재는 ① 수차례 기간제 근로계약을 반복 갱신하였으나 총 근로기간이 2년 이하인 근로자,201) ② 2년을 초과하여 기간제근로자를 사용할 수 있는 특례규정(기간제법 제4조 제1항 단서)의 적용을 받는 근로자202)에게 차별시정 신청

196) 유성재, 비정규 근로자에 대한 차별금지에 관한 연구, 「중앙법학」 제11집 제1호, 중앙법학회, 2009, 505쪽.
197) 중앙노동위원회 2008. 6. 25. 판정 2008차별20; 중앙노동위원회 2008. 3. 31. 판정 2007차별22,23,24,25.
198) 박주영, "비정규직 차별사건의 쟁점과 과제－노동위원회의 차별판단기준의 문제점을 중심으로－", 「민주법학」, 제37호, 민주주의법학연구회, 2008, 214쪽.
199) 중앙노동위원회 2009. 5. 20. 판정 2009차별3,4.
200) 서울행정법원 2010. 2. 18. 선고 2009구합26234 판결(확정).
201) 현실적으로 이러한 경우를 상정하기는 어려울 수 있다.
202) 중앙노동위원회 2012. 2. 7. 판정 2011차별6. 이 사건의 근로자는 2007. 7. 1. 기간제법 시행 이후에도 4회에 걸쳐 기간제 근로계약이 반복 갱신되었으나, 정년퇴직 후 기간제 근로계약을 체결한 고령자로서 기간제법 제4조 제1항 단서 제4호의 적용을 받으므로 차별시정을 신청할 수 있는 기간제근로자에 해당한다고 보았다.

권을 부여하는 제한적인 의미가 있다.

2) 단시간근로자

'단시간근로자'라 함은 1주간의 소정근로시간이 그 사업장에서 같은 종류의 업무에 종사하는 통상 근로자의 1주 동안의 소정근로시간에 비하여 짧은 근로자를 말한다(기간제법 제2조 제2호 및 근기법 제2조 제8호). 단시간근로자는 시간제, 파트타임, 주부사원, 아르바이트 등 그 명칭을 불문하며 사용형태 역시 고려하지 않는다.

통상 근로자와 비교하여 소정근로시간이 짧기만 하면 되고 짧은 정도는 상관없으므로, 근기법 제18조 제3항의 '1주 동안의 소정근로시간이 15시간 미만인 단시간근로자'의 경우도 차별시정의 신청인 자격을 가지는 데에는 아무런 문제가 없다.

소정근로시간이 동종 업무에 종사하는 통상 근로자보다 짧은 이상 연장근로 등에 의해 실근로시간이 통상 근로자보다 짧지 않은 이른바 명목상 단시간근로자도 차별시정의 신청인이 될 수 있는 단시간근로자에 해당한다. 판례 역시 통상 근로자의 소정근로시간(일 8시간)에 미치지 못하는 단시간 근로계약을 체결한 근로자가 경영여건의 변화에 따라 실제로 8시간 이상을 근무하였다는 사정만으로 근로자와 회사 사이에 소정근로시간을 8시간으로 변경하기로 하는 내용의 묵시적 합의가 이루어졌다고 보기 어렵다고 하면서, 차별시정을 구할 신청자격을 인정한 바 있다.[203)]

한편 근기법상 단시간근로자는 '같은 종류의 업무'에 종사하는 통상근로자가 존재할 것을 전제로 개념이 구성되어 있는데 반해, 기간제법상 차별시정제도에서 비교대상근로자는 '동종 또는 유사한 업무'에 종사하는 통상근로자를 기준으로 하도록 되어 있다. 만약 신청인과 같은 종류의 업무에 종사하는 통상 근로자가 없는 경우에 같은 사업장에서 '유사한 업무'에 종사하는 통상 근로자를 기준으로 소정근로시간을 비교하여 단시간근로자로서 신청인적격을 인정할 수 있는지 문제될 수 있다(예컨대 신청인은 1일 6시간 근무하는 판매담당자이고 나머지 근로자는 모두 1일 8시간 근무하는 구매담당자인 경우).

중앙노동위원회는 대학교 시간강사가 신청인이 된 사건에서 전임강사는 같은 종류의 업무에 종사하는 통상 근로자가 아니므로 시간강사를 단시간근로자로 볼

---

203) 서울행정법원 2012. 1. 12. 선고 2011구합8734 판결(확정).

수 없다고 한 바 있다.[204] 생각건대 기간제법이 명시적으로 유사한 업무에 종사하는 통상 근로자와의 비교를 허용하고 있음에도 동종 근로자가 아니라는 이유만으로 단시간근로자의 신청인적격을 부인하는 것은, 결과적으로 단시간근로자의 비교대상자를 동종업무 종사자로 제한하는 것이 되어 차별시정제도의 취지를 몰각시키게 되므로 타당하지 않다. 따라서 단시간근로자의 차별시정 신청인적격을 판단하는 경우에는 '동종 또는 유사한 업무'에 종사하는 통상 근로자를 기준으로 소정근로시간을 비교하여야 한다.[205]

3) 파견근로자

차별 시정을 신청할 수 있는 '파견근로자'라 함은 파견사업주가 고용한 근로자로서 근로자파견의 대상이 되는 자를 말한다(파견법 제2조 제5호).

근로자 사용관계의 실질은 파견근로에 해당하지만 외양상 도급이나 업무위탁의 형식을 취하는 이른바 위장 도급의 경우에도 근로자를 사용하는 근거가 되는 계약의 형식과 상관없이 그 실질이 근로자파견에 해당한다면 해당 근로자는 차별 시정을 신청할 수 있다.[206] 파견근로자의 지위에서 노동위원회에 차별시정신청을 하는 절대다수가 위장도급 사례라는 점에서[207] 노동위원회와 법원의 위와 같은 판단은 타당하다고 할 수 있다. 위장 도급을 주장하는 근로자로부터 차별시정신청이 제기된 경우 노동위원회는 그 사용관계가 진정한 도급인지 아니면 실질적인 근로자파견인지 여부를 독자적으로 조사·검토하여 신청인의 당사자적격을 심사하여야 한다.[208]

파견대상업무나 파견기간을 위반한 근로자파견 또는 무허가 근로자파견과 같

---

204) 중앙노동위원회 2008. 5. 14. 판정 2008차별15.

205) 박은정, "기간제법의 쟁점에 관한 제언", 「노동법학」, 제64호, 한국노동법학회, 2017, 9-10쪽도 같은 취지이다. 향후 기간제법 개정 시 근기법상 단시간근로자에 대한 정의를 활용하지 않고 기간제법에 직접 규정하여 단시간근로자의 당사자 적격성을 넓힐 필요가 있다면서 입법론으로 접근하는 견해로, 김영국, "비정규직 차별시정제도를 둘러싼 주요 쟁점과 과제", 「아주법학」, 제7권 제4호, 2014, 219쪽.

206) 중앙노동위원회 2009. 4. 27. 판정 2009차별2; 서울행정법원 2009. 12. 11. 선고 2009구합22164 판결(확정).

207) 2007. 7.부터 2012. 11.까지 파견근로자의 지위에서 차별시정신청을 하여 판정한 사건 총 15건 중 14건이 위장도급의 불법파견근로자임을 주장하는 사건이었다.-강선희, "비정규직 차별시정 관련 판정 및 판례 분석", 제3차 고용차별개선연구회 회의(워크샵), 경제사회발전노사정위원회, 2016, 8쪽 참조.

208) 충남지방노동위원회 2008. 11. 4. 2008차별1. 이 사건에서 충남지노위는 우선 대전지방노동청 천안지청에 불법파견 여부 조사를 요청하였고, 노동청은 법위반 사실이 없어 내사 종결하였음을 충남지노위에 통보하였다. 그러나 충남지노위는 차별시정위원회에서 자체적으로 불법파견 여부에 대한 현지 조사를 실시하여 불법파견임을 전제로 차별시정 구제명령을 내렸다.

이 불법파견으로 인하여 사용사업주에게 직접고용의무가 발생한 경우에도(파견법 제6조의2 제1항), 사용사업주가 그 의무를 이행하지 않고 있는 상태에서는 파견근로자의 지위가 그대로 유지되므로,[209] 신청인 자격이 있다. 물론 사용사업주가 파견근로자를 직접 고용하거나, 사용사업주를 상대로 한 고용의 의사표시에 갈음하는 판결이 확정되어 직접고용관계가 성립된 이후에는 파견근로자로서의 지위를 상실하므로 신청인 적격성이 부인될 것이다.[210] 이 경우에도 직접고용 되기 전의 차별적 처우에 대해서는 시정신청을 할 수 있음은 물론이다.

4) 비정규직 근로자 지위의 존재 시점

비정규직 근로자로서의 지위는 사용자의 차별적 처우가 있었던 때에 있으면 충분하고 차별 시정을 신청할 당시에 그 지위를 유지하고 있어야 하는 것은 아니다. 따라서 퇴직하였거나 정규직으로 전환되어 비정규직 근로자가 아니게 된 사람이더라도 차별적 처우가 있었던 때에 비정규직 근로자였던 사람은 차별 시정의 신청인이 될 수 있다. 예컨대 기간제근로자가 기간제법 제4조 제2항에 따라 기간의 정함이 없는 근로자로 간주되더라도 기간제근로자였을 당시의 차별적 처우에 대해서는 제척기간 6개월이 지나지 않았다면 차별 시정을 신청할 수 있다.

한편 기간제근로자가 단시간근로자로 변경되거나 단시간근로자가 기간제근로자로 변경된 경우 또는 파견근로자가 사용사업주에게 직접 고용되면서 기간제근로자로 된 경우 등 고용 형태가 변경된 때에는, 각각의 고용 형태별로 비교 대상 근로자, 불리한 처우의 대상 범위, 합리적 이유의 범위 등이 달라지므로, 차별 시정을 신청한 시점의 고용 형태가 아니라 차별적 처우가 있었던 시점의 고용 형태를 기준으로 판단을 해야 할 것이다.

5) 신청인적격의 확대 문제

가) 노동조합

현행 차별시정제도는 신청권자를 차별적 처우를 받은 비정규직 근로자 당사자

---

209) 서울고등법원 2017. 2. 10. 선고 2014누49625등 판결(현대자동차 사건) 참조. 이 판결은 직접고용 의무가 발생하더라도 사용사업주의 고용의 의사표시가 없는 한 고용관계가 성립하는 것은 아니므로 직접고용관계를 전제로 임금지급을 청구할 수는 없고, 직접고용근로자의 임금과 차액 상당액을 고용의무 불이행으로 인한 손해배상으로 청구할 수 있다고 하였다.

210) 파견근로자가 파견기간 제한을 위반한 사용사업주를 상대로 고용 의사표시에 갈음하는 판결을 청구하여 승소 확정되면 사용사업주와 파견근로자 사이에 직접고용관계가 성립한다는 것에, 대법원 2015. 11. 26. 선고 2013다14965 판결 참조.

로 한정하고 있다. 그러나 차별시정신청을 하면 재계약이 거부되거나 인사상 불이익이 예상되는 반면 차별이 인정되더라도 상대적으로 보상수준이 낮기 때문에 개별 근로자가 직접 신청하는 것은 어려움이 있을 수밖에 없다. 이러한 신청인자격 제한은 차별시정 신청 건수의 저조로 이어지고 있다. 따라서 차별시정제도를 활성화하여 불합리한 차별적 처우를 개선하기 위하여 노동조합에게도 신청권을 부여할 필요가 있다.[211)]

비정규직 근로자에 대한 차별적 처우는 대체로 해당 사업장의 비정규직 근로자 전체와 관계된 집단적 성격을 띠고 있으므로, 집단적 차별에 대해 집단적 구제를 인정하는 것이 신속하고 효과적인 차별시정이라는 제도의 취지에 부합한다. 일각에서는 노동조합에 신청인적격을 부여하는 경우 신청권 남용을 우려하는 견해도 있으나,[212)] 노동조합에 신청권을 인정하는 것은 조합원의 근로조건 유지·개선이라는 노동조합의 본연의 역할을 제고하기 위한 최소한의 조치라고 볼 수 있다.[213)]

나) 무기계약간주근로자

기간제근로자가 기간제법 제4조 제2항에 따라 기간의 정함이 없는 근로자로 간주되는 경우 해석론상 차별시정의 신청권을 인정하기 어렵다는 점은 앞서 살펴보았다. 그러나 무기계약근로자로 간주되었다고 하더라도 종래의 차별이 그대로 유지되는 경우가 많아 그 근로조건은 정규직 근로자나 정규직 전환자의 근로조건과 현격한 차이를 보이고 있고 오히려 비정규직 근로자의 근로조건과 유사한 수준으로 파악되고 있다.[214)] 따라서 이 경우에도 여전히 차별해소의 필요성이 있으므로, 무기계약간주근로자 역시 신청권자에 포함하는 것이 입법론적으로 바람직하다.[215)] 나아가 무기계약근로자로 간주되는 경우 차별시정신청이라는 절차

---

211) 강성태, “비정규직법 시행 1년의 평가－차별시정제도의 현황과 개선과제를 중심으로”, 「법학논총」, 제25집 제4호, 한양대학교 법학연구소, 2008, 180쪽; 전윤구, “비정규직 관계법의 입법적 개선방향”, 「노동법학」, 제28호, 한국노동법학회, 2008, 374쪽; 조용만, “비정규직 차별금지의 쟁점과 과제”, 「노동법학」, 제42호, 한국노동법학회, 2012, 12－13쪽; 권태령, 「비정규직 근로자 보호 제도에 관한 법적 연구－차별시정제도를 중심으로」, 동아대학교 대학원 박사학위 논문, 2014, 162－164쪽.

212) 박종희, “차별시정제도 시행 1주년 평가와 향후 입법정책적 논의 방향”, 「월간노동리뷰」, 제47호, 한국노동연구원, 2008, 41－42쪽.

213) 2018. 8. 현재 노동조합의 신청권을 인정하는 내용의 법안이 국회에 계류 중이다. 홍영표 의원 대표발의 기간제 및 단시간근로자 보호 등에 관한 법률 일부개정법률안(의안번호 1239)이 있다.

214) 권태령, 「비정규직 근로자 보호 제도에 관한 법적 연구－차별시정제도를 중심으로」, 동아대학교 대학원 박사학위 논문, 2014, 164－165쪽.

215) 강성태, “비정규직법 시행 1년의 평가－차별시정제도의 현황과 개선과제를 중심으로”, 「법학논총」,

를 거치지 않고, 곧바로 동종·유사 업무에 종사하는 정규직 또는 다른 무기계약직 근로자와 동등한 근로조건을 보장하는 규정을 입법하는 방식도 대안으로 제시되고 있다.[216]

나. 상대방

1) 차별시정명령의 이행의무자

비정규직 근로자가 차별시정신청을 함에 있어서는 시정명령의 이행의무자를 상대방으로 기재하여야 하므로, 차별시정신청의 피신청인은 곧 차별시정명령의 이행의무자라고 할 것이다.

앞서 살펴본 바와 같이 차별 금지의 의무자는 근기법상의 사용자, 즉 사업주, 사업경영담당자, 그 밖에 근로자에 관한 사항에 대하여 사업주를 위하여 행위하는 자(근기법 제2조 제1항 제2호)이다. 그런데 차별 금지의 의무자와 차별시정명령의 이행의무자는 개념적으로 구별된다는 전제 하에, 차별시정절차의 피신청인 및 시정명령의 이행의무자로서의 사용자는 근로계약 체결의 당사자인 사업주(개인기업인 경우에는 개인 기업주, 법인인 경우에는 법인 그 자체)에 한정된다는 견해가 있다.[217] 그러나 법문상 차별시정절차의 피신청인 및 시정명령의 이행의무자인 사용자를 사업주로 한정할 근거가 없을 뿐 아니라 차별 금지의 의무자와 시정명령의 이행의무자가 일치하는 것이 차별시정제도의 취지에 더욱 부합한다. 지점장이나 지소장이 한 차별적 처우에 대해서는 이들에게 직접 시정명령을 내리거나 과태료를 부과할 필요성이 있으므로, 사업의 경영 담당자나 사업주의 이익 대표자도 차별시정절차의 피신청인 및 시정명령의 이행의무자가 되는 것으로 해석해야 한다.

2) 파견근로자가 신청인인 경우

파견근로자가 차별시정을 신청하는 경우 파견사업주와 사용사업주 가운데 누구를 피신청인으로 할 것인지 논의가 있다. 실제 차별시정사건에서 파견근로자는 사용사업주와 파견사업주 모두를 피신청인으로 기재하여 시정신청을 하고 있으므로, 이는 노동위원회가 파견사업주와 사용사업주 가운데 누구를 이행의무자로

제25집 제4호, 한양대학교 법학연구소, 2008, 182쪽.

216) 윤애림, "새로운 차별적 고용형태로서 무기계약직의 실태와 쟁점", 「산업노동연구」, 제15권 제2호, 한국산업노동학회, 2009, 58쪽.

217) 고용노동부, 「기간제·단시간·파견근로자를 위한 '차별시정제도'를 알려드립니다」, 2012, 25쪽.

하여 시정명령을 발령할 것인지의 문제가 된다.

종래 노동위원회는 파견법 제34조 제1항이 파견사용주와 사용사업주의 책임영역을 구분하고 있음을 근거로 하여, 예컨대 해고·임금·연차유급휴가 등과 관련한 차별적 처우는 파견사업주에 대하여, 근로시간·휴게·휴일과 관련한 차별적 처우는 사용사업주에 대하여 시정명령을 내려야 한다는 태도를 보였다(책임영역 구별설).[218] 그러나 이에 관해서는 파견사업주와 사용사업주가 연대책임을 부담해야 한다는 학계의 비판이 계속하여 제기되었으며,[219] 노동위원회는 2015년 이른바 모베이스 사건에서 입장을 바꾸어 파견사업주뿐만 아니라 사용사업주에게도 차별적 처우의 금지 및 시정의무가 연대하여 존재한다고 하였다(연대책임설).[220]

법원 역시 임금 등 파견사업주에게 1차적 책임이 인정되는 영역에 있어 사용사업주에게도 차별시정신청의 피신청인 적격이 인정된다고 하면서, 파견근로자가 사용사업주의 근로자와 동등한 임금을 지급 받지 못한 귀책사유가 사용사업주와 파견사업주 중 어느 쪽에 있는지를 가려서, 사용사업주 또는 파견사업주 중 한쪽에 있는 경우에는 그에게만 시정의무 및 배상의무를 부담하도록 하여야 할 것이나, 양쪽 모두에 있는 경우 차별시정신청자인 파견근로자의 구제를 위하여 사용사업주와 파견사업주가 연대하여 책임을 부담한다고 판단하였다.[221]

① 파견법 제21조 제1항은 파견사업주와 사용사업주 모두에게 차별적 처우 금지의무를 부여하고 있고 차별 금지의 의무자와 시정명령의 이행의무자는 일치하는 것이 논리적인 점, ② 파견법 제21조 제3항에서 "사용자"를 "파견사업주 또는 사용사업주"로 본다고 규정하고 있으나, 이는 파견사업주 또는 사용사업주 중 한쪽에만 귀책사유가 있는 경우를 상정한 것으로서, 파견사업주와 사용사업주가 차별적 처우에 대한 책임을 동시에 부담하는 경우를 배제하는 취지로 볼 수 없는 점, ③ 파견법 제34조 제1항은 근기법의 적용에 있어 누구를 사용자로 볼 것인지를 정한 규정에 불과하므로, 그 문언의 범위를 넘어 차별시정제도에 적용하여야 한다고 볼 수는 없는 점, ④ 파견사업주가 시정명령을 이행할 여력이 없

218) 중앙노동위원회 2009. 4. 27. 판정 2009차별2; 중앙노동위원회, 「차별시정업무 매뉴얼(위원용)」, 2012, 25쪽.

219) 박종희, "파견근로자에 대한 차별금지 판단의 대상과 내용", 「월간 노동법률」, 제227호, 중앙경제, 2010. 69쪽; 조상균, "비정규직 차별시정제도의 쟁점 및 전망", 「동아법학」, 제64호, 동아대학교 법학연구소, 2014, 9－10쪽; 조용만, "비정규직 차별금지의 쟁점과 과제", 「노동법학」, 제42호, 한국노동법학회, 2012, 11－12쪽.

220) 중앙노동위원회 2015. 6. 30. 판정 2015차별3~11(병합).

221) 서울행정법원 2016. 11. 18. 선고 2015구합70416 판결(확정).

거나 폐업 등으로 대응하는 경우 차별시정제도의 실효성을 보장하기 위해서는 사용사업주에게도 차별시정의무를 부과할 필요성이 있는 점 등을 고려하면, 책임 영역을 구분하지 않고 파견사업주와 사용사업주 양자 모두 차별시정신청의 피신청인 적격을 인정함이 타당하다.

3) 국가 및 지방자치단체가 피신청인인 경우

노동위원회의 시정명령은 행정처분에 해당하여 국민의 권리와 의무에 영향을 미치고 그 이행의무자는 법원에 소송으로 불복할 수 있으므로, 차별시정신청의 피신청인은 소송상 당사자능력이 있는 자여야 한다. 따라서 중앙행정기관인 교육과학기술부나 교육시설에 불과한 대학교는 차별시정신청의 피신청인이 될 수 없다.[222)]

국립대학교, 행정기관 등 국가 소속기관에 종사하는 비정규직 근로자의 경우 차별시정신청의 상대방은 '대한민국'으로 한다. 다만 국가 소속기관이라도 별도의 법인으로 설립된 경우에는 해당 법인이 피신청인이 된다. 국·공립학교의 초빙교사나 기간제 교원의 경우 교육공무원에 해당하므로 차별시정신청의 상대방은 대한민국이다.

지방자치단체 소속 기관에 종사하는 근로자의 경우 피신청인은 해당 지방자치단체가 된다. 물론 지방자치단체의 하부기관이라도 별도의 법인으로 설립된 경우 해당 법인이 피신청인이 된다. 공립 초·중등학교에서 교원의 신분을 갖지 않고 근무하는 병설유치원 임시강사, 학교회계직원 등은 교육공무원법의 적용을 받지 않으므로 차별시정신청의 상대방은 공립학교의 설립·경영의 주체로서 사업주라고 볼 수 있는 지방자치단체가 된다(초·중등교육법 제3조 참조).[223)]

다. 신청의 이익

기간제근로자가 차별적 처우에 대한 시정신청을 한 후에 근로관계가 종료된 경우에도 노동위원회의 시정절차 또는 노동위원회의 시정명령을 다투는 행정소송절차를 계속할 이익이 있는지 문제된다.

기간제법 제13조 제1항은 시정명령의 내용으로 차별적 행위의 중지, 임금 등

---

222) 서울행정법원 2009. 2. 6. 선고 2008구합22747 판결(확정). 이 판결은, '국립대학교 총장'은 대한민국의 업무집행기관에 불과하므로 이를 피신청인으로 하는 것은 부적절하다고 하였다.
223) 김인재, "학교회계직원의 근로관계 쟁점과 고용안정 방안", 「노동법연구」, 제31호, 서울대학교 노동법연구회, 2011, 289쪽.

근로조건의 개선 외에도 '적절한 배상'을 함께 규정하고 있다. 이러한 금전배상명령은 과거에 있었던 차별적 처우의 결과로 남아 있는 불이익을 금전적으로 전보하기 위한 것이다. 따라서 근로계약기간의 만료 여부는 차별적 처우로 인한 손해에 대해 적절한 금전배상을 구할 시정이익과는 무관한 것이다. 결국 시정신청 후 비정규직 근로자가 그 지위를 상실하더라도 이미 계속된 노동위원회의 시정절차 및 법원의 행정소송절차가 중단되거나 효력을 상실한다고 볼 수는 없다.

판례 역시, 기간제법상 차별시정절차는 사용자의 차별적 처우로 말미암아 기간제근로자에게 발생한 불이익을 해소하여 차별적 처우가 없었더라면 존재하였을 상태로 개선함으로써 기간제근로자에 대한 불합리한 차별을 바로잡고 근로조건 보호를 강화하려는 데에 그 주된 목적이 있으며, 기간제근로자 지위를 회복하거나 근로계약기간 자체를 보장하기 위한 것은 아니므로, 시정명령의 하나인 배상명령은 근로계약기간이 만료한 경우에도 발할 수 있다고 하였다. 시정절차 진행 도중에 근로계약기간이 만료하였다는 이유만으로 기간제근로자가 차별적 처우의 시정을 구할 시정이익이 소멸하지 않는다는 것이다.[224)]

3. 신청 절차

〈기간제법〉

제9조(차별적 처우의 시정신청) ① … 다만, 차별적 처우가 있은 날(계속되는 차별적 처우는 그 종료일)부터 6월이 경과한 때에는 그러하지 아니하다.

② 기간제근로자 또는 단시간근로자가 제1항의 규정에 의한 시정신청을 하는 때에는 차별적 처우의 내용을 구체적으로 명시하여야 한다.

③ 제1항 및 제2항의 규정에 따른 시정신청의 절차·방법 등에 관하여 필요한 사항은 「노동위원회법」 제2조 제1항의 규정에 따른 중앙노동위원회가 따로 정한다.

〈파견법〉

제21조(차별적 처우의 금지 및 시정 등) ③ 제2항의 규정에 따른 시정신청 그 밖의 시정절차 등에 관하여는 「기간제 및 단시간근로자 보호 등에 관한 법률」 제9조 내지 제15조 및 제16조(동조 제1호 및 제4호를 제외한다)의 규정을 준용한다. 이 경우 "기간제근로자 또는 단시간근로자"는 "파견근로자"로, "사용자"는 "파견사업주 또는 사용사업주"로 본다.

---

224) 대법원 2016. 12. 1. 선고 2014두43288 판결.

가. 신청기간

1) 원칙

차별시정의 신청은 차별적 처우가 있은 날(계속되는 차별적 처우는 그 종료일)부터 6개월 이내에 하여야 한다. 차별시정제도가 2007년 처음 시행될 때는 차별적 처우가 있은 날로부터 3개월 이내에 구제신청을 하도록 했으나, 신청기간이 지나치게 짧다는 지적에 따라 제도를 활성화하기 위하여 2012년에 6개월로 개정한 것이다.

여기서 정하고 있는 6개월은 이른바 제척기간으로서 그 기간이 경과하면 차별시정을 신청할 권리는 소멸된다.[225] 따라서 차별적 처우가 있는 날로부터 6개월이 경과한 후에 제기된 차별시정신청은 각하된다. 그러나 제척기간이 경과한 후에도 법원에 민사소송을 제기하는 등 다른 구제절차를 이용하는 것은 물론 가능하다.

'차별적 처우가 있은 날'이라는 기산점과 관련하여, 차별시정신청에 따른 고용관계의 종료라는 위험부담을 덜어주기 위하여 '고용관계가 종료된 날'로 개선할 필요가 있다거나,[226] 비정규직 근로자가 정규직 근로자의 근로조건 등을 구체적으로 알기가 어려운 현실을 고려하여 '차별적 처우가 있음을 안 날'을 기산점으로 하는 것이 타당하다는 비판이 있다.[227]

2) 계속되는 차별적 처우

'계속되는 차별적 처우'와 관련해서는 그 종료일을 기산점으로 한다는 특칙을 정하고 있다. 이러한 것의 대표적인 예로는 복리후생시설의 이용, 작업복의 지급, 불리한 근로시간대의 배치 등을 들 수 있다.

계속되는 차별적 처우에 '임금'이 포함되는지 문제된다. 임금은 사용자가 근로의 대가로 근로자에게 지급하는 일체의 금품으로서 근로관계가 유지되는 이상 매일 계속적으로 발생하는 것이고, 임금지급일에 비로소 발생하는 것이 아니다. 따라서 임금을 정규직 근로자에 비하여 차별하여 지급한 경우 매월 임금지급일

225) 대법원 2011. 12. 22. 선고 2010두3237 판결.
226) 박종희, "차별시정제도 시행 1주년 평가와 향후 입법정책적 논의 방향", 「월간노동리뷰」, 제47호, 한국노동연구원, 2008, 47-48쪽.
227) 강성태, "비정규직법 시행 1년의 평가-차별시정제도의 현황과 개선과제를 중심으로", 「법학논총」, 제25집 제4호, 한양대학교 법학연구소, 2008, 181쪽.

로부터 신청기간을 산정할 것이 아니라, 계속되는 차별적 처우로 보아 그 종료일로부터 기산하여야 한다. 판례 역시 사용자가 계속되는 근로 제공에 대하여 기간제근로자 또는 단시간근로자에게 차별적인 규정 등을 적용하여 차별적으로 임금을 지급하여 왔다면 특별한 사정이 없는 이상 그와 같은 임금의 차별적 지급은 기간제법 제9조 제1항 단서가 정한 '계속되는 차별적 처우'에 해당한다고 판시하여 같은 입장이다.[228] 다만 지급사유의 발생이 불확정적이고 일회적으로 지급되는 성과상여금은 임금이라고 볼 수 없어 계속되는 차별적 처우로 보기 어렵다.[229]

법문은 '계속되는 차별적 처우는 그 종료일'이라고 하여 제척기간의 기산점만을 정하고 있는데, 종료일로부터 6개월의 제척기간을 준수한 경우 6개월 이전의 차별적 처우도 시정 대상이 되는지에 관하여 논의가 있다. 판례는 계속되는 차별적 처우의 경우 그 종료일부터 6월 이내에 시정을 신청하였다면 그 계속되는 차별적 처우 전체에 대하여 제척기간을 준수한 것이 된다고 한다.[230] 위 특칙의 취지는 계속되는 차별적 처우는 하나의 차별 행위로 보아 그 전체의 차별적 처우에 대해서 시정신청을 허용하려는 것이므로, 판례의 태도는 타당하다.

파견근로자가 동일한 사용사업주의 사업장에서 계속하여 근무하면서 차별적 처우를 받아 왔고, 다만 그 기간 중 소속 파견사업주만이 변경되었다면, 사용사업주의 차별적 처우에 대한 차별시정의 제척기간은 파견사업주와의 근로계약 종료일이 아니라 사용사업주와의 근로관계 종료일로부터 기산되어야 한다. 법문이 근로계약의 종료일이 아니라 차별적 처우의 종료일이라고 명시하고 있고, 파견근로자의 경우 소속 파견사업주의 변경은 근로조건에 큰 영향을 미치지 못하고 사용사업주의 차별적 처우 여부가 실질적 쟁점이기 때문이다. 판례 역시 위와 같이 소속 파견사업주가 변경된 사안에서 사용사업주와의 근로관계 종료일로부터 6개월의 기간 내에 제기된 파견근로자의 차별시정 신청은 적법하다고 보았다.[231]

3) 기간제법 시행 이전에 차별적 처우의 근거가 발생한 경우

차별시정제도 시행 초기의 특수한 문제로, 법 시행 전에 작성된 취업규칙이나

---

228) 대법원 2011. 12. 22. 선고 2010두3237 판결; 대법원 2012. 11. 15. 선고 2011두11792 판결(교통비와 중식대).

229) 서울고등법원 2010. 1. 13. 선고 2009누17614 판결(확정).

230) 대법원 2011. 12. 22. 선고 2010두3237 판결; 대법원 2012. 11. 15. 선고 2011두11792 판결.

231) 서울행정법원 2016. 11. 18. 선고 2015구합70416 판결(확정).

단체협약 등에 근거하여 법 시행 후에 차별적 처우가 이루어진 경우 차별시정 신청을 할 수 있는지 논의가 있었다.

이에 대하여 판례는, 기간제 근로자에 대하여 합리적 이유 없는 불리한 내용의 임금의 지급 또는 근로조건의 집행 등과 같은 구체적인 차별행위가 기간제법의 차별금지 규정이 시행된 이후에 행하여진 경우에는, 그와 같은 구체적인 차별행위의 근거가 되는 취업규칙의 작성, 단체협약 내지 근로계약의 체결 또는 근로의 제공 등이 위 차별금지 규정의 시행 전에 이루어졌다 하더라도 원칙적으로 차별금지 규정이 적용된다고 보았다.[232] 이 판결은 구체적인 차별행위는 법 시행일 이후에 행하여졌으나 그 근거가 된 취업규칙 등은 법 시행일 이전에 마련된 경우에도 기간제법의 차별금지규정이 적용될 수 있다는 점을 명확히 한 것이다.

나. 신청 절차 등에 관한 규칙

기간제법 제9조 제3항은 시정신청의 절차·방법 등에 관한 사항은 중앙노동위원회가 따로 정한다고 하고 있다. 이에 따라 중앙노동위원회는 「제6장 비정규직 차별시정」 부분에서 시정신청의 절차 등을 규율하고 있다. 여기에는 기간제법 제9조에서 위임한 신청 절차뿐 아니라 제10조에서 위임한 '조사·심문의 방법 및 절차'와 제11조에서 위임한 '조정·중재의 방법'을 상세히 정하고 있다.

다. 신청 방법

1) 신청서의 제출

신청인은 '차별적 처우 시정 신청서'를 관할 노동위원회에 제출하여야 하는바, 그 신청서에는 아래의 5가지 사항을 필수적으로 기재하여야 한다(노동위원회규칙 제100조).

① 신청인인 근로자의 성명과 주소

② 피신청인인 사업주의 성명과 주소(파견근로자인 경우 파견사업주와 사용사업주를 모두 명시)

③ 신청 취지(청구할 시정 내용)

---

232) 대법원 2012. 1. 27. 선고 2009두13627 판결. 다만, 기간제법의 차별금지 규정이 시행되기 이전에 이미 형성된 법률관계에 대한 사용자의 정당하고 중대한 신뢰로 인하여 그 법률관계에 따른 결과가 위 규정 시행 후에 차별적 처우로 나타나더라도 사용자로 하여금 이를 철회·변경하거나 달리 회피하도록 기대할 수 없는 예외적 경우에는 신뢰보호와 법적 안정성의 관점에서 그 적용이 제한될 여지가 있다고 하였다.

<table>
<tr><th colspan="5">차별적 처우 시정 신청서</th></tr>
<tr><td rowspan="5">신청인</td><td>성 명</td><td colspan="3">(생년월일: , 성별:)</td></tr>
<tr><td>주 소</td><td colspan="3">(☎ :)</td></tr>
<tr><td>직위 및 담당업무</td><td></td><td>근무기간</td><td></td></tr>
<tr><td>차별처우 발생일</td><td colspan="3"></td></tr>
<tr><td>고용형태</td><td>□ 기간제근로자</td><td>□ 단시간근로자</td><td>□ 파견근로자</td></tr>
<tr><td rowspan="3">피신청인
(사용사업주)</td><td>사업장명</td><td></td><td>대 표 자</td><td></td></tr>
<tr><td>소 재 지</td><td colspan="3">(☎ :)</td></tr>
<tr><td>사업종류</td><td></td><td>근로자수</td><td></td></tr>
<tr><td rowspan="3">피신청인
(파견사업주)</td><td>사업장명</td><td></td><td>대 표 자</td><td></td></tr>
<tr><td>소 재 지</td><td colspan="3">(☎ :)</td></tr>
<tr><td>사업종류</td><td></td><td>근로자수</td><td></td></tr>
<tr><td colspan="2">신청취지</td><td colspan="3"></td></tr>
<tr><td rowspan="2">신 청 이 유</td><td>차별적 처우
내 용</td><td colspan="3"></td></tr>
<tr><td>잠 정 적
비교대상자</td><td colspan="3"></td></tr>
<tr><td colspan="5">「기간제 및 단시간근로자 보호 등에 관한 법률」 제9조 제1항 및 「파견근로자 보호 등에 관한 법률」 제21조 제2항의 규정에 따라 위와 같이 차별적 처우에 대한 시정을 신청합니다.

년 월 일

신청인 (서명 또는 날인)

○○ 지방노동위원회위원장 귀하</td></tr>
<tr><td>구비서류</td><td colspan="4">차별적 처우를 입증하는 자료</td></tr>
</table>

④ 차별적 처우의 구체적 내용

⑤ 신청일자

'차별적 처우 시정 신청서'의 양식(노동위원회규칙 별지 제35호 서식)에는 위 5가지 사항 외에 근무기간과 차별적 처우의 발생일을 기재하게 되어 있고, 고용형태를 특정하고 '잠정적 비교 대상자'를 기재하도록 하고 있으며, 차별적 처우를 입증하는 자료가 있는 경우에는 이를 첨부하도록 되어 있다.

2) 차별적 처우의 구체적 내용의 명시 정도

신청인은 자신이 비정규직 근로자이며 비교 대상 근로자에 비하여 임금 그 밖의 근로조건에서 불리한 처우를 받았다는 사실을 구체적으로 명시하여야 한다(기간제법 제9조 제2항). 후술하는 바와 같이 차별 시정과 관련된 분쟁에서 입증책임은 사용자에게 있으나 일단 차별시정절차가 개시되기 위해서는 그 시정을 요하는 사실관계에 대해서는 일차적으로 신청인이 잘 알고 있을 것이므로 차별적 처우의 구체적 내용을 명시하여 차별시정신청을 하도록 하고 있는 것이다.

그런데 법문에는 차별적 처우의 내용을 구체적으로 명시하여야 한다고만 하고 있을 뿐 어느 정도로 명시해야 하는가에 대해서는 밝히고 있지 않다. 원칙적으로 신청인이 명시해야 할 차별적 처우의 내용에는 i) 신청인이 비정규직 근로자라는 점, ii) 잠정적 비교대상자가 누구라는 점, iii) 불리한 처우의 내용과 정도에 관한 사항이 포함되어야 할 것이지만, 합리적인 이유는 피신청인이 제시·입증해야 할 사항이므로 불리한 처우가 불합리하다는 점까지 구체적으로 명시해야 할 필요는 없다. 차별적 처우의 내용 명시는 차별시정절차의 개시를 위해 요구되는 최소한의 특정에 지나지 않는 것이므로, 기재사항이 일부 누락되거나 명확하지 않은 경우에는 심사단계에서 보정을 요구하여 보완하도록 함이 바람직하고(노동위원회규칙 제101조, 제41조), 지나치게 상세한 명시를 요구하여 시정 절차의 개시 자체를 어렵게 해서는 안 될 것이다.

비교대상근로자를 어느 정도까지 특정하여야 하는지 문제될 수 있다. 앞서 '차별적 처우의 금지' 부분에서 살펴본 바와 같이 비교대상근로자는 당해 사업 또는 사업장의 직제상 존재하는 정규직 근로자이면 충분하고 그와 같은 직위나 호봉의 정규직 근로자가 실제로 근무하고 있을 것까지 필요로 하지 않는다.[233] 아울러 차별시정 신청서에도 '잠정적' 비교대상자를 기재하도록 하고 있으므로, 신청

233) 서울행정법원 2016. 11. 18. 선고 2015구합70416 판결(확정).

인은 차별시정 신청 시 반드시 특정 근로자의 이름이나 구체적인 직제를 지정하여야 하는 것은 아니고, 신청인에 대한 차별적 처우의 존재 여부가 확인될 정도로 비교대상자를 특정하면 충분하다.

한편 차별시정신청 시 특정한 비교대상근로자를 차별시정신청 이후 재심 단계에서 추가·변경할 수 있는지 문제된다. 재심단계에서 비교대상 근로자를 추가하는 것을 허용하지 않는다면 좁은 범위의 비교대상 근로자를 지정하여 기각판정을 받은 차별시정신청자는 제척기간의 도과로 인하여 구제를 받을 길이 없어지게 되고, 이를 방지하기 위하여 차별시정신청자가 동일 사업 또는 사업장 내의 모든 정규직 및 무기계약직 근로자를 비교대상 근로자로 지정할 경우 차별시정제도의 원활한 운영을 저해하게 된다. 근로자가 동일한 사용자에게 고용된 근로자 전반의 업무분장을 파악하는 것은 용이하지 않고, 노동위원회의 차별시정 신청사건 심리에 엄격한 처분권주의를 적용하여야 할 필요가 없으므로, 차별시정신청 이후 재심단계에서도 비교대상근로자의 추가·변경을 허용하여야 한다. 판례도 같은 입장이다.[234)]

4. 차별시정신청에 대한 심사

〈기간제법〉
제10조(조사·심문 등) ① 노동위원회는 제9조의 규정에 의한 시정신청을 받은 때에는 지체 없이 필요한 조사와 관계 당사자에 대한 심문을 하여야 한다.
② 노동위원회는 제1항의 규정에 의한 심문을 하는 때에는 관계 당사자의 신청에 의하거나 그 직권으로 증인을 출석하게 하여 필요한 사항을 질문할 수 있다.
③ 노동위원회는 제1항 및 제2항의 규정에 의한 심문을 함에 있어서는 관계 당사자에게 증거의 제출과 증인에 대한 반대심문을 할 수 있는 충분한 기회를 주어야 한다.
④ 제1항 내지 제3항의 규정에 의한 조사·심문의 방법 및 절차 등에 관하여 필요한 사항은 중앙노동위원회가 따로 정한다.

234) 서울고등법원 2017. 6. 9. 선고 2016누51667 선고 판결(대법원 2017. 10. 16. 선고 2017두50751 심리불속행 기각 판결로 확정).

가. 조사심문

1) 조사의 개시

노동위원회는 차별시정신청을 받은 때에는 지체 없이 필요한 조사와 관계 당사자에 대한 심문을 하여야 하는바(기간제법 제10조 제1항), 위원장은 차별시정신청서가 접수되면 지체 없이 사건 처리를 담당할 차별시정위원회를 구성하고 담당 조사관을 지정하여 조사를 개시하여야 한다(노동위원회규칙 제103조 제1항, 제104조 제1항).

노동위원회는 차별시정신청사건에 대한 증거자료가 필요하다고 판단하는 경우 당사자에게 관련 자료의 제출을 요구할 수 있고, 당사자의 주장이 일치하지 아니하는 때에는 당사자와 증인 또는 참고인을 출석시켜 조사할 수 있으며, 이 경우 진술서를 작성·제출하는 것으로 조사를 대신할 수 있다. 또한 차별시정위원이나 조사관은 사실관계 확인을 위하여 사업장 등을 방문하여 업무 현황, 서류 그 밖에 물건을 조사할 수 있고 이 경우 그 권한을 증명하는 증표를 관계인에게 제시하여야 한다(노동위원회규칙 제105조 및 제46조).

2) 심문회의의 개최

노동위원회는 차별시정신청의 접수일로부터 60일 이내에 심문회의를 개최하여야 한다. 다만 당사자가 합의로 연기를 신청하거나 다수인 사건으로 조사에 상당기간이 필요한 경우에는 위원장의 승인을 얻어 위 기간을 연장할 수 있으며, 조정을 하는 때에는 조정기간은 위 기간에서 제외한다(노동위원회규칙 제107조 제1항).

차별시정위원회는 심문회의에서 관계 당사자의 신청에 의하거나 직권으로 증인을 출석하게 하여 필요한 사항을 질문할 수 있으며, 심문을 함에 있어서는 관계 당사자에게 증거의 제출과 증인에 대한 반대 심문을 할 수 있는 충분한 기회를 주어야 한다(기간제법 제10조 제2항 및 제3항).

사용자는 근로자가 노동위원회에 참석 및 진술한 것을 이유로 해고 그 밖에 불리한 처우를 하지 못하며(기간제법 제16조 제2호), 불이익한 처우를 한 사용자는 2년 이하의 징역형 또는 1천만원 이하의 벌금형에 처한다(기간제법 제21조).

차별시정신청 사건은 그 성격상 관련 정보의 대부분을 사용자만 가지고 있고 비정규직 근로자는 전문적 지식과 경험이 부족하여 어떤 정보가 필요한지 잘 모르는 경우가 많다. 따라서 차별시정신청 사건에서는 부당노동행위 또는 부당해고 구제신청 사건에서보다 광범위한 심문과 심사 및 증거 조사를 필요로 하며, 증거 조사 등에서 직권주의가 강화되어야 할 것이다.

나. 심사의 범위

심사 대상에 관하여 신청인이 명시한 차별적 처우에 한정할 것인가 아니면 신청된 내용을 계기로 신청인과 관련된 제반 차별적 처우에 대해서도 심사할 수 있는가에 대해서는 논란이 있을 수 있다. 민사소송과 같이 엄격한 처분권주의를 적용하여야 한다는 원칙이 있는 것도 아니고, 노사관계에서 정보능력의 불균형이 커 개별 근로자가 차별적 처우의 내용과 범위를 정확하게 특정하기 어렵다는 점을 고려할 때, 신청인이 주장하는 신청취지 및 차별적 처우의 내용과 관련성이 인정되는 상당한 범위까지 그 심사 범위를 확대할 수 있는 것으로 보아야 한다.

다. 입증책임의 전환

〈기간제법〉

제9조 ④ 제8조 및 제1항 내지 제3항과 관련한 분쟁에 있어서 입증책임은 사용자가 부담한다.

1) 의의

기간제법은 차별시정절차의 실효성을 보장하기 위하여 차별적 처우와 관련한 분쟁에 있어서 입증책임을 사용자가 부담하도록 규정하고 있다(기간제법 제9조 제4항). 차별 관련 분쟁에서 입증의 자료 내지 증거의 대부분은 차별을 행한 사용자의 수중에 있기 때문에 차별의 피해자가 차별을 입증하는 것은 쉽지 않고, 따라서 차별의 피해자가 차별을 추정하게 하는 사실을 제시하면 상대방이 차별이 아니라는 점에 대한 입증책임을 부담하도록 제도화할 필요성에 따른 것이다.[235]

차별 구제에서 이렇게 입증책임을 전환하는 것은 비정규직법 이전에 고평법 제30조[236]에 정하고 있었고, 비정규직법에 이어 입법된 장차법 제47조[237]에도 규

235) 김유성 I, 36쪽.

236) 고평법 제30조(입증책임) 이 법과 관련한 분쟁해결에서의 입증책임은 사업주가 부담한다.

237) 장차법 제47조 (입증책임의 배분) ① 이 법률과 관련한 분쟁해결에 있어서 차별행위가 있었다는 사실은 차별행위를 당하였다고 주장하는 자가 입증하여야 한다. ② 제1항에 따른 차별행위가 장애를 이유로 한 차별이 아니라거나 정당한 사유가 있었다는 점은 차별행위를 당하였다고 주장하는 자의 상대방이 입증하여야 한다.

정되었으며, 프랑스의 직업평등법이나 영국의 동일임금법 등에서도 택하고 있는 방법이다.[238)]

2) 입증의 대상과 정도

근로자가 차별적 처우의 내용을 구체적으로 명시하면, 사용자는 신청인이 비정규직 근로자가 아니어서 차별시정신청을 하지 못한다는 사실, 비교 대상 근로자가 없거나 그 선정이 잘못되었다는 사실, 불리한 처우가 아니라는 사실, 불리한 처우가 합리적 이유에 근거하여 이루어졌다는 사실을 모두 증명해야 하고, 사용자가 이러한 입증에 실패하면 차별적 처우가 존재하는 것으로 인정된다. 이 때의 입증의 정도는 판단 주체인 차별시정위원회로 하여금 합리적인 의심을 배제할 수 있는 고도의 개연성에 대한 확신에 이를 정도가 되어야 한다.[239)]

이러한 사용자의 입증에 대하여 비정규직 근로자는 반대의 주장과 증거를 제시할 수 있음은 물론인바, 차별을 시정받기 위해서는 신청인은 만연히 입증책임이 사용자에게 있다는 점에만 기댈 것이 아니라 적극적으로 사용자의 차별적 처우의 존재를 주장・입증하기 위한 노력을 기울일 필요가 있다.

라. 전문위원

〈기간제법〉

제10조(조사・심문 등) ⑤ 노동위원회는 차별시정사무에 관한 전문적인 조사・연구 업무를 수행하기 위하여 전문위원을 둘 수 있다. 이 경우 전문위원의 수・자격 및 보수 등에 관하여 필요한 사항은 대통령령으로 정한다.

노동위원회는 차별시정사무에 관한 전문적인 조사・연구 업무를 수행하기 위하여 전문위원을 둘 수 있다(기간법 제10조 제5항). 노동위원회에 두는 전문위원

---

238) 김엘림, "동일가치노동・동일임금원칙에 대한 쟁점", 「노동법학」, 제17호, 한국노동법학회, 2003, 16－17쪽 참조.

239) "이 사건 사업장 내에서 일용직 남녀근로자들이 하는 일에 다소간의 차이가 있기는 하지만 그것이 임금의 결정에 있어서 차등을 둘 만큼 실질적으로 중요한 차이라고 보기는 어려우므로, 그들은 실질적으로는 거의 같은 성질의 노동에 종사하고 있다고 봄이 상당하고, 따라서 달리 위와 같은 남녀근로자 사이의 임금 차별이 합리적인 기준에 근거한 것임을 알아볼 수 있는 자료가 없는 이상, 공소외 회사는 임금 책정에 있어 성에 따라 그 기준을 달리 적용함으로써 여자근로자에게 동일가치의 노동에 종사하는 남자근로자보다 적은 임금을 지급한 것이라고 보아야 할 것이다."(대법원 2003. 3. 14. 선고 2002도3883 판결).

의 수는 10명 이내로 하며, 법학·경영학·경제학 등 노동 문제와 관련된 학문 분야의 박사학위 소지자, 변호사·공인회계사·공인노무사 등 관련 자격증 소지자 중에서 중앙노동위원회의 위원장이 임명한다(기간제법 시행령 제4조 제1항, 제2항).

5. 조정·중재 및 심판

가. 조정·중재

〈기간제법〉

제11조(조정·중재) ① 노동위원회는 제10조의 규정에 의한 심문의 과정에서 관계 당사자의 신청 또는 직권에 의하여 조정(調停)절차를 개시할 수 있으며, 관계 당사자가 미리 제7항의 규정에 의한 효력을 갖는 노동위원회의 중재(仲裁)결정에 따르기로 합의하여 중재를 신청한 경우에 중재를 할 수 있다.

② 제1항의 규정에 따라 관계 당사자가 조정 또는 중재를 신청하는 경우에는 제9조의 규정에 의하여 시정을 신청한 날부터 14일 이내에 하여야 한다. 다만, 노동위원회의 승낙이 있는 경우에는 14일 이후에도 신청할 수 있다.

③ 노동위원회는 조정안을 작성하거나 중재를 함에 있어서 관계 당사자의 의견을 충분히 들어야 한다.

④ 노동위원회는 특별한 사유가 없는 한 제1항의 규정에 의하여 조정절차를 개시하거나 중재신청을 받은 때부터 60일 이내에 조정안을 제시하거나 중재결정을 하여야 한다.

⑤ 노동위원회는 관계 당사자가 조정안을 수락한 경우에 조정조서를 작성하고 중재결정을 한 경우에 중재결정서를 작성하여야 한다.

⑥ 제5항의 규정에 의한 조정조서에는 관계 당사자와 조정에 관여한 위원전원이 서명·날인하여야 하며, 중재결정서에는 관여한 위원전원이 서명·날인하여야 한다.

⑦ 제5항 및 제6항의 규정에 의한 조정조서 또는 중재결정서는 민사소송법의 규정에 의한 재판상 화해의 효력을 갖는다.

⑧ 제1항 내지 제7항의 규정에 의한 조정·중재의 방법, 조정조서·중재결정서의 작성 등에 관한 사항은 중앙노동위원회가 따로 정한다.

1) 의의

사용자의 근로자에 대한 불리한 처우가 합리적인지에 관한 법적 판단을 하기에 앞서 당사자 간에 자율적으로 분쟁을 해결함으로써 시간과 비용을 절약하고 갈등을 감소시킬 수 있다. 이에 법은 차별시정신청 사건에 대하여 심판 방식 이외에 조정(調整) 방식으로 사건을 처리할 수 있도록 하고 있다.

조정 방식은 다시 두 가지 방식으로 나뉘는데 곧 조정(調停)과 중재(仲裁)이다. 조정 절차는 관계 당사자 쌍방 또는 일방의 신청뿐만 아니라 직권에 의해서도 개시되고 당사자가 그 결과를 수락해야만 효력이 생기는 반면, 중재 절차는 관계 당사자의 합의에 의한 신청이 있는 경우에만 개시되고 대신 당사자의 수락 의사와 관계없이 중재 결과에 구속된다는 차이가 있다(기간제법 제11조 제1항).

2) 조정 · 중재 절차의 개시와 진행

조정 절차는 관계 당사자 쌍방 또는 일방의 신청이나 직권에 의하여 개시되며, 중재 절차는 관계 당사자가 미리 노동위원회의 중재 결정에 따르기로 합의하여 신청한 경우 개시된다(기간제법 제11조 제1항). 노동위원회규칙에서는 당사자의 의사를 확인하기 위하여 서면으로 된 조정 · 중재 신청서를 제출하도록 하고 있다(노동위원회규칙 제116조 제1항, 제121조 제1항). 관계 당사자에 의한 조정 또는 중재의 신청은 차별시정신청을 한 때로부터 14일 이내에 하여야 하는 것이 원칙이지만, 노동위원회의 승낙이 있는 경우에는 14일 이후에도 신청할 수 있다(기간제법 제11조 제2항).

노동위원회는 조정 또는 중재를 함에 있어서 관계 당사자의 의견을 충분히 들어야 하며, 특별한 사유가 없는 한 조정 절차를 개시하거나 중재 신청을 받은 때부터 60일 이내에 조정안을 제시하거나 중재결정을 하여야 한다(기간제법 제11조 제3항 및 제4항).

차별시정위원회는 조정이 중지되거나 조정이 성립되지 않은 때에는 지체 없이 조사 · 심문절차를 재개하여야 하며(노동위원회규칙 제119조 제5항), 중재의 경우 중재결정이 내려지기 전에 관계 당사자가 자율적으로 분쟁을 해결한 때에는 중재결정을 하지 않을 수 있다(노동위원회규칙 제122조 제2항).

3) 조정 · 중재의 성립

노동위원회는 조정 절차에서 관계 당사자 쌍방이 조정안을 수락한 경우에는 조정조서를 작성하고, 중재 절차에서 중재결정을 한 경우에는 중재결정서를 작성하여야 한다(기간제법 제11조 제5항). 그리고 조정조서에는 관계 당사자와 조정에 관여한 위원 전원이 서명 · 날인하여야 하고, 중재결정을 한 경우에는 당해 중재에 관여한 위원 전원이 서명・날인을 한 중재결정서를 작성하여야 한다(기간제법 제11조 제6항). 중재결정에 대하여 관계 당사자의 수락은 필요하지 않으므로 중재결정서에 관계 당사자의 서명・날인은 요구하지 않는다.

4) 조정・중재의 효력

조정조서 또는 중재결정서는 민사소송법의 규정에 의한 재판상 화해의 효력을 갖는다(기간제법 제11조 제7항). 이러한 효력의 발생 시점을 명확하게 하기 위하여 노동위원회규칙에서는 위원장은 조정이 성립된 경우에는 조정이 성립된 날로부터 5일 이내에, 중재결정이 있는 경우에는 지체 없이 조정조서나 중재결정서 정본을 배달증명우편으로 당사자에게 통보하여야 하고, 당사자가 송달증명서 발급을 신청하는 경우에는 송달증명서를 발급하여야 한다고 규정하고 있다(노동위원회규칙 제124조 및 제125조).

뒤에서 보는 시정명령의 경우 행정소송을 거쳐 확정되기까지 상당한 시일이 소요됨을 고려하면, 조정이나 중재가 성립하면 곧바로 재판상 화해의 효력을 갖게 되므로 보다 신속하고 손쉽게 구제가 이루어진다고 볼 수 있다.

나. 심 판

1) 시정명령・기각결정

〈기간제법〉

제12조(시정명령 등) ① 노동위원회는 제10조의 규정에 의한 조사・심문을 종료하고 차별적 처우에 해당된다고 판정한 때에는 사용자에게 시정명령을 발하여야 하며, 차별적 처우에 해당하지 아니한다고 판정한 때에는 그 시정신청을 기각하는 결정을 하여야 한다.

② 제1항의 규정에 의한 판정・시정명령 및 기각결정은 서면으로 하되 그 이유를 구체적으로 명시하여 관계 당사자에게 각각 교부하여야 한다. 다만, 제1항의 규정에 의한 시정명령을 발하는 경우에는 시정명령의 내용 및 이행기한 등을 구체적으로 기재하여야 한다.

차별시정위원회가 심문을 종결하였을 때는 판정회의를 개최하여(노동위원회규칙 제108조 제1항), 당해 사건이 차별적 처우에 해당된다고 판정한 때에는 사용자에게 시정명령을 발하여야 하며, 차별적 처우에 해당하지 아니한다고 판정한 때에는 그 시정 신청을 기각하는 결정을 하여야 한다(기간제법 제12조 제1항). 시정명령이나 기각결정은 서면으로 하되 그 이유를 구체적으로 명시하여 관계 당사자에게 각각 교부하여야 하며, 특히 시정명령을 발하는 경우에는 시정명령의 내용 및 이행 기한 등을 구체적으로 기재하여야 한다(기간제법 제12조 제2항).

2) 각하

기간제법이나 파견법에는 특별히 명시되어 있지는 않지만 노동위원회규칙에서는 아래의 경우는 차별시정신청을 각하하도록 규정하고 있다(규칙 제109조 제1항 및 제60조).

① 관계 법령의 규정에 따른 신청기간을 지나서 신청한 경우

② 규칙 제41조에 따른 보정 요구를 2회 이상 하였음에도 보정을 하지 아니한 경우[240)]

③ 당사자 적격이 없는 경우

④ 신청의 내용이 노동위원회의 시정명령 대상이 아닌 경우

⑤ 같은 당사자가 같은 취지의 신청을 거듭하여 제기하거나 같은 당사자가 같은 취지의 확정된 판정(조정조서·중재결정를 포함)이 있음에도 신청을 제기한 경우나 판정이 있은 후 신청을 취하하였다가 다시 제기한 경우

⑥ 신청하는 시정의 내용이 법령상이나 사실상 실현할 수 없거나 신청의 이익이 없음이 명백한 경우

⑦ 신청인이 2회 이상 출석에 불응하거나 주소 불명이나 소재 불명으로 2회 이상 출석통지서가 반송되거나 그 밖의 사유로 신청 의사를 포기한 것으로 인정될 경우

다만 원직 복직을 목적으로 하는 부당해고와는 달리 차별 시정은 반드시 근로관계의 존속을 전제로 할 필요가 없기 때문에 차별시정절차의 진행 도중 또는 그 이전에 근로계약 또는 근로자파견계약이 종료되더라도 신청의 이익은 부인되지 않는 것으로 보아야 한다.[241)] 또한 비교 대상이 되는 근로자가 판정 당시에 존재하지 않는 것 역시 시정명령의 내용에서는 문제가 될 수 있지만 신청의 이익이 없다고 보아서는 안 된다.

---

240) 노동위원회규칙 제41조는 신청서의 기재 사항이 일부 누락되거나 기재 내용이 명확하지 아니한 때에는 노동위원회위원장이 기간을 정하여 보정을 요구할 수 있다고 규정하고 있다.

241) 위 「신청권자」 중 '비정규직 근로자 지위의 존재시점' 부분 참조. 대법원 2016. 12. 1. 선고 2014두43288 판결.

6. 조정 · 중재 및 시정명령의 내용

가. 시정명령 등의 내용과 범위

〈기간제법〉
제13조(조정 · 중재 또는 시정명령의 내용) ① 제11조의 규정에 따른 조정 · 중재 또는 제12조의 규정에 따른 시정명령의 내용에는 차별적 행위의 중지, 임금 등 근로조건의 개선(취업규칙, 단체협약 등의 제도개선 명령을 포함한다) 또는 적절한 배상 등이 포함될 수 있다.

조정과 중재 및 시정명령(이하 '시정명령 등'이라 한다)의 내용에는 차별적 행위의 중지, 임금 등 근로조건의 개선(취업규칙, 단체협약 등의 제도개선 명령 포함) 또는 적절한 배상 등이 포함될 수 있다(기간제법 제13조 제1항). 법은 비정규직 근로자에 대한 차별행위가 다양한 형태로 이루어질 수 있음을 감안하여 시정명령의 내용 또한 다양화하여 그 적정성과 실효성을 살리고 있는 것이다.

위와 같이 다양한 조치를 명할 수 있도록 한 것은 과거의 행위에 대한 원상회복기능에 초점을 맞추어 원직 복직을 원칙으로 하는 부당해고 또는 부당노동행위에 대한 구제 절차와 큰 차이가 있으며, 근기법 제30조에서 노동위원회가 부당해고에 대한 구제명령을 할 때에 근로자가 원직 복직을 원하지 아니하면 원직 복직을 명하는 대신 근로자가 해고기간 동안 근로를 제공하였더라면 받을 수 있었던 임금 상당액 이상의 금품 지급을 명하는 등 근로자의 의사를 조건으로 다른 구제명령을 할 수 있도록 하고 있는 것과도 구별된다.

노동위원회의 시정명령에 어느 정도의 재량이 허용되는지 논의가 있다. 종래 차별시정제도가 신청주의를 근간으로 한다는 이유로 신청인의 신청범위에 대하여만 시정명령을 할 수 있다는 견해와 노동위원회가 재량으로 신청범위 외의 시정명령을 할 수 있다는 견해가 있었고, 노동위원회의 판정 중에는 신청주의를 따른 것이 있었다.[242] 그러나 최근 개정된 기간제법 제13조 제1항은 노동위원회가 적극적으로 취업규칙, 단체협약 등의 제도개선 명령을 할 수 있도록 하고 있고, 제2항은 사용자의 명백한 고의 여부와 차별행위의 반복 여부를 판단하여 배상액

242) 중앙노동위원회 2008. 1. 14. 판정 2007차별1,4,20,21,26(병합). "당사자가 청구하지 아니한 범위까지 시정명령의 내용에 포함시키는 것은 타당하지 아니하다."

의 규모를 결정하도록 하고 있어 노동위원회의 재량을 인정하는 방향으로 규정되어 있다. 차별시정제도가 가지는 유연성과 차별 시정의 실효성이라는 측면에서도, 신청인의 신청범위와 관계없이 노동위원회의 재량에 따라 다양한 형태의 시정명령이 가능한 것으로 해석해야 할 것이다.[243)]

나. 제도개선 명령

1) 도입취지

종래 사용자의 구체적·개별적인 차별 행위뿐만 아니라 그 원인이 되는 취업규칙이나 단체협약 등에 대한 시정명령도 가능한지에 대하여 논란이 있었다. 노동위원회는 개별적이고 구체적인 근로관계에서 발생한 차별적 처우를 시정하는 차별시정제도의 취지상 일반적 구속력을 지닌 취업규칙 등 규범 개정을 명령하여 신청 당사자 이외의 제3자에게까지 효력을 미치는 것은 적절하지 않다고 하여 이를 부정하는 태도를 보였다.[244)]

그러나 이는 차별시정제도의 취지를 지나치게 협소하게 해석하는 것으로서, 개별적 차별 행위에 대하여만 시정을 명하고 그 원인이 된 취업규칙이나 단체협약에 대하여 아무런 조치를 하지 않는다면 장차 발생할 동일·유사한 차별적 처우를 방치하는 것과 다름없다. 이러한 비판에 따라 2014년 개정법률에는 시정명령의 한 내용으로서 취업규칙, 단체협약 등의 개선을 명할 수 있는 이른바 제도개선 명령이 도입되었다.

2) 내용

제도개선 명령의 대상이 되는 것은 취업규칙, 단체협약 등 가운데 근로조건의 개선과 관련된 부분이다.

사용자가 취업규칙 개선을 내용으로 하는 시정명령 등을 받은 경우 그 시정명령 등의 이행은 근로조건을 유리하게 변경하는 것이므로 취업규칙의 불이익 변경에 해당하지 않는다. 따라서 해당 사업 또는 사업장에 근로자의 과반수로 조직된 노동조합이 있는 경우에는 그 노동조합, 근로자의 과반수로 조직된 노동조합이 없는 경우에는 근로자 과반수의 의견을 들어야 한다(근기법 제94조 제1항). 이

243) 서울고등법원 2017. 6. 9. 2016누51667 판결(대법원 2017. 10. 16. 선고 2017두50751 심리불속행기각 판결로 확정). "노동위원회는 시정신청의 취지에 구속되지 않고 배상을 포함한 시정명령의 내용을 합리적 재량으로 정할 수 있는 권한이 있다고 보아야 한다."
244) 중앙노동위원회 2008. 1. 14. 판정 2007차별1,4,20,21,26(병합).

러한 의견청취 절차는 취업규칙 변경의 효력요건이 아니므로,[245] 취업규칙 변경은 사용자에 의해 주도적으로 이루어질 수 있다. 따라서 노동위원회는 시정명령의 이행기한을 획일적으로, 예컨대 30일 등으로 설정하는 것도 가능할 것이다.

단체협약의 변경은 취업규칙과 달리 사용자와 노동조합 간의 교섭을 거쳐서 당사자 쌍방이 서명 또는 날인하여야 효력이 발생한다(노동조합 및 노동관계조정법 제31조 제1항). 따라서 시정명령 등의 이행기한을 사전에 획일적으로 설정하는 것은 쉽지 않고, 차별적 처우의 내용, 노동조합의 현황 및 단체협약의 유효기간 등을 종합적으로 고려하여 구체적인 사건별로 이행기한을 달리 설정하여야 할 것이다.

한편 파견근로자에 대한 차별적 처우가 인정되어 취업규칙과 단체협약 등의 제도개선 명령을 하는 경우 그 대상이 사용사업주인지 파견사업주인지 문제될 수 있다. 파견법 제21조 제1항이 파견사업주와 사용사업주 모두에게 차별적 처우 금지의무를 부여하고 있고, 차별시정제도의 실효성을 보장하기 위해서는 사용사업주에게도 차별시정의무를 부과할 필요성이 있으므로, 사용사업주와 파견사업주를 묻지 않고 차별적 처우의 원인이 된 취업규칙 또는 단체협약의 개선을 명할 수 있다고 봄이 타당하다.

3) 6개월 이전에 체결·작성된 단체협약과 취업규칙

구체적인 차별적 처우가 6개월 안에 행하여 시정 신청을 하였지만 그 원인이 된 단체협약이나 취업규칙은 6개월 이전에 체결되거나 작성된 경우 그 단체협약과 취업규칙에 대해서도 시정을 명할 수 있는지가 문제될 수 있다.

개별적·구체적으로 제기된 차별 행위에 대해서만 시정과 중지를 명하고, 그 원인이 된 단체협약이나 취업규칙에 대해서는 아무런 조치가 이루어지지 않는다면 앞으로도 유사한 차별적 처우가 행해질 개연성이 있으므로, 단체협약 체결이나 취업규칙 제·개정이 차별 시정을 신청한 때로부터 6개월 이전에 이루어졌다고 하더라도 그 효과가 6개월의 제척기간 내에 발생하는 경우라면 원인 제공 행위라고 할 수 있는 단체협약 또는 취업규칙에 대한 시정명령도 할 수 있는 것으로 보아야 한다.

---

245) 대법원 1994. 12. 23. 선고 94누3001 판결.

다. 적절한 금전배상

〈기간제법〉
제13조(조정 · 중재 또는 시정명령의 내용) ② 제1항에 따른 배상액은 차별적 처우로 인하여 기간제근로자 또는 단시간근로자에게 발생한 손해액을 기준으로 정한다. 다만, 노동위원회는 사용자의 차별적 처우에 명백한 고의가 인정되거나 차별적 처우가 반복되는 경우에는 손해액을 기준으로 3배를 넘지 아니하는 범위에서 배상을 명령할 수 있다.

1) 도입 취지 및 내용

2007년부터 차별시정제도가 시행되었음에도 시정명령의 내용은 임금 및 근로조건의 보상 또는 원상회복 수준에 머물고 있어 사후적 구제수단으로만 기능하고 있을 뿐, 사용자의 고의적이고 반복적인 차별행위에 대한 사전적 예방 효과가 미미한 문제가 있었다. 따라서 2014년 9월부터 사용자의 고의적 또는 반복적 차별 행위가 있는 경우 노동위원회가 비정규직 근로자에게 발생한 손해액의 3배 내에서 징벌적인 성격의 배상명령을 하는 제도가 시행되었다. 이러한 금전배상제도는 차별시정제도의 사전적 · 예방적 구제수단으로서의 기능을 강화하여 비정규직 근로자에 대한 차별을 원천적으로 차단하려는 것이 그 도입 목적이라 할 수 있다. 또한 배상액을 상향함으로써 근로자에게 차별시정신청에 대한 유인을 제공하여 차별시정제도를 활성화하는 데도 기여할 것으로 기대된다.

개정법은 종래 '금전보상'이라는 문언을 적절한 '배상'으로 개정함으로써 징벌적 손해배상의 성격을 분명히 하였다. 징벌적 성격의 금전배상은 사용자의 차별적 처우에 명백한 고의가 인정되는 경우와 차별적 처우가 반복되는 경우를 요건으로 한다. 법문이 형식상 '명백한 고의'와 '차별적 처우의 반복성'을 병렬적으로 명기하고 있고, 사용자의 고의에 의한 차별과 반복된 차별을 모두 금지 · 예방할 필요가 있다는 점을 고려하면, 양자는 별개의 독립적인 배상 요건으로 해석할 수 있다. 배상액은 근로자에게 발생한 손해액의 3배를 상한으로 하고 있다.

2) 명백한 고의

기간제법 제13조 제2항에서는 불법행위에서의 일반적인 고의와는 달리 '명백한 고의'라는 표현을 사용하고 있는바, 사용자가 그 행위가 차별적 처우에 해당할 수 있다고 인식하는 것만으로는 부족하고, 기간제법을 위반한 차별적 처우라는 사실을 인식하고도 차별적 처우를 행하는 경우를 말한다. 예컨대 비정규직 근로자를 차별하는 내용이 포함된 취업규칙을 작성하거나 근로계약을 체결한 사실, 사전에 근로자로부터 차별 행위에 대한 문제제기를 받았거나 파견법 등 위반으로 시정명령을 받은 사실 등이 있는 경우 '명백한 고의'를 인정할 수 있을 것이다.

노동위원회와 법원은, 취업규칙이나 근로자파견계약 등에 비추어 파견근로자가 비교대상근로자보다 현저히 적은 상여금을 받았다는 것은 현저한 사실이라는 이유로 사용사업주의 차별적 처우에 대한 명백한 고의를 인정한 바 있다.[246] 반면 사용자가 이전에 차별적 처우 시정명령을 받은 사실이 없거나,[247] 근로자에 대한 불리한 처우에 합리적 이유가 있다고 오인하였거나,[248] 공공기관에서 공공부문 비정규직 고용개선 추진지침 등 일정한 지침에 의거하여 차별적 처우가 이루어진 경우[249] 등에는 차별의 명백한 고의 내지 반복성을 인정하지 않은 사례가 있다.

차별적 처우와 관련한 분쟁에 있어서 입증책임은 사용자가 부담하므로(기간제법 제9조 제4항), 근로자가 사용자의 명백한 고의를 주장하면, 사용자는 명백한 고의가 없었다는 점에 관하여 입증책임을 부담하여야 한다.[250][251]

3) 차별적 처우의 반복성

차별적 처우의 반복성을 판단함에 있어 차별적 처우의 내용의 동일성이나 대상 근로자의 동일성이 요구되는지 문제될 수 있다. 징벌적 성격의 금전배상제도는 차별 행위자에 대한 제재와 차별적 처우의 예방에 그 도입 취지가 있으므로, 동일인에 대한 동일 내용의 처우로 국한할 필요가 없고 동종 또는 유사한 내용의 차별적 처우가 있는 경우에는 반복성을 인정함이 타당하다.

한편 차별적 처우의 반복성은 그에 대한 인식, 즉 고의와 무관하게 사실적 행위로서 차별적 처우가 반복된 것으로 충분하다. 법원 역시 파견근로자를 차별하

---

246) 서울행정법원 2016. 11. 18. 선고 2015구합70416 판결(확정).

247) 중앙노동위원회 2016. 3. 31. 판정 2015차별40, 41

248) 중앙노동위원회 2017. 2. 13. 판정 2016차별21, 22; 중앙노동위원회 2017. 3. 29. 판정 2017차별1

249) 중앙노동위원회 2016. 6. 27. 판정 2016차별3, 4; 중앙노동위원회 2017. 7. 11. 판정 2017차별19, 20.

250) 문무기, "신설 비정규직 차별시정제도에 대한 비판적 고찰", 「법학논고」, 제47집, 경북대학교 법학연구원, 2014, 460쪽.

251) 징벌적 손해배상제도가 먼저 도입된 하도급거래 공정화에 관한 법률 제35조 제2항 역시 손해를 입힌 자(원사업자)에게 입증책임이 있다고 규정하고 있어 같은 입장을 취하고 있다.

는 내용의 근로자파견계약을 반복하여 체결함으로써 차별적 처우가 장기간 계속된 이상, 파견근로자로부터 그에 대한 문제가 제기되거나 관계기관으로부터 시정명령을 받았는지 여부와 무관하게 차별적 처우의 반복성을 인정할 수 있다고 하였다.[252)]

4) 배상액의 산정

기간제법에는 배상액의 상한만 설정되어 있을 뿐 배상액 산정 기준에 대해서는 규정되어 있지 않다. 배상액 산정 시 고려해야 할 요소들로는, 차별적 처우의 동기, 빈도 및 지속성, 근로자의 손해, 사용자의 이익, 사업체의 규모, 피해구제 노력 등이 있다. 위와 같은 요소를 종합하여, 차별억지적 관점에서 사용자에게 실질적인 경제적 부담이 되도록 함과 동시에 사업체 존립에 영향을 주지 않는 범위에서 총액을 산정할 수 있을 것이다.

노동위원회는 사전에 파견근로자들이 문제를 제기하거나 관계기관으로부터 시정명령을 받은 사실이 없었다는 점에서 사용자가 차별적 처우의 고의성에 대한 인식이 다소 미흡했을 수 있다고 하면서 이를 배상액 산정에 참작하여, 고의성의 정도에 따라 배상액을 조정한 것으로 보인다.[253)]

7. 시정명령 등에 대한 불복 및 확정

가. 불복 절차

〈기간제법〉

제14조(시정명령 등의 확정) ① 지방노동위원회의 시정명령 또는 기각결정에 대하여 불복이 있는 관계 당사자는 그 명령서 또는 기각결정서의 송달을 받은 날부터 10일 이내에 중앙노동위원회에 그 재심을 신청할 수 있다.

② 제1항의 규정에 의한 중앙노동위원회의 재심결정에 대하여 불복이 있는 관계 당사자는 그 재심결정서의 송달을 받은 날부터 15일 이내에 행정소송을 제기할 수 있다.

③ 제1항에 규정된 기간 내에 재심을 신청하지 아니하거나 제2항에 규정된 기간 내에 행정소송을 제기하지 아니한 때에는 그 시정명령·기각결정 또는 재심결정은 확정된다.

---

252) 서울행정법원 2016. 11. 18. 선고 2015구합70416 판결(확정); 중앙노동위원회 2015. 6. 30. 판정 2015차별3－11.

253) 중앙노동위원회 2015. 6. 30. 판정 2015차별3－11.

지방노동위원회의 시정명령 또는 기각결정에 대하여 불복이 있는 관계 당사자는 그 명령서 또는 기각결정서의 송달을 받은 날부터 10일 이내에 중앙노동위원회에 그 재심을 신청할 수 있고, 중앙노동위원회의 재심결정에 대하여 불복이 있는 관계 당사자는 그 재심결정서의 송달을 받은 날부터 15일 이내에 행정소송을 제기할 수 있다. 위 기간 내에 재심이나 행정소송을 제기하지 않으면 시정명령·기각결정 또는 재심결정은 확정된다(기간제법 제14조 제1항 내지 제3항).

신청인이 기각결정이 아니라 시정명령을 받은 경우에도 그 시정명령의 내용이 충분하지 못한 것을 이유로 재심을 신청하거나 행정소송을 제기할 수 있는지 문제될 수 있다. 법문에 '불복이 있는 관계 당사자'라고 하였을 뿐 불복할 수 있는 결정에 제한을 두지 않았을 뿐 아니라, 만약 이를 부인한다면 일단 노동위원회가 시정명령을 하면 아무리 그 내용이 미흡하더라도 그대로 받아들여야 한다는 부당한 결론에 이르게 된다. 따라서 신청인은 시정명령에 대해서도 불복할 수 있는 것으로 보아야 한다.

이와 관련하여 근로자에게 발생한 손해액을 초과하는 금전배상명령이 내려진 경우에 신청인이 그 초과하는 부분에 대해서 불복할 수 있는지 문제된다(예컨대 2배 배상명령이 내려진 경우 3배 배상을 주장하며 불복). 실손해액을 초과하는 금전배상은 근로자의 사실상 이익에 불과하고 신청권 남용의 문제가 우려된다는 이유로 부정하는 견해가 있으나,[254] 법문이 불복의 범위를 제한하지 않고 있고, 법률이 배상액을 상향하고 있는 이상 그 범위 내에서는 법률상 이익으로 보아 사법적 구제를 보장함이 타당하다. 따라서 신청인은 손해액을 초과하는 징벌적 성격의 금전배상명령에 대해서도 불복할 수 있는 것으로 보아야 한다.

나. 확정된 시정명령의 효과

〈기간제법〉

제15조 (시정명령 이행상황의 제출요구 등) ① 고용노동부장관은 확정된 시정명령에 대하여 사용자에게 그 이행상황을 제출할 것을 요구할 수 있다.

② 시정신청을 한 근로자는 사용자가 확정된 시정명령을 이행하지 아니하는 경우 이를 고용노동부장관에게 신고할 수 있다.

제16조 (불리한 처우의 금지) 사용자는 기간제근로자 또는 단시간근로자가 다음 각

254) 전윤구 외 1, 「징벌적 금전배상제도 등의 도입에 따른 차별시정제도 정비방안 연구」, 중앙노동위원회, 2014, 92쪽.

호의 어느 하나에 해당하는 행위를 한 것을 이유로 해고 그 밖의 불리한 처우를 하지 못한다.
2. 제9조의 규정에 따른 차별적 처우의 시정신청, 제10조의 규정에 따른 노동위원회에의 참석 및 진술, 제14조의 규정에 따른 재심신청 또는 행정소송의 제기
3. 제15조 제2항의 규정에 따른 시정명령 불이행의 신고
제21조 (벌칙) 제16조의 규정을 위반하여 근로자에게 불리한 처우를 한 자는 2년 이하의 징역 또는 1천만원 이하의 벌금에 처한다.
제24조 (과태료) ① 제14조(제15조의2 제4항 및 제15조의3 제2항에 따라 준용되는 경우를 포함한다)에 따라 확정된 시정명령을 정당한 이유 없이 이행하지 아니한 자는 1억원 이하의 과태료에 처한다.
② 다음 각 호의 어느 하나에 해당하는 자는 500만원 이하의 과태료에 처한다.
1. 제15조 제1항(제15조의2 제4항 및 제15조의3 제2항에 따라 준용되는 경우를 포함한다)을 위반하여 정당한 이유 없이 노동부장관의 이행상황 제출요구에 불응한 자

1) 확정된 시정명령의 불이행에 대한 제재

노동위원회나 법원에서 확정된 시정명령을 정당한 이유 없이 이행하지 아니한 자는 1억 원 이하의 과태료에 처한다(기간제법 제24조 제1항, 파견법 제46조 제1항). 차별적 처우를 한 경우 차별 행위 그 자체에 대해서는 벌칙이 부과되지 않으나, 차별적 처우로 판정한 노동위원회의 시정명령이 확정된 후에도 사용자가 확정된 시정명령을 정당한 이유 없이 이행하지 않을 경우에는 과태료의 행정벌을 부과할 수 있게 한 것이다. 과태료는 최근 2년간 같은 위반행위로 과태료 부과처분을 받은 횟수에 따라 가중하여 부과한다(기간제법 시행령 별표 3 및 파견법 시행령 별표 2).

한편 노동위원회가 단체협약의 변경을 명하는 제도개선을 명령한 경우, 사용자는 일방적으로 시정명령을 이행할 수 없고 노동조합과의 교섭과 합의가 필요하다. 따라서 시정명령의 내용이 단체협약의 개선을 명하는 것인 경우에는 사용자가 시정명령의 내용에 따라 단체협약을 변경하고자 진지하게 노력하였는지 여부, 노동조합이 사용자의 교섭요청을 거부할 만한 이유가 있는지 여부 등을 살펴 시정명령 불이행에 '정당한 이유'가 있는지 여부를 판단하여야 할 것이다.

2) 시정명령 이행 상황의 제출 요구

고용노동부장관은 확정된 시정명령에 대하여 사용자에게 이행 상황을 제출할

것을 요구할 수 있고(기간제법 제15조 제1항), 사용자가 정당한 이유 없이 노동부장관의 이행 상황 제출 요구에 불응하면 500만 원 이하의 과태료가 부과된다(기간제법 제24조 제2항 제1호, 파견법 제46조 제3항). 차별시정신청을 한 근로자는 사용자가 확정된 시정명령을 이행하지 아니하는 경우 고용노동부장관에게 신고할 수 있다(기간제법 제15조 제2항). 이는 노동위원회의 시정명령에 대한 이행 지도 및 과태료 부과 등을 통하여 이행의 실효성을 확보하기 위한 규정이라고 할 수 있다.

3) 불리한 처우의 금지

비정규직 근로자가 차별적 처우에 대한 시정 신청, 심문회의에의 참석 및 진술, 노동위원회의 차별시정신청 기각결정에 대한 재심신청 또는 행정소송 제기 등 권리 구제를 위한 행위를 한 것을 이유로 사용자는 불리한 처우를 할 수 없다(기간제법 제16조 제2호). 근로자가 시정명령 불이행 사실을 노동부장관에게 신고한 경우 이를 이유로 한 해고 그 밖의 불리한 처우도 금지된다(기간제법 제16조 제3호). 이를 위반하여 불리한 처우를 한 사용자는 2년 이하의 징역 또는 1천만 원 이하의 벌금에 처하도록 하고 있다(기간제법 제21조, 파견법 제43조의2). 이는 특히 재직 중인 비정규직 근로자의 열악한 지위를 고려하여 사용자의 보복조치를 금지하고 비정규직 근로자의 권리 실현을 돕기 위한 규정이다.

8. 고용노동부장관의 시정요구 및 확정된 시정명령의 효력 확대

가. 고용노동부장관의 시정요구

〈기간제법〉
제15조의2(고용노동부장관의 차별적 처우 시정요구 등) ① 고용노동부장관은 사용자가 제8조를 위반하여 차별적 처우를 한 경우에는 그 시정을 요구할 수 있다.
② 고용노동부장관은 사용자가 제1항에 따른 시정요구에 응하지 아니할 경우에는 차별적 처우의 내용을 구체적으로 명시하여 노동위원회에 통보하여야 한다. 이 경우 고용노동부장관은 해당 사용자 및 근로자에게 그 사실을 통지하여야 한다.
③ 노동위원회는 제2항에 따라 고용노동부장관의 통보를 받은 경우에는 지체 없이 차별적 처우가 있는지 여부를 심리하여야 한다. 이 경우 노동위원회는 해당 사용자 및 근로자에게 의견을 진술할 수 있는 기회를 부여하여야 한다.
④ 제3항에 따른 노동위원회의 심리 및 그 밖의 시정절차 등에 관하여는 제9조 제4

항 및 제11조부터 제15조까지의 규정을 준용한다. 이 경우 "시정신청을 한 날"은 "통지를 받은 날"로, "기각결정"은 "차별적 처우가 없다는 결정"으로, "관계 당사자"는 "해당 사용자 또는 근로자"로, "시정신청을 한 근로자"는 "해당 근로자"로 본다.

〈파견법〉

제21조의2(고용노동부장관의 차별적 처우 시정요구 등) ① 고용노동부장관은 파견사업주와 사용사업주가 제21조 제1항을 위반하여 차별적 처우를 한 경우에는 그 시정을 요구할 수 있다.

② 고용노동부장관은 파견사업주와 사용사업주가 제1항에 따른 시정요구에 응하지 아니할 경우에는 차별적 처우의 내용을 구체적으로 명시하여 노동위원회에 통보하여야 한다. 이 경우 고용노동부장관은 해당 파견사업주 또는 사용사업주 및 근로자에게 그 사실을 통지하여야 한다.

③ 노동위원회는 제2항에 따라 고용노동부장관의 통보를 받은 경우에는 지체 없이 차별적 처우가 있는지 여부를 심리하여야 한다. 이 경우 노동위원회는 해당 파견사업주 또는 사용사업주 및 근로자에게 의견을 진술할 수 있는 기회를 부여하여야 한다.

④ 제3항에 따른 노동위원회의 심리 및 그 밖의 시정절차 등에 관하여는 「기간제 및 단시간근로자 보호 등에 관한 법률」 제15조의2 제4항에 따라 준용되는 같은 법 제9조 제4항, 제11조부터 제15조까지의 규정 및 제15조의2 제5항을 준용한다. 이 경우 "시정신청을 한 날"은 "통지를 받은 날"로, "기각결정"은 "차별적 처우가 없다는 결정"으로, "관계 당사자"는 "해당 파견사업주 또는 사용사업주 및 근로자"로, "시정신청을 한 근로자"는 "해당 근로자"로 본다.

1) 도입취지 및 의의

개정 전 차별시정제도는 차별적 처우를 받은 비정규직 근로자의 신청과 노동위원회의 시정명령을 통해 사후적·개별적으로 차별이 해소되는 구조였다. 따라서 근로자가 불이익을 우려하여 차별시정을 신청하지 않는 경우 차별이 해소되지 않는 문제점이 있었다. 이러한 문제점을 개선하기 위하여 2012. 8. 2.부터 근로자의 신청이 없더라도 고용노동부장관이 직권으로 사용자에 대하여 차별시정요구를 할 수 있는 제도가 시행되었다.

고용노동부장관의 시정요구에 사용자가 응하지 않을 경우에는 노동위원회에 통보하여 노동위원회가 차별적 처우가 있는지를 심리하여 차별적 처우의 시정을 명할 수 있도록 하고 있다. 근로자의 신청에 의하여 개시되는 신청사건과는 달리 행정부의 직권에 의해 개시되는 차별시정제도를 마련한 것이다.

2) 시정요구 및 통보절차

고용노동부장관은 사용자가 차별적 처우를 한 경우에는 그 시정을 요구할 수 있다(기간제법 제15조의2 제1항, 파견법 제21조의2 제1항). 이를 위하여 근로감독관은 비정규직 근로자를 사용하는 사업장 등을 대상으로 차별 여부를 직권으로 조사하고 판단할 수 있다.

고용노동부장관은 사용자가 시정요구에 응하지 아니할 경우에는 차별적 처우의 내용을 구체적으로 명시하여 노동위원회에 통보하여야 한다. 이 경우 고용노동부장관은 해당 사용자 및 근로자에게 그 사실을 통지하여야 한다(기간제법 제15조의2 제2항, 파견법 제21조의2 제2항). 고용노동부장관의 통보는 차별시정신청과는 달리 제척기간의 제한을 받지 않으므로, 차별적 처우가 있는 날로부터 6개월이 지난 후에도 통보가 가능하다.[255][256]

노동위원회는 고용노동부장관의 통보를 받은 경우에는 지체 없이 차별적 처우가 있는지를 심리하여야 한다. 이 경우 노동위원회는 해당 사용자 및 근로자에게 의견을 진술할 수 있는 기회를 부여하여야 한다(기간제법 제15조의2 제3항, 파견법 제21조의2 제3항). 노동위원회는 고용노동부장관의 통보사건을 처리함에 있어 근로자의 차별시정 신청사건 처리절차와 같은 절차를 거쳐야 한다. 따라서 입증책임, 조정・중재・판정, 시정명령 및 그에 대한 불복 등에 관하여 위 신청사건에서 설명한 내용이 통보사건에도 준용된다(기간제법 제15조의2 제4항, 파견법 제21조의2 제4항).

3) 현황과 평가

고용노동부는 시정요구 및 통보제도를 도입한 후 비정규직 근로자를 다수 사용하고 있는 주요대기업과 금융・보험・병원 업종을 대상으로 차별적 처우 등에 대한 근로감독을 실시한 결과, 다수 차별적 처우를 적발했다고 밝혔다.[257] 그러나 고용노동부장관의 시정요구에 응하지 않아 통보사건으로 이행하여 노동위원

---

255) 중앙노동위원회, 「차별시정업무 매뉴얼(위원용)」, 2012, 105쪽.

256) 다만 판례는 2012년 개정 기간제법 시행 전에 종료된 차별적 처우에 대하여 고용노동부장관의 시정요구 및 통보에 의하여 노동위원회가 시정명령을 발하는 것은 법률의 소급적용에 해당하여 허용되지 않는다고 하고 있다[서울행정법원 2014. 2. 13. 선고 2013구합14672 판결(확정)]. 그러나 이는 구 기간제법 하에서 제척기간이 도과한 차별적 처우에 관해서 시정명령을 받지 않으리라는 사용자의 신뢰를 보호할 필요가 있다는 취지로서, 개정 기간제법 시행 후의 차별적 처우가 제척기간을 도과한 경우에는 고용노동부장관의 시정요구 및 통보가 가능하다.

257) 고용노동부 2012. 11. 22.자 보도자료, 2013. 8. 29. 자 보도자료.

회에서 판정된 사례 중 다수가 노동위원회에서 기각되어 고용노동부와 노동위원회의 판단이 다르게 나타나고 있다.[258] 이에 관해서 근로감독관의 전문성 부족 때문이라는 지적이 있는바, 시정요구 및 통보제도의 실효성을 살리기 위해서는 고용노동부의 적극적인 감독의지와 근로감독관의 전문성 함양이 필요하고 하겠다.

한편 근본적으로 정부의 직권 개입을 통해 차별시정제도를 활성화하는 것이 바람직한지에 관하여 의문을 제기하는 견해가 있다. 차별시정절차를 국가가 사실상 독점하는 것이 노사관계의 기본이라 할 수 있는 집단적 자치 원리와 부합하지 않고 당사자 스스로의 자구 노력을 위축시키는 역효과를 초래할 우려가 있다는 것이다.[259] 물론 노동조합에 차별시정 신청권을 부여하여 분쟁 당사자간의 자율적 해결을 도모하는 것이 필요하지만, 근로조건 개선의 시급성과 비정규직 노동조합의 저조한 조직률에 비추어 직권에 의한 시정요구제도의 활성화 역시 불가피하게 요구된다고 할 것이다.

나. 확정된 시정명령의 효력 확대

〈기간제법〉

제15조의3(확정된 시정명령의 효력 확대) ① 고용노동부장관은 제14조(제15조의2 제4항에 따라 준용되는 경우를 포함한다)에 따라 확정된 시정명령을 이행할 의무가 있는 사용자의 사업 또는 사업장에서 해당 시정명령의 효력이 미치는 근로자 이외의 기간제근로자 또는 단시간근로자에 대하여 차별적 처우가 있는지를 조사하여 차별적 처우가 있는 경우에는 그 시정을 요구할 수 있다.

② 사용자가 제1항에 따른 시정요구에 응하지 아니하는 경우에는 제15조의2 제2항부터 제5항까지의 규정을 준용한다.

〈파견법〉

제21조의3(확정된 시정명령의 효력 확대) ① 고용노동부장관은 제21조 제3항 또는 제21조의2 제4항에 따라 준용되는 「기간제 및 단시간근로자 보호 등에 관한 법률」 제14조에 따라 확정된 시정명령을 이행할 의무가 있는 파견사업주 또는 사용사업주의 사업 또는 사업장에서 해당 시정명령의 효력이 미치는 근로자 이외의 파견근로자에 대하여 차별적 처우가 있는지를 조사하여 차별적 처우가 있는 경우에는 그 시정

258) 조상균, "비정규직 차별시정제도의 쟁점 및 전망", 「동아법학」, 제64호, 동아대학교 법학연구소, 2014, 19－20쪽.

259) 문무기, "신설 비정규직 차별시정제도에 대한 비판적 고찰", 「법학논고」, 제47집, 경북대학교 법학연구원, 2014, 451쪽.

을 요구할 수 있다.
② 파견사업주 또는 사용사업주가 제1항에 따른 시정요구에 응하지 아니할 경우에는 제21조의2 제2항부터 제4항까지의 규정을 준용한다.

1) 도입취지 및 내용

종래 차별시정제도는 차별시정 신청을 한 근로자에 대해서는 시정명령을 하도록 되어 있어, 차별시정명령을 받은 사업주의 사업장에서 동일 또는 유사한 차별행위가 존재해도 차별시정신청을 하지 않으면 시정명령의 수혜를 받을 수 없었다. 이에 2014. 9. 19.부터 동일한 사용자의 사업 또는 사업장에서 비정규직 근로자가 차별 인정을 받았을 때 같은 조건에 있는 근로자 모두의 차별적 처우가 개선될 수 있도록 확정된 시정명령의 효력을 확대하는 제도가 도입되었다.

고용노동부장관은 확정된 시정명령을 이행할 의무가 있는 사용자의 사업 또는 사업장에서 해당 시정명령의 효력이 미치는 근로자 이외의 비정규직 근로자에 대하여 차별적 처우가 있는지를 조사하여 차별적 처우가 있는 경우에는 그 시정을 요구할 수 있다(기간제법 제15조의3 제1항, 파견법 제21조의3 제1항). 사용자가 시정요구에 응하지 아니하는 경우에는 노동위원회에 통보하여 차별시정절차가 진행되도록 할 수 있다(기간제법 제15조의2 제2항, 파견법 제21조의2 제2항).

확정된 시정명령의 효력 확대제도는 취업규칙 내지 단체협약의 규범적 효력 확장과 유사한 취지를 가진 제도로서, 이 제도가 활성화되면 비정규직 근로자의 근로조건이 집단적·통일적으로 규율될 가능성이 커질 것이다.

2) 문제점

확정된 시정명령의 효력 확대제도는 확정된 시정명령의 효력을 자동적으로 확대하는 것이 아니고, 고용노동부장관의 조사와 시정요구, 노동위원회 통보 및 심리 절차를 모두 거친 후 시정명령이 내려진 경우에 비로소 효력이 적용되는 것이다. 그런데 확정된 시정명령이 없더라도 고용노동부장관은 직권으로 사업 또는 사업장을 조사하여 사용자에게 차별시정을 요구하고 불응시 노동위원회에 통보할 수 있다(기간제법 제15조의2, 파견법 제21조의2). 그렇다면 신설된 제도는 기존의 고용노동부장관의 시정요구 및 통보제도의 범위를 벗어나지 않으며, 오히려 확정된 시정명령이라는 요건이 추가되었다는 점에서 별도의 실효성이 있는지 의문이 있다.[260)]

따라서 이 제도가 독자적인 의미를 가지기 위해서는, 시정명령이 확정된 경우 고용노동부장관은 반드시 해당 사업 또는 사업장에서 해당 시정명령의 효력이 미치는 근로자 이외의 비정규직 근로자에 대하여 차별적 처우가 있는지를 조사하여야 하고, 차별적 처우가 확인된 경우에는 그 시정을 요구하여야 한다. 나아가 차별적 처우 조사 과정에서 확정된 시정명령의 내용과 다른 차별이 발견된 경우 기간제법 제15조의2 또는 파견법 제21조의2에 따른 방식대로 시정을 요구할 수 있음은 물론이다.[261)]

---

260) 조상균, "비정규직 차별시정제도의 쟁점 및 전망", 「동아법학」, 제64호, 동아대학교 법학연구소, 2014, 22-23쪽.

261) 장인기, 「파견근로자 차별시정제도와 관련한 쟁점 연구」, 고려대학교 노동대학원 석사학위 논문, 2016, 101쪽.

찾아보기

ㅈ

ㅊ

ㅋ

ㅌ

ㅍ

ㅎ

집필자(가나다 순)

[초판 집필자]

강기탁(변호사)
강문대(변호사, 법률사무소 로그)
강성태(한양대학교 법학전문대학원 교수)
김도형(변호사, 법무법인 원)
김장식(변호사, 법무법인 한결)
김 진(변호사, 법무법인 지향)
정현우(변호사)
탁경국(변호사, 법무법인 공존)

[2018년판 집필자]

권두섭(변호사, 법무법인 여는/민주노총 법률원)
김도형(변호사, 법무법인 원)
김 진(변호사, 법무법인 지향)
박인숙(변호사, 법률사무소 청년)
서 려(변호사, 서울특별시 복지정책과)
손명호(변호사, 법률사무소 함께)
신예지(변호사)
오민애(변호사, 법무법인 향법)
이용우(변호사, 법무법인 창조)
이종훈(변호사, 법무법인 시민)
이지영(변호사, 법무법인 덕수)
조연민(변호사, 법무법인 여는/공공운수노조 법률원)
최용근(변호사, 민주사회를 위한 변호사모임 공익인권변론센터)

[2018년판 감수]

도재형(이화여대 법학전문대학원)
박수근(한양대 법학전문대학원)
박은정(인제대학교)

민주사회를 위한 변호사모임 노동위원회

민변(민주사회를 위한 변호사모임) 노동위원회는 노동자의 권리옹호를 위해 민변의 탄생과 동시에 활동해온 역사와 전통이 있는 민변의 중추적인 위원회입니다. 매주 수요일 정오에 주례모임을 갖고 현안들을 논의하여 결정·처리하며, 주요 현안에 대한 토론회나 연구발표회, 초청강연 등을 통해 소속 변호사들의 연구 성과를 공유하고 더 나은 대안을 모색하고 있습니다. 또한 현장에서 일어나는 각종 현안이나 노동문제에 대해 개혁적인 법률 입장을 발표하고, 부당노동행위 및 인권침해가 심각한 사업장에 대해서는 노동법률단체 및 인권단체와 함께 법률지원활동을 전개하고 있으며, 노동조합과 연계하여 대책활동 또는 진상조사활동을 하고, 노동문제와 관련한 조사연구, 노동사건 변론, 노동입법감시활동 등에 주력하고 있습니다. 1996년부터는 매년 [노동판례비평]을 발간하여, 대법원·헌법재판소 노동판결에 대한 심도 깊은 연구를 해오고 있습니다.

[변호사가 풀어주는 노동법] 시리즈는, 1998년부터 노동자들이 손쉽게 다가갈 수 있고 실용적인 노동법 전반의 해설서 출간 요청에 부응하기 위해 발간해 온 실무중심 해설서입니다. 근로기준법과 노동조합 및 노동관계조정법 해설서에 이어, 2007년에는 '비정규직법'을 발간하였고, 2018년 그 개정판에 해당하는 이 책을 발간하였습니다.

변호사가 풀어주는 비정규직법 [2018판]

2007년 9월 20일 초판 발행
2018년 10월 5일 2018년판 1쇄 발행

편 자 민주사회를 위한 변호사모임 노동위원회
발행인 배 효 선

발행처 도서출판 法 文 社
주 소 10881 경기도 파주시 회동길 37-29
등 록 1957년 12월 12일/제2-76호(윤)
전 화 (031)955-6500~6 FAX (031)955-6525
E-mail (영업) bms@bobmunsa.co.kr
(편집) edit66@bobmunsa.co.kr
홈페이지 http://www.bobmunsa.co.kr
조 판 법 문 사 전 산 실

정가 26,000원 ISBN 978-89-18-09168-6